5. 11. 99

Meinem Kollegen Dieb

Ich bin immer noch und

ganz oft froh, dass Du

das bist!

Ute

Studien zur Vergleichenden Berufspädagogik

Herausgegeben von der Deutschen Gesellschaft für
Technische Zusammenarbeit (GTZ) GmbH

Band 14

Ute Clement

Politische Steuerung beruflicher Bildung

Die Bedeutung unterschiedlicher Entwicklungslogiken
für die Berufsbildungspolitik in den Ländern der
Dritten Welt am Beispiel Chile

 Nomos Verlagsgesellschaft
Baden-Baden

Die Verantwortung für die Konzeption dieser Reihe liegt auf Seiten des Herausgebers bei dem Arbeitsfeld „Berufliche Bildung" in der GTZ-Abteilung „Wirtschafts- und Beschäftigungsförderung", Eschborn.

Die Deutsche Bibliothek – CIP-Einheitsaufnahme

Clement, Ute:
Politische Steuerung beruflicher Bildung : Die Bedeutung unterschiedlicher Entwicklungslogiken für die Berufsbildungspolitik in den Ländern der Dritten Welt am Beispiel Chile / Ute Clement. – 1. Aufl. – Baden-Baden : Nomos Verl.-Ges., 1999
(Studien zur Vergleichenden Berufspädagogik ; Bd. 14)
Zugl.: Karlsruhe, Univ., Diss., 1998
ISBN 3-7890-6164-6

1. Auflage 1999

Vorwort des Herausgebers

Entwicklungszusammenarbeit im Berufsbildungsbereich geht grundsätzlich – wie jede andere Form der Intervention in Sozialsysteme – davon aus, daß sich gesellschaftlicher Wandel hin zu mehr Wohlstand, Chancengleichheit und Demokratie durch Unterstützung von außen befördern läßt. Wir greifen ein, steuern, fördern in der Hoffnung, dies könne eine tragfähige Veränderung änderungswürdiger Zustände bewirken.

Gleichzeitig jedoch ist im Bereich der Berufsbildung im letzten Jahrzehnt ausgiebig von Berufsbildung als *System* die Rede gewesen: Schlüsselbegriffe der Debatte waren und sind Begriffe wie systembildende Maßnahmen, systemisches Vorgehen und Systemberatung. Gerade die durch Luhmann geprägten neueren Systemtheorien jedoch desillusionieren in bezug auf die Steuerbarkeit sozialer Systeme durch externe Einflüsse. Soziale Systeme gelten diesen Theoretikern in ihrer Ausdifferenzierung und Dynamik als selbstbezüglich, Eingriffe von außen daher als relativ chancenlos. Die Kommunikation im Systeminneren sei nämlich, dies lehrt die Systemtheorie, so ausschließlich durch innere Zwecke, Beziehungen und wechselseitige Interaktionen geprägt, daß eine wirkliche Verständigung mit anderen Sozialsystemen nur mit erheblichen Abstrichen möglich sei.

Verständigungs- und Steuerungsprobleme sind nun für die Entwicklungszusammenarbeit überhaupt nichts Neues. Nicht nur können alle in der Entwicklungshilfe Tätigen ausführliche eigene Erfahrungen zu diesem Thema beisteuern, auch die theoretische Diskussion zwischen vergleichender Pädagogik und Ethnopsychoanalyse einerseits sowie Politikwissenschaften und Projektmanagement andererseits hat hier zahlreiche Befunde und Erklärungen anzubieten.

Und doch: Durch den Systemansatz sollten ja diese Probleme der interkulturellen Mißverständnisse, der Modellinseln und der unreflektierten Übertragung deutscher Lösungen auf fremde Probleme bewältigt werden. Ein neues, ganzheitliches Verständnis der anderen Verhältnisse sollte uns doch dazu befähigen, sensibler und reflektierter auf vorhandene Strukturen und Beziehungskonstellationen einzugehen. Und just in diesem Versuch der umfassenden Konzeptualisierung des „anderen" als System werden wir wieder auf die Grenzen des Machbaren gestoßen.

Der so umrissenen Problemstellung nähert sich Ute Clement in dem vorliegenden Band von zwei Seiten. Zum einen fragt sie, ob Berufsbildung außerhalb Deutschlands denn überhaupt in Form von Systemen vorliegt (oder ob nicht diese Vorstellung selbst eine unzulässige Übertragung deutscher Verhältnisse auf andere Länder darstellt). Lassen sich wesentliche Merkmale von Sozialsystemen wie deren Selbstbezogenheit und eigendynamische Entwicklung in Strukturen und Entwicklungen der Berufsbildung z. B. in Chile wiederfinden?

Zum anderen untersucht sie, wodurch die Reformen der chilenischen Berufsbildung in den letzten 30 Jahren verursacht und gelenkt wurden. Waren es bildungspolitische oder gar berufspädagogische Überlegungen, die zu Veränderungen beitrugen? Schlichte ökonomische Notwendigkeiten? Oder international wirksame Politiktendenzen?

Die zentrale These lautet hier: Reformen und Wandel in der Berufsbildung abhängiger Länder sind stark geprägt durch internationale Leitideen zum Thema Entwicklung. Für drei Epochen der chilenischen Politik, nämlich die Epoche der staatszentrierten Entwicklung, der Marktorientierung und der jüngsten Periode eines Versuchs, staatliche und marktbezogene Interventionsstrategien im Sinne eines „good governance" zu verknüpfen, werden solche Leitideen herausgearbeitet und mit den realen Entwicklungen im Inneren des Berufsbildungssystems abgeglichen. Dazu werden national und international dominierende Konzepte aus den Bereichen der Wirtschaftspolitik, Bildungsökonomie und Steuerungstheorie analysiert und maßgebliche politische Dokumente daraufhin befragt, inwieweit sie durch diese Paradigmen geprägt waren und – in einem letzten Schritt – in welcher Weise sich die politischen Verlautbarungen in konkreten Umsetzungen niederschlugen.

Diese Analyse ist auch für die berufsbildungspolitische Auseinandersetzung in Industrieländern interessant, denn über die Möglichkeit und Sinnhaftigkeit „staatlicher Intervention versus Marktsteuerung" wird ja auch bei uns diskutiert. Die Besonderheiten des Falles Chiles bringen es mit sich, daß die dortige Auseinandersetzung über Berufsbildungspolitik durchaus als zukunftsweisend betrachtet werden kann. Der chilenische Weg, ein in vieler Hinsicht stark marktwirtschaftlich gesteuertes Berufsbildungssystem durch gezielte und rational begründete Interventionen effizienter und handlungsfähiger zu gestalten, bietet auch für die hiesige Debatte zahlreiche Anknüpfungspunkte.

Für die Entwicklungszusammenarbeit – so läßt sich als Resultat der Untersuchung festhalten – können nachhaltig wirksame Reformen als Ergebnis der Auseinandersetzung zwischen extern gesetzten Zielvorgaben einerseits und der Dynamik zwischen Institutionen und Akteuren im Inneren des Systems andererseits interpretiert werden. Gleichzeitig entfalten die einmal umgesetzten Reformen auch Wirkungen auf die (in Chile für Veränderungen verhältnismäßig offenen) Institutionen und Akteure und formen so die strukturellen Voraussetzungen für die folgende Entwicklungsepoche mit. Externe Interventionen werden daher, wollen sie erfolgreich sein, sowohl die interne Systemdynamik in der beruflichen Bildung als auch die konkurrierenden externen Interventionen zu berücksichtigen haben.

i.A. Dr. *Nieves Alvarez*
Abteilung Wirtschafts- und Beschäftigungsförderung
DER GTZ GMBH, ESCHBORN

Inhaltsverzeichnis

Abbildungsverzeichnis

Abkürzungen

AGECH	*Asociación Gremial de Educadores de Chile*: Lehrergewerkschaft
BID	*Banco Interamericano de Desarrollo:* Interamerikanische Entwicklungsbank
BIP	Bruttoinlandsprodukt
BMZ	Bundesministerium für wirtschaftliche Zusammenarbeit
CEPAL	*Comisión Económica para Latino América:* UN–Wirtschaftskommission für Lateinamerika
CFT	*Centro de Formación Técnica:* schulische Ausbildung im tertiären Bildungssektor
CIDE	*Centro de Investigación y Desarrollo de la Educación:* nichtstaatliche Institution der Bildungsforschung und -förderung
DAEM	*Departamentos de Administración de la Educación Municipal:* kommunale Schulverwaltungsbehörde
EL	Entwicklungsländer
EMHC	*Escuela Media Humanista–Cienífica:* allgemeinbildende Sekundarschule
EMTP	*Educación Media Técnico–Profesional:* technisch–berufliche Sekundarschule
FND	*Fondo Nacional de Desarrollo:* Nationaler Entwicklungsfond
FOSIS	Sozialbehörde
IIEP	International Institute for Educational Planning
IL	Industrieländer
ILO	International Labor Organisation
INE	*Instituto Nacional de Estadísticas:* Statistisches Amt
IWF	Internationaler Währungsfonds
LOCE	*Ley Orgánica Constitucional de Enseñanza (Ley Num. 18.962):* Gesetz über das Bildungswesen
MECE	*Proyecto de Mejoramiento de la Equidad y la Calidad en la Educación:* gemeinsames Projekt der Weltbank und der chilenischen Regierung zur Verbesserung der Qualität und Chancengleichheit im Bildungswesen
MINEDUC	*Ministerio de Educación:* Bildungsministerium
NGO	*Non–Governmental–Organization*: Nicht–Regierungsorganisation
NIC	Newly Industrializing Countries
OAS	Organisation Amerikanischer Staaten
ODEPLAN	Nationale Planungsbehörde
OECD	Organization for Economic Cooperation and Development
OTE	*Organismo Técnico de Ejecución:* staatl. zugelassener Anbieter von Bildungsmaßnahmen im nonformalen Bildungsbereich
OTIR	*Organismo Técnico Intermedio:* private, durch den SENCE anerkannte Körperschaften zur Förderung, Koordination und Supervision von Weiterbildungsaktivitäten

PAA	*Prueba de Aptitud Académica:* Akademische Aufnahmeprüfung
PIIE	*Programa Interdisciplinario de Investigaciones en Educación:* nicht-staatliche Institution für Bildungsforschung
PREALC	Employment Program for Latin American Countries
SENCE	*Servicio Nacional de Capacitación y Empleo:* halbstaatliche Institution zur Koordination der nonformalen Aus- und Weiterbildung
SEREMI	*Secretarías Ministeriales Regionales:* Regionale Sekretariate der Ministerien
SIMCE	*Sistema de Medición de la Calidad de la Enseñanza:* nationaler Test zur Messung der Unterrichtsqualität
SOFOFA	*Sociedad de Fomento Fabril:* Unternehmerverband der Industrie
UMCE	*Universidad Metropolitana de Ciencias de la Educación*
USACH	*Universidad Santiago de Chile*
UNCTAD	UN Conference on Trade and Development
UNESCO	United Nations Education and Science Organization
UTP	*Unidad Técnico–Pedagógica:* Hierarchiestufe an Schulen; Beauftragter für didaktisch–methodische Beratung
UTPro	*Unidad Técnico–Profesional:* Hierarchiestufe an Schulen, Beauftragter für berufliche Bildung

„Ideas are a medium of exchange and a mode of influence
even more powerful than money and votes and guns."
(Stone 1988, zit.n. Héritier 1993: 10)

Vorbemerkungen

Die Frage, ob und auf welche Weise Berufsbildungssysteme in Entwicklungsländern durch politische Interventionen oder externe Beratungsmaßnahmen konstruiert, beeinflußt und verbessert werden können, ist ein zentrales Thema der die Berufsbildungszusammenarbeit begleitenden Forschung. Irritiert durch die ausbleibenden Diffusionserfolge der anfangs vielerorts eingerichteten Modellschulen (vgl. Wallenborn 1993) rückte die deutsche Berufsbildungshilfe seit Ende der 70er Jahre zunehmend von der Vorstellung ab, durch die Demonstration erfolgreicher, aber vom nationalen Umfeld weitgehend isolierter Einzelprojekte Reformen einleiten zu können.

Die im Sektorkonzept zur beruflichen Bildung von 1992 (vgl. BMZ 1992) veröffentlichte Strategie zielt statt dessen explizit auf den *System*wandel bzw. die „Systementwicklung in der Berufsbildung" (vgl. auch Biermann et al. 1994; Greinert et al. 1997). Anzustreben sei „*die Verbesserung und Erweiterung* der Leistungsfähigkeit der vorhandenen beruflichen Bildungssysteme *im Hinblick auf eine effiziente Vermittlung fachlicher Fertigkeiten und Kenntnisse und sozialer Verhaltensweisen entsprechend der sich wandelnden Bedarfssituation in den verschiedenen Wirtschafts- und Lebensbereichen der Entwicklungsländer*" (GTZ 1992: 37; Hervorhebungen im Text).[1] Seither werden ca. 30–40% des Entwicklungshilfebudgets innerhalb des Bereichs *gewerbliche Berufsbildung* für Projekte ausgegeben, die sich am deutschen dualen System orientieren. In ca. 20 Ländern haben deutsche Experten bislang versucht, duale Ausbildungsformen einzuführen (Stockmann 1996: 162; 1997: 14).

In vielen Fällen zeigten sich die einheimischen Berufsbildungsstrukturen allerdings resistent gegen die Implantation fremder Elemente, und zwar insbesondere dann, wenn (wie beim dualen System) auch nicht–staatliche Sektoren von den Reformabsichten tangiert werden. Zugleich ist von wissenschaftlicher Seite die Möglichkeit, den ‚*Exportschlager duales System*' in fremde Sozial- und Wirtschaftsstrukturen zu transferieren, sehr kritisch beurteilt worden (vgl. z. B. Arnold 1991, Diehl 1993, Lipsmeier 1989).

Problematisch erschien der Versuch eines ‚*Systemtransfers*' einerseits, weil sie für die Armutsbekämpfung kaum unmittelbare *Relevanz*[2] beanspruchen können, und andererseits wegen deutlicher *Passungsprobleme*.

---

1   Zur Auseinandersetzung um dieses Sektorpapier vgl. z. B. Vest 1997.
2   Die Relevanz der dual–orientierten Berufsbildungsprojekte wurde angezweifelt, da sie sich lediglich auf den modernen Sektor bezogen, d. h. auf denjenigen Bereich innerhalb von Entwicklungsökonomien, der für die Bekämpfung von Massenarmut allenfalls mittelbar bedeutsam ist. Der informelle Wirtschaftssektor wuchs in Entwicklungsländern in dem Maße, wie der mit kapitalintensiven Produktionsmethoden operierende moderne Sektor Arbeitskräfte nicht mehr in dem Maße absorbieren konnte, wie die Bevölkerung anwuchs und spielte eine immer wichtigere Rolle für die urbane und oft auch nationale Beschäftigung. Daraus resultierte ein wachsender sozialer Bedarf an Ausbildung für nicht-formelle Arbeitsmarktsegmente. Es reiche nicht aus, so argumentieren z. B. Axt et al. 1987, Bühler et al. 1994 und Gold 1992, eine kleine Zahl hochqualifizierter Facharbeiter auszubilden. Statt dessen sei eine Ausdifferenzierung der Förderangebote und die gezielte Unterstützung informeller Handwerksbetriebe anzustreben, um Beschäftigungschancen in Entwicklungsländern breitenwirksam zu verbes-

Der sozialhistorische und arbeitskulturelle Entstehungskontext von Berufsbildungssystemen, so argumentieren zum Beispiel Georg (1992, 1996) oder Lipsmeier (1994), sei nicht beliebig und das duale System in den deutschsprachigen Ländern aus sehr spezifischen historischen Konditionen erwachsen. Diese Berufsbildungsstrukturen seien in ein komplexes Gefüge von *Randbedingungen*[3] (Lipsmeier 1989, 1994) eingebettet, die in anderen Gesellschaften kaum repliziert werden könnten. Insbesondere die Bedeutung der *beruflichen Verfaßtheit* von Arbeitsbiographien, Ausbildungssystem und Arbeitsmarkt wurde als Spezifikum deutschsprachiger Gesellschaften und Konstituens des dualen Berufsbildungssystems herausgestellt (Georg 1992, Harney 1990, Kutscha 1992). Der Hinweis auf die strukturelle und systemische Einbindung der beruflichen Bildung in das historisch gewachsene und sozio–kulturell präformierte Gesamtgefüge einer Gesellschaft bot eine treffliche Erklärung für die meisten Probleme, mit denen sich die Berufsbildungszusammenarbeit konfrontiert sah. Wenn es nämlich zutrifft, daß sich Berufsbildungssysteme als „Überschneidungsbereiche" (Schriewer 1986) aus dem Bildungs- und dem Wirtschaftssystem eines Landes historisch ausdifferenzieren und deren Anforderungen gegenüber funktional zu wirken haben, dann muß, so konnte aus den vorliegenden Diskussionsbeiträgen gefolgert werden, ihre reformerische Gestaltung in den betroffenen Ländern selbst und unter Berücksichtigung ihrer je spezifischen kulturellen und ökonomischen Bedingungen betrieben werden.

Die These von der Unmöglichkeit des Systemtransfers lenkte den Blick auf die Rahmenbedingungen berufsbildungspolitischen Handelns und seine vielfache und wechselseitige Abhängigkeit von einem komplexen gesellschaftlichen Umfeld. Thematisiert wurde die infrastrukturelle und institutionelle Landschaft, in der Berufsbildungspolitik sich zu bewegen hätte, sowie die Regeln, die es dabei zu beachten gelte. Unbeachtet blieb dagegen zunächst die Frage nach dem (um im Bild zu bleiben) Vehikel und Motor des systemischen Wandels, d. h. dem Movens von Systemveränderungen, die ja in Dritte-Welt-Staaten mit und ohne Entwicklungszusammenarbeit durchaus stattfinden.

Die Tatsache, daß Berufsbildungssysteme in historisch gewachsene Strukturen und Handlungsmuster eingebettet sind und mit und für diesen Kontext funktionieren, sagt zunächst nichts darüber aus, welche Wirkungszusammenhänge zu dieser Einbettung geführt haben bzw. wie diese in steter Anpassungs- und Entwicklungsleistung immer wieder neu hergestellt wird.

Um jedoch herausfinden zu können, wie in Berufsbildungssysteme effektiv interveniert werden kann, ist es m. E. notwendig, auch diesen weiteren Schritt zurückzugehen und zu fragen, was denn ein Berufsbildungssystem zu einem solchen macht und welche Kräfte es formen und steuern.

---

sern. Berufs- und Weiterbildung habe die zukünftige Arbeitslosigkeit der Absolventen als Möglichkeit miteinzubeziehen und die Auszubildenden auf diese Situation und die Herausforderungen selbstorganisierten Arbeitens in informellen Wirtschaftssektoren durch gezielte *Selbsthilfeförderung* vorzubereiten (vgl. Arnold 1994: 25, Wallenborn 1989).

3   Vollbeschäftigung, ein pyramidenförmiges, hierarchisiertes Berufsgefüge, die Dominanz des sekundären Sektors, die Ausbildungsbereitschaft privater Unternehmen, ein entsprechendes Engagement des Staates und eine breite soziale Nachfrage nach dualer Bildung (vgl. Lipsmeier 1994: 36ff.).

Eine solche theoretische Fundierung des Systembegriffes liegt für die Berufsbildungs-zusammenarbeit bislang nicht wirklich vor – ein Defizit, das sich auch auf die ‚System-beratung' innerhalb der Entwicklungszusammenarbeit unmittelbar niederschlägt. So be-klagen Biermann et al.:

> „Es läßt sich allerdings nicht übersehen, daß zu der Thematik Systemberatung/Sy-stementwicklung in der beruflichen Bildung praktisch keine Veröffentlichungen vor-handen sind, ganz zu schweigen von elaborierten Konzepten oder technisch–pragma-tischem Handlungswissen. Diese beiden Begriffe markieren [...] eher eine program-matische Leerformel [...]" (Biermann et al. 1994: 9)

Seither sind von seiten der vergleichenden Berufsbildungsforschung verschiedentlich Versuche unternommen worden, diesem theoretischen Defizit abzuhelfen (vgl. Kapitel 1.3), und auch die vorliegende Arbeit versteht sich als Diskussionsbeitrag in diesem Kontext. Der Grund für das Interesse an einer theoretischen Fundierung des Sy-stembegriffes rührt daher, daß von ihr über die rein wissenschaftliche Reflexion auch für die Praxis der Berufsbildungszusammenarbeit förderliche Erkenntnisse erwartet werden können, da sich realistischere Strategien der Entwicklungsförderung entwerfen ließen, wüßte man, welche Einflüsse im Inneren des Systems Veränderungen hervorrufen bzw. auf welche Weise solche Einflüsse kanalisiert und für interessengebundene Zwecke verwendet werden. Dazu soll diese Arbeit einen Beitrag leisten.

Ganz herzlich danken möchte ich den Menschen in meinem näheren und weiteren Um-kreis, die bei der Entstehung dieser Arbeit Patin bzw. Pate gestanden haben: An erster Stelle ist hier die Förderung durch meinen Doktorvater Prof. Dr. Lipsmeier zu nennen. Aber auch mein Kollege Dr. Münk sowie Prof. Dr. Arnold und Prof. Dr. Georg haben mich durch kritische Nachfragen und konstruktive Kritik unterstützt und zu produktiven Selbstzweifeln angehalten. Herzlich danken möchte ich auch Dr. Messner und Prof. Dr. Schimank, die sich – ohne irgendeinen anderen Anlaß als meine Bitte darum – viel Zeit für eine sehr anregende Auseinandersetzung mit meinen Thesen nahmen. Herr Dr. Roesch und Ulrich Krammenschneider haben mir mit ihrem außerordentlichen Engage-ment für die berufliche Bildung in Chile geholfen, nicht nur viele der hier verarbeiteten Daten, sondern auch einen persönlichen Zugang zum Thema zu finden. Und nicht zu-letzt ist es mir ein Anliegen, denjenigen Freunden zu danken, die mit großer Sorgfalt und Kompetenz die undankbare Aufgabe des Korrekturlesens bewältigt haben: Frau Behr, Christoph Pöppe, Verena Fritzsche, Andreas Zimmermann, Diana Schröter und Hannes Ludwig. Danke!

1   Einleitung

1.1   Zur Vorgehensweise und Konzeption der Arbeit

Die durch die deutsche Diskussion um die (Un-)möglichkeit des Transfers von Berufs-bildungssystemen zunächst nicht beantwortete Ausgangsfrage der vorliegenden Arbeit lautet also: *Welche Elemente und Wirkungskräfte machen ein Berufsbildungssystem zu einem solchen und bewirken bzw. steuern seinen dynamischen Wandel?*

Zur Bearbeitung dieser Fragestellung ist es notwendig, ein Modell zur Beschreibung und Analyse von Berufsbildungssysytemen zu finden, das zum einen Anschlußmöglichkei-ten für die aus der vergleichenden Berufsbildungsforschung vorliegenden Konzepte bietet, zum anderen jedoch auch den Aspekt des sozialen Wandels dieser Systeme ein-bezieht. Hilfreich scheinen hier insbesondere solche Ansätze aus den berufs-pädagogischen Nachbardisziplinen Soziologie und Politikwissenschaften zu sein, die sy-stemtheoretische und handlungstheoretische Aspekte integrieren.

Gleichzeitig machen es die – im Kapitel 1.3 noch genauer beleuchteten – Besonderhei-ten von Berufsbildungssystemen in Entwicklungsländern m. E. notwendig, auch Ein-flüsse in den Blick zu nehmen, die außerhalb des nationalen Kontextes liegen. Zu ihrer Beschreibung erweist sich der Begriff der ‚Idee' als hilfreich, der nach einer längeren Phase der Mißachtung[4] in den letzten Jahren durch die politikwissenschaftliche For-schung erneut an Bedeutung gewonnen hat.

Die These der Arbeit lautet daher (vgl. Kapitel 1.3): Es sind systemexterne Ideen, und zwar konkret *Ideen über Entwicklung*, die Berufsbildungssysteme in Entwicklungslän-dern nachhaltig prägen. Zur Darstellung und für die weitere Überprüfung dieses Sach-verhalts modifiziere ich das Schimanksche Modell, das eine solche systemexterne Va-riable zunächst nicht vorsieht, und ergänze es um die Einflußgröße ‚systemexterne Leit-idee'.

Arnold (1995: 361f.) hatte als Vorgehen zur Identifizierung der Elemente, Beziehungen und Strukturen, die Berufsbildungssysteme als solche konstituieren, eine *„qualitativ-dialogische Rekonstruktion von Berufsbildungssystemen"* anhand von *Qualitätskriterien* wie z. B. Beschäftigungserfolg, Praxisbezug und Subjektorientierung vorgeschlagen. Eine solche, zunächst offene Betrachtung und Reflexion potentieller Bestandteile bzw. Einflüsse auf das Berufsbildungssystem ermögliche (z. B. im Rahmen einer Sektorana-lyse) komplexere und damit realitätsnähere Datenerhebungen.

Im Gegensatz zu diesem induktiven Verfahren, bei dem Gestalt und Dynamik von Be-rufsbildungssystemen aus der Reflexion von Realität erschlossen werden sollen, wird in der vorliegenden Arbeit der umgekehrte Weg eingeschlagen und versucht, ein theoreti-sches Konzept dessen zu entwickeln, was ein Berufsbildungssystem ausmacht, und die-ses durch die Konfrontation mit der Realität eines Einzelfalls – nämlich Chile – exem-plarisch auf seine Gültigkeit zu überprüfen.

---

4   Die Vorstellung, es seien Ideen und nicht gesellschaftliche Verhältnisse, die sozialen Wandel verursa-chen, stand lange unter dem Ideologieverdacht der Euphemisierung ungleicher Machtverhältnisse (vgl. Kapitel 1.3.4).

Eine ähnliche Vorgehensweise entwickelt Heidenreich (1991) mit Bezug auf das Konstrukt des „*Idealtypus*" bei Max Weber für die vergleichende Industriesoziologie, wenn er vorschlägt „*in sich konsistente und nachvollziehbare Tendenzaussagen zu formulieren, die noch nicht mit dem Zwang belastet sind, in allen Punkten realitätsnah zu sein (‚Reduktion von Komplexität'), um erst dann Varianten zu untersuchen (‚Zulassen >interessanter< Komplexität').*" Idealtypen haben in diesem Sinne „*vor allem Werkzeugcharakter*" (S. 58).

Während Heidenreich diese Idealtypen ausgehend von empirischen Untersuchungen über den wechselseitigen Zusammenhang zwischen bestimmten Aspekten betrieblicher Politik und gesellschaftlichen Kontextbedingungen konstruiert, werden sie hier aus theoretischen und politischen Begründungszusammenhängen abgeleitet. Mit Heidenreichs Idealtypen haben die hier synthetisierten bildungspolitischen Leitbilder gemeinsam, daß sie „*nicht unmittelbar beanspruch(en), Realität zu beschreiben, obwohl (sie) mit Realität verglichen werden (können) und daher eine erkenntnisleitende, heuristische Funktion haben*" (ebda: 56).

Auch die bildungspolitischen Leitbilder, die in der Arbeit herausgearbeitet werden, beschreiben noch nicht die empirisch vorfindliche Realität. Die in ihnen symbolisierten Inhalte strukturieren jedoch, so die These, die Wahrnehmung der relevanten Akteure und orientieren deren Interpretation von Realität und den Umgang mit ihr. Daher können und müssen die jeweils gültigen Paradigmen hermeneutisch erfaßt werden, um die Politik einer bestimmten Epoche angemessen verstehen und analysieren zu können.

Im Kernstück der Arbeit konfrontiere ich dieses Modell mit der Berufsbildungspolitik in Chile seit dem Zweiten Weltkrieg. Ziel dieser Gegenüberstellung ist der Nachweis, daß Paradigmenwechsel auf der systemäußerlichen, entwicklungsstrategischen Ebene das chilenische Berufsbildungswesen nachhaltig prägten und Veränderungen nach sich zogen, die inhaltlich und institutionell mit den eingeschlagenen Wirtschaftsstrategien korrespondierten. Untersucht wird also, inwieweit global wirksame Theorie- und Politikkonzepte die chilenische Berufsbildung überformten bzw. an welchen Stellen sie sich diesen Einflüssen widersetzte.

Das Fallbeispiel Chile wurde gewählt, weil hier die Ablösung einer gültigen Wirtschaftsstrategie mehrfach mit einem Umbruch der politischen Machtverhältnisse zeitlich zusammenfiel und die Entwicklungsphasen daher besonders präzise gegeneinander abgegrenzt werden können. Der Militärputsch von 1973 beendete eine lange wirtschaftspolitische Ära der importsubstituierenden Industrialisierung. Die Regierung Pinochet setzte, da sie auf soziale Kosten ihrer Politik kaum Rücksicht zu nehmen brauchte, eine neoliberale Wirtschaftspolitik besonders reiner Ausprägung durch. Der wirtschaftspolitische Wandel hin zu einer systemisch orientierten Entwicklungspolitik wiederum ist das Anliegen der demokratischen Regierungen Aylwin und Frei seit 1990. Jede dieser Regierungen vertrat ein anderes Konzept dessen, durch welche theoretischen Konstrukte Unterentwicklung zu erklären und auf welchem Wege sie zu bekämpfen sei. Linear ableitbar sind diese Konzepte aus dem Konstrukt *Industriegesellschaft*[5] offensichtlich nicht.

Der Nachweis systemexterner Einflüsse auf das Berufsbildungssystem in Chile geschieht hermeneutisch: Nachvollzogen werden drei abgrenzbare Epochen seit dem Zweiten Weltkrieg, in denen unterschiedliche globale *entwicklungstheoretische, bildungsökonomische und steuerungstheoretische Konzepte* wirksam waren. Aus der hermeneutischen Verschränkung derjenigen Aspekte dieser Paradigmen, die Relevanz für die Berufsbildung besitzen, lassen sich dann für jede Epoche *bildungspolitische Leitideen* ableiten und verdichten. Diese werden sodann als Folie für die Beschreibung und Analyse der Umsetzung in berufsbildungspolitischen Programmen genutzt. Inwieweit folgte die Berufsbildungspolitik in Chile den Vorgaben der jeweils gültigen Leitbilder? An welchen Stellen wich sie von diesen Direktiven ab?

Die Auseinandersetzung mit politischen Programmen im Rahmen der vorliegenden Arbeit zielt nicht auf eine Bewertung im Sinne einer ‚ge- oder mißlungenen' Berufsbildungspolitik, sondern darauf, Chancen und Probleme der Implementierung bestimmter steuerungs- und bildungspolitischer Konzepte zu identifizieren. Nicht der Erfolg oder Mißerfolg politischer Maßnahmen soll analysiert werden, sondern die politischen Konzepte selbst werden zum Untersuchungsgegenstand, zum Text, den es hermeneutisch verstehend zu dechiffrieren gilt.

Der Vergleich der theoretisch abgeleiteten *Leitideen* mit der *politischen Praxis* bezieht sich daher ausschließlich auf die *outputs*[6] des Bildungssystems, d. h. meßbare institutionelle Veränderungen im Bildungssystem wie z. B. Beschulungsraten, Subventionen oder Absolventenquoten, nicht aber auf die Wirkungen (berufs-)bildungspolitischer Maßnahmen auf die Gesamtgesellschaft. Die Faktoren, die solche *outcomes* beeinflussen, sind zu komplex, um eindeutige Rückschlüsse zuzulassen. Kausale Abhängigkeiten zwischen ihnen nachweisen zu wollen, erweist sich methodisch und empirisch als schlechterdings unmöglich (vgl. hierzu Mayntz et al. 1995: 19).

Auch ein Leistungsvergleich der unterschiedlichen Politikstrategien ist nicht intendiert, denn dazu müßte der Bildungserfolg einer Politikstrategie nicht an ihren eigenen Maßstäben gemessen werden, sondern – diese mißachtend – an denen *eines* Entwicklungsparadigmas.

So lassen sich z. B. Gesamtausgaben für Bildung über die verschiedenen Epochen hin nachzeichnen – eine Bewertung solcher Verlaufskurven ist aber nur relativ zu einer bestimmten bildungspolitischen Zielvorstellung möglich (z. B. Bildungsexpansion durch möglichst breite staatliche Bereitstellung von Ausbildungsmöglichkeiten. Erst unter dieser Voraussetzung kann man (wie besonders wissenschaftlich arbeitende Exilchilenen es in den 70er Jahren immer wieder getan haben) die Einbrüche der Bildungsfinanzierung

---

5　Hierzu ausführlich: Lutz, Burkart (1984): Der kurze Traum immerwährender Prosperität, Frankfurt/New York.

6　Die vergleichende Policy-Forschung unterscheidet zwischen den ‚outputs' einer Leistungsstruktur, d. h. den eindeutig identifizierbaren Unterschieden von Leistungsmerkmalen, und den ‚outcomes' bzw. den von einer großen Zahl intervenierender Faktoren mitdeterminierten und daher in aller Regel kaum quantifizierbaren Folgen der erbrachten Leistungen für die Gesellschaft (vgl. Mayntz et al. 1991: 18).

unter Pinochet zwischen 1974 und 1984 als ‚Mißerfolg' werten und zur Begründung der (vorgefaßten) These vom Versagen der Bildungspolitik unter der Militärdiktatur heranziehen.

Damit wird aber ein entscheidender Gesichtspunkt nicht wahrgenommen: daß nämlich das Ziel der Bildungspolitik dieser Jahre eben *nicht* eine möglichst umfassende Partizipation aller chilenischen Jugendlichen am Bildungssystem war, sondern eine bedarfsorientierte und marktnahe Qualifizierung der von der (Export-)Wirtschaft benötigten Fachkräfte. Und weiterhin: daß sich diese Zielorientierung aus durchaus rational begründeten Konzepten ableiten läßt und nicht *nur* durch die kurzsichtige Bildungsfeindlichkeit herrschsüchtiger Militärs zu erklären ist.

Die Analyse des chilenischen Berufsbildungswesens ist weiterhin beschränkt auf die Ausbildungssektoren, auf die sich politische Reformmaßnahmen vor allem beziehen, d. h. den formalen (unter der Ägide des Bildungsministeriums) und den non–formalen Bereich (unter dem Arbeitsministerium). Außer acht gelassen wird jedoch der informelle Sektor bzw. die nicht formalisierte Ausbildung am Arbeitsplatz (vgl. zu diesem Thema ausführlich: Clement 1998).

Der Hauptteil der vorliegenden Arbeit besteht aus drei Kapiteln, die jeweils eines der seit dem Zweiten Weltkrieg global wirksamen Entwicklungsparadigmen und seine Wirkung auf das chilenische Berufsbildungssystem beschreiben. Die Argumentation wird dabei durch die folgenden Unterthemen strukturiert:

- entwicklungstheoretisches Bezugssystem,
- Entwicklungsmodell und Wirtschaftsstrategie,
- steuerungstheoretisches Bezugssystem,
- bildungsökonomisches Bezugssystem,
- bildungspolitische Leitideen,
- politische und ökonomische Lage Chiles in der jeweiligen Epoche,
- chilenische Berufsbildungspolitik im a) formalen und b) non-formalen Bereich.

Als erste wird im zweiten Kapitel die Epoche der *importsubstituierenden Industrialisierung* bearbeitet. Der Erörterung der in dieser Zeit besonders relevanten dependenz- und modernisierungstheoretischen Ansätze folgt eine Darstellung bildungsökonomischer bzw. humankapitaltheoretischer Konzepte im Entwicklungsstaat und ihre Synthese in den bildungspolitischen Leitideen dieser Zeit. Die Reflexion der chilenischen Berufsbildungspolitik unter den Regierungen Frei und Allende erfolgt anhand der Leitthemen *Bildungsexpansion* und *Industrialisierung durch eigene Kompetenz*. Anschließend werden deren Wirkungen für die beruflichen Schulen sowie die Entstehungsgeschichte des Nationalen Berufsbildungsinstitutes INACAP dargestellt und analytisch auf das damals dominante bildungsoptimistische Konzept vom Entwicklungsstaat bezogen.

Das dritte Kapitel der Arbeit beschäftigt sich mit dem Entwicklungsparadigma *Neoliberalismus*. Das offensichtliche Versagen des Entwicklungsstaates führte zu einer kategorischen Ablehnung zentralstaatlich gelenkter Entwicklungsplanung; die Zielvorstellungen *‚Privatisierung und Deregulierung'* konnten sich in den 80er Jahren als zentrales Motiv wirtschafts- und sozialpolitischen Handelns durchsetzen. Berufsbildungspolitische Leitidee dieser Epoche wurde die *Entstaatlichung der beruflichen Bildung*. Die chilenischen Bildungsreformen von 1981 dokumentieren die Wirksamkeit dieses Paradigmas in vielfältiger Weise, verweisen aber auch auf diverse Friktionen und Transferprobleme in der Umsetzung.

Das vierte Kapitel untersucht Entwicklungskonzepte mit den Schwerpunkten Nachhaltigkeit und Vernetzung, die seit Beginn der 90er Jahre zunehmend Bedeutung erlangen. Als steuerungstheoretisches Ideal gilt nunmehr die an den spezifischen Erfordernissen des Einzelfalls orientierte Austarierung zwischen zentraler und dezentraler Regulierung. Bildungsökonomisch sind insbesondere die *‚endogenen Wachstumstheorien'* und das *‚Konzept der strukturellen Wettbewerbsvorteile'* bedeutsam. Für die berufsbildungspolitische Debatte kristallisieren sich die Leitthemen *Autonomie* und *Integration* als strukturgebende Pole heraus. Das Kapitel zeigt Ansätze und Orientierungen in der chilenischen Berufsbildungspolitik, die darauf abzielen, die Autonomie der Bildungsinstitutionen zu erhalten und zu fördern, gleichzeitig aber auch die Integrität des Gesamtsystems sicherzustellen.

Das abschließende fünfte Kapitel bietet ein Resümee des Argumentationsverlaufes und der gewonnenen Ergebnisse und stellt den Erkenntnisertrag der Arbeit für die theoretische Konzeptualisierung von Berufsbildungssystemen in Entwicklungsländern dar.

1.2 Literaturlage und Qualität des statistischen Materials

Die Aufarbeitung und Synthetisierung entwicklungstheoretischer und industrialisierungsstrategischer Aspekte zehrt von einer lebhaften internationalen Diskussion seit Beginn der 90er Jahre zu diesem Thema. Die diesbezüglichen Veröffentlichungen setzen sich kritisch mit den Entwicklungsparadigmen der Modernisierungs- und Dependenztheorien auseinander, beziehen sie auf ihren jeweiligen sozialpolitischen und ideologischen Kontext und isolieren Aspekte, die für eine Synthese beider Richtungen fruchtbar sein können (vgl. z. B. Boeckh 1993, Eßer 1992, Hurtienne et al. 1994, Menzel 1993 und 1992, Messner et al. 1995, Nohlen et al. 1992, Nuscheler 1993, OECD 1992, Tetzlaff 1993 und 1995).

Analog zu dieser wirtschaftstheoretischen Diskussion lassen sich auch steuerungstheoretische Konzepte für den Bildungsbereich finden, die sich mit Staats- bzw. Marktpositionen auseinandersetzen und auf diese Weise den entsprechenden Entwicklungsparadigmen zugerechnet werden können (vgl. z. B. Adams et al. 1992, Ball 1985, Foster 1987, Lith 1985, Tedesco 1989, Timmermann 1985 und 1995).

Seitdem die Humankapitaltheorie den Bildungsbereich auch für die wirtschaftstheoretische Diskussion thematisiert und verfügbar gemacht hat, werden in ähnlicher Weise bildungsökonomische Konzepte für die Ausdifferenzierung und Konkretisierung entwicklungsstrategischer Paradigmen entwickelt (vgl. z. B. Anderseck 1988, Becker 1964 und 1970, Carnoy 1993, 1994 und 1994a, Cohen 1985, Denison 1970, Godfrey 1994,

Hichliffe 1994, Laaser 1980, Laszlo et al. 1980, Lauglo 1993, Middleton et al. 1993, Psacharopoulos 1985 und 1987, Romer 1986, Schultz 1993 und 1994, World Bank 1990, 1991, 1995a und 1995b).

Theoriebausteine, die diesen entwicklungstheoretischen, wirtschaftsstrategischen bzw. steuerungstheoretischen und bildungsökonomischen Diskussionszusammenhänge entnommen werden, um sie in Form berufsbildungspolitisch relevanter Leitideen (belief systems) zu verdichten, werden für jede der drei Entwicklungsepochen auf die chilenische Berufsbildungsrealität bezogen. In diesen Teilen der Arbeit stützt sich die Argumentation vor allem auf chilenische Daten und Primärliteratur. Spanischsprachige Zitate wurden der besseren Verständlichkeit wegen übersetzt.

Zahlreiche Fakten, Meinungen und Einstellungen wurden mir zudem während eines mehrjährigen Aufenthaltes in Chile und der Zusammenarbeit mit Bildungspolitikern, Sozialwissenschaftlern, Lehrern, Hochschuldozenten und Eltern im Rahmen einer Kooperation mit dem dort ansässigen GTZ-Projekt FOPROD und der Friedrich-Ebert-Stiftung vermittelt.

Im Vergleich zu anderen lateinamerikanischen Staaten kann die Reliabilität statistischer Daten aus Chile als verhältnismäßig hoch gelten. Seit den frühen 40er Jahren wurden Bevölkerungs- und Wirtschaftsstatistiken entsprechend US-amerikanischen und europäischen Standards geführt, was mindestens teilweise mit der starken ausländischen Präsenz im Bereich der staatlichen Planung und Sozialforschung zu erklären ist. Institutionen mit weltweitem Renommee wie die UNESCO, die ILO oder die CEPAL haben ihren lateinamerikanischen Sitz in Santiago und prägen die sozialwissenschaftliche Forschungskultur des Landes mit. 1964 wurde als eines der wichtigsten pädagogischen Forschungsinstitute das der katholischen Kirche verbundene, jedoch autonom arbeitende *Centro de Investigación y Desarrollo de la Educación* (CIDE) gegründet. 1967 entstand das *Centro de Perfeccionamiento, Experimentación e Investigaciones Pedagógicas* (CPEIP) als Abteilung des Bildungsministeriums. 1971 kam das *Programa Interdisciplinario de Investigaciones en Educación* (PIIE) als Institut der *Universidad Católica de Chile* hinzu. Trotz zahlreicher politischer und materieller Schwierigkeiten gilt die Forschungsarbeit dieser unabhängigen, in vielen Fällen extern finanzierten Institutionen als qualitativ hochwertig und zuverlässig und wird daher in dieser Arbeit umfassend berücksichtigt. Allerdings mußte im Verlauf der Arbeit auch festgestellt werden, daß die heftigen Währungsturbulenzen und die schleichende Inflation das Auftreten statistischer Fehler in zahlreichen Fällen begünstigten, so daß für einige Fragen insbesondere im Bereich der Bildungsfinanzierung ausschließlich auf Daten der UNESCO zurückgegriffen werden mußte.

Als exakt können dagegen nationale Datenbestände über Bevölkerungsentwicklung und Beschäftigung sowie Handelsbilanzen, Daten über industrielle Produktion oder Staatsausgaben gelten. Zahlen über landwirtschaftliche Entwicklung, Sozialstatistiken und Schulstatistiken müssen bis weit in die 70er Jahre hinein als „moderately accurate" (Vylder 1976: 4) gelten. *Weiche* Daten etwa über Rekrutierungsverhalten von Unternehmern, Bildungswahlmotive o.ä. werden in aller Regel auf der Grundlage von Befragungen mit kleinen Gruppen und schmaler empirischer Basis gewonnen. Diese Untersuchungen werden daher in der vorliegenden Arbeit lediglich als Hinweise oder Trendaussagen genutzt.

Für so konfliktreiche Verhältnisse wie diejenigen in Chile seit 1965 kommt es außerdem entscheidend darauf an, von *wem* bzw. welcher Institution die genutzten Daten generiert wurden. Die Analysen der vorliegenden Arbeit stützen sich vor allem auf offizielle Zahlen der UNESCO, der Bildungs- und Arbeitsministerien sowie des Planungsministeriums. Zumindest für die Zeit der frühen Militärdiktatur, in der offizielle Statistiken auf z.T. groteske Weise manipuliert wurden, werden die Zahlen aus nationalen Behörden mit der gebotenen Skepsis interpretiert. Auch einige der vermeintlich wissenschaftlichen Analysen und Darstellungen aus dieser Zeit tragen deutliche Züge des politischen Opportunismus gegenüber dem totalitären Regime (vgl. z. B. Prieto Bafalluy 1983).

Es liegen jedoch zahlreiche erziehungs- und sozialwissenschaftliche Forschungsberichte einschlägiger Institutionen wie der UNESCO, der CEPAL oder kleinerer Forschungsinstitute wie dem PIIE, dem CIDE oder des CIEPLAN (*Corporación de Investigaciones Económicas para Latinoamérica*) vor. Vor allem in den letztgenannten privatrechtlich organisierten Forschungseinrichtungen arbeiteten während der Militärdiktatur oppositionelle Sozialwissenschaftler, die immer wieder versuchten, der offiziellen Darstellung der Regierung eigene Daten entgegenzustellen – ein Vorgehen, das nur während weniger Jahre (etwa 1973 bis 1980) durch politische Repression erschwert wurde.[7] Seit Mitte der 80er Jahre fanden in diesen Institutionen zahlreiche aus dem Exil zurückkehrende Sozialwissenschaftler Arbeit, welche ihre im Ausland erworbenen Methodenkenntnisse einbrachten.

Vornehmlich die Daten der UNESCO erweisen sich insbesondere für die Untersuchung größerer Zeiträume als hilfreich, weil sie seit den 50er Jahren auf der Grundlage gleichbleibender Kategoriensysteme erhoben werden. Aus diesem Grund werden die Daten der Statistischen Jahrbücher der UNESCO besonders ausgiebig genutzt.

1.3 Berufsbildungssysteme: Elemente und Wirkungskräfte

Zur theoretischen Fundierung des in dieser Arbeit verwandten Systembegriffes werden in dem nun folgenden Kapitel Forschungsergebnisse und theoretische Modelle aus der vergleichenden Berufsbildungsforschung, aber auch aus Sozial- und Politikwissenschaft referiert. Die leitende Fragestellung bei der Auswahl dienlicher Theorieansätze lautete: *Wie lassen sich Berufsbildungssysteme und der ihnen inhärente dynamische Wandel theoretisch erfassen und darstellen?* Um diese Frage sinnvoll beantworten zu können, sollte das zugrundeliegende Systemmodell im wesentlichen drei Anforderungen genügen:

---

7   Ausführlich zu Geschichte und politischer Position der akademischen Zentren der *„autonomen Intelligenz"* (Cañas-Kirby 1993: 97) während der Diktatur vgl. Cañas-Kirby 1993: 96ff.

- Es sollte an den aktuellen Forschungsstand systemtheoretischer Sozialforschung anknüpfen,
- es sollte es ermöglichen, die aus der vergleichenden Berufsbildungsforschung bekannten Systemmodelle aufzugreifen und zu systematisieren und
- es sollte einen theoretischen Zugang zum Thema der dynamischen Veränderung sozialer Systeme eröffnen.

Im letzten Teil des Kapitels wird ein heuristisch angelegtes Systemmodell vorgestellt, das Aspekte der zuvor referierten Theorieansätze nutzt und zu einem eigenständigen Konstrukt synthetisiert. Dieses Modell wird in den folgenden, empirischen Kapiteln zur Beschreibung und Analyse des chilenischen Berufsbildungswesens unter besonderer Berücksichtigung seines systemischen Wandels seit 1964 verwandt werden.

1.3.1 Soziale Systeme – Sozialwissenschaftliche Anleihen

Der interdisziplinäre Charakter der vergleichenden Berufs- und Wirtschaftspädagogik (vgl. Lipsmeier 1985: 720) legt es nahe, für die Bearbeitung der hier zu diskutierenden Fragestellung die Forschungsergebnisse derjenigen Nachbardisziplinen der Berufspädagogik (namentlich der Soziologie und der Politikwissenschaften) nutzbar zu machen, die sich seit etwa zwei Jahrzehnten intensiv mit der Frage nach Entstehung, Gestalt und Entwicklung sozialer Systeme auseinandergesetzt haben. Insbesondere sollen dazu systemtheoretische und akteurtheoretische Theorieansätze herangezogen werden.

Nach Luhmann unterscheiden sich soziale Systeme von Strukturen dadurch, daß Systeme Sinngrenzen aufweisen (Luhmann 1994: 52). Diese Grenzen können dann als hinreichend bestimmt gelten, wenn das System auftretende Ereignisse oder Probleme mit systemeigenen Mitteln einordnen bzw. bearbeiten kann. Die Weiterentwicklung und Ausdifferenzierung moderner Gesellschaften erfolgt innerhalb dieser Systemgrenzen entlang von Sinncodierungen,[8] die in Form von Gegensatzpaaren „binär" strukturiert sind (z. B. wahr/ unwahr im Wissenschaftssystem, recht/ unrecht im Rechtssystem oder besser/ schlechter im Erziehungssystem[9]).

Diese operationale Geschlossenheit der Sozialsysteme führt dazu, daß interner Wandel und Ausdifferenzierung sich aus systemeigenen Sinnkategorien speisen – Luhmann nennt diesen Sachverhalt „selbstreferentielle Dynamik" bzw. „Autopoiesis" (ders. 1994: 60ff.).

Auch das Bildungssystem enfaltet nach Ansicht der Systemtheoretiker (vgl. insbesondere Luhmann et al. 1988) eine solche auf sich selbst bezogene Wachstumslogik, die sich vor allem an den Sinnkategorien ,Qualifikation und Selektion' orientiert. Veränderungen werden aus dieser Perspektive nicht aufgrund von Dysfunktionalitäten und Inkongruenzen mit der Systemumwelt (z. B. Arbeitslosigkeit der Absolventen) vorgenommen und

---

8 „Codierte Ereignisse wirken im Kommunikationsprozeß als Information, nichtcodierte als Störung (Rauschen, noise). Die Codierung muß als operative Vereinheitlichung von Information und Mitteilung durch Alter und Ego gleichsinnig gehandhabt werden. Das erfordert eine dafür ausreichende Standardisierung" (Luhmann 1994: 197).
9 Zur Frage, welche Leitdifferenz in der Erwachsenenpädagogik Geltung erlangen könnte vgl. Arnold 1995.

sind auch durch externe Interventionen nicht hervorrufbar. Einwirkungen z. B. des politischen oder des Wirtschaftssystems auf das Bildungssystem müssen – so nehmen Luhmann et al. an – vielmehr in die Spezialsemantik des Bildungssystems übersetzt werden, um verstanden werden zu können. Die Tiefenstruktur des Systems bleibe von externen Interventionen unberührt;[10] Wandel geschehe ausschließlich durch Prozesse entlang systemeigener Sinnkategorien und Interessenkonstellationen.

Die These von der operationalen Geschlossenheit sozialer Systeme impliziert erhebliche Steuerungs- und Integrationsprobleme auf gesamtgesellschaftlicher Ebene. Luhmann schließt zunächst jede Möglichkeit aus, von außen im Sinn einer *direkten* Einflußnahme steuernd auf ein Sozialsystem einzuwirken, es sei denn durch dessen Zerstörung.[11] Indirekte Beeinflussung des Systems erfolgt über den bislang wenig konkretisierten Mechanismus der ‚strukturellen Koppelung‘.[12] Zwar verbleibt auch hier die Kommunikations- und Handlungsdynamik in der systemeigenen Semantik, doch die strukturelle Koppelung mehrerer Sozialsysteme läßt Einflüsse von außen in ‚übersetzter‘ Form auf der untergeordneten Ebene von Programmen (Ziel-Mittel-Definitionen zur Handlungsorientierung) zu und ermöglicht so mittelbar gesellschaftliche Integration (vgl. Neumann 1996: 15). Dennoch bleibt im Spannungsfeld zwischen gesellschaftlicher Differenzierung und Integration, so unterstellt dieser Zweig der Systemtheorie, mit zunehmender Binnenkomplexität der einzelnen, operativ geschlossenen Subsysteme ein Ungleichgewicht zuungunsten der Integrations- und Steuerungsfähigkeit moderner Gesellschaften. Die Funktionstüchtigkeit des Staates nimmt in modernen Industriegesellschaften im gegenläufigen Verhältnis zur Ausdifferenzierung autopoietisch angelegter Sozialsysteme ab (vgl. Waschkuhn 1996: 764).

Aus politikwissenschaftlicher Sicht wird allerdings die These Luhmanns, gesellschaftliche Steuerung sozialer Subsysteme sei schlechterdings unmöglich (vgl. Luhmann 1988: Kapitel 2.8), heftig kritisiert (vgl. z. B. die Debatte zwischen Luhmann und Scharpf in: dies. 1989 sowie Braun 1993: 200ff.). Nach Ansicht dieser Autoren vernachlässigt die neuere Systemtheorie nämlich die Tatsache, daß – trotz einer zugestandenen *„selbstreferentiellen Borniertheit der funktionsspezifischen Kommunikation"* (Scharpf 1991: 23) – Kommunikation auch zwischen Akteuren unterschiedlicher Sozialsysteme stattfindet.

---

10 Dieses Spannungsverhältnis zwischen Notwendigkeit und der gleichzeitigen Unmöglichkeit, von außen auf selbstreferentielle Systeme einzuwirken, spiegelt sich auch im Inneren des Erziehungssystems und ist für seine Begründung geradezu konstitutiv: Erst durch die Intentionalisierung des Erziehens, also der geplante Eingriff in das an sich geschlossene psychische System des Educandus, differenzieren sich Erziehungssysteme aus. Das daraus zwangsläufig entstehende strukturelle Defizit, daß nämlich auch Lernen nur als *„Prozeß der Restrukturierung innerhalb eines geschlossenen Systems begriffen werden"* kann (Luhmann 1987: 60), wird von Anfang an in Kauf genommen. Dieses Paradoxon bezeichnet Luhmann als das ‚Technologiedefizit‘ des Bildungssystems (vgl. Luhmann 1987).

11 „Über fremde System/Umwelt-Beziehungen kann jedoch kein System ganz verfügen, es sei denn durch Destruktion." (Luhmann 1994: 37).

12 Der Begriff der ‚strukturellen Koppelung‘ beschreibt die kausalen Interdependenzen zwischen System und Umwelt. „Er (der Begriff, U.C.) schließt einerseits nahezu alle denkbaren Interdependenzen aus (nicht jede Rede wird für einen Politiker zu einem medizinischen, einem finanziellen, einem juristischen Problem) und intensiviert zugleich andere. So wirken sich ökonomische Konjunkturen ziemlich typisch auf (1) Steuereinkommen und (2) Wählerverhalten aus. Oder: ‚Krankschreibungen‘ durch Ärzte koppeln routinemäßig Medizinsystem, Wirtschaftssystem und Rechtssystem." (Luhmann 1994: 196)

Akteure in bestimmten Funktionssystemen, so wird argumentiert, *„können es sich [...]*
nicht leisten, nur eine Funktionssprache zu sprechen – sie müssen multilinguale Kom-
munikationskompetenz erwerben und je nach Bedarf zwischen Funktionslogiken wech-
seln können. " (ebd.) Dies gelingt u.a. deswegen, weil die individuellen Akteure in aller
Regel selbst Angehörige unterschiedlicher Sozialsysteme sind und daher gelernt haben,
die Art ihrer Kommunikation an unterschiedliche situative Gegebenheiten mindestens
teilweise zu adaptieren.

Um die Integrationsleistung der sozialen Systeme bzw. der in ihr tätigen Akteure thematisieren zu können, ohne die entgegengesetzten, selbstreferentiellen Wirkungskräfte
aus dem Blick zu verlieren, bemühen sich verschiedene Autoren und Autorengruppen in
jüngster Zeit, systemtheoretische Anregungen mit akteurtheoretischen Ansätzen zu verknüpfen (vgl. Braun 1993; Messner 1995; Schimank 1996; Scharpf 1991).

Akteurtheoretische Ansätze halten – in Abgrenzung von der Systemtheorie Luhmanns –
nicht *Kommunikation* für die basale Operation von Gesellschaft, sondern stellen die
Handlung bzw. – darüber vermittelt – die handelnden *Akteure* ins Zentrum der Aufmerksamkeit (vgl. Scharpf in: Luhmann et al. 1989: 20ff.). Analytisches Interesse wek-
ken in diesem Zusammenhang weniger einzelne Personen als vor allem ihre kollektive
Vertretung in Form von *korporativen* Akteuren (Coleman).[13]

Korporative Akteure treten in soziale Beziehungen[14] zueinander, verfolgen Interessen,
bilden Koalitionen, und sie stützen oder verändern – wie neokorporatistische Studien
überzeugend nachweisen (vgl. Czada 1996; Streeck et al. 1985) – bestehende gesellschaftliche Arrangements. Interesse, Macht, Konflikt und Kooperation werden aus dieser Sicht zu Schlüsselvariablen gesellschaftlicher Veränderungsprozesse. Bei der Formulierung und Kanalisierung ihrer jeweiligen Interessen beziehen sich die Akteure zwar
auf die durch das jeweilige Sozialsystem vorgegebenen Kategorien und Begrifflichkeiten, sind aber gleichzeitig auch zu systemübergreifendem Denken und Handeln fähig.

Dieses Spannungsverhältnis zwischen Independenz und Interdependenz einzelner sozialer Subsysteme wird nach Ansicht der genannten Autoren erst ersichtlich und analytisch faßbar, wenn *sowohl* die (durch die Systemtheorie freigelegte) Tatsache, daß systemischer Wandel sich vielfach selbstreferentiell vollzieht, *als auch* das (aus ak-
teurtheoretischer Sicht betonte) Faktum anerkannt wird, daß absichtsvolles Handeln

---

13 Korporative Akteure sind *„handlungsfähige, formal–organisierte Personen–Mehrheiten, die über*
zentralisierte, also nicht mehr den Mitgliedern individuell zustehende Handlungsressourcen verfü-
gen, über deren Einsatz hierarchisch (zum Beispiel in Unternehmen oder Behörden) oder majoritär
(zum Beispiel in Parteien oder Verbänden) entschieden werden kann. " (Mayntz et al. 1995a: 49f.)
Korporative Akteure können, müssen jedoch nicht auf der Grundlage gemeinsamer objektiver Interessen kooperieren. Von Interessengruppen unterscheiden sie sich dadurch, daß sie nicht wie jene notwendig „aufgrund ihrer sozialen Lage und gemeinsamen Betroffenheit einer bestimmten
‚gesellschaftlichen Muttergruppe' (O. Stammer) mit partikularen wirtschaftlichen, beruflichen, kulturellen oder konfessionellen Interessen angehören" (Hillmann 1994: 384). Korporative Akteure *können*
vielmehr auch auf der Grundlage ideeller oder wertorientierter Gemeinsamkeiten handeln, bilden daher also einen Oberbegriff, der den der Interessengruppen mit einschließt.
14 Weber definiert eine soziale Beziehung als „ein seinem Sinngehalt nach aufeinander gegenseitig ein-
gestelltes und dadurch orientiertes Sichverhalten mehrerer." (1976: 13).

über die Grenzen der Funktionssysteme hinaus möglich und angesichts der Interdependenzen zwischen ihnen unumgänglich ist.

Über konstellations- und situationsgebundene Interessen hinaus orientieren sich Akteure zugleich auch an dem Handlungsrahmen der Institutionen, in die sie eingebunden sind. Dauerhafte Orientierungen und Handlungsmuster, die hier entwickelt und perpetuiert werden, stimulieren und ermöglichen das Handeln der Akteure, steuern und begrenzen es jedoch auch.

Die Autorengruppe des Kölner Max-Planck-Instituts für Gesellschaftsforschung unter der Leitung von Renate Mayntz hat versucht, diesen Aspekt in ein Systemmodell zu integrieren und entwickelte den forschungsheuristisch konzipierten Ansatz des *Akteurszentrierten Institutionalismus* (vgl. Mayntz et al. 1995a). Es ergeben sich drei Untersuchungsebenen, deren Bearbeitung Erkenntnisse über motivationale und interessengebundene Ursachen dauerhafter und situativer Handlungsorientierungen der Akteure ermöglicht und auch deren interdependente Beziehung zum institutionellen Kontext analytisch fassen kann.

Nicht-institutionelle und dem System zunächst äußerliche Faktoren konfrontieren die Akteure mit bestimmten Rahmenbedingungen, Notwendigkeiten und normativen Erwartungen. Dadurch werden sie zur Selektion spezifischer Interessen gezwungen, die sich in dauerhafte Präferenzen umwandeln lassen. Werden diese Präferenzen über längere Zeit hin vertreten und durchzusetzen versucht, so entstehen spezifische Werte und Normen, die von den Akteuren allgemein anerkannt und zunehmend internalisiert werden. Der institutionelle Kontext prägt (aber determiniert nicht) die Auswahl dieser Handlungsmotive und -interessen. Er stellt einen Fundus latent vorhandener Interessenpräferenzen und Normen zur Verfügung, aus dem in je besonderen Handlungssituationen adäquate Handlungsziele und -gründe ausgewählt und realisiert werden können.

Abbildung 1:   Akteurzentrierter Institutionalismus

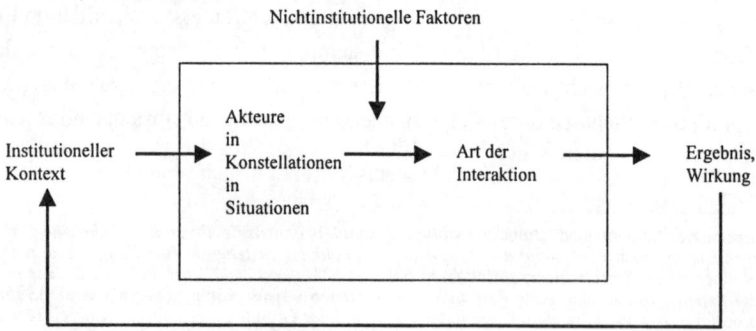

Mayntz et al. 1995a: 45

Die Umsetzung dieser Handlungsziele zeitigt jeweils bestimmte Ergebnisse und Wirkungen, die ihrerseits Einfluß auf die Institutionen nehmen. Institutionen werden im akteurszentrierten Institutionalismus somit nicht als statisch konzeptualisiert, sondern vielmehr als sozial verursacht und damit potentiell dynamisch wahrgenommen (ausführlicher: Mayntz et al. 1995a).

Dieses Konzept des akteurszentrierten Institutionalismus wird nun von Schimank um eine systemtheoretische Variable ergänzt, indem er den Kategorien ‚Institution' und ‚Akteur' den differenzierungstheoretisch relevanten Aspekt der *„teilsystemischen Orientierungshorizonte"* (Schimank 1996: 241ff.) beiordnet. Auf diese Weise gelingt es ihm, die Funktionsebene der Kommunikation in das handlungstheoretisch abgeleitete Grundmodell zu (re-)integrieren. In Anlehnung an den Luhmannschen Sinnbegriff postuliert er, Interaktion und Handeln in den Teilsystemen einer Gesellschaft sei an bestimmten, systemspezifischen Orientierungen ausgerichtet.

Nach seiner Ansicht haben diese Orientierungshorizonte die zentrale Funktion, Komplexität zu reduzieren und so Handlungsfähigkeit zu ermöglichen. Sie tun dies um so eher, je profilierter die jeweilige teilsystemische Handlungslogik ausgeprägt ist.

> „Aufgrund seiner Teilsystemzugehörigkeit weiß ein Akteur also vor allem, welcher Richtung des *Wollens* er sich zuwenden kann und welche anderen Richtungen er entsprechend nicht in den Blick zu nehmen braucht." (Schimank 1996: 243)

Die mit den teilsystemischen Orientierungshorizonten verbundene *„Simplifikation"* des vielschichtigen und vielerlei Einflüssen unterliegenden *Wollens* der Akteure besitzt gleichzeitig den Charakter sich selbst erfüllender Prophezeiungen, prägt also ihrerseits erneut das Denken und Handeln der Akteure.

Konsequenterweise faßt Schimank darum den Begriff der *institutionellen Ordnungen* deutlich weiter als Mayntz und ihre Kollegen. Institutionen bestehen seiner Auffassung nach nicht nur aus Rechtsnormen, Verfahrensregeln oder Mitgliedschaftserwartungen, sondern schließen auch informelle Regelungen wie Sitten oder Umgangsformen mit ein. Dauerhafte Orientierungen und Handlungsmuster, die hier entwickelt und perpetuiert werden, stellen Mittel und Wege zur Verwirklichung von Handlungszielen zur Verfügung, andererseits steuern und begrenzen sie es jedoch auch, indem sie mittels der in ihnen verankerten Normen und Regeln für das *Sollen* der Akteure vermitteln.

Die Akteure wissen um diese institutionelle und soziale Eingebundenheit sowohl ihrer selbst als auch ihrer Gegenüber und stellen sie in Rechnung.

> „Ego faßt Alter [...] als strukturell gebunden und damit als Bestandteil des eigenen strukturellen Kontextes auf, weil dieser eben nicht nur mit Ego, sondern auch mit Dritten in Beziehungen steht und durch diese im Umgang mit Ego eingeschränkt wird. Gerade weil Gesellschaft nicht aus isolierten Dyaden besteht, bilden sich somit Konstellationsstrukturen heraus." (Schimank 1996: 245)

In diesen mehrfach gebundenen und reflektierten Verhandlungsprozessen zwischen Akteuren kristallisiert sich darum letztlich heraus, welche Kommunikations- und Handlungsmuster im Bereich des Möglichen liegen und mit einigermaßen großer Aussicht auf Erfolg umgesetzt werden *können* (vgl. die folgende Graphik).

Abbildung 2:   Akteur - Struktur – Dynamiken

Soziales System

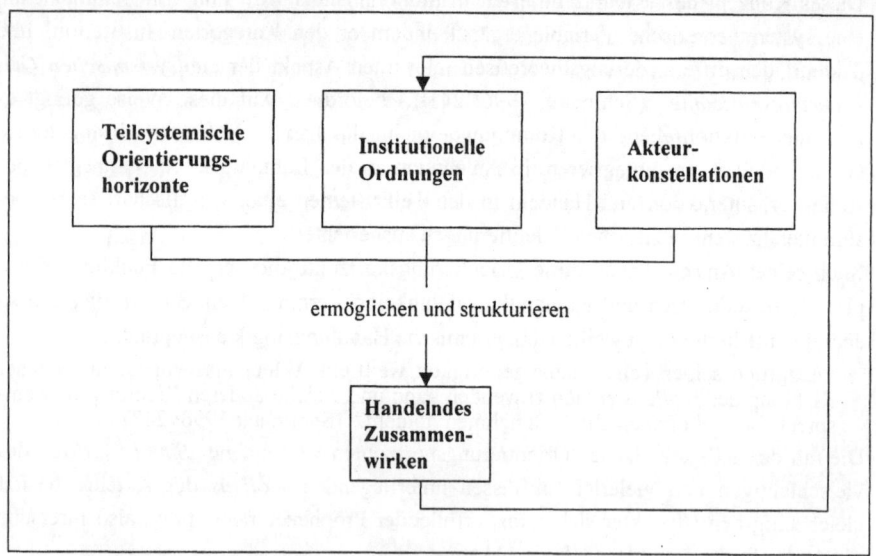

graphisch veränderte Darstellung[15] aus: Schimank 1996: 247

Das von Schimank vorgeschlagene heuristische Konzept scheint mir – und dies wird in den folgenden Kapiteln noch ausführlicher begründet werden – für die vergleichende Berufsbildungsforschung deshalb besonders fruchtbar zu sein, weil es kognitive mit strukturellen und institutionellen Aspekten kombiniert und auf diese Weise handlungs-theoretische mit kommunikationstheoretischen Systemkonzepten versöhnt. Erst die Kombination von system- und akteurtheoretischen Herangehensweisen, so argumentiert Schimank nämlich, ermögliche es, *„die fortbestehende Divergenz der Blickwinkel gera-de als Chance (zu) nutzen, aus jedem etwas zu sehen, was der andere nicht sieht."* (ebd.: 277). Zwar wird eine Fokussierung auf Teilaspekte bei der Operationalisierung von For-schungsvorhaben unvermeidbar,[16] doch m. E. besticht der Theorieansatz Schimanks durch die umfassende und dadurch potentiell realitätsnahe Perspektive.

---

15 Die dieser Abbildung zugrundeliegende Graphik Schimanks enthält die Kategorie der „Handlungs-prägung", mit deren Hilfe der Autor die Begriffe ‚wollen‘, ‚sollen‘ und ‚können‘ – wie zuvor ange-deutet – den unterschiedlichen gesellschaftlichen Strukturdimensionen zuordnet. Die Verwendung dieser recht nahe am alltagssprachlichen Gebrauch angesiedelten Begrifflichkeiten erweist sich jedoch als in mancher Hinsicht mißverständlich und für den hier entworfenen Diskussionsrahmen kaum rele-vant, so daß diese Kategorie hier nicht mehr weiterverfolgt wird.

16 Zu den Gefahren einer letztlich nicht mehr analytischen Ansprüchen genügenden, historiographischen 1:1 Perspektive überkomplexer Forschungsdesigns, vgl. Mayntz et al. 1995a: 66.

1.3.2 Die Konzeptualisierung von Berufsbildungssystemen

Die vergleichende Berufsbildungsforschung muß schon deshalb die systemkonstituierenden Elemente präzise benennen, die sie bei der vergleichenden Betrachtung von Strukturen und Organisationsformen beruflicher Bildung in den Blick nehmen will, weil analytische Instrumentarien zur Wahrnehmung, Beschreibung und Einordnung fremder Systeme ohne eine solche Festlegung nicht konstruiert werden können. Dennoch ist sich die Disziplin über diese elementaren Begrifflichkeiten zutiefst uneins, angefangen mit dem Begriff ‚Berufsbildung‘ selbst und damit, welche Bildungsangebote, Institutionen und Organisationsmuster gegebenenfalls diesem Bereich zuzuordnen seien. Dies gilt selbst für die ganz konkrete, institutionengebundene Ebene und für Deutschland (vgl. Fingerle et al. 1990), um so stärker jedoch für andere Länder.

Die Heterogenität sowohl der theoretischen Diskussion als auch der weltweit real vorfindlichen Realität macht es m. E. erforderlich, ein Modell zur Konzeptualisierung von Berufsbildungssystemen zu wählen, das möglichst wenige Einflußgrößen und Elemente von vornherein aus der Analyse ausschließt. Das Konzept Schimanks entspricht diesen Anforderungen insofern, als es, wie im vorangegangenen Kapitel 1.3.1 ausgeführt, akteur- und systemtheoretische Elemente integriert und so den Zugang zu beiden Analyseebenen offenhält.[17]

Die bislang vorliegenden analytischen Modelle und Instrumentarien der vergleichenden Berufsbildungsforschung lassen sich anhand des Schimankschen Konzeptes ordnen und nach ihrer Reichweite klassifizieren:

Bis zu Beginn der 90er Jahre war *„der Lernort, bzw. der Gesichtspunkt, in welcher Einrichtung berufliche Bildung vorzugsweise stattfindet,* [...] *als Klassifizierungskriterium für Berufsbildungssysteme"* (Greinert 1992: 2f.) vorherrschend.

So ordnete Lauterbach (1984)[18] die Berufsbildungssysteme von zwölf überwiegend europäischen Staaten den Lernorten[19] ‚Berufsbildung in Unternehmen‘, ‚in Schulen‘, ‚im dualen System‘ und in ‚Mischsystemen‘. Maslankowski (1986)[20] unterschied das ‚duale System‘, ‚schulische Berufsausbildung‘, ‚MES-Ausbildung‘, ‚nationale Berufsbildungsdienste‘ und ‚training-on-the-job‘. Hegelheimer (1988)[21] differenzierte in ‚duale Systeme‘, ‚vollschulische Systeme‘ und ‚gemischte Berufsausbildungssysteme‘. Zedler (1988)[22] bildete die vier Grundtypen ‚duales System‘, ‚vollschulisches System‘,

---

17 Für das deutsche Berufsbildungssystem hat übrigens Harney (1997) eine Rekonstruktion des Systemfindungsprozesses vorgelegt, die in beeindruckender Weise institutionengeschichtliche und korporative Wurzeln des dualen Systems nachzeichnet und auf die systemische Ausdifferenzierung von Schule, Betrieb und beruflicher Bildung bezieht, d. h. ebenfalls akteurbezogene, institutionelle und kommunikativ verhandelte Aspekte systematisch integriert.

18 Carl–Duisberg–Gesellschaft (Hg.)(1984): Berufliche Bildung des Auslands, Stuttgart.

19 Nach der klassisch gewordenen Definition der Deutschen Bildungskommission handelt es sich bei einem Lernort um *„eine im Rahmen des öffentlichen Bildungswesens anerkannte Einrichtung* [...], *die Lernangebote organisiert.* [...] *Seine Eigenart gewinnt jeder Lernort aus den ihm eigenen Funktionen im Lernprozeß."* (Deutscher Bildungsrat 1974: 69).

20 Maslankowski, Willi (1986): Das duale System oder welches sonst?, in: Zeitschrift für internationale Erziehungs- und sozialwissenschaftliche Forschung (1986)2: 321–386.

21 Hegelheimer, Armin (1988): Internationaler Berufsbildungsvergleich, Bielefeld.

22 Zedler, Reinhard (1988): Standortvorteil: Berufsausbildung, in: Lenske, W. (Hg.): Qualified in Germany, Köln.

‚gemischtes System' und ‚on-the-job-training'. Auch Lauglo (1993) differenziert nach ‚school-based' und ‚apprentice-ship training' sowie ‚training-employees'; kurz: Der Ort und damit die Art der Institution, in der ausgebildet wird, gilt diesen Autoren als entscheidende Kategorie zur Beschreibung und damit auch zur Konzeptualisierung von Berufsbildungssystemen.

Bezieht man diese Modelle auf das Systemkonzept Schimanks, so wird deutlich, daß sie ‚institutionelle Ordnungen' explizit zur Referenzkategorie wählen[23], gleichzeitig aber implizit auch Systemebenen ansprechen, die darüber hinausweisen und auch die Aspekte ‚Akteurkonstellation' und ‚systemische Orientierung' im Kern enthalten. Schon die Ende der 70er und Anfang der 80er Jahre in Deutschland entfachte Diskussion um den Begriff *Lernort* (vgl. Beck 1984, Kath et al. 1985, Kell et al. 1983, Kutscha 1985, Lipsmeier 1978 und 1983, Münch 1977) verdeutlicht, daß mit dieser Kategorie stets auch, aber nicht ausschließlich die physische Umwelt bzw. der institutionelle Rahmen, in der berufliches Lernen sich abspielt, gemeint war. Lipsmeier führt aus:

„Ein Lernort ist [...] durch
- ein organisiertes Lernangebot
- an einer lokal beschreibbaren Stelle
- mit pädagogisch-didaktischer Eigenständigkeit
- und spezifischen Lernprozessen und Lernzielen bestimmt." (Lipsmeier 1978: 166)

Der Lernort umfaßt somit *„mehr als nur den technischen Aspekt einer effizienten ‚Verortung' von Lernprozessen"* (Kell et al. 1983: 194)[24]: Gerade die Intensität der Auseinandersetzung verweist darauf, daß der Begriff jenseits von organisatorischen und strukturfunktionalen Aspekten auch Bezüge zu Zielen, Inhalten und pädagogischen Orientierungen herstellt.

Gleichzeitig verhilft die Interpretation der Lernortkonzepte anhand des Schimankschen Systemmodells zu einer präziseren Einschätzung ihrer Bedeutung und Grenzen. Im räumlich und institutionell definierten Lernort laufen Systemkräfte zusammen, die mit den Schimankschen Kategorien der ‚institutionellen Ordnung', ‚Akteurkonstellation' und ‚teilsystemischen Orientierung' sinnvoll beschrieben werden können, doch bleiben die letzten beiden Aspekte auf einer nicht operationalisierbaren Ebene und damit für die systematische Reflexion verschlossen.

Denn obgleich in der Vergleichskategorie ‚Lernort' der systemische Charakter beruflicher Bildung gleichsam mitschwingt, bietet er, und auch das hat die deutsche Diskussion Anfang der 80er Jahre gezeigt, nur sehr eingeschränkt die Möglichkeit, systemische

---

23 Ganz ausdrücklich macht auch Lenhart (1993: 78ff.) die Institutionalisierungsform der beruflichen Bildung zum Klassifikationskriterium und unterscheidet öffentlich–formale von öffentlich–nonformaler sowie private profitorientierte von non–profit Institutionalisierung. Offenkundig wird an dieser Stelle jedoch das Problem, daß bei vielen Formen betrieblicher Ausbildung von einer Institutionalisierung im eigentlichen Sinne gar nicht gesprochen werden kann, da übergeordnete, integrierende Regelungsmuster in diesem Bereich oftmals nicht existieren.

24 Kell et al. (1983) haben mit ihrem Vorschlag, die Konzepte Lewins und Bronfenbrenners für eine *„lernökologische Sicht"* des Begriffes nutzbar zu machen, explizit auf den systemischen Horizont von Lernorten hingewiesen und auch am Einzelfall nachgewiesen, wie hoch der Wirkungsgrad *„exosystemischer"* und *„makrosystemischer"* Einflüsse auf den (bei ihnen exemplarisch angeführten) Lernort Kollegschule ist.

Elemente spezifischen Lernortmodellen schlüssig *zuzuordnen* (vgl. Beck 1984). Zwar lassen sich ausgehend von einem bestimmten Lernort die beteiligten Systemkräfte aufzeigen und analysieren,[25] doch scheint der umgekehrte Weg, nämlich aus der Existenz eines bestimmten Lernortmodells in einem anderen Land Merkmale des Berufsbildungssystems zu deduzieren,[26] weniger überzeugend. Der Verweis auf Ziele, Methoden, zugrundeliegende Kräfteverhältnisse und institutionelle Bedingungsgefüge bleibt implizit, die analytische Reichweite der Lernortkategorie zur Erschließung fremder Berufsbildungssysteme eingeschränkt.

Ein weiterer Gesichtspunkt bleibt bei Typologisierungen nach der Kategorie ,Lernort' außen vor, und zwar der Aspekt des *Wandels* beruflicher Bildungssysteme. So kritisiert auch Greinert nicht nur den Mangel an Kohärenz und Stringenz der genannten Ansätze, sondern auch ihre *"statische Dimension"* (Greinert 1992: 4). Die Modelle, so führt er aus, zielten im Kern auf eine Beschreibung der bestehenden Struktur, vernachlässigten aber sowohl deren Funktionen für die Gesamtgesellschaft[27] als auch die Dynamik des Systems.

Greinerts ursprünglicher Gegenvorschlag, Berufsbildungssysteme nach der Rolle, die der Staat in ihnen wahrnimmt, zu ordnen – er identifizierte als Grundtypen beruflicher Qualifikation das *"bürokratische"* oder Schulmodell, das *"Marktmodell"* und das *"duale System"* (vgl. Greinert 1988) – berücksichtigte neben der Ebene der ,institutionellen Ordnung' auch die ,Akteurkonstellationen', ließ jedoch die Frage der ,teilsystemischen Orientierungen' noch weitgehend außer acht. Das Kriterium *,Rolle des Staates'* ermöglichte es, Interessenkonstellationen, Handlungsmuster und damit in Zusammenhang stehende institutionelle Strukturmerkmale abzubilden, doch die kommunikative Grundlage oder Begründungen für Handeln konnten anhand dieses Klassifikationsschemas nicht herausgearbeitet werden.

In einer Revision seiner Typologie versucht Greinert (1995, 1997, 1997a), dieses Manko auszugleichen, indem er eine neue Systematik nach dem Kriterium *"zentrale Regelungsmuster der systemspezifischen Kommunikation"* (Greinert 1997a: 18) erstellt. Er rekurriert dabei einerseits auf die Luhmannsche Auffassung von sozialen Systemen als selbstreferentielle Sinnzusammenhänge und andererseits auf die Webersche Herrschaftssoziologie. Greinert unterscheidet die Regelungsmuster ,Tradition', ,Markt' und ,bürokratische Rationalität' und leitet daraus (ders. 1995: 32) eine Typologisierung in *"traditionale Modelle der Berufserziehung"* (*"kollegial organisierte, private Vereini-*

---

25 Eine Bestätigung für die Tauglichkeit des Begriffes ,Lernort' zur Beschreibung von Clustern inhaltlicher, methodischer und organisatorischer Merkmale in der beruflichen Bildung scheint mir in seiner Renaissance im Kontext der Diskussion um dezentrales Lernen zu liegen. Dazu vgl. auch Greinert 1997: 29.

26 Etwa aus der Tatsache, daß in einem Land berufliche Bildung an Sekundarschulen vermittelt wird, Rückschlüsse auf Systemorientierungen und Machtkonstellationen zwischen Akteuren ziehen zu wollen.

27 Die *"originären Funktionen des Berufsbildungssystems"* Qualifizierung, Allokation, Selektion und Statusdistribution, Absorption und Aufbewahrung, Verwertung und Integration der beruflichen Bildung für die Gesamtgesellschaft zieht Greinert (1995a: 87) als Bewertungsmaßstab für die Leistungsfähigkeit eines Berufsbildungssystems heran.

gungen beschließen Regelungen traditionsstiftenden Charakters, die als ‚Gewohnheit'
auch die Nachwachsenden verpflichten") „marktregulierte Ausbildungssysteme" („die
berufliche Bildung wird unmittelbar vom Produktionsfaktor Arbeit und von den Qua-
lifikationssignalen des Arbeitsmarktes bestimmt")* und „schulisch geprägte Ausbildungssysteme" („die berufliche Bildung wird auf der Grundlage gesetzlicher Regelungen vom Staat bzw. von der staatlichen Bürokratie allein geregelt")* ab. Zusätzlich
nennt er kooperative Ausbildungsmodelle als Mischtypen (z. B. die *‚Formation en al-
ternance'* in Frankreich, *‚überbetriebliche Ausbildungsmodelle'* lateinamerikanischer
Prägung oder das deutsche *‚duale System')*.[28]

Den Grundtypen ordnete Greinert in der Folge nicht nur Leistungsmerkmale und Struk-
turprobleme zu, die seiner Ansicht nach beweisen, *„daß beide* (das marktregulierte und
das schulisch geprägte, U.C.) *Modelle – vor allem wenn sie konsequent puristisch angelegt werden – erhebliche Nachteile aufweisen"* (Greinert 1996: 30), sondern auch je
spezifische *„Lernformen"* (Greinert 1997a: 31ff.). An dieser Stelle schließt Greinert den
Kreis zur Lernortdebatte, indem er den Grundtypen von Berufsbildungs*systemen* dominante Lern*orte* (Schule, traditioneller und moderner Betrieb) und diesen typische Lern-
formen zuweist.[29] Mit dieser erneuten Hinwendung
zum Lernort wird die Möglichkeit, auch methodisch-didaktische Kriterien in die Systematik mit einzubinden, meiner Einschätzung nach mit einem deutlichen Verlust an
argumentativer Tiefenschärfe erkauft, um deretwillen Greinert ursprünglich seinen
„neue(n) Anlauf zu einer Typologie" (Greinert 1996) unternommen hatte.

Überzeugender wirkt dagegen m. E. der Versuch Lipsmeiers, Berufsbildungsmodelle
nach *Lern- und Arbeitsformen* zu typologisieren, indem unterschiedliche Varianten berufspädagogischer Lernarrangements auf einem Kontinuum zwischen *„Arbeit ohne
Lernpotential"* und *„Lernen ohne Arbeitspotential"* angeordnet werden.[30] Auf diese
Weise gelangt Lipsmeier zu einer differenzierten Systematisierung des Spektrums beruflichen Lernens in verschiedenen institutionellen und organisatorischen Konstellationen (Lipsmeier 1982, 1996a, 1996b). Allerdings scheint das Konzept zur gesamthaften
Darstellung von Berufsbildungssystemen weniger geeignet, lassen sich doch die hier
aufgeführten Komponenten sowohl in der Geschichte als auch in der Aktualität spezifischer Berufsbildungssysteme in vielfältiger Kombination auffinden.

---

28 Jammal (1997: 23) würdigt das Konzept Greinerts, kritisiert jedoch gleichzeitig die Kategorienbil-
dung Greinerts als uneinheitlich (beim alternierenden Modell werde der Lernort, beim überbetriebli-
chen Modell vor allem die Finanzierung, beim dualen System die Rolle von Staat und Privatindustrie
hervorgehoben).

29 *„Lernformen an traditional bestimmten Lernorten: Imitationslernen, Identifikationslernen, Lernen an
marktorientierten Lernorten: training on the job, Vier–Stufen–Methode, analytische Unterweisung
[...], Lernstatt/Qualitätszirkel, Gruppenlernen im Arbeitsprozeß, Lernformen an schulisch–systematisch orientierten Lernorten: Unterricht, Lehrgangsausbildung, Projektmethode, Leittextmethode
[...]"* (Greinert 1997: 31).

30 Die so ermittelten Lernsituationen lauten im einzelnen: Arbeit ohne Lernpotential, Arbeit mit inhä-
rentem Lernpotential, Arbeit mit organisierten Lernmöglichkeiten, Kombination von Arbeiten und
Lernen, Lernen mit organisierten Arbeitsphasen, Lernen mit curricular abgesichertem Arbeiten und
Lernen ohne Arbeitspotential (Lipsmeier 1996b: 311).

Die zuvor beschriebene Typologie Greinerts ist Teil eines umfassenderen Trends in der Berufsbildungsforschung, der darauf abzielt, das Merkmal der Selbstbezüglichkeit mit den Eigenschaften von Berufsbildungssystemen in Verbindung zu bringen (vgl. Arnold 1995; Clement 1996; Jammal 1997; Greinert 1997, Harney 1997; Kösel 1996). Nach der sog. ‚autopoietischen Wende' in der Systemtheorie Luhmanns scheinen Konzeptionen, die bei der Reflexion von Berufsbildungssystemen vor allem auf deren Funktionalität und Leistung für die Gesamtgesellschaft abheben (vgl. z. B. Zabeck 1980; Heitmann 1995; Wallenborn 1995), trotz ihrer möglichen Verdienste für praktische Beratungszwecke für die *theoretische* Diskussion kaum mehr zureichend.

So beklagt Arnold (1995a: 8), das auf institutionell-organisatorische Aspekte verengte ‚bürokratische' Systemdenken der bis dahin üblichen Berufsbildungsforschung vernachlässige nichtmaterielle, soziokulturell verankerte Dimensionen sozialer Entwicklung sowie die dem System innewohnende Wachstumsdynamik. Die *„eigentliche Frage nach den Möglichkeiten und Strategien der Intervention in komplexe Systeme wird vom bürokratischen, struktur-funktionalen Systemdenken nicht beantwortet, ja nicht einmal gestellt. "* (ebda.)

Statt dessen bemühen sich heute Autoren aus der vergleichenden Berufsbildungsforscher vielfach, über akteur- und institutionenbezogene Aspekte hinaus auch Sinnzusammenhänge und basale Kommunikationsmuster (in der Terminologie Schimanks: ‚teilsystemische Orientierungen') in die Analyse zu integrieren und auf diese Weise kommunikations- und sinnbasierte Systemmodelle in der Tradition Niklas Luhmanns zu konstruieren. Nach diesem Konzept produzieren selbstreferentielle Systeme die Elemente, aus denen sie bestehen, selbst (vgl. Luhmann 1985: 403). Diese Selbstbezogenheit unterschiedlicher Berufsbildungssysteme kann mit Hilfe der Kategorien ‚systemeigene Codierung' und ‚Sinn' deutlicher herausgearbeitet werden (vgl. Clement 1997). Schon durch die verwandte Begrifflichkeit werden dann Zugänge vermieden, die die Geltung des Einzelfalls durch zu frühen Vergleich und Bezugnahme auf ihm Äußerliches vernachlässigen.[31] Zweitens versprechen systemtheoretische Herangehensweisen eine stärkere Betonung der Dimension von Stabilität und Wandel, da sie das Ergebnis eines sozialen Aushandlungsprozesses stets als kontingentes ‚Zwischenergebnis' der Kommunikation der beteiligten Akteure auffassen. Die Konstruktion von Sinn bewegt sich in einer kontinuierlichen Abgrenzung des Faktischen vom Möglichen, so daß durch seine Reflexion auch innere Friktionen und Gegenströmungen der permanenten Auseinandersetzung im Systeminneren mitteilbar werden (vgl. Clement 1996: 622).

Bevor jedoch ein Analyseinstrument im Sinne eines *„ganzheitlich-systemischen"* (Arnold 1995: 12) Verständnisses von beruflicher Bildung sinnvoll entwickelt werden kann, muß zunächst geklärt werden, ob es so etwas wie Berufsbildungssysteme als weltweit vorfindliches Phänomen überhaupt gibt. Fingerle et al. (1990: 313) argumen-

---

31 Das bedeutet andererseits allerdings den Verzicht auf *Vergleiche* im eigentlichen Sinne. Sucht man nach der Sinnkonstruktion eines je einzigartigen (weil selbstreferentiellen) Systems, wird ein Strukturvergleich zwischen Systemen schon aufgrund der Notwendigkeit, übergeordnete Begrifflichkeiten jeweils ‚sinnentsprechend' explizieren zu müssen, kaum mehr möglich.

tieren z. B. schon für Deutschland, *„ein normativer Systembegriff (System zum Beispiel verstanden als ein aus seinen Teilen wohlgeordnetes Ganzes) [sei] offensichtlich nicht geeignet, das ‚berufliche Ausbildungs- und Schulwesen' als System zu charakterisieren".*[32] Auch nach Georg (1997: 87) lassen sich, *„abgesehen vom deutschsprachigen Ausland (Österreich, Schweiz) [...], Ausdifferenzierungen eigenständiger ‚Systeme' beruflicher Bildung mit dem Merkmal der Selbstbezüglichkeit ihrer internen Strukturen und Verarbeitungsmechanismen kaum finden. "*

Harney et al. trennen die ubiquitäre Aufgabe industrialisierter Staaten, die Reproduktion des Arbeitsvermögens sicherzustellen, definitorisch vom Prozeß der Systembildung und halten fest:

> „Unter *Institutionalisierung* verstehen wir folglich die soziale Verallgemeinerung des Berufs zum sinnhaften Anhaltspunkt für die Konstitution und Reproduktion von Ausbildungsstrukturen, unter *Systemfindung* die Ausdifferenzierung eines von Schule und Betrieb unabhängigen, selbstbezüglichen Berufsbildungssystems." (Harney et al. 1994: 353; Hervorhebungen U.C.)

Systemfindung bedeutet damit mindestens für Deutschland, daß die regionale, institutionelle und organisatorische Pluralität des Ausbildungsgeschehens durch den *Beruf* als Sinnkategorie gebündelt und integriert wird. Harney et al. identifizieren die Selbstbezüglichkeit des deutschen Berufsbildungsystems in der Fähigkeit, soziale und wirtschaftliche Problemlagen mittels der Kategorie ‚Beruf' in eine systemeigene Logik zu übersetzen. Die Eigenständigkeit der Kategorie ermöglicht es dem Berufsbildungssystem ihrer Ansicht nach, Problemwahrnehmungen und entsprechende Lösungen zu entwickeln, die sich sowohl von der Logik des Bildungssystems als auch von der des Betriebes grundsätzlich unterscheiden (Harney et al. 1994).

Berufsbildungssysteme, die den definitorischen Anforderungen eines Differenzierungsmechanismus auf der Grundlage des Berufes genügen würden, lassen sich in anderen Ländern sicherlich schwerlich auffinden (vgl. Georg 1997). Der *Beruf* scheidet in den meisten Ländern als systembildende Sinnkategorie für die nicht-universitäre Berufsausbildung schon deswegen aus, weil die Bezeichnung (profession, profesión) mit all ihren historisch gewachsenen arbeitskulturellen Konnotationen (vgl. Harney et al. 1994; Georg 1992) den Angehörigen der traditionellen Professionen bzw. Akademikern vorbehalten bleibt.

Doch muß dies m. E. nicht bedeuten, daß diesen Gesellschaften *gar keine* systemeigenen Kategorien für die berufliche Bildung zur Verfügung stehen können. Es ist sicherlich vermessen, in anderen Ländern ‚Berufsbildungssysteme' deutscher Machart (d. h. nach dem Kommunikationsmuster ‚Beruf' organisierte Selbstbezüglichkeit) zu suchen und von ihrer Nicht-Existenz auf den defizitären Entwicklungsstatus des anderen Systems zu schließen. Doch: Das Gegenargument zu diesem Vorgehen, dem die typischen Besonderheiten und die Einmaligkeit des deutschen Berufsbegriffes als Beleg für die

---

32 Sie fordern deshalb einen *„Subjektbezug in der Berufsbildung",* mit dessen Hilfe das Berufsbildungsgeschehen aus einer pädagogisch legitimierten Perspektive am Ziel der Mündigkeit gemessen werden könne (ebd.: 323ff.).

Unmöglichkeit systembezogener Vergleiche gilt, scheint die analytische Perspektive ebenfalls ohne Not zu verengen. Führt nicht das Beharren auf der Kategorie ,Beruf' als *einziger* systemkonstituierender Sinnquelle wiederum zu einer selektiven, weil auf den eigenen Kontext zentrierten Wahrnehmung eigener Art? Auf den Systemzugang völlig zu verzichten, nur weil sich die typisch deutsche Sinnkonstruktion als unzureichend für das Verständnis fremder Systeme erweist, scheint mir weder notwendig noch zweckmäßig zu sein.

Dies gilt gerade für Lateinamerika mit seiner langen Tradition nicht-schulischer, aber auch nicht-betrieblicher Aus- und Weiterbildung, mit seinen vielfältigen interinstitutionellen Zusammenschlüssen im Bereich der beruflichen Bildung und einer ausgeprägten und differenzierten Diskussionskultur zu diesem Thema. Zumindest denkbar ist doch, daß sich hier Berufsbildungssysteme entwickeln, die sich einer von deutschen Kategorien differenten Sinnbildung bedienen, ohne sich deshalb notwendig der Logik des Bildungs- bzw. des Beschäftigungssystems unterzuordnen. Systeme, in denen etwa der *Kompetenz*begriff, die Formel ,*educación para el trabajo*' (Bildung für die Arbeit) oder *Qualifikation* eine ähnlich systemintegrierende Kraft entfaltet wie bei uns der Berufsbegriff, und die sich in ähnlicher Weise dazu eignen, Äquilibrierungsprobleme gesellschaftlicher Funktionsanforderungen im „*Überschneidungsbereich*" Berufsbildung (Schriewer 1986 und 1987) zu lösen. Solange das Gegenteil nicht bewiesen ist, erscheint es mir voreilig, die analytischen Potentiale, die der Systemansatz zweifellos bietet, für die vergleichende Untersuchung außer acht zu lassen.

Die vorliegende Arbeit orientiert sich daher an dem vergleichsweise pragmatischen Vorschlag Fingerles et al. (1990), erst einmal *alle* konkreten Bildungsangebote unterhalb der Hochschulebene, die berufliche Qualifikationen vermitteln, begrifflich als System zu fassen. Notwendig wird ihres Erachtens diese sehr weite Definition durch die hohe Komplexität und Heterogenität der Angebotsstrukturen, die für einzelne Lernorte, aber auch für verschiedene Berufe unterschiedlich weit ausgeprägt sind (Fingerle et al. 1990: 314).

In Anlehnung an diese Definition sowie an die zuvor beschriebenen Anforderungen an eine theoretische Fundierung des Systembegriffs in dieser Arbeit sollen daher für die vorliegende Arbeit unter ,*Berufsbildungssystem*' erstens die Gesamtheit der Bildungsangebote unterhalb der Hochschulebene verstanden werden, die das Ziel verfolgen, Jugendliche auf eine anschließende Erwerbstätigkeit vorzubereiten, *zweitens* die Akteure, die als Nachfrager, Anbieter, Abnehmer oder politisch Verantwortliche mit diesen Aufgaben befaßt sind, *drittens* aber auch die institutionellen und außerinstitutionellen Kommunikations- und Handlungsmuster, die diese Institutionen und Akteure miteinander in Beziehung setzen.

Ob es sich bei dieser weitgefaßten Gesamtheit von Institutionen, Akteuren und Sinnorientierungen um ein systemisches Ganzes mit eigenen Sinngrenzen und selbstbezüglicher Entwicklungsdynamik handelt, soll dabei zunächst offengelassen werden. Eine empirisch abgesicherte Antwort auf diese Frage wäre ohnehin erst als Ergebnis der vorliegenden Untersuchung denkbar. Vor allem aber würde die Klassifizierung des chilenischen Berufsbildungswesens als ‚System' den Blick m. E. zu früh auf *interne* Einflußvariablen verengen. Verweigert man jedoch andererseits der chilenischen Berufsbildung von vornherein den ‚Systemstatus', so wird ein potentiell produktiver Untersuchungszugang ausgeklammert, ohne daß dazu eine echte Notwendigkeit bestünde. Wenn daher im folgenden das chilenische Berufsbildungswesen als System bezeichnet wird, so ist dies zunächst als Arbeitshypothese zu verstehen. Erst im Laufe der Ausführungen soll die Realität an den Kriterien der Geschlossenheit und Selbstbezüglichkeit gemessen werden. Ein solches Vorgehen ist m. E. geeignet, die bisher weniger beachtete kommunikative Grundlegung des chilenischen Berufsbildungssystems in den Blick zu bekommen, ohne personen- und institutionengebundene Faktoren zu vernachlässigen.

1.3.3   Wandel sozialer Systeme – Politikwissenschaftliche Anleihen

Die Themenstellung der Arbeit und der gesellschaftspolitische Kontext in Chile während des Untersuchungszeitraumes (Frei und Allende 1964–1973, Pinochet 1973–1990 und die demokratischen Regierungen seit 1990) machen die Berücksichtigung einer weiteren Analysedimension notwendig, nämlich die des berufsbildungspolitischen *Wandels*.

Gerade dieser Aspekt ist jedoch in der vergleichenden Berufsbildungsforschung bislang relativ unterbelichtet geblieben. So wäre es z. B. mit Hilfe des Klassifizierungskriteriums ‚Rolle des Staates' bei Greinert (1988) zwar denkbar, das Berufsbildungssystem unter den Regierungen Frei und Allende dem Modell 2 *("der Staat plant, organisiert und kontrolliert allein die Berufsausbildung")* und dasjenige unter Pinochet dem Modell 1 *("der Staat spielt keine bzw. nur eine marginale Rolle bei beruflichen Qualifizierungsprozessen")* zuzuordnen. Doch einerseits würde – und das wird in den Ausführungen zu Chile ausführlich belegt werden – eine solche Zuordnung angesichts der sehr viel komplexeren und z.T. widersprüchlichen Realität rasch an ihre Grenzen stoßen[33] bzw. den Erklärungsgehalt des Schemas in Frage stellen. Und gleichzeitig ist in der Greinertschen Klassifizierung die Frage, wie und wodurch die unterschiedlichen Modelle entstehen und sich wandeln, gar nicht angelegt. Greinert geht es um eine möglichst schlüssige Zuordnung existenter und zunächst als konstant vorausgesetzter Strukturen, nicht um deren Genese und Veränderung. Zur Analyse dieses Teilaspektes wird es daher m. E. notwendig, sich sozialwissenschaftlich fundierten Theorieansätzen außerhalb der vergleichenden Berufspädagogik zuzuwenden.

Legt man der Konzeptualisierung sozialer Systeme die Kategorie ‚Sinn' im Verständnis Niklas Luhmanns zugrunde, so ist der Systemwandel und besonders die Möglichkeit, auf die *Richtung* der Veränderungen steuernd Einfluß zu nehmen, stets kommunikativ vermittelt. Eine zentrale Kategorie zur Beschreibung und Konkretisierung der immate-

---

33 So wurde z. B. unter Frei und Allende die Wirtschaft an Entscheidungsprozessen innerhalb des Nationalen Berufsbildungsinstitutes INACAP stark beteiligt und auch unter Pinochet blieb die berufliche Bildung in weiten Teilen staatlich finanziert.

riellen und an Kommunikation gebundenen Einflußfaktoren auf soziale Systeme ist der durch die Politikwissenschaft in den letzten Jahren neu reflektierte Begriff der ,Idee'.[34] Dieser Terminus war in der sozialwissenschaftlichen Diskussion der 60er und 70er Jahre stark unter Ideologieverdacht geraten, und ihm wurde unterstellt, ungleiche Machtverhältnisse[35] lediglich zu verdecken und zu euphemisieren. Eigentliches Konstituens sozialer Systeme seien nicht abstrakte und von gesellschaftlichen Verwertungszusammenhängen losgelöste *Ideen*, sondern konkrete Besitz- und Herrschaftsverhältnisse[36]. Gleichwohl wird heute der Begriff Idee mindestens teilweise rehabilitiert. Politiksektoren wie beispielsweise Umweltpolitik oder Standortpolitik, in denen objektiv weniger die konfliktbeladene Verteilung knapper Ressourcen als vielmehr die Steigerung der Wohlfahrt aller Beteiligten im Mittelpunkt steht, rücken heute stärker in das Zentrum der Aufmerksamkeit. In diesen Politikbereichen entstehen, so zeigen Forschungsberichte aus der *Policy-Analysis*[37] der 90er Jahre, *Ideen* zwar nicht unabhängig von gesellschaftlichen Machtverhältnissen, lassen sich aber auch nicht linear auf diese zurückführen. Die beteiligten Akteure nehmen in komplexen Gesellschaften ihre ökonomischen und politischen Interessen zumeist auf der Folie von Weltbildern und Ideologien wahr.[38] Ideen und kognitive Strukturen bestimmen die Definition von Problemen, die Entscheidung für *plausible* Handlungsalternativen sowie die Auswahl und Verarbeitung neuer Informationen (vgl. Berger et al. 1986).

Bis zu diesem Punkt entspricht das politikwissenschaftlich ausgerichtete Konzept noch weitgehend der kommunikationsbezogenen Systemtheorie: Auch hier geht es um die Ermöglichung von Handeln durch Reduktion von Komplexität. Anders als die Systemtheorie und bezugnehmend auf die Akteurtheorien lokalisiert der politikwissenschaftliche Zugang den Ursprung der *Ideen* jedoch nicht im System, sondern in den Akteuren. Nicht die binnensystemische Kommunikation und Logik produziert Sinn, sondern Menschen oder Gruppen mit spezifischen Interessen, Werten und Zielen tun dies. Diese Prämisse behält die Erkenntnis der Systemtheorie im Blick, daß Ideen und Sinnbildung eine Eigendynamik entwickeln, die die Integrationskraft des Gesamtsystems zu gefährden in der Lage sind. Analog zu den referierten Ansätzen von Mayntz und Scharpf öffnet sie sich gleichzeitig aber der Tatsache, daß Ideen auch über Sy-

---

34 Der Begriff ,Idee' bezeichnet insbesondere solche Gedanken, die nicht unmittelbar der Wahrnehmung entstammen und umfaßt damit z. B. schöpferische Gedanken, Vorstellungen hinsichtlich bestimmter Handlungsziele oder Problemlösungen (vgl. Hillmann 1994: 349).

35 Unter Macht soll hier im Sinne Max Webers *„die Chance, innerhalb einer sozialen Beziehung den eigenen Willen auch gegen Widerstreben durchzusetzen, gleichviel worauf diese Chance beruht"* (Hillmann 1994: 504) verstanden werden.

36 Herrschaft heißt hier: „die Chance, für einen Befehl bestimmten Inhaltes bei angebbaren Personen Gehorsam zu finden" (Hillmann 1994: 331).

37 Unter der Bezeichnung *Policy-Analysis* werden Untersuchungsperspektiven zusammengefaßt, die sich mit dem Problem kollektiver Entscheidungsprozesse, und zwar insbesondere mit der Frage nach den normativen Grundlagen staatlicher Wirtschafts- und Sozialpolitik beschäftigen. In den USA hat sich die *Policy-Analysis* inzwischen als eigenständige Profession mit speziellen Universitätszweigen etablieren können (vgl. Singer 1993: 152).

38 Max Weber unterschied zwischen der Wirkung von Ideen und unmittelbaren Interessen: *„Die Weltbilder, welche durch Ideen geschaffen werden, haben sehr oft als Weichensteller die Bahnen bestimmt, in denen die Dynamik der Interessen das Handeln fortbewegte"* (Weber 1978: 252, zit. n. Singer 1993: 153).

stemgrenzen hinweg Wirkungen zeitigen, da sie zwar einerseits den wahrgenommenen Realitätsausschnitt der Akteure prägen, andererseits von diesen aber auch zur Gestaltung von Realität genutzt werden können. Über den rein kognitiv bedeutsamen, gleichsam neutralen Gehalt hinaus erhält die Sinngestaltung durch Ideen somit die Konnotation von aktiver Einflußnahme und Macht.

Politische Trends sind nicht nur Reaktionen auf veränderte Sachzwänge, sondern immer auch politische Inszenierungen[39] (Schmidt 1996). In Gesellschaften, in denen gültige Normen verlangen, daß staatliche Maßnahmen begründet werden, und welche zugleich über Bühnen und Institutionen verfügen, um Legitimationsprozeduren öffentlich zu machen, erhalten konsistente, rational begründbare Konzepte (die nicht unabhängig von Machtverhältnissen entstehen, diese jedoch durch gesamtgesellschaftliche Zielsetzungen gleichsam transzendieren) eine Schlüsselrolle für Politikgestaltung (vgl. Héritier 1993: 17). Über die Legitimationsfunktion kognitiver Wissensbestände hinaus kann davon ausgegangen werden, daß politische Programme implizite Theorien darüber enthalten, welche Ziele als vorrangig zu betrachten und wie sie zu erreichen sind, und daß die Motivation politischer Akteure, sich im Politiksystem zu engagieren, zumindest teilweise darin besteht, solche handlungsleitenden Orientierungen auch umzusetzen (vgl. Sabatier 1993: 121). Wissenschaftlich begründete Theorien stellen Konzepte zur Verfügung, die es möglich machen, nicht nur auf gesellschaftliche Problemlagen zu reagieren, sondern selbst gestalterisch aktiv zu werden und gegenüber Wählern und politischen Akteuren Handlungsfähigkeit zu demonstrieren.

In ihrem Bemühen, konsistente Konzepte darüber zu entwickeln, welche Bedingungsverhältnisse innerhalb bestimmter Subsysteme herrschen und welche Instrumente zu ihrer Veränderung eingesetzt werden können, entwickeln politische Akteure Leitideen (Sabatier prägte 1993 dafür den Ausdruck *belief systems*), die aus einem Satz fester Kernüberzeugungen und daraus abgeleiteten politischen Positionen bestehen. Dabei handelt sich nicht etwa um ein geschlossenes System aufeinander bezogener Kausalsätze, sondern vielmehr um relativ offene und relativ flexible Sets von Wertprioritäten und daraus abgeleiteten Handlungsorientierungen. Policy-Wechsel lassen sich aus dieser Perspektive mindestens teilweise als Anpassung und Wandel politikrelevanten Wissens, als *policy-Lernen* der beteiligten Entscheidungsträger, der politischen Netzwerke oder der politischen Öffentlichkeit konzeptualisieren (vgl. Bennett/Howlett 1992).

Solche Leitideen (*belief systems*) müssen als flexible Zielbegriffe betrachtet werden, die sich im Laufe ihrer *Lebensdauer* entwickeln und schließlich durch andere, nunmehr dominierende Systeme abgelöst werden, ohne daß die Strukturkomponenten des Sozialsystems gefährdet würden (vgl. Héritier 1993: 13).

---

39 Stephan Voswinkel bezeichnete denselben Sachverhalt in einem Vortrag auf einer Sektionssitzung der Wirtschaftssoziologen am 12.4.1997 mit Bezug auf den ,Image'-Begriff Goffmans als „dramaturgische Dimension des Handelns", die dazu diene, die eigene Kompetenz, Integrität und Moralität darzustellen und sichtbar zu machen. Politische Akteure inszenieren ihr Handeln und das Vorgehen innerhalb institutionalisierter Verhandlungsprozesse mit Hinblick auf Medienwirksamkeit und öffentliche Reputation.

Es ist freilich nicht nur die Macht der Idee, die die gesellschaftliche Wirklichkeit prägt. Sabatier betont explizit auch die Bedeutung struktureller Faktoren[40] und stellt so Anschlußfähigkeit an akteur- und institutionenzentrierte Ansätze her.

Eine hohe politische Relevanz scheinen Ideen zu besitzen, wenn es nicht um redistributive Konflikte, sondern um die Steigerung allgemeiner Wohlfahrt geht. Umverteilungspolitik ist ein klassisches Feld von Interessenkonflikten. Solche Politikfelder aber, deren zentrales Interesse in der Nutzenmaximierung für die Gesamtgesellschaft liegt (z. B. Umweltpolitik, Stadterneuerung, Telekommunikation, Standortpolitik etc.) sind für instrumentell erreichbare und objektiv meßbare Effizienzsteigerung geeignet.

„Ideen sind machtlos, wenn politische Entscheidungen ein Null-Summen-Spiel implizieren. Wenn der Nutzengewinn einer Gruppe den Nutzenverlust einer anderen Gruppe nach sich zieht, fallen nur Macht und Interesse ins Gewicht. Jedoch kann Politik auch ein kooperatives Positiv-Summen-Spiel darstellen, in dem die Mitglieder einer politischen Gemeinschaft zum wechselseitigen Nutzen engagiert sind." (Majone 1993: 98)

Angesichts der Komplexität sozialer und wirtschaftlicher Bedingungsgefüge läßt sich eine prinzipielle Unsicherheit bezüglich der Ziele und Mittel gesellschaftlichen Handelns nicht wirklich auflösen. Nur selten besteht eindeutiger Konsens, in aller Regel konkurrieren Konzepte und Ideen um Akzeptanz. Problemdefinitionen werden anhand bestehender Vorannahmen über funktionale Zusammenhänge vorgenommen und Forschungsdesigns auf der Grundlage politischer Vorentscheidungen ausgewählt. *Policy-Learning* wird aus dieser Perspektive zum konstruktiven Prozeß.

„Auch wenn wir von der Annahme ausgehen, daß die Akteure nutzenmaximierend handeln, bleibt der entscheidende Punkt, daß sie es nicht im Rahmen einer für alle gleichermaßen gültigen objektiven Realität tun, sondern auf der Grundlage ihrer eigenen Konstruktion der Wirklichkeit." (Singer 1993: 166)

1.3.4 Die Wirkung von ‚Ideen‘ auf Berufsbildungssysteme

Nun läßt sich gegen eine zu hohe Bewertung der *Ideen* als Motor des Systemwandels im Berufsbildungsbereich mit einiger Berechtigung vorbringen, es handele sich hier letztlich um die zu Legitimationszwecken vorgebrachte Bemäntelung interessengeleiteter Machtpolitik. Gerade im Berufsbildungsbereich treffen sich nicht nur widersprüchliche Verwertungsinteressen der einzelnen Akteure; auch die Verfügungsgewalt des Staates bzw. der Wirtschaft (je in Abhängigkeit davon, ob Ausbildung in Schulen oder Betrieben stattfindet) über Gegenstand und Bedingungen der Ausbildung ist außerordentlich hoch. Die Eigeninteressen, welche Ausbildungsnachfrager und -anbieter sowie Staat und Privatunternehmer in der Berufsbildungspolitik verfolgen, decken sich zwar teilweise, verhalten sich aber in wesentlichen Bereichen diametral gegensätzlich:

---

40 Sabatier (1988: 134ff.) nennt einerseits stabile Parameter wie *‚sachlich begründete Grundannahmen über den zu bearbeitenden Bereich‘*, *‚Ressourcenverteilung‘*, *‚grundlegende kulturelle Werte‘* und *‚Sozialstrukturen‘* oder *;Rechtssysteme‘*. Andererseits können dynamische Systemereignisse wie *‚Veränderungen der sozio-ökonomischen Lage‘*, *‚Technologieentwicklung‘* oder *‚Regierungswechsel‘* den politischen Kurs substantiell beeinflussen.

Individuen verfolgen mit ihrer beruflichen Qualifizierung das Ziel der persönlichen Entfaltung im Beruf, streben jedoch auch möglichst hohe individuelle Erträge aus den durch sie geleisteten Bildungsinvestitionen an. Ihr Interesse wird daher in der Stärkung ihrer Verhandlungsmacht auf dem Arbeitsmarkt liegen, d. h. in einer breiten Einsatzfähigkeit ihrer Qualifikationen.

Regierungen funktionalisieren den Berufsbildungsbereich für die Durchsetzung ihres Interesses an Aufrechterhaltung bzw. Ausbau ihrer Machtposition, indem sie die heranwachsende Generation in das bestehende Wirtschafts- und Sozialgefüge integrieren. Gerade in vielen Entwicklungsländern hat sich im Zuge der Dekolonialisierung und der Übernahme der auf das koloniale Mutterland ausgerichteten Verwaltungsinstitutionen durch nationale Mittelschichten eine ‚Staatsklasse‘ (Elsenhans) etablieren können, die sich das gesellschaftliche Mehrprodukt kollektiv anzueignen sucht und deren Wirken in vielen Fällen lediglich durch den Wunsch nach Selbstprivilegierung und periodisch auftretende Legitimationszwänge begrenzt wird. Diese ‚administrative Bourgeoisie‘ (Elsenhans) nutzt Bildungspolitik häufig dazu, ihre Machtstellung durch Handeln in einem Feld zu legitimieren, in dem ihr der politische Konsens breiter Bevölkerungsteile sicher sein kann.

Privatunternehmen investieren in die Qualifikation ihrer Mitarbeiter mit Blick auf ihr Interesse an Produktivitätssteigerung und Gewinnmaximierung. Berufsbildung wird dann ihren unmittelbaren Zwecken am dienlichsten sein, wenn sie arbeitsplatznah ausgerichtet ist, so daß die eigene Verhandlungsmacht auf dem Arbeitsmarkt nicht durch die Drohung der Absolventen, zu anderen Unternehmen zu wechseln (was einer Fehlinvestition des ausbildenden Betriebes zugunsten des Konkurrenzbetriebes gleichkäme) beeinträchtigt wird. Gleichzeitig entspricht es den objektiven Interessen der Unternehmer, wenn die Produktivität der Absolventen durch die Qualifizierung möglichst stark steigt und für die eigenen Verwertungsinteressen genutzt werden kann.

Die an beruflicher Bildung beteiligten Akteurgruppen verfolgen also durchaus unterschiedliche Machtinteressen, deren Realisierung auf der Grundlage ungleichgewichtiger Kräfteverhältnisse im politischen Feld stattfindet. Die bereits erwähnte Dissertation Martin Baethges (Baethge 1970) machte für die deutsche Berufsbildung diesen Zusammenhang schon zu Beginn der 70er Jahre deutlich und trug (ganz im Zeitgeist dieser Epoche) erheblich zur Dekuvrierung der dem Berufsbildungssystem zugrundeliegenden Machtverhältnisse bei.

Nur fünf Jahre später jedoch unterschied Offe in seiner ebenfalls viel beachteten Arbeit „Berufsbildungsreform. Eine Fallstudie über Reformpolitik" (Offe 1975) zwischen Form und Inhalt gesellschaftlicher Prozesse und forderte eine analytische Trennung dieser beiden Kategorien:

> „Der Staat entwickelt und unterhält sozusagen die Gleisanlagen des gesellschaftlichen Verkehrs. Diese metaphorische Aussage ist bei aller Vagheit immerhin geeignet, zweierlei klarzustellen: nämlich erstens, daß es keine sozialen Ereignisse gibt, die in ihrer Form nicht durch staatlich eingerichtete Organisationsmittel bestimmt oder durch sie jedenfalls gedeckt würden. [...] Zweitens wird mit dem oben gebrauchten Bild deutlich gemacht, daß die staatlich bereitgestellten Organisationsmittel le-

diglich *formale* Bestimmungen gesellschaftlicher Prozesse darstellen, diese also nicht in ihrem *materiellen* Inhalt berühren müssen: Die Bereitstellung von Gleisanlagen präjudiziert eben nichts über die Art der transportierten Güter oder auch nur über den Fahrplan." (Offe 1975: 10; Hervorhebungen im Text).

Und er argumentiert weiter:

„Es ist also immer die Gewalt des Staates, die durch politische Handlungen und Unterlassungen Vorkehrungen dafür trifft, daß bestimmte Interessen (deren Existenz, Richtung und Stärken dem Staat freilich nicht zur Disposition stehen) sich durchsetzen können, bestimmte Konstellationen maßgeblichen Einfluß erlangen und – im Ergebnis – gesellschaftliche Entwicklungen so ablaufen, wie sie ablaufen; der Staat sorgt gleichsam dafür, daß das ‚Material' der gesellschaftlichen Interessen und Konstellationen mit Wirklichkeit ausgestattet wird." (Offe 1975: 11)

Staatliches Handeln stellt also den in einer Gesellschaft vorhandenen Interessengruppen diejenigen Organisationsmittel zur Verfügung, mit deren Hilfe Interessen artikuliert, vermittelt und umgesetzt werden können. Diese genuine Staatstätigkeit ist nach Offe zunächst einmal zweckfrei, d. h. sie richtet sich nicht nach *„den herrschenden Interessen"*, sondern wird lediglich durch das *„Interesse des Staates an sich selbst"*, d. h. dem Interesse, *„überhaupt ein System von Organisationsmitteln des gesellschaftlichen Lebens zu finden und zu erhalten, das widerspruchsfrei und beständig ist"* (Offe 1975: 13) gesteuert.

Der Offesche Begriff der *Form* entspricht weitgehend dem politikwissenschaftlichen Verständnis von Verfügungsrechten (property rights). Diese bestimmen mittels Konventionen, Rechtsnormen oder Traditionen, wie das Verhältnis von Personen gegenüber anderen Personen in Bezug auf den Umgang mit knappen Gütern geregelt ist, d. h. auf welche Weise eine Person über private und öffentliche Güter verfügen darf (vgl. Walterscheid 1988: 650f.). Die Spezifizierung von Verfügungsrechten durch den Staat ermöglicht erst die Entstehung von Märkten bzw. in den Worten Offes: Es ist *„die Ausgrenzung einer ‚staatsfreien' Sphäre von Produktion und Reproduktion, (die) diese Sphäre mit einem spezifisch staatlichen Organisationsmittel ausstattet, nämlich dem der (Vertrags-) Freiheit."* (Offe 1975: 10f.)

Die Definition des Bereiches, über den sich der Staat Verfügungsrechte vorbehält bzw. diese an andere Akteure unter je zu verhandelnden Bedingungen abgibt, ist selbst wiederum – so führte Offe später an anderer Stelle aus – Ergebnis eines politischen Prozesses und *„ergibt sich nicht zwingend aus anonymen Imperativen von sozialökonomischen und technischen Strukturen"* (Offe 1990: 3).

Zwar wird dieser Prozeß der Zuweisung von Verfügungsrechten durch Akteure innerhalb eines Sozialsystems getragen und gesteuert, gleichzeitig ist jedoch die Art und Weise, in der sich diese Akteure assoziieren und artikulieren, selbst politisch kontingent und damit *Objekt* der ordnungspolitischen oder institutionenpolitischen Initiativen des staatlichen Souveräns (ebda. S. 4ff.). Offe löst den Widerspruch, der sich aus diesem Zirkelschluß ergibt, dadurch auf, daß er *strategische Kalküle, Traditionen* und *Ideologien* als Movens und Begrenzung eines solchen Politikprozesses annimmt – eine Überlegung, die m. E. unmittelbare Anschlußfähigkeit an die im vorausgegangenen Kapitel referierten Konzepte der Policy-Forschung ermöglicht. Dort waren *Ideen* als handlungsleitende Motive politischen Handelns identifiziert worden, d. h. beide Erklärungsansätze gehen von der Prämisse aus, die gesellschaftliche Integration widersprüchlichen interessengeleiteten Handelns unterschiedlicher Akteurgruppen werde durch bestimmte Organisationsformen und entsprechende Mittel geleistet, die ihrerseits auf die Orientierung durch kommunikativ vermittelte gedankliche Konstrukte angewiesen sind. *Ideen* lösen objektive Interessenkonflikte nicht auf, sie transzendieren sie jedoch zum Teil und ermöglichen dadurch ein aufeinander bezogenes, relativ funktionsfähiges Systemhandeln. Während die u.a. durch Baethge in den 70er Jahren ausgelöste Debatte sich also darauf konzentrierte, die Verwertungsinteressen und Machtkonstellationen auszuloten, die den Verlautbarungen und Handlungen einzelner Interessengruppen zugrundeliegen, soll in der vorliegenden Arbeit die *Form* im Sinne Offes bzw. die Definition der Bahnen, über die Interessen in konkretes Handeln umgesetzt und Interessen gegeneinander abgeglichen werden, in den Blick genommen werden. Diese ‚Bahnen' bzw. institutionalisierte Vereinbarungen, Verfügungsrechte und Organisationsmittel zeitigen selbst Wirkungen und Ergebnisse, welche von den ursprünglichen Interessen nicht unabhängig sind, jedoch in vielen Aspekten über sie hinausweisen. Konkret kann das z. B. heißen: Unternehmerverbände bzw. Arbeitnehmerorganisationen vertreten ihre Interessen sowohl in zentralstaatlich organisierten Schulsystemen als auch in weitgehend deregulierten Modellen betrieblicher Ausbildung und versuchen ihre interessengebundenen Zielvorstellungen zu verwirklichen. Der *materielle Inhalt* der durch die beteiligten Interessengruppen verfolgten Handlungsziele bleibt jeweils gleich (nämlich z. B. Nutzenmaximierung oder Risikominimierung), die *Form*, in der diese Interessen verfolgt werden, ist jedoch je nach Ausbildungsmodell eine ganz verschiedene.

Letztere entspricht – um im Bild Offes zu bleiben – der *Richtung*, in welche die erwähnten Gleisanlagen staatlichen Handelns führen, und diese Perspektive rückte seit den 80er Jahren immer stärker in das Zentrum auch der berufspädagogischen Diskussion. Berufsbildungspolitik wird nämlich zunehmend mehr als ein Handlungsfeld wahrgenommen, in dem es nicht nur um die Verteilung knapper Ressourcen bzw. um die Durchsetzung widersprüchlich angelegter Verwertungsinteressen geht, sondern auch um die Steigerung gesamtgesellschaftlicher Wohlfahrt, so daß eine Optimierung des Gesamtsystems letztlich als ein von (natürlich dennoch fortbestehenden) partikularen Interessen relativ unabhängiges Ziel aller an beruflicher Bildung beteiligten Akteure gelten kann. Berufliche Qualifizierung, so wird angenommen, dient in vielen Aspekten nicht nur den unmittelbar beteiligten Akteuren selbst, sondern entfaltet positive Wirkungen für das Sozial- und Wirtschaftsgefüge der gesamten Region bzw. Nation.

Diese von Bildungsökonomen *„externe Effekte"* oder auch *„soziale Ertragsrate"* (social return of education) genannten Wirkungen der Bildung (vgl. auch Kapitel 2.4.1.2 und 3.4.2.2) wurden von anderen, eher auf strukturfunktionale Zusammenhänge abzielenden Autoren häufig auch als gesellschaftliche Funktionen (Qualifizierung, Integration, Allokation und Selektion) der beruflichen Bildung bezeichnet.

Insbesondere die Qualifizierungsfunktion, d. h. die Vermittlung gesellschaftlich verfügbaren Wissens und die Ermöglichung seiner Anwendung auf konkrete Handlungssituationen wird in den letzten Jahren unter dem Aspekt der strukturellen Wettbewerbsfähigkeiten von Nationen und der sog. ‚Wissensgesellschaft' (vgl. z. B. OECD 1992) vermehrt diskutiert. Hinter dem Konzept steht u.a. die Vorstellung, gerade das nichtkodifizierbare und damit auch nicht in andere Gesellschaften transferierbare Wissen sei es, das strukturelle Wettbewerbsvorteile einer Nation konstituiere. Dieses *tacit knowledge* (vgl. Foray/Lundvall 1996: 21f.) entsteht im Zusammenspiel von Sozialisationsinstanzen, Wissensproduktion, Arbeitsorganisation und Unternehmensmanagement und folgt einer für alle transparenten Logik auf der Grundlage allgemein akzeptierter institutioneller, sozialer und kultureller Muster aus gesellschaftlichen Werthaltungen, Qualifizierungs- und Karrierewegen, Arbeitsorganisation und zwischeninstitutioneller Kooperation.

Die Form dieses Zusammenspiels, d. h. die Art und Weise der Organisation, Institutionalisierung und Umsetzung beruflicher Bildung, welche eine Gesellschaft als für sich vorteilhaft betrachtet und realisiert, um das Ziel der wissensbasierten Gesellschaftsentwicklung zu erreichen, ist kontingent und jeweils eng mit der Kultur und Geschichte eines Landes verbunden. Eine abstrakt ‚beste Praxis' ist ohne weiteres nicht auszumachen. Konsens scheint allerdings inzwischen darüber zu bestehen, daß ein optimaler Wirkungsgrad der beruflichen Bildung für die Gesamtgesellschaft nur dann erzielt werden kann, wenn staatliche, korporative und marktorientierte Regelungsmuster sinnvoll miteinander verknüpft werden, d. h. – negativ formuliert – Marktversagen und Staatsversagen gegeneinander aufgewogen und kompensiert werden (vgl. etwa Anderseck 1988; Kell et al. 1990: 321ff.).

Für Entwicklungsländer ist eine Betrachtungsperspektive, welche die gesamtgesellschaftlichen Effekte beruflicher Bildung fokussiert, m. E. deshalb besonders virulent, weil die Frage nach der gesamtgesellschaftlichen Entwicklung hier besonders alternativenlos und elementar ist. Klar konturierte Interessengegensätze im Sinne spätkapitalistischer Gesellschaftssysteme wirken dagegen oft schon deswegen weniger systemprägend, weil organisierte und handlungskräftige Unternehmergruppen bzw. Arbeitnehmerorganisationen nur rudimentär vorhanden sind (vgl. Kelly 1994: 6648f.). Dies soll nun nicht bedeuten, daß in diesen Ländern die Handlungsziele und Interessen der Akteure innerhalb eines sozialen Systems unbedeutend wären, und das der Arbeit zugrundegelegte Systemmodell berücksichtigt diesen Aspekt ja auch durch die Strukturdimension *Akteurkonstellationen*.

Das besondere Augenmerk der vorliegenden Arbeit richtet sich jedoch nicht so sehr auf die Frage, auf welche Weise einzelne oder korporative Akteure ihre objektiven Verwertungsinteressen im Berufsbildungsbereich realisieren oder zu realisieren versuchen, sondern vielmehr auf die Suche nach geeigneten Organisationsmitteln und –formen beruflicher Bildungssysteme. Diese *Formen* (Offe) abstrahieren nicht von den in ihnen gebundenen Interessen, weisen aber über sie hinaus.

Welche Form die systemische Integration akteursgebundener Interessen annimmt und wodurch Restrukturierungen und Veränderungen der entsprechenden Berufsbildungssysteme motiviert sind, soll in dieser Arbeit untersucht werden und dabei – in Anknüpfung an das vorhergehende Kapitel – unterstellt werden, es seien *Ideen* und eben nicht *Interessen*, welche die Definition von Verfügungsrechten und Organisationsmitteln im Berufsbildungssystem determinieren.

1.3.5 Entwicklung als Ursache sozialen Wandels in Berufsbildungssystemen

Zusammenfassend ist festzuhalten: Die vorliegende Arbeit beschäftigt sich – am Beispiel der beruflichen Bildung in Chile seit 1964 – mit dem Problem der Entstehung und Ausdifferenzierung von Berufsbildungssystemen in abhängigen Ländern[41] und anhand dieses Problems mit der für die vergleichende Berufsbildungsforschung zentralen Frage, wie Systemfindungsprozesse verlaufen und beschrieben werden können. Welche Elemente und Kräfte sind in Berufsbildungssystemen wirksam? Wie werden Systemdynamik und Systemerhaltung austariert? Wodurch werden Anpassungsreaktionen an sich wandelnde Randbedingungen veranlaßt, und auf welche Weise wird die *Form* der Systemintegration und die Richtung der Veränderung bestimmt?

Im Kapitel 1.3.2 wurden ‚Berufsbildungssysteme' für die Belange dieser Arbeit definiert als die Gesamtheit der Ausbildungsangebote unterhalb der Hochschulebene, die mit dieser Aufgabe befaßten Akteure sowie die Kommunikations- und Handlungsmuster, nach denen diese Institutionen und Akteure miteinander in Beziehung treten. Die Antwort auf die Frage, ob es sich bei dieser Gesamtheit um ein selbstreferentiell funktionierendes systemisches Ganzes handelt, wurde – und auch dieses Vorgehen wurde im Kapitel 1.3 begründet – zunächst bewußt offengelassen.

Das analytische Konstrukt, das zur Untersuchung des *Wandels* im chilenischen Berufsbildungssystems verwendet werden soll, basiert auf der *Akteur-Struktur-Dynamik* Schimanks (vgl. Kapitel 1.3.1). Dieses Modell scheint der Anforderung der grundsätzlichen Offenheit in besonderem Maße zu entsprechen, sind doch in ihm systemtheoretische (in der Tradition Niklas Luhmanns) wie akteurtheoretische Annahmen zu einem Ganzen verbunden, so daß Institutionen, interessengeleitetes Handeln und systemeigene Kommunikationsmuster gleichermaßen in den Blick genommen werden können (vgl. Kapitel 1.3.1).

Doch zur Beschreibung und Begründung des Wandels, den das chilenische Berufsbildungssystem seit 1964 erlebte, wird noch ein weiterer, entscheidend wichtiger Faktor in die Analyse miteinbezogen. Die zentrale These, die im Verlauf dieser Arbeit begründet und belegt werden soll, lautet nämlich erstens, daß die Veränderungen im Grundgefüge

---

41 Unter ‚abhängiger Entwicklung' wird im Sprachgebrauch der (später detaillierter erläuterten) Dependenztheorien eine spezielle Form von Entwicklung verstanden, die durch die strukturell ungleichen Machtverhältnisse zwischen Industrie- und Entwicklungsländern geprägt ist und aus deren Ungleichheit reproduzierenden Bedingungen sich ein Land auch dann nicht notwendig löst, wenn es wirtschaftliches Wachstum aufweist (vgl. Nohlen 1989: 15).

des chilenischen Berufsbildungssystems durch Ideen (vgl. Kapitel 1.3.3) verursacht wurden.

Angesichts der im Kapitel 1.3.3 referierten Ergebnisse der Policy-Forschung scheint es sinnvoll anzunehmen, daß Ideen besonders wichtige Faktoren der Systemdynamik sind. Das ist schon deswegen plausibel, weil es sich – wie im vorangegangenen Kapitel angedeutet – bei der beruflichen Bildung um einen Gesellschaftsbereich handelt, der für das Gemeinwohl von hoher Bedeutung ist und bei dem – außer der sicherlich vorhandenen durch Partikularinteressen bestimmten Konkurrenz um knappe Ressourcen – auch die Effizienzsteigerung im Interesse der Gesamtgesellschaft eine Rolle spielt.

Die zweite Grundannahme der Arbeit ist, daß diese systemorientierenden Ideen mindestens im Falle Chiles während des genannten Zeitraumes nicht systemeigenen Ursprungs waren, sondern von außen auf das System einwirkten. Diese systemexternen Sinnorientierungen entstammten – so möchte ich zeigen – im Unterschied zu der Schimankschen Kategorie der teilsystemischen Orientierungen einer vom Berufsbildungssystem differenten Systemlogik und waren in eine andere Semantik eingebunden.

In der eingangs umrissenen Diskussion um die historische Gewachsenheit der Berufsbildungsstrukturen und -formen fällt auf, daß vor allem die Einzigartigkeit der Historie potentiell system*exportierender* Länder betont wird. Sehr viel weniger häufig ist davon die Rede, daß auch in Entwicklungsländern eine je unverwechselbare und nicht kopierbare Konstellation von Sozial- und Wirtschaftsstrukturen entstanden ist, die es in ihrer Eigendynamik zu berücksichtigen gilt. Es kann zumindest vermutet werden, daß dieser ‚blinde Fleck' nicht nur in forschungspragmatischen Problemen oder möglicherweise der eurozentristischen Blasiertheit der Forschung begründet liegt, sondern daß sich in den abhängigen Staaten tatsächlich soziale Systeme noch nicht so stark ausdifferenziert haben, wie dies in den europäischen Industriegesellschaften der Fall ist.

Es soll in den folgenden Kapiteln nachgewiesen werden, daß insbesondere das chilenische Berufsbildungssystem zahlreichen Einflüssen nicht nur von außerhalb des Systems, sondern auch von außerhalb der Landesgrenzen unterworfen war und ist. Universelle Einflüsse auf nationale Politikprozesse – etwa im Sinne der von Czempiel 1993 und Müller 1995 beschriebenen internationalen Regime[42] oder des von Abels mit Rekurs auf Bourdieu so genannten „geistigen Klima(s) der Zeit" (Abels 1993: 17) – spielen heute eine sehr viel bedeutendere Rolle als in der Entstehungsepoche des deutschen dualen Systems.[43]

---

42 „Regime sind internationale, kooperative Institutionen, die auf dem freiwilligen Zusammenschluß der teilnehmenden Staaten beruhen. Sie bestehen aus Prinzipien ([...]), Normen ([...] und Verfahren ([...]). Sie sind breiter als rein rechtliche Verpflichtungen, indem sie auch informelle, politische und rein gewohnheitsmäßige Elemente enthalten. Sie sind auch breiter als internationale Organisationen, derer sie sich bedienen mögen, ohne mit ihnen identisch zu sein." (Müller 1995: 384).

43 Es soll hier nicht die Auffassung vertreten werden, daß abhängige Eliten der Entwicklungsländer im Sinne des *Zentrum-Peripherie*-Theorems in einem quasi bewußtlosen Nachvollzug das vom Zentrum vorgegebene Plansoll lediglich erfüllen. Im weiteren Verlauf der Arbeit wird deutlich werden, daß Entwicklungstheorien und -strategien gerade in Lateinamerika mitproduziert wurden, daß also Akteure aus den Entwicklungsländern selbst an der Entstehung und politischen Durchsetzung von Entwicklungsstrategien maßgeblich beteiligt waren und sind. Doch die eigenständig produzierten Konzepte und Strategien müssen sich in einem Gesamtkontext struktureller Abhängigkeit bewähren, so daß

Die wirtschafts- und sozialpolitischen Ideen, deren Einfluß auf Berufsbildungssysteme in Entwicklungsländern hier behauptet wird, konkretisieren sich meines Erachtens in der Zielgröße Entwicklung, die spätestens seit dem Zweiten Weltkrieg aus einem wertenden Vergleich mit den westlichen Industriestaaten erwachsen ist.

Der Begriff Entwicklung ist so vieldeutig wie die Diskussion um Entwicklungstheorien kontrovers. Termini wie Unterentwicklung, Dritte Welt, Abhängigkeit und selbst Armut transportieren neben dem bezeichneten Phänomen auch immer normative Setzungen. Entwicklungstheorien sind nicht nur wissenschaftliche Versuche, soziale und ökonomische Prozesse der Vergangenheit und Gegenwart zu erklären, sondern immer auch strategische Entwürfe[44] einer *entwickelten* Zukunft und stehen so im Spannungsfeld politischer Diskussion und Ideologiekritik.

Entwicklung hat daher mindestens drei verschiedene Bedeutungsebenen: eine *normative*, insofern als der Begriff Vorstellungen über einen von Unterentwicklung abgrenzbaren und damit anzustrebenden *entwickelten Zustand*, d. h. ein Entwicklungs*ziel* impliziert. Gleichzeitig wird der Begriff als *analytische* Kategorie verwendet, um wirtschaftliche und soziale Situationen zu beschreiben und die Ursachen von Unterentwicklung zu bestimmen. Und schließlich hat *Entwicklung* auch eine *strategische* Komponente, wenn nämlich aus den Entwicklungstheorien Handlungsempfehlungen an politische Entscheidungsträger abgeleitet werden bzw. diese die Theorien zur Legitimation ihres Handelns heranziehen (vgl. König 1983: 208).

Die Diskussion um Entwicklung nimmt ihren Ausgang in einer Defizitanalyse: Die Situation bestimmter Länder oder Sozietäten wird im Vergleich zu anderen als unbefriedigend betrachtet. Für sich genommen und aus sich heraus werden Menschen ihre Lebenssituation vielleicht als *hart*, im Vergleich zu früheren Jahren als besser oder schlechter etc. empfinden, die Kategorie *Armut* oder *Unterentwicklung* aber ist ein Konstrukt, das aus dem Vergleich mit dem *Anderen* heraus entsteht. Welche Aspekte des *Anderen* nun auf die eigene Situation bezogen werden und damit die Folie für die Beschreibung der eigenen Lage sowie Zielvorstellungen und Strategien für ihre Veränderung abgeben, ist abhängig von gesellschaftlichen Normsetzungen und kulturellen Werten. Die Beschreibung einer Gesellschaft oder gesellschaftlicher Gruppen als *unterentwickelt* spiegelt daher immer auch ungleiche Machtverhältnisse wider, die es ermöglichen, die Situation von bestimmten Gesellschaften als *defizitär* zu definieren.

Es gilt, von einem Entwicklungsbegriff zu abstrahieren, der objektiv und zeitlos festlegen würde, was unter wirtschaftlicher und sozialer Entwicklung zu verstehen sei. Die *Zielgröße Entwicklung* ist Teil der *Theorie über Entwicklung* und ändert ihre Gestalt mit dieser. *Entwicklung* wird so zu einer kollektiven Utopie; die mit ihr verknüpften Be-

---

auch Realisierungschancen von *Gegen*konzepten durch internationale Machtkonstellationen eröffnet und begrenzt werden.

44 Entwicklungs*strategien* nennt Menzel (1993: 132) „aus Theorien abgeleitete Maßnahmen, mit deren Hilfe die Abweichungen von diesen Normen (eines zuvor entworfenen Entwicklungsmodells, U.C.) behoben werden sollen."

grifflichkeiten formieren sich zu Codices, mit denen Zukunft vorstellbar und planbar wird.

Politische Akteure bedienen sich wissenschaftlich begründeter Annahmen über die Entstehung von Unterentwicklung und die Möglichkeiten ihrer Überwindung, um sich über die Zusammenhänge in den für sie relevanten Politikfeldern klar zu werden und ihr Handeln zu begründen. Es lassen sich vielfältige Bezüge und wechselseitige Abhängigkeiten zwischen *wissenschaftlich* und *politisch* begründeten Entwicklungskonzepten nachweisen. Entwicklungstheorie entsteht im Kontext politischer Machtverhältnisse, und Politiker bedienen sich wissenschaftlicher Theorien zur Begründung ihres Tuns.

Wenn diese Überlegungen zutreffen und – wie oben behauptet – Berufsbildungssysteme in abhängigen Ökonomien durch Ideen über Entwicklung maßgeblich geprägt werden, dann wird an dieser Stelle eine Modifikation und Ergänzung des anfangs vorgestellten Modells von Schimank notwendig.

Das soziale System Berufsbildung, so läßt sich veranschaulichend sagen, ist gleichsam nach oben offen, durchlässig für Versuche der Einflußnahme und Determinierung von außen. Diese Offenheit entspricht einerseits einer (noch) schwächeren Ausdifferenzierung sozialer Subsysteme in Entwicklungsländern und den durch strukturelle Machtungleichgewichte verursachten größeren Möglichkeiten der externen Einflußnahme. Sie spiegelt jedoch unter Umständen auch die schwache Konturierung berufspädagogischer Codierungen im Inneren des Systems wider, die eine Überformung der eigenen, berufspädagogischen Semantik durch systemäußerliche Ideen und Orientierungen wahrscheinlicher macht.[45]

Leitideen über Entwicklung brechen sich, so soll in der Arbeit gezeigt werden, über drei Einflußkanäle im Berufsbildungssystem Bahn: über die *entwicklungstheoretisch* begründete Bedeutung, die der Bildung als Entwicklungsfaktor zugemessen wird, über die in der jeweiligen Epoche gültige *Wirtschaftsstrategie* und drittens mittels des je vorherrschenden ordnungspolitischen *Steuerungsmodells*.

Die jeweils in einer Entwicklungsära vorherrschenden Konzepte lassen sich auf internationaler und nationaler Ebene zu bildungspolitischen Leitideen verdichten, die von außen auf Berufsbildungssysteme Einfluß nehmen und systeminterne Orientierungen überformen. Im Unterschied zu teilsystemischen Orientierungen in ausdifferenzierten Sozialsystemen zeichnen sich berufsbildungspolitische Leitideen in Entwicklungsländern durch einen geringeren Grad an selbstreferentieller Geschlossenheit aus, wodurch abrupte Brüche der nicht durch eigene Sinnfilter abgeschirmten Systementwicklung wahrscheinlicher werden. Diese These soll im Verlauf der vorliegenden Arbeit für den Fall Chile exemplarisch belegt werden. Graphisch veranschaulicht stellt sich das modifizierte Konzept wie folgt dar:

---

45 Uwe Schimank verdanke ich den Hinweis, daß eine solche Konstellation (unscharfe Konturierung subsystemischer Codierungen und dadurch ermöglichte Überformung durch übergeordnete Orientierungen z. B. auch kultureller Art) unter Umständen ein Charakteristikum früher Industrialisierungsepochen sein könnte, der sich im Verlauf der späteren Modernisierung zugunsten einer eindeutigeren Abgrenzung ausdifferenzierter Subsysteme verliert.

Abbildung 3: Berufsbildungssysteme in Entwicklungsländern

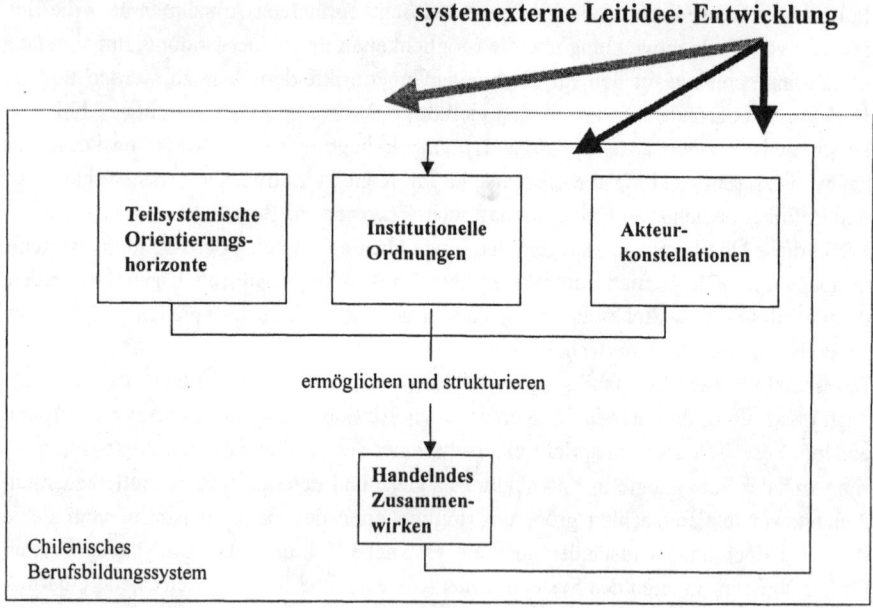

Es wird angenommen, daß systemexterne Leitideen die nur unvollständig ausdifferenzierten Orientierungen im Inneren des Berufsbildungssystems überformen und prägen. Sie sind es vor allem, die das Denken und Handeln der Akteure orientieren, indem sie Hinweise darauf geben, welche Ziele und Motive aus dem überkomplexen Feld der Möglichkeiten ausgewählt werden sollen. Die Akteure gleichen dann diese Ziele mit den institutionellen Ordnungen, Handlungsvorschriften und Regeln des nationalen Berufsbildungssystems ab und handeln sie in entsprechenden institutionell gebundenen Konstellationen untereinander aus.

Die ursprünglich formulierte, zunächst aber zurückgestellte Frage, ob und wieweit es sich beim chilenischen Berufsbildungswesen um ein eigenständiges, selbstbezügliches System mit klar definierbaren Sinngrenzen handelt, kann somit erst dann beantwortet werden, wenn sich im Verlaufe der Untersuchung herauskristallisiert, daß es bei dieser Einflußnahme systemexterner Leitideen zu Brüchen und Friktionen kommt, die aus Grenzüberschreitungen bzw. ‚Übersetzungsproblemen‘ von einer Semantik in die andere resultieren. Geschieht die Überformung teilsystemischer Orientierungen dagegen reibungslos, wäre dies ein eindeutiger Beleg für die mangelnde Selbständigkeit des chilenischen Berufsbildungssystems.

2 Bildung im Entwicklungsstaat

2.1 Entwicklungsstaat: Entwicklungstheoretisches Bezugssystem

Die Ausdifferenzierung der Entwicklungstheorie als wissenschaftliche Disziplin nahm zu Beginn der 50er Jahre ihren Anfang und stand im Zusammenhang mit dem letzten Entkolonialisierungsschub nach dem Zweiten Weltkrieg, der eine von den ehemaligen Mutterstaaten unabhängige Entwicklung der ehemaligen Kolonialstaaten verhieß (ausführlich: Menzel 1992: 98ff.). Entwicklungstheorien versuchen seither, Ursachen und Bedingungen der Unterentwicklung aufzuzeigen und Möglichkeiten ihrer Überwindung zu benennen (Menzel 1993: 132).

2.1.1 Entwicklungsziel Moderne

Die erste Entwicklungsperiode, die exemplarisch analysiert werden soll, um die These von der systemexternen Orientierung des chilenischen Berufsbildungssystems zu belegen, ist die Phase des Entwicklungsstaates. Seinen theoretischen Überbau bildeten die Modernisierungstheorien[46] der 50er und 60er Jahre. Durch die Blockbildung nach dem Zweiten Weltkrieg und das daraus resultierende Bestreben, die aus dem Kolonialstatus entlassenen Staaten in das westliche Lager einzubinden, war in dieser Zeit Bedarf nach einer Gesellschaftstheorie entstanden, die der vermeintlichen Attraktivität des sowjetischen Systems entgegengestellt werden konnte. Die Modernisierungstheorien wurden einer solchen Nachfrage insofern gerecht, als sie eine Perspektive des schrittweisen und kontinuierlichen Überganges von der Tradition zur Moderne entwarfen und die Bedingungen und Mechanismen einer solchen Transition aufzuzeigen schienen. Nicht Revolutionen und gewaltsame Umstürze, sondern der quasi-naturgesetzliche Wachstumsprozeß von *rückständigen* zu *modernen* Gesellschaften wurde als adäquater Weg zum Abbau ungerechter Ressourcenverteilung offeriert.

Analog zur historischen Entwicklung in Europa wurde Modernisierung als gesetzmäßig ablaufender Prozeß in einem Zusammenspiel von Industrialisierung und Urbanisierung, Alphabetisierung, Medienkonsum und politischer Partizipation gefaßt. Der Nachvollzug westeuropäischer Entwicklungsmuster galt als zwangsläufig und universell. Daniel Lerner schrieb in seiner klassischen Studie „*The Passing of Traditional Society*" (1958: VIII, zit.n. Weede 1985: 19):

„Modernisierung erscheint durch historisches Zusammentreffen als Verwestlichung [...] Das *westliche Modell* ist nur historisch westlich; soziologisch ist es global."

Ermöglicht wurde dieses Verständnis von Entwicklung erst durch den Entwurf eines in sich kohärenten Bildes westlicher Industriegesellschaften, wie es im Zuge der Expansion der Sozialwissenschaften nach dem Zweiten Weltkrieg mit dem *Paradigma der industriellen Gesellschaft* entstanden war. Dieser Begriff steht für das Modell einer Gesellschaft, die durch die Prinzipien Rationalität, Effizienz und bürokratische Organisation gekennzeichnet ist und von öffentlichen und privaten Großorganisationen gesteuert

---

46 Zur Frage, „was heißt ‚Moderne' soziologisch?" vgl. Berger 1988.

wird. Unterstellt wird weiterhin, die Entwicklung der industriellen Gesellschaft geschehe aus sich selbst heraus in einem nach oben offenen Prozeß ununterbrochener technologischer Innovation und sei mit einem steten Zuwachs an materiellem Wohlstand, aber auch an sozialem Schutz und bürgerlicher Freiheit verbunden (vgl. Lutz 1991: 93). Ambivalenzen und Widersprüche im Zusammenhang mit fortschreitender Rationalisierung, wie sie Marx, Simmel oder Weber herausgearbeitet hatten, wurden mit Rekurs auf das harmonistische Gesellschaftsbild Parsons[47] als rein sozialtechnisches Anpassungsproblem interpretiert.

Die Kritik an den Modernisierungstheorien setzte dann auch an der Gleichsetzung von europäischer Kulturgeschichte mit Entwicklung überhaupt an. Die modernisierungstheoretische Perspektive, bei der traditionale Kulturelemente als eine Restkategorie galten, deren Verschwinden nur eine Frage der Zeit sei, wurde als ahistorische Sichtweise demaskiert, die zugrundeliegende Machtkonstellationen und -interessen unterschlägt und damit implizit legitimiert. Beeinflußt durch die Auseinandersetzungen um die Legitimität des Vietnamkrieges und die US-amerikanischen Anstrengungen, den politischen Einfluß des Westens auch in Ländern der Dritten Welt zu sichern, interpretierten viele Politikwissenschaftler die fortschreitende *„Europäisierung der Welt"* (Nuscheler 1995) als Ausdruck von Fremdherrschaft durch die früheren Kolonialherren und einheimische Eliten („Weiße unter schwarzen Masken"). Der passiven Übernahme westlicher Werte wurde das *Selbstbestimmungsrecht der Völker* bei der Suche nach eigenen Entwicklungsalternativen entgegengestellt.

Das Autarkiekonzept als normativer Kontrapunkt zur Modernisierungstheorie materialisierte sich politisch im Unabhängigkeitkeitsbestreben vieler Entwicklungsländer im Sinne eines *Dritten Weges*. 1961 hatte die *Blockfreienbewegung* ihre erste Gipfelkonferenz in Belgrad und weitete ihren politischen Einfluß in den folgenden Jahren kontinuierlich aus. 1977 wurde in Algier die UNCTAD-Organisation *Gruppe der 77* gegründet. Es entstand eine Vision eigenständiger Entwicklung außerhalb der Machtsphären des kapitalistischen und des kommunistischen Blocks, deren Paradoxon darin bestand, daß sie gerade wegen ihrer Abgrenzung von den Blöcken nur innerhalb des Ost-West-Gegensatzes entstehen und wachsen konnte. Die blockfreien Staaten nutzten die Spannungsfelder zwischen den Blöcken für sich, erhandelten materielle Unterstützung über die Drohung, sich endgültig dem anderen Lager zuzuwenden, und konnten so eigene politische Spielräume ausbauen.

2.1.2 Strategische Konsequenzen: Entwicklungsweg Modernisierung

Die frühen Wachstumstheorien der 40er und 50er Jahre hatten als Kernproblem der unterentwickelten Länder ihre mangelnde Produktivkraft identifiziert. Diese, so wurde vermutet, sei vor allem Folge des gravierenden Kapitalmangels, da in armen Gesell-

---

47 Rucht (1994: 36.) faßt die diesbezügliche Kritik an Parsons so zusammen: „Die Kosten der systemischen Komplexitätssteigerung werden (bei Parsons, U.C.) auf der subjektiven Ebene zwar empfunden und sind als soziale Abweichung und psychische Destabilisierung greifbar, aber nicht dem Verursachungszusammenhang zurechenbar und insofern auch ihrer potentiellen Sprengkraft beraubt."

schaften ein niedriges Einkommen mit einer hohen Konsumquote und niedrigen Spar- und Investitionsquoten korreliere und die Produktivität der Arbeit sowie die Kapitalausstattung dementsprechend niedrig blieben. Als weitere Strukturmerkmale der Unterentwicklung wurden der hohe Anteil der Beschäftigten im Agrarsektor, der niedrige Industrialisierungsgrad, hohe Arbeitslosigkeit, die mangelnde Erschließung und Nutzung natürlicher Ressourcen, eine unzureichende Markt- und Kreditorganisation und die häufig miserable Infrastruktur genannt (Nohlen et al. 1993: 33).

Die Theoretiker dieser Jahre bezogen sich auf die Stadientheorie Rostows, der fünf zu durchlaufende Entwicklungsphasen identifiziert hatte: 1. die traditionelle Gesellschaft, 2. die Übergangsgesellschaft, 3. die Startgesellschaft, 4. die reife Industriegesellschaft und 5. die Massenkonsumgesellschaft (vgl. Rostow 1967). Das zentrale Problem der Transition von der *Übergangs-* zur *Start*gesellschaft liegt nach diesem Ansatz in der niedrigen Sparquote unterentwickelter Länder, die Investitionen nicht zuläßt. Das führt dazu, daß Produktivitätssteigerungen nicht entstehen, was wiederum niedrige Einkommen bedingt – an dieser Stelle schließt sich dann der Kreis, durch den Armut perpetuiert wird. Rostow schätzte, daß mindestens 15 bis 20% des BIP gespart und in produktive Investitionen umgesetzt werden müßten, um den *„take-off"* zu ermöglichen (vgl. Nohlen 1989: 703), wenn nicht – und hier liegt die Rechtfertigung für die Entwicklungszusammenarbeit und Kreditgeschäfte der frühen Jahre – das für den Übergang zur Industriegesellschaft notwendige Kapital von außen zugeführt wird. Die europäischen Erfahrungen mit dem Marshall-Plan schienen die Wirksamkeit externer Anschubfinanzierungen zu bestätigen.

Ausgehend von der Annahme, das Schlüsselproblem der Unterentwicklung bestehe in einer unzureichenden Kapitalbildung bzw. der niedrigen Sparquote, wurde zunächst eine ungleichgewichtige Verteilung der gesellschaftlichen Ressourcen zugunsten der Höherverdienenden für unumgänglich gehalten. Nur eine Oberschicht, die über ausreichend viel Kapital verfüge, sei in der Lage zu investieren, Arbeitsplätze zu schaffen und produktiv tätig zu werden. Falls trotz der Umverteilungsmaßnahmen das unternehmerische Potential eines Landes nicht ausreichend aufgebaut werden könne, sei es Aufgabe des Staates (insbesondere des autoritär regierten, der über die hinreichenden Machtinstrumente verfüge), den Mangel an unternehmerischer Initiative zeitweise zu kompensieren oder zu substituieren.

Das implizite Motto lautete: *„growth first, redistribution later"* (Menzel 1993: 135). In einem ersten Schritt sollten Investitionen induziert und Entwicklungspole aufgebaut werden. Von diesen Polen, so die Überlegungen der Wachstumsstrategen, würden dann Impulse ausgehen und zwar sowohl in vertikaler als auch in horizontaler Richtung. Die vertikale Breitenwirkung würde neue Betätigungsfelder für Lieferanten und Abnehmer entstehen lassen. In horizontaler Richtung würden Imitatoren und damit potentielle Konkurrenten der Erstinvestoren auf den Plan gerufen. Die ökonomische Struktur werde dynamisiert, Arbeitsplätze entstünden und Ungleichgewichte würden durch eine allgemeine Erhöhung des Volkseinkommens und damit verbundene trickle-down-Effekte langsam abgebaut.[48]

Die Umsetzung der Wachstumsstrategien erwies sich allerdings gerade in Lateinamerika als nicht sehr erfolgreich. An Kapital mangelte es den Eliten durchaus nicht: Die Region verfügte über die weltweit größte Konzentration an Boden- und Kapitalbesitz. Eine erfolgreiche Industrialisierung der Region wurde jedoch von den traditionellen Produktions- und Besitzstrukturen behindert, denn das Selbstverständnis und die wirtschaftliche Macht der *Latifundistas* (Großgrundbesitzer) als herrschender Gesellschaftsklasse gründete sich auf ein spätfeudales Produktionsverhältnis zwischen *Patrón und Peón*, das einen ganz eigenen Lebensstil zwischen Finca und städtischer Bühne prägte.

Nur durch Wachstumsimpulse und Kapitalisierung der Eliten in Entwicklungsländern war das Problem der Unterentwicklung offensichtlich nicht zu beheben. Einerseits zeigten sich diese Gruppen wenig geneigt, das ihnen zur Verfügung gestellte Kapital in produktive Investitionen umzumünzen, andererseits wurde offensichtlich, daß auch andere als rein ökonomische Faktoren die *traditionellen* von den *modernen* Gesellschaften unterscheiden. Kapital alleine machte ganz offensichtlich noch keine Kapitalisten.

Religiös geprägte Werthaltungen wie die schon 1922 von Max Weber (1988) untersuchte Arbeitsethik, kulturelle Wissensbestände und andere, die Herausbildung kapitalistischer Gesellschaftsorganisation befördernde ‚individuelle Tugenden' (Fukuyama 1997: 69) spielen vielmehr eine entscheidende Rolle für den Übergang von feudalen zu kapitalistischen Wirtschafts- und Gesellschaftsstrukturen (vgl. ausführlich auch: Braun et al. 1993).

Diese Erkenntnis führte dazu, daß die Modernisierungstheorie seit den späten 50er Jahren auch und vor allem sozial-normative Aspekte für die Existenz von Unterentwicklung verantwortlich machte. Das Phänomen *Unterentwicklung* entstehe dort, wurde nun vermutet, wo traditionale Lebenswelten aufbrechen und und Menschen den eigenen Lebensstandard mit demjenigen der Industrieländer vergleichen. *Traditionale Gesellschaften* werden demnach dann zu *unterentwickelten*, wenn sie im Bestreben, am modernen Lebensstil teilzuhaben, aus der *rückständigen* Logik ausbrechen.

Der zu vollziehende Wandel betrifft nach Einschätzung der Modernisierungstheoretiker ganz unterschiedliche gesellschaftliche Teilbereiche (vgl. Nohlen et al. 1993: 34):

- Im Produktivsektor werden Prozesse der technischen Innovation, Industrialisierung, Umstellung auf Massenproduktion und Tertiärisierung in Gang gesetzt.
- Säkularisierung, Rationalisierung, Differenzierung und Verwissenschaftlichung bedingen einen kulturellen und normativen Wandel, der den *Zauber der Religionen* ablöst und Werterationalismus durch Zweckrationalismus[49] ersetzt.

---

48 Diese These wurde durch die sog. U-Hypothese Kuznets gestützt, die aussagte, zu Beginn des Industrialisierungsprozesses bestehe in der Regel eine eher egalitäre Einkommensverteilung, die später tendenziell ungleichgewichtiger werde, um sich zum Ende des Prozesses wieder anzugleichen (vgl. Kuznets 1955).

49 *Wertrational* handelt nach Weber, „*wer ohne Rücksicht auf die vorauszusehenden Folgen handelt im Dienst seiner Überzugung von dem, was Pflicht, Würde, Schönheit, religiöse Weisung, Pietät oder die Wichtigkeit einer >Sache< gleichviel welcher Art ihm zu gebieten scheinen*"; zweckrationales

- Auch individualpsychologische Veränderungen wie Empathiesteigerung, Überwindung von Apathie, Leistungsmotivation und Ausbildung individuellen Besitz- und Gewinnstrebens wurden nun als notwendige Konstituenten gesellschaftlicher Entwicklung wahrgenommen.
- Auf sozialstruktureller Ebene wurden eine höhere Bevölkerungsdichte, Urbanisierung, Alphabetisierung und die Steigerung von Mobilität und sozialer Kommunikation (Verbreitung von Kommunikationsmedien) als zentrale Bedingungen für den Wandel zur industriellen Gesellschaft identifiziert.

2.1.3 Dependenztheoretische Gegenargumente

Mitte der 60er Jahre entstand mit den Dependenztheorien eine kritische Gegenposition zur Modernisierungstheorie. Gemeinsame Grundlage der sich rasch ausdifferenzierenden Ansätze war die These, Unterentwicklung sei vor allem exogen verursacht und durch die auch nach der politischen Unabhängigkeit fortdauernde Abhängigkeit der Entwicklungsländer von ihren ehemaligen kolonialen Mutterstaaten bedingt.

Raúl Prebisch und Hans Singer von der *Comisión Económica para América Latina y el Caribe* (CEPAL; UN-Wirtschaftskommission für Lateinamerika und die Karibik)[50] entwickelten im sog. *CEPAL-Manifest*[51] die These von der *säkularen Verschlechterung der terms of trade* zuungunsten der Rohstoffe exportierenden Entwicklungsländer und verorteten den Kern des Problems in den bestehenden Machtungleichgewichten der weltwirtschaftlichen Strukturen, die einen kontinuierlichen Ressourcenabfluß aus Entwicklungsländern als Folge ungleicher Verwertungsbedingungen erzwängen. Die „*Entwicklung der Unterentwicklung*" (Frank) erschien so als Funktion der Einbindung von Entwicklungsländern in ein arbeitsteiliges, kapitalistisches *Weltsystem* und als konstitutives Element eben derjenigen Moderne, die bisher als einzig denkbare Zielvorgabe gesetzt worden war.

Lateinamerikanische Theoretiker wie Osvaldo Sunkel, Fernando Cardoso und Enzo Faletto knüpften an die These der externen Verursachung von Unterentwicklung an und interpretierten auch die internen Strukturen abhängiger Ökonomien bzw. die typischen Symptome der Unterentwicklung und soziale Spannungen als Folge der strukturellen Marginalisierung dieser Länder innerhalb weltwirtschaftlicher Arbeitsteilung. Die *Dependencia* schaffe, so argumentierten sie, eine strukturelle Benachteiligung, die die Entwicklungsländer wirtschaftlich ausblute und zur strukturellen Deformation ihrer

---

Handeln zeichnet sich dagegen dadurch aus, daß der Handelnde sein Tun „*nach Zweck, Mitteln und Nebenfolgen orientiert und dabei sowohl die Mittel gegen die Zwecke, wie die Zwecke gegen die Nebenfolgen, wie endlich auch die verschiedenen möglichen Zwecke gegeneinander rational abwägt*" (Weber 1966: 12).

50 Die UN-Wirtschaftskommission für Lateinamerika und die Karibik wurde 1948 gegründet und hat ihren Sitz in Santiago de Chile. Als Einrichtung der UN ist die CEPAL zuständig für alle der UN angehörigen Länder der Region. Zu ihren Aufgaben gehören: wissenschaftliche Analysen der Entwicklungsprobleme und -prozesse in den lateinamerikanischen Ländern, Evaluierung gemessen an den Zieldaten der Internationalen Entwicklungsdekade, Ausbildung von Planungsstäben, Regierungsberatung und lateinamerikanische Integration.

51 CEPAL (1951): Estudio Económico de América Latina 1949, New York.

Ökonomien führe. Die späteren Konzepte der *Theorie des peripheren Kapitalismus* (S. Amin, D. Senghaas) und des *Staates im peripheren Kapitalismus* (H. Elsenhans, W. Hein, G. Simonis) greifen diese Ansätze einer lateinamerikanischen *sociología de desarrollo* (Soziologie der Entwicklung) auf (vgl. Werz 1991: 174) und differenzieren sie weiter aus.

Ein wichtiges Charakteristikum der Peripherie ist nach diesen Annahmen *ihre strukturelle Heterogenität*, d. h. das gleichzeitige Vorhandensein mehrerer paralleler, aber in besonderer Weise aufeinander bezogener Produktionsweisen (traditionelle Produktion, Feudalismus, Kapitalismus). Dabei erlangt die kapitalistische Produktionsweise zwar eine dominante Position und zwingt traditionelle Wirtschaftsformen in die Abhängigkeit, doch eine vollständige Absorption im Sinne einer Homogenisierung oder *Durchkapitalisierung* würde für das Gesamtsystem dysfunktional wirken[52] und wird daher nicht erreicht. Das Konzept der *strukturellen Heterogenität* grenzt sich damit von einer Sichtweise ab, die die Koexistenz moderner und informaler Wirtschaftsstrukturen in Entwicklungsländern als Übergangssymptome zwischen Tradition und Moderne deutet. Die Existenz einer Schattenwirtschaft sehen diese Autoren als Ergebnis eines wirtschaftlichen Prozesses, durch den Abhängigkeit und Unterentwicklung ständig neu reproduziert wird (vgl. Nohlen et al. 1993: 44).

Diese Ansätze bildeten den Ausgangspunkt einer weltweiten Theorie- und Strategiediskussion in den 60er und 70er Jahren. Die CEPAL gewann rasch an politischem Gewicht und Einfluß auf die entwicklungsstrategische Konzeption der erstarkenden nationalistischen Bewegungen (vgl. auch Werz 1991: 161ff.), deren strategische Konzeption vor allem an die keynesianischen Konzepte der *Importe substituierenden Industrialisierung* (ISI) anknüpften und diese in zwei Richtungen ausweiteten: Einige Politiker vertraten die Ansicht, die ungleichgewichtigen Weltmarktbeziehungen sollten im Sinne einer „*Neuen Weltwirtschaftsordnung*" reformiert werden.[53] Die radikaleren Vertreter der *Dependencia*-Theorie folgerten aus dem Befund, Unterentwicklung sei ein Produkt ungleicher Wirtschaftsbedingungen, die Notwendigkeit einer Abkoppelung, der Dissoziation vom Weltmarkt, um eine auf den eigenen Ressourcen und Bedingungen basierende Entwicklung in Gang setzen zu können. Erst wenn die Strukturmängel der Entwicklungsländer in einem autonomen Entwicklungsprozeß überwunden seien, könnten die Entwicklungsländer wieder mit Gewinn am Weltmarktgeschehen partizipieren. Bis dahin habe der „*autozentrierte*" Entwicklungsprozeß von der Nutzung traditioneller oder selbst entwickelter (*angepaßter*) Technologien auszugehen. Regionale Ko-

---

52 Traditionelle Wirtschaftsbereiche erfüllen, so die Vorstellung der Dependenztheoretiker, die Funktion eines Arbeitskräftereservoirs und der Subsistenzversorgung der Masse der Bevölkerung.
53 Mit diesem Konzept sollten die Entwicklungsländer in die Lage versetzt werden, souveräne Kontrolle über die eigenen Ressourcen auszuüben, diese Ressourcen ohne protektionistische Mauern der Industrieländer unter fairen Bedingungen zu vermarkten und mit stabilen Preisen zu kalkulieren (Indexierung der Rohstoffpreise). Verbesserte Handelsbedingungen sollten einen Industrialisierungsprozeß in den Entwicklungsländern in Gang setzen, der zusätzlich durch Finanz- und Techniktransfer von den Industrieländern in die Entwicklungsländer flankiert werden könnte.

operation zwischen Entwicklungsländern könne dabei helfen, inkomplette Ressourcen-ausstattung auszugleichen (vgl. Menzel 1993: 146).

Mehr oder weniger implizit gingen die Dissoziationskonzepte von der Notwendigkeit einer vorgängigen (sozialistischen) Transformation der gesellschaftlichen Macht-verhältnisse in den Entwicklungsländern aus. Dort, wo die Dissoziationsansätze in ihrer radikalen Form tatsächlich umgesetzt wurden (Nordkorea, Albanien, Birma, Kam-puchea), zeitigten sie katastrophale wirtschaftliche und politische Folgen. Dennoch hatte das Paradigma der „*kollektiven self-reliance*" auf die internationale Diskussion erheblichen Einfluß und stützte politische Versuche der 70er Jahre einer regionalen und sektoralen Handelsorganisation der rohstoffexportierenden Entwicklungsländer.

Lateinamerikanische Politiker rekurrierten in ihrer Argumentation immer wieder auf die Argumentation der Dependenztheoretiker, als sich zeigte, daß eine Importsubstitution nur durch strikte Abgrenzung der Binnenökonomie nach außen durchsetzbar war. Poli-tiker wie Salvador Allende in Chile oder Alán García in Peru begründeten ihre protek-tionistische Wirtschaftspolitik, die staatliche Übernahme von Schlüsselindustrien und ihre (partielle) Weigerung, Schulden zurückzuzahlen, mit Bezug auf dependenztheoreti-sche Konzepte der CEPAL. Dennoch fand die radikale Version der Abkoppelungskon-zepte in Lateinamerika kein politisches Echo.

2.2 Staatszentrierte Wirtschaftsstrategie

Obgleich sich also die radikale Version der Dissoziationsstrategie in Lateinamerika nicht durchsetzen konnte, blieb für die lateinamerikanische Wirtschaftspolitik auf brei-ter Ebene die *Strategie der importsubstituierenden Industrialisierung*, die sich – wie dargestellt – ebenfalls auf dependenztheoretische Annahmen stützte, handlungsleitendes Paradigma. In Abgrenzung von der Vorstellung der frühen Wachstumsstrategen, Ent-wicklungsprozesse in Entwicklungsländern seien durch Kapitalisierung der Eliten ein-zuleiten, wurde nun argumentiert, nicht nur das Angebot, sondern auch die Nachfrage nach Kapital sei Voraussetzung für Entwicklung. Die soziokulturell determinierte Fä-higkeit der Unternehmer, vorhandene Mittel nicht in Konsum, sondern in Investitionen zu lenken, müsse ausgebildet und durch geeignete Kontextbedingungen unterstützt wer-den.[54] Es sei daher strukturpolitisch sinnvoll, in ausgewählten Schlüsselsektoren staatli-che Investitionen zu tätigen, um Koppelungseffekte hervorzurufen. Erst über eine auf diese Weise induzierte höhere Nachfrage und verbesserte Produktionsbedingungen wür-den dann neue Investitionen von seiten der Unternehmer wahrscheinlich. Basierend auf der keynesianischen Vorstellung, daß eine zeitweise Entkoppelung vom Marktgesche-hen die Entwicklung im eigenen Land beschleunigen könne, bildete sich besonders in Lateinamerika eine Entwicklungsstrategie heraus, die die einseitige Rohstoffspezialisie-rung zu vermindern und das Binnenmarktgeschehen zu fördern suchte.

---

54 Im Sinne Schumpeterschen Unternehmertums, vgl. Schumpeter, Joseph (1993): Kapitalismus, Sozial-ismus und Demokratie, Tübingen; zur heutigen Einschätzung: Bude, Heinz (1997): Der Unternehmer als Revolutionär der Wirtschaft, in: Merkur, Deutsche Zeitschrift für europäisches Denken (1997) Heft 582/3: 866–876.

Ländern wie Mexiko, Chile, Brasilien oder Argentinien gelang es in diesen Jahren, als sog. *estados desarrollistas* (Entwicklungsstaaten) eine eigene Produktionsstruktur aufzubauen und diese mit Maßnahmen der Infrastrukturverbesserung und Ressourcenumverteilung zu verknüpfen. Das Bruttosozialprodukt wuchs zwischen 1960 und 1980 durchschnittlich um 5,8% jährlich (vgl. Benecke 1983: 200). Sowohl die wirtschaftlichen und konjunkturellen Kennziffern als auch die sozialen Indikatoren zeigen bis in die 70er Jahre in vielen Ländern Lateinamerikas einen positiven Verlauf (vgl. Messner et al. 1995, Waldmann 1990).

Der realpolitische Hintergrund der breiten Einführung des ISI-Konzeptes in Lateinamerika bestand zum einen in der durch den Zweiten Weltkrieg erzwungenen Isolation, die viele lateinamerikanischen Staaten in den 40er Jahren mit der Notwendigkeit konfrontiert hatte, bis zu diesem Zeitpunkt importierte Güter nun auf dem Binnenmarkt zu produzieren. Zum anderen hatten in wichtigen Ländern Lateinamerikas seit den 30er Jahren nationalistisch-populistische Regierungen die Macht ergriffen, die ebenfalls auf die ökonomische und politische Unabhängigkeit ihrer Nation pochten.[55]

Die importsubstituierende Industrialisierung konzentrierte den Einsatz der verfügbaren Ressourcen auf den Ausbau des Produktivsektors.[56] Die Schaffung technischen und unternehmerischen Know-Hows, die Diversifizierung der Wirtschaftsstruktur und die Steigerung des Inlandsproduktes durch Ausbau der verarbeitenden Industrie galten als vorrangig (vgl. Adams 1994: 6634ff.; König 1983: 210 und Nohlen 1989: 316f.). Allerdings blieb die nachgefragte Menge an Konsumgütern so gering, daß Skalenerträge nicht genutzt werden konnten und die Preise im Vergleich zum Weltmarkt ungünstig hoch lagen. Die nationalen Industrien mußten daher mit hohen Zöllen und Devisenkontrollen geschützt werden, wodurch auch unproduktiv wirtschaftende Betriebe begünstigt wurden.

Auf den Arbeitsmarkt wirkte sich die staatszentrierte Importsubstitutionspolitik zunächst positiv aus: Besonders im Staatsdienst wurden zahlreiche neue Stellen geschaffen, und in den Betrieben bewirkten die hohen Devisenpreise in vielen Fällen eine Substitution des teuren Kapitals durch Arbeit. Es entstanden vor allem solche Arbeitsplätze, die wenig Kapitalinvestitionen erforderten, auf niedrigem Technologieniveau angesiedelt waren und mit geringem Qualifikationsbedarf auskamen. Die durch Ausbildungsdefizite verursachten Qualitätseinbußen spielten für den Absatz keine Rolle, da die Märkte gegen außen geschützt waren.

---

55 In Brasilien führte der Präsident Getúlio Vargas seit 1930 ein autoritäres, zentralistisches Regime. In Chile setzten die bürgerlichen Regierungen nach 1925 ebenfalls auf einen staatlich gelenkten Ausbau eigener Industrien. Perón förderte in Argentinien seit 1946 massiv den Ausbau der Binnenindustrie. In Bolivien hatte die *National-Revolutionäre Allianz* MNR nach 1952 die Zinnminen nationalisiert und eine Agrarreform eingeleitet. Auch hier ermöglichte eine teilweise Entmachtung der Minen- und Grundbesitzeroligarchien die binnenmarktgestützte Industrialisierung. In Peru wurde ein vergleichbarer Prozeß zwischen 1968 und 1980 durch reformistische Militärregierungen (Belaúnde) getragen. In Mexiko erzwangen Import- und Kreditrestriktionen von seiten der USA den Ausbau der Binnenindustrie unter der PRI-Regierung Cardenas (1934 bis 1940).

56 Die Diskriminierung des Agrarsektors (als Domäne der *gegnerischen* Agraroligarchie) wurde als notwendiger Schritt industrieller Modernisierung verstanden.

„Protectionist policies distort the demand for labor and skills through their effect on capital and technology choices. While many developing countries are expanding access to education, protectionist trade regimes are perversely slowing employment creation in the modern sector and expanding it in labor-intensive, often low-skilled activities in the informal sector." (Adams 1994: 6634)

Trotz der gravierenden Allokationsprobleme und strukturellen Schwierigkeiten der Importsubstitutionspolitik, deren Konsequenzen in voller Schärfe erst während der Schuldenkrise nach 1980 und der anschließenden Strukturanpassungsphase zum Tragen kamen, gelang es einigen Entwicklungsstaaten, sich in diesen Jahren als eigenständige Wirtschaftskraft auf dem Weltmarkt zu etablieren.

2.3   Geplante Entwicklung: Steuerungstheoretisches Bezugssystem

Motor der lateinamerikanischen Industrialisierung war, abgesehen von Aktivitäten multinationaler Unternehmen, vor allem die zentralstaatliche Bürokratie. Insbesondere in Sektoren, in denen die Investitionssummen die Leistungskraft nationaler Unternehmer überstiegen oder die aus national-strategischen Interessen heraus nicht an multinationale Konzerne übertragen werden sollten (Stahl- und Energieerzeugung, Telekommunikation etc.), übernahm der Staat unternehmerische Aufgaben in großem Umfang (vgl. Rohdewohl 1991: 7f.; Waldmann 1990: 34). Das nationale Unternehmertum beschränkte seine Aktivitäten in den meisten Fällen auf wenig dynamische und technisch anspruchslose Wirtschaftssektoren wie Nahrungsmittel- und Getränkeherstellung, Textil-, Leder- und Möbelproduktion oder Keramik. Die meisten nationalen Industrieunternehmer gingen aus Einwandererfamilien hervor und erlangten nur geringen gesellschaftlichen Einfluß (vgl. Waldmann 1990a: 14). Innerhalb lateinamerikanischer Sozietäten blieben Großgrundbesitz und eine *gute* familiäre Herkunft *(ser de familia)* bis auf weiteres wichtiger als ein auf individueller Tüchtigkeit basierender ökonomischer Aufstieg.

Die Gründung öffentlicher Unternehmen in strategisch wichtigen Produktionssektoren war allerdings nicht nur Ergebnis sozioökonomischer Zwänge, sondern diente nicht zuletzt der Konsolidierung der postkolonialen Staatsapparate und der politischen Legitimation der nationalistisch orientierten Regierungen. Die Einbindung der Unternehmungen in die staatliche Entwicklungsplanung und der Schutz z. B. von Rohstoffindustrien vor ausschließlich privaten Verwertungsinteressen diente sowohl der Sicherung politischer Macht der aufsteigenden „*Staatsklasse"* (Elsenhans) als auch der Verankerung der staatlichen Institutionen in der Gesellschaft (vgl. Rohdewohl 1991: 12f.).

Die staatliche Initiierung, Lenkung und Kontrolle der Entwicklung reduzierte sich scheinbar darauf, aus möglichst detaillierten und zutreffenden Informationen die richtigen politischen Konsequenzen zu ziehen. Wenn eine empirisch abgesicherte und hinreichend komplexe Datenbasis zur Verfügung stünde, so wurde unterstellt, aus der sich (unter Umständen mehrere) Szenarien für die Zukunft ableiten ließen, so würden sich daraus relativ gesicherte Schlüsse für Planungsnotwendigkeiten und -möglichkeiten ziehen lassen. Die Aufgabe der Politiker bestehe dann in erster Linie in der politischen

Durchsetzung, Ressourcenbereitstellung und Formalisierung der entsprechenden Maßnahmen.

Eine gezielte Entwicklungspolitik, die die „*Fehler und kostspieligen Irrwege*" (Tinbergen 1970: 11) der westlichen Modernisierung zu vermeiden bestrebt sei, habe außer der Schaffung allgemeiner, für die Entwicklung günstiger Rahmenbedingungen durch empirische Erhebungen über den Stand und Probleme der sozialen und ökonomischen Entwicklung zu informieren. Zudem müsse der Staat selbst in grundlegende Infrastrukturbereiche investieren, aber auch durch indirekte und direkte Maßnahmen die private Initiative fördern und lenken (Tinbergen 1970: 12ff.).

In einem ersten Schritt sollten dazu Statistiken und allgemeine Übersichten erstellt, spezifische Untersuchungen in bestimmten Teilbereichen eingeleitet und die gewonnenen Daten systematisiert werden. In einem zweiten Schritt folgt, nach Tinbergen, die sog. „*Programmierung*", d. h. Schätzungen über zukünftige Entwicklungen in bestimmten Teilbereichen der gesellschaftlichen Entwicklung. Probleme bei der Ableitung politikrelevanter Erkenntnisse aus den vorhandenen Daten wurden zunächst dem politischen Unvermögen einzelner Regierungen, Behörden oder sogar Einzelpersonen angelastet.

Diese Zuschreibung wurde allerdings schon Anfang der 70er Jahre zunehmend in Frage gestellt (vgl. z. B. United Nations 1970: 176ff.). Planung, das wurde nun deutlich, konnte den Prozeß der politischen Entscheidungsfindung zwar u.U. erleichtern, nicht jedoch ersetzen. U.a. durch Etzionis Werk „*The Active Society*",[57] aber auch durch die kritischen Gesellschaftstheorien der 60er Jahre gerieten Steuerungsmodelle, die politische Entscheidungen als lineare Ableitungen aus empirischen Gegebenheiten legitimierten, unter Ideologieverdacht. Entwicklungspläne sollten daher, so forderten z. B. die Vereinten Nationen (ebd.), eher einen mittleren Zeithorizont umfassen und politischen Zielsetzungen neben- bzw. sogar nachgeordnet sein. Dennoch orientierten die meisten lateinamerikanischen Regierungen in dieser Zeit, und für den Fall Chiles wird dies im weiteren Verlauf der Arbeit detailliert aufgezeigt werden, ihr politisches und wirtschaftliches Handeln an Fünf- bzw. Zehnjahresplänen, die durch zentrale Planungseinheiten erstellt wurden.

Die Ebene der politischen Umsetzung geplanter Reformen und Maßnahmen blieb dabei noch weitgehend ausgeblendet. Gefordert wurde lediglich eine strikte Trennung der politischen von der administrativen Ebene (United Nations 1970: 180) und ansonsten vorausgesetzt, daß politisch gefällte Entscheidungen auf dem Wege der *top-down*-Direktiven zu realisieren seien. Brüche und Divergenzen zwischen Anspruch und Wirklichkeit wurden dann in der Regel als Folge unzutreffender empirischer Prognosen oder politischer Zielkonflikte bei ihrer Interpretation gewertet. Das Funktionieren linearer Weisungsabläufe auf der administrativen Ebene wurde jedoch zunächst noch als unproblematisch vorausgesetzt.

---

57 Etzioni, Amitai (1969): The Active Society, New York.

2.4 Humankapital im Entwicklungsstaat: Bildungsökonomisches Bezugssystem

2.4.1 Die Humankapitaltheorie: Investing in People[58]

Die Bildungspolitik der *estados desarrollistas* hatte zunächst eine deutlich nationalistisch-populistische Konnotation: Eingefordert wurde nicht nur das Recht auf Bildung für alle Staatsbürger, sondern auch und vor allem die kulturelle und intellektuelle Unabhängigkeit von den ehemaligen Kolonialstaaten. Die volkswirtschaftliche Bedeutung des Bildungsbereiches wurde erst durch die Humankapitaltheorie nach Ende des Zweiten Weltkrieges herausgearbeitet.

Dieses Konzept unterstellte, Erträge aus Investitionen in den Produktionsfaktor *Arbeit* seien ebenso meßbar wie der Anteil menschlicher Produktivkraft am Gesamtkapital einer ökonomischen Einheit, und diese Investitionen könnten als eigenständiger Produktionsfaktor systematisch zur Induktion von Entwicklungsprozessen genutzt werden. Die Förderung des formellen Schulwesens wurde in der Folge zu einem zentralen Bestandteil entwicklungsstaatlicher Industrialisierungsstrategien.

2.4.1.1 Theoretische Annahmen

Schon 1776 hatte Adam Smith eine Analogie des produktivitätssteigernden Effektes von Bildungsinvestitionen mit demjenigen von Investitionen in Produktionsmittel postuliert. Zum stehenden Kapital, *„dessen Wesen darin besteht, daß es Einkommen oder Gewinn abwirft, ohne in Umlauf gesetzt zu werden oder den Betrieb zu verlassen"*, zählte er außer Maschinen, Werkzeugen und Gebäuden auch die *„erworbenen nutzbringenden Fähigkeiten aller Einwohner oder Glieder der betreffenden Volkswirtschaft".*[59]

Nach 1945 erlebte die Humankapitaltheorie zunächst in den USA eine Renaissance. Die Versuche, den Zusammenhang zwischen Bildung und Wachstum analytisch zu klären, waren – so Hüfner (1970: 30f.) – vor allem durch drei Kontextbedingungen motiviert: den sogenannten *Sputnik-Schock* bzw. die durch ihn ausgelösten Zweifel an der amerikanischen Bildungs- und Forschungspolitik, die Erfahrung des erfolgreichen Wiederaufbaus der zerstörten Ökonomien Westeuropas nach dem Zweiten Weltkrieg und dessen Vergleich mit den niedrigen Wachstumsraten der abhängigen Länder, die nach dem Zerfall der früheren Kolonialreiche selbständig wurden.

Die Humankapitaltheorie unterstellte eine komplementäre und wechselseitige Wirkung der Investititon in Human[60]- und Sachkapital und nahm an, die Produktion könne zwar ohne Sachkapitaleinsatz nicht über einen bestimmten Grenzwert hinaus gesteigert werden, doch sei gleichzeitig die Qualifizierung der Arbeitskräfte unumgänglich, um die Sachkapitalinvestition wirksam werden zu lassen. Dabei seien nicht nur die direkte produktivitätssteigernde Wirkung von Bildung und Ausbildung (aktives Humankapital),

---

58 Vgl. Schultz, Theodore (1981): Investing in people. The economics of population quality, Berkeley.
59 In: Natur und Ursachen des Volkswohlstandes, zit. n. Hüfner 1970: 12.
60 Verstanden als durch Bildung und Ausbildung erworbenes immaterielles Kapital der wirtschaftlich verwertbaren Kenntnisse, Fähigkeiten und Verhaltensweisen, vgl. Vahlens Großes Wirtschaftslexikon (1987): 106.

sondern auch sich selbst verstärkende Mechanismen des höheren Bildungsniveaus der Gesamtbevölkerung (z. B. leichtere Wissensdiffusion durch Nutzung vorhandenen Grundwissens, erleichterte Entwicklung neuer Kenntnisse und Technologien etc., d. h. das potentielle Humankapital) zu berücksichtigen.

Theodore Schultz[61] und Gary Becker[62] beschrieben Maßnahmen zur Verbesserung der Gesundheit, der Steigerung von Fähigkeiten oder der Motivation von Arbeitenden als Investition zur Steigerung ihrer Produktivität. In dem Maße, in dem formelle Erziehung die „Qualität der Bevölkerung" (Schultz) verbessere, leiste auch sie einen Beitrag zum wirtschaftlichen Wachstum eines Landes (vgl. Edding 1964: 167f.). Investitionen in Menschen werden zunächst also wie Investitionen in Sachkapital behandelt.

> „Das Erziehungswesen steht nun gleichwertig neben Autobahnen, Stahlwerken und Kunstdüngerfabriken. Wir können nun ohne zu erröten und mit gutem ökonomischen Gewissen versichern, daß die Akkumulation von intellektuellem Kapital der Akkumulation von Realkapital vergleichbar – auf lange Dauer vielleicht sogar überlegen – ist." (Coombs, in: OECD 1966: 40)

In der Argumentationslogik der Humankapitaltheorie lassen sich alle Bildungsinvestitionen als Beitrag zu Wirtschaftswachstum und Entwicklung interpretieren, so daß Dahrendorf (1972: 70) den Übergang „von der Industriegesellschaft zur Bildungsgesellschaft" propagierte und Edding schrieb:

> „Die Wirtschaft ist so sehr Teil des Lebensganzen, daß alles, was an Bildung im weitesten Sinn geschieht, auch wirtschaftliche Wirkungen hat. [...] Für den Wohlstand von Wirtschaft und Gesellschaft ist deshalb Bildung im weitesten Sinne eine unerläßliche Voraussetzung. Der Aufwand für Bildung wird nicht primär durch den wirtschaftlichen Wohlstand ermöglicht, sondern ist vor allem als Ursache dieses Wohlstandes zu betrachten." (1964: 167)

Ganz gleichsetzen lassen sich beide Formen von Investitionen indessen nicht. Ein Spezifikum von Kapitalanlagen in Menschen ist es, daß ihre Erträge von konsumtiven Aspekten nicht klar trennbar sind. Die unveräußerliche „zweckfreie Seite der Bildung" (Recum 1966: 25) und diejenigen Anteile, die auf spätere Verwertung ausgerichtet sind, können nicht grundsätzlich unterschieden werden. An dieser Stelle soll lediglich betont werden, daß die konsequente Behandlung menschlicher Arbeitskraft als Investitionsgut durch die Humankapitaltheorie zwar kein absolutes Novum war, aber in dieser radikalen Formulierung dennoch zunächst auf moralische Vorbehalte traf.[63]

Eine weitere Besonderheit der Investitionen in Bildung besteht darin, daß sie Eigentum ihres Trägers bleiben. Einerseits muß das Bildung nachfragende Individuum selbst produktiv tätig werden, um die Bildungsinvestition für sich selbst und den potentiellen Arbeitgeber verfügbar zu machen (Umwandlung des objektiven Bildungsgutes in ein subjektives). Und zum zweiten verfügt es (unter der Bedingung der Freizügigkeit) über

---

61 Schultz, Theodore W. (1961): Investment in Human Beings, Chicago Illinois.
62 Becker, G.S. (1975): Human Capital: A Theoretical and Empirical Analysis, with Special Reference to Education, Princeton, New Jersey.
63 So schrieb John Stewart Mill (1909, Principles of Political Economy, London: 46, zit. n. Laszlo/Weißhuhn 1980: 13): „The human being himself I do not classify as wealth. He is the purpose for which wealth exists." Deutsche Nationalökonomen wie von Thünen, List und später Marx hatten dagegen keine Bedenken gegenüber der Verwendung des Kapitalbegriffs für Menschen.

Umfang und die Art des Arbeitskrafteinsatzes. Diese Eigenarten der Investitionen in menschliche Arbeitskraft führen zu spezifischen Problemen insbesondere im Bereich der Arbeitsmarktmobilität und der Bildungsfinanzierung.

2.4.1.2 Empirische Belege

Humankapitaltheoretische Forschungsarbeiten zum Einfluß von Bildung auf Wachstum und Produktivität lassen sich grob drei methodologischen Richtungen zuordnen:

- direkten Messungen der Produktivität nach Bildungsniveau (*Productivity Studies*),
- Studien, die Wirtschaftswachstum und Bildung aufeinander beziehen (*Growth Accounting Studies*) und
- Ertragsberechnungen, die den persönlichen und gesellschaftlichen Ertrag von Bildung quantifizieren (*benefit-cost-Studies*).

Die Messung des direkten Einflusses von Bildung auf die Produktivität Arbeitender (*Productivity Studies*) gilt als „*single best measure of education and training's impact*" (World Bank 1990: 4), erweist sich aber unter forschungspraktischen Aspekten als ausgesprochen schwierig. Um die Produktivität von Arbeitskräften, die einen bestimmten Bildungsgang durchlaufen haben, mit solchen, die ohne diese Qualifikation arbeiten, vergleichen zu können, muß die Messung innerhalb einer Berufsgruppe erfolgen. Dies ist aber immer dann nicht möglich, wenn die höher Qualifizierten in eine andere Beschäftigungskategorie eingestuft werden. Hierarchieebenen, für deren Zugang ein höheres Bildungsniveau vorausgesetzt wird, weisen zudem in der Regel auch eine höhere Produktivität auf, ohne daß sich diese aber ausschließlich auf die Qualifikation der Beschäftigten zurückführen ließe.

„Even assuming that education is somehow responsible for higher productivity in more productive jobs, no study has been able to ascertain whether it is the skills associated with more schooling or the socialization into competence that produces higher productivity in those jobs[...]." (Carnoy 1994a: 1693)

Einige Studien versuchen dennoch, den Faktor *Produktivität* direkt zum Bildungsniveau der Arbeitenden in Beziehung zu setzen. Schlüssig scheint eine positive Korrelation zwischen beiden Faktoren für den landwirtschaftlichen Bereich nachweisbar.[64] Im industriellen Sektor ließ sich ein Zusammenhang zwischen Bildung und höherer Produktivität dagegen nicht eindeutig belegen.[65]

Angesichts der mangelnden Vergleichbarkeit und Zurechenbarkeit bei der Messung direkter Wirkungen von Bildung auf Produktivität werden die meisten Untersuchungen in diesem Zusammenhang anhand von *Lohn*vergleichen durchgeführt. Die Errechnung des

---

64 Lau, Lawrence/ Yotopoulos, P. A. (1989): The Meta-Production Funktion Approach to Technological Change in World Agriculture, in: Journal of Development Economics 31: 241–269; Lockheed, M./ Jamison, D./ Lau, L. (1980): Farmer education and farmer efficiency: a survey; in: Economical Development and Cultural Change 29 (1): 37–76; Welch, F. (1970): Education in production, Journal for Political Economy 78(1).

65 Vgl. Berry, A. (1980): Education, income, productivity and urban poverty, in: King, K (Hg.): Education and Income, World Bank, Washington D.C., auch Sachs (1992) sowie Fuller, W. (1976): More Evidence Supporting the Demise of Pre-employment Vocational Trade Training. A Case Study of a Factory in India; in: Comparative Education Review 20 (1): 30–41.

produktivitätssteigernden Effektes von Qualifizierung anhand der Lohnhöhe bestimmter Bildungsabsolventengruppen unterstellt einen linearen Zusammenhang zwischen Lohn und Produktivität. Der Wert erworbener Qualifikationen bzw. die erzielte Produktivitätssteigerung schlägt sich, so die Prämisse, in einer erhöhten Wertschätzung der Arbeitskraft durch den Unternehmer und mithin in höheren Lohn- und Gehaltssummen nieder (Anderseck 1988: 17; Psacharopoulos et al. 1985: 46ff.).

Auch die Untersuchungsmethoden der Wachstumsanalysen und die Ertragsanalysen basieren auf der Grundannahme, Lohnsteigerungen seien Ausdruck entsprechender Produktivitätssteigerung der Arbeitenden, so daß über die Feststellung der Lohnhöhe Rückschlüsse auf erhöhte Arbeitserträge möglich würden.

Wachstumsanalysen (growth accounting) identifizieren denjenigen Anteil am wirtschaftlichen Wachstum, der sich nicht auf Investitionen in die Faktoren Kapital oder Arbeit zurückführen läßt, und setzen ihn als *unexplained residual,* als *„measure of our ignorance"* (Middleton et al. 1993: 40) vor allem mit dem Bildungsniveau der Arbeitskräfte in Beziehung.

Autoren wie Schultz[66] und Denison[67] versuchten, auf dieser Grundlage die Kosten und Erträge des Humankapitalbestandes in den USA zu berechnen und den Anteil der Humankapitalakkumulation am Wirtschaftswachstum zu quantifizieren. Schultz untersuchte den Verlauf der Bildungsinvestitionen zwischen 1929 und 1957, die in der Erwerbsbevölkerung verkörpert sind, und verglich ihn mit dem Anstieg des realen Einkommens in den USA. Denison berechnete den Wachstumsbeitrag von fünf Wachstumsfaktoren an der Erhöhung des Bruttosozialproduktes (gestiegene Beschäftigung, gestiegene formale Bildung, gestiegener Kapitalinput, Erkenntnisfortschritt und economy of scales durch die Vergrößerung des volkswirtschaftlichen Volumens). Er kam zu dem Ergebnis, die Verlängerung der formalen Bildung habe in den USA im Zeitraum von 1929 bis 1957 mit 23% zum Wirtschaftswachstum beigetragen (Denison 1970: 245ff.).

Hicks untersuchte 1980 in einer länderübergreifenden Studie den Zusammenhang zwischen Entwicklung, Bildungsniveau und Lebenserwartung. Aus einer Liste von 75 Entwicklungsländern isolierte er 12 Länder mit den höchsten Kennziffern für Lebenserwartung und Bildungsniveau zwischen 1960 und 1977.[68] Diese Länder wiesen eine Wachstumsrate von 5,7% im Vergleich zum Durchschnittswert der anderen Länder von 2,4% auf. *„These fast growing countries started the period with above-average literacy levels: 65 percent compared to an average of 38 percent"* (Hicks 1987: 105).

Ertragsraten von Bildung werden von Humankapitaltheoretikern mit ähnlichen Methoden wie diejenige von Investitionen in physische Gegenstände (Kosten-Nutzen-Analyse, Investitionsabschätzung) ermittelt und prognostiziert. Die *individual rate of return* wird

---

66 Schultz, Thedore W. (1961): Education and economic growth, in: Henry, N. B. (Hg.) Social forces influencing american education. The Sixtieth Yearbook of the National Society for the Study of Education, Chicago.

67 Denison, E. F. (1962): The sources of economic growth in the United States and the alternative for us, New York.

68 Singapur, Korea (Republik), Taiwan, Hong Kong, Griechenland, Portugal, Spanien, Jugoslawien, Brasilien, Israel, Thailand, Tunesien.

bestimmt, indem die Kosten der Bildungsinvestition (direkte Kosten + Opportunitätskosten durch Lohneinbußen während der Ausbildung + indirekte Kosten wie Lebens-
haltungskosten, Transport, Schulkleidung etc.) von den späteren Mehreinkünften abgezogen werden.

Es werden also zunächst durchschnittliche Einkünfte für jedes Lebensalter errechnet.
Länderstatistiken lassen sich Lohnniveaus für bestimmte Altersgruppen entnehmen, die
dann entsprechend einzelnen Jahrgängen zugerechnet werden. In der Folge wird der
Verdienst nach Bildungsniveau ermittelt und auf diesen Durchschnittsverdienst bezogen. In aller Regel läßt sich zeigen, daß Absolventen höherer Bildungswege über Einkünfte verfügen, die über dem Durchschnittswert liegen (vgl. Alsalam 1995). Diese
Daten werden nun mit den direkten Kosten der entsprechenden Bildungsgänge, ausgedrückt in den durchschnittlichen Ausgaben pro Schüler, gegengerechnet[69] (World Bank
1995b: 20).

Ungenauigkeiten ergeben sich vor allem bei den Schätzungen der Bildungskosten. Indirekte Kosten wie der Bildungsbeitrag der Familie und die Opportunitätskosten von Ausbildung sind kaum in die Rechnung integrierbar, spielen aber dennoch eine erhebliche
Rolle für Bildungsentscheidungen.

„However, private costs are much more difficult to measure than private benefits
(e.g. how great is the amount of income forgone by teenagers in developing countries?), and direct private costs are usually significantly underestimated. Families in
many countries bear a large proportion of the total cost of even public primary
school." (Carnoy 1994c: 4913)

Der soziale Nutzen von Bildung *(social rate of return)* wird entsprechend der Ableitung
der individuellen Ertragsrate über die Summe späterer Zugewinne aller Individuen, die
an Bildung partizipiert haben, abzüglich sämtlicher gesellschaftlichen Investitionen im
Bildungsbereich errechnet. Allerdings läßt sich der tatsächliche soziale Nutzen von Bildung auf diese Weise nur ungenau bestimmen, da sich z. B. eine durch Bildung potentiell erhöhte Experimentierfreudigkeit und Innovationsbereitschaft nur bedingt über erhöhte Einkommen erfassen läßt (vgl. Wolfe 1987: 2211).

Becker (1970) bezog auch Ertragsraten betrieblicher Investitionen in Humankapital (betrieblicher Ausbildung, Gesundheitsförderungsmaßnahmen im Betrieb) in die Analyse
mit ein und setzte sie in bezug zur Beschäftigungsdauer der Arbeitenden. Dabei betonte
Becker die wirtschaftliche Bedeutung von Investitionen in unternehmensspezifische
Qualifizierung für die Betriebe.

2.4.2   Das Modernitätssyndrom

Die nach *Entwicklung* und *Modernisierung* strebenden postkolonialen Staaten erhofften
sich aber mehr als nur ökonomisch meßbare Erträge aus ihren Bildungsinvestitionen.
Ein (durch die Modernisierungstheorien strukturfunktional gewendetes) humanistisch

---

69 Wurden in einen Bildungsgang 100.000 US$ investiert und liegt der durchschnittliche Jahresverdienst
des Absolventen 10.000 US$ über demjenigen eines Nicht-Absolventen dieses Bildungsganges, so
beträgt die Ertragsrate 10 Prozent.

geprägtes Bildungsverständnis schwang in den bildungspolitischen Verlautbarungen der 60er Jahre immer mit. So schrieb der Bildungsökonom Edding:

„Der Zweck zu produzieren und Einkommen zu erwerben spielt zweifellos in der Wirtschaft eine wichtige Rolle. Würde man aber ein Bildungssystem einseitig auf diese Zwecke abstellen, dann würde die Wirtschaft bald entarten und ihre Leistung schrumpfen. Zweckhaftes Lernen und Spiel, Nützlichkeitsdenken und Kunst um der Kunst willen, Arbeit und Freizeit, rationale Bewältigung des Lebens und religiöse Besinnung müssen sich ergänzen. Lebenskraft, Arbeitsfreude, schöpferische Fähigkeiten, Gemeinschaftsleben würden durch eine einseitig auf rationelles Produzieren ausgerichtete Bildung schweren Schaden nehmen." (Edding 1964: 167)

Aus der Sicht der Modernisierungstheoretiker war sozialer Fortschritt in Richtung auf eine moderne Industriegesellschaft nur über die Entwicklung ‚moderner' Verhaltenscluster denkbar. Sie argumentieren, die Idee der Staatsnation werde durch das partizipative Verhalten seiner Bürger getragen, die Institutionalisierung von Handlungsabläufen sei ohne zeitplanendes, bedürfnisverschiebendes, durch abstrakte Regeln geleitetes Verhalten der Subjekte nicht möglich, und das Prinzip industrieller Arbeitsteilung lasse sich nur durchsetzen, wenn die Arbeitenden eine gewisse Bereitschaft zur Dauerleistung (sog. Fleiß) mitbrächten und auch die Verbindlichkeit neuer Status- und Belohnungssysteme allgemein akzeptiert werde (vgl. Edding 1963: 113; Laaser 1980: 19).

„Die wirkungsvolle Anwendung technischen Könnens im weitesten Sinne ist mit einer Arbeitsgesinnung verknüpft, in die Eigenschaften wie Leistungsstreben, Sachdisziplin, Fleiß, Ausdauer, Zuverlässigkeit, Zeitgefühl, Initiative, Kooperationsbereitschaft, Fähigkeit zum Planen und Haushalten eingehen. Solche ‚selbstverständlichen' Voraussetzungen industriegesellschaftlichen Lebens sind ebenfalls Teil des geistigen Vermögens." (Recum 1966: 28)

In ihrer klassischen Studie beschrieben Inkeles et al. (1974) den *modern man*[70] als die Verkörperung eines solchen *Modernitätssyndroms*. Für ihn sei ein universales Set miteinander verbundener und empirisch feststellbarer Charaktereigenschaften typisch, das ihn vom *traditionellen* Menschen unterscheide.

„In short, the concept of individual modernity suggests that these clustered personality traits form a *cross-culturally valid syndrome* (Heraushebung U.C.). The closer these measured attributes approach the theoretical model, the more modern the individual is judged to be." (Holsinger 1987: 108)[71]

Inkeles et al. identifizierten bestimmte Institutionen als der Kategorie ‚modern' zugehörig[72]. Wenn nun, so ihre These, die institutionelle Umgebung in der Lage sei, Werteinstellungen und Verhaltensweisen zu prägen, dann müsse sich eine *Universalisierung* der Werteinstellungen und Verhaltensweisen derjenigen Personen nachweisen lassen, die in

---

70 „We proposed, then, to classify as modern those personal qualities which are likely to be inculcated by participation in large-scale modern productive enterprises such as the factory, and, perhaps more critical, which may be required of the workers and the staff if the factory is to operate efficiently and effectively" (Inkeles et al. 1974: 19).

71 Im Kapitel 3.3 wurde bereits darauf verwiesen, daß die universelle Gültigkeit einer konkreten ‚Moderne' heute vielfach als ethnozentristisch und schlicht unzutreffend zurückgewiesen wird. Dennoch besitzt das Konzept für die durch europäische Kolonialisierung und Einwanderung geprägte politische Führungsschicht Lateinamerikas durchaus Überzeugungskraft und wirkt in vieler Hinsicht handlungsleitend.

72 Unter ihnen Schule, Fabrik, Massenmedien, landwirtschaftliche Kooperativen, nicht-industrielle städtische Beschäftigung und familiäre Sozialisation.

den verschiedenen Ländern durch diese Institutionen sozialisiert worden seien. Institutionen wie Schulen und Fabriken wurden als *nicht kulturell gebunden* identifiziert, und man vermutete, die Verhaltensweisen und Einstellungen der ihnen zugehörigen Individuen würden sich weltweit immer mehr in Richtung auf den „ *modern man* " annähern (vgl. Hofstede 1989: 157ff.; Heidt 1989: 244ff.; Holsinger 1987: 109). Die Aufgabe der Schule, aber auch anderer *moderner* Institutionen sei es, individuelle Modernität sozialisatorisch zu erzeugen, um Entwicklungsprozesse initiieren und sozial absichern zu können.

Der von Inkeles et al. geführte empirische Nachweis eines Zusammenhanges zwischen Bildung und Modernität kann allerdings Zweifel an der Ursache des Phänomens nicht ausräumen. Sind Individuen deshalb in die *Moderne* integriert, weil sie eine formale Schulbildung durchlaufen haben, oder gehen umgekehrt Individuen aus sozialen Gruppen, die dem *modernen* Gesellschaftssektor zuzurechnen sind, eher zur Schule? [73]

Auch die offenbar eher zufällige Auswahl der Eigenschaften, die dem *Modernitätssyndrom* zugeschrieben wurden, und ihre problematische Operationalisierung in meßbare Verhaltensgrößen gerieten ins Kreuzfeuer der Kritik – ein Methodenproblem, das auch dadurch nicht behoben wurde, daß später die *Wunschliste* derjenigen Verhaltensweisen und Wertorientierungen, die dem *modernen Menschen* eigen seien, von anderen Autoren [74] noch erweitert wurde, ohne daß die Auswahlkriterien dadurch stichhaltiger geworden wären. Aus heutiger Sicht müssen Kriterienkataloge dieser Art im besten Fall als plausibel, aber nicht belegbar, im schlechteren als willkürlich gelten.

Auch konnte bisher der Nachweis nicht erbracht werden, inwieweit die durch *moderne Institutionen* nahegelegten Werthaltungen und Einstellungen angesichts traditioneller Produktions- und ungerechter Sozialstrukturen in *modernitätsrelevantes* Verhalten umgesetzt werden (können) und damit erst zur gesellschaftlichen Entwicklung real beitragen. Angesichts der schwachen Korrelationen zwischen Werthaltungen und Verhalten wie sie die Verhaltensforschung unter Modernität weit zuträglicheren Kontextbedingungen ermittelt, scheinen Zweifel an diesem Punkt angebracht.

Andererseits zeigt das *moderne* Verhalten, wenn es sich denn entwickelt, keineswegs ausschließlich gewünschte Effekte.

> „The *brain drain* of educated and skilled persons from developing countries, the disruption of social relationships as a result of the modernizing process, the destruction of useful traditional social institutions, and the creation of a modernized elite who are out of touch with the general population are but a few of the negative consequences of modernization on social development." (Saha et al. 1994: 1651)

---

73 Inkeles et al. (1974: 136) versuchen diesem Einwand zu entgehen, indem sie den Faktor Bildung von anderen Sozialisationsfaktoren zu isolieren versuchen. Dies geschieht durch Unterteilung der untersuchten Gruppe nach Kriterien wie ethnische Zugehörigkeit, Sozialschicht, Geschlecht, Urbanität etc. und den Vergleich dieser Gruppen untereinander. Die Autoren kamen zu dem Ergebnis, daß auch bei Einbeziehung von Sozialisationsfaktoren vor und nach der Schulzeit, der Einfluß der Schule auf das „Modernitätsniveau" bei einem Korrelationskoeffizienten von .40 lag (Inkeles et al. 1974: 136).

74 Holsinger (1987: 108) nennt unter anderem: Vertrauen, Säkularisierung, Risikobereitschaft, positive Grundeinstellung zur Handarbeit, Unabhängigkeit von der Familie, Universalität, Bedürfnisorientierung, Partizipation an Massenmedien, Würde (sic!), Effizienz, Nationalbewußtsein, Optimismus, Anerkennung des Wertes von Zeit und Zukunftsorientiertheit.

Dieses Moment der Entfremdung vom eigenen sozialen Kontext bildete später den Ausgangspunkt für eine grundsätzliche Kritik am Bildungsoptimismus. Angesichts der schwindenden Macht von „*Fremdzwängen*" durch die Kolonialstaaten und in Erwartung eines potentiell rapiden Wirtschaftswachstums der entkolonialisierten Länder wurde die Ausbildung von „*Selbstzwängen*" (Elias) zur Zurückdrängung ,unpassender' Affekte zu einem neuen und sehr wirksamen Machtmittel der Industrieländer. Schulbildung war aus dieser Sicht ein sehr zweckmäßiges Instrument zur Eindämmung von Verhaltensweisen, die westlichen Kulturmustern entgegenstanden. Der teilweise ziemlich arrogante Argumentationsstil, mit dem die Ausweitung des Bildungswesens propagiert wurde, lieferte zusätzlichen Konfliktstoff:

> „Zum günstigen [...] Zustand einer Gesellschaft gehört ein ausgeglichenes Verhältnis zwischen materiellem Wohlstand und kultureller Entwicklung. [...] Eine rasche Anhäufung von Konsumgütern (zum Beispiel Fernsehapparaten und Autos), durch die weite Bevölkerungsschichten beglückt werden, noch ehe sie lernen, davon vernünftigen Gebrauch zu machen, ruft soziale Probleme verschiedenster Art hervor. [...] Eine gehobene Allgemeinbildung, die dazu befähigt, Neuerungen individuell zu bewerten und vernünftig in das Lebensmuster einzugliedern, wird deshalb auch das Interesse am weiteren Wachstum von Konsumption und Wirtschaft erhöhen." (OECD 1966: 23f.)

Verständlich, daß sich die Eliten in Entwicklungsländern vehement gegen eine solche Argumentation verwehrten (zumal sie von Vertretern der Länder vorgetragen wurde, deren *weite Bevölkerungsschichten* durchaus wenig *vernünftigen Gebrauch* von *Fernsehapparaten und Autos* machen). Der *Eurozentrismus* des Modernitätsansatzes, der den Sozialcharakter westlich-kapitalistischer Prägung umstandslos zur weltweit gültigen Norm erhebt, wurde heftig kritisiert (vgl. z. B. Gelpi 1995; Weiland 1989: 224ff.; Dias 1981).

Während international einflußreiche Bildungsexperten es für „*vielleicht die schwerste, aber auch die vordringlichste Aufgabe der Erziehung in Entwicklungsländern*" hielten, „*Millionen Menschen von einer Lebensweise* [...] *(loszureißen), die seit Jahrhunderten und Jahrtausenden das Lebensmilieu ausmacht*" (OECD 1966: 38), interpretierten dependenztheoretisch ausgerichtete Autoren *Modernität* als aufoktroyiertes Erbe des Kolonialismus bzw. als Charakteristikum ausbeuterischer Elitegruppen in Entwicklungsländern (Staatsklasse), und verurteilten die *Modernisierungsfunktion* der Schule als Entfremdung und „*Ideologiebildung*" (Offe). Schule bewirkt aus dieser Perspektive schon dadurch, daß sie nach westlichen Wertmaßstäben und Handlungsnormen organisiert ist, eine Abspaltung des Individuums von seinen eigenen kulturellen Normen, Werten und Handlungspotentialen. Sie produziert innere Widersprüche zwischen kulturell geprägten Erklärungsmustern und Wertgefügen und führt, so die Argumentation der *ethnozentrierten* Kritiker, zu einem Gefühl der Zerrissenheit und einem Verlust an Selbstkonsistenz. Schon die häufig erzwungene Verwendung der Amtssprache als Unterrichtssprache führt zur erzwungenen Übernahme fremder Kategoriensysteme und Begriffsbildungen. Schule gilt aus dieser Sicht als Instrument der gewaltsamen Akkulturation und der Unterdrückung autochthoner Kultur.[75]

Bis in die 60er und Anfänge der 70er Jahre hinein war jedoch das Vertrauen in schulische Sozialisation als Wegbereiter der modernen Gesellschaft noch weitgehend ungebrochen. Edding schrieb:

„Es hat in der Geschichte Gesellschaften gegeben, die durch Jahrhunderte, vielleicht durch Jahrtausende mit dem gleichen Maß von Bildung ausgekommen sind. [...] Die letzten Reste solcher Gesellschaft wenden sich heute mit Entschiedenheit der Modernisierung zu, und von da an brauchen sie Schulen, viele Schulen und immer mehr Schulen. [...] Zunehmende Rationalität in allem, was uns umgibt, und in allem, was wir tun, verlangt zunehmende Gewöhnung an rationales Verhalten und zunehmendes Wissen bei jedermann. Jeder einzelne muß den langen Weg, den die Menschheit gegangen ist, in wenigen Jahren noch einmal gehen. [...] Damit ihm dies gelingt, bedarf es der organisierten Lehr- und Lerneinrichungen." (1970: 43)

2.5   Bildungspolitische Leitidee: Entwicklung durch Bildung

2.5.1   Induktion von Entwicklungsprozessen durch Bildungsplanung

Die Humankapitaltheorie beanspruchte nicht nur für sich, den Einfluß von Bildung auf Modernisierung und Wachstum *ex post* nachweisen zu können – diese Wirkung sollte vielmehr auch strategisch zur Induktion von Wachstumsprozessen fruchtbar gemacht werden. Die Stärkung des *geistigen Produktionsfaktors*, so wurde argumentiert, sei sowohl Voraussetzung für Technologieentwicklung als auch für Technologietransfer. Die vorauseilende Bereitstellung qualifizierter Fachkräfte bzw. die „*Innovationseffizienz der tendenziellen Überqualifikation*" (Zedler 1981: 62) sei daher das geeignete Instrument, um technischen Fortschritt zu beschleunigen und Wirtschaftswachstum zu fördern (vgl. OECD 1966: 23).[76]

Rationales Vorgehen und planende Vorausschau, so nahm man an, müßten es möglich machen, „*durch eine integrierte Planung von Bildungswesen, Wirtschaft und Gesellschaft die verschiedenen Entwicklungsprozesse von vornherein aufeinander abzustimmen.*" (Recum 1966: 33) Wissenschaftlich fundierte Bildungsplanung könne Funktionszusammenhänge bewußt machen und dazu beitragen, knappe Ressourcen effizient einzusetzen.

„Die äußerst knappen Mittel, die Größe der Aufgabe, der Zwang zur Prioritätenbildung, das enge Zusammenspiel von Bildungswesen, Wirtschaftswesen und Gesellschaft verbieten es, die Entwicklung des Bildungswesens dem blinden Zufall zu überlassen. Dies wäre unverantwortlich. Kein Unternehmer wird aufs Geratewohl investieren. Das gilt im übertragenen Sinne auch für Investitionen in geistiges Vermögen." (Recum 1966: 32)

Bildungsplanung schien kurz-, mittel- und langfristige Prognosen über Entwicklungstrends möglich zu machen, die eine solide Basis für eine rationale Durchdringung

---

75 Auf die entwicklungstheoretischen bzw. -ideologischen Hintergründe des Modernitätsbegriffes wird an anderer Stelle detaillierter eingegangen.

76 „Gewisse Abweichungen des Schulwesens von der strikten wirtschaftlichen Notwendigkeit [...] können [...] sogar wirtschaftliche Entwicklungen anregen." (OECD 1966: 26).

des Bildungssystems darstellen würden. Der Zweck bildungsplanerischen Handelns könne nur darin bestehen, bildungspolitische Entscheidungen sachlich vorzubereiten, bei gegebenen Entscheidungen eine effiziente und rationale Entwicklung des Bildungssystems zu gewährleisten und eine wirksame und kontinuierliche Kontrolle des Bildungswesens sicherzustellen.

Angestrebt wurde nicht nur die möglichst exakte Definition des wirtschaftlichen Bedarfs an qualifizierter Arbeitskraft, sondern eine *„Extrapolation in die Zukunft"* (OECD 1966: 67), d. h. die Einbeziehung künftigen Wirtschaftswachstums in die Bildungsplanung und dessen Beförderung durch die vorauseilende Bereitstellung ausgebildeter Fachkräfte:

> „In Ländern, in denen die eindrucksvollsten Neuerungen zu beobachten sind, wird immer auf die Aufstockung des Produktionsfaktors Bildung und Forschung größter Wert gelegt. Die Zuwachsrate an Bildung muß dabei die Zuwachsrate des Produktionsfaktors Arbeit übertreffen." (OECD 1966: 34)

Als adäquates Planungsinstrument zur Durchsetzung dieser Zielvorstellung galt zunächst der *manpower-approach*,[77] der die Entwicklung des Bildungsbereiches mit der gesamtwirtschaftlichen Entwicklung verknüpfte und versuchte, den voraussichtlichen wirtschaftlichen Bedarf an qualifizierten Fachkräften in die Zukunft zu projizieren. Demgegenüber ermittelte der Ansatz des *social demand*[78] den in der Bevölkerung vorhandenen Bildungsbedarf unter Berücksichtigung demographischer Daten, Annahmen über Bildungswahlverhalten von Schülern und Eltern sowie bildungspolitischer Zielgrößen. Die bei ausschließlicher Anwendung nur eines dieser Planungsansätze entstehenden Probleme wurden schon früh erkannt, so daß sie letztlich als komplementäre, nicht aber als konkurrierende Ansätze betrachtet wurden (vgl. z. B. Recum 1966: 3; 1972: 16ff.).

In den 60er Jahren entstand eine Fülle theoretischer Analyse- und Planungsinstrumente, die auf der Annahme einer Koppelung zwischen Qualifikationsentwicklung und Beschäftigungsstruktur in Form eines universellen *Arbeitskräftewachstumspfades* beruhten und davon ausgingen, langfristig werde die Anzahl besonders qualifizierter Arbeits-

---

77 Der *manpower-approach* entstand nach dem Zweiten Weltkrieg und gewann rasch an Bedeutung (vgl. Farrell 1994: 4504). Die Bildungsplaner ermitteln dabei der Anteil der Jugendlichen an einer Altersgruppe, für die Plätze des weiterführenden Bildungswesens bereitgestellt werden sollten, nach folgender Formel (vgl. OECD 1966: 86):

$$x = \frac{n(a+b+c)}{m}$$

x= Anteil der Altersgruppe, der für die Sekundarschule (Universität) rekrutiert werden soll; n= Verhältnis der Arbeitenden mit Sekundar- bzw. Hochschulniveau zur gesamten Erwachsenenbevölkerung; m= Verhältnis der betreffenden Altersgruppe zur Erwachsenenbevölkerung; a= durchschnittlicher prozentualer Ausfall in den Sekundarschul- bzw. Hochschulberufen durch Alter, Tod, Abwanderung etc.; b= abnormaler Ausfall für Entwicklungsländer durch Abwanderung und den Ersatz ausländischer Berufstätiger; c= Wachstumsrate der Sekundarschul- bzw. Hochschulberufe.

78 Bildungsplanung nach dem *social-demand*-Ansatz ging davon aus, die Arbeitskräftenachfrage sei durchaus angebotselastisch. Entscheidend für die Absorption der qualifizierten Fachkräfte sei deren Anpassungsfähigkeit an sich verändernde technische Anforderungen. Die Quantifizierung des sozialen Bildungsbedarfs berücksichtigte daher Faktoren wie demographische Entwicklung, Bildungswahlverhalten, Schüler- und Absolventenströme sowie deren Vergleich mit den Kapazitäten des Bildungssystems (vgl. Zedler 1981: 63ff.).

kräfte ‚entwicklungsbedingt' stark ansteigen. Harbison et al. hatten in ihrer Studie „Education, Manpower, Economic Growth-Strategies of Human Development" 1964 eine deutlich positive Korrelation zwischen Pro-Kopf-Einkommen und Beständen an Lehrern, Ingenieuren, Naturwissenschaftlern und Ärzten pro 10.000 Einwohner sowie eine negative Korrelation zwischen dem durchschnittlichen Pro-Kopf-Einkommen und dem Bevölkerungsanteil an landwirtschaftlich Erwerbstätigen festgestellt (Harbison et al. 1964: 26ff.). Daraus wurde ein Zusammenhang zwischen dem Mehreinsatz an hochqualifizierten Arbeitskräften und wirtschaftlichem Wachstum abgeleitet und vermutet, dieser Einsatz hochqualifizierter Arbeitskraft begleite den Entwicklungsprozeß nicht nur, sondern alimentiere ihn. Ein solches sog. strategisches Humankapital sei nämlich dazu in der Lage, Wachstums- und Wandlungsprozesse zu initiieren und zu steuern (vgl. Buchmann 1979: 51ff.).[79] Die entwicklungsbedingte Zunahme besonders qualifizierter Arbeitskräfte sei zudem quantitativ prognostizierbar. Über zentral gesteuerte Bildungsplanung könne ein Staat in die Lage versetzt werden, seine industrielle Entwicklung über planmäßige Humanressourcen-Produktion selbst zu initiieren.

Edding behauptete:

„Wenn Sie mir nur einige solcher Faktoren angeben – geben Sie mir Daten für irgendein Land, ich will den Namen nicht kennen [...] – dann bin ich in der Regel in der Lage, die mir noch fehlenden 3 oder 5 oder 10 Faktoren [...] einzusetzen[...] Manche sehen das als eine Vergewaltigung an, als eine Anwendung mathematischer Methoden auf Lebenszusammenhänge, die man gern frei wüßte von mathematischen Regelmäßigkeiten. Aber man kann es ja auch so betrachten, daß es ein Beweis dafür ist, daß wir in einer geordneten Welt leben. Das ist doch beruhigend. Ich jedenfalls neige dazu, es so zu betrachten." (1970: 24)

Parnes entwarf im Rahmen einer OECD-Studie über die Mittelmeerregion einen methodischen Vorschlag zur Bedarfsprognose, der die unterschiedliche Ausprägung einzelner Wirtschaftssektoren bei der Bildungsplanung mitberücksichtigte. Sein Verfahren sollte es möglich machen, aus der Projektion des Bruttosozialproduktes, differenziert nach Wirtschaftszweig und unter Berücksichtigung der Arbeitsproduktivität und der Branchenentwicklung, Aussagen über den Bedarf an Arbeitskräften eines bestimmten Qualifikationsniveaus zu treffen und diese mit den Kapazitäten des Bildungssystems abzugleichen (vgl. Farrell 1994: 4526f.; Zedler 1981: 39).

Harbison sprach von der Notwendigkeit, das wissenschaftlich-technische Personal im Vergleich zum Zuwachs der gesamten Arbeitskräfte zu verdreifachen, die Zahl des Personals mit höherer Fachausbildung dagegen sechs- bis neunmal so stark anwachsen zu lassen (OECD 1966: 34). Das Tinbergen-Modell vermutete zunächst einen gesetzmäßig verlaufenden Anstieg der middle-level und high-level Manpower, der proportional zum Wirtschaftswachstum verlaufen würde, eine Relation, die allerdings in der Folge deutlich nach unten revidiert wurde (Buchmann 1979: 48ff.).

---

79 So auch Horowitz/ Zymelman/ Herrnstadt (1966: Manpower Requirements for Planning, Boston: 32, zit. nach Buchmann 1979: 58): „A certain level of technology, and thus a certain level of productivity, is represented by a specific kind of organisation and capital equipment that is made to work by a labor force whose occupational composition is well defined."

Ein recht pragmatischer Vorschlag in der Bildungsplanung lautete dagegen, man solle zur Modellvorlage für die eigene Arbeitskräfteplanung die Arbeitskräftestruktur solcher Länder machen, deren geographische und wirtschaftliche Voraussetzungen mit denen des eigenen Landes vergleichbar seien. Vorreiter war Puerto Rico, das in einer Planstudie des Landes 1957 als Planziel für 1975 diejenige Arbeitskräftestruktur vorgab, die 1950 in den USA erreicht worden war. Unterstützt durch die OECD orientierte sich die peruanische Bildungsplanung an einem Vergleich mit Spanien und die argentinische an Griechenland (Buchmann 1979: 50).

Gemeinsam war diesen (heute recht naiv anmutenden) Versuchen der Quantifizierung eines entwicklungsförderlichen Bildungsbedarfes die Vorstellung, es sei möglich, zukünftige Anforderungen an die Qualifikation von Arbeitskräften nicht nur zu prognostizieren, sondern ihn durch entsprechende bildungsplanerische Maßnahmen auch vorsorglich abzudecken. Ein empirisch abgesichertes planvolles Vorgehen schien die Gewähr für den Umsetzungserfolg von Bildungsreformplänen zu bieten. Internationale Organisationen wie die Weltbank, die einflußreiche USAID, die Interamerikanische Entwicklungsbank oder die OAS bestanden daher auf wissenschaftlich fundierten Bildungsplänen als *prerequisite* der Kreditvergabe (vgl. Mc Ginn et al. 1979).

Insbesondere die UNESCO (1976: 77ff.) forderte, Planungseinrichtungen eine zentrale Position innerhalb der Schulverwaltungen einzuräumen. Die übliche Praxis, Planungsbehörden den existierenden Verwaltungen nur anzugliedern, sei höchstens als erster strategischer Schritt der Institutionalisierung bildungsplanerischer Aktivitäten akzeptabel, führe aber langfristig zu Parallelaktivitäten von Planung und Verwaltung und damit zu Divergenzen und Ineffizienz.

> „Um effizient arbeiten zu können, muß die Bildungsplanung zu einer Funktion der gesamten Schulverwaltung werden, an der (in unterschiedlicher Intensität und unter verschiedensten Gesichtspunkten) alle Entscheidungsträger und -ausführenden vom Erziehungsminister bis hin zu den Leitern der Bildungseinrichtungen partizipieren." (UNESCO 1976: 79)

Der hohe Anspruch an staatliche Politik, der aus einer solchen Konzeptualisierung staatlicher Steuerungskompetenz und -verantwortung erwuchs, prägte die Bildungspolitik in der Region seit Ende der 50er Jahre entscheidend mit.

2.5.2 Bildungspolitische Maßnahmen

Bereits zu Anfang der 60er Jahre wurden in den meisten lateinamerikanischen Ländern Programme zur systematischen Expansion des Bildungssystems aufgelegt und nicht nur die Ausweitung der Grundstufen des Bildungssystems, sondern auch die Ausdehnung der Sekundarschulen und Universitäten aus der Überzeugung heraus empfohlen, einen vorgezeichneten Weg sozialen Wandels hin zu Industrialisierung und Moderne zu beschreiten. Der Zusammenhang zwischen gezielten Investitionen in die Humanressourcenentwicklung auf der Grundlage wissenschaftlich und empirisch abgesicherter Bildungsplanung wirkte so zwingend, daß die zentrale Aufgabe bildungspolitischen Handelns im wesentlichen darin zu bestehen schien, ein möglichst solides Institutionennetz für die Bildungsplanung aufzubauen und die notwendigen Mittel zur Ausweitung des Bildungssystems auf allen Ebenen bereitzustellen. In einer nicht publizierten Studie ermittelten Gordon et al. 1980 (zit.n. Ramirez et al. 1982: 21) mittels einer Inhaltsanalyse des UNESCO-Dokuments *World Survey of Education* (1955–1970), in dem *policy-statements* der Mitgliederstaaten veröffentlicht werden, einen deutlichen Anstieg der Zahl bildungspolitischer Aussagen in diesem Sinne: Der Index von Kommentaren, in denen Bildung als Instrument zur Schaffung gesellschaftlichen Reichtums und individueller Entfaltung interpretiert wurde, hatte 1955 noch 0.16 betragen, stieg aber 1965 auf 0.58.[80]

Die prinzipielle Zuständigkeit des Staates für den Bildungsbereich wurde nicht in Frage gestellt. Boli-Bennett untersuchte Landesverfassungen auf Aussagen zur Verantwortung des Staates im Bildungsbereich und fand einen deutlichen Anstieg entsprechender Normen zwischen 1870 und 1970. Auf einer Skala zwischen 0 (keine Aussagen über staatliches Engagement im Bildungswesen) über 1 (der Staat ist verantwortlich für den Bildungsbereich, die Norm *Bildung für alle* ist aber nicht festgeschrieben) bis 2 (der Staat ist zur Bereitstellung institutionalisierter Bildung für alle Kinder verpflichtet), stieg der Meßwert von 0.61 (1870) auf 1.0 (1970). Der Meßwert für die Nennung des *Rechtes auf Bildung* stieg im gleichen Zeitraum von 0.54 auf 1.2, derjenige für *Pflicht zum Schulbesuch* von 0.23 auf 1.1 (Ramirez et al. 1982: 22).

Der gesamtgesellschaftliche Zugewinn durch Bildung (*social return*), der eine entsprechende gesamtgesellschaftlich erbrachte Investitionsleistung als angemessen erscheinen ließ, stand noch ganz im Mittelpunkt der Aufmerksamkeit. In der Logik des Entwicklungsstaates konnte ein für die wirtschaftliche und soziale Entwicklung so entscheidend wichtiges Gut wie Bildung nicht privaten Partikularinteressen überantwortet werden. Reale oder unterstellte Defizite auf Unternehmerseite taten ein übriges, um die Zuständigkeit des Staates auch für die berufliche Bildung fortzuschreiben. Die Firmen, so die Befürchtung der Bildungspolitiker, seien zu Bildungsinvestitionen kaum bereit. Aufgrund ihrer in Entwicklungsländern häufig desolaten ökonomischen Situation verfolgten sie vor allem Risikovermeidungsstrategien, die sich negativ auf die Investitionsbereitschaft niederschlügen. Die strukturell defizitäre Konsequenz aus dieser Konstellation sei dann, daß diese Unternehmer chronisch unterhalb des objektiv vorhandenen Bedarfs ausbildeten. Ein adäquates mikroökonomisches Nutzenkalkül werde im Bildungsbereich zusätzlich dadurch erschwert, daß die Unternehmen bei hoher Unsicherheit über zukünftige Entwicklungen des Arbeitsmarktes kurzfristig kalkulierten, der Bildungserwerb aber eine langfristige Investition darstelle (vgl. Widmaier 1981). Der Staat verfüge dagegen über bessere Möglichkeiten des Kreditzuganges bzw. über die Möglich-

---

80 1955 waren 125 und 1965 130 Dokumente untersucht worden. Gordon/Fiala zählten dabei Aussagen, die Bildung eine bestimmte gesellschaftliche Funktion zuwiesen, und ordneten sie den Kategorien *vehicle for national development, promoting individual growth, local ties* und *elite training* zu. Die Anzahl der Nennungen zu den letztgenannten Motiven sank im Untersuchungszeitraum deutlich (Ramirez/Boli-Bennett 1982: 21).

keit, die Kosten von Bildungsinvestitionen durch Ausbildungsabgaben auf die Gesamtheit der Unternehmen zu verteilen.

Ein weiteres Argument für das staatliche Monopol im Bildungsbereich war politischer Natur. In zahlreichen lateinamerikanischen Staaten gelangten in den 60er und 70er Jahren nationalistisch-populistische Regierungen an die Macht, die erklärten, das (ohnehin schwache) unternehmerische Potential in ihren Ländern werde in unzulässiger Weise durch multinationale Unternehmen kontrolliert, deren Interessen konträr zu den Zielen binnenorientierter Entwicklungsanstrengungen lägen (vgl. Klenk et al. 1994: 2).

So sah sich die mit der Planung und Umsetzung des staatlich initiierten Entwicklungsprozesses betraute staatliche Bürokratie in Lateinamerika mit der Aufgabe konfrontiert, die Kapazitäten zur Abdeckung der nunmehr politisch geforderten und wissenschaftlich legitimierten neuen Bedürfnisse nach Bildung, aber auch nach beruflicher Ausbildung bereitzustellen.

2.5.3 Exkurs: Multilaterale Hilfsorganisationen und regionale Koordination

Die Durchführung der bildungsexpansiven Programme fiel in die *erste Entwicklungsdekade,* d. h. in eine Zeit der rapiden Zunahme multilateraler, entwicklungspolitischer Aktivitäten nach dem Zweiten Weltkrieg. Sie lassen sich mindestens zum Teil als Bewegung *„von außen nach innen"* (Schorb 1972: 3) beschreiben, d. h. *„als Vorgang des Eindringens übernationaler Aktivitäten in die nationalen und regionalen Bildungssysteme"* (ebd.). Vor allem die UNESCO unternahm große Anstrengungen, um Bildungsplanungsprozesse in möglichst vielen Ländern in Gang zu setzen. Ihr besonderes Engagement in Lateinamerika erklärt sich zumindest teilweise aus dem Versuch, das Übergreifen der kubanischen Revolution auf andere Staaten des Kontinentes zu verhindern (vgl. Hawes 1988: 144). Neben direkter Regierungsberatung veranstalteten sie zahlreiche internationale Konferenzen, schulten Fachleute und förderten systematisch die wissenschaftliche Arbeit in der Planungsforschung.

Seit 1958 begann die UNESCO, ihre Beratungstätigkeit für Mitgliedsstaaten systematisch auf die Bildungsplanung auszudehnen. Das Schwergewicht der Arbeit lag zunächst bei der Entsendung von Beratungsmissionen, in denen Kurzzeitexperten aus dem Bildungs- und Wirtschaftsbereich mit der Aufgabe betraut waren, die Bildungsplanung als Teil der ökonomischen Gesamtplanung der einzelnen Länder einzuführen. Zwischen 1959 und 1965 finanzierte die UNESCO 60 solcher Planungsmissionen; bis zum Jahr 1968 waren 82 Staaten von einer oder mehreren Missionen besucht worden (vgl. UNESCO 1970: 33).

1963 wurde das International Institute for Educational Planning (IIEP) als Teil der UNESCO mit dem Ziel gegründet, *„to contribute to the development of education throughout the world, by expanding both knowledge and the supply of competent professionals in the field of educational planning."* (Selbstdarstellung des IIEP).

Auch andere Organisationen der Vereinten Nationen unterstützten aktiv die Entwicklung und Durchführung entwicklungsbezogener Bildungsprogramme. Dazu gehörten insbesondere die *International Labour Organization* (ILO) und deren Unterorganisation *Employment Program for Latin America* (PREALC), die *World Health Organization* (WHO) für den Bereich der Gesundheitserziehung, die *Food and Agriculture Organization* (FAO) für den landwirtschaftlichen Bereich und der *United Nations Children's Fund* (UNICEF).

In Lateinamerika führte die UNESCO gemeinsam mit der CEPAL und mit Unterstützung der US-amerikanischen „*Allianz für den Fortschritt*"[81] mehrere Seminare zur Entwicklung nationaler Entwicklungspläne durch, die jeweils auch eine Sektion zu „*Bildung und Humanressourcenentwicklung*" beinhalteten. Die Erfahrungen und Ergebnisse, die mit den Entwicklungsplänen auf nationaler Ebene gesammelt werden konnten, wurden dann auf regionalen Konferenzen ausgetauscht (vgl. Schiefelbein 1994: 4492; UNESCO 1970: 32). Diese Arbeit wurde 1962 in der Sektion für Bildungsplanung des *Latin American Institute of Economic and Social Planning* in Santiago de Chile dauerhaft institutionalisiert, einem regionalen Büro zur Ausbildung von Bildungsplanungsexperten und der Forschungskoordination in diesem Bereich. Die Sektion wurde 1968 selbständig und in *Regional Institute of Educational Planning and Administration for Latin America and the Carribean* umbenannt.

Die Weltbank (*International Bank for Reconstruction and Development*, IBRD) wurde 1944 in Washington als eine der *Bretton Woods*-Institutionen gegründet. In den ersten Jahren der Förderung stand vor allem die Steigerung der Produktivität von Arbeitskräften durch Ausbildungsprogramme an technischen Schulen im Mittelpunkt der Weltbankprojekte. Es wurde darauf vertraut, daß die hier ausgebildeten Fachkräfte auf mittlerer und höherer Technikerebene Industrialisierungsprozesse beschleunigen würden, so daß ihr Wissen auf lange Sicht im Arbeitsprozeß durch Diffusionsprozesse der Gesamtheit der Arbeitenden zugute kommen könne.

Seit dem Amtsantritt McNamaras als Präsident der Weltbank 1968 zielte die Politik stärker auf Armutsbekämpfung und Ressourcenumverteilung als Fundamente des wirtschaftlichen Wachstums. Die Neurorientierung stellte das wachstumstheoretische Konzept ‚*growth first, redistribution later*' radikal in Frage und forderte nun breitenbasiertes Wachstum und gezielte Integration marginalisierter Bevölkerungsteile. Die neu geordnete und systematisierte Bildungspolitik der Weltbank orientierte sich nunmehr an den Bedürfnissen der Erziehungssysteme der Nehmerländer *als Ganze* mit dem Ziel, ein planvolles gesamtheitliches Vorgehen nationaler Bildungspolitik zu ermöglichen. Vor 1970 hatte weniger als die Hälfte der von der Weltbank finanzierten Projekte Komponenten zur gezielten Veränderung der Bildungssysteme enthalten, zwischen 1970 und 1984 galt dies für mehr als 80% der Projekte (Rondinelli et al. 1990: 9). Der Anteil der Finanzierungen von Infrastruktur und Ausstattung ging zugunsten der Unterstützung operativer Strukturen (Schulverwaltung, Curriculumplanung, Lehrmittelherstellung) zurück.

---

81 Alliance for Progress, umfangreiches Entwicklungshilfeprogramm, das unter Kennedy mit dem Ziel aufgelegt wurde, Lateinamerika stärker in das westliche Bündnis zu integrieren.

Diese Strategie war u.a. Ausdruck des Respekts, den die Weltbank der Bildungspolitik der UNESCO zollte, deren Vorreiterrolle im Erziehungsbereich bestätigt und materiell unterfüttert wurde. Seit Beginn der Bildungsförderung hatte die Weltbank die UNESCO zur Erstellung von *feasibility studies* herangezogen und ihr damit de facto Entscheidungsmacht über die konkrete Verwendung der Kredite eingeräumt.[82]

Auch wenn von Kritikern immer wieder angeführt wird, die tatsächliche Wirkung der *redistribution with growth*-Strategie der Weltbank in der McNamara-Ära für den realen Wandel in Entwicklungsländern sei marginal gewesen (vgl. Jones 1992: 116ff.; George et al. 1995) – innerhalb der Weltbank führte sie jedenfalls zu einer quantitativ bedeutsamen Ausweitung des Kreditvolumens im Erziehungssektor. Zum Zeitpunkt der Amtsübernahme McNamaras[83] 1968 investierte die Weltbankgruppe 24,2 Mio US$ im Bildungsbereich, 1977 jedoch 288,6 Mio US$ (Jones 1992: 60, 138). Heute gilt die Weltbank als wichtigster multilateraler Financier von Bildungsprogrammen und -projekten. Wenngleich der Schwerpunkt der Kreditvergabe vor allem in den *least developed countries* in Afrika und Asien lag, wuchsen die Bildungskredite zwischen 1963 und 1989 auch für Lateinamerika um knapp das Zehnfache.

Die *Organization for Economic Cooperation and Development (OECD)* griff als Zusammenschluß von Industriestaaten nicht direkt in die Bildungspolitik der Entwicklungsländer ein. Ihre bildungspolitischen Erkenntnisse und Analysen wurden jedoch vielfach rezipiert und prägten die hier beschriebene bildungspolitische Epoche entscheidend mit. Die erste öffentliche Konferenz[84] der OECD war den Wechselwirkungen von Bildungsprozessen und Wirtschaftswachstum gewidmet. Die Ergebnisse wurden in fünf *reports*[85] festgehalten und veröffentlicht (vgl. der in dieser Arbeit mehrfach zitierte Band: OECD (1966): Wirtschaftswachstum und Bildungsaufwand).

Diese Tätigkeit der internationalen Organisationen wurde in der Ära nationalistisch–populistischer Staatspolitik von lateinamerikanischer Seite allerdings eher kritisch beurteilt. Die Konkurrenz um Entwicklungskredite bedeutete keineswegs, daß die lateinamerikanischen Politiker dazu bereit gewesen wären, Interventionen in nationale Politik widerstandslos hinzunehmen. Schiefelbein berichtet über Chile:

„To protect themselves from control by the Americans, the Chileans in 1966 began to spend their USAID sector loan before U.S. advisors could be hired and placed. The ministry insisted on the right to approve all advisors before they left the United States and then deliberately stalled that process. When the planning advisors finally arrived, they were assigned to a research project and encouraged to go off on their own.

---

82 Ausführlich zu Kooperation und Konkurrenz zwischen UNESCO und Weltbank in den 50er und 60er Jahren: Jones 1992: 45ff.
83 Kritisch zur Person und Führungsrolle McNamaras in der Weltbank: George et al. 1995: 37–54.
84 Washington, 16.-20. Oktober 1961.
85 • Summary Report and Conclusions and Keynote Speeches
    • Targets for Education in Europe in 1970
    • The Challenge of Aid to Newly Developing Countries
    • The Planning of Education in Relation to Economic Growth und
    • International Flows of Students.

However, they were not invited to planning meetings or otherwise allowed to make substantive contributions to the design of the reform." (Mc Ginn et al. 1979: 238)[86] Politisch opportuner als externe Beratungsmaßnahmen durch multinationale Institutionen schien der Versuch, bildungsplanerisches Wissen auf horizontaler Ebene regional auszutauschen und zu koordinieren.

1948 fand in Caracas ein erstes von der UNESCO veranstaltetes Seminar über regionale Entwicklungen im Bildungswesen statt. Dieser Veranstaltung folgten eine ganze Reihe von Konferenzen und Treffen zum Thema. Einen Höhepunkt der regionalen Versuche zur Koordination der bildungspolitischen Bemühungen bildete eine Konferenz unter dem Thema *Conferencia sobre educación y desarrollo económico y social en América Latina* (Bildungswesen und wirtschaftlich-soziale Entwicklung Lateinamerikas), die im März 1963 von der UNESCO zusammen mit der CEPAL, *der Organisation der amerikanischen Staaten* (OAS), der FAO und der ILO in Santiago de Chile vorbereitet worden war. Die hier festgelegten bildungspolitischen Rahmenvorgaben sollten dann in einem 10-Jahres-Programm zum Ausbau des Bildungswesens in Lateinamerika festgeschrieben werden (vgl. Debeauvais 1972: 46ff.; Recum 1966: 122f.). Die wichtigsten, in der Resolution empfohlenen Programmpunkte lauteten:

- Verwirklichung der 6-jährigen Grundschulbildung für alle Kinder,
- systematische Feldzüge der Erwachsenenbildung,
- Expansion und Reform der Sekundarstufe und Stärkung des berufsorientierten Unterrichts sowie
- Ausbau der Hochschulstufe mit Schwerpunkt auf naturwissenschaftlich-technischen Bereichen,
- Untersuchungen zur Ermittlung des Arbeitskräftebedarfs sowie
- Maßnahmen zur Einschränkung des vorzeitigen Abbruchs von Bildungsgängen und des Schulversagens (vgl. Recum 1966: 123).

Gefordert wurde gleichzeitig der Ausbau der mit Bildungsplanung befaßten Institutionen. Notwendig für die Erstellung ausgewogener Gesamtpläne seien wissenschaftlich fundierte Analysen unter Einbeziehung der demographischen, wirtschaftlichen und sozialen Gesichtspunkte. In den folgenden Jahren wurde die Vergabe mulitlateraler Kredite in vielen Fällen davon abhängig gemacht, daß die geplanten Verbesserungen auf präzise formulierten Bildungsplänen basierten (vgl. Mc Ginn et al. 1979). Weiterhin empfahl die Konferenz u.a., nationale Programme zum Ausbau des Bildungswesens zu erstellen und mindestens 4% des Bruttosozialproduktes für die Finanzierung von Bildungseinrichtungen zur Verfügung zu stellen (Recum 1966: 141f.).

In der Folge der Santiago-Konferenz fanden eine Reihe anderer regionaler Treffen zur Abstimmung der Bildungspolitik statt (vgl. auch UNESCO 1976: 76f.). 1966 trafen sich

---

86 Im gleichen Artikel wird der Erziehungsminister El Salvadors zitiert, der in einer gemeinsamen Sitzung mit einem USAID-Experten auf dessen Hinweis, sie seien hier doch alle gleichberechtigte Partner, geantwortet habe: „whoever told you that? We invited you here to help us, but we're not partners. I have to live with what happens - you don't" (McGinn et al. 1979: 239).

die lateinamerikanischen Erziehungs- und Planungsminister in Buenos Aires. 1970 unterzeichneten zahlreiche lateinamerikanische Staaten ein Abkommen zur regionalen Koordination der Bildungsreformen in Maracay. Ein gemeinsames Forschungsprojekt wurde beschlossen, dessen Kosten zu zwei Dritteln von den USA gedeckt wurden. Verschiedene komparative Studien und wechselseitige Besuche von Bildungsplanern und Politikern förderten den Informations- und Erfahrungsaustausch innerhalb der Region (vgl. Schiefelbein 1994: 4493).

Auch die nationalen Berufsbildungsinstitutionen, wie sie seit der Gründung des brasilianischen SENAI 1942 in vielen Ländern Lateinamerikas entstanden waren (vgl. Kapitel 2.7.2), wurden durch eine übergeordnete Einrichtung koordiniert und unterstützt. 1964 wurde auf Anregung und mit finanzieller Förderung der ILO das *Centro Interamericano de Investigación y Documentación sobre Formación Profesional* (CINTERFOR, Interamerikanisches Zentrum für Forschung und Dokumentation der beruflichen Bildung) in Montevideo, Uruguay gegründet. In den ersten zwanzig Jahren seines Bestehens erweiterte sich der Kreis der angeschlossenen Berufsbildungsinstitute von anfänglich 7 Institutionen auf 50 (Maslankowski 1986: 421).

Inhaltlich und z.T. auch personell getragen durch die angegliederten Berufsbildungsinstitute gelang es der Institution im Laufe der 70er Jahre, sowohl selbst umfangreiches technisches und organisatorisches Wissen zu diesem Themenbereich zu systematisieren und zentral bereitzustellen, als auch durch zahlreiche Konferenzen und Veröffentlichungen einen regen Austausch zwischen den beteiligten Institutionen in Gang zu setzen (vgl. CINTERFOR 1990: I.22). Bis heute bieten die periodisch erscheinenden Publikationen *Boletín-CINTERFOR* wie auch die unregelmäßig veröffentlichten Forschungsergebnisse (insbesondere die Länderstudien) ein breites und stark genutztes Medium der lateinamerikanischen Berufsbildungsdiskussion.

Im Bereich der Bildungsplanung entstand – unterstützt von der *Ford Foundation* –Anfang der 70er Jahre ein regionales Netzwerk nationaler Forschungs- und Planungsinstitutionen. Regionale Studien zur Humanressourcenentwicklung wurden, von der *Interamerican Development Bank* (IDB) (*Estudios Conjuntos de Integración Económica de America Latina*) finanziert. Obgleich *manpower-requirement*-Prognosen zu dieser Zeit schon heftig kritisiert wurden, führten Ecuador, El Salvador, Chile, Bolivien, Paraguay und die Dominikanische Republik entsprechende Schätzungen auf der Grundlage der Volkszählungen von 1970 durch. Die OAS richtete gemeinsam mit der venezolanischen Regierung das *Centre on Educational Planning* (CINTERPLAN) ein, das zahlreichen Forschern, Bildungsplanern und Politikern die Möglichkeit zu regionalem Austausch bot.

1971 fand in Caracas eine gemeinsame Konferenz der Erziehungsminister und der zuständigen Behörden für Wissenschaft und Technik statt. Explizit wird die Bedeutung erziehungswissenschaftlich begründeter Bildungsplanung hervorgehoben:

„Es ist notwendig, eine Forschungsstruktur bereitzustellen, die zur Klärung der politischen Optionen beitragen kann, von denen Bildungsplanung abhängig ist. Nur so kann vermieden werden, daß sich politische Entscheidungen ohne wissenschaftlichrationale Analyse der Tatsachen und Probleme lediglich an Intuition und Empirie ausrichten. Die Maßnahme ist dringlich. Die Regierungen sollten zu ihrer Verwirklichung mindestens ein Prozent der Bildungsausgaben veranschlagen." (UNESCO 1976: 97)

2.6 Chile 1964 – 1973: Staatszentrierte Entwicklung

2.6.1 Nationale Unabhängigkeit und wirtschaftliche Dependenz

Chile beteiligte sich engagiert an den geschilderten bildungspolitischen Koordinierungsversuchen in der Region und prägte sie entscheidend mit. Das bildungspolitische Exempel illustriert, wie stark die abhängigen Staaten global wirksame Paradigmen nicht nur nachvollzogen, sondern aktiv mitgestalteten. Paradoxerweise verstärkte nämlich der in diesen Jahren mächtige nationalistisch-antiimperialistische Gestus lateinamerikanischer Politik zwar die Abgrenzung nationaler und regionaler Politik vom ‚Weltsystem', bewirkte jedoch letztendlich nur, daß sich die Staaten wiederum einem überstaatlichen Regime mit veränderten Vorzeichen unterwarfen. Die als Gegenpolitik geplante Verselbständigung der Nationalstaaten entsprach nicht nur einem ebenfalls global dominanten Entwicklungsparadigma dieser Zeit, sondern führte auch, wie der weitere Verlauf zeigen wird, nach dem Zusammenbruch dieses Entwicklungsschemas in eine um so schonungslosere Abhängigkeit von den Industriestaaten.

Zunächst jedoch soll hier der Versuch Chiles, sich aus der wirtschaftlichen Abhängigkeit durch importsubstituierende Industrialisierung und gesellschaftliche Modernisierung zu befreien, nachvollzogen werden. Dieser Versuch spiegelt nicht nur die globale Leitidee staatszentrierter Entwicklung deutlich wider, sondern hatte auch, das wird im Kapitel 2.7 deutlich werden, gravierende Auswirkungen auf die berufliche Bildung.

In der ersten Hälfte dieses Jahrhunderts befand sich Chile in einer widersprüchlichen Situation: Anders als in den meisten anderen lateinamerikanischen Staaten konnten sich bereits wenige Jahre nach der politischen Unabhängigkeit (1818) eine relativ stabile parlamentarische Demokratie und ein differenziertes Parteiensystem etablieren. Die Urbanitätsrate lag vergleichsweise hoch, das Bildungssystem war eines der leistungsfähigsten im lateinamerikanischen Durchschnitt.

Die Wirtschaftsstruktur blieb dagegen rückständig. Bis zur Entwicklung kostengünstiger Verfahren zur Herstellung synthetischer Substitute während des Ersten Weltkrieges hatte sich die ökonomische Entwicklung fast ausschließlich auf den Salpeterabbau gestützt. Der Kupferabbau löste den Salpeter in seiner volkswirtschaftlichen Bedeutung rasch ab – schon 1917 war Chile zweitgrößter Kupferproduzent und größter Kupferexporteur der Welt (Spielmann 1992: 16). Zwischen 1900 und 1930 waren durchschnittlich etwa 50% der Staatsausgaben aus dem Salpeterverkauf bestritten worden (Spielmann 1992: 20). Später übernahm der Kupferexport diese Funktion, dessen Anteil seit 1950 etwa ein Drittel des Staatsbudgets ausmacht.

Ein großer Teil des Rohstoffabbaus wurde durch ausländische Firmen geleistet,[87] die eine Weiterverarbeitung der Rohstoffe in Chile selbst teilweise gezielt verhinderten (vgl. Eßer 1972: 43ff.). Nicht nur gehörten die großen Kupferminen sämtlich ausländischen Firmen, auch alle größeren Eisenminen und fast hundert Prozent der Nitrat- und Jod-Industrie wurden durch nichtchilenische Betriebe geführt. Die Bergwerksregionen bildeten *„halbkoloniale Enklaven"* (Eßer 1972) in Chile, in denen eine eigene Industrie- und Lebenskultur entstand, die von der wirtschaftlichen und sozialen Entwicklung im Land weitgehend abgekoppelt blieb.[88] Diese Enklaven arbeiten auf hohem technologischen Niveau, ohne daß dadurch Diffusionsprozesse bewirkt worden wären.

Eine ausdifferenzierte Sozialstruktur im modernisierungstheoretischen Sinne (vgl. Kapitel 2.1) mit einer breiten unternehmerisch initiativen Mittelschicht konnte sich unter diesen Bedingungen kaum herausbilden. Die traditionelle Agraroligarchie mit ihren weitläufigen Großgrundbesitzen[89] im Süden des Landes partizipierte zwar an den Exportgewinnen aus dem Bergbau, wurde jedoch unternehmerisch nur eingeschränkt tätig. Das Importvolumen der Luxusgüter überstieg dasjenige der Investitionsgüter bei weitem, und produktive Investitionen wurden kaum getätigt (vgl. Eßer 1972: 53).

Während der Weltwirtschaftskrise von 1932 zeigten sich die verheerenden Folgen der einseitigen Exportorientierung Chiles. Die Preise für Salpeter und Kupfer fielen Ende der 60er Jahre um 60 bzw. 70%, die Importe und Exporte sanken um 80%. Im Vergleich zum Durchschnitt der Jahre 1927–29 ging das BIP bis 1932 um 38,3% zurück (Nohlen et al. 1992: 284). Der relative Wohlstand der oberen sozialen Schichten wurde in den Grundfesten erschüttert.

Die Krise bewirkte eine grundlegende Neuorientierung der chilenischen Entwicklungspolitik. Der Staat nun übernahm die Rolle des Motors der wirtschaftlichen Entwicklung. Die Gründung zahlreicher Staatsunternehmen[90] sollte gemeinsam mit Infrastrukturmaßnahmen und öffentlich erbrachten Dienstleistungen einen binnengestützten Modernisierungsprozeß in Gang setzen. Zugleich dehnte der Staat seine verteilungspolitische Funktion über die vermehrte Bereitstellung von Arbeitsplätzen und eine breite Sozialgesetzgebung deutlich aus.

Die Entwicklungsstaaten schufen sich zunehmend die bürokratische und institutionelle Basis zur zentralstaatlichen Steuerung der Wirtschafts- und Sozialsysteme. In Chile bestand schon seit 1939 die öffentlich-rechtliche Institution zur Wirtschaftsförderung *CORFO*, zu deren Aufgaben auch Kreditvergaben und die Erstellung von Wirtschaftsplänen gehörten. Die eigentliche Aufgabe der Wirtschaftsplanung und -steuerung wurde jedoch seit 1967 der *Oficina de Planificación Nacional* (ODEPLAN, Nationales Pla-

---

87 Um die Jahrhundertwende waren mehr als die Hälfte der Salpeterabbaustellen in britischem, 15% in deutschem und nur 14% in chilenischem Besitz (Spielmann 1992: 16).
88 Die Bergarbeiter und ihre Familien lebten in abgeschlossenen Bezirken, kauften in Bergwerksläden ein, und die Kinder besuchten mineneigene Schulen. Teilweise wurden gesetzesähnliche Vorschriften wie z. B. striktes Alkoholverbot erlassen.
89 Noch 1960 erzielten 9,4% aller auf dem Land lebenden Familien 52,1% des Agrareinkommens (Eßer 1972: 53).
90 Z. B. Empresa Nacional de Electricidad (ENDESA), Empresa Nacional de Petróleo (ENAP), Industria Azucarera Nacional (IANSA), Empresa Nacional de Minería (ENAMI).

nungsbüro) übertragen, die ursprünglich aus einem 1965 gegründeten Planungsinstitut zur Beratung des Präsidenten[91] hervorgegangen war. ODEPLAN nachgeordnet arbeiteten von nun an eigene Planungsbüros für die Sektoren Landwirtschaft, Erziehung, Innenpolitik, Arbeit, Wohnungsbau und Verkehr. Die Behörde entwickelte umfangreiche Wirtschaftspläne und Bedarfsprognosen.

Der Staatsinterventionismus wurde, häufig mit Rekurs auf die in Kapitel 2.1 dokumentierten modernisierungs- bzw. dependenztheoretischen Konzepte, von allen regierenden politischen Parteien aktiv getragen. Seit Mitte der 60er Jahre erfolgte eine neue Ausweitung des staatlichen Sektors. Im Jahr 1970 (d. h. noch vor der Regierungsübernahme durch Allende)besaß, abgesehen von Cuba, kein lateinamerikanischer Staat eine so hohe Beteiligung an der Volkswirtschaft wie der chilenische (vgl. Nohlen et al. 1992: 285).

2.6.2 Entwicklungspolitik unter den Präsidenten Frei und Allende

Die christdemokratische Regierung Eduardo Frei (1964 – 1970) verknüpfte die staatszentrierte Wirtschaftspolitik mit internen Strukturreformen. Frei vertrat – in expliziter Abgrenzung vom kubanischen Weg – eine *Revolution in Freiheit*, d. h. eine Politik des schrittweise aufeinander abgestimmten sozialen Wandels mit dem Ziel, die Abhängigkeit des Landes von den Metropolen zu vermindern und die Symbiose zwischen Privatwirtschaft und Agraroligarchie aufzulösen (vgl. Eßer 1972: 76; Spielmann 1992: 80). Nur in der logischen Verknüpfung von Stabilität und Wandel konnten nach Auffassung der christdemokratischen Regierung langfristig wirksame Entwicklungsprozesse in Gang gesetzt werden. Als wichtigste ökonomische und sozialpolitische Vorhaben der Regierung wurden eine umfassende Argrarreform, eine Steuerreform zur Entlastung der unteren Einkommensschichten, Sozialreformen, zu denen auch eine Bildungsreform gehörte, und die Stabilisierung des Arbeitsmarktes genannt. Zur Finanzierung dieser Vorhaben sollten die Kupferexporte gesteigert und die staatliche Beteiligung am Industriesektor deutlich erhöht werden (vgl. Spielmann 1992: 84).

Das Planungsinstitut ODEPLAN wurde mit der Erstellung von Plänen zur kontinuierlichen Ausweitung des inländischen Güterangebotes, der Dezentralisierung der Wirtschaftsentwicklung und der Förderung nicht-traditioneller Entwicklungspole beauftragt. Außenpolitisch versuchte Frei eine Politik der regionalen Integration mit anderen lateinamerikanischen Ländern (vgl. Eßer 1972: 76).

Während der Regierung Frei Wirtschaftswachstum und ökonomische Stabilität als unabdingbare Voraussetzung für die Durchsetzung von Strukturreformen galten, verfolgte der 1970 demokratisch gewählte Sozialist Allende das Ziel einer raschen gesellschaftlichen und ökonomischen Transformation. Der Regierung Frei, so wurde von seiten des 1970 an die Macht gelangten Parteienbündnisses *Unidad Popular (UP)* kritisiert, sei es nicht gelungen, der obsoleten Besitzstruktur des *Landifundismo* ein Ende zu bereiten. Statt dessen habe sich die Abhängigkeit des Landes von in- und ausländischem *Monopolkapital* erhöht.

---

91 Oficina de Planificación Nacional de la Presidencia de la República.

Die wirtschaftspolitischen Ziele der Unidad Popular unter dem 1970 gewählten Präsidenten Allende umfaßten: die Umorientierung der industriellen Produktion von Luxusgütern auf Güter des Grundbedarfs, eine „Beschäftigungsgarantie für alle Chilenen bei angemessener Entlohnung', die Verminderung der Abhängigkeit von ausländischem Kapital, die Ausweitung des Exports und die Schaffung neuer Märkte sowie ein schnelleres Wirtschaftswachstum, die Kontrolle der Geldentwertung und eine rationalere Güterdistribution (vgl. Spielmann 1992: 112).

Bald nach Amtsübernahme leitete die Regierung Allende Maßnahmen der Einkommensumverteilung und Konsumerhöhung ein.[92] 1971 wurden die Gehälter der Beschäftigten im öffentlichen Dienst und in öffentlichen Unternehmen um 35% angehoben, an der gleichen Höhe sollten sich die Lohnabschlüsse innerhalb der Privatindustrie orientieren. Die durchschnittliche reale Lohnerhöhung des Jahres 1971 wird auf 45% geschätzt (Spielmann 1992: 114). Kurzfristig kam es zu einem nachfrageinduzierten wirtschaftlichen Wachstum, schon in Allendes zweitem Amtsjahr aber zeigten sich die negativen Auswirkungen der Geldpolitik – Ende 1972 lag das Preisniveau für Konsumgüter um 163,4% höher als am Ende des Vorjahres (Spielmann 1992: 116).

Zahlreiche in- und ausländische Betriebe wurden mit Rekurs auf äußerst zweifelhafte Rechtsgrundlagen verstaatlicht, so daß nationale Betriebe nun rund 90% der Produktion erwirtschafteten. Zum Zeitpunkt des Amtsantritts Allendes hatte es in Chile 43 staatliche Unternehmen gegeben, davon 30 im Industriesektor; diese Betriebe erzeugten 11,8% der gesamten industriellen Produktion und beschäftigten 6,5% der Industriearbeiter. Am 11. 9. 73, dem Tag des Militärputsches gegen Allende, wurden 420 Unternehmen staatlich geführt, die aber lediglich 40% der Industrieproduktion erzeugten und 30% der Industriearbeiter beschäftigten (Spielmann 1992: 118).

Im Landwirtschaftssektor führte das übereilte und häufig planlose Vorgehen bei der Umsetzung der Agrarreform zu erheblichen Produktivitätsdefiziten. Auch viele der inzwischen verstaatlichten Produktionsbetriebe erwiesen sich als wenig rentabel. Die durch die Verstaatlichungen entstanden Rechtsunsicherheiten verhinderten zusätzlich Investitionen. Die Enteignungen hatten eine deutlich antiimperialistische bzw. nationalistische Konnotation und schürten – auch durch das recht undiplomatische Vorgehen gegenüber den ausländischen Kapitaleignern – außenpolitische Konflikte. Eine drastische Verringerung des Kreditzustroms war die Folge.

Die Inflationsrate wuchs unaufhaltsam an, und die wachsende Güterverknappung spitzte sich im Laufe der Zeit zu ernsthaften Versorgungsengpässen zu. Die wirtschaftlichen Probleme schmälerten rasch die politische Basis der Regierung Allende und ermöglichten es der in- und ausländischen Opposition, immer mehr Einfluß zu gewinnnen.

Sowohl unter Frei als auch unter Allende galt – in unterschiedlicher Gewichtung – die Strategie der importsubstituierenden Industrialisierung als Bezugsrahmen des politischen Handelns. Die einseitige Einbindung in den Weltmarkt als Rohstofflieferant wurde als Ursache für die Perpetuierung von Abhängigkeit und Benachteiligung gewertet.

---

92 Ausführlich zur Wirtschaftspolitik der Regierung der Unidad Popular: Vylder 1974.

Abhilfe in Form eines langsamen, gleichsam naturwüchsigen Aufbauprozesses eigener Produktionsstrukturen mit Hilfe einer nationalen Mittelschicht stand nicht zu erwarten. In dieser Situation schien einzig der Nationalstaat über genügend Wirtschaftskraft zu verfügen, um den Ausbau der verarbeitenden Industrie voranzutreiben. Die wirtschaftliche Abhängigkeit von den Industrieländern sollte durch eine binnenmarktgestützte Industrialisierung aus eigener Kraft aufgelöst werden. Implizit und explizit nahmen Frei und Allende damit Bezug auf die internationale Debatte über die Gründe der Unterentwicklung und die Möglichkeiten ihrer Überwindung, wie sie in den Kapiteln 2.1 bis 2.4 ausführlich dargestellt wurde. Das international dominante Entwicklungsparadigma der Modernisierung durch staatszentrierte Entwicklung war für die chilenische Wirtschaftspolitik handlungsleitend geworden und setzte, das wird in den folgenden Kapiteln belegt werden, auch Maßstäbe für die Bildungs- und Berufsbildungspolitik.

2.7 Chilenische Berufsbildungspolitik

2.7.1 Formaler Bildungssektor

2.7.1.1 Schulbildung vor 1965

Die meisten Länder des südamerikanischen Kontinents erlangten ihre Unabhängigkeit zwischen 1810 und 1824, d. h. in einer Zeit, in der flächendeckende Schulsysteme weder in den europäischen Mutterländern noch in den Kolonien existierten. Im Gegensatz zu anderen (etwa den afrikanischen) Nationalstaaten sind daher die Schulsysteme in Lateinamerika nicht als Erbe kolonialer Bildungsstrukturen oder in Abgrenzung von diesen entstanden. Unabhängigkeitskämpfer wie Bolívar oder Bildungsphilosophen wie Manuel de Salas orientierten sich vielmehr explizit an den Bildungsidealen der Französischen Revolution. Sie forderten eine realitätsbezogene Erziehung, die Entwicklung praktischer Fähigkeiten und die Integration künstlerischer, naturwissenschaftlicher und gewerblich-produktiver Unterrichtsinhalte (vgl. Dippel 1970: 49). Zwar wurden auch britische, US-amerikanische und deutsche Bildungsphilosophen zur theoretischen Grundlegung des Erziehungswesens herangezogen, doch der organisatorische Aufbau des Schulsystems orientierte sich in allen Ländern Lateinamerikas stark am französischen Modell (vgl. Olivera 1985).[93]

In Chile wurde die allgemeine 6-jährige Schulpflicht schon 1929 im Rahmen des Programms *educación para todos* (Erziehung für alle) eingeführt. Allerdings war an zahlreichen Grundschulen nur ein vier- oder sogar nur zweijähriger Besuch möglich, so daß bis 1960 nur 4,7% der ländlichen und 26,7% der städtischen Schülerpopulation die vorgeschriebenen sechs Jahre beschult wurden (Ormeño 1983: 49f.). Die Bildungsexpansion setzte in den 50er Jahren ein. 1940 hatte der Anteil der Analphabeten an der Gesamtbevölkerung ca. 30% betragen, bis 1966 ging er auf 13% zurück (Dippel 1970: 25). Die Zahl der Schüler an den sechsjährigen Sekundarschulen, deren Besuch den

---

93 Ausführlich zu bildungsideologischen Vorstellungen im Chile des 19. Jahrhunderts vgl. Silvert/Reissmann 1976.

Hochschulzugang ermöglichte, stieg zwischen 1940 und 1956 von 44.055 auf 113.595 (Blitz 1965: 99).

Als Schlüsselproblem des Bildungssystems galten die hohen Abbrecherquoten: 53% der Sekundarschulanfänger verließen die Schulform noch vor Abschluß des 3. Jahres, nur 24% beendeten sie. Die dritte Klasse der Sekundarschule erreichten von denjenigen Kindern, die 1960 eingeschult worden waren, nur 18,1% (Navarro 1979: 108).

Von internationalen Bildungsexperten der UNESCO wurde das chilenische Schulsystem 1964 der Gruppe der *semiadvanced countries (Level III)* zugeordnet,[94] deren Situation wie folgt umschrieben wurde:

> „in short, the average level III country is ‚over the hump' in human resource development. It is on the road to becoming an advanced country, and it can travel that road largely under its own power. Whether it does or not will depend upon its strategy of human resource development." (Harbison et al. 1964: 101)

Für die Länder dieser Gruppe empfahlen die UNESCO-Experten eine vor allem auf qualitative Verbesserung der Schulen ausgerichtete Reformstrategie. Der Gefahr, daß durch die Expansion der Grundstufen des Bildungssystems der Druck auf die Sekundarschulen ansteigen und diese zum *„Trichter"* würden, durch den *„zu viele fehlgeleitete und schlecht ausgebildete Schüler strömen"* (Harbison et al. 1964: 125), sollte durch Qualitätsverbesserungen der Sekundarschulen und eine Reorientierung der weiterführenden Bildung in Richtung auf naturwissenschaftlich-technische und landwirtschaftliche Fächer entgegengewirkt werden (ebd.).

> „Die Sekundarschulen besitzen eine strategische Schlüsselposition für die Entwicklung von Bildungswesen, Wirtschaft und Gesellschaft. [...] Die Wirtschaft der Entwicklungsländer benötigt eine breite Schicht von Berufen mittlerer Qualifikation, um die mit zunehmender Differenzierung der ökonomischen und gesellschaftlichen Infrastruktur neu zuwachsenden Berufspositionen zu besetzen. Eine moderne Gesellschaft ist ohne eine solche Mittelschicht nicht lebensfähig." (Recum 1966: 36, vgl. auch: OECD 1966: 34)

2.7.1.2   Schulreform unter der Regierung Frei

1965 wurde unter der Regierung Frei eine Schulreform durchgeführt, die die Struktur des Bildungswesens bis heute prägt. Ausgangspunkt der Reform war eine kritische Situationsanalyse durch das Bildungsministerium, die gravierende Defizite im Bildungsbereich deutlich machte:

Anfang der 60er Jahre wurden etwa 150.000 chilenische Kinder nicht beschult, und 160.000 Jugendliche zwischen 15 und 18 Jahren besuchten weder die Schule, noch waren sie in den Arbeitsmarkt integriert. Etwa 1,5 Mio. erwachsene Chilenen waren Analphabeten. Nur 32% der schulpflichtigen Kinder vollendeten die Primarschule. Die Abbruchrate während des Sekundarschulbesuchs betrug ca. 75%. Das durchschnittliche Bildungsniveau der chilenischen Bevölkerung lag bei 4 Jahren Schulbesuch (vgl. MinEduc 1961: 55; auch: Castro 1977: 51ff.; Schiefelbein et al. 1994: 45ff.). Den institutio-

---

94 Neben Ländern wie Indien, Ägypten, Mexiko, Südkorea, Portugal, Taiwan, Tschechoslowakei, Ungarn, Uruguay, Griechenland, Spanien, Südafrika, Polen und Thailand.

nellen Kontext dieser Situation bildeten ein kraßer Lehrermangel, unzureichende didaktische und methodische Kenntnisse der Lehrkräfte, Mängel bei der räumlichen und materiellen Ausstattung der Schulen, Mißstände in Verwaltung und Organisation der Schule sowie finanzielle Defizite.

Angesichts dieser Mißstände beschloß die Regierung Frei 1965 Reformmaßnahmen, deren Kernpunkte in der Schrift des Bildungsministeriums *Una Nueva Educación y Una Nueva Cultura para el Pueblo de Chile* (Eine neue Erziehung und eine neue Kultur für das chilenische Volk) wie folgt festgeschrieben wurden.[95]

- „Bildungsgarantie: Die Entwicklung des Schulsystems muß Chancengleichheit bezüglich des Eintritts, der Verweildauer und des Aufstieges im Bildungssystem gewährleisten, um als demokratisches Bildungssystem gelten zu können. Das Recht auf Bildung und Kultur muß für alle Bürger einlösbar sein, ohne andere Grenzen als die der persönlichen Fähigkeiten.
- Soziokulturelle Verantwortung: Neben ihrer Bedeutung für die ganzheitliche Bildung der Persönlichkeit wird die entscheidende Rolle der Erziehung für die Integration des einzelnen in das Gemeinschaftsleben sowie ihr entscheidender Einfluß auf den sozialen Wandel betont. [...]
- Ausbildung für das Arbeitsleben: Bildung als ausschlaggebend wichtiges Instrument für den nachhaltig wirksamen Fortschritt des Landes ist auf einen intensiven wechselseitigen Austausch zwischen Bildungswesen und Arbeitswelt angewiesen, um dem qualitativen und quantitativen Bedarf der Nation nach Humanressourcen entsprechen zu können.
- Erziehung als lebenslanger Prozeß: Da Menschen durch die Weiterentwicklung von Technik und Wissenschaft ständig gezwungen sind, sich neue Inhalte und Erfahrungen anzueignen, muß die Ausbildung des Menschen und seine Eingliederung in das Gemeinschafts- und Arbeitsleben als ein Prozeß verstanden werden, der sich über die gesamte Lebenszeit erstreckt. [...]" (MinEduc 1969: 7ff.)

Die politische Rechtfertigung und Zielsetzung der Reformen hob auf die bildungsoptimistische Vorstellung der 60er Jahre ab, die Durchsetzung der bildungspolitischen Norm *Bildung für alle* werde einen demokratisch legitimierten Entwicklungsprozeß in Gang setzen, der die Entfaltung des einzelnen mit gesellschaftlichem Fortschritt harmonisch verknüpfe (vgl. Lufer 1967: 176 sowie die Ausführungen in Kapitel 2.4). Die *„breite, vollständige und effiziente Partizipation der Mehrheit der Bevölkerung im Entwicklungsprozeß selbst und die rationale Nutzung ihrer Fähigkeiten"* (Karadima 1976: 82), d. h. eine möglichst vollständige Passung von verfügbaren Qualifikationen und Qualifikationsbedarf, wurde von ODEPLAN als Hauptziel und Bedingung für Entwicklung vorgestellt (ebd.: 83f.).

„Any correct policy of science and technology should not consider the professional human resources as a simple passive economic factor of production. [...] Professionals, scientists and technologists will take a functional part in the process of development [...] in that case they are being rationally and fully utilized." (Karadima 1976: 84)

Implizit wurde damit unterstellt, der soziale Bedarf an Ausbildung decke sich relativ genau mit dem Bedarf der Wirtschaft nach qualifizierten Humanressourcen, und staatlich geplante Wissensproduktion könne beiden Anforderungen Genüge tun.

---

95 Ausführlich zum bildungsphilosophischen Hintergrund der Reform: Fischer 1979: 38ff.

Eine neu zu formulierende Bildungspolitik, so postulierten die Bildungsexperten der Regierung Frei, habe die verfügbaren Ressourcen vor allem zur Erreichung zweier Ziele (vgl. Mc Ginn et al. 1979: 226; Ormeño 1983: 58f.; UNESCO 1976: 390ff.) einzusetzen:

• die rasche Expansion der Bildungschancen für möglichst alle Chilenen und
• die Einführung neuer Lehrpläne mit dem Ziel, bei den Schülern eine *wissenschaftliche Mentalität* hervorzubringen.

Als begleitende bildungspolitische Maßnahmen wurden Lehrmittelfreiheit, zusätzliche Unterrichtszeit für Lernschwache, Schulspeisungen für bedürftige Schüler und die Erhöhung der Lehrerlöhne empfohlen. Gleichzeitig wurde die Erhöhung der Unterrichtsqualität und die Förderung des *aktiven Lernens* bzw. des *Lernens zu lernen* zu zentralen Reformzielen erklärt.

2.7.1.3   Zielpriorität 1: Bildung für alle

Rasch nach Regierungsantritt begann die christdemokratische Regierung Frei eine breit angelegte Bildungsoffensive. Mit dem Ziel, den Schulbesuch – über die formale Verpflichtung hinaus – flächendeckend für alle Kinder verbindlich zu machen und das Bildungsniveau der Bevölkerung nachhaltig zu erhöhen, wurden die Schulpflicht von 6 auf 8 Jahre verlängert und Maßnahmen zur Ausweitung des Schulbesuchs an Primar- und Sekundarschulen sowie der Erwachsenenbildung ergriffen. Gleichzeitig bemühte sich die Regierung, das Gefälle zwischen allgemeiner und beruflicher Bildung zu mindern und eine kontinuierliche qualitative Revision der Lehrpläne in Gang zu setzen.

Die Schulstruktur wurde neu gegliedert und umfaßte nun vier Ebenen:

• *Prebásico* (Vorschulen)
• *Básico* (allgemeine Grundschule), die die alte Grundschule ersetzte und deren obligatorischer Besuch nun acht Jahre dauerte,
• *Escuela Media* (Sekundarschule), deren Dauer von sechs auf vier Jahre verringert wurde. Sekundarschulen wurden seit 1967 in die Modalitäten *wissenschaftlich-humanistisch* und *technisch-beruflich* untergliedert. Beide Richtungen sollten die Schüler zur Aufnahme des Hochschulstudiums befähigen. Die technisch-berufliche Variante bildet *Techniker* der Zweige *Industrie, Weibliche Techniken*,[96] *Handel, Fischerei* oder *Landwirtschaft* aus.[97] Wie in fast allen lateinamerikanischen Ländern ist die technisch-berufliche Sekundarschule in zwei Phasen gegliedert, von denen die erste die allgemeinbildenden Fächer und die zweite berufsbil-

---

96 Hierbei handelt es sich um eine Art Haushaltsschulen, in denen z. B. Ernährungslehre, Kochen, Nähen etc. unterrichtet werden. In der deutschen Literatur über Chile wird die Übersetzung *weibliche Techniken* für ‚escuelas técnicas' verwendet. Obwohl ich nicht der Auffassung bin, Haushaltstechniken seien notwendig dem weiblichen Geschlecht zuzuordnen, behalte ich diesen Begriff bei.

97 In anderen lateinamerikanischen Ländern berechtigt dagegen nur der Abschluß einer allgemeinen oder kaufmännisch ausgerichteten Sekundarschule zum Hochschulbesuch, ein Abschluß einer technisch-beruflichen Sekundarschule aber nur zum Besuch postsekundärer berufsbildender Institute (dies gilt für z. B. Uruguay, Paraguay).

dende Inhalte betont. Die Verleihung des Titels *Técnico* ist an die Ableistung eines Betriebspraktikums gebunden, das zwischen drei und sechs Monaten dauern kann. Die Aufnahmeprüfungen für die Mittelstufe wurden abgeschafft und Übergänge zwischen beiden Formen der Sekundarschule potentiell möglich.

• *Universidades* (Hochschulen). Seit der Bildungsreform von 1965 ist das Bestehen des Auswahltestes *Prueba de Aptitud Académica* (Akademische Aufnahmeprüfung) Bedingung für die Aufnahme an der Universität. Für einige Studienfächer muß zusätzlich eine *prueba de conocimientos específicos* (Nachweis besonderer Fachkenntnisse) erbracht werden. Aus dem Testergebnis und den gewichteten Zensuren der letzten beiden Schuljahre wird ein Punktwert ermittelt, der über die Zulassung an die Universität entscheidet.

Abbildung 4: Chilenisches Bildungssystem nach 1965

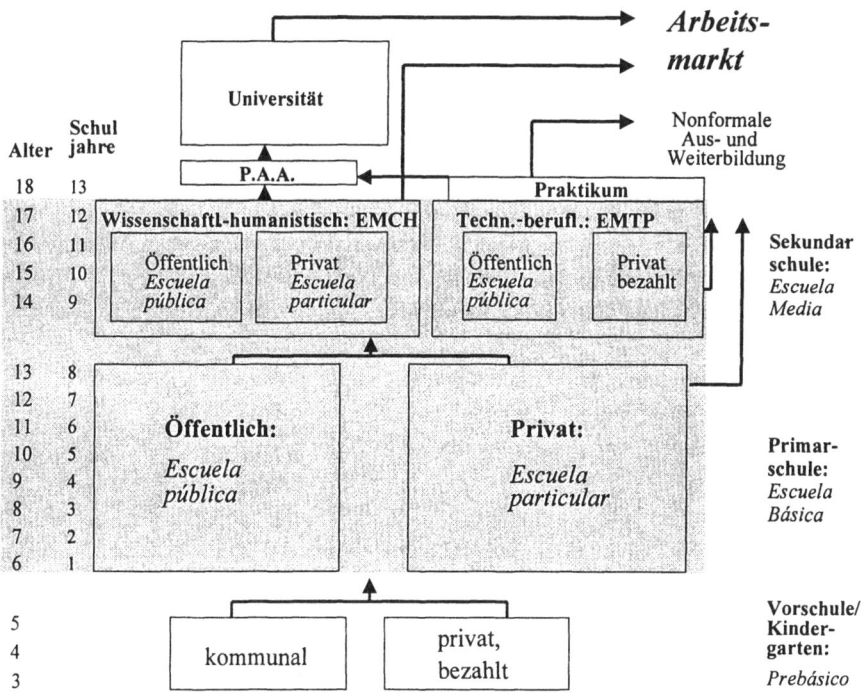

Die Lehrpläne wurden überarbeitet und Lehrmittelfreiheit für Bedürftige eingeführt. Bis zur Mitte des Jahres 1970 wurden über 3,5 Mio. Schulbücher gedruckt und verteilt. Etwa 5.000 Schulbibliotheken wurden eingerichtet (Schiefelbein et al. 1974: 52). Zwischen 1965 und 1970 nahmen ca. 70.000 Lehrer an Fortbildungsveranstaltungen des

Centro de Perfeccionamiento (Staatliches Weiterbildungsinstitut für Lehrer) teil. Auch die Mittel für Ausstattung sowie Lehrmittel wurden deutlich erhöht.

Die Verlängerung der Grundschulzeit wurde zügig umgesetzt, und zwischen 1965 und 1970 wurden 80% der 6-jährigen zu 8-jährigen Grundschulen umgewandelt (vgl. Schiefelbein 1994: 4493). Die dadurch freiwerdenden Kapazitäten in den Sekundarschulen ließen sich für eine massive Ausweitung der Schülerzahlen nutzen. Rasch verwandelten sich die weiterführenden Schulen in breit zugängliche Bildungsangebote (*massschooling*) und verloren ihren elitären Charakter. Breit angelegte Programme zur Alphabetisierung Erwachsener wurden aufgelegt. Die Zahl der Erwachsenen, die in Abendschulen einen Schulabschluß nachholten, stieg von 40.722 im Jahre 1964 auf 126.776 im Jahr 1970 (Quinteros 1980: 37).

Gleichzeitig zeigt die Analyse der Schulbesuchsraten[98] jedoch, daß der Prozeß der chilenischen Bildungsexpansion durch die Reformen der Regierung Frei zwar unterstützt, jedoch sicherlich nicht ursächlich bewirkt worden war: Schon seit 1950 und bis 1975 wuchsen die absoluten Schülerzahlen auf allen Bildungsniveaus kontinuierlich an. Die Zahl der Primarschüler stieg von 776.498 auf 2.298.998, die der Sekundarschüler von 104.579 auf 448.911 und diejenige der Universitätsstudenten von 9.528 (1949) auf 149.647 (UNESCO Statistical Yearbook, mehrere Bände, Tabelle 3-4).

Der Anstieg der Einschreibungen an Sekundarschulen ist besonders beachtlich, weil ja seit 1966 statt der ursprünglich 6 Schuljahre dort nur noch 4 Schuljahre absolviert wurden. Analog dazu muß der Anstieg der Schülerzahl an Primarschulen um diesen Faktor relativiert werden. Allerdings war, wie die folgende Graphik bestätigt, der Deckungsgrad der Grundstufe in Chile bereits Anfang der 60er Jahre so hoch, daß dies kaum ins Gewicht fällt. Die Bildungsexpansion seit den 60er Jahren bezog sich in Chile, und die folgende Darstellung relativer Schulbesuchsraten bestätigt dies, vor allem auf eine Ausweitung der postprimären Bildungsbereiche.

---

98 Als Indikator für das Ausmaß der Bildungsexpansion soll hier das Wachstum der Beschulungsraten gelten, das sich in der Zahl der Einschreibungen zu Schuljahrsbeginn ausdrückt. Die Wahl dieser Meßgröße stellt insofern einen Kompromiß dar, als das Problem des ungleichmäßigen Schulbesuchs im Verlauf eines Jahres unberücksichtigt bleibt (in Dritte Welt–Ländern sinkt der Schulbesuch während der Saat- und Ernteperioden insbesondere in ländlichen Gebieten z. T. um 20–30% ab; vgl. Fuller et al. 1992: 27). Auch ist mit der Schulbesuchsrate natürlich keine Aussage zu Bildungserfolgen oder Schulqualität gemacht. Einige Autoren verknüpfen daher Daten über Bildungsfinanzierung (Anteil der Bildungsausgaben am BSP oder Ausgaben pro Schüler) mit Aussagen über Bildungsexpansion, da sie vermuten, die Höhe der Investitionen ließe mindestens teilweise Rückschlüsse auf die Qualität des Unterrichtes zu. Fuller et al. (1992: 9f.) verweisen jedoch darauf, daß etwa in den USA der Schulbesuch armer Bevölkerungsschichten in den letzten Jahren trotz steigender Bildungsausgaben stagnierte, die Entwicklung der Bildungsausgaben also keine linearen Schlüsse auf die Qualität der Bildungsexpansion zuläßt.

Abbildung 5: **Bruttobeschulungsrate[99] in Chile (1960–1970)**
(in Prozent der entsprechenden Altersjahrgänge)

	Primarschule	Sekundarschule	Tertiäre Bildung
1960	105	25	4
1965	116	33	6
1970	107	39	9
1975	112	48	16

(UNESCO-Statistical Yearbook, mehrere Bände, Tabelle 3.2)

Mit diesen Zahlen stand Chile im Zeitraum der hier beschriebenen Bildungsreformen im lateinamerikanischen Vergleich trotz der starken Expansion der Bildungssysteme in der Gesamtregion ausgesprochen günstig da, wie die folgende Tabelle bestätigt:

Abbildung 6: **Bildungsstandard in Lateinamerika und Chile**
(Bruttobeschulungsrate im Vergleich)

	1960		1970		1975	
	Lat.amerika	Chile	Lat.amerika	Chile	Lat.amerika	Chile
Primarschule	72,7	105,0	90,7	107,0	97,0	112,0
Sekundarschule	14,6	25,0	25,5	39,0	36,6	48,0
tertiäre Bildung	3,0	4,0	6,3	9,4	11,7	15,6

(UNESCO Statistical Yearbook, mehrere Bände, Tabellen 2-10 und 3-2)

Das Verdienst der Freischen Reformen lag, so läßt sich schlußfolgern, weniger darin, mehr Schülerinnen und Schülern einen Zugang zum Schulunterricht zu ermöglichen, als vielmehr darin, die Zahl der Abbrüche zu vermindern (vgl. Schiefelbein 1994, Mc Ginn et al. 1979: 220). Die curriculare Schwerpunktsetzung auf praxisrelevanten Inhalten und die systematische Schwepunktsetzung in der Förderung berufsbildender Schulformen sollte ebenfalls die Relevanz der vermittelten Inhalte für die Arbeitswelt verstärken und trug dazu bei, den Bildungsnachfragern den Verbleib an der Schule zu erleichtern. Unter diesem Gesichtspunkt kann die Expansion des sekundären und tertiären Bildungssektors durchaus als Erfolgskriterium für einen verbesserten Schulverbleib in der Primarschule gewertet werden.

Dem Anspruch, Bildungschancen für *alle* Chilenen zu bieten, wurden die Reformen dagegen nicht wirklich gerecht: Zwar zeigte eine Längsschnittuntersuchung zum Bildungsverlauf nach Sozialstatus, die Farrell und Schiefelbein (1985) Anfang der 70er Jahre durchgeführt hatten, daß 1970 etwa gleich viele Schüler und Schülerinnen der Jahr-

---

99 Eine Analyse der absoluten Schülerzahlen ist deshalb von begrenzter Bedeutung, weil sie mit der demographischen Entwicklung gegengerechnet werden muß. Die folgende Darstellung bezieht sich auf den Beschulungsgrad der verschiedenen Schulstufen von 1960 bis 1990. Die Bruttobeschulungsrate errechnet sich aus der Gesamtzahl der beschulten Kinder aller Altersstufen geteilt durch die Anzahl der Kinder derjenigen Altersstufen, die plangemäß in der betreffenden Schulstufe beschult werden müßten. Die Nettobeschulungsraten beziehen sich entsprechend auf den Anteil der Kinder einer Altersstufe, die den Schulstufen entspricht, und die tatsächlich beschult werden.

gangsstufe 12 aus Oberschicht- und aus Landarbeiterfamilien stammten. Auch die Zahl der Kinder aus Arbeiter- und aus Mittelstandsfamilien war ungefähr gleich hoch (Farrell et al. 1985: 496). Doch da die Landarbeiterkinder weitaus zahlreicher sind, bedeutet diese Gleichheit nur, daß es für Kinder aus ärmeren Bevölkerungsschichten eher unwahrscheinlich war, die Sekundarschule erfolgreich abzuschließen (ausführlich z. B. Castro 1977: 84ff.). So weist denn auch Labarca (1985) nach, daß die Bildungskluft zwischen Stadt und Land durch die Bildungsexpansion eher noch vergrößert wurde.

Diese Ungleichgewichte bildeten den Hauptkritikpunkt der Unidad Popular an den Reformen Frei's. In seiner Regierungserklärung für das Jahr 1972 nannte Salvador Allende die folgenden bildungspolitischen Ziele, die denen der Regierung Frei in weiten Teilen entsprachen, den Aspekt der Bildungsbeteiligung armer Bevölkerungsgruppen jedoch explizit herausstellten:

- Chancengleichheit für alle Kinder,
- die Entwicklung der Fähigkeiten und Eigenheiten des Individuums und seine soziale Integration,
- die Dezentralisierung der technischen, administrativen und finanzierungstechnischen Einheiten auf regionale und lokale Ebenen,
- die soziale, professionelle und beamtenrechtliche Absicherung der Lehrerschaft,
- die demokratische und direkte Partizipation aller *Arbeiter im Bildungswesen* [100] und der Bevölkerung an der Transformation des Bildungswesens sowie
- Aufbau eines Einheitsschulsystems, das eng an den sozialen, ökonomischen und kulturellen Entwicklungen Chiles orientiert sein sollte (Hawes 1988: 153).

Die Umsetzung dieser Absichtserklärung verlief nach 1970 allerdings eher schleppend. Das vom linken Flügel der Lehrerschaft 1971 auf einem von den Lehrergewerkschaften organisierten *Ersten Nationalen Bildungskongreß* entwickelte Schulprojekt *Educación Nacional Unificada* (Nationale Einheitsbildung, ENU) wurde zwar heftig diskutiert, doch blieb der Vorstoß letztlich folgenlos. Mit Bezug auf die Schulreform unter Velasco in Peru wurde die Integration aller bestehenden Schulformen (das hieß eben auch: der staatlichen und privaten Schulen)[101] in eine einzige Schulform sowie die Verlagerung der außerschulischen Bildung und Erwachsenenbildungsmaßnahmen an die Universitäten gefordert. Einen expliziten Schwerpunkt des Projektes bildete die Arbeiterbildung mit den Programmlinien *Eingliederung der Arbeiter in den Bildungsprozeß, Nivellierung der Grundbildung* und *Nivellierung der Sekundarbildung* (vgl. Castro 1977: 140f.). Das *Informe sobre Escuela Nacional Unificada* (Bericht über die nationale Einheitsbildung) des Bildungsministeriums von 1973 kündigte an, das reformierte Schulsystem werde sich

---

100 In der Zeit der Unidad Popular wurden alle im Bildungswesen Beschäftigten unabhängig von ihrer Funktion und ihrem Status als *trabajadores de la educación* bezeichnet und z. T. umfassend an Entscheidungsprozessen beteiligt.
101 Bereits im Wahlprogramm der UP von 1970 war angekündigt worden, „der neue Staat (werde) die privaten Anstalten übernehmen, und zwar zuerst jene Institutionen, die ihre Schüler nach Gesichtspunkten der gesellschaftlichen Stellung, der Nationalität oder der Religion auswählen."

„auf die neuesten kulturellen, wissenschaftlichen und technologischen Errungenschaften stützen, um sich harmonisch in die globale Planung der Gesellschaft [...] einzufügen." (zit.n. Navarro 1979: 114)

Die *Erziehung der Massen durch die Massen und für die Massen*" (Navarro 1979: 115) in der nationalen Einheitsschule wurde einer gesamtgesellschaftlichen Zielsetzung untergeordnet, die benannt wurde als

„Aufbau einer humanistischen, sozialistischen Gesellschaft, basierend auf der Entfaltung der Produktionskräfte, auf der Überwindung der technologischen und kulturellen Abhängigkeit, auf der Etablierung neuer Eigentumsverhältnisse und auf einer authentischen Demokratie und sozialen Gerechtigkeit, die durch die effektive Ausübung der Macht durch das Volk gewährleistet werden." (ebd.)

Die Einheitsschule sollte polytechnisch ausgerichtet sein und obligatorische Betriebspraktika und Schulproduktion umfassen. Es war vorgesehen, die Schulzeit in vier Stufen zu untergliedern (Castro 1977: 136f.):

Geplant war eine erste vierjährige Stufe zur Vermittlung einer *integrierten Grundbildung*. Ein Kernprogramm allgemeinbildender Fächer sollte dabei um Wahlmöglichkeiten zur Unterstützung besonderer individueller Fähigkeiten ergänzt werden.

Schon in der zweiten Phase (3. bis 4. Schuljahr) sollten die Schülerinnen und Schüler altersadäquate Betriebspraktika ableisten und Kontakt mit Produktionsbetrieben aufnehmen. Arbeitsbezogene Inhalte sollten in der dritten und vierten Phase dann auch Inhalt und Gestalt der schulischen Fächer prägen. So werde es möglich, „*durch den Arbeits- und Lernprozeß sowie freiwillige Mitarbeit Kenntnisse über alle technologischen Bereiche zu vermitteln sowie die Interessen und Fähigkeiten des einzelnen Schülers richtig einzuschätzen.*" (*Informe sobre la Escuela Nacional Unificada*, zit. n. Castro 1977: 136)

Die Regierung der Unidad Popular kündigte die Realisierung eines Teils des Vorschlages (insbesondere die Einführung eines einheitlichen Curriculums für alle Schulformen) für das erste Semester 1973 an, wurde aber durch politischen Druck gezwungen, von diesem Plan wieder abzurücken.

Im Projekt der *Eduación Nacional Unificada* (Nationale Einheitserziehung) kondensierte ein Verständnis von Bildung, dessen explizites Interesse, den *neuen Menschen* hervorzubringen[102] und die breite Masse des Volkes in den Bildungsprozeß miteinzubeziehen (vgl. Fischer 1979: 59ff.), in diametralem Gegensatz zur idealistischen Überhöhung humanistischer Bildungsauffassung des 19. Jahrhunderts und damit in Konflikt mit den Überzeugungen breiter Teile der bürgerlichen Mittelschicht stand. Sogenannte *Kommandos für die Freiheit der Erziehung* der konservativen politischen Parteien, Eltern- und Schülerverbände insbesondere der Privatschulen und die katholischen Bischöfe leisteten harten Widerstand gegen die Reformpläne. Die emotionale Beteiligung und die Heftigkeit der Diskussion um das Projekt der *Educación Nacional Unificada* (Nationale Einheitserziehung), die heute noch bisweilen in Erzählungen aus dieser Zeit auf-

---

102 „The socialist citizen is highly trained, not as a slave to a machine, but as a conscious Man, knowledgeable in the laws of Nature and Society. He is prepared not only for productive labor but for the planning of material production or social services and for the political management of society itself" (Lehrerfraktion der Sozialistischen Partei 1971, zit. n. Fischer 1979: 74).

flackern (vgl. auch Navarro 1979: 117), verweisen auf die Bedeutung, die in Chile der Bildung als Faktor der Persönlichkeits- und Sozialentwicklung zugemessen wurde und wird. *Schule* war in der Zeit der Unidad Popular und (unter anderen Vorzeichen) in den ersten Jahren der Diktatur ein zentrales Konfliktthema und Ort politischer und sozialer Auseinandersetzungen, und Farrell (1990) sieht sogar einen direkten Zusammenhang zwischen den bildungspolitischen Plänen der Unidad Popular und ihrem politischen Legitimationsverlust, der schließlich zum Militärputsch führte. Nachweisbar ist jedenfalls, daß die erste öffentliche Kritik von seiten der Streitkräfte an der Regierung Allende das Schulprojekt der Sozialisten thematisierte (Farrell 1990: 107).

2.7.1.4 Zielpriorität 2: Industrialisierung durch eigene Kompetenz

Die Frei'sche Bildungsreform waren dem Ideal einer neu hervorzubringenden *„wissenschaftlichen Mentalität"* verpflichtet. Durch die systematische Verzahnung praktischer und theoretischer, technischer und allgemeinbildender Inhalte sollte die methodische und fachliche Kompetenz erzeugt werden, die für den Aufbau einer modernen Industriewelt als notwendig erachtet wurde. Durch die Betonung produktions- und arbeitsmarktorientierter Kompetenzen erlebte die berufliche Bildung einen deutlichen Bedeutungszuwachs.

Das berufliche Schulwesen in Chile war seit Mitte des 19. Jahrhunderts parallel zu den allgemeinbildenden Sekundarschulen zunächst im handwerklichen, landwirtschaftlichen und im Bergbausektor entstanden. 1877 wurde die erste Werkschule für Mädchen gegründet. Die Bildungsreform von 1929 ordnete das berufliche Schulwesen und unterschied vier inhaltliche Ausrichtungen: Landwirtschaft, Industrie, Handel und *weibliche Techniken*. Neben allgemeinen Grundkenntnissen (Lesen, Schreiben, Geographie und Rechnen) wurden an beruflichen Sekundarschulen auch handwerkliche Fertigkeiten vermittelt (vgl. Krammenschneider 1992: 91).

Unter der Präsidentschaft des Pädagogen Pedro Aguirre Cerda (1938–1941) expandierte das berufliche Schulwesen stark. Zahlreiche berufliche Sekundarschulen wurden neu gegründet; zugleich entstanden um 1940 das *Instituto Pedagógico Técnico* (Lehrerseminar für technische Lehrer), die *Universidad Técnica del Estado* (UTE, Technische Universität) zur Ausbildung von Technikern und Ingenieuren sowie die Lehrerverbände *Asociación de la Enseñanza Industrial y Minera* (ASEIM, Verband der Lehrer an gewerblichen und Bergbauschulen) und *Asociación de la Enseñanza Comercial y Técnica Feminina* (ASTECO, Verband der Lehrer an kaufmännischen und hauswirtschaftlichen Schulen).

1953 wurden alle Zweige der berufsbildenden Sekundarschulen der administrativen Koordination der *Secretaría Técnica de la Enseñanza Profesional* (Technisches Sekretariat für Berufserziehung), einer Zentralstelle für Berufserziehung im Bildungsministerium, unterstellt. Auch Lehrplanentwicklung, Lehrmittelerstellung, Lehrerweiterbildung, Schulbauplanung, Informationswesen und Ressourcenverteilung für die beruflichen Sekundarschulen wurden zentral zusammengefaßt (vgl. Dippel 1970: 118).

Die institutionelle Trennung des allgemeinbildenden und des beruflichen Schulwesens wurde erst 1967 endgültig beschlossen. Die vom Bildungsministerium mit der Entwicklung von Lehrplänen beauftragte Kommission hatte zunächst drei Alternativen vorgeschlagen: a) die Zusammenfassung beider Schulvarianten in einer Gesamtschule, b) eine integrative Variante mit Binnendifferenzierung in je einen naturwissenschaftlichen, sprachlichen und berufsbildenden Zweig oder c) die institutionelle und räumliche Trennung der beiden Schulformen. Der nationale Bildungsrat entschied sich am 31.10.1967 für die letztgenannte Möglichkeit und damit für die Trennung der allgemeinbildenden von den doppeltqualifizierenden beruflichen Sekundarschulen. Im Rahmen der Bildungsreform von 1965 (vgl. Kapitel 2.7.1.2) wurden als Ziele der beruflichen Sekundarschule neu definiert:

- „die theoretischen, wissenschaftlichen und technischen Fundamente einer beruflichen Tätigkeit zu vermitteln,
- die besonderen Fertigkeiten zur Berufsausübung zu entwickeln [...] sowie die Fähigkeit, auftretende Probleme zu analysieren und zu lösen, [...]
- eine persönliche und soziale Verantwortung gegenüber dem Berufsstand, der Arbeit und ihrer Bedeutung für Kultur und Wirtschaft des Landes zu formen, zu einer gerechten gesellschaftlichen Bewertung aller Aktivitäten und Berufe beizutragen und die Identifikation des einzelnen mit dem von ihm gewählten Beruf zu fördern sowie
- die Initiative und Kreativität zur Entdeckung, Perfektionierung und Umsetzung innovativer Arbeitsmethoden und neuer wissenschaftlicher und technologischer Prozesse anzuregen." (MinEduc 1964a: 12)

Schon zwischen 1950 und 1960 war die Zahl der Schülerinnen und Schüler an beruflichen Sekundarschulen um mehr als das Doppelte, nämlich von 27.335 auf 59.913 angewachsen (UNESCO Statistical Yearbook, mehrere Bände, Tabelle 3-7); bis 1970 stiegen die Schülerzahlen noch einmal überproportional stark an. Der Anteil derjenigen Schüler, die technisch-berufliche Sekundarschulen besuchten, an allen Sekundarschülern hatte 1950 26,1% betragen und erhöhte sich bis 1965 auf 36,1% (vgl. die folgende Graphik; zu entsprechenden Ergebnissen kommt auch Castro 1977: 129ff.).

Abbildung 7: **Sekundarschüler nach Schulzweigen (1950–1970)**

(Anzahl der Schüler und Schülerinnen)

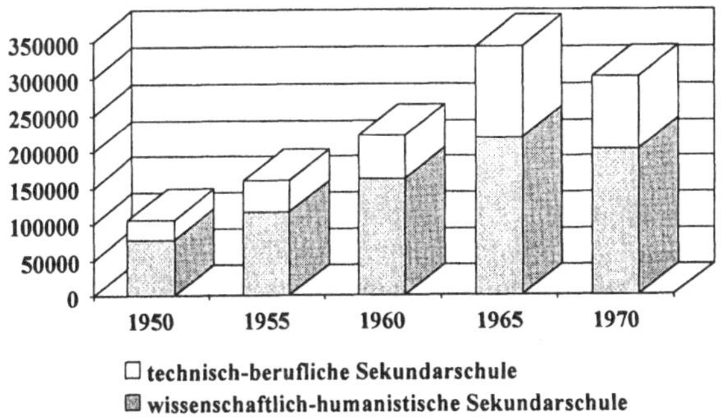

☐ technisch-berufliche Sekundarschule
▨ wissenschaftlich-humanistische Sekundarschule

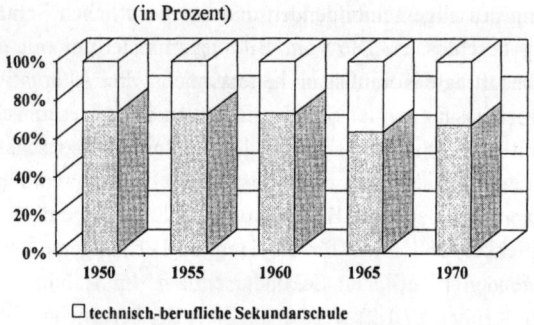

(in Prozent)

☐ technisch-berufliche Sekundarschule
☐ wissenschaftlich-humanistische Sekundarschule

(UNESCO-Statistical Yearbook, mehrere Bände, Tabelle 3-7)

Einige Autoren interpretieren diese Entwicklung als Ergebnis gezielter bildungspolitischer Maßnahmen und gehen davon aus, die Regierung Frei habe mit der Ausweitung des beruflichen Schulwesens eine *Modernisierung* des Bildungswesens und die engere Anbindung an die expandierende Industrie beabsichtigt (Labarca 1985: 28).

> „Man sollte nicht vergessen, daß die Bildungszweige, die relativ am stärksten wuch-
> sen, auch diejenigen waren, die die höchsten Kosten verursachten – eine Tatsache,
> die u.E. nach belegt, daß es sich um eine politische Entscheidung und Priorätenset-
> zung handelte. Dies war keine simple Ausdehnung des bestehenden Bildungssy-
> stems[...]" (Labarca 1985: 28)

Die Gewichtung der Bildungsausgaben spiegelt diese Entwicklung allerdings nicht wider. Während 1950 noch 12,7% der Bildungsausgaben an technisch-berufliche Sekundarschulen vergeben wurden, betrug der Anteil dieser Schulform an der öffentlichen
Bildungsfinanzierung 1966 nur noch 8,8%. Weitaus den stärksten Zuwachs konnte der
tertiäre Bildungssektor für sich verbuchen: Während 1950 nur 8,1% der Bildungsausgaben in diesen Bereich flossen, waren es 1966 schon 27,4% (UNESCO-Statistical
Yearbook, mehrere Bände, Tabelle 4.3).

Abbildung 8: **Bildungsausgaben nach Schulform**
(1955–1966)

(in Prozent der gesamten Bildungsausgaben)

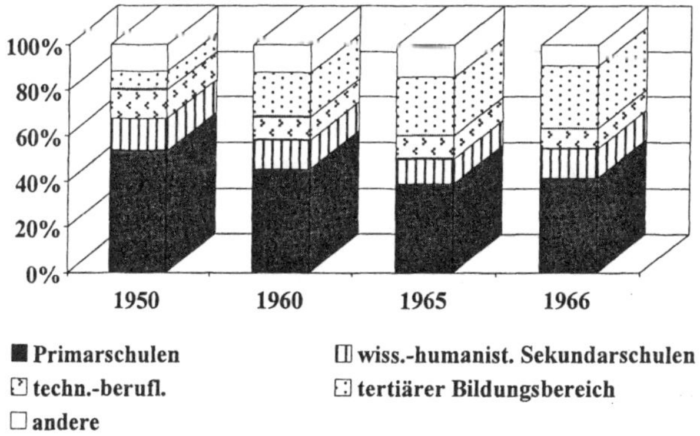

■ Primarschulen   ⊞ wiss.-humanist. Sekundarschulen
⏘ techn.-berufl.   ⊡ tertiärer Bildungsbereich
☐ andere

(in Prozent der Ausgaben für die Sekundarstufe)

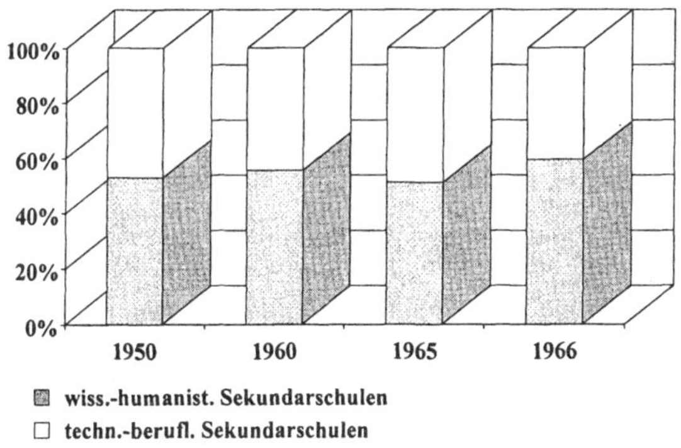

▦ wiss.-humanist. Sekundarschulen
☐ techn.-berufl. Sekundarschulen

(UNESCO Statistical Yearbook, mehrere Bände, Tabelle 4-3)

In den darauffolgenden Jahrzehnten wurde zudem immer deutlicher, wie stark die technisch-berufliche Sekundarschule auch auf der Nachfrageseite das Stigma der *Schule
zweiter Wahl* behielt und durchaus nicht als *moderne*, zukunftsgerichtete Schulform
galt. Technisch-berufliche Sekundarschulen fungierten vor allem als Auffangbecken für
Schüler aus ärmeren Bevölkerungsschichten, deren nunmehr gewachsene Bildungs-
aspirationen mit den realen Bedingungen und Kosten des Bildungssystems in Konflikt
gerieten. Vor allem Schüler aus bildungsfernen Bevölkerungskreisen waren die Klientel
der technisch-beruflichen Sekundarschulen (vgl. Corvalán 1986: 34). Ende der 80er Jahre hatten 42% der Schüler an technisch-beruflichen Sekundarschulen Väter mit unvollständiger Grundschulbildung oder ohne Schulbildung (Gonzalez et al. 1991: 76).

Entgegen der von internationaler Seite vertretenen Überzeugung, Bildungsreformen hätten sich auf eine wissenschaftlich abgesicherte Bildungsplanung zu stützen (vgl. Kapitel 2.3 und 2.5.1) blieb die politische Ebene während der Reformära Frei stets dominant. 1964 hatte ein US-amerikanisches Expertenkomitee (Platt et al. 1964) eine umfangreiche Evaluierung zum Thema *„Manpower and Educational Planning in Chile"* vorgelegt, in der eine Stärkung der Planungsinstitutionen sehr empfohlen wurde.[103] Doch auch in den folgenden Jahren beschränkte sich die Rolle der Bildungsplanung auf die Bereitstellung politisch nutzbarer Informationen. Entscheidungen ließen sich nun einmal, so das von Schiefelbein (1974: 172) gezogene Fazit, nicht aus Bildungsstatistiken *ableiten*, sondern müßten politisch vorbereitet und getroffen werden.

„The model (gemeint ist ein Modell zur Feststellung von Qualifikationsbedarfen, U.C.) is only a tool. It should be obvious that the better the set of tools, the easier will be the work of the planner – provided that he has time enough to manipulate them." (Schiefelbein et al. 1974: 172)

Der Planungsprozeß während der Anfangszeit der Reformen verlief *„on the run"* (Schiefelbein 1994: 4493). Entscheidungen wurden in aller Regel gefällt, bevor Pläne aufgestellt worden waren und unverzüglich in Form von Dekreten verabschiedet (Fischer 1979: 54). Die eher untergeordnete Rolle der Bildungsplanung im Reformprozeß spiegelte sich auch auf institutioneller Ebene wider. Die organisatorische und logistische Durchführung der Schulreform oblag dem Erziehungsminister Juan Gomez Millas. Dieser allgemein als tatkräftig und charismatisch beschriebene Politiker war vor der Regierungsübernahme durch Eduardo Frei als Rektor der Universidad de Chile tätig gewesen. Schon rasch nach Antritt des neuen Amtes gab er öffentlich bekannt, er garantiere allen Kindern, die im nächsten Schuljahr in die Schule eintreten wollten, einen Platz in der Grundschule, und erregte damit die breite Aufmerksamkeit der Öffentlichkeit. Eine Planungsabteilung richtete das Ministerium selbst nicht ein, sondern nahm die Zuteilung von Personal für diese Zwecke lediglich hin (vgl. Mc Ginn et al. 1979: 223f.) und arbeitete vor allem mit Kurzzeitexperten und Freiwilligen.

Ernesto Schiefelbein, späterer Erziehungsminister unter Aylwin und heutiger Leiter des UNESCO-Büros in Santiago, war eine zentrale Figur im Prozeß der Reformplanung und Durchführung. Er entwarf ein *lineares Modell der Bildungsplanung*, das die verschiedenen Einflußvariablen auf das chilenische Schulsystem[104] miteinander korrelieren und Voraussagen über mögliche *out-puts* ermöglichen sollte (vgl. Schiefelbein et al. 1974). Dabei wurde von Anfang an betont:

„The strength of the method [...] is that it forces an interaction between the decision maker and the computing model." (Schiefelbein et al. 1974: 173)

Das Modell liefere komplexe Daten über die Grundstruktur des Problems, die Orientierung und Lösungsfindung sei jedoch nur durch politische Entscheidungen zu leisten. Die

---

103 „The Government of Chile should give serious consideration to relocating the development planning function, with its dependent human resources planning office, to a high position independent of an agency also having operating and implementation functions" (Platt et al. 1964: 9).
104 Z. B. Kostenfunktion, demographische Entwicklung, Lehrerbestand und -bedarf, Qualifikationsbedarf, Möglichkeiten und Grenzen des on-the-job-trainings etc.

Funktion bildungsplanerischer Modelle sei weitgehend auf die Vorgabe eines empirischen Rahmens, innerhalb dessen eine Abschätzung von Reformzielen und der vorhandenen Ressourcen erfolgen könne, sowie die Bereitstellung von Daten für die politische Legitimation vorgängig gefällter Entscheidungen begrenzt (Schiefelbein et al. 1974: 173, Mc Ginn et al. 1979: 226). Hilfreich seien die zur Verfügung gestellten Fakten insbesondere durch ihre relative Zuverlässigkeit und Genauigkeit, die Möglichkeit prozeßbegleitender Modellstudien und Erfolgskontrollen, die Darlegung alternativer Lösungen, die frühzeitige Erkennung von Problemfeldern und die Theorieentwicklung im Kontext der Reform. Sie bezögen sich jedoch immer auf aktuelle Sachlagen, über *zukünftige* Entwicklungen seien lediglich Hypothesen zu erwarten. Gleichzeitig sei immer zu berücksichtigen, daß qualitative Variablen durch quantifizierte Analysen nicht korrekt erfaßt werden könnten (Schiefelbein et al. 1974: 173f.).

Von Beginn an hatte die politische Durchsetzung der Reform hohe Priorität. 1964 erstellte das Büro für Bildungsplanung eine Studie über die fehlgeschlagenen Reformansätze der vergangenen Jahre, wobei besonderer Wert auf die Darstellung der politischen Gruppen gelegt wurde, die den Prozeß unterstützt bzw. hintertrieben hatten (vgl. McGinn et al. 1979: 226). Präsident Frei hatte die Ziele der geplanten Bildungsreform zu diesem Zeitpunkt bereits verkündet, die Bildungsplaner entwarfen nun einen Vorschlag ihrer politischen Durchsetzung. Auch die Implementation der Maßnahmen verlief stufenweise und beinhaltete zahlreiche Rückkoppelungsschleifen, durch die politische und praktische Machbarkeit gesichert, Akzeptanz geschaffen und Fehlerquellen beseitigt werden konnten (Fischer 1979: 44).

Als politisch besonders heikel galt die Lehrplanrevision. Die Regierung Frei plante daher den Prozeß der Curriculumentwicklung strategisch vor und versuchte, möglichst viele Interessengruppen daran partizipieren zu lassen. Das erste Planungskomitee wurde bereits 1965 gegründet. Keines seiner Mitglieder war an der Erstellung vorheriger Curricula beteiligt gewesen, hatte ein Schulbuch veröffentlicht oder über längere Zeit selbst in einer Schule gearbeitet. Diese Gruppe erarbeitete einen ersten Vorschlag zur Lehrplanreform.

Trotz des relativ moderaten Charakters des Entwurfes befürchteten Erziehungsminister Gomez und christdemokratische Politiker politische Opposition (vgl. Mc Ginn et al. 1979: 228). Frühere Lehrplanänderungen waren jeweils vom Kongreß verabschiedet worden, und die Mehrheitsverhältnisse dort ließen eine Verabschiedung der vorliegenden Reformpläne als unsicher erscheinen. Aus dieser Überlegung heraus integrierte Gomez Vertreter maßgeblicher Interessengruppen in das Curriculum-Kommittee. Besondere Anstrengungen wurden unternommen, um Repräsentanten der Abteilungen für Primar- und Sekundarschulbildung innerhalb des Ministeriums für die Mitarbeit zu gewinnen,[105] in einem nächsten Schritt wurden auch Schuldirektoren und Lehrer in den

---

105 Eine der nun an der Lehrplanentwicklung partizipierenden Personen war Inhaber des Leninpreises – eine Tatsache, die zu erheblicher Polemik innerhalb der christdemokratischen Partei führte. Die Planungsgruppe beharrte aber auf der Integration auch dieser Personenkreise.

Planungsprozeß mit einbezogen. Der in dieser Gruppe nochmals überarbeitete Vorschlag wurde dem ersten nationalen Bildungskongreß vorgelegt. Diese Konferenz besaß keinerlei legale Autorität, verfügte jedoch durch die Teilnahme bekannter Wissenschaftler, Bildungsexperten und anderen Personen des öffentlichen Lebens über erhebliches Prestige. Die Konferenz ,verabschiedete' die neuen Curricula als Modellversuche. Bereits im März 1966 wurden die neuen Lehrpläne für das erste und siebte Schuljahr in Hunderten von Schulen erprobt (vgl. Mc Ginn et al. 1979: 228ff.). Presseberichte in den größten Zeitungen des Landes, einschließlich den kommunistischen Blättern, berichteten über die Einführung der neuen Lehrpläne. Nachdem auch die Sonntagsbeilagen der wichtigsten Zeitungen breit über die Schulungen der Lehrer für die neuen Aufgaben berichtet hatten, forderten nun auch Eltern- und Lehrerorganisationen die landesweite Umsetzung der Curriculumreformen.

Der Erfolg der Lehrplanrevision durch die Regierung Frei, so läßt sich folgern, gründete sich unter anderem auch auf den Aufwand, der ihrer politischen Durchsetzung gewidmet wurde. Reformpolitik wurde hier nicht lediglich verordnet, sondern mit den Beteiligten diskutiert und abgestimmt. Probleme entstanden erwartungsgemäß weniger wegen inhaltlicher Bedenken als aufgrund von Statusproblemen einzelner betroffener Gruppen.[106] Die wichtigsten gesellschaftlichen Akteure ließen sich jetzt verhältnismäßig leicht für die Reform gewinnen. Die katholische Kirche unterstützte die Bildungspolitik Freis in vollem Umfang und bemühte sich, die Neuerungen in den von ihr verwalteten Schulen unverzüglich umzusetzen. Die Ziele der Reform (Chancengleichheit, Ausrichtung der Lerninhalte am Arbeitsleben, lebenslanges Lernen) entsprachen in weiten Teilen den von der lateinamerikanischen Bischofskonferenz in Medellín festgelegten Orientierungen an sozialer Gerechtigkeit und Partizipation der marginalisierten Bevölkerungsschichten (Hawes 1988: 147).

Auch die politischen Parteien setzten der Reform keinen grundsätzlichen Widerstand entgegen, auch wenn die politische Linke kritisierte, Lehrer-, Schüler- und Elternvertretungen seien an der Reformformulierung zu wenig beteiligt worden. Als Folge dieser mangelnden Partizipation bleibe die Wirksamkeit der Neuerungen begrenzt und berühre nicht die strukturellen Defizite des Schulwesens (Hawes 1988: 148).

Die Lehrergewerkschaft FEDECH (*Federación de Educadores de Chile*) vertrat eine ähnliche Position: Im wesentlichen unterstützten die Lehrer die Reform trotz einiger marginaler Einwände bezüglich ihrer Entlohnung. Sie wandten jedoch ein, ohne grundsätzliche gesamtgesellschaftliche Veränderungen (Landreform, Ressourcenverteilung etc.) werde die Bildungsreform weitgehend wirkungslos bleiben. Die Ursachen der Schulmisere seien gesellschaftlich verursacht und beruhten letztendlich auf internationalen Machtungleichgewichten sowie den oligarchischen Strukturen der chilenischen Gesellschaft (Hawes 1988: 149).

---

106 So verhinderten die Französischlehrer mit Unterstützung der französischen Botschaft einen Teil der Reform, der ihrer Ansicht nach zu einer Verdrängung des Französischunterrichts zugunsten des Englischunterrichtes geführt hätte (vgl. McGinn et al. 1979: 230).

„Die pädagogischen Defizite, die Fehler des Bildungssystems, die schlechte personelle und materielle Ausstattung der Schulen, die curricularen Probleme und die
Mißachtung der Würde der Lehrenden lassen sich nicht ohne substantielle Veränderungen des politischen Apparates und der sozialen und ökonomischen Verhältnisse
der Gesellschaft auflösen." (Proklamation der FEDECH 1968, zit.n. Hawes 1988:
150)

Die Bildungsreformer der Regierung Frei unterliefen, wo Einverständnis nicht zu erreichen war, den politischen Widerstand der Verbände, indem sie die breite Beteiligung
der unmittelbar betroffenen Akteure bei der Umsetzung der Reformen gezielt förderten.
Schiefelbein schildert das Vorgehen der Reformer am Beispiel der Schulbauten. Die
Expansion der Schülerzahlen machte nicht nur einen rapiden Ausbau der Gebäude-
struktur notwendig – die eigentliche Schwierigkeit bestand in der Überwindung traditioneller Patronage-Systeme bei deren Bewilligung.[107]

Eine breit angelegte Kampagne mobilisierte Freiwillige der Universitäten und Jugend-
gruppen der Christdemokratischen Partei für eine Bestandsaufnahme der schulischen Infrastruktur. Die traditionellen (und häufig korrupten) Wege der Bedarfsformulierung
wurden durch die Beteiligung engagierter und möglicher Eigeninteressen offensichtlich
unverdächtiger Bevölkerungsteile umgangen. Erstmals in Chile wurden nun Schulver-
teilungspläne angefertigt und die Defizite der Schulversorgung auch im ländlichen
Raum präzise benannt. Diese Daten dienten dem Erziehungsminister fortan als argumentative Grundlage zur Zurückweisung offensichtlich unbegründeter Neubauanträge.
Der *außerordentliche Plan zum Schulneubau* führte zwischen 1965 und 1970 zur Fertig-
stellung von 3017 lokalen Grundschulen (Navarro 1979: 108).

Auch die Durchsetzung der automatischen Versetzung in den ersten 6 Primarschuljahren
folgte diesem Steuerungsmuster, das die bildungsplanerische Analyse der politischen
Entscheidung nach- und unterordnete. Es hatte sich herausgestellt, daß das Problem der
Primarschulen weniger in der geringen Einschulungszahl als in der Unfähigkeit der
Schulen, die Kinder über die Pflichtschulzeit hinweg an der Schule zu halten, zu verorten war. Der Verzicht auf Klassenwiederholungen sollte es den Kindern aus bildungs-
ferneren Schichten erleichtern, die vorgeschriebenen 8 Jahre in der Schule zu verblei-
ben. Schiefelbein beschreibt:

„The policy was discussed with the vice-minister, whose major concern was whether
the system could afford to keep all the children now washed out of the early grades.
He asked ‚how many teachers will we have to add to the payroll? How much more do
we have to spend to keep up educational quality?' [...] Using the computer's output
to impress the vice-minister, the planners argued that automatic promotion would
make it possible to enroll all children in the existing space in the system with neither
additional cost nor additional teachers." (Schiefelbein in: Mc Ginn et al. 1979: 227f.)

---

107 „An architect in a school construction company reported that ‚what happens is that a politician see-
king to make a hit with his voters takes the minister out to lunch or dinner and explains what he needs.
The minister then passes the request on to the school construction company. We have a lot of academic secondary schools because the middle- and upper-class children who go there are politically better represented than are primary school children in working–class neighborhoods.'" (vgl. Mc.Ginn
1979: 226).

Auch hier wurden technische Daten erst relevant, *nachdem* die politischen Grundsatzentscheidungen gefällt waren, und dienten vor allem zur Prognose über die Durchsetzbarkeit und Durchführbarkeit einzelner Maßnahmen.

Der Erfolg der Bildungsreformen von 1965 beruht (wie aus den genannten Beispielen hervorgeht) zu großen Teilen auf dem politisch versierten Vorgehen der Regierung Frei. Die Zieldefinition und politische Formulierung der Reform wurde von sehr wenigen Personen geleistet und zeichnete sich durch Klarheit und Eindeutigkeit aus. Durch den Verzicht auf allzu drastische Innovationen und auf ideologisierte Reformrhetorik weckte die Darstellung des Vorhabens in der Öffentlichkeit wenig politischen Widerstand (Fischer 1979: 54). Auch in der Implementationsphase der Programme wurde auf die politische Durchsetzbarkeit der Maßnahmen besonderen Wert gelegt, und die betroffenen Interessengruppen, insbesondere die als innovationsresistent bekannten Lehrergewerkschaften, wurden in den Implementationsprozeß einbezogen (Fischer 1979: 55). Wo allerdings die Beteiligung bestimmter Akteurgruppen in eine Blockade des Reformprozesses umzuschlagen drohte, wurden kleine, handlungsfähige Gremien mit der Formulierung und z.T. auch Dekretierung von Maßnahmen beauftragt. Bildungsforschung und -planung sekundierten bei der politischen Umsetzung vorgängig gefällter Entscheidungen. Die für dieses Vorgehen notwendige politische und personelle Konstellation (eine charismatische Führungspersönlichkeit + ein kleines Team unabhängiger Experten) bezeichnen Mc Ginn et al. (1979: 224f.) geradezu als Voraussetzung für den Erfolg von Bildungsreformen in Lateinamerika.

2.7.2 Aus- und Weiterbildung unter der Ägide des Arbeitsministeriums

2.7.2.1 Die Institutos de Formación Profesional in Lateinamerika

Die Gründung des chilenischen Berufsbildungsinstitutes INACAP 1966 muß im Kontext eines Trends zur Einrichtung entsprechender Institutionen in ganz Lateinamerika gesehen werden. Mit Unterstützung der *International Labour Organisation* (ILO) entstanden in der Erfolgszeit der importsubstituierenden Industrialisierung zwischen 1940 und 1970 lateinamerikaweit sog. *Institutos de Formación Profesional* (IFP, Nationale Berufsbildungsinstitute). Das älteste Berufsbildungsinstitut ist der 1942 gegründete brasilianische *Servicio Nacional de Apprendizagem Industrial* (SENAI, Nationaler Dienst für Industrielehre); ihm folgte 1946 der *Servicio Nacional de Appredizagem Comercial* (SENAC, Institut für die kaufmännische Ausbildung) und in den folgenden Jahrzehnten ähnliche Einrichungen in vielen anderen Ländern Lateinamerikas.[108]

---

108 FOMO in Bolivien (1972), INA in Costa Rica (1965), INACAP in Chile (1966), INFOTEP in der Dominikanischen Republik, SECAP in Ecuador (1966), INTECAP in Guatemala (1972), INFOP in Honduras (1972), SENA in Kolumbien (1958), SNPP in Paraguay (1971), SENATI in Peru (1961) und INCE in Venezuela (1959). Einen anderen Weg schlugen Argentinien und Uruguay ein, die die berufliche Aus- und Weiterbildung in das berufliche Schulsystem integrierten. In Mexiko wurde zwischen vorberuflicher Erstausbildung in einem breitgefächerten Angebot beruflicher Schulen auf unterschiedlicher Ebene unter der Ägide des Bildungsministeriums und unternehmensinternem *in-service-Training* unter der Aufsicht eines nationalen Arbeits- und Wohlfahrtssekretariats unterschieden.

Die Ausbildungsangebote der Berufsbildungsinstitute sind nicht in das formale Bildungssystem integriert, sondern werden einem durch Regierung, Unternehmer und Gewerkschaften paritätisch besetzten Verwaltungsrat unterstellt. Die durch sie vermittelte Ausbildung zeichnete sich durch eine enge Anbindung an die berufliche Praxis sowie in den meisten Fällen durch ein hohes inhaltliches Niveau aus. Die brasilianischen Institute sind den branchenspezifischen Unternehmerorganisationen zugeordnet und haben privatwirtschaftlichen Status. In den meisten anderen Ländern wurden die Berufsbildungsinstitute als dezentrale, häufig auch sektorale staatliche Einheiten konstituiert und sind dem Arbeitsministerium unterstellt, verfügen aber über weitreichende Autonomie.

Die Finanzierung erfolgt in der Regel über betriebliche Abgaben (0,5–2% der Lohnsumme).[109] Zusätzliche Ausbildungsaufwendungen von seiten der Betriebe sind in einigen Ländern (z. B. Brasilien) von der Umsatzsteuer abzugsfähig. Betriebe mit eigenen Lehrwerkstätten können von der Ausbildungsabgabe befreit werden.

Der Aufbau der Berufsbildungsinstitute bildete einen integralen Bestandteil der Industrialisierungsstrategie im Entwicklungsstaat. Die enge Verquickung von Staat und Industrie, die in vielen Fällen einer Substitution privatwirtschaftlicher Funktionen durch den Staat gleichkam, ermöglichte eine ausgeprägte finanzielle und administrative Kooperation in Ausbildungsfragen, die den breiten Erfolg der Berufsbildungsinstitute in den Anfangsjahren begründete und dazu führte, daß sie in Lateinamerika zur wichtigsten Ausbildungsinstitution überhaupt avancierten.

Als sich gegen Ende der 70er Jahre in den meisten lateinamerikanischen Ländern die wirtschaftliche Lage deutlich verschlechterte und die Arbeitslosenzahlen stiegen, verschob sich der Arbeitsschwerpunkt der lateinamerikanischen Berufsbildungsinstitute zunehmend in Richtung auf Kompensationsprogramme und Wiedereingliederungsmaßnahmen. Die Ausbildungsinhalte bezogen nun auch persönlichkeitsbildende Aspekte mit ein. Neue Methoden sollten eine quantitative Ausweitung der Programme auch für marginalisierte Bevölkerungsgruppen ermöglichen. Erstmals richteten sich in den 80er Jahren Kursangebote explizit an Klein- und Kleinstbetriebe (vgl. Ducci 1994: 3263; auch: Lohmar-Kuhnle 1991: 124ff.).

In einigen Ländern wurde der Versuch unternommen, berufliche Bildung durch zentralstaatliche Institutionen umfassend zu regulieren. Eine abgeschwächte Variante dieser Strategie verfolgten Chile, Brasilien und Mexiko, wo die Rolle des Staates auf die unterstützende Orientierung und Kontrolle der Berufsbildung beschränkt blieb. Doch der Versuch, mit Hilfe staatlicher Regulierung landesweite Berufsbildungssysteme zu errichten, die die Aktivitäten der Nationalen Institute mit der formalen und informalen Ausbildung verzahnen würden, erwies sich als wenig erfolgreich. In vielen Fällen reichte die Systembildung nicht einmal dazu aus, die Aktivitäten der Berufsbildungsinstitute landesweit zu koordinieren. Die ILO-Organisation CINTERFOR (1990, I. 28f.) macht die Arbeitsministerien, unter deren Schirmherrschaft die Koordinationsstellen agieren sollten, für das Scheitern dieses Konzeptes verantwortlich. In fast allen Ländern

---

109 Eine Ausnahme bildet hier Chile. Das INACAP wurde ausschließlich staatlich finanziert.

verfügten die Arbeitsministerien über nur marginalen politischen Einfluß, so wurde beanstandet, und seien daher ungeeignet für die Übernahme einer Führungsrolle in der Berufsbildungspolitik. Die internen Strukturen seien zu rigide, und Versuche zur Modernisierung dieser Ministerien scheiterten regelmäßig. Die Konkurrenz zu den Erziehungsministerien habe ein übriges getan, um die Position der übergeordneten Berufsbildungsinstitutionen weiter zu schwächen. Im besten Fall seien die Arbeitsministerien dazu in der Lage, ihre traditionelle Rolle als Vermittler in Arbeitskämpfen und Hüter der Arbeitsbedingungen auszufüllen; mit einer Steuerungs- oder gar Innovationsfunktion im Ausbildungsbereich seien sie überfordert.

2.7.2.2   Das INACAP in Chile

In Chile wurde die nationale Berufsbildungsinstitution INACAP während der Regierungszeit Eduardo Freis zur wichtigsten Institution nonformaler Berufsbildung.

1951 hatte die staatliche Planungsbehörde ODEPLAN mit dem *Institut für Interamerikanische Beziehungen* eine Vereinbarung über den Aufbau eines *Servicio de Cooperación Técnica* (Dienst für technische Zusammenarbeit) getroffen, der durch Kredithilfen und Beratung die Produktivität chilenischer Betriebe verbessern sollte (Echeverría 1989: 10f.). Anfang der 60er Jahre verfügte die Institution bereits über sechs regionale Zentren zur Aus- und Weiterbildung und kooperierte darüber hinaus mit zahlreichen Schulen und Institutionen. Zwischen 1960 und 1963 nahmen 8.650 Personen an Kursen des *Servicio de Cooperación Técnica* teil (CORFO, o.J. 22ff.). Auf Anregung der ILO entstand 1960 die *Comisión Nacional para el Estudio de la Formación Profesional* (Nationale Kommission für Fragen der Berufsbildung) und erhielt den Auftrag, Arbeitsmarkt- und Qualifikationsbedarfsanalysen durchzuführen.

1966 wurde die Abteilung in ein eigenständiges *Instituto Nacional de Capacitación Profesional* (INACAP, Nationales Institut für berufliche Ausbildung) umgewandelt. Unter dem Einfluß der ILO und angesichts der Erfolge ähnlicher Institutionen in Brasilien, Kolumbien und Peru wurde das INACAP als Aus- und Weiterbildungsinstitut für das gesamte Landesgebiet konzipiert. Von der Einrichtung eines flächendeckend arbeitenden Institutes mit der Aufgabe, qualifizierte Arbeitskräfte direkt für die Bedürfnisse einer sich industrialisierenden Wirtschaft auszubilden, erhoffte man sich einen starken Beitrag für den technologischen Fortschritt des Landes und die Wettbewerbsfähigkeit Chiles in der Region (vgl. Navarro 1979: 175). Die Ausbildungsangebote umfaßten sowohl Erstausbildung als auch Anpassungs- und Aufstiegsweiterbildung, aber auch Kompensationsprogramme für Schulabbrecher und Behinderte (berufliche Rehabilitation). Zwischen 1966 und 1975 wurden insgesamt 178.492 Personen im INACAP aus- oder fortgebildet (Navarro 1979: 234).

Im einzelnen erhielt das INACAP den Auftrag (vgl. Alberti 1967: 454f.):

• qualifizierte Fachkräfte in ausreichender Anzahl zur Erfüllung der staatlichen Entwicklungspläne bereitzustellen,

100

- junge Arbeiter in systematischen und angemessen überwachten Lehrgängen zur Ausübung anerkannter und der Entwicklung des Landes dienlicher Beschäftigungen zu
befähigen,
- Erwachsenen eine berufliche Ausbildung zu ermöglichen, die dem wirtschaftlichen
Bedarf nach qualifizierter Arbeit entsprechen und in eine ihrem Alter und ihren Fähigkeiten adäquate Beschäftigung einmünden würde,
- Schulabbrechern die Möglichkeit zu bieten, einen qualifizierten beruflichen Abschluß zu erwerben,
- in Zusammenarbeit mit dem Arbeits- und Sozialministerium die berufliche Wieder-
eingliederung von Arbeitslosen zu organisieren und diesen, so notwendig, Ausbil-
dungs- oder Umschulungsmaßnahmen anzubieten,
- Klein- und Mittelunternehmern sowie deren Vorarbeitern technische Weiterbildung
zu ermöglichen,
- die interne betriebliche Weiterbildung programmatisch und methodisch zu beraten
und zu unterstützen,
- in Kooperation mit Universitäten und dem Bildungsministerium Weiterbildungskurse
für hochqualifizierte Arbeitskräfte mittlerer Ebene anzubieten, die den Ansprüchen
der technologischen Entwicklung Rechnung tragen,
- technische Ausbildung für Arbeiter aller Wirtschaftsbranchen zu fördern und anzubieten, um den Wert der Arbeit für die Gesellschaft zu erhöhen und die Produktivität
zu steigern, sowie
- das Fundament eines Systems zu etablieren, das, zusammen mit dem Bildungsministerium, den Universitäten und anderen Einrichtungen, Arbeiter dazu befähigt, den
Stand ihrer kulturellen und beruflichen Kenntnisse zu verbessern.

Das INACAP wurde als privatrechtliche Körperschaft organisiert, stand aber in engem
Abhängigkeitsverhältnis zu staatlichen Institutionen der Wirtschaftsförderung. So waren
im höchsten Entscheidungsgremium des INACAP vier von elf Mitgliedern Angehörige
der staatlichen Entwicklungskorporation CORFO. Ferner gehörten dem Rat je zwei
Vertreter der Unternehmerverbände und der Arbeitervertreter sowie je ein Vertreter des
Erziehungs-, des Arbeits- und Sozialministeriums und des Rektorenkonvents der Universitäten an. Der Vorsitzende des Gremiums wurde von CORFO gestellt. Durch ihn
wurde der Direktor des INACAP benannt, dem die zentralen Referate für Planung, Umsetzung und Verwaltung unterstellt waren. Analog zur regionalen Gliederung, wie sie
von der zentralen Planungsbehörde ODEPLAN vorgenommen worden war, wurde auch
die Umsetzung von INACAP-Aktivitäten von regionalen Büros getragen. Die Regional-
direktoren wurden vom Direktor des INACAP benannt.
Die interne Organisation des INACAP war sowohl im verwaltungstechnischen Bereich
als auch in der inhaltlichen Planung und Umsetzung Spiegelbild des zentralistischen
Entwicklungsstaatmodells. Sollvorgaben und Maßnahmen zu ihrer Erreichung wurden
top-down verordnet; die institutionelle Macht konzentrierte sich in wenigen Händen.
Dabei waren sich die beteiligten Bildungspolitiker durchaus der Notwendigkeit bewußt,

insbesondere die Planung ihrer Aktivitäten mit Unternehmerverbänden und anderen sozialen Akteuren zu koordinieren.

> „Bereits bei der Planung [...] werden die Wirtschaftsverbände um Stellungnahmen gebeten, damit u.a. die Durchführung der geplanten Untersuchungen durch deren Unterstützung gewährleistet wird. Um ein möglichst objektives Ergebnis zu erhalten, werden die qualitativen und quantitativen Studien sowohl durch direkte Befragungen der Betriebe als auch der jeweiligen Personenkreise ergänzt." (Dippel 1970: 123)

Das Fehlen einer handlungsstarken Unternehmerschaft, das (kompensatorische) Engagement des Staates im Wirtschaftssektor und die Eigendynamik einer erstarkenden bürokratischen Struktur mit ihren mannigfaltigen Eigeninteressen führten jedoch dazu, daß sich die eigentliche Entscheidungsmacht in der Person des Direktors der Exekutive konzentrierte, der seinerseits vom Vorsitzenden des Nationalen Rates und damit von der CORFO abhängig war.

Die Planung der Ausbildungskapazitäten basierte auf detaillierten Prognosen über den zukünftigen quantitativen und qualitativen Bedarf an Arbeitskräften und erfolgte in enger Anlehnung an die staatlichen Entwicklungspläne (vgl. Dippel 1970: 136).

Das INACAP wurde zu 90% aus Mitteln des öffentlichen Haushaltes finanziert. Die Inanspruchnahme seiner Dienstleistungen hatten die Unternehmen zu bezahlen. Gleichzeitig erhielt das INACAP umfangreiche Kredite internationaler Geldgeber für Infrastrukturmaßnahmen, die sich zwischen 1965 und 1967 auf insgesamt rund 1,6 Mio. US$ beliefen (vgl. Dippel 1970: 138).

Die Arbeit des INACAP war in der Anfangsphase vorrangig darauf ausgerichtet, Qualifikationsangebote für einen bestehenden oder prognostizierten Bedarf bereitzustellen (vgl. auch Navarro 1979: 174). Die strikte Ausrichtung der Ausbildungsinhalte an den Erfordernissen der Industrie und der praxisorientierte Werkstattunterricht unterstrichen die Orientierung am Arbeitsmarkt.

> „Die vom Institut erteilte Ausbildung ist dadurch charakterisiert, daß *Handeln* der gemeinsame Nenner aller Aufgabenstellungen ist. Die aktive Teilnahme des lernenden Arbeiters am Lernprozeß ist von zentraler Bedeutung. Der Schüler lernt, indem er die gleichen Materialien benutzt, mit denen er in seinem späteren Berufsleben konfrontiert sein wird." (Lehrpläne des INACAP, zit. n. Labarca 1985)

In enger Kooperation mit der Wirtschaft, dem Bildungsministerium und den Universitäten sowie mit fachlicher und finanzieller Unterstützung durch ILO- und UNESCO-Experten wurde 1967 das *Programa de Aprendizaje* (Lehrlingsprogramm) aufgelegt. Es handelte sich um ein formalisiertes Ausbildungskonzept für Jugendliche zwischen 14 und 18 Jahren mit dem Abschluß des *qualifizierten Arbeiters* in sogenannten *universellen*, d. h. überbetrieblich einsetzbaren Berufen.

Die drei- oder dreieinhalbjährige Ausbildung enthielt zentrumsgebundene Phasen, die ca. 35% der Ausbildungszeit in Anspruch nahmen, und eine betriebliche Ausbildung. In den ersten drei Monaten eines jeden Jahres wurden die Lehrlinge in den Ausbildungszentren des INACAP theoretisch und praktisch auf die betriebliche Ausbildung vorbereitet. Während der neunmonatigen betrieblichen Ausbildung fand ein begleitender Unterricht von insgesamt 12 Wochenstunden statt, in dem Fächer wie Mathematik, Spanisch, Technologie, Technisches Zeichnen sowie Sozial- und Gesundheitslehre unterrichtet wurden. Von 336 Jahresstunden begleitenden Unterrichtes entfielen 265 (ca. 80%) auf berufsbezogene Fächer (vgl. Dippel 1970: 162).

Zwischen 1967 und 1970 bildete das INACAP 1.316 Lehrlinge aus (Dippel 1970: 167). Eintrittsbedingung war der Nachweis einer abgeschlossenen Grundschulbildung und das Bestehen einer Aufnahmeprüfung. Die Zahl der Bewerber überstieg die Ausbildungskapazität der INACAP-Zentren durchschnittlich um ungefähr das Vierfache (vgl. Dippel 1970: 160). Die Ausbildung war durch Lehrverträge zwischen dem Lehrling, dem Ausbildungsbetrieb und dem INACAP arbeitsrechtlich abgesichert. Die Lehrlingsvergütung betrug zwischen 50 und 85 Prozent des gesetzlich festgelegten Mindestlohnes.

Ein weiterer Schwerpunkt der Arbeit des INACAP lag in der Erwachsenen- und Weiterbildung. In praxisorientierten Anlernkursen von ca. 400 bis 600 Unterrichtsstunden wurden Berufstätige oder Arbeitslose ohne berufliche Fachkenntnisse zu angelernten Fachkräften geschult. An diesen Kursen konnte teilnehmen, wer mindestens 18 Jahre alt war und das Lesen und Schreiben sowie die vier Grundrechenarten beherrschte.

Berufstätige mit abgeschlossener Primarschule (6 Jahre) konnten entweder Fortbildungskurse von ca. 200 Stunden Dauer besuchen oder in Abendlehrgängen bereits vorhandene Fachkenntnisse vertiefen (Spezialisierungskurse mit einer Dauer von 200–300 Stunden).

Innerhalb eines Sondermaßnahmenprogrammes wurden Unternehmensberatungen entweder selbst durchgeführt oder an Unternehmensberatungsinstitute vergeben. Die Realisierung der empfohlenen Umstrukturierungen wurden häufig durch Maßnahmen des INACAP begleitet.

In Betrieben mit mehr als 300 Beschäftigten führte das INACAP auf Anfrage regelmäßige innerbetriebliche Weiterbildungen durch. 1969 umfaßte der Anteil der Unternehmensberatungen oder innerbetrieblichen Weiterbildungen 41% der Gesamtangebote, so daß diesem Bereich die quantitativ größte Bedeutung zukommt (vgl. Dippel 1970: 136ff.).

Das INACAP verlieh – außer denjenigen Ausbildungsgängen, die vom Bildungsministerium als Äquivalent zur Sekundarschulausbildung anerkannt waren – keine Titel, sondern lediglich Abschlußzeugnisse, auf denen Ausbildungsinhalte und -dauer bescheinigt wurden. Nach allgemeiner Einschätzung wurden diese Abschlußzeugnisse von der Industrie durchaus geschätzt (vgl. Navarro 1979: 200).

Unter der Regierung Allende war geplant, das INACAP in ein paralleles Netz der Arbeiterorganisation und -bildung einzubinden. Dieses *Sistema Nacional de Educación de Trabajadores* (Nationales System der Arbeiterbildung) beruhte auf einer Übereinkunft zwischen der Gewerkschaftsvereinigung CUT, dem INACAP und der Technischen Staatsuniversität UTE und sollte ein *„direkt von den Arbeiterparteien und Massenorganisationen kontrolliertes Instrument"* (Castro 1977: 142) darstellen.

Die berufliche Weiterbildung erhielt damit eine neue ideologisch begründete Konnotation. Die Erwachsenenbildung wurde zunehmend in den Zuständigkeitsbereich der Ar-

beiterorganisationen übertragen, und die Arbeiter waren aufgefordert, Bildungs-
bedürfnisse innerhalb der Gewerkschaften zu formulieren und entsprechende Weiterbildungsangebote einzufordern. Der Gewerkschaft fiel die Aufgabe zu, die Qualifikationsbedarfe und den *Bewußtseinsstand* in den Betrieben einzuschätzen.

> „The ministry considered that the working class possessed first, an important experi-
> ence about the history and reality of our country, that they also possessed an old or-
> ganization, which permitted them to propose measures in all fields." (Quinteros
> 1980: 38)

Das INACAP sollte auf die von der CUT formulierten Anforderungen reagieren und
entsprechende Bildungsangebote bereitstellen. Die Umsetzung dieser Pläne verlief allerdings schleppend: Das ehrgeizige Ziel, 75.000 Arbeiter pro Jahr zu schulen, wurde
mit 23.501 Teilnehmern 1971 weit unterschritten; für die folgenden Jahre liegen verläßliche Zahlen nicht vor (Castro 1977: 154).

2.8 Resümee: Berufliche Bildung im Entwicklungsstaat

Die in den Kapiteln 2.1 bis 2.5 dokumentierten modernisierungstheoretischen, ordnungspolitischen und humankapitaltheoretischen Konzepte kondensierten seit etwa
1950 in einer bildungspolitischen Leitidee, die nachhaltigen Einfluß auf die politische
Orientierung vieler Entwicklungsländer, aber auch supranationaler Organisationen wie
der UNESCO ausüben sollte:

Armut und Unterernährung, defizitäre Grundversorgung und Ungleichheit determi-
nierende Herrschaftsformen, vorher als Zeichen der Rückständigkeit lediglich konstatiert, wurden nun als Cluster von Faktoren, die sich wechselseitig beeinflussen und bedingen, erkannt und begrifflich als *Unterentwicklung* gefaßt. Den Kontrapunkt dazu bildete die moderne *Industriegesellschaft*, und der Vergleich zwischen industrialisierten
und nicht-industrialisierten Staaten rückte das Defizitäre der Situation, das *zu Überwin-
dende,* ins Zentrum der Wahrnehmung. Die Modernisierungstheorien zeichneten nicht
nur den anzustrebenden Endzustand, sondern auch den Weg dorthin vor. Der zu leisten-
de Umbau der Gesellschaft betraf die Industrie- und Infrastruktur, aber auch und vor allem den *Umbau der Köpfe*: Rückständigkeit, Aberglaube und Traditionsbindung sollten
Industrietugenden wie Arbeitsdisziplin und Zweckrationalität weichen. An dieser Prämisse zweifelten auch die Vertreter der Dependenztheorie nicht, die ansonsten die Ursache von Unterentwicklung in internationalen Abhängigkeiten verorteten und deren Zerschlagung für eine notwendige Voraussetzung eigenständiger Entwicklung hielten.

Der Bildungsbereich hatte in dieser Logik eine Schlüsselstellung inne: Investitionen in
Humanressourcen, so lautete die These der im Kapitel 2.4 referierten humankapitaltheoretischen Ansätze, erwiesen sich als ökonomisch sinnvoll, da sie nicht nur die Produktivität des einzelnen positiv beeinflußten, sondern sich auch auf das gesamtgesellschaftliche Wachstum auswirkten. Nicht nur die Vermittlung unmittelbar verwertbarer
beruflicher Qualifikationen, sondern auch breitenwirksame Allgemeinbildung wirke er-
tragssteigernd und sei daher für die Wirtschafts- und Sozialentwicklung eines Landes
unbedingt erforderlich.

Die staatliche Verantwortung für Bildung erschien durch die humankapitaltheoretische Interpretation in einem neuen Licht: Es ging nicht mehr nur um die Versorgung möglichst vieler Bürger mit wohlfahrtsstaatlich begründeten Bildungsleistungen, sondern in bildungsökonomischem Verständnis um die prospektive Sicherung wirtschaftlichen Wachstums. Parallel zu diesem bildungsökonomischen Argumentationsstrang entstand aus der gesellschaftspolitischen Diskussion der 60er Jahre die Forderung nach Chancengleichheit im Bildungswesen. Wenn Bildung dazu beitragen konnte, die vertikale Mobilität einzelner Gesellschaftsmitglieder zu erhöhen, so lautete die entsprechende Annahme, müßte ein breiter Zugang zu Bildungschancen eine größere soziale und ökonomische Chancengerechtigkeit in der Gesamtgesellschaft zur Folge haben.

Diese bildungsökonomischen Annahmen verbreiteten sich gleichzeitig mit der ordnungspolitischen Vorstellung, Entwicklungsprozesse seien – entweder weil eine tatkräftige Unternehmerschaft im eigenen Land nicht vorhanden sei oder aus nationalistisch-populistischen Erwägungen heraus – durch einen starken Staat zu bewirken und zu steuern. Die staatlich initiierte Expansion des formellen Schulsystems und die Ausgabenerhöhungen im Bildungsbereich gründeten sich in der Überzeugung, mehr Schulbildung bewirke ein Mehr an Entwicklung, und es sei der Staat, der die Verantwortung für diesen Prozeß wahrzunehmen habe. Investitionen in den Bildungsbereich konnten zudem mit einem hohen Anklang in der Bevölkerung rechnen, waren also probates Mittel nationalistisch-populistischer Regierungen Lateinamerikas, sich in den fragilen politischen Systemen der Entwicklungsländer der Zustimmung einer breiten Wählerschaft zu versichern.

Die durch Bildung erzielbaren gesellschaftlichen und ökonomischen Gewinne stellten sich in den 50er und 60er Jahren als meß- und produzierbar dar. Die Identifizierung des *Produktionsfaktors* ‚Wissen' förderte die Vorstellung, Bildungsprozesse könnten nunmehr analog zu Kapital- und Personaleinsatzstrategien berechnet und geplant werden. Aus dieser Perspektive schien Bildungspolitik ein zentrales Instrument für bewußt herbeigeführten sozialen Wandel zu sein. Wenn Entwicklung durch die Faktoren Kapital, Arbeit und Qualifikation determiniert sei, so die Annahme, dann müßte ihre planmäßige Bereitstellung auch Entwicklung bewirken können.

Mit der These von der *Machbarkeit* staatlich organisierter Entwicklung korrespondierte die These von ihrer *Planbarkeit*. Im Vertrauen auf wissenschaftlich fundierte Erkenntnisse über Gestalt und Ausmaß des zu überwindenden Entwicklungsdefizits wurden Bildungsnachfrage und -bedarf ermittelt, Plansollziele definiert sowie Kapazitäten und Engpässe des Bildungswesens prognostiziert.

Die Indienstnahme der Bildung für entwicklungsstrategische Zwecke spiegelte sich auch in der Einbindung der Bildungsplanung in übergeordnete Wirtschafts- und Sozialpläne wider. Die Steuerung des Bildungsbereiches, so die allgemeine Auffassung, dürfe nicht isoliert von Wirtschaft und Gesellschaft betrachtet werden. Anzustreben sei vielmehr ein „*Netzwerk eines vielfältig verflochtenen Kooperationsgefüges von Bildungsplanung, interdisziplinärer Bildungsforschung, Bildungs-, Wirtschafts- und Sozialpolitik*" (Recum 1966: 7) – ein Ideal, das freilich, wie Recum selbst konzediert, „*vorerst weitgehend nur als Entwurf und kaum als erfolgreich praktizierte Wirklichkeit*" (ebd.) existierte. Die national und supranational vertretene Bildungspolitik setzte sich daher, wie im Kapitel 2.5 dargestellt, vor allem zwei Ziele mit höchster Priorität: zum einen die Ausweitung staatlich gesteuerter und finanzierter Bildungssysteme auf allen Ebenen und zum zweiten die Ausrichtung der Bildungsinhalte auf Bereiche mit unmittelbarer Relevanz für den Industrialisierungsprozeß. Zur Steuerung dieser Aktivitäten sollten der gegenwärtige und künftige Bedarf planmäßig analysiert bzw. prognostiziert werden.

Die chilenische Bildungspolitik, das wurde im Kapitel 2.7 ausführlich belegt, folgte im wesentlichen den Vorgaben, die insbesondere durch die UNESCO und die Weltbank an die lateinamerikanischen Regierungen herangetragen wurden, die aber auch in den zwischenstaatlichen Konferenzen und Vereinbarungen auf regionaler Ebene ihren Ausdruck fanden. Die Regierungen Frei und (mit Einschränkungen) Allende gaben der Bildungspolitik hohe politische Priorität und stützten die Bildungsexpansion, die in Chile seit Beginn der 50er Jahre eingesetzt hatte, durch umfassende Strukturreformen. Da eine nahezu vollständige Umsetzung der Schulpflicht im Primarbereich relativ rasch erreicht wurde, konzentrierte man sich vor allem auf den Ausbau der sekundären und tertiären Bildungsangebote. Die Verlagerung zweier Schuljahre in den Primarschulbereich entlastete den Sekundarschulzweig so weit, daß er den Anstieg der Schülerzahlen relativ unproblematisch bewältigte.

Das berufliche Sekundarschulwesen wurde neu strukturiert und vereinheitlicht. Die Formalisierung und die damit verbundene Aufwertung der vollzeitschulischen Berufsbildung führte zu einer stärkeren Nachfrage bei diesen Bildungsgängen. Zwischen 1950 und 1965 erhöhte sich der Anteil der Sekundarschüler, die den beruflichen Schulzweig besuchten, um rund 10% (vgl. Kapitel 2.7.1). Auch die Formalisierung der Weiterbildungsangebote und ihre institutionelle Verknüpfung mit der schulischen Erstausbildung weisen auf eine Aufwertung der beruflichen Schulbildung hin.

Außerhalb des formalen Bildungssektors schuf der – durch internationale und regionale Unterstützung mit initiierte – Aufbau des Nationalen Bildungsinstitutes INACAP neue, arbeitsbezogene Ausbildungsmöglichkeiten. Der in der Eingangsthese postulierte Einfluß, den externe, entwicklungsbezogene Sinnorientierungen auf die Bildungspolitik dieser Jahre zeitigten, wird bei dieser Institution besonders deutlich, denn die kontinentweite Einrichtung nationaler Berufsbildungsinstitute seit den 40er Jahren war Ausdruck und Bestandteil der staatszentrierten Entwicklungsstrategie. Schon in der institutionellen Struktur spiegelt sich das Bemühen wider, private und staatliche Kräfte zu bündeln und zur systematisch geplanten Industrialisierung unter der Führung eines starken Staates zu nutzen. Das Kapitel 2.7.2 zeigte nicht nur die (der Leitidee zentralstaatlicher Entwicklungsplanung entsprechende) hierarchisch-zentralistische Gliederung des Institutes, sondern auch seine enge Verquickung mit den Wirtschafts- und Planungsinstitutionen CORFO und ODEPLAN. Das INACAP vereinigte Erst- und Weiterbildungsangebote in einer Institution und bot durch die enge institutionelle Anbindung an die Industrie einen hohen Praxis- und Arbeitsmarktbezug der Ausbildung. Trotz der hohen Ausbildungs-qualität des Institutes und seiner guten Akzeptanz sowohl bei Bildungsnachfragern als auch auf dem Arbeitsmarkt blieb allerdings die Breitenwirkung der INACAP-Ausbildung (wie in Kapitel 2.7.2 dargestellt) gering. Zum Zeitpunkt der Machtergrei-fung Pinochets 1973 betrug der Anteil der Auszubildenden am INACAP an der Ge-samtheit der Schülerpopulation Chiles 1,1% (CINTERFOR 1990: I.36).

Die Bildungsreformen der Regierungen Frei[110] und Allende zielten – neben den geschil-derten Strukturreformen – auch auf einen Wandel der Lehr- und Lerninhalte. Berufliche und technische Aspekte sollten gezielt in den Unterricht eingebaut werden, die berufli-che Bildung aufgewertet und systematisch mit allgemeinbildenden Inhalten verschränkt werden. Wie im Kapitel 2.7.1.2 gezeigt, resultierten aus dieser ,realistischen Wende' der curricularen Diskussion in Chile nicht nur eine Aufwertung der beruflichen Sekundar-schulen, sondern auch Veränderungen im Lehrplan der allgemeinbildenden Sekundar-schulen und eine generell höhere Wertschätzung nichtakademischer Unterrichtsinhalte.

Während sich also die Regierungen Frei und auch Allende die beiden bildungs-politischen Ziele ,Bildung für alle' und ,Bildung zur Industrialisierung' durchaus zu ei-gen gemacht hatten, wichen sie im Steuerungsbereich deutlich von den Vorgaben des entwicklungsstaatlichen Credos ab. Im Kapitel 2.7.1 wurde gezeigt, daß der Erfolg der Frei'schen Reformpolitik sehr stark auf einer ausgewogenen Mischung zwischen erstens einer charismatischen Führung, zweitens der Planung durch ein kleines, handlungsfähi-ges Expertenteam sowie drittens der politischen Durchsetzungskraft während der Um-setzungsphase beruhte. Eine wissenschaftlich abgesicherte Bildungsplanung in der Hand einer Zentralbehörde, wie sie in dieser Zeit allgemein als Grundlage bildungspolitischen Handelns gefordert wurde (vgl. Kapitel 2.3 und 2.5.1), diente chilenischen Bildungs-politikern allenfalls. zur nachträglichen Legitimation bereits gefällter Entscheidungen. Nur das ergebnisorientierte Handeln kleiner, politisch neutraler Gruppen, so folgerten an der Reform beteiligte Bildungsplaner wie Schiefelbein (vgl. Kapitel 9.1.2.3), sei in der Lage, die Selbstblockade lateinamerikanischer Politiksysteme zu überwinden, indem sie politischen Konsens zwar suchten und förderten, entstehende Pattsituationen jedoch durch unkonventionelle Maßnahmen zu durchbrechen. Im weiteren Verlauf dieser Ar-beit wird sich zeigen, daß diese Einschätzung in vieler Hinsicht zukunftsweisend war und der Erfolg der Reformen als Ergebnis dieser produktiven Divergenz verstanden werden kann.

Obgleich – so kann resümiert werden – der Vergleich der bildungspolitischen Praxis unter Frei und Allende mit den Vorgaben der globalen Leitidee vom Entwicklungsstaat eine nachhaltige Wirkung dieser systemexternen Sinnorientierung auf die berufliche Bildung zeigt, werden doch auch Abweichungen von der ,reinen Lehre' erkennbar, und zwar dort, wo die institutionelle Struktur oder aber interessengeleitete Machtpolitik eine uneingeschränkte Anwendung des Paradigmas erschweren.

---

110 Es handelt sich bei Eduardo Frei um den Onkel des gleichnamigen Politikers, der zwischen 1990 und 1994 das Präsidentschaftsamt innehatte.

3   Die Marktstrategie

3.1   Marktgesellschaft: Entwicklungstheoretisches Bezugssystem

In den 80er Jahren kam es weltweit zu einem tiefgreifenden wirtschaftspolitischen Paradigmenwechsel, dessen Gestalt und Auswirkung auf die chilenische Berufsbildung im dritten Kapitel dieser Arbeit analysiert werden soll. Die in der These behauptete Abhängigkeit des Berufsbildungssystems von systemexternen Orientierungen läßt sich durch die Untersuchung einer solchen Umbruchsituation besonders stimmig belegen, wenn nämlich Reformen in diesem Bereich mit dem Paradigmenwechsel nicht nur inhaltlich, sondern auch zeitlich korrelieren. Die Schilderung der Krise des Entwicklungsstaates und des Aufstieges neoliberaler Entwicklungsentwürfe in den folgenden Kapiteln arbeitet die Gestalt eines globalen Entwicklungsparadigmas heraus, das die weltweite Diskussion und Entwicklungspolitik bis Anfang der 90er Jahre prägte, und legt so die Grundlage für den inhaltlichen Vergleich der Grundideen mit der Berufsbildungspolitik in Chile unter Pinochet in den Kapiteln 3.6 bis 3.8.

3.1.1   Kritik am Entwicklungsstaat

Mit der Schuldenkrise der 80er Jahre mußte das keynesianische Modell des *Entwicklungsstaates*, bei dem industrielle Entwicklung durch Schutz der nationalen Industrien, staatliche Investitionsaktivität und bürokratische Industrieplanung in Gang gesetzt werden sollte, als weitgehend gescheitert gelten. Zwar hatten gerade in Lateinamerika einige *estados desarrollistas* (Entwicklungsstaaten) wie Mexiko, Argentinien und Brasilien zunächst erfolgreich Wachstums- und Industrialisierungsprozesse initiieren können, doch führten die Blockade der Marktkräfte und der überdimensionierte Ausbau ineffizienter und häufig korrupter Staatsstrukturen auch hier in eine Verschuldung exorbitanten Ausmaßes.

Die problematischen Konsequenzen importsubstituierender Industrialisierung sind seither allgemein bekannt (vgl. z. B. Eßer 1994; Mármora et al. 1991; Rohdewohl 1991):

* Die Ausrichtung auf den Industriesektor war zu einseitig. Agrar- und Dienstleistungsbereiche wurden nicht einbezogen, das Potential intersektorialer Verflechtung nicht genutzt.

* Die Produktivitätsentwicklung wurde gänzlich vernachlässigt. Schlechte Qualität und niedrige Produktivität hatten wegen der Importrestriktionen kaum Absatzprobleme auf dem Binnenmarkt zur Folge, so daß Anreize für Investitionen und Verbesserung der Produktqualität fehlten.

* Dementsprechend entwickelte sich zwar ein geschützter und stark subventionierter Binnenmarkt, doch die Eingliederung der lateinamerikanischen Exportwirtschaft in den Weltmarkt blieb asymmetrisch: Auch nach jahrelanger Industrialisierung bestehen die Exporte der Region bis heute immer noch zu fast 80% aus Halbfertigprodukten und Rohstoffen.

- Die *vertikale Integration*, d. h. das Konzept, die Importsubstitution in möglichst verschiedenen Industriebranchen gleichzeitig voranzutreiben, um einen *kompletten* Produktionszyklus im Inland aufzubauen, führte dazu, daß unrentable Betriebe mit unwirtschaftlichen Gesamtproduktionsmengen wirtschafteten.[111]

- Öffentliche Unternehmen arbeiteten häufig weder effizient noch profitabel und belasteten die Staatshaushalte in erheblichem Ausmaß. Das von öffentlichen Unternehmungen erwirtschaftete Defizit (unter Berücksichtigung der staatlichen Transferzahlungen) erreichte in Entwicklungsländern Anfang der 80er Jahre einen Anteil von 5,5% des BIPs (Rohdewohl 1991: 15). Die Ineffizienz der staatlichen Investitionsgüter- und Grundstoffindustrie, auf deren Aufbau die Importsubstitutionsstrategien bestanden hatten, setzte sich in der gesamten Produktionskette fort.

- Zahlreiche Investitionsgüter mußten weiterhin aus den Industrieländern eingeführt werden, was zu den Verschuldungen im bekannten Ausmaß nicht unerheblich beitrug.

- Die Spielräume für Reallohnsteigerungen blieben aufgrund der niedrigen Produktivität gering. Soziale Konflikte waren die Folge, die heute als Mitursache für die Militarisierung der Region seit Ende der 60er Jahre gelten müssen.

3.1.2 Neoklassisches Credo

Der offensichtliche ökonomische Mißerfolg von Wirtschafts- und Gesellschaftssystemen, die sich – mindestens vom Anspruch her – nach außen abschotteten, führte zu einer Neubewertung der Weltmarktmechanismen in der Entwicklungstheorie und vor allem in der entwicklungspolitischen Praxis.

Bela Balassa hatte in den 70er Jahren sein *Neofaktorproportionentheorem* zur Diskussion gestellt, das am Faktorproportionentheorem Heckscher/Ohlins[112] anknüpfte. Balassa differenzierte den Produktionsfaktor Arbeit weiter aus und unterschied Ausbildungskapital und ungelernte Arbeit. Er ging davon aus, daß neue Produktionsverfahren in Ländern entwickelt werden, die über ein besonders hohes Potential an Sach- und Ausbildungskapital verfügen, daß aber einmal standardisierte Produktionsverfahren mit Sachkapital und ungelernter Arbeit auskommen (sog. *reife* Produktionsformen). [113] In

---

111 Uruguay besaß eine eigene Automobilindustrie mit einem jährlichen Produktionsausschuß von zunächst 6.000, später 14.000 Einheiten. Zur angemessenen Ausnutzung von Mengenvorteilen wird jedoch das Mindestproduktionsvolumen auf 60.000 bis 300.000 geschätzt (Mármora et al. 1991: 45). In Peru waren zeitweise 16 Kfz-Montagebetriebe zugelassen, von denen 1987 noch drei insgesamt 5.124 Einheiten produzierten.

112 Dieses Theorem nimmt (im Gegensatz zur These der komparativen Kostenvorteile Ricardos) identische Produktionsfunktionen an. Das relativ kapitalreiche Land hat einen komparativen Vorteil bei der Herstellung kapitalintensiver, das relativ arbeitskräftereiche Land einen relativen Vorteil bei der Produktion arbeitsintensiver Güter, was den Güteraustausch zwischen beiden Ländern für jedes einzelne profitabel macht (vgl. Nohlen 1989: 67).

113 Eine Gegenposition entwickelten Fröbel/ Heinrichs/ Kreye seit 1977 (Die neue internationale Arbeitsteilung; siehe auch der 1986 erschienene Band: Umbruch in der Weltwirtschaft), indem sie nachweisen, daß die Flexibilisierung von Kapital und Arbeit und die Auslagerung arbeitsintensiver Produktion in sog. *Weltmarktfabriken* keine Ausgangspole industrieller Entwicklung entstehen lassen. Die von der Gesamtstruktur der Entwicklungsländer isolierten und in hohem Maße außengeleiteten Produktionsinseln seien aufgrund ihrer spezifischen Personalstruktur und Investitionspolitik nicht dazu in der Lage, nachhaltige Entwicklungsprozesse in Gang zu setzen.

dieser Phase verlagern sich komparative Produktionsvorteile auf die reichlich mit billiger Arbeitskraft ausgestatteten Entwicklungsländer (vgl. Nohlen 1989: 67). Es entsteht eine auf den Faktor Arbeit bezogene neue internationale Arbeitsteilung, die letztlich dazu führt, daß Länder mit niedrigem Lohnniveau begünstigt werden. Spezialisierte Fachausbildung ist in solchen *unreifen Ökonomien* kaum vonnöten bzw. wirkt wegen der gesteigerten Lohnerwartungen sogar kontraproduktiv.

Diese komparativen Vorteile werden allerdings nur in Ökonomien wirksam, die an der Dynamik der Weltwirtschaft partizipieren. Nur die Integration in den Weltmarkt und der dadurch entstehende Wettbewerbsdruck, so die weiterführende Argumentation der neoliberalen Wirtschaftsexperten, setze Anpassungsprozesse in Gang, die ein solides Fundament wirtschaftlichen Wachstums bilden könnten (vgl. Donges 1981: 9). Daher sollten Entwicklungsländer ihre investitionspolitischen Anstrengungen auf solche Sektoren konzentrieren, in denen sie weltmarktfähige Produkte herstellen können.

Normativ gründet sich der entwicklungsstrategische Paradigmenwechsel vom Entwicklungsstaat hin zu Marktintegration und privatwirtschaftlich initiiertem Wachstum auf das *Subsidiaritätsprinzip*, das besagt, der Staat habe sich aller Tätigkeiten zu enthalten, die auch durch private Initiative ausgeführt werden können (horizontale Dimension), so daß die staatliche Aktivität im wesentlichen auf die Sicherung öffentlicher[114] und meritorischer[115] Güter eingegrenzt werden kann (vgl. auch Schmidt 1996: 700). Die vertikale Dimension des Subsidiaritätsprinzips ergibt sich aus der Forderung, Aufgaben sollten prinzipiell von möglichst weit unten angesiedelten Hierarchieebenen bearbeitet werden. Der daraus abgeleitete Anspruch einer inneren Reform der politischen und administrativen Strukturen gilt als zentrales, wenngleich auch schwierigstes Element der Strukturanpassung.

Angesichts der massiven Verschuldung der Entwicklungsländer und des daraus resultierenden Finanzdrucks auf die öffentlichen Haushalte schienen Reformmaßnahmen zur Effizienzsteigerung[116] der öffentlichen Verwaltung aussichtslos, sobald mit ihnen Mehrausgaben oder Investitionen verbunden waren. Gefordert wurde statt dessen die effizientere Nutzung vorhandener Ressourcen und die „Verschlankung des Staates." Das Mittel der Wahl zur Umwandlung der *rent-seeking society* hin zu einem produktiven, modernen Industriestaat sei die Deregulierung staatlicher Strukturen.

---

114 Charakteristische Merkmale öffentlicher Güter sind nach Musgrave: a) die Nichtanwendbarkeit des Ausschlußprinzips (öffentliche Güter können nicht von der Zahlung eines Entgeltes abhängig gemacht werden, da der Nutzungsausschluß u.a. aus technischen Gründen nicht durchsetzbar ist, b) nichtrivalisierender Konsum (der Nutzen ist unabhängig von der Zahl der Nutzer, c) Zusammenhang der beiden Gründe und externe Effekte: Die Entscheidung über die Erstellung öffentlicher Güter ist das Ergebnis kollektiver Entscheidungen (vgl. Arentzen 1996: 794).
115 Meritorische Güter sind zwar private Güter (Rivalität im Konsum, Ausschließbarkeit vom Konsum), haben aber dennoch positive externe Effekte. Sie stiften nicht nur privaten, sondern auch gesellschaftlichen Nutzen (vgl. Bader 1990: 21).
116 Bemerkenswert ist in diesem Zusammenhang Murrays Kritik am Effizienzbegriff der neoliberalen Wirtschaftsstrategen: „*Efficiency is presented as providing a criterion for judging economic management and as allowing for an analytical framework and the exposition of efficiency is bolstered by technical discussions of efficient pricing. Yet ,efficiency' shades form being a measure of the relationship between inputs and outputs to being a vague objective that is presumed to be good.*" (Murray 1983: 295).

„Competitive markets permit the necessary flexibility and responsiveness and, because they decentralize the task of handling information, also economize on scarce administrative resources." (World Bank 1983: 53)

Als Maßgabe erfolgreicher Entwicklungspolitik, als stereotype Lösung Dritte-Welt-typischer Probleme galt in den 80er Jahren die Handlungsanweisung: Öffne die Wirtschaft, senke öffentliche Schuldenbelastungen, öffne das Land für ausländische Investitionen, senke Sozialausgaben, privatisiere, dereguliere und lasse den Markt regieren (vgl. Tetzlaff 1996: 226f.)

Die entwicklungs*strategische* Diskussion um Öffnung bzw. Deregulierung der Ökonomie brachte für die entwicklungs*theoretische* Auseinandersetzung um Ursachen und Bedingungen der Unterentwicklung kaum neue Anstöße. Angesichts der umfangreichen sozialen Folgekosten der neoliberalen Strukturreformen bezogen die Vertreter der Dependenztheorie in den meisten Fällen eine defensiv-ablehnende Haltung zu den von der Weltbank durchgesetzten Veränderungen, während die Vertreter der Modernisierungstheorie sie als schmerzhafte, aber notwendige Schritte auf dem Weg in die westliche Moderne begrüßten. Die Theoriediskussion dieser Jahre stagnierte (abgesehen von einigen Reflexionsansätzen, die erst später in ihrer Bedeutung wirklich erfaßt wurden) in einer polarisierten Pro- und Kontra-Konstellation, bei der die systematische und vorurteilsfreie Analyse durch eine stark ideologisierte Grundsatzdebatte über politische Prinzipien abgelöst worden war (vgl. u.a. Menzel 1992 und 1993).

3.2 Entwicklungsmodell und neoliberale Wirtschaftsstrategie

Die Auswirkungen des entwicklungsstrategischen Paradigmenwechsels seit Beginn der 80er Jahre waren gewaltig. In den späten 70er Jahren hatte etwa ein Drittel der weltweit Arbeitenden in zentral gesteuerten Planwirtschaften gelebt und mindestens ein weiteres Drittel in vom Weltmarkt durch Handelsbarrieren und Importrestriktionen abgeschotteten Volkswirtschaften. Seither sind drei große Wirtschaftsblöcke (China, die ehemalige Sowjetunion und Indien), die zusammen etwa die Hälfte der weltweit Arbeitenden ausmachen, dabei, in den Weltmarkt einzutreten. Dazu kommen zahlreiche andere Länder, die sich wie Mexiko oder Indonesien vollständig in das Welthandelsgeschehen integriert haben. Seit 1986 haben mehr als 60 Entwicklungsländer dem Genfer Sekretariat des *General Agreement on Tariffs and Trade* (GATT) unilaterale Deregulierungsmaßnahmen gemeldet, 24 sind dem GATT beigetreten und etwa 20 bewerben sich derzeit um Aufnahme in deren Nachfolgeorganisation, die *World Trade Organization* (World Bank 1995a: 50f.).

Als die ausländischen Kreditgeber (vor allem die *Bretton-Woods*-Organisationen *Internationaler Währungsfonds* und *Weltbank*) begannen, Kreditzusagen von der Durchführung von Restrukturierungsprogrammen abhängig zu machen,[117] setzten sich auch in den meisten lateinamerikanischen Staaten (zumindest auf der Ebene politischer Willenserklärungen, in zahlreichen Fällen aber auch realiter) Deregulierungsansätze durch. In fast

---

117 Zwischen 1979 und 1993 investierte die Weltbank ca. 50 Milliarden US$ in strukturelle und sektorale Anpassungsprogramme (George et al. 1995: 55).

allen Ländern Lateinamerikas wurden in der zweiten Hälfte der 80er Jahre Strukturanpassungsmaßnahmen eingeführt.[118]

Die Schuldnerländer wurden zur vollständigen Bedienung der Schuldendienste angehalten, die über *financing with adjustment*-Maßnahmen möglich werden sollten. Durch Überbrückungs- und neue Bankkredite wurde ihnen *fresh money* zugeführt, um den kurzfristigen Schuldendienst abzusichern. Die langfristig fälligen Tilgungsleistungen wurden durch Umschuldungen zeitlich gestreckt. Mittelfristig sollten Anpassungs- und Stabilisierungsprogramme die Zahlungsfähigkeit der Schuldnerländer absichern. Zentrales Instrument war hierbei die Umstellung der Volkswirtschaften auf Devisenerwirtschaftung über gesteigerten Export und gleichzeitige drastische Nachfragedrosselung und Währungsabwertungen (Twele 1995: 109ff.).

Die Strukturanpassungsstrategie verlangte die Privatisierung staatlicher Betriebe sowie drastische Kürzungen der öffentlichen Ausgaben insbesondere auch bei Subventionen für Grundbedarfsartikel und in den Sozialressorts Gesundheit und Bildung. Das Steueraufkommen sollte konstant gehalten werden, damit die Volkswirtschaft wettbewerbsfähige Exportgüter anbieten könne.

Auf politischer Ebene spiegelte sich das neue Entwicklungsparadigma in Lateinamerika vor allem in einer Kritik nationalistisch-populistischer Ideologien wider. Kritische Theoretiker arbeiteten zunehmend antidemokratische Elemente des Populismus und ihre den Autoritarismus verschleiernde Funktion heraus. Insbesondere die Gleichsetzung von Individuum, Volk und Nation, die personalistisch-mystische Orientierung des Populismus (Evita Perón), die Subsumption politischer Probleme unter ethische Fragen *(liberación nacional)* und die antiinstitutionelle Definition der *Bewegung (movimiento nacional)*, die einer formalstaatlichen Legitimierung offenbar nicht bedurfte, wurden als antidemokratisch erkannt (vgl. Werz 1991: 120). Der Populismus hatte den ideologischen Hintergrund für die binnenmarktorientierte Industrialisierung abgegeben; die Öffnung zum Weltmarkt und die geminderte Position des Staates ließen auch seine Bedeutung verblassen.

Der massive Rückzug des Staates aus dem Produktivsektor verbunden mit der restriktiven Haushaltspolitik und konsequenter Anti-Inflationspolitik löste zunächst heftige Wirtschaftskrisen aus. Die sozialen Kosten der Strukturanpassung trugen vor allem die unteren Bevölkerungsschichten, die sowohl von den Massenentlassungen und reglementierten Lohnsteigerungen als auch von den Streichungen staatlicher Subventionen besonders betroffen waren. 1980 lebten 112 Mio. Lateinamerikaner unter der Armutsgrenze, 1986 waren es 164 Mio (Werz 1993: 344). Einige Volkswirtschaften (Chile,

---

118 Besonders konsequent verlief die Restrukturierung in Chile unter Pinochet, doch auch die Regierung Paz Estenssoro in Bolivien (1985–1989) bekämpfte die damalige Hyperinflation erfolgreich durch eine konsequent neoliberale Schockpolitik. León Febres Cordero in Ecuador verfolgte einen Stabilisierungskurs, der auf Privatisierungen, Förderung des Wettbewerbs und ausländischen Direktinvestitionen basierte. In Argentinien setzte die Regierung Alfonsín mit ihrem *Plan Austral* vom 14. 6. 1985 einen harten Sanierungskurs durch, innerhalb dessen der Dollarkurs fest an den Austral (argentinische Währung) gebunden, Löhne und Preise eingefroren, praktisch alle staatlichen Unternehmen verkauft und der öffentliche Dienst gestrafft wurden. Der *Plan Cruzado* vom 28. 2. 1986 in Brasilien kopierte diese Rezeptur zu großen Teilen.

Bolivien) erlebten die Krisen als vorübergehende Anpassungsschwierigkeiten, die durch das nachfolgende Wirtschaftswachstum mindestens teilweise ausgeglichen wurden. In anderen Länder wie Brasilien, Venezuela oder Peru ist der Konjunkturverlauf nach wie vor kritisch.

Die Verschärfung der Armut als Folge von Strukturanpassungsprogrammen wurde von der Weltbank zwar registriert, aber als notwendiger Schritt hin auf eine Gesundung der Ökonomie hingenommen. Freilich sinke das Einkommensniveau nach Strukturanpassungsmaßnahmen in den meisten Fällen um bis zu einem Drittel, so wurde konzediert, doch würden diese Einbußen durch entsprechendes Wirtschaftswachstum ausgeglichen, und zwar um so eher, je radikaler und damit glaubwürdiger die Reformen durchgeführt würden (World Bank 1995a: 6). *Ohne* Strukturanpassung dagegen werde die Armut innerhalb kollabierender Wirtschaftssysteme langfristig noch drastischer zunehmen. Kompensationsmaßnahmen[119] wie Mobilitätserleichterungen, soziale Absicherung und Umschulungsmaßnahmen wurden für sinnvoll gehalten, solange sie den eigentlichen Umbauprozeß nicht gefährdeten. Letztlich sei aber eine konsequente Durchführung der Reformen der beste Weg zu einer Stabilisierung der Volkswirtschaften.

„Moving the economy as quickly as possible to the new growth path is key to minimizing the pain and social costs of adjustment [...]" (World Bank 1995a: 6)

Positionen wie diese führten dazu, daß internationale Finanzinstitutionen wie der Internationale Währungsfonds und die Weltbank in den 80er Jahren heftig kritisiert wurden. Insbesonders dependenztheoretisch orientierten Diskutanten galten sie als Katalysator einer *magic of the marketplace* und Brückenköpfe eines westlich-kapitalistischen Hegemonieanspruches, der die (von den Industrieländern verursachte) Notlage der Entwicklungsländer strategisch für sich benutze. Die weltweite Einführung der neoliberalen Politikgrundsätze betreffe, wie Susan George schrieb, nicht nicht nur das Leben von Millionen Menschen, sondern etabliere auch eine *Neue Weltordnung*.

„Diese Neue Weltordnung ähnelt in bemerkenswerter Weise der alten und wurde innerhalb eines knappen Jahrzehntes eingeführt – ohne daß ein Schuß fiel. Als einzige Truppe marschierten Bataillone uniformer Volkswirtschaftler auf." (George et al. 1995: 62)

Allerdings befanden sich die angegriffenen Institutionen selbst unter erheblichem politischem Druck. Die Strategie langfristig angelegter Entwicklungsprojekte hatte sich als wenig hilfreich für die umittelbar drängenden Finanzprobleme der Entwicklungsländer erwiesen. Geboten schien nun vielmehr die Ausrichtung internationaler Wirtschaftspolitik an pragmatischen Handlungsvorgaben für die verschuldeten Regierungen. Unter diesen Voraussetzungen ordnete sich die Politik der Weltbank in wichtigen Aspekten dem *Krisenmanagement* des Währungsfonds unter und stützte die verordnete Austeritätspolitik (vgl. Jones 1992: 141ff., Twele 1995: 221ff.).

Über ihre traditionelle Aufgabe der langfristigen Programmfinanzierung hinaus übernahm die Bank in diesen Krisenjahren eine Katalysatorrolle bei der Mobilisierung zusätzlicher privater Bankkredite und Direktinvestitionen, unterstützte die Schuldnerlän-

---

119 Zu den Abfederungsprogrammen der Weltbank; vgl. Tetzlaff 1996: 135f.

der bei der Konzipierung und Durchführung wachstum sorientierter Strukturanpassungsprogramme und griff aktiv in die Koordination internationaler Entwicklungszusammenarbeit ein (vgl. Tetzlaff 1989: 709). Sie wurde zu einem zentralen Akteur der Weltwirtschaftspolitik. Die Bereitstellung von Krediten ist an intensive Grundsatzdialoge mit den kreditnehmenden Regierungen gebunden, in denen über Strukturanpassungsmaßnahmen wie Einschränkung der öffentlichen Ausgaben, Privatisierungsprogramme und Subventionsstreichungen verhandelt wird. Diese äußerst unpopulären *Dialoge* bewegen sich ständig zwischen der Notwendigkeit, die häufig allzu unproduktive Verwendung (geliehener) knapper Ressourcen durch die herrschenden Eliten in Entwicklungsländern einschränken zu müssen und andererseits die Grenzen nicht zu überschreiten, jenseits derer Eingriffe in die nationale Souveränität und unerwünschte soziale Rückwirkungen unzumutbar werden (vgl. Tetzlaff 1989: 710).

Hilfreich war dabei eine ideologieimmanente Komponente des Modells, die nämlich besagte, die Maßnahmen seien nicht willkürlich diktiert, sondern Ausdruck einer quasinaturgesetzlichen *'Logik des Marktes'*. Das im folgenden erläuterte steuerungstheoretische Bezugssystem der Strukturanpassungsreformen entfaltete in einer Art Rückkoppelungsschleife selbst argumentative Kraft.

3.3   Regulierung durch den Markt: Steuerungstheoretisches Bezugssystem

Im Gegensatz zur Strategie des Entwicklungsstaates, dem steuerungstheoretische Überlegungen vor allem als Instrumentarium zur präzisen Problemanalyse und Lösungsfindung gegolten hatten, besetzte in der Epoche der Marktstrategie die Steuerungstheorie den strategischen Mittelpunkt sowohl der entwicklungspolitischen als auch der berufsbildungspolitischen Debatte.

3.3.1   Bürokratiekritik

Neoklassisch argumentierende Bildungspolitiker lasten die Ineffizienz staatlicher Betriebe und Institutionen vor allem ihrer Strukturgestalt als *Bürokratien*[120] an, meinen damit aber verschiedene und teilweise einander widersprechende Charakteristika. So wird einerseits die Rigidität interner Verhaltenscodices kritisiert, die überdurchschnittliche Leistungen sanktionieren, gleichzeitig aber auch das Fehlen wechselseitiger Kontrollmechanismen beklagt. Korruption wird ebenso als Entwicklungshindernis identifiziert wie kontraproduktive Maßnahmen übermäßiger Korruptionskontrolle (crosschecks). Der Mangel an qualifiziertem Personal und die daraus resultierende Überlastung der oberen Hierarchiepositionen wird beklagt, jedoch auch der Überfluß an qualifizierten Mitarbeitern und die Notwendigkeit, diese mit Stellen zu versorgen – kurz: Jedes der aufgeführten Innovationshindernisse bietet Hinweise auf organisationsinhärente

---

120 Bürokratien werden mit Steuergeldern finanziert, produzieren ein öffentliches Gut und werden durch gewählte Repräsentanten vertreten. Auch Schulen werden von der Bürokratieforschung gemeinsam mit z. B. Polizeirevieren, Sozialämtern oder Gerichtshöfen als *street level*-Bürokratien bezeichnet (vgl. Bimber 1993: 3).

Blockaden, die die Umsetzung politischer Ziele erschweren oder sogar verhindern können (vgl. Thourson 1982: 33f.).

Aus der Perspektive der Bürokratieforschung ist das grundsätzliche Dilemma bürokratischer Organisationen darin zu verorten, daß öffentlich Bedienstete keineswegs immer
bestrebt sind, *„die ihnen gestellte Aufgaben auf der Grundlage ihres Selbstverständnisses als ‚treue Staatsdiener' uneigennützig zu verfolgen und [...] mit dem Ziel der Ge-
meinwohlmaximierung von sich aus nicht mehr Ausgaben, als im Rahmen einer spar-
samen und wirtschaftlichen Haushaltsführung unbedingt notwendig sind (zu verursachen)"* (Fuest et al. 1981: 21). Vielmehr muß davon ausgegangen werden, daß das
Handeln öffentlich Bediensteter sich ebenso an den Zielen der Eigennutzmaximierung
ausrichtet wie dasjenige anderer Bürger. Ein rational handelnder Abteilungsleiter des öffentlichen Dienstes wird nach Erlangung der „3 P", der Statussymbole *pay, power* und
prestige (Niskanen), streben, d. h. den von ihm verwalteten Finanzhaushalt ebenso wie
die Zahl der ihm unterstellten Mitarbeiter zu erhöhen suchen.[121] Zu den effizientesten
Instrumenten der Durchsetzung persönlicher Interessenpolitik gehört die Kontrolle relevanter Informationen.

„It is important – even instinctive – to try to limit what outsiders and superiors know
about one's performance. The potential usefulness of information, defined, of course,
by what one perceives as necessary, is balanced off by the various costs of getting it –
especially if the cooperation of other units is needed – and the risks of dissemina-
tion." (Thourson 1982: 35)

Gesamthaft betrachtet führt ein so begründetes *„Interesse des Staates an sich selbst"*
(Offe 1975: 13; vgl. auch Windham 1982: 166) zur unproduktiven Ausweitung des
Haushaltsbudgets und zur überdimensionalen Vergrößerung der Zahl der Staatsangestellten, ohne daß dieser Entwicklung durch wirksame Sanktionsmechanismen entge-
gengesteuert würde. Die Kosten der Ineffizienz lassen sich in solch monopolartigen
Strukturen ohne (unmittelbare) eigene Verluste auf die Konsumenten bzw. die Steuerzahler überwälzen.[122]

---

121 Schon Elsenhans hatte in seiner Staatsklassentheorie auf die Tendenz der *administrativen Bourgeoisie*
  zur *Selbstprivilegierung* bei unzureichenden Kontrollmechanismen von seiten der Gesellschaft hingewiesen (vgl. Elsenhans, H. (1981): Abhängiger Kapitalismus oder bürokratische Entwicklungsge-
  sellschaft, Frankfurt/New York).

122 Ähnliche Verhaltensmotive werden zwar auch in großen Privatunternehmen beobachtet, bei denen
  Unternehmensführung und -besitz personell auseinanderfallen, wie dies z. B. bei Aktienunternehmen
  der Fall ist. Die *property–rights*–Forschung weist darauf hin, daß auch hier Manager vor allem auf die
  Maximierung des persönlichen Einflußbereiches und Nutzens hinarbeiten und die Produk-
  tionseffizienz des Gesamtunternehmens nur mittelbar anstreben. Eigentümer können auf dieses *prin-
  cipal–agents–Problem* reagieren, indem sie die Kontrollmöglichkeiten über das Management erhöhen. Dies ist insbesondere dort erfolgreich, wo sich die Besitzanteile auf wenige, handlungsstarke Eigentümer konzentrieren. Im Falle öffentlicher Güter, wo im Extremfall die Gesamtheit aller Bürger als
  Eigentümer auftritt, muß die Kontrollfunktion jedoch an staatliche Instanzen delegiert werden. Für
  Politiker besteht für die Durchsetzung effektiver Kontrollmaßnahmen allerdings kaum ein wirksamer
  Anreiz in Form eines persönlichen finanziellen oder politischen Vorteils, so daß sie es in der Regel
  vermeiden, persönliche Verantwortung für öffentliche Unternehmen zu übernehmen (Bartel 1990:
  32).

3.3.2 Entstaatlichung und Dezentralisierung

Die ordnungspolitische Konsequenz aus den Erkenntnissen der Bürokratieforschung der 80er Jahre war vor allem die Forderung nach *Entstaatlichung* möglichst vieler Bereiche. Staatliche Institutionen sollten, wo immer dies möglich schien, privatisiert und dem freien Markt überantwortet werden. Der freie Wettbewerb, ungehindert durch staatliche Regulierungsversuche, die in der Regel nur Marktverzerrungen und -ungleichgewichte nach sich zögen, werde dann über Selektions- und Anpassungseffekte ein Optimum an Produktivität und Leistung erzielen. Effizienz sei letztlich ein Merkmal marktregulierter Wirtschaftssysteme, da nur hier realitätsbezogene Rückkoppelungseffekte wirksam würden, die leistungsschwache Betriebe bestrafen und leistungsstarke belohnen.

Darüber hinaus sei es auch auf der Ebene der Betriebsorganisation notwendig, Rückmeldungen des Marktes unmittelbar für den einzelnen spürbar zu machen. Nur wenn Leistung und Erfolg individuell zurechenbar seien und direkte Auswirkungen für den einzelnen mit sich brächten, sei ein Höchstmaß an Engagement und Leistungswillen erwartbar. Eine möglichst unverfälschte, d. h. ungesteuerte Entfaltung der Marktkräfte wirke dann langfristig nicht nur positiv auf die Leistungsbereitschaft und -fähigkeit der einzelnen Marktteilnehmer, sondern verbessere über Rückkoppelungsschleifen und Synergieeffekte auch die Produktivität und Effizienz des Gesamtsystems und trage so zum Wohle aller maßgeblich bei.

Die Umstrukturierung habe deshalb alle Gesellschaftsbereiche gleichermaßen zu umfassen, um negative Rückkoppelungseffekte angrenzender Gesellschaftsbereiche oder Märkte zu vermeiden. Als Beispiel für diese Argumentation sei die Interdependenz zwischen Arbeitsmarktpolitik und Weiterbildungspolitik angeführt:

Markttheoretiker schreiben nämlich Interventionen des Staates auf dem Arbeitsmarkt deutlich negative Effekte auf Eigenanstrengungen und Bildungsinvestitionen der Wirtschaft in der Aus- und Weiterbildung zu. Insbesondere die Entkoppelung von Lohn und Leistung im öffentlichen Dienst biete den Arbeitenden keinen Anreiz für eine Steigerung der Leistungsfähigkeit und unterstütze so Stillstand und Weiterbildungsresistenz.

Auch die Festlegung von Mindestlöhnen garantiere zwar ein Minimum an Lebensstandard für die Arbeiter der unteren Lohnklassen und fördere so die Produktivität dieser Arbeitskräfte. Dennoch sei die Wirkung fester Mindestlöhne letztlich kontraproduktiv, da sie die Kosten des Produktionsfaktors Arbeit erhöhe und damit Arbeitslosigkeit verstärke. Zudem könnten Bildungsinvestitionen nicht mehr (über Senkung der Lohnzahlungen) auf die Arbeitenden abgewälzt werden, was die Ausbildungsbereitschaft der Betriebe negativ beeinflusse. Einkommensprogressive Besteuerung wurde ebenfalls als Verminderung der *private rate of return* von Ausbildung wahrgenommen und als investitionshemmend abgelehnt (vgl. Middleton 1993: 90).

Dagegen wurde Maßnahmen des Arbeitnehmerschutzes mindestens eine ambivalente Wirkung auf das Ausbildungsverhalten der Betriebe zugeschrieben. Zwar seien Betriebe durch Kündigungsauflagen in ihrer Fähigkeit, flexibel auf Krisen zu reagieren, stark beeinträchtigt. Doch wurde eingeräumt, daß die Kosten, die Entlassungen verursachen,

Betriebe dazu veranlassen können, die angestrebte Flexibilität ihrer Arbeiterschaft über Ausbildungsmaßnahmen zu steigern (vgl. Middleton 1993: 96).

Das Beispiel verweist auf den Allgemeingültigkeitsanspruch der neoliberalen Wirtschaftsstrategen, die ihren Einflußbereich keineswegs nur auf die Wirtschaftspolitik beschränkt sehen wollten. Empfohlen wurden vielmehr die Deregulierung und Entstaatlichung möglichst aller gesellschaftlichen Bereiche und die Umstrukturierung der staatlichen Bürokratien in Richtung auf den ‚schlanken Staat'. In denjenigen Kernbereichen öffentlicher Verantwortung, in denen eine Privatisierung nicht möglich ist, solle eine konsequente Dezentralisierung der Einrichtungen durchgesetzt werden, so daß sie als nunmehr autonom wirtschaftende Einheiten in eine ‚heilsame Konkurrenz' um öffentliche Mittel treten könnten.

Der Dezentralisierungsbegriff also erhält im Kontext dieser Argumentation eine fühlbar stärkere ökonomische Gewichtung, als dies während der frühen Dezentralisierungsbestrebungen der Fall gewesen war. So weist auch Conyers (1984) in bibliographischen Studien nach, daß die Anzahl internationaler Publikationen, die sich mit dem Thema *Dezentralisierung* beschäftigen, zu Beginn der Modernisierungsdebatte in den 50er Jahren stark anstieg, wobei vor allem politische Aspekte wie politische Partizipation als Ziele der unzähligen, wenn auch selten erfolgreichen Dezentralisierungsmaßnahmen angeführt wurden. In der Epoche des (zentralisierten) Entwicklungsstaates zwischen Anfang der 60er und Mitte der 70er Jahre ging die Zahl der Publikationen zum Thema *Dezentralisierung* signifikant zurück, um in einer zweiten Periode der Dezentralisierungsdebatte im Zusammenhang mit dem neoliberalen Paradigmenwechsel erneut anzuwachsen. Die Schwerpunkte der Diskussion hatten sich nun jedoch deutlich verschoben: Wo in den 50er Jahren die demokratische Teilhabe möglichst großer Bevölkerungsteile an politischen Entscheidungen im Mittelpunkt gestanden hatte, wurde Dezentralisierung nun vor allem als Mittel zur Optimierung der Leistungsfähigkeit bürokratischer Strukturen beschrieben.

Definiert man ein *zentralisiertes* politisches System als Strukturgebilde, in dem der Großteil politischer Autorität von einer zentralen Regierung ausgeübt wird, so kann, in Abgrenzung davon, *Dezentralisierung* als Prozeß der Machtverteilung zugunsten untergeordneter Ebenen innerhalb oder außerhalb der Staatshierarchie beschrieben werden. *Dezentrale Staatsorganisation* heißt dann, daß kleinere politische bzw. ökonomische Einheiten Planungs-, Entscheidungs- und Verwaltungskompetenz *(zurück)erhalten.* Von entscheidender Bedeutung ist dabei die Frage, welche Ebenen jeweils Autorität abgeben bzw. erlangen. So mag eine Verschiebung von Entscheidungskompetenzen zwischen dem Topmanagement und dem mittleren Management nur geringe Auswirkungen auf die eigentliche Dienstleistung haben, eine Zunahme an Autonomie unterer Hierarchieebenen sich aber deutlicher bemerkbar machen (vgl. Bimber 1993: 7ff.; Conyers 1984: 187; Handler 1996: 19).

Dezentralisierung betrifft in ihrer Konzeption und Umsetzung sowohl verwaltungstechnische als auch politische Apekte und ist in ihrer jeweiligen Gestalt das Ergebnis machtpolitischer Kalküle und Kräfteverhältnisse. Die Bandbreite ihrer konkreten Erscheinungsformen schlägt sich in einer Vielfalt definitorischer Spezifizierungen des Begriffes *Dezentralisierung* nieder. Unterschieden werden u.a. *Dekonzentration,*[123] *Funktionstransfer,*[124] *Delegierung*[125] und *Autonomie*[126] (vgl. Bulnes 1988: 10f.; Kemmerer 1994: 1412; Rondinelli et al. 1983: 18ff.; World Bank 1995b: 127).

Die lateinamerikanischen Staatsgebilde Ende der 70er Jahre können als Prototyp hochzentralisierter Staatsstrukturen mit einer starken Tendenz zur Konzentration von Entscheidungsmacht auf höhere Ebenen der Ministerien gelten. Das traditionelle Übergewicht der Zentralbehörden beschreibt Harris (1983: 190) als Phänomen der *frühreifen Bürokratisierung* ('premature bureaucratization') und argumentiert, die Bürokratien in Lateinamerika seien im Verhältnis zur Ausdifferenzierung der politischen Systeme zu schnell und zu stark gewachsen. Als Folge dieses Verdrängungsprozesses hätten sich politische Interessengruppen kaum entwickeln können, der Legislative mangele es an realen Machtbefugnissen, und die Parteiensysteme seien instabil. Ohne gesellschaftliches Gegengewicht tendierten die Regierungen dazu, vor allem selbstbezogene Interessen zu vertreten und den eigenen Machtapparat auszubauen, eine Tendenz, die in einem *circulus vitiosus* von erneuter Bürokratisierung und Machtkonzentration münde.

Die negativen Auswirkungen der exzessiven zentralstaatlichen Bürokratisierung waren seit der Schuldenkrise der 80er Jahre Anlaß für die Bretton-Woods-Institutionen, den Entwicklungsländern die Dezentralisierung ihrer Verwaltungsstrukturen als Teil der Strukturanpassungsmaßnahmen anzuempfehlen. Dies ermögliche, so wurde die Em-

---

123 Mit *Dekonzentration* ist die Aufgabenverlagerung in untere Hierarchieebenen gemeint, durch die zwar Arbeit an kleinere Einheiten abgegeben wird, die Art ihrer methodischen und inhaltlichen Bewältigung jedoch durch die Zentralorgane vorgegeben bleibt. Ein solches *shifting of workload* kann zu größerer Publikumsnähe beitragen und die Effizienz oder Innovationsfähigkeit einer Behörde verbessern, führt jedoch nicht zu substantiellen Veränderungen der Machtverteilung. Die jeweiligen Institutionen bleiben weisungsabhängig und verfügen z. B. nicht über ein eigenes Budget.

124 Der *Transfer von Funktionen* an lokale Regierungen (*devolution*) ist mit realer Abgabe von Führungskompetenz verbunden. In diesem Fall sind die lokalen Einheiten von zentralen Behörden kaum mehr oder nur noch indirekt abhängig. Sie üben ihre Regierungsgewalt innerhalb klar definierter geographischer Grenzen aus und verfügen über separate Finanzmittel. Solche lokalen Regierungen stimmen - idealiter - ihr Handeln mit der Zentralregierung und anderen dezentralen Einheiten ab und passen sich in die Gesamtpolitik des Landes ein. Im Gegenzug werden sie von der übergeordneten Einheit zum Beispiel durch Förderprogramme, Weiterbildungsmaßnahmen oder technische Hilfe unterstützt.

125 Die *Delegierung* von Entscheidungskompetenz bedeutet im Gegensatz dazu die Abgabe von Funktionen und Autorität an halbstaatliche oder parastaatliche Institutionen. Die entsprechenden lokalen bzw. regionalen Organe konstituieren sich in der Regel als eigenständige juristische Personen und verwalten einen eigenen Haushalt, der von gesamtstaatlichen Budgetentscheidungen nur mittelbar abhängig ist. Die Gründung von parastaatlichen Institutionen erfährt starke Unterstützung von seiten der Weltbank, da diese Form der Finanzierung in Zeiten der Überschuldung Schutz vor den Konsequenzen zentralstaatlicher Mißwirtschaft zu bieten scheint. Halbstaatliche oder parastaatliche Institutionen sind häufig dazu in der Lage, eine eigenständige Unternehmenskultur aufzubauen, von staatlichen Gehaltslisten unabhängige, oft höhere Löhne zu zahlen und somit besonders qualifizierte Arbeitskräfte an sich zu binden (vgl. Rondinelli 1983: 21).

126 Der Begriff Autonomie beschreibt einen zur Dekonzentration komplementären Sachverhalt: Während erstere das Ausmaß der Machtabgabe durch die zentrale Institution charakterisiert, bezieht sich letztere auf die Fähigkeit der dezentralen Einheit, durch die Erledigung der übertragenen Aufgaben Handlungskompetenz tatsächlich zu erlangen. Die Akteure selbst sollen die Verteilung von Ressourcen und die organisatorischen Einzelheiten ihres Handelns regeln und optimieren. Handlungsleitendes Motiv für den einzelnen ist dann nicht mehr eine vorgegebene Norm, sondern der direkt meßbare Erfolg seines Tuns.

pfehlung begründet, eine präzisere Ausrichtung der Entwicklungspläne an den Bedarfslagen einzelner Regionen, so daß die Effizienz der staatlichen Verwaltungsarbeit verbessert und flexible, kreative und innovative Ansätze gefördert würden (vgl. Murray
1983: 294f.; Rondinelli et al. 1983: 15f.).

Die Forderung war von einiger politischer Brisanz: Dezentralisierungsmaßnahmen tan-
gieren die Interessen gesellschaftlicher Einzelgruppen, verändern die Muster der Res-
sourcenallokation zwischen Institutionen und Regionen, vergrößern oder vermindern die
Reichweite des politischen Einflusses einzelner Instanzen (Rondinelli et al. 1983: 9).
Die Empfehlungen insbesondere der Weltbank trafen in vielen Fällen auf hartnäckigen
Widerstand von Personen und Gruppen, die real oder potentiell eine Einschränkung ihrer Macht befürchten mußten.

Dennoch setzte sich in Lateinamerika seit etwa zwanzig Jahren ein umfassender Dezen-
tralisierungstrend (mit Schwerpunkt auf der *Delegierung* [vgl. Fußnote] von Entscheidungskompetenzen) durch, bei dem administrative Funktionen zunehmend an selbständige, semi-autonome Instanzen ausgelagert werden. Es entstand eine Vielfalt eigenständig wirtschaftender, aber vollständig staatlich finanzierter Unternehmen oder auch para-
staatlicher Organisationen, die unter privatwirtschaftlichen Bedingungen arbeiten, juri-
stisch jedoch durch Sonderregelungen vom Privatrecht ausgenommen sind. Im Vorstand
dieser Organisationen dominieren in der Regel Regierungsvertreter, sie sind rechtsfähig
und verfügen über einen unabhängigen Finanzhaushalt. Große Wirtschaftsunternehmen
besonders im Rohstoffsektor (z. B. PEMEX in Mexiko, CODELCO in Chile), Universitäten oder staatliche Eisenbahnen können ebenso die Form solch einer semi-
autonomen Institution annehmen wie Exportunternehmen, Raffinerien oder Banken
(vgl. Harris 1983: 186).

Diese Umstrukturierung ganzer Staatsgebilde konnte die ja ebenfalls zentralistisch organisierten Bildungsstrukturen nicht unberührt lassen. Gleichzeitig wurden jedoch auch
bildungsökonomische Ansätze entwickelt und diskutiert, die eine Transformation des
Bildungssektors zum eigenständigen Thema machten und zum Teil viel weiter gingen,
als dies im Kontext einer bloßen Verwaltungsreform notwendig gewesen wäre.

3.4   Bildungsmarkt: Bildungsökonomische Ansätze
3.4.1   Kritik am Bildungsstaat
Ein zentraler Bestandteil der Politik des Entwicklungsstaates seit den 50er Jahren hatte
in dem Versuch bestanden, durch gezielte Investitionen in das nationale Humankapital
einen Bestand an qualifizierten Fachkräften zu erzeugen, die den Industrialisierungsprozeß unabhängig vom technologischen *know-how* des Nordens vorantreiben würden.
Seit Anfang der 70er Jahre verblaßte jedoch die damit verbundene Zuversicht zuse-
hends.

Anderson schrieb schon 1967:

„One can have only compassion for leaders of new nations who seek desperately to
break the vicious circle of poverty; much of the oversimplification in expectations

about education stems from anxiety to obtain rapid development." (Anderson 1967: 12)

Und auch die UNESCO mußte anerkennen:

„In some cases, educational policies applied on a sectoral basis not only failed to contribute anything to the solution of the overall problems of development but even created new difficulties along with structural imbalance." (Lema et al. 1978: 296)

3.4.1.1 Bildung als Entwicklungsfaktor?

Obwohl in den meisten Ländern der Welt das Bildungsniveau gemessen an der Zahl absolvierter Schuljahre deutlich anstieg, verlief der Industrialisierungsprozeß keinesfalls entsprechend homogen (vgl. z. B. Menzel 1992). Solche empirisch begründeten Zweifel an der Wirksamkeit der Bildungsexpansion wurden durch die theoretischen Einwände gegen humankapitaltheoretischer Annahmen zusätzlich bestärkt. Seit Mitte der 70er Jahre entspann sich eine heftige Debatte um die (in Kapitel 2.4.1 dargestellte) Humankapitaltheorie, die einerseits politisch-ethisch motiviert war (problematisiert wurde die *Gleichsetzung* von Menschen mit dem Produktionsfaktor Arbeit, die Personen auf ihre Funktion des Mehrwertschaffenden reduziere[127]), andererseits aber auch methodische Mängel des Ansatzes aufdeckte (z. B. Windham 1975: 188ff.).

Schon die Basisannahme der Humankapitaltheorie, Bildung erhöhe die Produktivität eines Individuums durch die Erweiterung seiner Kenntnisse und Fähigkeiten, wurde in Frage gestellt. Das „*Produktivitätstheorem der Bildung*" (Anderseck 1988: 23) hatte besagt, „*daß der Haupteffekt von Schule darin besteht, die Ebene der kognitiven Entwicklung der Schüler zu steigern, und daß es diese Steigerung ist, die die Beziehung zwischen Schulung und Einkommen erklärt*" (ebda). Die Kritiker der Humankapitaltheorie bestritten die Bedeutung lediglich kognitiver Veränderungen. Wesentlicher als der Zuwachs an direkt verwertbarem Wissen[128] sei die Herstellung eines Clusters von Eigenschaften beim Educandus, das ihn für die spätere *Verwendung* im kapitalistisch organisierten und arbeitsteilig angelegten Produktionsprozeß geeignet erscheinen lasse (vgl. Bock 1982: 88ff.).

Je nach theoretischem Hintergrund wurden in diesem Zusammenhang eher förderliche oder eher destruktive Wirkungen von Schule auf die Persönlichkeit betont. Einige Autoren stellten heraus, Bildung fördere die Fähigkeit zu lernen (learnability) und „*to make better decisions*" (Carnoy 1994a: 1691). Für andere stand die Ausbildung des *Sozialtypus des Lohnarbeiters* mit typischen Fähigkeiten wie Bedürfnisaufschub, Verzichtbereitschaft, Zuverlässigkeit, Pünktlichkeit etc.[129] im Vordergrund.

Die Erkenntnis, daß der Arbeitsmarkt nicht als homogene und rationale Einheit betrachtet werden kann, sondern daß in einer Gesellschaft unterschiedliche und gegenein-

---

127 In der neueren Literatur z. B. bei Petrella 1994: 29.

128 „The truth of the matter is that most jobs in a modern economy require about as much cognitive knowledge and psycho-motor skills as are necessary to drive an automobile!" (Blaug 1994: 1700).

129 „One of the greatest problems in running a factory in a newly industrialized country is that of getting workers to arrive on time and to notify the plant manager when they are going to be absent; the lack of punctuality in the work force can raise labor costs in a developing country by as much as 50 percent over a developed country" (Blaug 1994: 1700).

ander abgegrenzte Bildungs- und Arbeitsmärkte[130] bestehen, gefährdete die Annahmen der Humankapitaltheorie insofern, als Einkommensunterschiede sich nun nicht mehr nur als Ausdruck unterschiedlicher Produktivität der Arbeitskraft interpretieren ließen. Nicht das freie Spiel der Kräfte harmonisiert das Verhältnis von Lohnniveau, Qualifikation und Produktivität, sondern präformierte Sozial- und Wirtschaftsstrukturen determinieren die produktive Entfaltung der Arbeitskraft.

Konsequenter noch verwarf die *Screening Hypothesis* die Vorstellung einer produktivitätssteigernden Funktion von Schule. Nicht die durch Bildung vermittelbaren Kenntnisse seien für Produktivitätssteigerungen der Unternehmen verantwortlich, sondern das Bildungssystem agiere als Selektionsmechanismus, als *screening device*. Schulzertifikate geben demnach Unternehmern Hinweise darauf, welche Individuen persönliche Charakteristika und Einstellungen mitbringen, die ihren effizienten Einsatz wahrscheinlich machen. Die positive Korrelation zwischen Bildungsniveau und Einkommen sei vor allem darauf zurückzuführen, daß sich die Absolventen höherer Bildungsgänge in der Regel aus höheren Schichten rekrutierten und im urbanen Raum lebten, wo die Einkommenschancen unabhängig vom Bildungsgrad deutlich besser seien (vgl. Woodhall 1994: 23).

Je stärker aber die Funktion von Schule auf die Bereitstellung solcher Signale wie *Schuldauer* und *Bildungszertifikat* reduziert werde, um so eher bestünde die individuelle Zielfunktion von Bildung im Erwerb der Signaleigenschaften und nicht mehr in der Erlangung produktiver Qualifikationen. Bei sinkender Anzahl von Arbeitsplätzen mit hoher Produktivität und zunehmender Anzahl von Absolventen höherer Bildungsniveaus setze ein „*leapfrogging process*" (Hinchliffe 1994: 1705) ein, wodurch sich die Nachfrage nach Bildungszertifikaten wiederum erhöhe und es für jede Absolventengruppe schwerer werde, Arbeitsplätze für sich zu sichern.

Blaug (1994: 1702) argumentiert, es sei letztlich unerheblich, ob Schulbesuch dazu in der Lage sei, die Produktivität von Individuen zu steigern, solange jeder der involvierten *social actors* an diese Annahme glaube (dies sei der Fall) und die dadurch legitimierten Unterschiede im Einkommen akzeptiere.

> „Even if these payments are in reverse order of the true spot marginal products of individual workers (assuming that these could ever be identified), the maximization of output and minimization of the costs of the firm depend critically not on the scale of indiviudal rewards but on the mutual consent of all workers in the enterprise." (ebd.)

---

130 Die von Carnoy schon 1977 vertretene Theorie einer Spaltung des Arbeitsmarktes in verschiedene Segmente wurde seit Anfang der 70er Jahre in den USA von zahlreichen Autoren weiterentwickelt. Als derartige Segmente wurden z. B. *primäre* versus *sekundäre geschlechtsspezifische* oder *betriebszentrierte* versus *externe* Arbeitsmärkte identifiziert, die ihrerseits wiederum in *obere* und *untere*, *unabhängige* oder *untergeordnete* Segmente unterteilt sein können. Teilarbeitsmärkte unterscheiden sich nach Lohnniveau, Mobilitäts- und Aufstiegschancen, Beschäftigungssicherheit, Qualifizierungsmöglichkeiten und Sozialstatus strukturell voneinander und schotten sich durch interne Märkte und *Mobilitätsketten* (Piore 1978) voneinander ab. Die Abgrenzung ist für den einzelnen nur dann zu überwinden, wenn er entweder Statusverluste in Kauf nimmt oder aber die für das andere Arbeitsmarktsegment typischen Charakteristika erwirbt. In Entwicklungsländern ist die Dualisierung der Volkswirtschaften in einen *informellen* und einen *modernen* Sektor diskutiert worden, die sich in einer ebenso starke Segmentation des Arbeits- und Ausbildungsmarktes niederschlägt (vgl. z. B. Lohmar-Kuhnle 1991; Arnold 1994: 25).

Trifft diese Unterstellung zu, dann ist Bildung zwar für den Erhalt des innergesellschaftlichen Friedens funktional, doch die Hoffnung, Wachstumsprozesse durch Bildungsanstrengungen befördern oder gar initiieren zu können, muß stark relativiert werden. Vom Standpunkt des einzelnen Bildungsnachfragers ist es nicht relevant, ob sein durch den Erwerb eines Bildungszertifikates erhöhtes Einkommen auf tatsächlichen Produktivitätssteigerungen beruht oder nicht (vgl. Bock 1982: 92ff.). Aus der Perspektive der Gesamtgesellschaft ist dieser Zusammenhang aber ausschlaggebend für die Legitimation staatlicher Investitionsentscheidungen.

3.4.1.2   Gesellschaftspolitische Konsequenzen der Bildungsexpansion

Die Hoffnungen auf gesamtgesellschaftliche Wohlfahrtssteigerung durch die Bildungsexpansion blieben nicht nur unerfüllt – auch die Qualität von Schule und Unterricht hatte unter der massiven quantitativen Ausweitung des Bildungsangebotes in vielen Fällen eher gelitten.[131] Eine im Auftrag der Weltbank erstellte Studie zeigte Mitte der 80er Jahre, daß in zahlreichen Entwicklungsländern weniger als die Hälfte der Kinder die 5. Primarschulklasse erreichten (Psacharopoulos et al. 1983: 207). Derart hohe Abbrecher- und Wiederholerzahlen bringen erhebliche psychische und soziale Probleme mit sich und tragen zur Marginalisierung eines großen Teils der Bevölkerung bei (vgl. Dias 1981: 40). Gleichzeitig führen sie auch zu einer enormen Fehlallokation knapper Ressourcen: Schiefelbein schätzt, daß zu Beginn der 70er Jahre in Lateinamerika die Gesamtsumme, die jährlich für Wiederholer in der ersten Schulklasse aufgewendet wurde, mehr als 300 Mio. US$ betrug (zit.n. Psacharopoulos et al. 1983: 208).

Auch die individuellen Lebenschancen stiegen durch die Erhöhung der Schulbesuchsdauer nur in Ausnahmefällen. In der Zeit der stärksten Bildungsexpansion zwischen 1950 und 1965 wuchs die offene Arbeitslosigkeit in Lateinamerika von 5,6 auf 11,1 Prozent. In Chile, wie auch in zahlreichen anderen Entwicklungsländern, bildete die Kurve der Arbeitslosen ein umgekehrtes U: Am wenigsten von der Arbeitslosigkeit betroffen waren 1966 Analphabeten und Primarschulabbrecher (3,9%) einerseits und die Absolventen der Universitäten andererseits (2,6%).[132] Der Anteil der Arbeitslosen lag bei Primarschulabsolventen (5,6%) und Sekundarschulabsolventen (5,7%) dagegen wesentlich höher. Während nämlich Absolventen höherer Bildungsstufen im öffentlichen Dienst und dem formellen Arbeitssektor relativ gute Einstellungschancen geboten wurden und die große Zahl der Primarschulabgänger vom informellen Sektor absorbiert werden konnte, stand Sekundarschulabbrechern weder der eine noch der andere Arbeitsmarkt offen – der informelle Sektor wird gerade von dieser Gruppe als status-

---

131 Der These, daß die quantitative Ausweitung der Schulstrukturen tatsächlich mit qualitativen Einschränkungen einhergeht, widerspricht allerdings Fuller 1993: 2-8.

132 Die hohen Lohnunterschiede zwischen Akademikern und Nicht-Akademikern machen zusätzlich das Risiko, nach Abschluß eines Studiums arbeitslos zu werden, erträglicher. Naumann (1990) zeigte, daß ein hoher Bildungsabschluß auch dann noch wirtschaftlich rentabel ist, wenn mehrjährige Arbeitslosigkeit nach der Ausbildung in Kauf genommen werden muß. Die Investition in Ausbildung und die Opportunitätskosten der Arbeitslosigkeit lassen sich in wenigen Jahren gut bezahlter Akademikertätigkeit wieder amortisieren.

inadäquat empfunden, der formelle Sektor bleibt ihnen verschlossen. (UNESCO 1976: 35, vgl. die folgende Tabelle).

Abbildung 9:   **Arbeitslosigkeit nach Bildungsniveau**
(Chile 1966; in Prozent der Arbeitskräfte; kursiv: Schulabbrecher)

Analphabeten	**3,9**
< 4 Jahre Primarschule	*5,6*
4-5 Jahre Primarschule	**7,4**
< 4 Jahre allgemeinbildende Sekundarschule	*8,6*
4-5 Jahre allgemeinbildende Sekundarschule	**5,7**
< 4 Jahre berufsbildende Sekundarschule	*9,0*
4-5 Jahre berufsbildende Sekundarschule	**3,9**
< 4 Jahre Universität	*6,9*
Universitätsabsolventen	**2,6**

(UNESCO 1976: 35)

Auf die Forderungen der ausgebildeten Arbeitslosen nach Schaffung neuer Arbeitsplätze hatten die Entwicklungsstaaten mit einer Ausweitung der weiterführenden Bildungs-gänge reagiert und so das Problem auf einen späteren Zeitpunkt verlagert. Doch Ju-gendliche, die alle Stufen des expandieren Bildungssystems durchlaufen haben, hegen Erwartungen an ihre zukünftige Berufslaufbahn, die den Erfordernissen einer sich in-dustrialisierenden Volkswirtschaft häufig nicht entsprechen (vgl. z. B. Acuña 1970: 130). Statt im Produktionssektor tätig zu werden, strebten die Schulabgänger vor allem Stellen im Dienstleistungsbereich und im Staatsdienst an. Wie im Kapitel 3.1.1 bereits aufgezeigt, bestand die Reaktion populistischer Regime auf den daraus resultierenden politischen Druck gerade in Lateinamerika häufig darin, die Staatsorganisation auf ein irrationales Maß anwachsen zu lassen (vgl. Coombs 1969: 111). Die Kritik der neolibe-ralen Bildungsökonomen an diesem *‚Kreislauf parasitärer Eliten'* (Acuña 1970: 132) war vernichtend.

3.4.1.3   *Finanzierungsaufwand*

Der mäßige Erfolg der Bildungsexpansion für die gesamtgesellschaftliche Entwicklung rechtfertigte aus der Perspektive staatlicher Haushaltspolitik auch das finanzielle Enga-gement des Entwicklungsstaates im Bildungsbereich allein nicht mehr. Es wurde kriti-siert, die Bildungsausgaben seien erstens in Entwicklungsländern im Vergleich zum Bruttosozialprodukt sehr hoch (Dias 1981: 41; Coombs 1968) und zweitens unrentabel, da die Grundschule auf die Sekundarschule und diese auf die Universität ausgerichtet sei, die Bildungsausgaben für Schulabgänger unterhalb des universitären Abschlusses also ökonomisch praktisch wirkungslos blieben (Dias 1981; Hanf 1980). Bei steigenden Bildungsausgaben komme es zu erheblichen Verteilungskonflikten mit anderen gesell-schaftlichen Bereichen.

Edwards (1980) argumentiert, in vielen Entwicklungsländern übersteige der private Nutzen getätigter Bildungsinvestitionen den sozialen Ertrag bei weitem. Fallen jedoch die private Bildungsnachfrage und der soziale Bedarf nach Bildung zu stark auseinander, dann werde die Gesamtgesellschaft gezwungen, private Erträge zugunsten einzelner (und in der Regel ohnehin bevorteilten) Bürger über Bildungssubventionen zu finanzieren.

Coombs folgert, es gebe offensichtlich eine Stufe der sozialen Entwicklung, auf der *„die Wachstumsrate der Bildungsausgaben stärker mit den Wachstumsraten der gesamten Wirtschaft und der öffentlichen Einnahmen abgestimmt werden muß. Damit wird der jährliche Zuwachs des Bildungsbudgets kleiner sein als früher – und das um so mehr bei geringem Wirtschaftswachstum. "* (Coombs 1969: 69)

Eine Bildungspolitik, die grundsätzlich jedem Bürger den Zugang zum formellen Schulsystem offenhalten wolle und es der individuellen Entscheidung überlasse, wie lange er darin verbleibe, sehe sich angesichts der demographischen Entwicklung bei stagnierenden ökonomischen Möglichkeiten mit wachsenden Schwierigkeiten konfrontiert. Die Entwicklung führe zu steigenden Schülerzahlen, überfüllten Klassen und sinkendem Qualitätsniveau. Proteste der Bevölkerung wegen hoher Abbrecherquoten, schlechter Qualität der Ausbildung und Verschwendung öffentlicher Mittel seien dann vorprogrammiert (vgl. Coombs 1969: 47; Simmons 1980: 19ff.).

Auch die OECD hatte schon früh erkannt, daß mit der von ihr geforderten Bildungsexpansion eine zunehmende Belastung für die nationalen Haushalte entstehen würde. Das *„eherne Gesetz des Erziehungsaufwandes"* besage:

> „Es ist vernünftig anzunehmen, daß über lange Perioden die Lehrergehälter nicht hinter dem Wachstum des Nationalprodukts pro Kopf zurückbleiben. Es ist auch vernünftig, anzunehmen, daß alle anderen Kosten [...] sich nicht vermindern werden. Werden diese beiden Annahmen für gegeben erachtet, so wird sich der Aufwand für das Erziehungswesen rascher vermehren als das Nationalprodukt, da Schulbesuch und Lehrer-Schüler-Relation positive Einkommenselastizität aufweisen. Das Gesetz wird durch Veränderungen in der Altersverteilung der Bevölkerung modifiziert, gilt aber *as fortiori*, wenn die Bevölkerung im Schulalter rascher anwächst als die Gesamtbevölkerung." (OECD 1966: 98f.)

3.4.1.4 Kritik an der Bildungsplanung

Die zentralen Probleme der Bildungsexpansion (interne Ineffizienz, *mismatch* zwischen Lehrinhalten und den Bedarfen des Arbeitsmarktes sowie die soziale Ungleichheit im Bildungswesen) wurden von Bildungsplanern erkannt, doch konnten sie zu ihrer Überwindung keinen wesentlichen Beitrag leisten.

> „Neither the lack of knowledge nor the technical limitations of educational planning have been a major reason why educational systems have been so slow to change. A recent international meeting of educational planners concluded that even when better information is available it is not used; carefully prepared plans are shelved or only partially implemented." (Simmons 1980: 7)

Die Datengrundlage für komplexe bildungspolitische Entscheidungen, so wurde kritisch eingewandt, sei in der Regel unzureichend und wenig zuverlässig. Bildungsplaner würden jedoch durch politischen Druck der eigenen Regierung und unter der Tutel internationaler Bildungsexperten zu weitreichenden Reformvorgaben gezwungen, die durch den Kenntnisstand nur selten gerechtfertigt seien.

„Trial and error is a legitimate scientific process, but one can make a strong case for more modest and marginal changes in education while awaiting a better understanding of education and its social role." (Windham 1982: 163)

Offensichtlich diente die Ausarbeitung von Bildungsplänen weniger der Erarbeitung einer Datengrundlage, aus der Handlungsvorgaben abzuleiten wären, als anderen politischen Zielen. Ein wichtiges Motiv für die Einrichtung von Planungsabteilungen im Bildungswesen bestand nach Ansicht z. B. Rondinellis (1983) darin, der Erwartungshaltung internationaler Geldgeber zu begegnen und „to impress other countries with an image of unity and control over national economic and political destinies", kurz: „the plans were produced usually only for international consumption" (Rondinelli et al. 1983: 12). Praktikable Formen der Umsetzung der ambitiösen Zielvorstellungen seien dagegen nur selten entwickelt und noch seltener realisiert worden. Die Resultate zentralstaatlicher Entwicklungspläne hätten sich meist als „irrelevant, inappropriate, and perverse" (ebd.) erwiesen.

Schuld daran sei allerdings auch ihre theoretische Grundlage sowohl von seiten des social demand- als auch des man-power requirement-Ansatzes.

Die Vertreter des social demand-Konzeptes hatten vor allem in den 60er Jahren gefordert, Bildungsplanung an der gesellschaftlichen Nachfrage nach Bildung für alle als Grundbedürfnis und Grundrecht auszurichten. Sie vertrauten darauf, daß das Vorhandensein gut ausgebildeter Arbeitskräfte entsprechende Investitionen nach sich ziehen und der Arbeitsmarkt sich als hinreichend flexibel erweisen würde. Doch der Arbeitsmarkt, der theoriegemäß mit „infinite substitution possibilities" (Psacharopoulos et al. 1983: 2) auf das gestiegene Angebot an qualifizierten Fachkräften hätte reagieren sollte, absorbierte die wachsende Zahl qualifizierter Arbeitskräfte nicht.

Die Vorstellung, der Beschäftigungsumfang und damit auch industrielle Entwicklung könne durch die „vorauseilende Bereitstellung von Fachkräften" (Arnold 1994: 24) gefördert werden, erwies sich als Illusion. Eine Ausweitung der Nachfrage nach qualifizierter Arbeitskraft konnte auf dem Weg der Bildungsexpansion nicht erreicht werden. Gleichzeitig verdeckten die niedrigen Arbeitslosenzahlen höher Qualifizierter Phänomene von inadäquater Beschäftigung: Absolventen mittlerer und höherer Bildungswege wurden unabhängig von der inhaltlichen Ausrichtung ihrer Qualifikation von einem überdimensionalen Staatsapparat absorbiert, um den politischen good-will einkommensstärkerer Bevölkerungsschichten zu sichern (vgl. UNESCO 1976: 36).

Das training for the shelf bringt auch auf der Angebotsseite Probleme mit sich, da Qualifikationen, die nicht eingesetzt werden, rasch obsolet oder schlicht vergessen werden und an Wert verlieren. Gleichzeitig können soziale Probleme dadurch entstehen, daß Ausbildungsanstrengungen bei den Jugendlichen nicht in eine adäquate Beschäftigung einmünden.

Auf der Nachfrageseite zeigte sich, daß ein komparativer Vorteil, auf den zu verzichten sich Entwicklungsökonomien kaum leisten können, in den niedrigen Kosten menschlicher Arbeitskraft zu suchen ist. Investitionen werden dementsprechend häufig in arbeitsintensiven Produktionsbereichen ohne hohe Qualifikationsanforderungen wie der Textilindustrie oder im Elektroniksektor getätigt. Die mit hohem finanziellen Aufwand vom Staat erzeugten beruflichen Qualifikationen werden dagegen kaum nachgefragt.

Lediglich in einigen strategisch wichtigen Bereichen scheinen *präventive* Investitionen in Bildung dann sinnvoll, wenn ein Mangel an Qualifikationen die Einführung von Schlüsseltechniken verhindern würde. Das kann etwa bei der Einführung computergestützter Produktion der Fall sein, für die ein Mindestmaß an Fachkenntnis im Management-, Programmier-, Statistik- und Wartungsbereich Voraussetzung ist. Ein vergleichbarer Fall liegt im Finanzbereich vor, wenn die Finanzierung langfristiger Entwicklung durch einen Mangel an Fachkräften im EDV- oder Bankbereich erschwert wird.

In den meisten Ländern ist die quantitative Nachfrage nach solcherart qualifizierten Kräften allerdings gering. Eine Ausnahme bilden Länder (etwa in Asien oder in Osteuropa), deren Wachstumsgeschwindigkeit durch rasche strukturelle Anpassung bestimmt wird, in der Regel aber gilt:

„Training in anticipation of demand has not proved to be a sound basis for skill development." (Middleton 1993: 54)

Doch auch der umgekehrte bildungsplanerische Weg, nämlich die Bedarfsprognosen im Sinne des *Manpower requirement*, gerieten wegen ihrer Unzuverlässigkeit zunehmend unter Beschuß. Zwar hatte eine UNESCO-Studie noch für das Jahr 1968 festgestellt, daß von 91 befragten Nationen 73 *manpower requirement*-Analysen zur Grundlage ihrer Bildungsplanung machten (Farrell 1994: 4504), doch von wissenschaftlicher Seite wurde der Realitätsgehalt der Prognosen immer wieder bestritten.

Verläßliche Arbeitskräftebedarfsanalysen sind abhängig von einer vorgängigen Prognose wirtschaftlichen Wachstums, die aber ihrerseits kaum präzise geleistet werden kann. In vielen Fällen führt der technologische Wandel dazu, daß traditionelle Berufsbilder nicht linear fortgeschrieben werden können. Auch die Substituierbarkeit von Ausbildungsabschlüssen bzw. die relative Flexibilität des Arbeitsmarktes wurde durch die Arbeitskräftebedarfsprognosen vernachlässigt. *Manpower requirement*-Analysen orientieren sich an der Voraussetzung linearen und stetigen Wachstums. Dabei vernachlässigen sie nicht nur redistributive Aspekte, sondern auch den nicht-formalen Arbeitsmarkt (vgl. Buchmann 1979: 50ff.; Lauglo 1993: 7ff.; Laaser 1980: 23ff; Psacharopoulos et al. 1983; Windham 1975; auch: Offe 1975: 222ff.).

Die Datengrundlage der Bildungsplaner war gerade in Entwicklungsländern aufgrund der spezifischen Bedingungen eher spärlich und kontrastierte kraß mit dem Komplexitätsgrad der relevanten Fakten. Schon 1970 bezeichnete Blaug Arbeitskräftebedarfsprognosen als „*a modern form of crystal ball gazing*" (Blaug 1970: 168), und Windham schrieb:

„The same researcher who carefully notes the inadequacy and unreliability of his sources can usually be counted on to conclude his study with an announcement of needed change in the system-change which often involves thousands of teachers and students and millions of dollars." (Windham 1975: 194)

126

Die zeitliche Verschiebung, mit der Veränderungen im Bildungssektor wirksam werden, erschwert eine präzise Prognose zusätzlich.

„The administrator-cum-planner is forced into a position of making changes which will not come to fruition until well into the future, on the basis of inexact, possibly inaccurate, and certainly outdated information." (Windham 1975: 191)

Die Umsetzung der ohnehin mangelhaft fundierten Bildungspläne stieß zusätzlich auf organisatorische Probleme. Die in den 60er und frühen 70er Jahren entworfenen makroökonomischen Entwicklungspläne ließen sich mit den Bildungsplänen kaum koordinieren. Die Sollvorgaben der Gesamtentwicklungspläne blieben (notgedrungen) zu unspezifisch, um als Grundlage für präzise Arbeitskräftebedarfsbestimmungen dienen zu können. Zwar ist anzuerkennen, daß in verschiedenen Ländern Lateinamerikas Versuche zur Koordination zwischen Entwicklungs- und Bildungsplanung unternommen wurden, doch erwiesen sich die erstellten Studien letztlich als wenig hilfreich. Sowohl der allgemeine Mangel an zuverlässigen Daten als auch die Schwierigkeit, langfristige Entwicklungen für Länder vorauszusagen, die sich gerade durch die Ungewißheit ihrer wirtschaftlichen Fortentwicklung auszeichnen, erschwerte zuverlässige Prognosen (UNESCO 1976: 85).

Angesichts der ungebrochenen Anerkennung, die *manpower requirement*-Analysen von seiten der bildungspolitischen Praktiker erfuhren, forderte die Weltbank trotz aller Bedenken nicht den vollständigen Verzicht auf dieses Planungsinstrument, sondern kritisierte vor allem seine Monopolposition. Die bislang ausschließliche Verwendung von *manpower requirement*-Analysen als Planungsgrundlage sollte durch andere Verfahren ergänzt und optimiert werden (Psacharopoulos et al. 1983: 10ff.).

3.4.2 ‚Bedarfsgerechte' Dimensionierung des Bildungssektors?

3.4.2.1 *Private Bildungsfinanzierung*

Der soziale Konsens aus der Epoche des Entwicklungsstaates, der Staat sei grundsätzlich für die Bereitstellung von Bildungs- und Ausbildungsplätzen für möglichst alle Bürger zuständig, wurde von neoliberalen Bildungsökonomen radikal in Frage gestellt. Eigentumsrechte an Qualifikationen, so argumentierten sie, fallen grundsätzlich dem Individuum zu, und Ansprüche darauf können von anderen nur teilweise und zeitlich beschränkt erworben werden. Als Konsequenz daraus sei zu fordern, daß das Individuum für die Kosten der Qualifizierung selbst aufzukommen habe, so wie ein Unternehmer, der durch den Erwerb von Produktionsmitteln seine Produktivität zu steigern sucht, diese selbst bezahlen muß.

Die Schulpflicht komme ökonomisch einem *Abnahmezwang für Bildungsgüter* gleich und führe bei gleichzeitiger Produktion und Finanzierung von Bildungsgütern durch den Staat zu sich verstärkenden Ineffizienzen:

„Bei Substitutionalität der Einsatzfaktoren (Lehrer und Schüler) und unfreiwilligem Besuch des Pflichtunterrichtes durch die Schüler sowie bei administrativer (obligatorischer) Zuteilung der Lehrer auf Schulen (werden) die Produktionsbedingungen der Schule direkt und indirekt [...] ungünstig beeinflußt. Bei gegebenem Preis der Einsatzfaktoren wirkt dies kostenerhöhend beziehungsweise leistungsmindernd. [...]

Schließlich beeinträchtigt die Schulpflicht auch das Entstehen pädagogischer Innovationen, soweit es sich um Produktinnovationen (Neuerungen in den Bildungsinhalten) handelt, weil die Bildungs- und Lernziele weitgehend vorgegeben sind."
(Lith 1985: 10)

Bildung sei nicht nur eine Investition in die Zukunft der Gesamtgesellschaft, sondern viel unmittelbarer eine gewinnträchtige Kapitalanlage für das einzelne Individuum. Das staatliche Angebot ökonomisch relevanter Leistungen zum Nullpreis untergrabe eine optimale Verteilung knapper gesellschaftlicher Ressourcen dadurch, daß die Kosten von *bad educational decisions* vom Konsumenten externalisiert werden könnten. Fällt der Nutzen aus dem Konsum solcher Leistungen voll privat an, während die Kosten durch die Gemeinschaft der Steuerzahler erbracht werden, tendiere der einzelne dazu, öffentliche Leistungen auch dann in Anspruch zu nehmen, wenn er bei angemessener Kostenbeteiligung darauf verzichten würde. Die Nachfrage werde dadurch, so die Argumentation der Markttheoretiker, über das optimale Maß hinaus ausgedehnt, denn der Kostenzuwachs sei in aller Regel höher als der zusätzlich entstehende Nutzen (vgl. Fuest et al. 1981: 25ff.; Windham 1982: 171).[133]

Auch das Argument der externen Effekte sei nicht geeignet, die staatliche Subvention von Bildungsleistungen zu stützen. Marktorientierte Bildungsökonomen wie Lith (1985: 24ff.) halten es für möglich, auch solchen Nutzen von Bildung zu internalisieren, der auf den ersten Blick keine Entsprechung in prognostizierbaren Ertragsraten aufweist. Liths Ansicht nach

"ist davon auszugehen, daß auch hier subtile Exklusions- und Tauschmechanismen wirksam sind, über die unter Ökonomen im allgemeinen nicht gesprochen wird, die aber gleichwohl [...] sich von den Marktbeziehungen im ökonomisch engen Sinne nicht wesentlich unterscheiden. Kann man mit Gewißheit sagen, daß zum Beispiel die Wertschätzung und Achtung, die ein Mensch auf Grund seiner Bildung, seiner Belesenheit und seiner intellektuellen Fähigkeiten im Kreise seiner Bekannten und Freunde erfährt, für ihn nicht Anreiz genug sind [...]? Und sind diese feinen individuellen Steuerungsprozesse nicht wirksamer und präziser in der Lenkung und wegen ihres dezentralen Charakters den undifferenzierten Lenkmöglichkeiten des Staates überlegen?" (Lith 1985: 25)

Soll jedoch die Finanzierung von Schul- und Ausbildung ausschließlich durch die Bildungsnachfrager selbst getragen werden, treten spezifische Probleme auf, die häufig als Argumente gegen die Privatisierung öffentlicher Schulen geltend gemacht werden. Vor allem der Aspekt der Chancengleichheit und das Problem der strukturell bedingten Unterfinanzierung von Bildungsinvestitionen[134] durch (in der Regel über die Verhältnisse am Arbeitsmarkt uninformierte und häufig wenig finanzkräftige) Bildungsnachfrager werden in diesem Zusammenhang angeführt (vgl. Whalley et al. 1989; CINTERFOR 1990: VIII 59ff.).

---

133 Aus der Tatsache, daß die Erträge arbeitsplatzübergreifender Bildungsinvestitionen ebenso wie ein potentieller *„Konsumnutzen der Bildung"* vollständig den Individuen zufließen, hatte Becker schon 1964 (21ff.) den Vorschlag abgeleitet, die Kosten für die Vermittlung genereller Qualifikationen den Individuen aufzuerlegen, während die Kosten für arbeitsplatzbezogene Qualifizierung vom Unternehmer getragen werden müßten.

134 Empirisch ist nämlich feststellbar, daß Bildungsnachfrager die Vorteile, die sich aus Bildungsgütern ziehen lassen, systematisch unterschätzen (vgl. Ball 1985: 13).

Auf das Argument, nur die staatliche Bildungssubvention ermögliche eine einkommensunabhängige Versorgung der Individuen mit Bildungsgütern und mithin Chancengleichheit im Bildungswesen, erwidern die Befürworter einer marktlichen Regulierung des Bildungswesens, ungleiche Leistungen der Individuen rechtfertigten die ungleiche Verteilung ökonomischer Vorteile. Sobald daher ungleiche Marktchancen wie Geschlechtszugehörigkeit, finanzielle Leistungskraft der Eltern oder sozialisatorische Nachteile durch Information, ein funktionierendes Kreditwesen für Bildungsinvestitionen sowie punktuelle staatliche Interventionen wie z. B. Auflagen an die Schulen ausgeglichen würden, könne ein diversifiziertes, marktreguliertes Bildungsangebot sogar dazu beitragen, die Chancengleichheit im Bildungswesen zu verbessern (vgl. Timmermann 1985: 115). Die ausschließlich staatliche Finanzierung der Bildung führe dagegen insbesondere im postsekundären Bereich dazu, daß viele wenig verdienende Steuerzahler den *Bildungskonsum* weniger Angehöriger der Mittelschicht und der höheren Schichten finanzieren (Ball 1985: 55; vgl. auch Lith 1985: 11).

Zur Überwindung des Problems der tendenziellen Unterinvestition in Bildung sind mehrere Lösungsansätze entwickelt worden: Einige Autoren (z. B. Ramos 1994; Cepal 1992a, Whalley et al. 1989) schlagen *Voucher-* und Kreditsysteme zur Förderung der Eigenfinanzierung von Bildung vor. Auf diese Weise könnten Nachfrager zu Qualifizierungsmaßnahmen motiviert werden, die zur Begleichung der hohen Ausbildungskosten kurzfristig nicht in der Lage sind, so rentabel sie auf lange Sicht auch sein würden. Solche Kredite könnten durch private Institute vergeben und mit staatlichen Garantien ausgestattet werden.

Die Institutionalisierung von Ausbildungskreditsystemen ist allerdings mit strukturellen Schwierigkeiten konfrontiert (vgl. z. B. CEPAL 1994: 56). Qualifikationen lassen sich (im Gegensatz beispielsweise zu Immobilien) nicht als Garantie hinterlegen. Auch wird die für die Kreditaufnahme notwendige Berechenbarkeit der künftigen Gewinne dadurch erschwert, daß der Zusammenhang zwischen Qualifikation und Lohnzuwachs nicht eindeutig vorhersehbar ist; ein Sachverhalt, der durch die starken technologischen Veränderungen der jüngsten Zeit und den damit verbundenen Wandel der Qualifikationsnachfrage noch verstärkt wird. Unter dieser Bedingung werden potentielle Geldgeber bei Fehlen anderweitiger Sicherungen die Kreditmenge auf den Betrag begrenzen, der seiner Meinung nach mit Sicherheit aus dem Projekt zurückfließen wird. Kalkuliert er das vollständige Scheitern des Projektes ein, wird er die Kreditgrenze nicht wesentlich über dem möglichen Zerschlagungswert (Wiederverkaufswert der zur Investition angeschafften Sachgüter) des zu finanzierenden Projektes ansetzen. Durch Investitionen in Bildung und Ausbildung geschaffenes Humankapital hat aber keinen Zerschlagungswert (Ball 1985: 23f.).

3.4.2.2 Staatliche Investitionen in Bildung

Angesichts dieser Schwierigkeiten einer rein privatwirtschaftlichen Bildungsfinanzierung und auch mit Blick auf den sozialen Ertrag mindestens bestimmter Bildungsformen forderten neoliberale Bildungsökonomen dann eine rationalere und gewichtete Verteilung der Bildungssubventionen. Sie warnten vor einer idealisierenden Beurteilung des Wertes von Bildung und forderten im Sinne der Humankapitaltheorie, bildungspolitische Subventionsentscheidungen an wirtschaftlichen Kriterien auszurichten.

Die komparativen Evaluierungen einzelner Schulformen und -stufen (vocational schools versus general schools, primary versus secondary versus higher education etc.), die vor allem von der Weltbank in Form von Ertragsratenanalysen durchgeführt wurden,[135] boten die empirische Datengrundlage für gewichtete Investitionsentscheidungen – die angesichts knapper finanzieller Ressourcen seit Mitte der 80er Jahre sowohl von den Kreditgebern als den Nehmerländern begierig aufgegriffen wurden.

1978 führte Psacharopoulos[136] eine Sekundäranalyse durch, in der fünfzehn Erhebungen (acht davon aus Entwicklungsländern) verglichen und analysiert werden. Der Wert der Ergebnisse wird zwar durch für Metastudien typische methodische Probleme[137] beeinträchtigt, dennoch gelten die von Psacharopoulos gewonnenen Ergebnisse als plausible und weithin gültige Entscheidungsgrundlage für die internationale Bildungspolitik:

- Der gesellschaftliche Nutzen (vgl. Kapitel 2.4.1) von Bildung nimmt mit dem Aufstieg im Bildungssystem ab. Die soziale Ertragsrate der Grundbildung schätzt Psacharopoulos auf mehr als 50%, diejenige der Sekundarstufe auf über 12%, der Hochschule 10% und der Graduiertenausbildung auf 5%.

- Die sozialen Erträge von Bildung sind in Entwicklungsländern höher als in Industriestaaten. In der Dritten Welt kann man von einem Ertrag von 20% der Bildungsinvestitionen, in Industrieländern von 6% ausgehen. Die Erträge dieser Humankapital-Investitionen stehen im umgekehrten Verhältnis zu denen in Sachkapital. Dort ist der Wert für Entwicklungsländer etwa 8%, für Industrieländer aber 11%.

- Analog zum Arbeitsmarktrisiko beim Übergang Schule–Betrieb läßt sich auch die Dauer der Arbeitslosigkeit in Funktion von Bildungsniveau und Alter als umgekehrte U-Kurve darstellen. Schulabsolventen der Sekundarschule sind häufiger arbeitslos als Hochschulabsolventen oder Primarschulabbrecher.

- Die Abwanderung von ausgebildeten qualifizierten Arbeitskräften aus Entwicklungsländer in die Industrieländer ist eine Funktion der relativen Lohnvorteile zwischen Ländern. Den Verlusten für das Ausbildung bereitstellende Herkunftsland ste-

---

135 Eine Übersicht über die diesbezüglich geleistete Forschungsarbeit im Auftrag der Weltbank findet sich bei World Bank 1990.
136 Education and Work: An Evaluation and Inventory of Current Research, Paris, zit. n. Lenhart 1993: 18ff.
137 Ertragsratenberechnungen gelten als nur bedingt miteinander vergleichbar, da kein einheitliches Vorgehen bezüglich der Kostenermittlung existiert und weil häufig nur die lohnabhängig arbeitende (städtische) Bevölkerung einbezogen wird. Auch wird kritisiert, daß die Ergebnisse nicht von anderen Einflüssen wie Klassenzugehörigkeit und Arbeitsmarktlage bereinigt werden können. Die Validität von Ertragsberechnungen ist auch deswegen eingeschränkt, weil Lohnsteigerungen nicht notwendig auf Produktivitätssteigerungen in entsprechender Größenordnung schließen lassen. Bei zu starker Regulation des Arbeitsmarktes oder sonstigen Fällen von Marktversagen spiegelt die Entlohnung Grenzerträge nur verzerrt wider.

hen Gewinne durch Rückwanderung und die Überweisung von verdientem Einkommen entgegen.

Psacharopoulos hat seine Studie mehrfach aktualisiert. Auch in der letzten Version von 1985[138] kam er zu dem Ergebnis, daß die Ertragsraten der Primarschulausbildung höher liegen als die der Sekundarschul- und der tertiären Bildungsbereiche[139] und diejenigen der Entwicklungsländer höher als die der Industrieländer. Männer profitieren langfristig weniger von Bildungsinvestitionen als Frauen, auch wenn diese im Durchschnitt weniger verdienen, und die Ertragsraten von sozialwissenschaftlichen Studiengängen sind ebenso hoch oder höher als diejenigen in Medizin oder Ingenieurswissenschaften (vgl. Carnoy 1994c: 4915).

Auch neuere Studien im Auftrag der Weltbank bestätigen im wesentlichen die früheren Ergebnisse. Primarschulbildung trägt mit den weitaus höchstens Ertragsraten zum Wirtschaftswachstum bei, gefolgt von Investitionen in physisches Kapital. Erst an dritter Stelle liegt, so das Ergebnis entsprechender Regressionsanalysen aus 113 Ländern, die Sekundarschulbildung (Weltbank 1995b: 23). Insbesondere für Bildungsangebote jenseits der Primarschule wurde daher eine Verlagerung der öffentlichen Bildungsinvestitionen auf private Investoren über eine Kredit- und Darlehensfinanzierung gefordert[140] (vgl. Naumann 1990).

3.5   Bildungspolitische Leitidee: Der Bildungsmarkt

Angesichts der Notwendigkeit einer restriktiveren Haushaltspolitik in der Folge der weltweiten Schuldenkrise in den 80er Jahren wurden die im vorangegangenen Kapitel ausgeführten bildungsökonomischen Überlegungen von den Regierungen der Entwicklungsländer mit großem Interesse rezipiert. Der Prestigeverlust, den der Bildungsbereich als Faktor der wirtschaftlichen und sozialen Entwicklung erlitten hatte, schlug sich unmittelbar in einer drastischen Senkung sowohl der nationalen Bildungshaushalte als auch der internationalen Bildungshilfe nieder.

Eine Weltbankstudie (Lockheed et al. 1991: 35) zeigte, daß zwischen 1980 und 1986 zwölf von dreizehn Ländern, in denen Strukturanpassungsmaßnahmen durchgeführt wurden, die Bildungsbudgets kürzten. Von den zwölf Staaten in vergleichbarer ökonomischer Situation, die keine *adjustment*-Politik verfolgten, verringerten nur drei ihre Bildungsausgaben. Der relative Anteil der Bildungszusammenarbeit an der bilateralen Entwicklungshilfe sank weltweit zwischen 1979 und 1989 von 16,5% auf 10,7% (Morales-Gómez 1994: 2962). Die internationale Kreditvergabe erfolgte schwerpunktmäßig bei solchen Projekten und Programmen, die Investitionscharakter vorweisen konnten.

---

138 Psacharopoulos (1985): Returns to Education: A further international update and implications, in: Journal of Human Ressources 20(1985)4: 586-604.
139 In besonderem Maße trifft dies offensichtlich für Entwicklungsländer zu. Mit steigendem Industrialisierungsgrad wachsen auch Erträge von Investitionen in Sekundar- bzw. Universitätsbildung an (World Bank 1990: 9).
140 Grundbildung würde diesem Konzept zufolge dagegen für die Dauer der Schulpflicht über (privat aufzustockende) Gutscheine (vouchers) finanziert (Timmermann 1985: 37).

Doch die bloße Kürzung der Bildungsmittel als Indikator und zentrales Ergebnis neoliberaler Strukturpolitik ins Feld zu führen, würde den Reformbemühungen der Marktbefürworter nicht gerecht. Sie postulierten vielmehr, der Rückzug des Staates aus mindestens einigen Bereichen des Bildungs- und Berufsbildungswesens solle durch eine verstärkte Beteiligung privatwirtschaftlicher Akteure kompensiert werden. Dazu sei es unumgänglich, die staatlichen Schulstrukturen zu dezentralisieren und eine möglichst weitgehende Schulautonomie herzustellen.

3.5.1 Deregulierung und Dezentralisierung

Der Bildungsbereich gilt generell als besonders resistent gegenüber Dezentralisierungsreformen. Abgesehen von einigen wenigen föderalistischen Staaten werden Mindeststandards bezüglich der Organisation des allgemeinbildenden Schulwesens (Pflichtschulzeit, Gliederung des primären und sekundären Schulsystems etc.) in fast allen Ländern zentral festgelegt. Die organisatorische Ausgestaltung im Inneren der Bildungssysteme bietet nach Ansicht der neoliberalen Bildungspolitiker jedoch durchaus Flexibilisierungsspielräume. Ausmaß und Komplexitätsgrad der entsprechenden Reformen bemessen sich vor allem nach der institutionellen Tiefe des Macht- und Ressourcentransfers und dem Inhalt der Entscheidungsgegenstände (vgl. Timmermann 1995: 51f.). In der konsequentesten Reformvariante ist es die einzelne Schule, die weitgehend eigenständig über

- Schul- und Unterrichtsorganisation (Klassenbildung nach altershomogenen oder altersheterogenen Gruppen, Klassengrößen), Unterrichtsrhythmen, Zeitstruktur, Unterrichtsdifferenzierungsformen etc.),
- Ressourcenverwendung (räumliche, sachliche),
- Planung, Auftragsvergabe und Finanzierung von Schulbauten,[141]
- Einstellung, Besoldung,[142] Vertragsform und Zeitbudgetierung des Personals sowie
- dessen Supervision und Evaluierung entscheiden soll.
- Die Besetzung von Führungspositionen innerhalb der Schulverwaltung kann ebenfalls zentral oder dezentral erfolgen.[143]

Weder die alte Forderung nach pädagogischer Autonomie[144] noch der Anspruch einer demokratischeren Form der Schulverwaltung[145] sind damit notwendig impliziert. Den-

---

141 In der Praxis obliegt gerade in Entwicklungsländern dieser Bereich in vielen Fällen lokalen Instanzen und zwar ganz unabhängig vom Grad der Dezentralisierung der Bildungssysteme. Die Gemeinde (in vielen Fällen mit Hilfe der aktiven Mitarbeit der Eltern) ist dann für Finanzierung und Planung schulischer Bauten verantwortlich, während die staatliche Beteiligung sich auf die Bereitstellung eines Anteils der finanziellen Ressourcen beschränkt.

142 In der Konsequenz bedeutet dies die Entkoppelung der Lehrerbesoldung von nationalen Tarifsystemen und die Entlassung der Lehrer aus dem Angestellten- bzw. Beamtenstatus.

143 Winkler (1993: 110) weist allerdings darauf hin, daß angesichts der Transport- und Personalprobleme in Entwicklungsländern die Überwachung der wie auch immer ernannten Schulleiter so sporadisch erfolgt, daß diese auch in streng hierarchischen Systemen über große Autonomiespielräume verfügen.

144 Aus pädagogisch–normativer Sicht wurde argumentiert, die Parteinahme des Erziehenden für den einzelnen basiere auf seiner pädagogisch begründeten Autonomie. Dieser für das Verhältnis zwischen Educandus und Erzieher konstitutiven *Freiheit* des Pädagogen habe eine größtmögliche Autonomie des Lehrers in pädagogischen, inhaltlichen und methodischen Fragen zu entsprechen (vgl. z. B. die

noch werden diese politischen Zielvorstellungen häufig mit denen der Dezentralisierung argumentativ verknüpft (vgl. Bimber 1993: x).

Dezentralisierte, konkurrenzorientierte Bildungsmärkte würden, so vermuten neoliberale Bildungsexperten, die Qualität des Systems maßgeblich erhöhen (vgl. Kemmerer 1994: 1413; Mc Ginn et al. 1986: 472; Winkler 1993) und sowohl die interne als auch die externe Effizienz steigern, denn zum einen arbeiteten kleinere Einheiten flexibler, innovativer und leistungsfähiger als zentralisierte Institutionen, zum anderen seien ihre Curricula aufgrund ihrer höheren Anpassungsfähigkeit an regionale Gegebenheiten marktadäquater und ihre Leistung somit allokationseffizienter).

Diese These gründet sich auf der Annahme, die verbesserte Zurechenbarkeit (*accountability*) von Arbeitsergebnissen auf einzelne Institutionen und Personen könne eine generelle Leistungssteigerung bewirken. Den Akteuren in zentralisierten Bildungssystemen sei es immer möglich, Leistungsdefizite mit der Gebundenheit an übergeordnete Richtlinien zu rechtfertigen oder (partielle) Leistungsverweigerung mit Hinweis auf erfüllte Normen zu decken. Die Folge sei eine progressive De-Qualifizierung der Lehrenden, die über immer weniger Autonomie in Fragen der Curriculum- und Unterrichtsgestaltung verfügten. Zugleich würden Lehrer in zentralisierten Bildungssystemen durch ein Übermaß an bürokratischen Regelungen und Zwängen an kreativem und selbstverantwortlichem Handeln eher gehindert. In dezentralisierten Schulsystemen dagegen seien die Schulen dem eigentlichen Abnehmer ihrer Dienstleistung, den Schülern und Eltern, gegenüber rechenschaftspflichtig (vgl. Hill et al. 1991: 35f.). *Accountability* werde so zur Voraussetzung für die Entwicklung realistischer Leistungsvorgaben und ihre Überprüfung durch Selbst- bzw. gegenseitige Kontrolle im Team (Weiler 1993: 65; auch: Hannaway 1993: 136; Hill et al. 1991: 37).

Unter der Bedingung der Zurechenbarkeit von Leistungen und befreit von den rigiden Vorgaben zentralisierter Bürokratie, so argumentieren Dezentralisierungsreformer, würden die Schulen rasch eigene Zielvorstellungen und Organisationsformen entfalten. Wirksam werde das Wettbewerbsgebot insbesondere dann, wenn die Nachfrager finanziell an den Bildungsangeboten beteiligt seien, so daß auch finanzielle Sanktionen durch Minderung der Nachfrage befürchtet werden müßten (vgl. World Bank 1995b: 126f.).

„The more that schools themselves can control the allocation of resources, however, the greater the possibilities of effective schooling. And the more that households are involved, the greater will be the incentives for the schools to improve quality." (World Bank 1995b: 131)

Beiträge in Badertscher et al. 1995). Diese Autonomie solle sich auch in der Ausgestaltung des Schulsystems niederschlagen. Eine angemessene Orientierung am einzelnen sei nur dann möglich, wenn Lehrer über entsprechende institutionelle Freiräume verfügten.

145 Dezentralisierungsmaßnahmen werden als probates Mittel zur Erreichung dieses Zieles vor allem aufgrund des veränderten Kontrollmechanismus angesehen: Während in zentralen Organisationen Leistungsbewertung ausschließlich auf der Erfüllung vorgegebener Quoten, Reglements und der Einhaltung von Dienstwegen beruhe, befördere die erhöhte Zurechenbarkeit von Leistungen in dezentralen Organisationen die Selbstkontrolle der nunmehr sich selbst verwaltenden Individuen und Institutionen. Lehrer und Schulleiter orientierten sich in dezentralisierten Schulen daher weniger an bürokratischen Normen als an selbstgesetzten Maßstäben. Die Diskussion um Schulautonomie gehört daher – insbesondere in Industrieländern – zum argumentativen Repertoire der um Professionalisierung bemühten Lehrerschaft.

Die höhere externe Effizienz dezentralisierter Systeme ergebe sich daraus, daß (teil-)autonomen Institutionen *"bei Strafe des Untergang und bei der Chance, Profit zu machen"* (Timmermann 1985: 57) gezwungen seien, ihre Effizienz und Qualität ständig unter Kontrolle zu halten, flexibel und anpassungsfähig auf Marktsignale zu reagieren sowie ihre Effizienz durch Innovationen ständig zu verbessern (vgl. auch Windham 1975: 198).

Zugleich seien dezentralisierte Schulen in der Lage, kosteneffizienter zu arbeiten. Durch die engere Kooperation mit lokalen Akteuren, privaten Unternehmen und Einzelpersonen werde es möglich, zusätzliche Ressourcen zu erschließen. Dadurch, daß in dezentralisierten Strukturen die Personen Entscheidungen träfen, die über die meisten und präzisesten Information verfügten, würden Aufwendungen für Koordination und *monitoring* weitgehend entfallen (Hannaway 93: 136). Kurzfristig auftretende Kostensteigerungen, die durch den Verlust von Skaleneffekten zu erwarten seien, würden mittel- und langfristig durch die positiven Wirkungen einer bedarfsorientierten und individuell zurechenbaren Leistungserbringung ausgeglichen oder sogar überkompensiert (Weiler 1993: 62f.).

3.5.2 Marktsteuerung statt Bildungsplanung

Unabhängig davon, ob die zur Bildungsfinanzierung notwendigen Ressourcen tatsächlich von den nachfragenden Individuen aufgebracht oder von diesen nur im Rahmen freier Schulwahl und nachfragerabhängiger Finanzierung gelenkt werden, ist die marktförmige Steuerung des Bildungssektors zentraler Bestandteil der neoliberalen Bildungspolitik. Erst die Regulierung des Bildungswesens über den Markt sei, so postuliert z. B. Lith, dazu in der Lage, Ausbildungsangebote schnell, gezielt und reibungslos an neue gesellschaftliche und wirtschaftliche Anforderungen anzupassen (Lith 1985: 122ff.). Die Funktion staatlicher Bildungspolitik sei deshalb darauf zu reduzieren, die durch staatliche Interventionen entstandenen Marktverzerrungen zu beheben und betriebs- und nachfrageorientierte Ausbildung zu fördern.

Gerade hier setzt allerdings auch die Kritik ein. Ob der Bildungsbereich tatsächlich als ‚funktionierender Markt' konzeptualisiert werden kann, wird nämlich schon deswegen bestritten, weil von einer realen Souveränität der Bildungsnachfrager nur eingeschränkt gesprochen werden könne. Die Versorgung mit Bildungsgütern sei gleichzeitig Voraussetzung und Bedingung von Investitionsentscheidungen auf dem Bildungsmarkt, und die Beschaffung und Verarbeitung von Informationen über verschiedene Bildungsgüter mit hohen Kosten verbunden, die besonders von bildungsfernen Bevölkerungsgruppen gescheut würden.

Doch Befürworter einer marktwirtschaftlichen Organisation des Bildungswesens erwidern darauf, das Handeln der Eltern richte sich in aller Regel optimal an den Wünschen und Möglichkeiten der Kinder aus und eröffne so die Möglichkeit sinnvoller Differenzierung und damit die Chance, einen Bildungsweg von Beginn an auf die spezifischen Bedürfnisse und Fähigkeiten des jungen Menschen zuzuschneiden (vgl. Ball

1985: 14). Möglichen Fehlentscheidungen oder Zweifeln der Eltern (etwa bezüglich des zu erwartenden Nutzens von Ausbildung oder bezogen auf Zeitpräferenzen) sei durch geeignete Informationsmaßnahmen entgegenzuwirken. Im übrigen werde dem Desinteresse und der Unkenntnis der Individuen über Bildungsalternativen durch die staatliche Organisation des Bildungsbereiches nur Vorschub geleistet.

„Zum einen ist die Zahl der angebotenen Bildungsalternativen auf Grund der eingeschränkten Verfügungsrechte der Nachfrager und der Einheitlichkeit des Bildungsangebotes geringer und damit auch der Nutzen, sich über Alternativen zu informieren; zum anderen haben Bildungsanbieter kein oder nur ein geringes Interesse, Informationen über alternative Bildungsgüter zur Verfügung zu stellen." (Lith 1985: 7)

Das Entstehen eines Informationsmarktes für Bildungsgüter sei um so wahrscheinlicher, je eher der Nutzen von Information die Kosten für ihre Erlangung übersteige. Die *Entscheidung des einzelnen* (*individual planning*), die – zunächst an der Optimierung des eigenen Nutzens orientiert – sich in der Gesamtsumme zum Vorteil des Ganzen aggregieren sollte, wurde so zum Ausgangspunkt bildungsplanerischen Denkens. Während die zentralisierte Bildungsplanung ihre Informationsgrundlage aus Abstraktionen und Quantifizierungen der Schulrealität speise, so wurde argumentiert, werde das Individuum mit einer konkreten Schule, konkreten Lehrern und Schulmaterialien konfrontiert. Sein objektives Interesse an spürbaren Vorteilen seiner Einzelentscheidung erzwinge effiziente Formen der Kosten-Nutzen-Abwägung und begünstige rationale Optimierungsentscheidungen.

„This quantitative divergence between the artifices of the central planner and the realities of the individual student/family is the basis for the advocacy here for a much more microeducational bias in the study of planning education of all levels and forms." (Windham 1982: 105)

Eine Makroplanung des Bildungsbereiches (*structural planning*) wird von den Markttheoretikern als „*neither accurate nor necessary*" (Godfrey 1994: 4527) abgelehnt. Wie im Kapitel 3.4.1 bereits dargestellt, halten neoklassisch argumentierende Bildungsexperten zentral gestellte Prognosen und bildungsplanerische Vorgaben für in der Regel unpräzise und realitätsfern. Ihr materieller und personeller Aufwand werde durch die Ergebnisse keinesfalls legitimiert. Die Forderung nach Kosteneffizienz müsse jedoch, wie für jeden anderen Produktionsfaktor, auch für die Bereitstellung von Informationen gelten. Sobald der marginale Nutzen der Informationssuche die Kosten nicht mehr decke, sei es sinnvoll, Entscheidungen auf der Grundlage unvollständiger Daten zu treffen. Dieses Gesetz ökonomischer Zweckmäßigkeit werde aber durch die zentrale Bildungsplanung regelmäßig verletzt (Windham 1982: 1967).

Auf der Basis dieser Überlegungen propagierten internationale Organisationen wie das IIEP und die Weltbank seit den 80er Jahren den sog. *new approach* der Bildungsplanung. *Manpower planning,* so argumentieren diese Autoren, sei ein wesentlich komplexerer Bereich als *manpower forecasting.*

„The implication of this new approach to manpower planning is that less emphasis should be placed on planning techniques and more on the concept of planning as a continuous process." (Psacharopoulos et al. 1983: 100)

Eine angemessene Bildungsplanung habe sich auf die Mikroebene konkreter Interessenpolitik zu konzentrieren, um situationsadäquat handeln zu können. Auch Foster (1987: 100f.) argumentiert, die strukturell bedingte Ungleichzeitigkeit von Modernisierungsprozessen zwischen einzelnen Regionen in Entwicklungsländern erfordere eine pragmatisch angelegte *Mikropolitik des Bildungswesens*, so daß auf die sich verändernden Bedingungen der ökonomischen und gesellschaftlichen Umgebung ohne Verzug reagiert werden könne. Diese Neuorientierung, betont er, erwachse aus einem gewachsenen Verständnis der *„ecology of educational development"* (ebd.) und der Zielvorstellung größerer inhaltlicher und administrativer Marktkorrespondenz.

„Isolation from market forces is the main threat to effectiveness and efficiency in public training." (Adams et al. 1992: 9)

Bildungsplaner aller Richtungen analysieren den politischen, institutionellen und materiellen Kontext auch und vor allem in bezug auf die Arbeitsmarktsituation. Die Strategen des Entwicklungsstaates hatten versucht, durch gezielte Bereitstellung qualifizierten Personals die Arbeitskräftestruktur industrialisierter Staaten zu imitieren, einen *entwickelten* Zustand vorwegzunehmen und so Industrialisierungsprozesse zu induzieren. Der *new approach* der Bildungsplanung ersetzte die Prognose des *manpower requirement* durch die Feststellung der aktuellen *manpower utilization*-Muster. Die Vorstellung, durch wissenschaftlich abgesicherte Maßnahmen eine vorgezeichnete Schrittfolge beschleunigen zu können, wurde abgelöst durch die Analyse der tatsächlichen Bedingungen, die Orientierung an hypothetischen Entwicklungsmustern durch die Orientierung am Markt.

Der positive Beitrag, den Bildung und Ausbildung zur wirtschaftlichen und gesellschaftlichen Entwicklung eines Landes leisten können, so wurde argumentiert, sei ausschließlich davon abhängig, inwieweit (aktueller oder antizipierter) gesellschaftlicher Bedarf an der erworbenen Qualifikation bestehe (Adams et al. 1992: 2). Die Ausweitung des Produktivsektors und des formalen Arbeitsmarktes sei die Aufgabe der Makroökonomie. Bildungspolitik habe sich darauf zu beschränken, über die Analyse von Ertragsraten festzustellen, welche Form der Bildungsinvestition nachgefragt werde bzw. sich als kosteneffizient erweise, und die Subventionierung des Bildungssektors entsprechend zu ordnen (Adams et al. 1992: 2).

Auch vor dem Hintergrund dieser Argumentation bildete sich seit Mitte der 80er Jahre innerhalb der Weltbank eine bildungsökonomisch motivierte Strömung heraus, die *Nachfrageorientierung* zur Maßgabe bildungspolitischer Diskussion und Entscheidungen machte. Als Kriterium für die noch beim Staat verbleibenden Investitionsentscheidungen habe letztlich der Kostenvergleich zwischen Bildungsangeboten und die Abschätzung der privaten und sozialen Kosten-Nutzen-Relationen (vgl. auch: Adams et al. 1992: 9; Psacharopoulos et al. 1983: 19ff.) zu dienen. Die Verschränkung von Bildungsökonomie und Bildungsplanung (bzw. der Übergriff ökonomischer Leitideen auf den Planungsbereich) führte dazu, Bildungsinvestitionen zunehmend stärker zu gewichten und die diesbezüglichen Entscheidungen von den erwartbaren Erträgen der Investition abhängig zu machen.

Wenn nämlich, so lautete die Folgerung aus den Befunden der in Kapitel 2.4.2 und 3.4.2.2 erläuterten Ertragsratenanalysen, die soziale Ertragsrate der Sekundarschulen gegenüber derjenigen der Primarschule so deutlich abfalle, gleichzeitig jedoch die Ausbildung im Sekundar- und Tertiärbereich ganz eindeutig auf den Erwerb arbeitsmarktgängiger Qualifikationen ausgerichtet sei und damit vor allem zur Ertragssteigerung der individuellen Arbeitskraft diene, so sei es nur konsequent, für post-primäre Bildungsgänge auch private Kostenbeteiligungen einzufordern.

Auch die Weltbank beanstandete, die konventionelle Verteilung der öffentlichen Subventionen in Bildung sei in höchstem Grade ungerecht: Wenige Teilnehmer an höheren Bildungsgängen, die zudem in aller Regel aus finanziell besser gestellten Familien stammen, erhielten (auch absolut gesehen) ein Vielfaches der Ressourcen von Primarschülern. Dies treffe ganz besonders auf arme Länder zu, in denen diese Fehlallokationen wiederum besonders gravierende Folgen zeitigten. *„The higher the average level of schooling, the lower the inequality in spending."* (World Bank 1990: 60) Empfohlen werden daher Maßnahmen des *cost recovery* bzw. die Erhebung von Studiengebühren und Reinvestition der so gewonnenen Mittel in die Primarbildung sowie Dezentralisierungsmaßnahmen mit dem Ziel, zusätzliche private Ressourcen zu mobilisieren (ebd.: 61).

Der Weltbankpräsident Barber Conable (1986–1991) setzte sich persönlich für eine Schwerpunktsetzung der Kreditvergabepolitik im Bereich der Grundschulbildung ein (vgl. Jones 1992: 140), und der Anteil von Weltbankprojekten, die den Primarschulbereich förderten, erreichte zwischen 1979–1983 24%, während er in der Planungsperiode 1970–1974 nur 5% betragen hatte (Psacharopoulos et al. 1983: 18).

3.5.3 Die Krise beruflicher Vollzeitschulen

Die neoliberale Forderung, gewichtete Subventionsentscheidungen auf der Grundlage ökonomisch begründeter Kriterien zu treffen und jede Institution bzw. jeden Bildungsgang auf seinen potentiellen Nutzen für Individuum und Gesellschaft zu untersuchen, rückte insbesondere die vollzeitschulische Berufsausbildung ins Kreuzfeuer der Kritik.

Die bevorzugte Unterstützung der beruflichen Schulbildung in den 60er und 70er Jahren war von der Hoffnung getragen gewesen, ein – in vielen Fällen doppeltqualifizierender – Abschluß an einer beruflichen Sekundarschule könne eine attraktive Alternative zu allgemeinbildenden Schullaufbahnen bieten und über die Vermittlung arbeitsbezogener Sozialisationsmerkmale und Fähigkeiten zur Schaffung einer eigenständigen *Kultur der Handarbeit* beitragen. Gleichzeitig könne der Ausbau beruflicher Schulen den tertiären Bildungssektor entlasten (vgl. World Bank 1990: 45).

Doch trotz der Expansion allgemeinbildender Schulzweige nahmen die Schülerzahlen im beruflichen Sekundarschulbereich weltweit seit 1965 deutlich ab (vgl. Middleton et al. 1993: 44). Der Charakter beruflicher Sekundarschulen als Schulen *zweiter Wahl* für solche Schüler, denen – aus welchen Gründen auch immer – der Zugang zu allgemeinbildenden Schulen verschlossen blieb, verhinderte die Ausbildung einer eigenständigen *blue-collar*-Identität. Die Orientierung auf das nur verhinderte Bildungsziel *'akademische Bildung'* blieb letztlich ungebrochen; ein inhaltliches Interesse am erlernten Beruf entstand selten.

> „Surveys show that students in vocational schools and training are often poorly motivated and try very hard to get reassigned to nonvocational, general courses that promise more desirable educational and employment opportunities[...]" (Middleton et al 1993: 63)

Effizienzvergleiche zwischen beruflichen und allgemeinbildenden Sekundarschulen werden durch einen gravierenden Mangel an statistischen Grunddaten erschwert (vgl. Middleton et al 1993: 43). Die Ergebnisse vorliegender Studien zu den *rates of return* beruflicher Schulen sind widersprüchlich und lassen eindeutige Schlußfolgerungen nicht zu. Cohen (1985: 48) ermittelte für Malaysia eine *social rate of return* von 20% für außerbetriebliche und betriebliche Ausbildung. Ähnlich hohe Erträge erzielten die Nationalen Berufsbildungsinstitute in Brasilien und Kolumbien (Moura 1979: 196f.; Jimenez et al. 1986). Die hohen Quoten sind allerdings teilweise durch Besonderheiten dieser spezifischen Bildungsinstitute bedingt (insbesondere ihre enge Anbindung an die private Industrie) und kaum auf alle beruflichen Sekundarschulen zu verallgemeinern.[146]

Auch die Daten über Beschäftigungsaussichten von Absolventen beruflicher Sekundarschulen sind widersprüchlich. Der Erfolg dieser Schulform ist offenbar stark von ländertypischen Spezifika wie Einbindung der Schulen in nationale Unternehmergremien, Bedarfsorientierung, Finanzierungsmodi etc. abhängig.

Als gesichert kann gelten, daß Unternehmen sich nur in den wenigsten Fällen auf schulische Berufsausbildung verlassen: Auch Sekundarschulabsolventen durchlaufen lange Einarbeitungs- und Anlernphasen (vgl. Middleton et al.: 56). Abgänger beruflicher Sekundarschulen haben in vielen Ländern eher schlechtere oder mindestens keine besseren Chancen als Absolventen allgemeinbildender Schulen. Dies gilt auch dann, wenn es sich um diversifizierte Sekundarschulen handelt, d. h. um allgemeinbildende Sekundarschulen, deren Lehrinhalte im Zuge des *vocationalism* und mit dem Ziel, Beschäftigungschancen zu verbessern, mit zusätzlichen Unterrichtsinhalten aus dem Arbeitsleben angereichert werden (vgl. World Bank 1990: 48).

Auch die interne Effizienz[147] und das Leistungsniveau der vorgeblich doppeltqualifizierenden Schulen blieben weit hinter den Erwartungen zurück, eine Entwicklung, die offenbar insbesondere durch die hohen Einrichtungs- und Unterhaltskosten schulischer Berufsausbildung, das Übergewicht der allgemeinbildenden Fächer, den hohen Theorieanteil der praktischen Fächer, die Unzulänglichkeit der praktischen Ausbildung und den

---

146 Während in einigen (z. B. afrikanischen) Ländern technische Sekundarschulen vor allem von Oberschichtkindern besucht werden und ihr Status demjenigen einer Ingenieurausbildung nahekommt, stammen in anderen (z. B. lateinamerikanischen) Ländern die Schüler beruflicher Sekundarschulen aus benachteiligten Bevölkerungsschichten. Hier scheint ein Vergleich mit Absolventen allgemeinbildender Schulen unangemessen. Zu untersuchen wäre vielmehr der wirtschaftliche und soziale Erfolg dieser Jugendlichen im Vergleich zu Primarschulabgängern oder Schulabbrechern.

147 Mit ‚interner Effizienz' oder ‚Qualität der Schulbildung' ist der Erfolg der Umsetzung eines Ausbildungsprogrammes gemeint. Als Kriterien gelten z. B. *Förderung des einzelnen* und *Ausbildungserfolg* ebenso wie *Auslastung der Infrastruktur* (vgl. Arnold 1990).

chronischen Mangel an qualifiziertem Lehrpersonal bedingt war (vgl. Arnold 1989a: 167).

Kelly folgerte aus diesen Befunden:

„In country after country, publicly controlled VET (Vocational Education and Training, U.C.) programs are judged to be subjecting the wrong students to irrelevant curricula taught in deteriorating facilities by underqualified and underpaid instructors." (Kelly 1994: 6648)

Die „*vocational school fallacy*" (Middleton et al 1993: 38) fiel mit der finanziellen Krise der verschuldeten Entwicklungsländer in den 70er und 80er Jahren zusammen und führte dazu, daß für den Ausbau und Unterhalt der teuren beruflichen Schulen immer weniger Mittel zur Verfügung standen.

„Vocational graduates could not find jobs, and governments could not afford vocational programs whose average unit costs could be twice those of academic secondary education. The quality of these vocational programs fell, and returns to public investment was low." (Middleton et al 1993: 38)

Auch die Bildungsexperten der Weltbank leiteten aus ihren Studien die Schlußfolgerung ab, berufliche Sekundarschulen seien eine teure, jedoch wenig ertragreiche Investition (World Bank 1990: 45ff.). In ihrem Grundsatzpapier von 1990 kommt die Weltbank daher zu dem Verdikt:[148]

„More than twenty years of studying vocational education therefore raises serious questions about the economic value of investing in expensive vocational schooling[...] Vocational education is much more expensive than academic, and, if unconnected to an employer or group of employers, does not appear to give graduates any advantage in finding work or earning higher wages." (World Bank 1990: 48; ähnlich: Adams et al. 1992: 3)

Eine Alternative zur beruflichen Sekundarschule sah die Weltbank in einer auf einer soliden Allgemeinbildung aufbauenden Spezialisierung durch nachfrageorientierte, nichtstaatlich regulierte Kurse am Arbeitsplatz. Kurzzeit-Training sei gegenüber Langzeit-Ausbildungen zu präferieren, und die höheren Ertragsraten von Primarschulabsolventen bei Trainingsmaßnahmen gegenüber Sekundarschulabsolventen sollten systematisch berücksichtigt werden (World Bank 1990: 44). Auch die staatliche Subventionierung von Lehrlingsverhältnissen, Unternehmenskooperation und *in-service-training* über Direktfinanzierungen oder Steuervorteile wurde unter bestimmten Bedingungen befürwortet (Adams et al. 1992: 8).

3.5.4 Bildungspolitik im Zeichen der Marktstrategie

Die bildungspolitische Konsequenz aus der „*Renaissance der Neoklassik in der Wirtschaftspolitik schlechthin*" (Menzel 1993: 152) war, so läßt sich resümieren, der konse-

---

148 Relativiert wird diese Position inzwischen durch eine „*new wave of research*" (Middleton 1993: 50) innerhalb der Weltbank, die berufliche Sekundarschulen mindestens teilweise rehabilitierte: „These recent studies have shown that when employment opportunities are available or growing and a match is made between training and available jobs, vocational schooling has produced higher productivity (China), wages (Brazil and Hong Kong), and present values of investment (Israel) than general education does." (Middleton 1993: 50).

quente Abbau staatlicher Regulationen, die Autonomisierung der Schulen und die freie Bildungswahl.

Die Kernaussagen des Modells lassen sich wie folgt zusammenfassen:

- Der Markt wird als optimaler Regulationsmechanismus für das Bildungswesen dargestellt. Staatliche Interventionen sind demzufolge lediglich zur Sicherung allgemeiner Verfügungsrechte und zum Ausgleich unumgänglicher Marktverzerrungen sinnvoll. Bildungsplanung auf der Makroebene wird als teuer, unpräzise und überflüssig abgelehnt.

- Die marktgerechte Organisation des Bildungswesens erfordert die Privatisierung der Schulträgerschaften und die private Verfügung der Bildungsnachfrager über die von ihnen getätigten Bildungsinvestitionen.

- Um eine möglichst hohe Zurechenbarkeit der Leistung auf einzelne Bildungsanbieter zu gewährleisten, ist eine umfassende Autonomie der Schulen in bezug auf Budgetierung, Ressourcenakquise, Personalentscheidungen, Schülerzulassung, Lehrplanentwicklung und Evaluierung geboten. Nur über die wirtschaftliche, organisatorische und zum Teil auch die inhaltliche Selbständigkeit der Bildungsinstitutionen sind die zur Effizienzoptimierung notwendigen Wettbewerbsbedingungen herstellbar.

- Private und öffentliche Finanzierungsleistungen im Bildungsbereich sind als Investitionen zu betrachten und vor allem nach ökonomischen Maßstäben zu bewerten. Dort, wo staatliche Subventionsleistungen unumgänglich sind, sollten rationale und gewichtete Entscheidungen getroffen werden, die den potentiellen sozialen Nutzen bzw. Ertrag der Investition systematisch in Rechnung stellen. Angesichts der oben dargestellten Ertragsratenanalysen sind daher jenseits der Primarstufe, die mit Abstand die höchsten *rates of return* aufweist, Subventionen nur mit äußerster Zurückhaltung zu vergeben.

- Im beruflichen Bildungswesen hat die vollzeitschulische Ausbildung besonders schlechte Ertragsraten. Statt beruflicher Sekundarschulen sollen daher solche Ausbildungen bevorzugt werden, die (auf eine breite Grundbildung aufbauend) berufliche Qualifikationen betriebsintern in Kurzzeitkursen vermitteln.

Im Zuge der Strukturanpassungsreformen der 80er Jahre machten sich zahlreiche lateinamerikanische Länder diese Grundsätze zu eigen. Obgleich die Militarisierung der Region seit Mitte der 70er Jahre und die damit verbundene Betonung nationalstaatlicher Interessen dazu führte, daß die regionalen Kooperations- und Koordinationsaktivitäten der vorhergehenden Entwicklungsperiode weitgehend stagnierten, lassen sich auch in dieser Epoche sehr deutliche Parallelen der sozial- und wirtschaftspolitischen Ausrichtung feststellen. Auch ohne explizite Übereinkünfte oder gemeinsame Deklarationen konvergierten die bildungspolitischen Maßnahmen in der Region seit Ende der 70er Jahre in Richtung auf ein marktorientiertes Modell des Bildungswesens.

3.6   Chile (1973 – 1990): Die Militärherrschaft

3.6.1   Militärische Machtübernahme

Am 11. September 1973 wurde Allende durch einen Putsch der von General Augusto Pinochet geführten Militärjunta gestürzt. Die Militärregierung verhängte den Ausnahmezustand, der am 22. September zum Kriegszustand (*estado de guerra*) umgewandelt wurde, löste das Parlament und die *Unidad Popular* auf und suspendierte den Rechtsstatus aller anderen Parteien. Erklärtes Ziel der vierköpfigen Militärjunta war zunächst die Herstellung der *Nationalen Sicherheit*. Dem *Feind von innen* wurde der Krieg erklärt, die Parteien der Unidad Popular verboten und brutal verfolgt. Es ging dabei nicht nur um die Bekämpfung potentiell in die bürgerkriegsähnliche Situation verwickelter militärischer Gegner, sondern um den totalitären Versuch der Ausschaltung jeder politischen Opposition.

„Die Linie, die Freund und Feind trennt [...] geht im allgemeinen durch das Herz der Nation, durch eine Stadt, den Arbeitsplatz, den Schoß der Familie und sogar durch Informationsorgane sowie gesellschaftliche, politische, kulturelle und religiöse Institutionen [...] Es handelt sich um eine ideologische Linie, die lückenlos aufgedeckt werden muß, wenn man den Feind ermitteln will, gegen den ein militärisches Vorgehen vonnöten ist." (Declaración del Gobierno de Chile, zit. n. Friedmann 1990: 34)

Pinochet selbst erklärte:

„Eine freie Gesellschaft muß einen vernünftigen Grad an Pluralismus akzeptieren [...] Aber wenn die Grenze zu einem grenzenlosen Pluralismus überschritten wird und so die Diffusion *irgend*welcher Doktrinen und Ideen legitimiert werden soll, dann zerstört das die essentielle Einheit der Nation als solche, und es öffnen sich Türe und Tore für das Eindringen totalitärer Ideologien." (Rede vom 29.3.1976, zit.n. Brunner 1977: 85)

Die politische Repression und die Menschenrechtsverletzungen durch den Geheimdienst DINA waren horrend. Das *Informe Rettig,* ein Bericht der Kommission für Wahrheit und Versöhnung vom März 1991, bestätigte später die Ermordung von mindestens 164 politisch verfolgten Personen sowie 2115 Opfer von Menschenrechtsverletzungen, darunter 957 *desaparecidos* (Verschwundene). 641 Verdachtsfälle konnten nicht abschließend geklärt werden[149] (vgl. Nohlen et al. 1992: 328).

Viele Chilenen zogen das Exil der politischen Verfolgung im Land vor. Etwa eine Millionen Chilenen gingen alleine nach Argentinien. 1987 lebten ca. 10% der Chilenen im Ausland, unter ihnen allerdings auch viele Wirtschaftsflüchtlinge der Jahre 1970–73. Bis 1983 hatten Tausende von Exilchilenen den berüchtigten „L"-Stempel in ihren Paß erhalten und durften nicht mehr in ihre Heimat zurückkehren. Erst Ende der 80er Jahre wurden die Grenzen für rückkehrwillige Chilenen langsam geöffnet.

Seit Anfang der 80er Jahre begann Pinochet, auch unter dem Druck internationaler Kreditgeber und der USA,[150] mit der Einführung der sog. *geschützten Demokratie*, ein Libe-

---

149 Die Kommission hatte allerdings keinen Zugang zu den Archiven der Geheimdienste, sondern stützte ihren Bericht auf die Daten der Menschenrechtsorganisationen und des Vikariates der katholischen Kirche, die rund 25 000 Fälle von Menschenrechtsverletzungen dokumentiert hatten.

150 Am 21. September 1976 war der ehemalige Verteidigungsminister und Botschafter Chiles in den USA, Fernando Letelier, in Washington durch ein Bombenattentat getötet worden. Nachdem deutlich wurde, daß der chilenische Geheimdienst DINA in den Mord verwickelt war, übten die USA erhebli-

ralisierungsprozeß, der allerdings, wie die Repressionswelle nach dem Attentat der *Frente Popular Manuel Rodríguez* auf Pinochet 1986 zeigte, jederzeit wieder zur Disposition stehen konnte. 1980 wurde eine sehr umstrittene Verfassung der Militärjunta mit einer knappen Mehrheit des Volkes (67%) angenommen. Sie bot die Rechtsgrundlage für die Beibehaltung der politischen Macht der Militärs auch während der vorgeschlagenen *transición* (Übergang) zur Demokratie (ausführlich hierzu: vgl. Cañas–Kirby 1993: 102ff.; Friedmann 1990: 116ff.; Moulian 1997).

3.6.2 Autoritäre Ordnungspolitik

Die militärstrategische Sicherung der Regierungsmacht war das zentrale innenpolitische Anliegen der Militärregierung während der ersten Jahre der Diktatur in Chile. Dazu schien ein dreifaches Vorgehen notwendig: Der Machtapparat des Entwicklungsstaates sollte möglichst vollständig zerstört werden, die Kommunikations- und Hierarchiewege wurden konsequent auf die militärische Befehlszentrale ausgerichtet, und drittens sollte die politische Präsenz des Staates auch in abgelegenen Landesteilen erhöht werden.[151] Die Dezentralisierungsmaßnahmen waren also in dieser ersten Zeit keineswegs von neoliberalen Effizienzüberlegungen geprägt, sondern entsprachen dem ureigenen Interesse der Militärs an Kontrollsicherung.

Am 19. 9. 1973 wurde das *Decreto Ley*[152] No. 259 erlassen, das die Modalitäten der Ernennung sowie die Funktionen der Bürgermeister und Stadträte neu ordnete. In den fünfzehn wichtigsten Gemeinden wurden die Bürgermeister nun von Pinochet persönlich ernannt; in allen anderen Gemeinden erfolgte die Nominierung durch den *Regionalen Entwicklungsrat* auf der Grundlage lokal erstellter Dreierlisten. Durch das Dekret 1289 vom 14. Januar 1976[153] wurden die Kommunen, die zuvor als relativ eigenständige politische Einheit lediglich dem Präsidenten gegenüber rechenschaftspflichtig gewesen waren, der Landesverwaltung unterstellt. Die Integration in die Verwaltungsstruktur des Landes machte aus dieser relativ autonomen politischen Instanz eine administrativ–exekutive Behörde (vgl. PIIE 1984: 125).

Die Verfassung von 1980 bestätigte die direkte persönliche Abhängigkeit der Bürgermeister vom Präsidenten der Republik, der zu ihrer Absetzung oder Versetzung im ganzen Land befugt blieb (vgl. Egaña et al. 1983: 56). Auf kommunaler Ebene waren die Bürgermeister, die praktisch alle Verwaltungsvorgänge gegenzeichneten, dagegen mit weitreichenden Entscheidungsbefugnissen ausgestattet.

---

chen Druck auf Pinochet aus, den Demokratisierungsprozeß zu beschleunigen (vgl. ausführlich: Schubert 1981).

151 „Ein genau definiertes Gleichgewicht an den Grenzen ist für das Land so wichtig wie ein solider Zusammenhalt im Inneren [...] Dies wird aber nicht begünstigt, wenn im Landesterritorium leere Räume anzutreffen sind, Regionen unterentwickelt bleiben oder die Ressourcen nur zum Teil genutzt werden. Ebenso führt die exzessive Landflucht dazu, daß in Städten Armutsviertel entstehen, in denen sich frustrierte und unangepaßte Individuen aufhalten, die der Delinquenz zugeneigt sind und sich leicht fremden oder subversiven Ideen hingeben." (Pinochet 11.7.1974, zit.n.Godoy Urzua 1988: 60).

152 Dekret mit Gesetzeskraft. Unter der Militärdiktatur hatten die von Pinochet erlassene Dekrete Gesetzescharakter.

153 Bekannt als *Nueva Ley Orgánica de Municipios y Administración Comunal*, Neues Gesetz zu den Kommunen und der kommunalen Verwaltung.

Erst nachdem die binnenpolitische Befehlsgewalt der Junta mit Hilfe dieser Struktur des *microcentralismo* konsolidiert schien, wurde die gesamte Verwaltung des Landes neu strukturiert. Die *Comisión Nacional de Reforma Administrativa (CONARA,* Beratungskommission zur Verwaltungsreform*)* legte einen Gesetzesentwurf zur Regionalisierung vor, der im Juli 1974 als *Decreto Ley 575* verabschiedet wurde (Godoy Urzua 1988: 64). Diese als *Dezentralisierungsreform* propagierte Neuordnung sah eine Untergliederung der Verwaltung in nationale, regionale, provinzbezogene und kommunale Zuständigkeiten vor.

Abbildung 10: **Chilenische Verwaltungsstruktur seit 1980**

	politisches Subsystem	administratives Subsystem	technisches Subsystem
Nation	Präsident, Innenminister	Fachministerium	nationales Büro für Planung und Koordination
Region	Intendent	regionales Sekretariat (SEREMI)	regionales Büro für Planung und Koordination
Provinz	Gouverneur	Provinzregierung (DEPROV)	Provinzbüro für Planung und Koordination
Kommune	Bürgermeister	Abteilung für kommunale Verwaltung (DAEM)	kommunales Büro für Planung und Koordination

In der Praxis blieb die Entscheidungsbefugnis der regionalen und lokalen Autoritäten allerdings beschränkt. Insbesondere die *Intendentes* (höchste Autorität der Region) verfügten zwar nach dem Gesetz z. B. über die Möglichkeit, regionale Entwicklungspläne zu erstellen und umzusetzen sowie die dazu erforderlichen Ressourcen zu verwalten, waren als ,uniformierte Beamte' jedoch Teil der militärischen Hierarchie und an die Weisungen der zentralen Behörde gebunden (vgl. Godoy Urzua 1988: 71; Egaña et al. 1983: 46ff.).

Das Land wurde in 13 Regionen unterteilt und verwaltungstechnisch neu organisiert. 1976 wurden *Secretarías Comunales de Planificación y Coordinación* (SECPLAC, Gemeindeämter für Planung und Koordination) eingerichtet, die die Entwicklungsplanung und Verwaltung auf kommunaler Ebene unterstützen sollten. Die Gemeinden sind seither Körperschaften des öffentlichen Rechtes. Auch die Finanzlage der Kommunen wurde nach Maßgabe des *Gesetzes zu kommunalen Einkünften*[154] durch die Übertragung des Steuer- und Gebührenaufkommens bei Grunderwerb und Bodenbesteuerung auf die Gemeinden sowie durch das Recht, Kfz-Zulassungsgebühren zu erheben, verbessert (Bulnes 1988: 24; Egaña et al. 1983: 62ff., PIIE 1984: 124). Alle anderen Steuern werden weiterhin zentral erhoben, die Mittel jedoch zwischen den dreizehn Regionen und 334 Kommunen so aufgeteilt, daß die verbleibenden Disparitäten verhältnismäßig gering sind (Winkler 1993: 120).

---

154 Dekret mit Gesetzeskraft Nr. 3063 vom Dezember 1979, Ley de Rentas Municipales.

Auf diese Weise bewirkte die Dezentralisierung eine dauerhafte Neutralisierung der institutionellen Beziehungen und Strukturen des Entwicklungsstaates. Die zentrale Planung und Verwaltung des Staates unter den vorangegangenen Regierungen war den Militärs durch ihre Nähe zur sozialistischen Planwirtschaft zutiefst suspekt und sollte durch die Dezentralisierungsreformen nachhaltig zerstört werden. Gleichzeitig mußte die Junta allerdings Kontrollverluste durch die Dekonzentration politischer Macht zu vermeiden suchen. Die Ambivalenz zwischen dem Ziel, zentralisierte Machtstrukturen aufzulösen und dem Willen, die Kontrolle über die Bevölkerung zu erhalten, ist kennzeichnend für den Verlauf der Dezentralisierungsreformen in Chile und offenbarte ein zweites, dunkles Gesicht der neoliberalen Forderung nach Entstaatlichung. Ging es nämlich den Theoretikern wie Niskanen oder Fuest (vgl. Kapitel 3.3.1) ausschließlich um den Nachweis der Ineffizienz und strukturell bedingten Trägheit behördlichen Handelns, so wurde in Chile unter Pinochet dieser bürokratiekritische Impetus zur Rechtfertigung politischer Machtstrategien umgeleitet. Deutlich wird hier, und an späterer Stelle soll dieser Gedanke aufgegriffen und weitergeführt werden, daß die Rücknahme des Staates politische Machtfreiräume entstehen läßt, deren Neubesetzung zunächst unklar bleibt und auch durch die Markttheoretiker nicht diskutiert wird. Im Falle Chiles wurde die bürokratische Logik des zentralisierten Entwicklungsstaates durch eine militärische Logik der Befehlsdelegierung (ohne Machtdekonzentration) ersetzt, die sich langfristig als Steuerungsform komplexer Gesellschaftssysteme ebenfalls als ineffizient erwies.

3.6.3   Sozial- und Wirtschaftspolitik der Militärregierung

Bereits im ersten Jahr nach der Machtergreifung setzte der Wirtschaftsminister Fernando Leniz eine Reihe von Maßnahmen zur Deregulierung der Wirtschaft und der Sanierung des Staatshaushaltes durch,[155] die allerdings zunächst nicht den gewünschten anti-inflatorischen Effekt zeitigten. Ein Jahr nach der Machtergreifung lag die Inflationsrate bei rund 500% (Friedmann 1990: 35). In den ersten Jahren der Diktatur war sich die Junta über den wirtschaftspolitischen Weg keineswegs einig (vgl. auch Edwards et al. 1987: 93ff.): Während die Marine einen reinen Wirtschaftsliberalismus favorisierte, sympathisierten Heer und Luftwaffe mit populistisch-dirigistischen Ideen und verfochten eine zentralistische Regulierung privatwirtschaftlicher Interessen zum Wohle der *nationalen Gemeinschaft*.[156]

Diesen dirigistischen Vorstellungen setzte die wirtschaftsliberalistische Fraktion innerhalb der Militärregierung militärstrategische Gründe für die Öffnung und Exportdiversifizierung der Wirtschaft entgegen. Gerade eine kleine Volkswirtschaft wie Chile hätte sich, so die Argumentation, gegen *externe Aggressionen* im ökonomischen Bereich un-

---

155 U.a. betrafen diese Reformen die Aufhebung der Preiskontrollen, die Streichung der staatlichen Subventionen für Grundnahrungsmittel, die Freigabe des Angebotes an landwirtschaftlichen Erzeugnissen und Währungsanpassungen.

156 Nach Ansicht des Arbeitsministers General Diaz entstand der Marxismus in Chile „als Folge und Reaktion auf den Egoismus vieler Arbeitgeber. [...] Bisher [...] war die chilenische Industrie ein Schlachtfeld. Heute muß das Konzept völlig anders sein: Sie muß Kapital und Arbeit mit einem Sinn für Harmonie und Menschlichkeit zusammenfassen.'" (zit.n. Friedmann 1990: 37).

empfindlich zu machen, indem sie den Preis einer (potentiell als Druckmittel anwendbaren) Importunterbrechung möglichst niedrig halte. Dies ließe sich nur durch eine Diversifizierung sowohl der Export- als auch der Importstruktur erreichen. Auch die Liberalisierung des Kapitalverkehrs und die Förderung von Auslandsinvestitionen trage über die Integration ausländischer Finanzinteressen in die chilenische Wirtschaft dazu bei, Handels- oder Kreditsanktionen gegen das Regime unwahrscheinlicher zu machen (vgl. Schubert 1981: 44ff.; Moulian 1997).

Nach den ersten schweren Wirtschaftskrisen Mitte der 70er Jahre setzte sich die neoliberale Fraktion innerhalb der Wirtschaftspolitik immer stärker durch. Schon 1966 hatte Jaime Guzmán an der Universidad Católica das *Movimiento Gremialista* (korporatistische Bewegung) gegründet, die sich „*gegen den regulativen Staat und für ein .. liberales Verständnis von Gesellschaft als Gemeinschaft der Individuen und Gemeinschaft ihrer Interessengruppen*" (Römpczyk 1994: 31) einsetzten. Die Gruppe propagierte das Konzept des *estado mínimo* (punktueller Staat) und wandte sich gegen Kommunismus, demokratischen Sozialismus, aber auch gegen die soziale Marktwirtschaft.

Auf der Grundlage eines Kooperationsvertrages mit der Universität von Chicago erhielten zur gleichen Zeit zahlreiche Studenten der Universidad Católica die Möglichkeit, bei Milton Friedman und Arnold Harberger zu studieren. Diese als *Chicago-Boys* bezeichneten Stipendiaten gelangten nach 1975 zunehmend in wirtschaftliche Schlüsselpositionen und prägten die Wirtschaftspolitik des Militärregimes maßgeblich mit (vgl. Edwards et al.1987: 94f.). Milton Friedman selbst bereiste Chile 1975 als Wirtschaftsberater und empfahl zur Bekämpfung der immer noch hohen Inflation (1974: 396%) eine sogenannte *política de choque* (Schockpolitik). Die Umsetzung dieser Politik wurde in dem (nach dem Minister Cauas[157] benannten) *plan Cauas* festgeschrieben und betraf u.a. den Abbau staatlicher Industrieförderung, die Liberalisierung des Außenhandels, die Senkung der Zölle von durchschnittlich 94% auf einen Einheitssatz von 10%, die Aufhebung der Preisbindung für landwirtschaftliche Produkte, die Eingliederung der Agrarkredite ins allgemeine Kreditwesen, Inflationsbekämpfung durch eine äußerst restriktive Geldpolitik und die Senkung der Staatsausgaben um 25%, eine Maßnahme, die u.a. die Entlassung von etwa 10% der Staatsangestellten zur Folge hatte (vgl. Edwards et al. 1987: 35ff.; Schubert 1981: 36ff; Römpczyk 1994: 19).

Ein Kernstück der Wirtschaftsreformen bestand in der (Re-)Privatisierung staatseigener Unternehmen. 1973 hatte die CORFO 488 Unternehmen und neunzehn Banken besessen – mehr als die Hälfte dieser Unternehmen (259) waren unter Allende durch Konfiszierungen an den Staat gefallen. Schon ein Jahr später waren 202 Firmen ihren ursprünglichen Eigentümern übergeben worden, und 1977 befanden sich nur noch acht *Problemunternehmen* in staatlichem Besitz (Edwards et al. 1987: 96). Auch solche Unternehmen, die traditionell durch den Staat geführt worden waren, wurden nach 1975 an

---

157 Der Friedman-Schüler Jorge Cauas übernahm 1975 das Finanzministerium. Ihm wurde gleichzeitig die Kontrolle über acht weitere Ministerien übertragen.

145

private Besitzer verkauft.[158] Lediglich die unter Allende enteigneten Kupfergesellschaften verblieben im Staatsbesitz, doch Pinochet versuchte, das internationale Ansehen des Landes durch Entschädigungsverhandlungen mit den früheren Besitzern zu erhöhen (ausführlich: Friedmann 1990: 55ff.; Schubert 1981: 40).

Die Schockpolitik hatte zwar positive Auswirkungen auf die Inflationsrate, die im Vergleich zum Vorjahr um 160 Prozentpunkte sank, löste aber eine heftige Rezession aus. Das Bruttosozialprodukt fiel um 12,9%, die Reallohnsenkung lag im Jahr 1975 bei ca. 55% (Friedmann 1990: 56f.). Angesichts der gravierenden Probleme der Binnenwirtschaft bestand die Gegenstrategie der Militärregierung in der Öffnung des Landes für ausländische Unternehmen. Das 1976 verabschiedete Dekret 600 stellt ausländische mit chilenischen Investoren gleich. Es existierten keine Einschränkungen für die Rücküberweisung von Gewinnen mehr, investiertes Kapital konnte nach drei Jahren wieder abgezogen werden. Auch als Folge dieser Regelung stiegen die Auslandsinvestitionen, wie die folgende Graphik verdeutlicht, seit 1986 stark an.

Abbildung 11:   **Auslandsinvestitionen in Chile**
in Mio US$

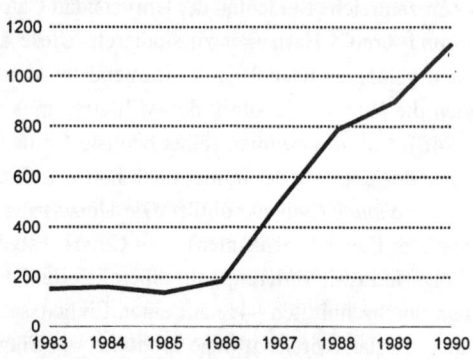

(Comité de Inversiones Extranjeras, in: Nohlen et al. 1992: 297)

Die Jahre 1977–1980 brachten einen deutlichen Wirtschaftsaufschwung, der allerdings zu einem bedeutenden Teil durch den Zufluß externer Ressourcen fremdfinanziert war[159] und mit einem drastischen Anstieg der Auslandsverschuldung einherging. Als der Kreditfluß zu Anfang der 80er Jahre zurückging und sich gleichzeitig die *terms of trade* für chilenische Exportprodukte deutlich verschlechterten, kam es zusammen mit der durch Kursfestschreibungen verursachten Überbewertung des Peso und Defiziten der Zahlungsbilanz zu einer erneuten heftigen Wirtschaftskrise und dem Zusammenbruch des

---

158 Privatisiert wurden unter anderem: die U-Bahn von Santiago, die Telefongesellschaft, Chile-Films, Chemie-, Stahl-, Zucker- und Stromindustrie, der Gesundheitssektor, verschiedene Hafengesellschaften, Versicherungen, Erdölgesellschaften und das staatliche Fernsehen (Messner 1991: 6). Selbst Friedhöfe befinden sich in Chile z. T. in privater Hand und werden gewinnorientiert gemanagt.
159 Es handelte sich dabei in vielen Fällen um Unternehmen, die traditionell in Chile anwesend gewesen waren und sich nur während der Regierungszeit Allendes zurückgezogen hatten. Das Gros der Investitionen konzentrierte sich auf den Bergbausektor und trug daher nur bedingt zur Industrialisierung des Landes bei (vgl. Schubert 1981: 57f.).

Finanzsystems. Der Staat sah sich erneut gezwungen, die entstandenen Defizite durch staatliche Übernahmen zu kompensieren. Mitte der 80er Jahre war die unmittelbare staatliche Beteiligung an Banken und Industrieunternehmen höher als unter der Regierung Allende. Das BIP ging 1982 um 14,1% zurück, und die Arbeitslosenquote stieg 1983 auf rd. 30% (Nohlen et al. 1992: 293; vgl. auch Friedmann 1990: 64ff.).

Daß die Regierung ihre wirtschaftspolitischen Maßnahmen mit der beschriebenen Radikalität unter diesen Bedingungen überhaupt durchsetzen konnte, ist nur dadurch zu erklären, daß sie demokratischer Kontrolle nicht unterworfen war und auf soziale Kosten keine Rücksicht zu nehmen brauchte. Proteste, besonders aus der rasch verarmenden Mittelschicht, wurden mit offener Unterdrückung beantwortet. Nur die repressive Politik der *autoritären Demokratie* Pinochets (Schwächung der Gewerkschaften, militärische Auflösung illegaler Wohngebiete etc.) war in der Lage, die sozialen Konflikte in Schranken zu halten (vgl. Nohlen et al. 1992: 291f.; Nolte 1991: 19; Schubert 1981: 36ff.).[160]

Im Januar 1981 verkündete Pinochet, er plane grundlegende Sozialreformen mit dem Ziel, die chilenische Gesellschaft nachhaltig zu verändern. Die Regierung habe einen Plan der *sieben Modernisierungen* erarbeitet, der *„neue soziale Institutionen"* schaffen und den *„sozialen Fortschritt"* im Land vorantreiben werde (Edwards et al. 1987: 103). Die sieben Modernisierungen betrafen die Arbeitsgesetzgebung von 1979, die soziale Absicherung, die Bildung, das Gesundheitswesen, die Landwirtschaft, das Gerichtswesen und die Fortführung der Regionalisierung der Staatsverwaltung.

Das Arbeitsgesetz (*plan laboral*) regelte die Gründung und Arbeit der Gewerkschaften neu. Die obligatorische Mitgliedschaft in den Gewerkschaften wurde aufgehoben. Arbeitnehmervertretungen durften nur noch einzelbetrieblich agieren. Überbetriebliche Verhandlungen wurden verboten, Aussperrungen legalisiert. Das Gesetz legte den Verlauf von Lohnverhandlungen detailliert fest.[161]

Das neue Sozialversicherungsrecht ermöglichte die Gründung privater Rentenversicherungsgesellschaften (sog. AFP). Jedem Versicherten steht es seither frei, sich bei einer AFP seiner Wahl anzumelden oder sie (unter Mitnahme seiner Anteile) zu wechseln. Frühpensionierungen wurden verboten, Sonderregelungen weitgehend abgeschafft. Die Reformen führten dazu, daß die Arbeitgeberanteile an den Sozialversicherungsbeiträgen zwischen 1977 und 1982 von ca. 50% auf ca. 20% sanken (Edwards et al. 1987: 105).

Auch im Gesundheits- und Bildungsbereich wurden Dezentralisierungs- und Privatisierungsreformen durchgesetzt. Private Krankenkassen (ISAPRES) wurden eingerichtet und – wie an späterer Stelle ausführlich diskutiert – die staatlichen Schulen privatisiert oder an die Kommunalverwaltungen übertragen.

---

160 Nolte (1991: 19) weist darauf hin, daß das fehlende Warnsystem in Diktaturen wie derjenigen Pinochets auch gravierende Fehler der Wirtschaftspolitik begünstigt. Die schwere Bankenkrise von 1981/82 und die katastrophalen Wirkungen der Wechselkursfestschreibung auf die Exportwirtschaft sind aus dieser Perspektive durch die autoritären Rahmenbedingungen mitverursacht.

161 Ausführlich zur Deregulierung des chilenischen Arbeitsmarktes unter Pinochet: Velásquez 1991; Infante/Klein 1992.

Von 1985 bis 1989 hatte Hernán Büchie das Amt des Finanzministers inne. Er setzte die monetaristische Politik der *Chicago-Boys* im wesentlichen fort, zeigte sich aber flexibler den Anliegen der Unternehmer gegenüber. Er setzte die Privatisierung einiger ökonomisch leistungsfähiger Staatsbetriebe im Energie-, Telekommunikations-, Stahl- und Minensektor durch, senkte die Zölle, die in den Wirtschaftskrisen der vergangenen Jahre von 10% auf 35% gestiegen waren, wieder auf 15% ab und setzte sich für eine sehr weitgehende Entscheidungsautonomie der Zentralbank sowie für eine umfassende Steuersenkung ein (Queisser et al. 1993: 161f.).

Insbesondere die chilenische Forstwirtschaft und die Obstproduktion setzten sich sukzessive auf dem Weltmarkt durch. Komparative Wettbewerbsvorteile wie die saisonale Verschiebung zu Europa, gute natürliche Voraussetzungen für die Obstproduktion, sehr hoher Holzzuwachs wegen starker Regenfälle im Süden des Landes sowie ein niedriges Lohnniveau bei vergleichsweise hoher Qualifikation der Arbeitskraft erleichterten die Eingliederung dieser Wirtschaftsbereiche. Andere Sektoren erlitten allerdings durch die Aufhebung der Importbeschränkungen und den damit verbundenen Preisverfall hohe Verluste. So werden Investitionen in Mehrfruchtanbau, Getreide- oder Viehwirtschaft heute kaum noch getätigt.

Die Durchsetzung der neoliberalen Wirtschaftsdoktrin brachte tiefgreifende Veränderungen in der Wirtschaftsstruktur des Landes mit sich: Der Anteil der industriell Beschäftigten, der zwischen 1966 und 1972 von 24,3% auf 26% (775.900) gestiegen war, sank in den darauf folgenden Krisenjahren drastisch ab und betrug 1984 nur noch 13,9% (540.400). Der besonders krisenanfällige Bausektor reagierte ebenfalls mit einem deutlichen Rückgang der Beschäftigtenzahlen. 1972 waren noch 249.700 (8,4%) Arbeitnehmer in diesem Bereich tätig, 1984 waren es nur noch 173.700 (4,5%). Die stärksten Zuwächse verzeichnete der Sektor Handel und Kommunikation (von 14% 1966 auf 17,9% 1984) und die persönlichen Dienstleistungen (von 26% 1966 auf 34,1% 1984). Gerade in diesem Sektor handelt es sich allerdings häufig um schlecht abgesicherte und niedrig entlohnte Stellen, die zu einem hohen Prozentsatz unter die Kategorie *verdeckte Arbeitslosigkeit* gerechnet werden müssen. Der Anteil an Beschäftigten in der Land- und Forstwirtschaft ging zwischen 1966 und 1984 nur leicht zurück (von 15,9% auf 14,4%). Der Anteil der im Bergbau Beschäftigten blieb stabil (Zahlen aus: Spielmann 1992: 231).

Vor den neoliberalen Strukturreformen war der öffentliche Dienst ein wichtiger Arbeitgeber für Inhaber mittlerer Schulabschlüsse. Fast die Hälfte der staatlichen Angestellten sind Sekundarschulabsolventen, und bei den weiblichen Angestellten steigt dieser Prozentsatz auf 60%. Die Einschränkung des Stellenplanes im öffentlichen Dienst und Lohneinbußen von real etwa 20% seit 1970 wirkt sich deutlich negativ auf die Gesamtnachfrage nach mittleren Bildungsabschlüssen aus (Infante 1992: 11f.).

Zusammenfassend läßt sich festhalten, daß die neoliberale Wirtschaftsdoktrin keineswegs genuine Überzeugung der Militärregierung gewesen ist, sondern sich erst Ende der 70er Jahre mit dem Plan Cauas und in ihrer endgültigen Form nach 1985 unter Finanz-

minister Büchi durchsetzte. Folgt man der These der vorliegenden Arbeit, die Berufsbildungspolitik werde maßgeblich durch systemexterne Orientierungen aus der Makroökonomie und Ordnungspolitik geprägt, so ergeben sich aus der geschilderten Chronologie
der wirtschaftspolitischen Ereignisse unter Pinochet interessante Gesichtspunkte. Wenn
nämlich wirklich *globale*, d. h. übernationale Leitideen für die inhaltliche Gestaltung der
Berufsbildungspolitik verantwortlich sind, dann müßte sich zeigen lassen, daß eine
grundlegende Ausrichtung im Sinne neoliberaler Entwicklungstheorie erst erfolgte,
nachdem das Paradigma auf seinem ureigenen Feld in Chile seinen Einfluß ausgeübt
hatte.

3.7   Chilenische Bildungs- und Berufsbildungspolitik unter Pinochet

3.7.1   Depolitisierung

Tatsächlich läßt sich zeigen, daß in den ersten Jahren der Diktatur vor allem das Ziel der
Kontrollsicherung und weniger bildungsökonomische oder ordnungspolitische Kriterien
handlungsleitend für die staatliche Bildungspolitik waren. Zentrales Motiv der Schulpo-
litik der ersten Jahre war die Zerschlagung potentiell regimefeindlicher Gruppierungen
und Strukturen.

In der Zeit der Unidad Popular war die Lehrerschaft als starke soziale Bewegung mit
deutlich politischen Ambitionen aufgetreten und bildete eine der politischen Säulen der
Unidad Popular. Die mit dem Kampf um die Gesamtschule ENU und andere politischen
Reformen verbundenen Unruhen, Streiks und Demonstrationen hatten den schulischen
Alltag unter der Regierung Allende stark belastet. Sogar Schiefelbein, autoritärer politischer Regungen sicherlich unverdächtig, hebt in seiner Beschreibung der Bildungspolitik unter Pinochet hervor:

> „A very positive outcome was that no time was spent in demonstrations and the
> school year was fully devoted to classes." (Schiefelbein 1991: 19)

Angesichts der Mittel, mit denen die Depolitisierung der Schulen durchgesetzt wurde,
muß die positive Bewertung dieser Errungenschaft freilich relativiert werden. Unmittelbar nach der Machtergreifung begann eine umfassende politische *Säuberung* der Schulen und vor allem der Universitäten[162] (Brunner 1977: 85ff.; Friedmann 1990: 92; ausführlich: Letelier 1976, PIIE 1984: 64ff.). Der *Consejo Nacional de Educación* (Nationale Bildungsrat), ein Gremium von Eltern- und Lehrerverbänden, Unternehmerver-
tretern und Gewerkschaften, der auf nationaler Ebene und mit Anbindung an das Bildungsministerium beratend tätig gewesen war, wurde im April 1974 mit sofortiger Wirkung aufgelöst (vgl. Egaña 1983: 40).

Das Militär war vor allem in den Anfangsjahren ständig präsent. Besonders die Univer-
sitäten litten unter der unverhohlenen Repressionspolitik der Militärs (ausführlich:
Austin 1997; Muga 1996). Aber auch in Schulen kontrollierten bewaffnete Soldaten den
Eingang, Unterrichtsbesuche und Vorladungen der Lehrer waren häufig. Etwa zehn Pro-

---

162 Etwa 2.000 Universitätsdozenten und 20.000 Studenten wurden von den Universitäten ausgeschlossen. Ca. 25 sozialwissenschaftliche Forschungsinstitute wurden geschlossen (vgl. auch: Echeverría
1982; Aedo-Richmond et al. 1989).

zent der Lehrerschaft wurden wegen ihrer politischer Gesinnung aus dem Schuldienst entlassen, ein Vorgehen, das die Junta als *dignificación* (In-Würde-Setzung) des Berufsstandes bezeichnete und legitimierte. Für jede Schule wurde ein Offizier oder Unteroffizier als persönlich verantwortlich benannt, und ein Rundschreiben des zuständigen Militärkommandos verfügte 1974, die Schulleiter hätten alle *„Sicherheitsaspekte, die Probleme verursachten"*, unverzüglich dieser militärischen Kontaktperson zu melden.[163] Alle kulturellen Aktivitäten innerhalb und außerhalb der Schule mußten ebenfalls mit der zuständigen Militärbehörde abgestimmt werden.

In einer Direktive vom März 1979 behielt sich die Militärregierung ausdrücklich die Aufsicht über die Unterrichtsinhalte vor. Die Erziehung, betonte Pinochet, *„ist eines der wichtigsten Instrumente zur moralischen Erneuerung. Von daher ist es notwendig, [...] die marxistische Ideologisierung durch eine nationalistische Erziehung zu ersetzen. Wir wissen, daß eine mit dem Machtwechsel harmonisierende Erziehung notwendig ist – sonst bauen wir auf Sand."* (1973, zit.n. Friedmann 1990: 92)

Schule und Unterricht sollten von jedweder *politización* (Politisierung) ferngehalten werden (ausführlich: Aedo-Richmond et al. 1985; Labarca 1985: 101, PIIE 1984: 50f.). Statt dessen wurden die Lehrpläne den Vorstellungen der militärischen Machthabern angepaßt oder *depolitisiert*. Nationalistische Inhalte dominierten den Lehrplan,[164] wobei *Nation* synonym zu *Staat* verwendet wurde. Labarca (1985: 196ff.) zeigt die Folgen dieser begrifflichen Verwirrung auf:

„Wenn der Staat die Nation ist, dann entspricht jede Weisung der Regierung (Reglemente, Anordnungen, Rundschreiben) einem patriotischen Akt, und wer sich dieser Weisung widersetzt, begeht nicht nur einen bürokratischen Fehler, sondern Landesverrat." (ebd.)

Noch 1983 erging die Aufforderung Pinochets an die Bürgermeister des Landes, Unterrichtsinhalte und -texte auf die politische Opportunität zu prüfen, denn

„angesichts der permanenten Niederlagen in der direkten Konfrontation mit der Regierung sucht der Feind neue Taktiken und will im Bewußtsein der jungen Menschen, die Schulen besuchen, den schlimmsten Eindruck von der derzeitigen Regierung entfachen. [...] Es ist dies die typische Strategie des Marxismus." (*La Tercera* vom 26.4.83, zit. n. Egaña et al. 1983: 105)

3.7.2   Bildungsfinanzierung

Schon recht bald nach Regierungsübernahme schlug der Prestigeverlust der Bildung als Faktor der wirtschaftlichen und sozialen Entwicklung, wie ihn die international dominante Leitidee des neoliberalen Bildungsmarktes nahelegte (vgl. Kapitel 3.4.1), auf die

---

163 Eine lange Liste einzelner *problematischer* Sachverhalte konkretisierte diese Anweisung und begann mit folgenden Punkten: *„Kommentare über aktuelle Politik, Verbreitung negativer Gerüchte über die Aktivitäten der Regierung oder extremistischer Gruppierungen, Verbreitung von Witzen oder Geschichten über die Junta oder ihre Mitglieder, verzerrte Darstellung patriotischer Konzepte und Werte, verzerrte Darstellung von Unterrichtsinhalten durch eigenmächtige Interpretationen"* usw. (Brunner 1977: 85).
164 1974 wurden sechs neue Unterrichtseinheiten für den Primarschulunterricht eingeführt. Sie beinhalteten: nationale Symbolik, militärische Siege der chilenischen Marine, die Helden von Concepción, Bernardo O'Higgins und die Gründungsväter der chilenischen Nation (Fischer 1979: 127). Ausführlich zu diesem Thema, vgl. auch: Quinteros 1980.

chilenische Politik durch. Die Bildungsexpansion vor 1973 habe exzessive Ausmaße angenommen, so wurde behauptet, was letztlich zu einer Verschwendung staatlicher Ressourcen und einer Aushöhlung der Bildungsqualität geführt habe. Statt dessen, betonte die Regierung im *Plan Nacional Indicativo 1976–1981*, sei es notwendig, das Bildungssystem am Bedarf des Marktes an qualifizierten Humanressourcen zu orientieren (vgl. PIIE 1984: 81).

Ein sinnvolles Instrument zur Erreichung dieses Zieles seien Sparmaßnahmen im Bereich der Bildungssubventionen, damit *„ohne Beeinträchtigung sozialer Ziele und ohne Probleme, Ressourcen von Klienten, die über solche verfügen, abgezogen und den Hilfebedürftigsten zur Verfügung gestellt werden können."* *(Plan Nacional Indicativo;* zit.n. PIIE 1984: 81).

Die Regierung Allende hatte 1972 noch 617,14 Mio. US$ für Bildung ausgegeben. Unter Pinochet wurde dieser Etat 1973 auf 447,75 Mio.US$ gekürzt (CIDE 1990: 84). Das Bildungsbudget von 1979 war sowohl absolut als auch relativ zum Bruttosozialprodukt niedriger als 1971 (Schiefelbein 1991: 19).

Nach einem kurzen, durch die operativen Kosten der Dezentralisierungsreform bedingten Anstieg wurde der Bildungsetat auf der Höhe von 1980 eingefroren. 1989 standen nur noch 430,2 Mio. US$ für den Bildungssektor zur Verfügung (Wirtschaftsministerium, zit. n. Banco Central 1995: 2422). Im Verhältnis zum Bruttosozialprodukt sanken die Bildungsausgaben zwischen 1980 und 1989 um 28 Prozentpunkte (Queisser et al. 1993: 183). Ebenso verringerte sich der reale Wert des Subventionsbetrages pro Schüler, der zunächst in der Höhe der realen Ausgaben des Bildungsministeriums pro Schüler festgelegt worden war, zwischen 1982 und 1990 um fast 40% (Winkler 1995: 3). Die Schulspeisungsprogramme wurden kontinuierlich heruntergefahren, bis 1980 nur noch halb so viele Essensportionen ausgegeben wurden wie 1970.

Der Staat garantierte allen schulpflichtigen Kindern einen achtjährigen Primarschulbesuch, weiterführende Bildung sollte jedoch „*selektiv*" und „*eine Ausnahme*" sein (Aedo-Richmond et al. 1989: 27).

„Die mittlere und ganz besonders die höhere Bildung zu erreichen, sollte eine Ausnahmesituation für die jungen Menschen darstellen, und wer sie genießt, sollte sie sich durch Anstrengung verdienen" (Chile 1979: VII)

Pinochet selbst forderte eine Begrenzung des Hochschulzuganges, argumentierte dabei aber vor allem paternalistisch-autoritär:

„Das Hochschulsystem versucht diejenigen Studenten auszuschalten, die sich ohne wirkliche Berufung oder ausreichende Konzentration aufs Studium an der Universität aufhalten, und setzt der Herumtreiberei und studentischer Politisiererei ein Ende." (Mercurio 16.7.1976; zit.n. Brunner 1977: 91)

Der öffentliche Beitrag zur Hochschulbildung fiel zwischen 1980 und 1989 von 328 Mio. US$ auf 165 Mio. US$, obgleich die Studentenzahlen im gleichen Zeitraum von 99.428 auf 126.300 stiegen. Als Kompensationsmöglichkeit für die drastischen Kürzungen wurde den Universitäten die Möglichkeit angeboten, Studiengebühren zu erheben. Besonders die privaten, gewinnorientiert arbeitenden Institute und Universitäten nutzten dieses Mittel. Sie errichteten schwerpunktmäßig Studiengänge kürzerer Dauer (2 oder 3

Jahre) und erhoben jährliche Studiengebühren. Damit stieg der Beitrag zur Hochschulfinanzierung privater Investoren zwischen 1980 und 1989 von null auf etwa 55 Mio. US$. Heute werden etwa 60% der Kosten für die Lehre an Universitäten über Studiengebühren gedeckt (Schiefelbein 1991: 24ff.; ähnlich: Austin 1997: 40f.).

Trotz des bis Ende der 70er Jahre noch vehement vertretenen Anspruchs, die Förderung postprimärer Bildungsgänge so weit wie möglich zurückzufahren, sind in Chile sowohl die Sekundarschul- als auch die Universitätsbildung nach wie vor staatlich subventioniert. Die Empfehlung neoliberaler Bildungsökonomen, der Staat solle sein Engagement in Bildungsbereichen, die vor allem auf den Erwerb arbeitsmarktrelevanter Qualifikationen und damit auf individuelle Ertragssteigerung ausgelegt sind, zurücknehmen, wurde nur teilweise berücksichtigt. Der relative Anteil der Primarschulen an den staatlichen Bildungsausgaben nahm zwar seit den 60er Jahren von ca. 40% auf ca. 50% zu, und der Anteil der Sekundarschulen sank von rund 20% in den 60er Jahren auf 16% im Jahre 1994 (CPC 1996: 142), derjenige der Universitäten von gut 25% auf 20% (vgl. Graphik) – eine durchgängige Privatisierung der auf individuelle Ertragssteigerung angelegten Bildungsgänge erfolgte jedoch nicht. Auch eine bevorzugte Finanzierung humanistisch-wissenschaftlicher Sekundarschulen gegenüber der technisch-beruflichen Form ist nicht nachzuweisen: Trotz einiger leichter Schwankungen im Verlauf der Diktaturzeit war zu Beginn der Periode der Anteil der technisch-beruflichen Sekundarschulen an den Gesamtausgaben mit 5,8 Prozent ebenso hoch wie zum Ende, und auch der Anteil der humanistisch-wissenschaftlichen Sekundarschulen pendelte um die 11 Prozent.

Abbildung 12:   **Bildungsausgaben nach Schulform (1975–1989)**

(in Prozent der gesamten Bildungsausgaben)

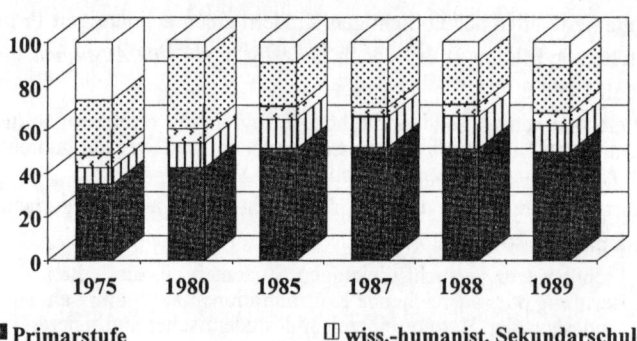

- ■ **Primarstufe**
- ⬚ **techn.-berufl.**
- ☐ **andere nicht ausgegeben**
- ⊞ **wiss.-humanist. Sekundarschulen**
- ⊠ **tertiärer Bildungsbereich**

(in Prozent der Ausgaben für die Sekundarstufe)

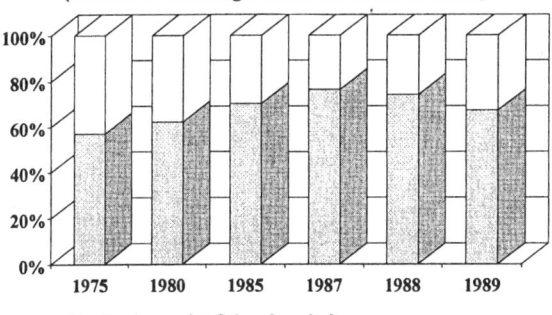

☐ wiss.-humanist. Sekundarschulen

☐ techn.-berufliche Sekundarschulen.

(UNESCO Statistical Yearbook, mehrere Bände, Tabelle 4-3)

Die Schulen in Chile (mit Ausnahme der an Bildungskörperschaften übertragenen technisch-beruflichen Sekundarschulen) erhalten nach dem Voucher-System[165] einen festen Betrag pro anwesendem Schüler, d. h. nicht die Immatrikulation, sondern die reale Unterrichtsteilnahme ist ausschlaggebend. Berechnungsgrundlage ist die Subventionseinheit USE (*Unidad de Subvención Educacional*), die monatlich ausgezahlt und jährlich der Teuerungsrate angepaßt wird. Damit sind zentral gesetzte Mindeststandards der Finanzierung gesichert.[166] Die Schulen geben, basierend auf Anwesenheitslisten, die Schülerzahlen monatlich bekannt und erhalten von den jeweiligen Provinzregierungen Schecks über die entsprechenden Subventionsbeträge. Supervisoren überprüfen die Angaben und nehmen bei Abweichungen Anpassungen vor. Gleichzeitig überprüfen sie auch maximale Klassengrößen (45 Schüler pro Lehrer).

Die USE wird je nach Typ und Ebene der Bildungsinstitution mit einem festgelegten Wert multipliziert, so daß sich z. B. für die Tagesschulen der Mittelstufe ein Mittelwert von 1,245 USE, für die Abendschulen der Erwachsenenbildung derselben Stufe aber nur 0,375 USE ergeben (Mena et al. 1991: 72). Zusätzlich sind Zuschläge auf die Grundeinheit von 1 USE je nach Fachgebiet vorgesehen, die im Fall der Sekundarschule zwischen 0.3 und 2 USE variieren können (ebd.). Nominal bedeutet dies eine Unterstützung von durchschnittlich ca. 50 Pesos pro Schüler und Stunde (ca. 0,11 US$), mit deren Hilfe alle operativen Kosten sowie Personalkosten und Investitionen bestritten werden (ebd.).

Die staatlichen Subventionen decken etwa 90% der Kosten (Egaña et al. 1983: 64). Allerdings bestehen erhebliche Unterschiede zwischen den Kommunen. Es ist mehrfach nachgewiesen worden, daß ärmere Kommunen in Stadtaußenbezirken oder auf dem Land nur in geringem Maße bereit und in der Lage sind, die Subventionen des Zentralstaates durch eigene Zuwendungen aufzustocken (Briones 1985; Schiefelbein 1991: 27).

---

165 Schülerzahlabhängige Finanzierung mittels sog. Bildungsgutscheine.
166 Im Gegensatz beispielsweise zu den USA und Brasilien, wo keine nationalen Richtlinien bezüglich der Höhe von Bildungssubventionen pro Schüler bestehen (Winkler 1993: 127).

153

Eine Studie aus dem Jahre 1983 weist aus, daß die reiche Kommune Providencia durchschnittlich 1.657 Pesos für die Bildung eines Schülers ausgab, während der entsprechende Betrag in der marginalisierten Kommune von Renca nur 813 Pesos betrug (vgl. Egaña et al. 1983: 64).

Allgemein wird von den Schulen bemängelt, die öffentlichen Subventionen seien unzureichend (vgl. z. B. CIDE 1990). Sowohl der Zustand der Gebäude als auch die Ausstattung der Schulen sei beklagenswert, eine kreative Unterrichtsgestaltung unter diesen Rahmenbedingungen schlechterdings unmöglich. Beispielhaft sei eine Studie der Dependance des Bildungsministeriums in Atacama erwähnt, die anführt, der Mehrzahl der Dozenten sei es schon deshalb unmöglich, auch nur die Hälfte der obligatorischen Unterrichtsinhalte in Labors und Werkstätten anzubieten, weil dazu die Unterrichtsmittel und Einrichtungen fehlten (vgl. Corvalán 1990: 117).

3.7.3 Dezentralisierungsreformen

3.7.3.1 Dezentralisierte Verwaltung

Das hohe Kontrollbedürfnis der Militärs, das schon die politisch-administrative Dezentralisierungsreform in ihrem Grundgedanken wie beschrieben konterkariert hatte, führte im Bildungssektor in den ersten Jahren der Diktatur dazu, daß zahlreiche Entscheidungskompetenzen und Ressourcen, die in den 60er Jahren an die Schulen übertragen worden waren, zunächst wieder im Bildungsministerium konzentriert wurden. Über Lehrereinstellung, Mittelvergabe, Infrastrukturinvestitionen und Gebäudewartung entschied eine zentrale Arbeitseinheit innerhalb des Ministeriums, deren Treffen von Mitgliedern des militärischen Sicherheitsdienstes überwacht wurden.

Doch schon am 21. November 1973 beauftragte die Regierung eine Kommission mit der Analyse des Bildungswesens, die erhebliche Mängel bei dessen Führung und Verwaltung feststellte. Es komme zur Doppelung von Aufgaben und Funktionen auf unterschiedlichen Hierarchieebenen, erklärte der Bericht, es fehle an qualifiziertem Personal, wichtige technisch-administrative Aufgaben würden vernachlässigt, und die Gesamtstruktur sei durch unkoordiniertes Wachstum unübersichtlich und ineffizient geworden (vgl. Egaña et al. 1983: 38, Núñez et al. 1988: 27f.).

Die Militärregierung begann, die Verwaltung der staatlichen Primar- und Sekundarschulen zu dezentralisieren. Das Gesetzesdekret Nr. 575 aus dem Jahr 1974 verlagerte wichtige Entscheidungskompetenzen an die neugegründeten *Secretarías Regionales Ministeriales* (SEREMI, regionalen Sekretariate). Die Bildungsabteilungen dieser regionalen Behörden sind den *Secretarías Regionales de Planificación y Coordinación* (regionale Sekretariate für Planung und Koordination) zugeordnet und damit dem Innenministerium unterstellt. Das Bildungsministerium verlor rasch an politischem Terrain.

Außer den diagnostizierten Defiziten der Bildungsadministration mag allerdings auch der Wunsch der Militärregierung, das politisch heikle Bildungsministerium zu entmachten, ein Motiv für die Machtdekonzentration der Verwaltungsstrukturen gewesen sein, denn während der vorherigen Regierungsperioden hatte das Ministerium progressive politische Positionen vertreten und beschäftigte einen Stab von Bildungspolitikern mit liberaler Denktradition und egalitären Bildungsansprüchen.

In dieser frühen Phase stand der Wunsch, ein hierarchisch aufgebautes Gesamtgefüge nicht zu gefährden, im Mittelpunkt der Neuordnungen. Die Finanzverwaltung des Schulwesens verblieb auf der zentralen Ebene, und weder im sog. *Plan Operativo* aus dem Jahr 1975 noch in den *Directivas Presidenciales* (Direktiven des Präsidenten) zum Bildungswesen von 1979 wird die Möglichkeit einer Dezentralisierung der Schulträgerschaften erwähnt. Auf lokaler Ebene sollten statt dessen eigens benannte ‚kommunale Erziehungsdirektorien' zwischen den Schulen und den Provinzbehörden vermitteln (vgl. PIIE 1984: 73).

Die zentralistische Ausrichtung der Bildungspolitik wurde erst in einer zweiten Phase der „*Institutionalisierung und Konsolidierung*" (Aedo-Richmond et al. 1985: 167, vgl. ähnlich: PIIE 1984: 68ff.) zwischen 1978 und 1982 allmählich aufgelöst. 1978 wurden die Erziehungsabteilungen der Regionalen Sekretariate (SEREMIs) erstmals mit eigenen Ressourcen und Kompetenzen ausgestattet und damit beauftragt, die nationalen Rahmenvorgaben eigenständig umzusetzen und auf regionale Gegebenheiten abzustimmen (Decreto Supremo N. 1287 vom 13. Nov. 1978). Die Funktionen und Kompetenzen des *Consejo Regional* bzw. *Nacional de Educación* (Regionaler bzw. und Nationaler Rat für Erziehungsfragen), die ebenfalls 1975 durch den *Plan Operativo* gegründet worden waren, wurden in diesem Dekret nicht weiter ausgeführt, so daß sie bald ein bedeutungsloses Schattendasein führten. Die Verteilung der politischen Macht im Erziehungswesen erfolgte seit Mitte der 70er Jahre zentrifugal.

Am 5. März 1979 überreichte Pinochet in einer offiziellen Zeremonie dem Erziehungsminister die sog. *Directivas sobre la Educación*. Diese Direktiven zur Erziehung nennen als parallele Berufsbildungsoptionen nach Abschluß der Grundbildung: 1) die technischberuflichen Sekundarschulen, 2) private Berufsbildungsinstitute, 3) Lehrverträge mit privaten Unternehmen, 4) betriebliche Anlern- und Weiterbildungsprozesse, 5) Erwachsenenbildungsprogramme und 6) die verschiedenen Programme des tertiären Bildungssektors. Pinochet vollzog hier die endgültige Abkehr von der Leitvorstellung *eines* kohärenten, durchlässigen nationalen Bildungssystems, an dem er bis zu diesem Augenblick noch festgehalten hatte (vgl. PIIE 1984: 92). Statt dessen setzte er das Ziel,

> „Chilenen jeder Altersgruppe vielfältige Gelegenheiten zur Bildung in zahlreichen und unterschiedlichen Bildungssystemen zu ermöglichen." (Chile 1979: V)

Im Juli 1979 wurde zum ersten Mal die Übergabe der Schulen an die Kommunen in Erwägung gezogen; im Dezember des gleichen Jahres legte die Regierung dieses Vorgehen gesetzlich fest. Das Ad-hoc-Dekret 1/3063 von 1981 regelte die Verfahrensweisen des Transfers, die notwendige Erhöhung der kommunalen Finanzmittel und die Schaffung eines Ausgleichsfonds zur Begünstigung ärmerer Gemeinden.

Die Militärregierung wollte die Dezentralisierung der Schulverwaltungen als Ausdruck ihrer Volksnähe und ihres Demokratiebewußtseins verstanden wissen. Die ‚*nueva institucionalidad*', die neue institutionelle Struktur Chiles, basiere auf der direkten und unmittelbaren Beteiligung der Gemeinden und Bürger. Im Gegensatz zu den zentralen Ministerien seien die Bürgermeister demokratisch legitimiert[167] und als direkte Vertreter der Gemeinde zu einer stärkeren Integration der Schulen in das Leben der Kommune besonders gut in der Lage (Prieto Bafalluy 1983: 78; vgl. auch Núñez et al. 1988: 27ff.; PIIE 1984: 131ff.).

Die Qualität der Schulen werde dadurch verbessert –, und damit knüpfte die Regierung an die in den Kapiteln 3.5.2 und 3.5.4 dokumentierte Argumentation der internationalen Schulforschung an – daß sie zum Wettbewerb um Schülerzahl gezwungen seien (PIIE 1984: 131). Gleichzeitig diene die Kommunalisierung der Schulen einer effizienteren Verwaltung, da sie dazu beitrage,

> „einen unmäßig gewachsenen Staatsapparat zu rationalisieren, der in den vergange-
> nen Jahrzehnten vor allem persönlichkeitsverändernde und parteiische Konzepte
> vertrat, und statt dessen die Verwaltung auf Einheiten überträgt, die die Finanzierung
> auf lokaler Ebene überschauen, eine gesunde Investition der Ressourcen garantieren
> und sich dem Dienst an der Gemeinde widmen." (Deklaration des Innenministers
> Fernandez vom September 1980, zit.n. PIIE 1984: 131)

Bei der Übertragung der Schulträgerschaften hatten die Kommunen die Möglichkeit, zwischen zwei Verwaltungsformen zu wählen: der Schulverwaltung über *Departamentos de Administración de la Educación Municipal* (DAEM, Verwaltungsabteilungen für kommunale Bildung) oder der Gründung der relativ unabhängigen *Corporaciones Municipales* (kommunale Körperschaften).

Die DAEMs verwalten die kommunalen Schulen, d. h. sie sind für Mittelzuweisung, Personalanwerbung und -verwaltung sowie die Sachausstattung der Schulen zuständig. Formell sind sie mit der Kontrolle der Einhaltung der technischen und pädagogischen Normen und der Lehrerweiterbildung betraut, und aus diesem Grund wird angestrebt, daß der Leiter der Einrichtung eine Lehrerausbildung absolviert haben sollte. In der Praxis kommen der Institution jedoch fast ausschließlich administrative Aufgaben zu. Angesichts des relativ unproblematischen Procedere, mit dem DAEMs in kurzer Zeit eingerichtet werden konnten, entschieden sich die meisten Kommunen für diese Verwaltungsform.

Die *Corporaciones Municipales* sind formal gesehen privatrechtliche Einrichtungen, die mit Angelegenheiten des Gesundheits- und Bildungswesens sowie der sozialen Entwicklung einer Kommune beauftragt werden können. Im Schulbereich sind sie wie die DAEMs mit Mittel- und Personalverwaltung für die kommunalen Schulen betraut. Sie werden von einem vierköpfigen Gremium verwaltet, dessen Vorsitz der Bürgermeister führt. Diese Modalität hatte für die Kommunen den Vorteil, auch externes Personal zu Marktbedingungen einstellen zu können. Aufgrund verfassungsrechtlicher Probleme können seit 1988 jedoch keine neuen *corporaciones municipales* gegründet werden.

Dem Bildungsministerium blieben lediglich Aufgaben im Bereich der allgemeinen Normgebung und der Schulaufsicht erhalten. Auch wenn der damalige Erziehungsminister Prieto diese *„Konzentration auf das Wesentliche der Mission"* als Möglichkeit in-

---

167 Diese Legitimation wird aus der Tatsache abgeleitet, daß kommunale Gremien eine Dreierliste vorlegen, aus der regionale Behörden den Bürgermeister auswählen, außer „in jenen Fällen, in denen das Gesetz dem Präsidenten dieses Recht einräumt" (Prieto Bafalluy 1983: 79).

terpretierte, „*sich von administrativen Aufgaben zu lösen, die nur Zeit und Ressourcen vom eigentlichen Auftrag des Ministeriums abziehen, nämlich die Qualität der Erziehung zu verbessern*" (zit.n. Egaña et al. 1983: 57), so kann dies nicht von dem realen Machtverlust ablenken, den das Ministerium durch die Übertragung der Finanzierungsabwicklung und der Trägerschaften erlitt (vgl. Prieto Bafalluy 1983: 91). Von ehemals 30.000 Angestellten des Ministeriums arbeiteten nach der Dezentralisierung nur noch 3.000 (Schiefelbein 1991: 22).

Der Machtdekonzentration auf der Seite des Bildungsministeriums entspricht eine Kontrollzunahme durch das Innenministerium auf der anderen: Die kommunalen Schulbehörden sind seit der Dezentralisierungsreform in ihren Entscheidungen vom Bürgermeister abhängig, der bis zu Beginn der 90er Jahre von der Zentralregierung eingesetzt wurde. Konflikte zwischen den Abteilungen des Bildungsministeriums und des Innenministeriums wurden rasch zugunsten des letzteren entschieden.

Abbildung 13:   **Aufbau der chilenischen Schulverwaltung seit 1981**

Innenministerium   Erziehungsministerium
Ministerio del Interior   *Ministerio de Educación*

kommunale   regionales Sekretariat
Schulbehörde/   *SEREMI*
Korporation

DAEM/ Corporación

Schulaufsicht   Supervisoren
encargado de educación   *supervisores*

3.7.3.2   Dezentralisierte Curricula

1981 verabschiedete die Militärregierung Pinochet das Dekret 300, das die Lehrplangestaltung an Sekundarschulen neu ordnete. Die technisch-beruflichen Sekundarschulen wurden angewiesen, in ihren beiden ersten Schuljahren allgemeinbildende Inhalte zu unterrichten, so daß der allgemeinbildende Unterricht auf eine Dauer von insgesamt 10 Jahren verlängert wurde.[168]

---

168 1988 wurde das Dekret 300 durch ein neues Gesetz modifiziert. Durch den 'Plan über flexible Minimalstudienpläne' (Plan de estudios flexible mínimo, Dekret 130) wurde die Ausdehnung des allgemeinbildenden Unterrichtes auf 10 Jahre faktisch wieder zurückgenommen, indem den Schulen die Möglichkeit eingeräumt wurde, auf Antrag hin berufsbildende Fächer schon von der 9. Klasse an zu unterrichten. Statt bisher 2.376 Stunden beträgt die Mindeststundenzahl für allgemeinbildende Fächer nun nur noch 1.440 Stunden.

Gleichzeitig wurde die dezentrale Erstellung der Lehrpläne verfügt. Nur ein sehr reduzierter Katalog minimaler Lehrziele für die Grundschule (Lesen und Schreiben, Grundrechenarten, Geschichte und Geographie des Landes, Grundkenntnisse der Naturwissenschaften) wurden vorgeschrieben. Schon 1984 wurde diese Aufhebung zentraler Lehrplanbindungen jedoch wieder rückgängig gemacht. Lediglich die Zahl der Unterrichtsstunden pro Fach (außer in den Fächern Mathematik und Spanisch) können von den einzelnen Schulen festgelegt werden (vgl. Aedo-Richmond et al. 1985: 178).

Die technisch-beruflichen Sekundarschulen sollten innerhalb eines vom Bildungsministerium vorgegebenen *marco curricular* (Rahmenlehrplan) Schwerpunktsetzungen vornehmen und der Institution auf diese Weise ein unverwechselbares Profil verleihen. Insbesondere die Methodik und Didaktik sollten grundlegende Erneuerungen erfahren. Lehrer und lokale Supervisoren sind gehalten, die sozioökonomischen Voraussetzungen und Bedarfe ihrer Region zu analysieren und daraus Lernziele und -inhalte abzuleiten. Der Rahmenlehrplan enthält, neben allgemeinen Leitideen und Normen, Hilfen zur Durchführung dieser Analysen. Leitfragen zur Operationalisierung der allgemeinen Bildungspolitik, Identifizierung der Zielgruppe, Analyse des regionalen Arbeitsmarktes und Identifizierung des Berufsbildes werden vorgegeben. Die ermittelten Qualifikationsbedarfe sollen mit den in der Institution vorhanden Ressourcen abgeglichen und in curriculare Entscheidungen umgewandelt werden (vgl. Espinola 1989: 48ff.; Urrutia 1987: 66). Die Pläne werden dann dem Bildungsministerium vorgelegt, das sie entweder anerkennt oder Veränderungen bezüglich Stundenzahlen oder Fächerverteilung vorschlägt. Es steht beruflichen Sekundarschulen frei, je nach ermitteltem Bedarf neue *especialidades* (Fachrichtungen) einzurichten. Die Stundenverteilung zwischen allgemeinbildenden und berufsausbildenden Fächern ist allerdings vorgegeben.

Explizite Intention der Dezentralisierungsreformen war die präzisere Orientierung der Unterrichtsinhalte und Lehrpläne an lokalen Bedingungen und Arbeitsmarktanforderungen. Lokale Analysen über Schülerpopulationen und Arbeitsmarktbedingungen sollten den Kontakt mit der Privatindustrie stärken und die Ausrichtung an regional gültigen technischen Standards fördern. Von der breiten Partizipation der *comunidad educativa* (pädagogische Gemeinschaft) aus Lehrern, Unternehmerverbänden und Schulträgern versprach man sich eine neue Dynamik für die Lehrplandiskussion (vgl. CIDE 1990: 64f.; Urrutia 1986: 63).

Zusätzliche materielle und personelle Ressourcen standen den Schulen für die Ausarbeitung der Lehrpläne nicht zur Verfügung. Zuverlässige empirische Daten waren nur in Ausnahmefällen verfügbar und mußten durch die Schulen selbst ermittelt werden.

Ende 1983 gab das Ministerium die sog. *orientaciones básicas* (Leitlinien) zur Erstellung von Lehrplänen als Teil des *Marco Curricular para la Educación Media Técnico-Profesional* (Rahmenlehrplan für die technisch-beruflichen Sekundarschulen) heraus. Bis März 1986 hatte fast jede berufliche Sekundarschule ihren eigenen Lehrplan entworfen.

„Es sollte anerkannt werden, welche große Anstrengung dies für die Schulen bedeutete, die eine solche Leistung nur durch großes Engagement der Lehrer und viele Überstunden erreichen konnten." (Urrutia 1986: 68)

Eine im gleichen Jahr erstellte Studie (Corvalán 1986) zeigt allerdings, daß die Schulen von den ihnen angebotenen Spielräumen in der Lehrplangestaltung kaum Gebrauch machen. Die überwiegende Zahl der Schulen richtet die Gestaltung ihrer Unterrichtspläne eng an den zentralstaatlichen Vorgaben aus und nimmt Modifikationen vor allem dann vor, wenn die vorhandenen Ressourcen nicht mehr ausreichen, um ein bestimmtes Bildungsangebot aufrechtzuerhalten.[169] Auch die Möglichkeit, neue Fachrichtungen anzubieten, wird kaum genutzt. Von 25 untersuchten Schulen hatten nur 3 neue Zweige eingerichtet. Nach Aussage der Lehrer fanden indes die Absolventen dieser neuen Berufsrichtungen dennoch nur schwer eine Anstellung (Corvalán 1990: 111.).

3.7.3.3   Konsequenzen für die Lehrerschaft

Durch die Übertragung der Schulen an kommunale Träger verloren alle Lehrer ihre Anstellung beim Bildungsministerium und den Status als Staatsangestellte sowie die damit verbundenen Vergünstigungen. Die neue Verwaltung entschied über eine weitere Beschäftigung nach Arbeitsverträgen, deren Gestaltung nur noch dem *Código de Trabajo* (allgemeine Arbeitsgesetze) unterstellt war (vgl. Worlitsy 1987: 109).[170] Löhne, Ferien, Kündigungsbedingungen und Beförderungen mußten nun individuell mit dem Arbeitgeber ausgehandelt werden. Der Prozeß der Vertragsauflösung und Neuanstellung führte zu einer erneuten Selektion politisch nicht opportuner Lehrkräfte. Gerade in kleineren Gemeinden griff hier ein sozialer Kontrollmechanismus besonderer Art: Die Bürgermeister waren häufig über die politische Einstellung unliebsamer Lehrer detaillierter informiert als zentrale Behörden und verweigerten ihnen die Wiedereinstellung.

Núñez et al. (1988: 30) nennen daher als Auswirkungen des Dezentralisierungsprozesses unter Pinochet auf die Lehrerschaft

„i) die politische Neutralisierung der Lehrergremien, mit dem Ziel, die Transformationen im Bildungswesen leichter durchsetzen zu können,

ii) Senkung der Lohnkosten für die Lehrer mit dem Ziel, private Investitionen im Bildungssektor zu fördern und staatliche Ausgaben zu reduzieren, und

iii) Wandel des professionellen Status der unterrichtenden Lehrer, die fortan als ‚Techniker' lediglich für die effiziente Umsetzung der Modernisierung des Bildungswesens fungieren sollten."

1980 hatte der Erziehungsminister noch angekündigt, der Dezentralisierungsprozeß würde schrittweise vonstatten gehen, doch schon am 1. 4. 1982 waren trotz des erheblichen administrativen Aufwandes[171] des Reform 84% der staatlichen Schulen an die

---

169 Mündliche Information Martin Miranda, Verantwortlicher für Lehrplangestaltung des Projektes MECE innerhalb des Bildungsministeriums.

170 Diese Regelung beruht auf dem Gesetz D.L.2200.

171 Die Übertragung der Gebäude und Infrastruktur sowie der Schulverwaltungen an die Gemeinden mußte organisiert und formalisiert werden. Die Verträge der Lehrer wurden aufgelöst und neu geschlossen, die Sozialversicherung war nunmehr privat abzuschließen. Das System der Bildungssubventionierung änderte sich grundlegend.

Kommunen übertragen worden[172] (Aedo-Richmond 1985: 170; Mc Ginn et al. 1986: 482). 1986 war nur noch ein Rest von 13% der öffentlichen Schulen zentralstaatlich verwaltet und wurde zu diesem Zeitpunkt vollständig an die Kommunen übertragen.

3.7.4 Wettbewerb im Bildungswesen

Seit Beginn der 80er Jahre war die Bildungspolitik der Regierung Pinochet durch die neoklassische Überzeugung geprägt, eine subsidiäre Rolle des Staates sei letztlich der *„Schlüssel für eine authentisch freie Gesellschaft und* [...] *höchste Garantie für die Existenz einer effektiven individuellen Freiheit"* (ODEPLAN 1979, zit.n. Loehnert-Baldermann 1988: 17). Wie in den Kapiteln 3.5.3 und 3.5.4 ausführlich dargestellt, forderten die Theoretiker des Bildungsmarktes nicht nur die Dezentralisierung und Autonomisierung der Schulen, sondern die Herstellung realer Wettbewerbsbedingungen im Bildungswesen durch Privatisierungsmaßnahmen, leistungsbezogene Finanzierung und die Stärkung der Nachfragersouveränität.

Analog zur politischen Legitimation der Dezentralisierungsmaßnahmen wurde die Entstaatlichung des Schulwesens in Chile mit einer dreifachen Begründung durchgesetzt: Die private Beteiligung an Bildungsinvestitionen sollte staatliche *,Fehl'*investitionen in Bildung mindestens teilweise ausgleichen, eine stärkere Verknüpfung insbesondere der technisch-beruflichen Ausbildung mit dem Privatsektor sollte die Marktkorrespondenz der Bildungsproduktion erhöhen[173] (Labarca 1985: 105), und drittens sollten verstärkte Impulse für eine Qualitätsverbesserung der Schulbildung ausgesandt werden. Durch Leistungsvergleiche zwischen Schulen und die Möglichkeit der freien Schulwahl zu jedem Zeitpunkt, so erklärten die Apologeten der Deregulierung und bezogen sich damit auf die Erkenntnisse der in Kapitel 3.5 vorgestellten Markttheorien im Bildungswesen, würden die Nachfrager in die Lage versetzt, die Qualität der Schulen selbst zu kontrollieren und positiv zu beeinflussen (vgl. Prieto Bafalluy 1983: 36f. und 94ff.).

Die staatliche Planungsbehörde ODEPLAN vertrat den Standpunkt, lediglich die Primarschulbildung mit ihren nachweisbar höheren sozialen Ertragsraten solle durch den Staat subventioniert werden. Die Sekundarschulbildung dagegen sei von der Familie des Schülers zu finanzieren, sofern diese dazu in der Lage sei. Schülern aus finanziell schlechter gestellten Familien solle der Schulbesuch durch Bildungskredite ermöglicht werden (ODEPLAN 1977: 35f.).

Daher favorisierte die Planungsbehörde ODEPLAN seit 1977 die Privatisierung der Schulverwaltungen und förderte den Transfer an nichtstaatliche Träger durch die Zusage, Infrastruktur- und Ausstattungsverbesserungen im Falle der Übernahme mitzufinanzieren. Die staatlichen Zuwendungen an private Schulen, deren realer Wert unter den vorangegangenen Regierungen sukzessive gesunken war, wurden Ende der 70er Jahre

---

172 5.724 Schulen mit 72.531 Lehrern und Angestellten und ca. 2 Mio. Schülern in 250 Kommunen des Landes (PIIE 1984: 132).

173 Die mangelnde Anpassung der technisch-beruflichen Sekundarschulbildung an die Entwicklungen auf dem Arbeitsmarkt wurde als hauptsächliche Ursache für die Arbeitslosigkeit unter Sekundarschulabsolventen benannt. Die durch die Privatisierungsmaßnahmen angestrebte Verflechtung zwischen Privatwirtschaft und Ausbildung sollte hier Abhilfe schaffen (vgl. Labarca 1985: 105).

wieder deutlich angehoben (vgl. Winkler et al. 1995: 2). Verschiedene Abteilungen des Ministeriums (Behörde für Schulbauten und Infrastruktur, Behörde für Ausbildungsmittel und Stipendien, Nationaler Fernsehrat) wurden ausgelagert und nunmehr als eigenständige Unternehmen geführt (Ormeño 1983: 107).

Auch in den weiter oben bereits genannten Direktiven zur Erziehung vom März 1979 wird ausdrücklich betont, es sei *„unwahrscheinlich, daß der Staat seine Tätigkeit im Erziehungssektor noch weiter ausdehnen werde"*, und statt dessen müsse *„mit Nachdruck die Hilfe des privaten Sektors für die Bildungsaufgabe stimuliert"* werden (Chile 1979: V).

Als sich jedoch abzeichnete, daß weder Anreize noch die *„nachdrückliche Stimulierung"* die gewünschte Wirkung zeitigen würden, erließ die Militärjunta 1981 ein Dekret zur Steigerung privater Bildungsinvestitionen. Auch nichtstaatlich verwaltete Schulen konnten nun öffentliche Subventionen erhalten. Neben den bisherigen Finanzierungsformen *educación particular-pagada* (privat finanzierte Schulen) und *educación pública* (öffentliche Schulen) entstand die neue Kategorie *educación particular-subvencionada* (subventionierte Schulen in privater Trägerschaft). Im technisch-beruflichen Sekundarschulbereich wurde zusätzlich eine private Trägerschaft durch Unternehmenskörperschaften ermöglicht, auf die an späterer Stelle noch detaillierter eingegangen wird.

Für den tertiären Bildungsbereich schuf die Militärregierung mit dem Gesetzesdekret N. 3.541 vom Dezember 1980 die gesetzliche Grundlage für eine Reform der institutionellen Struktur. Nicht nur die traditionellen Universitäten (d. h. die acht Hochschulen, die bis zu diesem Zeitpunkt existierten), sondern auch private Universitäten sowie neue Institutionen im tertiären Bildungssektor sollten in Zukunft miteinander um Bildungsnachfrager konkurrieren. Seither existieren in Chile drei Formen postsekundärer, formaler Bildung:

- Die *Universitäten* bieten akademische Bildungsgänge in den gesetzlich als universitär definierten Fächern,
- die *Institutos Profesionales* (IP) unterrichten nichtuniversitäre Fächer auf postsekundärer Ebene,
- und die *Centros de Formación Técnica* (CFT) ermöglichen den Erwerb des Technikertitels.

Zwischen 1980 und 1990 entstanden 40 neue Universitäten, 78 *Institutos Profesionales* und 161 *Centros de Formación Profesional* (Muga et al. 1996: 138). Jede dieser Institutionen erhielt das Recht, Studiengebühren zu erheben, und die Erhöhung bereits üblicher Gebühren wurde als Investition in die Qualität der Hochschulbildung begrüßt (vgl. Kapitel 3.7.1).

Es war beabsichtigt, die daraus entstehenden sozialen Ungleichgewichte durch Bildungskredite und Stipendien für besonders gute Absolventen der Prueba de Aptitud Académica (Akademischer Aufnahmetest) abzumildern. Staatliche Unterstützung erhalten nach wie vor die Studierenden traditioneller Universitäten, d. h. der mittels Gesetzeserlaß gegründeten Einrichtungen, sowie die 20.000 besten Absolventen des Akademischen Aufnahmetests. Während diese Stipendien auch für den Besuch von *Institutos Profesionales* (IP) vergeben werden, müssen die Studierenden privater Universitäten und der *Centros de Formación Técnica* (CFT) für die Kosten der postsekundären Ausbildung selbst aufkommen.

Abbildung 14:   Chilenisches Bildungssystem seit 1981

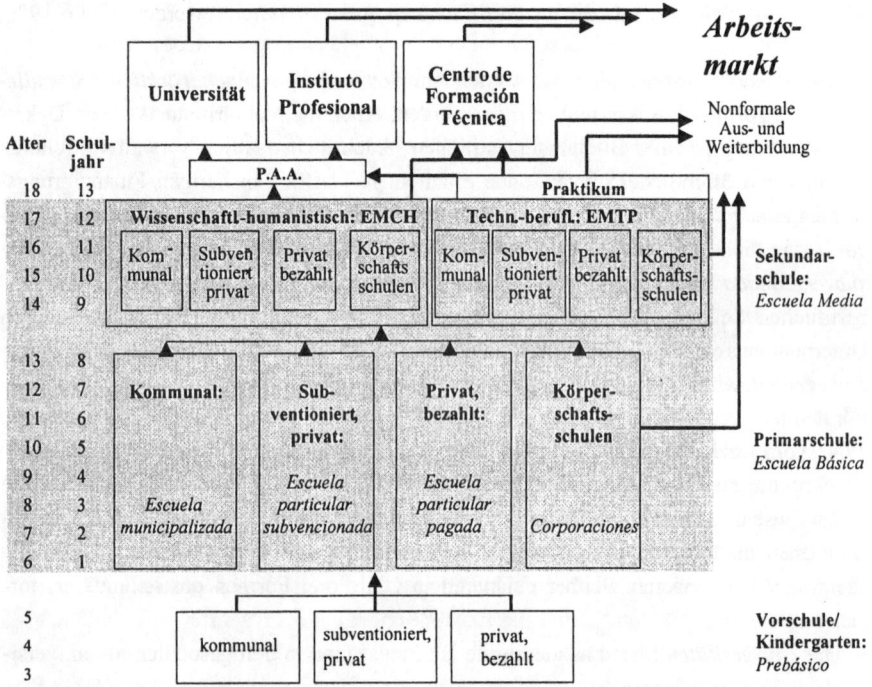

Konkurrieren sollten die Hochschulen nicht nur um die höchste Zahl von Schülern, sondern auch um die besten von ihnen. Etwa die Hälfte des Hochschuletats wurde von der Immatrikulation solcher Schüler abhängig gemacht, die im Akademischen Aufnahmetest besonders gute Ergebnisse erzielt hatten. Wie erwartet setzte als Folge dieser Maßnahmen ein intensiver Wettbewerb zwischen den Hochschulen ein, der sich allerdings darauf beschränkte, möglichst viele Studenten mit guten Schulleistungen anzuwerben. Besonders die traditionellen Universitäten bauten die regelmäßig von diesen Studenten nachgefragten Studiengänge wie Medizin, Ingenieurwesen und Ökonomie aus. Die Schulen und Institute lancieren seither jeweils zum Zeitpunkt der Einschreibung professionelle Werbekampagnen, die Stipendien und Freibeträge für die besten Studenten einschließen. Im ersten Jahr der Reform kam es zu einer Verdopplung der Einschreibungen an Universitäten (Schiefelbein 1991: 23).

Die Erkenntnis, daß eine solche Ausweitung kostspieliger tertiärer Bildungsgänge letztlich zu einer Akademikerschwemme führen würde, veranlaßte die Regierung im November 1981 dazu, die Gewährung von Zuschüssen wieder einzuschränken. Seit 1983 fror das Bildungsministerium die entsprechenden Subventionen trotz der kontinuierlichen Kaufkraftverluste in Pesohöhe ein. 1987 wurden weitere Dozenten entlassen und die Hochschulsubventionen weiter reduziert bzw. in den Forschungsbereich umverteilt. 1989 entstanden 14 neue Universitäten mit zusammen 3.000 Studienplätzen vor allem für *low-cost* Studiengänge.

Im gleichen Jahr traten ca. 100.000 Sekundarschulabgänger eine Ausbildung im tertiären Bildungssektor an. Von ihnen gingen 30.000 auf Universitäten, etwa 10.000 auf *Institutos Profesionales* (IP) und 60.000 auf *Centros de Formación Técnica* (CFT). Von 233.000 Studenten im Hochschulbereich besuchten nur noch 126.300 traditionelle Universitäten (Schiefelbein 1991: 25).

Als Ergebnis der Einführung von Wettbewerbsbedingungen in den Hochschulbereich kann also eine erhebliche Ausweitung des Studienangebotes und eine lebhafte Konkurrenz zwischen den Hochschulen konstatiert werden. Defizite entstehen in Bereichen mit geringem *Marketingeffekt*: Investitionen in die Qualität von Forschung und Lehre, das Angebot weniger populärer Studiengänge oder hohe Prüfungsanforderungen erweisen sich als betriebswirtschaftlich kontraproduktiv und werden daher tendenziell vernachlässigt.

Eine analoge Entwicklung zeichnet sich im Bereich der subventionierten privaten Schulen ab. Die staatliche Unterstützung von Schulen in privater Trägerschaft in derselben Höhe, wie sie an kommunale Schulen gezahlt, bildete einen starken Anreiz für private Schulträger, ihr Angebot auszubauen. Zwischen 1980 und 1989 verdoppelte sich der Anteil von Primarschülern an subventionierten Privatschulen von 14% auf 31,1%. Bei den Sekundarschülern verlief die Entwicklung noch sprunghafter: Hier hatten 1980 10,3% der Schüler nicht schulgeldpflichtige Privatschulen besucht, 1989 waren es bereits 31,7% (Schiefelbein 1991: 25; vgl. auch: Aedo-Richmond et al. 1989: 28); die Zahl der Schüler an nicht-subventionierten Privatschulen veränderte sich im gleichen Zeitraum nur geringfügig. Der Anteil derjenigen Schüler, die subventionierte private technisch-berufliche Sekundarschulen besuchte, stieg zwischen 1980 und 1989 von 28,1% auf 62,8% (Schiefelbein 1991: 25).

Um Subventionen zu erlangen, müssen die Träger den Nachweis erbringen, daß sie ausgebildete Lehrer beschäftigten und die Klassengröße 45 Schüler nicht überschritt. Leistungskriterien blieben unberücksichtigt. Das Fehlen von Qualitätsanforderungen führte dazu, daß subventionierte private Schulen heute in vielen Fällen eher als Betreuungseinrichtungen denn als Bildungsstätten gelten müssen. Die Schulen zahlen ihren Lehrkräften weniger als die Hälfte des ohnehin niedrigen üblichen Lehrergehaltes (nämlich den ca. achtfachen Wert der Subvention pro Schüler, während nicht gewinnorientierte Privatschulen ca. den zwanzigfachen Wert bezahlen; Schiefelbein 1991: 25).

Der Nettogewinn dieser Schulen wird auf etwa 40% vom Umsatz geschätzt, derjenige der nicht-gewinnorientierten (z. B. kirchlichen) Privatschulen auf etwa ein Viertel dieser Summe. Die privaten Träger verwenden einen hohen Anteil dieser Mittel für Werbekampagnen, den Ausbau von Sportanlagen, Transportangebote oder sonstige werbewirksame Randbedingungen.[174]

Doch auch unter rein quantitativen Aspekten erfüllte sich die Hoffnung auf ein größeres Engagement der privaten Investoren nicht: 1988 erhielten chilenische Schüler und Studenten 851 Mio. US$ aus öffentlicher Hand; 1971 waren es 1.089 Mio. gewesen. Für den gleichen Zeitraum schätzt Schiefelbein (1991: 24) den Anstieg der privaten Aufwendungen im Bildungsbereich auf höchstens 150 Mio. US$. Es ergibt sich eine Verringerung der Gesamtinvestition von 88 Mio. US$.

Die verminderten Investitionen waren allerdings – und dies belegt die untenstehende Tabelle – nicht dazu in der Lage, die einmal in Gang gesetzte Bildungsexpansion in Chile effizient zu bremsen. Die Bruttobeschulungsrate[175] im Sekundarschulbereich stieg zwischen 1975 bis zum Ende der 80er Jahre von knapp der Hälfte der betroffenen Altersjahrgänge auf etwa zwei Drittel an und auch die Teilnahme an tertiären Bildungsformen wuchs nach 1980 wieder langsam aber stetig.

Abbildung 15:   Bruttobeschulungsrate in Chile (1975–1989)
(in Prozent der entsprechenden Altersjahrgänge)

	Primarschule	Sekundarschule	Tertiäre Bildung
1975	112	48	15,6
1980	109	53	13,2
1985	105	67	15,9
1986	105	68	17,0
1987	103	70	17,8
1988	102	74	18,8
1989	100	75	...

(UNESCO-Statistical Yearbook, mehrere Bände, Tabelle 3-2)

Die absoluten Schülerzahlen auf Sekundarschulen stiegen ebenfalls kontinuierlich an, und der Versuch, eine stärkere Orientierung an arbeitsbezogenen Inhalten durch Diversifizierung der Curricula zu erreichen, wird jedenfalls durch die Verteilung der Schüler auf den wissenschaftlich-humanistisch bzw. technisch-beruflichen Schulzweig nicht belegt. Hatte der Anteil technisch-beruflich ausgerichteter Sekundarschulen 1975 noch 36,3% betragen, so sank er bis 1989 auf 18,01 % (vgl. die folgende Graphik).

---

174 „In order to attract students, both private subsidized and municipal schools now require a uniform and have school insignia, many schools have adopted names rather than numbers as before and many use names and insignia similar to well-known private tuition schools. Names in English are a popular selling gimmick [...]" (Rounds 1997: 122).

175 Gesamtzahl der beschulten Kinder aller Altersstufen geteilt durch die Anzahl der Kinder derjenigen Altersstufen, die plangemäß in der betreffenden Schulstufe beschult werden müßten.

Abbildung 16:   **Sekundarschüler nach Schulzweigen (1975–1989)**

(Anzahl der Schüler und Schülerinnen)

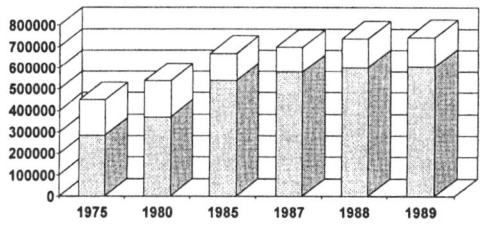

(in Prozent)

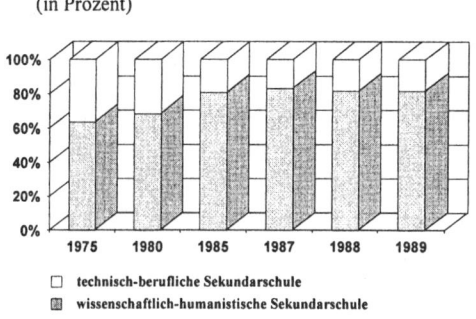

☐ technisch-berufliche Sekundarschule
▨ wissenschaftlich-humanistische Sekundarschule

(UNESCO-Statistical Yearbook, mehrere Bände, Tabelle 3-7)

3.7.4.1   „Privatisierung" bei vollständig öffentlicher Finanzierung:
       Die Körperschaftsschulen

Schon 1977 legte die Nationale Planungsbehörde ODEPLAN eine langfristige Planung vor, die in den *„Zusammenschlüssen von Produzenten oder Unternehmen"* die geeigneten Träger für technisch-berufliche Sekundarschulen identifizierte. Als erste Versuchsschule wurde die Agrarschule San Fernando der Nationalen Gesellschaft für Landwirtschaft überschrieben, 1978 folgte die Übernahme dreier weiterer Schulen durch den Unternehmerverband der Industrie SOFOFA (Egaña 1983: 45). Zwischen 1979 und 1986 versuchte das Bildungsministerium, Unternehmerverbände für die Trägerschaft technisch-beruflicher Sekundarschulen zu gewinnen.

In der Regierungsdirektive vom März 1979 wurde festgelegt, die zuständigen Behörden sollten

„die Übergabe geeigneter technisch-beruflicher Sekundarschulen an Einzelpersonen oder Verbände mit entsprechender fachlicher Ausrichtung beschleunigen und vervollständigen, nur mehr solche Schulen, die aus strategischen oder sicherheitstechnischen Gründen notwendig sind oder als Pilotschulen geführt werden können, gründen, führen und fortentwickeln und die übrigen neu strukturieren, transformieren oder schließen[...]" (zit.n. Labarca 1985: 104)

Das Dekret mit Gesetzeskraft Nr. 1-3063 ermöglichte den Transfer kommunaler Schulträgerschaften an private Körperschaften. Die übernehmenden Verbände erhielten die

Gebäude und Ausstattung der Schulen als Darlehen über 99 Jahre. Während zuvor die Bezahlung und Beförderung von Lehrern durch das Verwaltungsstatut (DFL 338) und das *Decreto de Carrera Docente* (Dekret zur Lehrerlaufbahn, DFL 2327) landesweit geregelt war, wurden die Arbeitsbedingungen der Lehrer nun von berufsbezogenen, überregionalen Regelungen ausgenommen und waren nur noch dem allgemeinen Arbeitsrecht unterstellt.

Trotz dieser günstigen Bedingungen zeigten die Verbände nur in wenigen Fällen Interesse an einer solchen Übernahme. Sie begründeten ihre Zurückhaltung vor allem mit dem mangelhaften Zustand der Schulgebäude und -ausstattung, der Investitionen in erheblichem Ausmaße notwendig mache, und mit Zweifeln an der Kontinuität der staatlichen Subventionspolitik (Corvalán 1990: 103). Bis 1989 waren nur 70 von 341 technisch-beruflichen Sekundarschulen in die Trägerschaft von Unternehmensverbänden übergegangen (vgl. Krammenschneider 1992: 102).

Der chilenische Staat subventionierte diese Schulen jedoch mit rund 4,3 Mrd. Pesos; das entspricht etwas mehr als der Hälfte der Gesamtsumme der für die berufliche Sekundarbildung aufgewendeten Mittel, obgleich hier nur ca. 23% der Schüler des technisch-beruflichen Zweiges unterrichtet werden (Sercal 1993: 3).

Die höheren Zuschüsse erklären sich einerseits daraus, daß Körperschaftsschulen häufig kostenintensivere und daher auch besser bezuschußte Ausbildungsgänge aus dem Produktivsektor anbieten, während private und kommunale Träger sich auf billigere Ausbildungsgänge (z. B. im Dienstleistungssektor) beschränken. Mit dem Dekret Nr. 8.144 (1980) wurde jedoch zusätzlich eine sehr günstige Sonderregelung für die Finanzierung von Körperschaftsschulen geschaffen. Während nämlich die kommunalen und subventionierten privaten Schulen pro anwesendem Schüler bezuschußt werden, entspricht die Finanzierung für die Schulen der Verbände den realen Unterhaltskosten der Institution: Der im Moment der Übernahme zur Deckung der operativen Kosten benötigte Betrag wurde den Trägern unabhängig von der Anzahl der Schüler als künftige Subvention zugesichert und jährlich der Preissteigerung angeglichen. Als Folge dieser Regelung senkten die Verbandsschulen ihre Schülerzahlen stark ab und erhalten heute ein Vielfaches der Zuwendungen pro Schüler (Corvalán 1990: 104). Zusätzlich haben die Bildungskörperschaften – im Gegensatz zu öffentlichen Schulen, bei denen die Zuweisungen monatlich erfolgen – durch die jährliche Auszahlung die Möglichkeit, die Subventionen auf dem Kapitalmarkt anzulegen.

Daß trotz dieser weitreichenden Zugeständnisse das Interesse der Privatwirtschaft, technisch-berufliche Sekundarschulen in eigener Trägerschaft zu führen, so relativ gering blieb, wirft ein deutliches Licht sowohl auf das Ansehen dieser Schulen in der Unternehmerschaft als auch auf die Fähigkeit und Bereitschaft ihrer Verbände, sich im Ausbildungsbereich zu engagieren.

3.7.4.2 *Privatisierung bei vollständig privater Finanzierung:*
Die Centros de Formación Técnica

Das Dekret DFL 24 vom 28. 4. 1981 verfügte eine Neustrukturierung des tertiären Bildungssektors. Die Ausbildung an Universitäten wurde auf die gesetzlich definierten ‚akademischen' Fächer[176] beschränkt. Gleichzeitig gestattete das Gesetz die Gründung privater Universitäten. Die seit Ende der 60er Jahre stark forcierte Öffnung der Universitäten für postsekundäre Ausbildung auf mittlerem Technikerniveau (vor allem die Kurzstudiengänge von ca. 2 Jahren Dauer, wie sie etwa an der *Universidad Técnica de Estado* entstanden waren) wurde durch dieses Dekret unterbunden. Diese nichtakademischen Formen tertiärer Bildung wurden fortan dem privaten Bildungsmarkt überantwortet. *Institutos Profesionales* (IP)[177] bilden seither in nichtakademischen Berufen des tertiären Sektors insbesondere in den Bereichen Technologie, Kunst und Architektur, Sozialwissenschaften, Pädagogik sowie Verwaltung und kaufmännische Berufe aus. Die Ausbildung an einem *Instituto Profesional* dauert acht bis zehn Semester und beinhaltet in der Regel ein Berufspraktikum. *Centros de Formación Técnica* (CFT) bereiten auf Berufe mittleren Niveaus (Techniker[178]) vor. Heute existieren in Chile 84 Universitäten[179], 121 *Institutos Profesionales* und 242 *Centros de Formación Técnica* (SERCAL 1993: 9).

CFT bieten ein breites Spektrum von zweijährigen Ausbildungsgängen an, deren Lehrpläne staatlich anerkannt werden müssen. In der Regel konzentriert sich das Angebot auf den Dienstleistungsbereich des modernen Wirtschaftssektors, insbesondere *Modeberufe* wie Touristik und Hotelfach sowie Computerkurse sind sehr gefragt. Bildungsabschlüsse im produktiven Bereich sind stark unterrepräsentiert (Vergara et al. 1991: 18). Der Grund für die ungleichgewichtige Verteilung liegt auf der Nachfrageseite in der generellen Geringschätzung von Handarbeit und auf der Angebotsseite in den hohen Ausstattungskosten für Lehrwerkstätten etc. Die Ausstattung der CFT ist oft defizitär, Labors und Werkstätten sind nur in Ausnahmefällen vorhanden. Auch z. B. bei Computerkursen beschränken sich die Unterrichtsmittel oft nur auf Tafel und Kreide. Nur die großen Anbieter mit entsprechenden finanziellen und materiellen Ressourcen wie das staatliche Institut INACAP[180] oder DUOC[181] sind in der Lage, Ausbildungen im Produktivsektor anzubieten.[182]

---

176 Universitäten unterrichten die sog. akademischen Fächer Landwirtschaft, Architektur, Biochemie, Hoch- und Tiefbau, Forstingenieurswesen, Betriebswirtschaft, Medizin, Zahnmedizin, Jura, Psychologie, Naturwissenschaften und Mathematik, Pharmazie und Veterinärmedizin (CIDE 1990: 132).
177 *Institutos Profesionales* haben das Recht, Berufsbezeichnungen zu verleihen, die nicht durch die Universität abgedeckt werden und nicht auf Technikerniveau angesiedelt sind (z. B. Dolmetscher, Sozialarbeiter, Programmierer etc.).
178 Entspricht der ‚Gruppe 3' der ILO-Klassifizierung.
179 Der größere Teil dieser Universitäten sind private Institutionen mit beschränkter Studentenzahl.
180 Das INACAP (*Instituto Nacional de Capacitación Profesiona,* (vgl. Kapitel 2.7.2) arbeitet seit 1981 eigenwirtschaftlich und hat sein Angebot dementsprechend auf solche postsekundären Bildungsgänge ausgerichtet, die sich als wirtschaftlich lukrativ erweisen. 1985 kontrollierte INACAP etwa 38% des gesamten Bildungsangebotes der CFT (Vergara et al. 1986: 6).

Eine einheitliche Struktur der Ausbildungsgänge, eine staatliche Kontrolle über Qualität und Ausbildungsinhalte oder ein Zertifizierungssystem bestehen nicht. Die daraus resultierende interne Heterogenität von Ausbildungsebenen und -inhalten macht Wechsel zwischen Instituten fast unmöglich. Muß ein kleineres CFT schließen, verlieren die Schüler die bis dahin erreichten Qualifikationen. Auch zwischen CFT und der technisch-beruflichen Sekundarschulbildung gibt es keine Koordination hinsichtlich Lehrplänen und Ausbildungsinhalten. In vielen Fällen (Buchhaltung, Sekretariat, Automechanik) unterscheiden sich die Ausbildungsgänge von CFT und technisch-beruflichen Sekundarschulen aber dennoch kaum (Vergara et al. 1986: 6).

Auch den potentiellen Arbeitgebern wird eine rationale Bewerberauswahl durch die große Diversität und Unübersichtlichkeit der Titelvergabe erschwert. Viele Absolventen von CFT sehen sich daher gezwungen, Arbeitsstellen zu akzeptieren, die unter ihrem Qualifikationsniveau liegen und schlechter bezahlt werden, als ihrer Ausbildung zum *Techniker* adäquat wäre. Die Arbeitslosigkeit von CFT-Absolventen lag 1992 mit 11.9% ca. dreimal so hoch wie diejenige von Grundschulabgängern und etwa doppelt so hoch wie die von Absolventen der Sekundarschulbildung (INE 1993).

Die Zahl der unbesetzten Plätze an CFT übersteigt die der Neueinschreibungen und seit 1985 sogar die Zahl der Gesamteinschreibungen.[183] Dennoch scheint die Eröffnung eines CFT privaten Anbietern offenbar gewinnversprechend. Die folgende Statistik dokumentiert die Einrichtung zahlreicher neuer Ausbildungsplätze zwischen 1983 und 1989.

Abbildung 17: **Ausbildungsangebot an CFT**
(1983–1989)

	1983	1985	1989
Auszubildende	39.702	50.425	76.695
unbesetzte Plätze	30.447	68.220	83.716
Gesamtangebot	70.149	118.645	160.411

(CIDE 1990: 51)

Insgesamt verweisen die mangelnde Auslastung der CFT, die Beschränkung auf wenige, nicht zum produzierenden Gewerbe gehörende Berufsfelder, die inhaltlichen Überschneidung des Lehrangebotes mit dem technisch-beruflicher Sekundarschulen und die schlechten Einmündungsquoten in den Arbeitsmarkt darauf, daß es ihnen bisher nicht gelungen ist, eine sinnvolle Alternative zu den bestehenden Angeboten zu bieten.

Der Versuch, das Ausbildungswesen möglichst weitgehend zu privatisieren, war, so läßt sich resümieren, nur bedingt erfolgreich. Zwar gelang es, gewinnorientiert arbeitende

---

181 DUOC (*Departamento Universitario Obrero- Campesino*; ursprünglich von der Katholischen Universität mit dem Ziel eingerichtet, Ausbildungsprogramme für Schulabbrecher anzubieten, muß sich heute ebenfalls selbst finanzieren und arbeitet wie INACAP gewinnorientiert.

182 Die Labors und Werkstätten stammen hier zum größeren Teil aus einer Zeit, in der diese Institutionen noch staatlich finanziert wurden.

183 1985: 68.220 unbesetzte und 50.425 besetzte Ausbildungsplätze; 1989: 83.716 unbesetzte und 76.695 besetzte Plätze (ebd.).

Bildungsunternehmer zur Bereitstellung von Ausbildungsplätzen zu motivieren, doch erwiesen sich die neuen Einrichtungen – wie für die privaten Universitäten, die subventionierten privaten Sekundarschulen und die CFT oben dokumentiert – immer dann als qualitativ unzureichend, wenn ihre Finanzierung tatsächlich ausschließlich privat erfolgte. Im Gegensatz zu den allgemeinbildenden Privatschulen gelang es ihnen nicht, sich als Eliteeinrichtungen zu etablieren und hohe private Kosten als zukunftssichernde Investitionen darzustellen.

Erst bei der vollständig staatlich finanzierten ‚Privatisierung' bzw. der Übertragung der Trägerschaft beruflicher Sekundarschulen an Unternehmensverbände konnte eine Qualitätssteigerung tatsächlich erreicht werden, die auch vom Arbeitsmarkt entsprechend honoriert wird. Diese Vorteile werden jedoch mit einem unverhältnismäßig hohen finanziellen Engagement des Staates erkauft, das den Anspruch der Privatisierungsreformen schon deshalb konterkariert, weil die Anzahl der Schulen so gering blieb.

Gleichzeitig modifizierten Dezentralisierung und Entstaatlichung die Ressourcen- und Machtverteilung innerhalb einer Gesellschaft nicht nur strukturell, sondern auch im Bewußtsein der Bevölkerung. Die veränderte materielle und personelle Ausstattung der Institutionen ging einher mit einer Neuorientierung der Maßstäbe dessen, was als *angemessene* Leistung des (Sozial-)staates eingefordert werden konnte und an welcher Stelle die Eigenverantwortung des einzelnen begann. Auch in bezug auf Bildung, die in der Epoche des Entwicklungsstaates als unveräußerliches Recht eines jeden Bürgers und als eine der nobelsten Aufgaben des Nationalstaates diskutiert worden war, breitete sich zunehmend ein öffentliches Bewußtsein aus, das mit den Stichworten *Subsidiarität* und *Selbstverantwortung* umschrieben werden kann.

Die aus der neoliberalen Wirtschaftsstrategie abgeleiteten Normen und Dogmen trugen auf ihre Weise zur Milderung von Angstspannungen im öffentlichen Bewußtsein bei: Der brüchig gewordene Glaube an die Absicherung durch ein staatliches Patronage-System wurde durch das rücksichtslos, aber real erscheinende Gesetz des Marktes abgelöst. Rodriguez Rabanal (1989: 141ff.) argumentiert m. E. plausibel, auf einer tiefenpsychologischen Ebene werde in dieser Logik *Ausbildung* als *Opfer* an eine übergeordnete Macht interpretiert, das ein Versprechen auf eine bessere Zukunft in sich berge. Der innere Mechanismus dieser Ideologie, Erfolg als Beweis für die Stimmigkeit des Konzeptes, Mißerfolg jedoch als Versagen des einzelnen zu rezipieren, führt dazu, daß sozialer Konsens auch über längere Krisenperioden hinweg aufrechterhalten werden kann.

3.7.5   Aus- und Weiterbildung unter der Ägide des Arbeitsministeriums

Nicht nur in Chile, sondern in ganz Lateinamerika gerieten die *Institutos de Formación Profesional* (IFP, Nationale Berufsbildungsinstitute; vgl. Kapitel 2.7.2) seit Mitte der 80er Jahre in ökonomische und legitimatorische Schwierigkeiten. Den inzwischen stark bürokratisierten Instituten wurden ähnliche Versäumnisse wie den beruflichen Sekundarschulen vorgeworfen: mangelnde Flexibilität, Marktferne, ineffizientes Ressourcenmanagement und schlechte Ausbildungsqualität (vgl. Ducci 1994: 3264). Die eingeschlagenen Reformwege sind divers und unterschiedlich erfolgreich, in vielen Fällen aber wird kreativ an einer konstruktiven Zukunft der IFP gearbeitet. [184]

In einigen Ländern wurde das Ausbildungsangebot neu gegliedert. Vermehrt werden nun berufsfeldbezogene Angebote zusammengefaßt und in sektorspezifischen Ausbildungszentren zentral unterrichtet. Solche Sektorinstitute bieten häufig auch Serviceleistungen und Spezialisierungsangebote. Als *Technologiezentren* kooperieren sie mit Unternehmenskörperschaften, Universitäten oder staatlichen Entwicklungsinstitutionen. Eine stärkere Anbindung an die Privatindustrie wird auf ganz unterschiedlichen Wegen zu erreichen gesucht. Außer Betriebspraktika der Schüler und Lehrer oder der expliziten Beteiligung von Unternehmen an curricularen Entscheidungen wird versucht, über Dienstleistungen an Unternehmen den Kontakt zur betrieblichen Realität zu intensivieren (vgl. Agudelo Mejía 1995: 56ff.). SENAI und SENAC in Brasilien, SENATI in Peru, SENA in Kolumbien und das INACAP in Chile bieten Beratung bei technischen oder organisatorischen Fragen, bei Investitionsentscheidungen, im Produktdesign oder im Marketing. Sie erledigen kleinere, anwendungsbezogene Forschungsaufträge, führen Qualitätskontrollen durch, offerieren Labordienste oder arbeiten in der Diffusion neuer Technologien. Über den reinen Ausbildungsbetrieb hinaus streben diese Schulen an, zu Dienstleistungs- und Zuliefererzentren für die lokale Industrie zu werden.

Die nationalen Berufsbildungsinstitute zeichnen in den meisten Fällen für die Entwicklung, Ausführung und Supervision der betrieblichen Weiterbildung verantwortlich. Um die Relevanz der Weiterbildungsangebote und ihren Praxisbezug zu optimieren, kooperieren die Institute aber bei der Durchführung der Maßnahmen immer stärker mit den Betrieben und delegieren bestimmte Aufgaben an die private Industrie. In Argentinien, Brasilien, Chile und Mexiko wurden Mitte der 70er Jahre Steuererleichterungen für weiterbildende Betriebe eingerichtet. In Brasilien, Guatemala und Venezuela können Investitionen in Weiterbildung von den Ausbildungsabgaben abgezogen werden. Diese Maßnahmen werden vor allem von Großbetrieben mit eigenen Aus- und Weiterbildungseinrichtungen genutzt, die vor allem qualifizierte Facharbeiter und Führungskräfte weiterbilden. Während in den Anfangsjahren der IFP bewußt nur Arbeiter aus der untersten Ebene der Beschäftigungspyramide ausgebildet worden waren, gehören nun zunehmend auch mittlere Angestellte und Techniker zur Klientel der Weiterbildungsangebote (vgl. CINTERFOR 1990: III.11).

In Chile wurden die Institute INACAP und DUOC im Verlauf der Bildungsreformen der Militärregierung privatisiert und arbeiten heute gewinnorientiert. Das Angebot beider Institutionen verlagerte sich seit 1977 zunehmend fort von der Erstausbildung und Kompensationsprogrammen für Schulabbrecher hin zu den gewinnträchtigeren Weiter-

---

184 Das Bemühen um stärkere Marktorientierung der IFP wird besonders am Beispiel Venezuelas deutlich. Hier ernannte der Präsident 1989 ein Mitglied der Personalverwaltung des größten nationalen Ölunternehmens zum Direktor des INCE und gab ihm den Auftrag, das Institut zu restrukturieren. Die Reformpläne beinhalten eine engere Kooperation mit der Privatindustrie, die Rationalisierung und Modernisierung des Kursangebotes, die engere Anlehnung an Qualifizierungsbedarfe der Industrie und die Entwicklung modularer Ausbildungsangebote, die mehr an Kompetenz- als an Scheinerwerb orientiert sein sollen.

bildungsangeboten und postsekundären Ausbildungen (vgl. Vergara et al. 1986: 2f.).
Vor allem die Ausbildungssektoren Verwaltung, Sekretariat, Buchhaltung und Marketing verzeichneten hohe Zuwachsraten. Nach der Reform des tertiären Bildungssektors von 1981 (vgl. Kapitel 3.7.3) wurden das INACAP und das DUOC sowohl als *Institutos Profesionales* (IP) als auch als *Centros de Formación Técnica* (CFT) anerkannt und diesen privatwirtschaftlich organisierten Bildungsinstitutionen gleichgestellt (vgl. Illanes 1986: 32f.). Der Schwerpunkt der Aktivität verblieb jedoch im Aus- und Weiterbildungsbereich auf mittlerem Qualifikationsniveau, wie die folgende Graphik dokumentiert.

Abbildung 18: **INACAP: Teilnehmer nach Institutionentyp**
(1982–1984, in Prozent der Gesamtteilnehmer)

	1982	1983	1984
Instituto Profesional	0	4,8	5,2
Centro de Formación Técnica	46,0	41,8	27,3
andere Anbieter von Weiterbildungen	54,0	53,4	67,5

(Illanes Holch 1986: 35)

Am 1. Mai 1976 wurde der *Servicio Nacional de Capacitación y Empleo* (SENCE, Nationaler Dienst für Ausbildung und Beschäftigung) per Gesetzesdekret gegründet.[185] Die Institution ist Teil des Arbeitsministeriums und für die Anerkennung ausbildender Institutionen, die administrative und steuerrechtliche Überwachung von Ausbildungsverhältnissen und Weiterbildungsmaßnahmen sowie für die Bereitstellung von Stipendien zuständig (Echeverría 1989; Galilea 1989; Illades 1986; Krammenschneider 1993: 18). Der SENCE führt selbst keine Ausbildung durch, sondern bietet seit 1977 drei Finanzierungslinien für Fort- und Weiterbildung an:

- ein **Unternehmensprogramm,** das es Unternehmen gestattet, die Kosten für Fort- und Weiterbildung bis zur Höhe von 1% der Lohnkosten von der Steuer abzuziehen. 1989 wurden für dieses Programm 95,5% der Gelder des SENCE für Fort- und Weiterbildung aufgewendet.
- ein **Stipendienprogramm,** durch das Kurse und Lehrgänge meist kurzer Dauer vor allem für Arbeitslose, unabhängig Arbeitende und Personen, die zum ersten Mal Arbeit suchen, finanziert werden können und
- ein **Lehrlingsprogramm,** das berufliche Erstausbildung anbietet und daher hier näher beleuchtet wird.

---

185 Dekret Nr. 1446.

171

Das *sistema de aprendizaje* (Lehrlingsprogramm) wurde im Mai 1988 mit dem Ziel eingerichtet, den Teufelskreis der Jugendarbeitslosigkeit *,keine Einstellung wegen mangelnder Arbeitserfahrung'* zu durchbrechen. Die Öffnung des Arbeitsmarktes für Jugendliche sollte durch maximale Flexibilisierung der Ausbildungsverträge erreicht werden.[186] Die Artikel 77ff. des Arbeitsgesetzes (*Nuevo Código de Trabajo, Ley Num. 18.620*) eröffnen den Unternehmen die Möglichkeit, mit Jugendlichen unter 21 Jahren einen Ausbildungsvertrag von bis zu 24 Monaten Dauer abzuschließen. Das Lehrlingsentgelt ist frei vereinbar, d. h. es kann unter dem gesetzlich festgesetzten Monatsmindestlohn liegen, und seine Höhe darf nicht Gegenstand von Tarifverhandlungen sein. Unternehmer können bis zu 60% der gezahlten Lehrlingslöhne steuerlich absetzen, solange diese 60% des Minimallohns[187] nicht übersteigen. Der Betrieb verpflichtet sich im Gegenzug, die Lehrlinge für solche Arbeiten einzusetzen, bei denen die für die Berufsausübung notwendigen Qualifikationen unter Aufsicht erlernt werden können. Will der Arbeitgeber von der Steuerabschreibungsregelung Gebrauch machen, darf der Ausbildungsvertrag 12 Monate nicht überschreiten. Der Anschluß eines zweiten Lehrvertrages von gleicher Dauer ist zwar möglich, muß jedoch eine höhere Qualifikationsstufe zum Ausbildungsziel haben als der Erstvertrag (Echeverría 1989: 17ff. und 1990: 69). Die Verträge müssen vom SENCE anerkannt werden, und die Einhaltung kann von dieser Institution durch Betriebsbesuche verifiziert werden. Voraussetzungen für die Anerkennung als Ausbildungsvertrag sind ein betriebliches Ausbildungsprogramm, das zu erlernende Kenntnisse und Fertigkeiten ausweist, die Zusicherung des Arbeitgebers, den Auszubildenden nur für Tätigkeiten einzusetzen, die dem Ausbildungsprogramm entsprechen, und die Benennung eines Mitarbeiters als Ausbildungsbetreuer.

Inhaltliche Kriterien oder die Einhaltung von Qualitätsstandards sind für die Anerkennung der Verträge nicht ausschlaggebend. Eine theoretische Ergänzung des betrieblichen Trainings ist nicht vorgesehen, ein Zertifizierungssystem existiert nicht. Etwa 70% der angelernten Jugendlichen werden später vom Betrieb übernommen (Echeverría 1990: 70).

1988 hatte die Industrie- und Handwerkskammer SOFOFA der Regierung die Einstellung von 10.000 Lehrlingen zugesichert, doch wurden im gleichen Jahr nur 518 Jugendliche unter Vertrag genommen. Bis 1992 verringerte sich die Zahl der abgeschlossenen Ausbildungsverträge auf 370. Während 1991 noch 52 Betriebe am Programm teilnahmen, waren es 1992 lediglich 42 (SENCE 1993: 4).

Die staatliche Subvention der Lehrverhältnisse und die Freigabe der Verträge haben also nicht zu Mehreinstellungen von Jugendlichen in der Industrie geführt.[188] Die qualitativen

---

186 García (1989: 16) weist allerdings darauf hin, daß es sich bei dieser rechtlichen Bestimmung lediglich um die Formalisierung einer in vielen Betrieben längst gültigen Praxis gehandelt habe.

187 Für reguläre Arbeitsverträge beträgt der gesetzliche Mindestlohn z. Zt. 46.000 Pesos, d. h. etwa 113 US$.

188 Der renommierte Unternehmer Roberto Fantuzzi schreibt: „Erstens stellt ein Unternehmer niemals jemanden ein, den er nicht benötigt – er ist kein Wohltätigkeitsverein. Zweitens habe ich den Eindruck, daß das gegenwärtige System vor allem dazu dient, Arbeitskosten zu drücken, was mir ebenfalls mißfällt, da es die Reputation der Unternehmerschaft beeinträchtigt." (Fantuzzi 1989: 55).

Resultate des Programmes sind empirisch nicht umfassend abgesichert,[189] allerdings weist die relativ hohe Weiterbeschäftigungsrate der Lehrlinge auf positive Ergebnisse hin (vgl. CIDE 1990: 131).

3.8 Resümee: Chile als Bildungsmarktmodell?

Der entwicklungsstrategische Paradigmenwechsel der 80er Jahre in Lateinamerika hatte im wesentlichen eine dreifache Ursache: Innenpolitisch kam es in den meisten Ländern zu einer Abkehr von der populistisch-nationalistischen Regierungsform, welche in den vorangegangenen Jahrzehnten die Strategie der Importsubstitution maßgeblich getragen hatte. Außenpolitisch gewannen im Kontext der internationalen Schuldenkrise die kreditgebenden Banken (IWF, Weltbank) erheblich an Einfluß und forderten umfassende Strukturreformen der verschuldeten Länder ein. Und drittens erodierte mit der ökonomischen Krise Lateinamerikas auch die legitimatorische Basis des Entwicklungsstaates.

Die Ursachen für das ökonomische Desaster der importsubstituierenden Industrialisierung wurden – so erläutern die Kapitel 3.1 bis 3.3 – vor allem in der Überregulierung des Wirtschaftsgeschehens durch bürokratisierte und ineffiziente Staatsgebilde gesehen. Der Versuch, die Binnenmärkte durch Abschottung gegen außen zu schützen, habe zur Entstehung unrentabler und ineffizienter Produktionsstrukturen beigetragen und das Heranwachsen einer dynamischen und handlungsfähigen Unternehmerschaft verhindert. Notwendig seien nun, so lautete die Empfehlung einschlägiger internationaler Experten und Gremien (vgl. Kapitel 3.5), konsequente Maßnahmen der Entstaatlichung und Deregulierung, die das Finanz- und Wirtschaftsgeschehen mit den realen Bedingungen des Weltmarktes konfrontieren und so den Aufbau wettbewerbsfähiger Strukturen erzwingen würden. Die sozialen Konsequenzen dieser Strukturanpassungsmaßnahmen seien zwar bedauerlich, doch unumgänglich und letztlich den Fehlleistungen der staatszentrierten Wirtschaftspolitik anzulasten.

Auf den Bildungsbereich bezogen lautete die Argumentation, auch hier habe die ausschließlich staatlich initiierte Bildungsproduktion zu einer irrationalen Ausweitung am Bedarf vorbei geführt. Die Vorstellung, Entwicklungsprozesse könnten durch die vorgängige Bereitstellung qualifizierter Arbeitskräfte induziert werden, wurde durch die realen Entwicklungen der 70er und 80er Jahre als widerlegt betrachtet und von der Forderung nach einer bedarfsgerechten Dimensionierung des Bildungswesens abgelöst. Die Bildungsexpansion habe unerträglich hohe Kosten verursacht und letztlich gesellschaftliche Ungleichheit durch staatliche Subventionierung individueller Wirtschaftserfolge noch verschärft (vgl. Kapitel 3.4.1).

Statt die Bildungsplanung an empirisch abgesicherten Bedarfsprognosen auszurichten, wie dies im Entwicklungsstaat angestrebt worden war, wollte man den Bildungsmarkt nun über Angebot und Nachfrage regulieren und bildungsplanerische Bemühungen auf die Mikroebene verlagern (vgl. Kapitel 3.4.3 und 3.5.3). Gleichzeitig zielte die interna-

---

189 Eine eher exemplarische Umfrage Galileas (1989: 40ff.) bietet Hinweise auf eine recht hohe Zufriedenheit der Arbeitgeber mit diesem Programm.

tional vor allem durch die Weltbank vertretene Bildungspolitik darauf ab, staatliche Investitionen in solche Bildungsgänge, die auf direkte Verwertbarkeit auf dem Arbeitsmarkt abzielen, zu reduzieren und Subventionen vor allem auf den Primarbereich zu konzentrieren. Propagiert wurde die Einführung von Wettbewerbsbedingungen über leistungs- und schülerzahlbezogene Finanzierungsmodi bei gleichzeitiger freier Schulwahl (*choice*) sowie die Dezentralisierung und Deregulierung der Steuerungsmechanismen im Bildungswesen (vgl. Kapitel 3.5.4). Auf diese Weise, so hoffte man, werde sich ein funktionierender Bildungsmarkt entwickeln, in dem die Summe der individuell getroffenen Investitionsentscheidungen ein bedarfsbezogenes und effizientes Gesamtsystem entstehen ließen, das sich jeweils dynamisch den aktuellen Anforderungen des Wirtschaftssystems anpassen werde. Das neoliberale Modell des Bildungsmarktes stand damit in diametralem Gegensatz zu den zentralistischen Leitideen der vorangegangenen Entwicklungsperiode, so daß tiefgreifende Strukturreformen unumgänglich wurden.

Vor dem Hintergrund dieser Überlegungen lassen sich aus der Analyse der chilenischen Berufsbildungsgeschichte wichtige Belege für die zu Beginn dieser Arbeit formulierte These von der systemexternen Sinnorientierung der beruflichen Bildung in abhängigen Ländern ableiten. Analog zu den Veränderungen im makroökonomischen und steuerungspolitischen Bereich sind nämlich auch inhaltlich damit korrespondierende Reformen im Berufsbildungssystem nachweisbar. Die inhaltlichen Innovationen setzen dabei nicht etwa zum Zeitpunkt des Machtwechsels selbst ein, sondern erst mit dem Eindringen neoliberaler Politikstrategien in den 80er Jahren, so daß angenommen werden kann, daß nicht der mit einer gewaltsamen Machtübernahme verbundene personelle Wechsel, sondern tatsächlich die Wirkung globaler Leitideen für die inhaltliche Ausrichtung der Reformen verantwortlich ist.

In Chile war die Berufsbildungspolitik unter der Militärregierung Pinochets nämlich in den ersten Jahren der Diktatur, das zeigte die Analyse der Kapitel 3.6.3 und 3.7.2, weniger von dem neoliberalen Ideal der Deregulierung und Entstaatlichung getragen als vielmehr von dem vordringlichen Interesse, die politische und militärische Kontrolle über die Bevölkerung zu erlangen und zu sichern. Reformmaßnahmen, die das Eindringen von Marktkriterien und -orientierungen in das Bildungswesen förderten (nämlich die Dezentralisierung und Privatisierung der Schulträgerschaften), setzten erst 1979 mit den *Direktiven zur Erziehung* ein, als das Regime nach den heftigen Wirtschaftskrisen der 70er Jahre seine ursprünglich wenig präzisen, populistisch-dirigistischen Vorstellungen zugunsten der neoliberalen Wirtschaftspolitik korrigiert hatte (vgl. Kapitel 3.7.1 bis 3.7.4).

Insbesondere für die bereits früh vorangetriebenen Verwaltungsreformen zur Entzerrung zentralstaatlicher Machtstrukturen wurde im Kapitel 3.6 gezeigt, wie stark zunächst das Kontrollbedürfnis der Militärs die inhaltliche Richtung der Reformen prägte.

Bereits seit Anfang des Jahrhunderts waren verschiedene Ansätze zur Dezentralisierung des chilenischen Bildungswesens unternommen worden, die aber jeweils in der Umsetzungsphase scheiterten (vgl. Bulnes 1988). Der relative Erfolg, den die Bildungsreformen unter Pinochet für sich verbuchen können, gründet sich in der besonderen politischen Konstellation der Kontextbedingungen. Die *windows of opportunity,* die Pinochet für seine Reformen schuf bzw. zu nutzen verstand, bestanden a) in der hohen Bereitschaft der Bevölkerung, eine restriktive Haushaltspolitik zur Sanierung der desolaten Finanzlage des Landes hinzunehmen und b) in der Ausschaltung potentiell reformfeindlicher politischer Opposition.

Im letzten Jahr der Regierung Allende hatte die scheinbar nach oben offene Inflationsspirale und die bedrohliche Güterknappheit in der Bevölkerung eine Atmosphäre von Angst und Unsicherheit erzeugt. Die Bereitschaft, auch einschneidende Maßnahmen zur Sanierung der Staatsfinanzen mitzutragen, wuchs mit der Furcht vor neuen Wirtschaftskrisen. Es hatte den Anschein, als sei es nur durch die konsequente Deregulierung der Märkte, die Streichung von Subventionen und die Veräußerung von Staatseigentum möglich, sich aus der Misere herauszuarbeiten – die Entstaatlichung wurde als unumgängliche Notwendigkeit dargestellt, als einziges Remedium in einer Situation, die sich die Gesellschaft durch vorheriges Fehlverhalten selbst zuzuschreiben hatte.

Gleichzeitig wurde der Widerstand gegen die Reformen durch die effiziente und zügige Dekretierung erschwert. Während in den ersten Jahren der Diktatur zahlreiche politische Gruppen und Akteure an der Meinungs- und Konsensbildung bei der Reformformulierung im Erziehungswesen beteiligt worden waren (die durch das Dekret 1892 im Jahre 1973 gebildete *Kommission zur Evaluierung des Bildungswesens* umfaßte zeitweise etwa 400 Personen), fällte Pinochet die tatsächlich wirksamen Reformentscheidungen, wie sie in den *Direktiven zur Erziehung* von 1979 zum Ausdruck kommen, allein. In der detaillierten Studie zum Bildungswesen in Chile bis 1981 des PIIE werden zahlreiche Ansätze zur Neustrukturierung des Erziehungssektors bis zu diesem Zeitpunkt genannt, die sich jedoch sämtlich nicht durchsetzen konnten.[190]

Die vertikal-autoritäre Reformdekretierung erwies sich dagegen schon deshalb als erfolgreich, weil sich politische Gegner dieser Art der politischen Steuerung hilflos ausgeliefert sahen. Die totalitäre Regierungsform erleichterte nicht nur die Durchsetzung der Dezentralisierungs- und Privatisierungsreformen, die Reformen selbst wurden zu Instrumenten der politischen Repression und Kontrolle. Die Dezentralisierungs- und Privatisierungsmaßnahmen *dezentralisierten und privatisierten* nämlich auch den sozialen und politischen Konflikt um die Bildungspolitik[191] insofern, als sie das Management der politisch sensiblen Sparmaßnahmen den Kommunen zumuteten und die zentralen Organisationen der Lehrerschaft zerschlugen. Die quantitativ und politisch bedeutsamen Lehrergewerkschaften wurden mit der Auflösung staatlich geschützter Arbeitsverhältnisse und dem Verbot überbetrieblicher Arbeitnehmerverbände schlagartig entmachtet. Im

---

190 So z. B. ein Procedere zur privaten Finanzierung der Sekundarschulbildung, die Übertragung des INACAP an das Bildungsministerium, die Gründung von *unidades educativas* (Erziehungseinheiten) und *agrupaciones educacionales* (Erziehungsgruppierungen), wie sie im operativen Plan von 1975 als kleinste Verwaltungseinheit des Schulsystems vorgesehen waren, oder die vielfach versprochenen Verbesserungen der Arbeitsbedingungen der Lehrer (PIIE 1984: 107f.).

191 *Privatización del conflicto social,* PIIE 1984: 52; ähnlich auch Godoy Urzua 1988; Edwards et al. 1987.

Kapitel 3.7.2.3 wurde dargestellt, wie sich alle Lehrer um eine Neuanstellung an ihrer Schule bewerben und sich so der Willkür lokaler Repräsentanten des Militärregimes aussetzen mußten. Die stark politisierte Lehrerschaft, die während der Regierungszeit Allendes zwar durch interne Auseinandersetzungen beeinträchtigt, jedoch ungebrochen handlungsstark war (die unzähligen Streiks dieser Epoche belegen dies), wäre unter anderen politischen Vorzeichen durchaus in der Lage gewesen, die Entstaatlichungsreformen zu verhindern.[192]

Zwar blockierte die politische Repression nicht nur Aktivitäten, die eine effiziente Reformimplementierung hätten stören können, sondern auch die Kreativität und Eigeninitiative, die im Sinne der Markttheoretiker für das Entstehen eines produktiven Wettbewerbs notwendig gewesen wären. Doch in einer ersten Reformphase fiel dieses Manko gegenüber den Vorteilen einer disziplinierten und konsequenten Umsetzung der bildungspolitischen Vorgaben weniger ins Gewicht.

Erst Anfang der 80er Jahre änderte sich der legitimatorische Hintergrund der Bildungspolitik des Regimes. Wie in den Kapiteln 3.7.2 und 3.7.3 aufgezeigt, wurden nun zunehmend auch ökonomische Argumente für die Dezentralisierungsmaßnahmen angeführt. Die produktivitätssteigernde Wirkung des zwischenschulischen Wettbewerbs wurde nun ebenso hervorgehoben wie die Notwendigkeit, die Ausbildungsinhalte an den regionalen Bedarfen des Arbeitsmarktes auszurichten und den ausbildenden Institutionen ein marktgängiges Profil zu verleihen. Die Privatisierung der Schulträgerschaften, ebenfalls ein wichtiger Bestandteil neoliberaler Bildungspolitik, wurde ebenfalls zu Beginn der 80er Jahre angeordnet und unverzüglich in die Praxis umgesetzt.

Das energische Vorgehen der Militärregierung führte dazu, daß seit Ende der 80er Jahre die Einführung des Marktprinzips im Bildungsbereich in Chile entweder begrüßt oder kritisiert, in jedem Fall aber als gegeben konstatiert wird. Dennoch sind deutliche Divergenzen zwischen den politischen Vorgaben neoliberaler Bildungsökonomen und der politischen Praxis in Chile feststellbar.

Dem Marktparadigma entsprechend wird in Chile lediglich der Basisbedarf an Bildungsmöglichkeiten durch öffentliche bzw. kommunale Schulen garantiert. Private Unternehmen offerieren in Konkurrenz mit anderen Trägern Bildungsangebote, die über diesen Grundbedarf hinausgehen. Wettbewerbsbedingungen zwischen den Bildungsanbietern werden durch die Entscheidungsfreiheit der Nachfrager bei der Schulwahl und

---

192 Lediglich die katholische Kirche befand sich in einer politischen und sozialen Position, die kritische Stellungnahmen möglich machte. Im Mai 1981 veröffentlichte sie einen Brief des *Comité Permanente del Episcopado* (Ständige Kommission des Bischofs), in dem die Bildungspolitik Pinochets heftig angegriffen wurde. Die Reformen begünstigten eine Atmosphäre des Wettbewerbs und des Individualismus, die der Botschaft Jesu widerspreche. Die einseitige Ausrichtung auf ökonomische Interessen und Aspekte stünde nicht im Einklang mit den christlichen Werten und der historischen Tradition des Landes, und die exzessive Betonung der nationalen Sicherheit drohe in politische Repression umzuschlagen. Die Übergabe der technisch–beruflichen Sekundarschulen an Unternehmenskörperschaften schließlich vernachlässige durch ihre einseitige Orientierung an den Belangen der Privatwirtschaft die spirituellen und kulturellen Dimensionen des Erziehungsauftrages (vgl. Aedo–Richmond et al. 1985: 172f.; Hawes 1988: 162f.). Die Veröffentlichung solcher kritischen Bedenken offenbarte auch Ende der 80er Jahre noch einigen politischen Mut, doch eine direkte Beeinflussung der Regierungspolitik war im politischen System der „*autoritären Demokratie*" Pinochets nicht vorgesehen.

die finanzielle Abhängigkeit der Träger von dieser Entscheidung konstituiert. Den Schulen ist es gestattet, ihren Haushalt selbst zu budgetieren, zusätzliche Ressourcen zu mobilisieren sowie Schüler und Lehrkräfte selbst auszuwählen. Beruflichen Schulen steht es frei, ihr Ausbildungsangebot an selbst erhobenen Bedarfsanalysen auszurichten und die Curricula, innerhalb gegebener Rahmenrichtlinien, weitgehend selbst zu gestalten.

Bis hierhin folgt die Reform den Vorgaben der Privatisierungsbefürworter, doch zugleich lassen sich Abweichungen feststellen: Auch nach 1981 änderte sich nichts an der ausschließlichen Zuständigkeit des Zentralstaates für die Finanzierung des allgemeinen und beruflichen Schulsystems. Im Gegenteil sind selbst private Schulträger *(escuelas particulares-subvencionadas* und die Universitäten) seither subventionsfähig. Den 20.000 besten Absolventen der Akademischen Aufnahmeprüfung werden sogar dann staatliche Ausbildungsstipendien gezahlt, wenn sie an Kursen der privaten *Institutos Profesionales* des tertiären Bildungssektors teilnehmen.

Freilich ist nach dem Dafürhalten der neoliberalen Bildungstheoretiker für den Erfolg des Marktmodells im Bildungswesen nicht so sehr ausschlaggebend, *woher* die Mittel für Bildungsinvestitionen stammen, als vielmehr die Frage, wer über sie *verfügt. Choice* gilt als zentrales Instrument der Qualitätsverbesserung im Schulwesen, auch und gerade wenn die finanziellen Mittel dazu weiterhin vom Staat gestellt werden. Durch die schulbesuchsabhängige Finanzierung, die dem *voucher*-Modell weitgehend entspricht, ist das Prinzip der nachfrageabhängigen Finanzierung und damit des Wettbewerbs zwischen Schulen erfüllt.

Ausgerechnet für die von Unternehmensverbänden geführten beruflichen Sekundarschulen wird eben dieses Prinzip jedoch dadurch außer Kraft gesetzt, daß die Finanzierung unabhängig von der Zahl der Schüler erfolgt. Die günstigen Finanzierungsregelungen für Körperschaftsschulen (Subventionen unabhängig von der Schülerzahl, jährlicher Auszahlungsmodus etc.) legen beredtes Zeugnis ab von den Schwierigkeiten bei der Realisierung der Privatisierungsvorhaben,[193] denn ausgerechnet dort, wo die selbsttätige Kraft des Bildungsmarktes am ehesten hätte wirksam werden müssen, ist der Staat durch überhöhte Subventionierung gezwungen, Marktnachteile der öffentlichen Schulen selbst zu produzieren, um Unternehmen zur Übernahme der Schulen zu motivieren.

Und auch die Antworten der nunmehr kommunal verwalteten Schulen auf die Herausforderungen des Bildungsmarktes können nicht wirklich überzeugen. Eine eigenständige Profilierung der beruflichen Schulen fand letztlich nicht statt. Die Lehr- und Ausbildungspläne weichen nur in Ausnahmefällen von den Musterplänen des Bildungsministeriums ab, Modifikationen scheinen sich vor allem aus Defizitsituationen (Mangel an geeigneten Lehrkräften oder entsprechender Infrastruktur) und weniger aus nachfrageorientierten Planungen abzuleiten. Statt einer größeren Heterogenität der Schulprofile

---

193 Aufschlußreich sind auch die immer wieder quasi-anekdotisch vorgebrachten Berichte aus im Bildungswesen tätigen Institutionen, die von Kommunen bedrängt werden, die Trägerschaft einer bestimmten Schule zu übernehmen. Schulen werden *verschenkt* – in der Regel jedoch zur Bestürzung des Beschenkten.

wird – als Ergebnis der mehr oder minder gelungenen Versuche, renommierte und ,marktgängige' Privatschulen nachzuahmen – sogar eine stärkere Uniformität als vor der Einführung des zwischenschulischen Wettbewerbs konstatiert (vgl. Rounds 1997: 122).

Die schwache Resonanz der sozialen Akteure auf die Freigabe des Bildungsmarktes ist m. E. nicht nur mit dem (mindestens in der ersten Hälfte der Amtszeit Pinochets) vorherrschenden politischen Klima von Repression und Ungewißheit zu erklären,[194] sondern mit einer generellen Handlungsunfähigkeit des sozialen Subsystems, die zwei Ursachen hatte: Erstens mangelte es an einer im Berufsbildungsbereich aktiven Unternehmerschaft und zweitens an Ressourcen im Bildungswesen.

Im ersten Teil der vorliegenden Arbeit wurde bereits auf die historischen Bedingungen verwiesen, die die Entstehung einer starken, organisierten[195] Unternehmerschaft in Chile verhinderten: die bis ins 20. Jahrhundert hineinreichende Wirtschaftsstruktur des Landes als Agrarland in der Hand von *latifundistas*, das starke Engagement ausländischer Unternehmer im verarbeitenden Bereich, das unter den Bedingungen internationaler Arbeitsteilung eine Industrialisierung des Landes durch eine nationale Unternehmerschaft blockierte, sowie drittens die überdimensionale Ausweitung einer postkolonialen Bürokratie, die privatwirtschaftliche Handlungspotentiale absorbierte und erstickte.

Zur Zeit der Bildungsreformen unter der Militärregierung war jede dieser historischen Bedingungen noch virulent. Zwar war durch die Landreformen der Regierungen Frei und Allende der *latifundismo* weitgehend zerschlagen, doch hatten die Landbesitzer gerade wegen der Enteignungen nicht die Möglichkeit, etwaige Gewinne in produktive Investitionen umzuwandeln. Ausländische Investoren, die in der Regierungszeit Allendes das Land verlassen hatten, kamen, wie bereits oben dargestellt, nach der Öffnung des Landes für ausländisches Kapital verstärkt nach Chile zurück. Und die staatliche Bürokratie Freis und Allendes wurde unter Pinochet von autoritär-hierarchischen Befehlsstrukturen abgelöst, die mindestens in den ersten Jahren der Diktatur das Wirtschaftsgeschehen ebenfalls stark reglementierten.

Zwar waren starke ökonomische Impulse beispielsweise in den Exportbranchen dazu in der Lage, die alten oligarchischen Bindungen zu aktivieren und Interessenverbände zwischen Banken und einigen großen Unternehmen zu schaffen, doch im Ausbildungsbereich, der keinen unmittelbar spürbaren ökonomischen Gewinn versprach, bildeten sich solche Kooperationsformen nicht heraus. Unter diesen Voraussetzungen konnte eine Kräftebündelung der Unternehmerschaft im Sinne von *institution building* und Selbstorganisation im Bildungsbereich kaum stattfinden. Gerade langfristig angelegte, überbetriebliche Investitionen, wie sie die Trägerschaft beruflicher Schulen erforderlich

---

194 „Unter diesem Regime gibt es nur *eine* genehmigte Form der Zusammenarbeit, nur *eine* genehmigte Ausdrucksform, nur *eine* genehmigte Lebensform. Es kann daher nicht verwundern, daß jede individuelle oder soziale Initiative, die diesen Rahmen verläßt, auch wenn die jeweilige Aktivität noch so wenig konfliktiv oder politisch erscheinen mag, [...] keine Möglichkeit des Ausdrucks findet." (Labarca 1985: 109).
195 Zur Notwendigkeit der Organisationenbildung für die Artikulation kollektiver Interessen vgl. z. B. Luhmann 1994: 191.

macht, benötigen jedoch einen institutionalisierten und organisierten Zusammenschluß einzelwirtschaftlicher Interesssen, um handlungsfähig zu sein.

Zugleich verhinderte die allgemeine ökonomische Ressourcenknappheit eine konsequente Umsetzung der Marktstrategie im Bildungswesen. Die Dezentralisierungsmaßnahmen waren von starken Haushaltskürzungen im Rahmen der im Kapitel 3.6.3 beschriebenen ‚Schockpolitik' unter Finanzminister Cauas begleitet gewesen, ohne daß die – zunächst noch äußerst finanzschwachen – Kommunen die Defizite hätten ausgleichen können. Theorieentsprechende Effizienzvorteile dezentralisierter Strukturen (größere Flexibilität und Marktkorrespondenz, positive Effekte erhöhter Zurechenbarkeit individueller Leistung, effiziente Unternehmensorganisation mit klar definiertem Profil und Handlungsziel, starkes *commitment* der Eltern und Schüler sowie die Beteiligung informierter Akteure an Entscheidungsprozessen) konnten in der überdies durch heftige Wirtschaftskrisen geprägten Situation kaum zum Tragen kommen.

Auch durch zusätzliche Ressourcenmobilisierung im privaten Sektor konnte in der krisenhaften wirtschaftlichen Situation der Rückgang staatlicher Investitionen bis Mitte der 80er Jahre nicht kompensiert werden. Nicht nur im Bildungsbereich, sondern ebenso z. B. im Gesundheitswesen oder im sozialen Wohnungsbau hatte der Abbau staatlicher Subventionen verhängnisvolle Folgen, die erst durch den makrowirtschaftlichen Erfolg seit Mitte der 80er Jahre ausgeglichen bzw. zum Teil wohl auch überkompensiert wurden. Zu leiden hatten unter dieser Entwicklung außer den Endabnehmern der Dienstleistungen auch die Kommunen, die den realen Rückgang der Investitionen mindestens teilweise auszugleichen suchten und die Ausgaben im Bildungs- und Gesundheitsbereich kontinuierlich erhöhen mußten (World Bank 1993: xv).

Die (nicht theoriekonforme) Beibehaltung der staatlichen Subventionierung aller Bildungsebenen muß unter diesen Voraussetzungen als rational bewertet werden. Eine vollständig private Finanzierung mindestens der postprimären Bildungsgänge, wie sie von Deregulierungstheoretikern (Ball 1985; Chubb/Moe 1990; Lith 1985) propagiert worden war, hätte in dieser Situation wohl zum vollständigen Ruin des nationalen Schulsystems geführt.

Zusammenfassend ist zwar eine deutliche Ausrichtung der chilenischen Berufsbildungspolitik an den global wirksamen Leitideen der 80er Jahre erkennbar, und die These, daß externe Sinnorientierungen das System prägen und überformen, wird dadurch auch für die neoliberale Entwicklungsepoche bestätigt. Auch für diese Phase muß jedoch festgehalten werden, daß die Anwendung international vorgegebener Entwicklungsrezepturen auf die nationale Realität nicht bruchlos erfolgte, sondern auf nationale Randbedingungen (vgl. Lipsmeier 1996) bezogen und mit diesen abgestimmt wurde.

4   Bildung in der Netzwerkgesellschaft

4.1   Jenseits von Staat und Markt: Entwicklungstheoretisches Bezugssystem

4.1.1   Das Ende der großen Theorien

Bis Anfang der 90er Jahre hatte sich die entwicklungspolitische Diskussion an den beiden Argumentationssträngen *exogene versus endogene Verursachung von Unterentwicklung* auskristallisiert. Die Polarisierung in die beiden gegnerischen Lager *Modernisierung* versus *Dependenz* löste sich erst auf, als sie mit dem Auseinanderbrechen des sozialistischen Staatenbündnisses ihre ideologische und empirische Grundlage verlor. Unversehens wurde offenbar, wie stark die theoretische Auseinandersetzung in den politischen Konflikt zwischen Ost und West eingebunden gewesen war.

Nach der Auflösung der Zweiten Welt erschien nicht nur der Begriff *Dritte* Welt seines Sinnes beraubt – es wurde in Frage gestellt, inwieweit es diese „*im Sinne einer homogenen Gruppe von Ländern mit identischen Tiefenstrukturen und daraus ableitbaren allgemeinen Theorien und Strategien zur Problemlösung*" (Menzel 1992: 11) je gegeben hatte. Die Heterogenität der Verhältnisse in Entwicklungsländern wurde vor allem durch den Erfolg der NIC[196]-Staaten (Hongkong, Singapur, Taiwan und Südkorea) sichtbar, die innerhalb weniger Jahre einen bemerkenswerten Industrialisierungs- und Agrarmodernisierungsprozeß durchliefen. Anderen Schwellenländern wie Brasilien, Mexiko oder Indien gelang es dagegen nicht, den Wachstums- und Umverteilungsprozeß fortzuführen, den die Modernisierungstheorie als quasi-naturgesetzlich angenommen hatte. Die Gruppe der ölexportierenden Länder hatte schon seit den 70er Jahren einen Sonderstatus eingenommen. Auch die Länder mit relativer Verarmung (wie z. B. der südliche Konus Lateinamerikas) paßten weder in die theoretischen Voraussagen der Dependenz- noch in die der Modernisierungstheorie. Und schließlich existierte die große Gruppe der extrem armen Länder, in denen Modernisierungsprozesse nicht in Gang kamen, deren Armut aber kaum mehr als Konsequenz ungleicher Handelsbeziehungen erklärt werden konnte, da sie vom Weltmarkt sozusagen *zwangsabgekoppelt* und gänzlich isoliert wirtschafteten.

Die Zweifel am Konstrukt der *Dritten Welt* als einer Gruppe von Ländern, die durch ähnliche Bedingungen und Konstellationen geprägt ist, wurden durch die Heterogenität dieser Entwicklungen gestützt und lösten eine rapide Erosion der *großen Theorien* aus. Der forschungstheoretische Ausgangspunkt, Unterentwicklung sei in allen Ländern durch ähnliche Probleme verursacht und müsse daher auch in allen Ländern auf ähnliche Weise bekämpft werden, hatte sich als unrealistisch erwiesen. Es kann

> „ein Land einen sehr hohen Lebensstandard haben, ohne je Kolonialmacht gewesen zu sein (Schweiz); es kann wirtschaftlich schnell expandieren, obwohl es noch eine Kolonie ist (Hongkong); oder es kann eine stürmische Entwicklung durchmachen, obwohl es kaum Rohstoffe besitzt (Japan). Aber ein Land kann auch arm sein, obwohl es reich an Kolonialerfahrungen ist (Portugal), nicht dauerhaft Kolonie war (Äthiopien) oder sehr gut mit natürlichen Ressourcen ausgestattet ist (Indonesien).

---

196 Newly industrialized countries.

Anders ausgedrückt: Gleichheit in der Armut ist wahrscheinlicher als Gleichheit in der Entwicklung." (Donges 1981: 10)

Wenn Entwicklungsprozesse derart unterschiedlich verlaufen, dann müssen offenbar auch theoretische Erklärungsmuster differenzierter erarbeitet werden, als dies in der Zeit der *großen Theorien* der Fall war. Die Ausdifferenzierung der Dritten Welt machte Erklärungen mit globalem Geltungsanspruch unversehens obsolet (vgl. z. B. Tetzlaff 1995a; Stockmann 1996: 21ff.).

4.1.1.1 Das Scheitern der Dependenztheorie

Erste Kritik an dependenztheoretischen Ansätzen bzw. der ausschließlichen Verortung der Ursachen von Unterentwicklung in externen Abhängigkeiten der Entwicklungsländer war in den eigenen Reihen schon laut geworden, als in den 70er Jahren die Strategie der Grundbedürfnisorientierung und die Legitimität des Widerstandes gegen die innere Herrschaft diskutiert worden waren. Spätestens seit den 80er Jahren aber ließen sich die marxistisch geprägten Ansätze, die dem *subjektiven Faktor* und der kulturellen Tradition als Verkörperung von Wert- und Normsystemen keine Erklärungskraft für die Entstehung von Unterentwicklung zugebilligt hatten, nicht mehr aufrechterhalten. Die freiwillige Einengung des Sichtfeldes auf strukturelle, außenbestimmte Widersprüche verdeckte auch den Blick auf eigene soziale Potentiale. Selbst lateinamerikanische Dependenztheoretiker hatten soziale Bewegungen wie den Widerstand indigener Völker oder die *Teología de la Liberación* (Befreiungstheologie) in ihrer politischen Bedeutung nicht wahrgenommen.

Außerdem konnte die These von der *exogenen Verursachung von Unterentwicklung* weder erklären, warum in den *weißen Kolonien* (Kanada, Australien, Südafrika) trotz ähnlicher Abhängigkeitsstrukturen wie in den Entwicklungsländern eine industrielle Entwicklung in Gang kam, noch warum die Schwellenländer, die „*nach dependenztheoretischer Logik alles falsch machten, das angebliche Gesetz von dependencia = Unterentwicklung durchbrechen konnten*" (Nohlen et al: 1993: 47). Taiwan, Südkorea, Hongkong und Singapur hatten eine international exportfähige, industrielle Entwicklung in Gang gesetzt, die sich nicht mehr nur, wie durch die dependenztheoretische Logik vorausgesetzt, als Reflex auf veränderte Verwertungsbedingungen in den Metropolen interpretieren ließ. Dagegen konnte keines der Länder, die sich konsequent vom Weltmarkt zurückgezogen hatten (Birma, Kambodscha, Mosambik, Sri Lanka) dem selbstgesetzten Anspruch einer selbstbestimmten und autonomen Entwicklung gerecht werden.

Der Erfolg dependenztheoretischer Argumentation hatte stark von der Abgrenzung gegen *bürgerlich-eurozentristische* Modernisierungstheorien gelebt. Mit dem Scheitern der Versuche, eine vom Weltmarkt abgekoppelte Entwicklung einzuleiten, wurde jedoch auch die Kritik an der Modernisierungstheorie schwächer. Der normative Anspruch, einen *eigenen Weg* einzuschlagen, geriet zunehmend in Verdacht, ein *Weg ins Abseits* zu sein. Die dependenztheoretische Kritik, so wurde nun selbstkritisch moniert,

„zeigt keinen Weg zwischen dem Fegefeuer der Modernisierung, die Traditionsbestände erodiert, und der Hölle des Verhungerns. Ich kann nicht gleichzeitig die vorkoloniale Dorfidylle (die selten so idyllisch war) romantisieren, die Modernisierung verteufeln und die industrielle Revolutionierung der Produktivkräfte fordern." (Nuscheler 1995: 15)

Im Kontext der umfassenden Strukturanpassungsreformen der 80er Jahre wurde es für viele Entwicklungsländer unumgänglich, sich innerhalb der *westlichen Moderne* zu orientieren und durchzusetzen. Der Erwerb westlich geprägter Handlungsfähigkeit wurde so zum Instrumentarium der Selbstbehauptung innerhalb internationaler Wirtschaftszusammenhänge. Besonders die Eliten in den südlichen Ländern reagieren angesichts der erdrückenden Übermacht kapitalistischer Weltmarktstrukturen mit Unverständnis und leichter Ironie auf die „*Reexotisierungsversuche*" (Lepenies 1995: 62) des Westens.

> „Die Japanologen sind japanischer geblieben als die Japaner, und wer, in gutgemeinter Absicht für alles Autochthone, einem gebildeten Afrikaner, der dabei ist, zu einer christlichen Religion überzutreten, rät, doch lieber seinem vom Aussterben bedrohten Stammesglauben treu zu bleiben, dem wird dieser Afrikaner heute, Max Webers Abhandlung über die ‚protestantische Ethik' in der Hand und den Geist des Kapitalismus im Kopf, kühl entgegnen, für ihn handele es sich hier weder um Floreflucht noch um eine Glaubenssache, sondern um ökonomisches Überleben und die Sicherung seines sozialen Status." (ebd.)

Der Verlust von Verbündeten in den Entwicklungsländern an die Logik der Strukturanpassung und die Einsicht, daß die ursprünglichen Prämissen zunehmend an Gültigkeit verloren, führte bei vielen ehemals dependenztheoretisch orientierten Autoren zu einer widerwilligen Aussöhnung mit dem nunmehr globalen System kapitalistischer Prägung.

> „Wenn also am Kapitalismus derzeit kein Weg vorbeiführt, dann sollte man ihn in dem Sinne bejahen, daß er nicht nur eine zerstörerische und ausbeutende, sondern auch eine fortschrittliche, wohlfahrtssteigernde und emanzipatorische Rolle gespielt hat, insofern institutionalisierte Gegenmacht erkämpft und anerkannt war. Umgekehrt ist zu akzeptieren, daß kapitalistische Produktivkraftentfaltung langfristig die Lebensgrundlagen des größten Teils der Bevölkerung in den Industrieländern dauerhaft verbessert hat und daß durch den Kapitalismus die bürgerliche Gesellschaft erst möglich wurde, die bislang als einzige die Rechte des einzelnen zu garantieren vermochte [...]. " (Menzel 1992: 68)

Das Dogma von der Selbstbestimmung der Völker verlor in den Jahren zusätzlich durch die Konflikte um nationale Souveränität, wie sie in den letzten Jahren mit bedrohlicher Explosivkraft in vielen Ländern der Erde ausgebrochen sind, erheblich an Attraktivität. Nicht nur der islamische Fundamentalismus, sondern auch die blutigen Auseinandersetzungen zwischen einzelnen Völkergruppen (Ruanda, Jugoslawien) und die menschenverachtende Arroganz einzelner Regierungen (Nigeria) geraten nach der Auflösung des alles überdeckenden Ost-West-Konfliktes ans Licht der Öffentlichkeit. Die Brutalität und Gleichgültigkeit gegenüber universellen Menschenrechten, die diese „*Aufstände gegen die Moderne*" (Nuscheler 1995) prägen, läßt die Forderung nach dem *Selbstbestimmungsrecht der Völker* in einem zweifelhaften Licht erscheinen. Die positiven Aspekte einer der Tradition der Aufklärung verbundenen *europäisierten Welt* werden nun wieder selbstbewußter zu bedenken gegeben.

4.1.1.2 Das Scheitern der Modernisierungstheorie

Das Entwicklungsziel *Eingliederung in eine sich globalisierende Weltwirtschaft* wird nach vollzogener Strukturanpassung und Öffnung vieler Entwicklungsländer nun zwar von diesen als allgemeingültige Maxime anerkannt, paradoxerweise aber durch die Industrieländer selbst inzwischen teilweise zurückgenommen.[197] Die Einsicht setzte sich immer mehr durch, daß eine *nachholende Entwicklung* für den größten Teil der Entwicklungsländer angesichts der begrenzten Verfügbarkeit natürlicher Ressourcen nicht zu realisieren sein wird. Eine weltweite Verallgemeinerung des Produktions- und Konsumstils, wie ihn sich die Industrieländer in Ost und West erlauben, würde zur ökologischen Katastrophe führen. Just als die Entwicklungsländer mit großem Aufwand und erheblichem Zwang dazu gebracht worden waren, das Entwicklungsparadigma des industriellen Fortschritts und die Integration in den Weltmarkt zu akzeptieren und zur Maxime ihres Handelns zu machen, entdeckten Theoretiker und Politiker des Westens die Gefahren der Konkurrenz um die knappen Ressourcen unserer Welt:

> „*Entwicklung* im alten Stil konnte nun gleichgesetzt werden mit *Fortschritt der Destruktivkräfte.*" (Boekh 1992: 119)

Die Ressourcenknappheit im weiteren Sinne bezieht sich nicht nur auf die ökologischen Güter. Auch diejenigen gesellschaftlichen Strukturen, die von der Modernisierungstheorie als konstitutiv für Entwicklung angenommen wurden, sind offenbar nicht unerschöpflich:

> „Ressourcen [...] werden knapp. [...] Dies gilt auch und vor allem für gesellschaftliche Ressourcen, für Institutionen (wie die Familie), für Sozialmilieus (wie das Bauerntum) oder für berufliche Qualifikationen (wie die Facharbeiterkompetenz) – allesamt Früchte eines jahrhundertelangen historischen Prozesses [...] Angesichts der Unumkehrbarkeit der Erschöpfung der meisten dieser Ressourcen und angesichts des Fehlens rasch verfügbarer und ökologisch tragbarer Substitute müssen die alten Industrienationen (die selbst dann, wenn es ihnen gelingt, vorübergehend einen Teil der Lasten auf schwächere und weniger entwickelte Länder abzuwälzen, doch als erste betroffen werden) mit hoher Dringlichkeit eine Fülle von politischen, ökonomischen, sozialen und selbst kulturellen Strukturen, Institutionen und Mechanismen neu konzipieren, um [...] ihr nacktes Überleben sichern zu können." (Lutz 1991: 97)

Der Zerfall der *modernen* Institutionen und die daraus erwachsenden sozialen Probleme und ökologischen Grenzen stellen die Allgemeingültigkeit des *Paradigmas der industriellen Gesellschaft* nachdrücklich in Frage. Die Selbstverständlichkeit, mit der jahrelang grenzen- und endloses Wachstum als Normalverlauf volkswirtschaftlicher Entwicklung vorausgesetzt worden war, wird rissig. Der *Traum immerwährender Prosperität* erweist sich als Illusion (vgl. Lutz 1984).

Unter der Oberfläche eines alles umspannenden Globalisierungsprozesses differenzieren sich Lebenswelten aus, die eigene Entwicklungsziele und -strategien entstehen lassen können. Die informellen Wirtschaftssektoren Lateinamerikas mit ihrer „*existentiellen Vernunft als Gegenstück zur instrumentellen Vernunft des Marktes*" (Nuscheler 1995:

---

197 Das zeigt sich z. B. in den relativ ungünstigen Handelsbedingungen für Entwicklungsländer im Einflußbereich z. B. der Europäischen Union oder der NAFTA, die ihrerseits die größten Absatzmärkte der Welt umfassen.

17) sind dafür nur ein Beispiel. Auch Länder mit einem starkem Einfluß religiöser Bewegungen wie des Islam oder Staaten unter autoritärer Führung (Süd-Ost-Asien) können sich offenbar modernisieren, ohne dabei zu verwestlichen. Eine *eigene Moderne* erscheint als Modifikation der herrschenden Norm möglich, wenn es gelingt, traditionelle Werte in den Dienst der Modernisierung zu stellen. Die entsprechende Maxime in Japan lautet: *Vom Westen lernen, um ihn zu schlagen* (vgl. Nuscheler 1995: 15).

Die Wege hin zu Modernität und Industrialisierung können offenbar sehr unterschiedliche kulturelle Prägung aufweisen.[198] Die aufsteigenden Schwellenländer betonen ihre kulturelle Eigenart inzwischen mit erheblichem Selbstbewußtsein, ohne die grundsätzliche Ausrichtung an Industrialisierung, Kapitalismus und Weltmarktintegration in Frage zu stellen.

4.1.2 Entwicklung als Synthese von Wachstum und sozialer Entwicklung

Während die *‚großen'* Entwicklungstheorien also seit Anfang der 90er Jahre an Attraktivität und Überzeugungskraft immer mehr einbüßten, entstanden eine Reihe von *‚Theorien mittlerer Reichweite'*, die dazu geeignet scheinen, normative Zielvorstellungen von *Entwicklung* jenseits der Grabenkriege zwischen Dependenz- und Modernisierungstheorie aufzuzeigen. Vermeintlich gegnerische Positionen werden weniger stark gegeneinander abgegrenzt und multikausale Begründungsansätze akzeptiert.

„Eklektizismus ist heute eher eine Tugend denn eine wissenschaftliche Sünde, was nicht unbedingt im Trend einer postmodernen Beliebigkeit zu liegen braucht als vielmehr auf der Einsicht beruht, daß keine der bisherigen Globaltheorien der Komplexität und Varianz von Entwicklungsprozessen gewachsen war." (Boekh 1992: 125)[199]

Normative Vorstellungen von Entwicklung, wie sie in neuerer Zeit formuliert werden, integrieren wirtschaftspolitische, soziale und ökologische Aspekte. Zur Erläuterung des normativ-theoretischen Bezugrahmens der in den späteren Kapiteln erläuterten Politikstrategien seien hier nur drei Ansätze beispielhaft aufgeführt.

4.1.2.1 Das ‚magische Fünfeck' der Entwicklung

Nohlen et al. (1993: 67ff.) greifen in ihrer Formulierung des Entwicklungsbegriffes von 1974 bzw. 1993 das Postulat nach *Wachstum* als einer zentralen Grundbedingung für die Überwindung von Armut und Unterentwicklung noch einmal auf, verknüpfen den Begriff heute aber mit qualitativen Bedingungen wie gesamtgesellschaftliche Wohlfahrtsmehrung und ökologische Verträglichkeit.

---

198 Die kulturtheoretischen Forschungen (vgl. z. B. die Studien des ISF in München) unterstreichen dies auch für Länder innerhalb des europäischen Kulturraumes.
199 Eine kritische Sicht des gleichen Tatbestandes liefert Sachs (1992: 30): *„Das Bedeutungsfeld ‚Entwicklung' explodierte und deckte fortan eine unübersehbare Fülle höchst widersprüchlicher Praktiken ab. Und das Entwicklungsgeschäft wurde zum Selbstläufer: Während auf der einen Seite immer neue Krisenlagen erzeugt wurden, sprossen auf der anderen Seite immer neue Strategien zu ihrer Bewältigung. Langsam verschob sich dabei auch der Motivhintergrund von ‚Entwicklung', als der Chor derer anschwoll, die Entwicklung nicht zur Förderung von, sondern zur Verteidigung gegen Wachstum einklagten. Damit war das semantische Chaos perfekt, und der Begriff hatte sich bald bis zur Unkenntlichkeit verschlissen."*

Als Zielkategorien ihres ‚*magischen Fünfecks*' nennen sie:

- *Arbeit* als Voraussetzung dafür, „daß Menschen aus eigener Kraft ihre Armut überwinden oder zumindest ihre existentiellen Bedürfnisse befriedigen könne und sozialethisch gesehen die Chance der Selbstverwirklichung des Menschen [...]" (ebd.: 68);
- *Gleichheit* und Gerechtigkeit als „das notwendige qualitative Korrektiv zu Wachstum, um ‚Wachstum ohne Entwicklung' zu verhindern" (ebd. 70);
- *Partizipation*, die nicht nur politische Beteiligung der Bevölkerung an Entscheidungsprozessen meint, sondern als ‚Gegenbegriff zu Marginalität' (ebd. 71) auch Menschenrechte, Befriedigung von Grundbedürfnissen und die Möglichkeit eigenverantwortlichen Handelns umfaßt und schließlich
- *Unabhängigkeit* im Sinne wachsender individueller und kollektiver Eigenständigkeit, politischer Autonomie und Selbstbestimmung.
- Nohlen et al. ergänzen diesen Kriterienkatalog 1993 noch um die *ökologische Dimension* des (oben erläuterten) sustainable development.

Die Überzeugungskraft des *Fünfeck*-Ansatzes beruht auf der normativen Verknüpfung von wirtschaftlichem Wachstum und sozialer Gerechtigkeit. Die Verankerung sozialer Ziele auf der Normebene entlastet Nohlen et al. von der Notwendigkeit, sich auf ökonomische Begründungen für die Forderung nach mehr Demokratie und sozialer Gerechtigkeit einzulassen.[200] Der Wert von Menschenrechten, Partizipation und Demokratie wird vielmehr auf der ethisch-moralischen Ebene verortet und ist vom ökonomischem Kalkül zunächst unabhängig. Gleichzeitig reduzieren die Autoren aber ihre Vorstellung von Entwicklung nicht auf diese sozialpolitischen Postulate, sondern akzeptieren (qualitatives) Wachstum und Beschäftigung als Basis und Voraussetzung für die Überwindung von Armut und Abhängigkeit.

Als normative Zielvorgabe trifft das *magische Fünfeck* auf breiten Konsens. Bezüglich der Realisierungsmöglichkeiten räumen Nohlen et al. allerdings selbst ein, ihr Zielvektor sei „*angesichts der höchst unterschiedlichen Entwicklungen, der Fortschritte in wenigen Entwicklungsländern und der Rückschritte in vielen Entwicklungsländern, allzu rund und ambitiös.*" (Nohlen et al. 1993: 74)

4.1.2.2   *Neue Konzepte autozentrierter Entwicklung*

Diese selbstkritische Einschätzung läßt sich nur dann entkräften, wenn die Zielvorstellungen von Nohlen et al. über eine Operationalisierung in konkrete Handlungsvorgaben praktische Relevanz erhalten. Eine mögliche Spezifizierung solcher Vorgaben bzw. Indikatoren für die Zielerreichung bieten Menzel et al. mit ihrem Konzept der autozentrierten Entwicklung. Dieser Begriff stammt ursprünglich aus der Dependenztheorie, wurde jedoch v.a. von Menzel und Senghaas inzwischen neu gefaßt.

Die ursprüngliche Annahme, daß die asymmetrischen Beziehungen auf dem Weltmarkt eine eigenständige Entwicklung abhängiger Ökonomien nicht zuließen, wurde fallenge-

---

200 Zum Zusammenhang zwischen Demokratie und Wirtschaftswachstum vgl. Tetzlaff 1996.

lassen. Statt dessen nehmen Menzel et al. an, daß autozentrierte Entwicklung auf unterschiedlichem Wege erreicht werden kann. Menzel et al. (1985: 81ff.) schlagen die folgenden empirischen Größen als Indikatoren zur Feststellung von Entwicklungsniveaus vor:

- *Struktur und Leistungsfähigkeit des Agrarsektors*, wobei einerseits nach dem Wachstum des Agrarsektors gefragt ist und andererseits nach dem Index der Bodenkonzentration (Gini-Index[201]). Als dritten Indikator zur Bewertung des Agrarsektors schlagen die Autoren den *Anteil der von der Landwirtschaft bezogenen Vorleistungen am landwirtschaftlichen Bruttoproduktionswert*[202] *(BPW)* bzw. das Maß der agroindustriellen Verflechtung vor.

- Als Indikator für *breitenwirksame Binnenmarkterschließung* wird die Kombination von *Pro-Kopf-Wachstum des Sozialprodukts über den Zeitraum von 20 Jahren* und *Homogenität der Einkommensverteilung* nach dem Gini-Koeffizienten vorgeschlagen.

- *Homogenisierung*, d. h. das tendenzielle Zusammenfallen der Anteile an den Beschäftigten und am Sozialprodukt der Sektoren. In OECD-Ländern läßt sich (wenn auch mit Zeitverzögerung) zeigen, daß dem Anwachsen des Produktiv- und später des Dienstleistungsanteils am Bruttosozialprodukt eine entsprechende Umverteilung der Beschäftigten folgte. In Entwicklungsländern ist dagegen der Rückgang des Anteils der Landwirtschaft am Bruttosozialprodukt weitgehend von der Beschäftigungsseite abgekoppelt, so daß die Produktivitätskluft zwischen den Sektoren ständig wächst.

- *Kohärenz* bzw. ein hoher Verflechtungsgrad der Sektoren besteht dort, wo Urprodukte im Lande weiterverarbeitet werden. Der Unterschied zwischen vernetzten und strukturell heterogenen Ökonomien drückt sich im Anteil der inländischen Vorleistungen am Bruttoproduktionswert aus, d. h. er mißt *„sozusagen die Verflechtung einer Volkswirtschaft mit sich selbst"* (Menzel et al. 1985: 89).

- *Reife*, d. h. die Bedeutung solcher Branchen innerhalb einer Ökonomie, die mit hohem Kapitaleinsatz, hoher Ingenieurleistung und hoher Qualifikation der Arbeitskräfte produzieren. Menzel et al. schlagen als Indikator zur Messung dieses Reifegrades den Anteil von Maschinenbau, Elektrotechnik und Fahrzeugbau an der verarbeitenden Industrie vor.

- *Internationale Konkurrenzfähigkeit.* Damit ist allerdings nicht eine naturgegebene Konkurrenzfähigkeit wie diejenige der OPEC-Staaten, sondern eine *erworbene* Kon-

---

201 Der Gini-Koeffizient ist das am häufigsten gebrauchte Maß, um die personelle Einkommensverteilung eines Landes oder einer Region in einem Indikator auszudrücken. Bei vollständig ungleicher Verteilung erreicht der Gini-Index den Wert von 1, bei vollständig gleicher Verteilung den Wert von 0. Nur bei Ländern mit einem Wachstum des Agrarsektors über 3% und einem Gini-Index (Boden) von unter 0,5 kann nach Ansicht von Menzel et al. von breitgestreuter landwirtschaftlicher Leistungsfähigkeit mit den notwendigen Sekundäreffekten bezüglich Binnenmarktausweitung, Verbesserung der Einkommenssituation der ländlichen Bevölkerung und der Indizierung von Koppelungseffekten gesprochen werden (vgl. Menzel et al. 1985: 81).
202 Der Bruttoproduktionswert ist die Summe aus Wertschöpfung (BIP) und Vorleistungen.

kurrenzfähigkeit gemeint, die sich am Anteil von Produkten des Maschinenbaus, der Elektrotechnik und des Fahrzeugbaus am Gesamtexport bemessen lasse.

„Naturgegebene Konkurrenzfähigkeit kann das Resultat reichlich vorhandener Böden mit hoher Fruchtbarkeit, guter klimatischer Bedingungen, hochwertiger Bodenschätze, die leicht abzubauen sind, o.a. sein. Erworbene Konkurrenzfähigkeit ist demgegenüber das Resultat gewachsener Qualifikation der Arbeitskräfte, hoher Arbeitsproduktivität und wissenschaftlich-technischer Leistungsfähigkeit." (Menzel et al.1985: 92)

Das neue Konzept der autozentrierten Entwicklung verweist, wie auch die später erläuterten Ansätze des DIE und der CEPAL, auf die Schlüsselrolle der Qualifikation von Humanressourcen für den Erfolg eines nationalen Wirtschaftssystems. Eine *„reife"* Ökonomie ermöglicht Wohlstand über Hochlohnarbeitsplätze mit einem hohen Qualifikationsniveau und führt im Zusammenspiel mit Forschung und Entwicklung zu *„erworbener Konkurrenzfähigkeit"*. Entwicklung wird damit als Ergebnis eines (durchaus auch intentional gesteuerten) gesellschaftlichen Prozesses konzeptualisiert, in dem der Bildungsbereich als Voraussetzung für den Aufbau komplexer Produktion und technischer Leistungsfähigkeit eine zentrale Rolle einnimmt.

4.1.2.3   Nachhaltige Entwicklung

Während die Autoren des ‚Fünfeck-Ansatzes' und des Konzeptes der autozentrierten Entwicklung ursprünglich eher dem dependenztheoretischen Lager zuzuordnen waren, sind die Ansätze, die sich mit der Nachhaltigkeit von Entwicklung beschäftigen, letztlich Variationen des modernisierungstheoretischen Themas.

Sustainable development heißt in seiner einfachsten Version, daß etwas überdauert – zum Beispiel ein Entwicklungsprojekt den Fortgang ausländischer Experten.[203] Auf sozio-ökonomische Entwicklungsprozesse bezogen, meint Nachhaltigkeit aber auch

„eine Entwicklung, die den Bedürfnissen der heutigen Generation entspricht, ohne die Möglichkeiten künftiger Generationen zu gefährden, ihre eigenen Bedürfnisse zu befriedigen und ihren Lebensstil zu wählen. Die Forderung, diese Entwicklung *dauerhaft* zu gestalten, gilt für alle Länder und Menschen." (Brundtland-Bericht 1987:XV; zit. nach Harborth 1993: 231)

Der normative Anspruch der Nachhaltigkeit bekennt sich über die Forderung nach *synchronischer* Solidarität mit allen lebenden Menschen hinaus zu einer *diachronischen* Solidarität mit den zukünftigen Generationen (vgl. Harborth 1993: 232).

Während *sustainable development* als allgemeiner Zielanspruch in der internationalen Diskussion rasch breite Unterstützung fand, werden Konfliktlinien deutlich, sobald es darum geht, den Begriff inhaltlich zu füllen und Handlungskonzepte zu entwickeln. Wird nämlich die Erkenntnis ernstgenommen, daß die Höhe des für alle Menschen maximal zu erreichenden Wohlstandes durch relative Ressourcenknappheit begrenzt ist *(ceiling)*, und daß andererseits der Zeithorizont als grundsätzlich unbegrenzt *(alle künf-*

---

203 Zu dem auf Entwicklungsprojekte bezogenen Nachhaltigkeitsbegriff vgl. ausführlich: Stockmann 1996.

tigen Generationen) wahrgenommen werden muß, wird klar, daß Wirtschaftswachstum ad infinitum für alle Länder nicht möglich ist.

„Eine solche Entwicklung muß nicht Wachstum sein, ja: sie darf – von einem gewissen Punkt an – vielleicht nicht einmal Wachstum sein. [...] (Dies bedeutet) de facto eine Kampfansage an das seit über 40 Jahren dominierende entwicklungspolitische Paradigma der *aufholenden Entwicklung*[...]." (Harborth 1993: 232)

In diesem konsequenten Sinne bedeutet *Nachhaltigkeit,* daß der Verbrauch nicht erneuerbarer Ressourcen einzustellen und der Verbrauch erneuerbarer Ressourcen durch Bereitstellung eines Ersatzes zu kompensieren sei. Für den übergangsweise noch zulässigen Abbau nicht erneuerbarer Ressourcen müßten Zuteilungskriterien und Quoten für den Ausgleich durch erneuerbare Ressourcen (z. B. Kompensation der Erdölförderung durch Holzanbau für die Gewinnung von Industriealkohol) ermittelt und erzwungen werden. Verknüpft sind solche Konzepte häufig mit der Vorstellung von veränderten, dezentralisierten Produktions- und Konsumformen und alternativem Lebensstil.

Eine mögliche Methode zur Messung der Nachhaltigkeit von Entwicklungsprozessen wurde in jüngster Zeit von der Weltbank vorgestellt. Sie mißt den Wohlstand eines Landes mit Hilfe der folgenden Kriterien (vgl. Fues 1996: 301):

- durch Menschen produziertes Sachkapital (Maschinen, Straßen, Gebäude),
- Humankapital (Ausbildung, Qualifikation, Gesundheit),
- Naturvermögen (Rohstoffe, biologische Vielfalt, lebenerhaltende Leistungen der Umwelt) und
- Sozialvermögen (gesellschaftliche Institutionen, soziale Netzwerke, kollektives Wissen).

Bei der Berechnung des Nationalvermögens nach diesem Kriterienkatalog in 192 Ländern gelangten die Experten der Weltbank zu Einschätzungen, die sich von herkömmlichen *ranking-Listen* der weltreichsten und -ärmsten Länder deutlich unterscheiden (vgl. Fues 1996). Wirtschaftliches Wachstum und Akkumulation von Reichtum wird hier also mit *Naturverbrauch* gegengerechnet.

Vom Süden werden die ökologischen Bedenken des Nordens allerdings noch häufig als Angriff auf ihr *Recht auf Entwicklung,* als *Ökoimperialismus* interpretiert. Die Vertreter der Entwicklungsländer parieren die Zumutungen aus dem Norden häufig mit der Frage, wie es denn um die Nachhaltigkeit der eigenen Industrieentwicklung bestellt sei, sowie der Forderung, das eigene Wachstum zu drosseln. Mit solcherlei Ansinnen konfrontiert, beschränken sich die Entwicklungsinstitutionen der Industrieländer darauf, den normativen Grundsatz des *sustainable development* mit dem pragmatischen Zugeständnis eines *sustainable growth* zu verbinden (vgl. Harborth 1993: 234). Dem grundsätzlichen Problem, daß nämlich ein Wachstumsstil für alle Länder mit ähnlichem Ressourcenverbrauch wie in den Industrieländern ökologisch untragbar ist, wird dadurch freilich abermals ausgewichen.

4.2 Entwicklung und nachhaltige Wirtschaftsstrategien

4.2.1 Globalisierung und Vernetzung

Die Annäherung der entwicklungstheoretischen Diskussion zwischen Vertretern der Dissoziations- und der Integrationsstrategie ereignete sich zeitgleich zum Zusammenbruch der realen ökonomischen Bezugssysteme selbst. Die Zahl der Staaten, die sich in den nach kapitalistischen Prinzipien organisierten Weltmarkt integrieren oder zu integrieren suchen, nimmt stetig zu. Während zu Ende der 70er Jahre zwei Drittel der Weltarbeitsbevölkerung in zentral gesteuerten Planwirtschaften oder in vom Weltmarkt durch Handelsbarrieren und Importrestriktionen abgeschotteten Ökonomien gelebt hatten, sind es heute nur noch wenige Enklaven. Gleichzeitig ermöglichten und erzwangen die technischen Entwicklungen im Bereich der Informationsvernetzung und des Transportwesens sowie die geopolitische Neufassung von Wirtschaftsräumen eine weitreichende Globalisierung des Wettbewerbs zahlreicher Teilmärkte. Je unproblematischer der Zugang zu Informationen wurde, desto leichter war es, einzelne Wirtschaftstätigkeiten zu orten, zu bewerten und in Konkurrenz mit ihnen zu treten. Durch die Zunahme der Anbieterzahlen verstärkte sich der Wettbewerbsdruck und verlagerte sich in immer spezialisiertere Segmente, so daß sich die Unternehmen gezwungen sahen, alle Produktivitäts-, Flexibilisierungs- und Leistungsreserven zu mobilisieren.

Das Prinzip der *flexiblen Spezialisierung* setzte sich als techno-ökonomisches Paradigma zunehmend durch. Es besagt vor allem, die Produktion differenzierter Güter für eine ständig im Wandel befindliche Nachfrage unter der Bedingung hochkompetitiver Märkte erfordere schnellere Produktinnovation bzw. kürzere Produktlebenszyklen hochspezialisierter Güter. Diese wird möglich durch die kumulative Anwendung neuer Schlüsseltechnologien und neue Fertigungstechnologien (z. B. flexible Fließfertigung oder Kleinserienfertigung). Begleitet wird die Entwicklung von Prozeßinnovationen im Bereich der Fabrik- und Büroautomatisierung sowie neuen Arbeitsorganisationsformen (vgl. z. B. Eßer et al. 1994: 8; Schumann et al. 1994). Unter diesen Bedingungen stellt sich die Frage nach den Chancen von Erwerb und Erhalt komparativer Wettbewerbsvorteile neu.

4.2.2 Porter: Die Wettbewerbsfähigkeit von Nationen

Wesentlich beeinflußt durch die Arbeiten Michael E. Porters und der OECD entstand seit Anfang der 90er Jahre eine Argumentationsrichtung innerhalb der ökonomischen Theorie, die den wirtschaftlichen Erfolg von Nationen nicht mehr nur mit der Existenz statischer und komparativer Kostenvorteile erklärt, sondern annimmt, daß Wettbewerbsfähigkeit in einem dynamischen Prozeß entsteht und gesellschaftlich zu beeinflussen ist. In seinem Grundlagenwerk „*The Competitive Advantage of Nations*" (1990) geht Porter davon aus, entscheidend für die Wettbewerbsfähigkeit eines Landes sei vor allem dessen Faktorausstattung. Damit sind jedoch weniger die komparativen Kostenvorteile im traditionellen Sinne gemeint. Vielmehr betont Porter (1990: 596ff.) in expliziter Abgrenzung von statischen Wettbewerbskonzepten, nicht die Basisfaktoren (*basic factors*) einer Nation wie natürliche Ressourcen, Klima und Lage, ein Pool ausreichend qualifizierter Arbeitskräfte oder das Vorhandensein von Fremdkapital, die mit relativ bescheidenen Investitionen oder ohne eigenes Zutun erworben werden könnten, seien zur Ausbildung von Wettbewerbsfähigkeit entscheidend, sondern dies sei das Verdienst der fortschrittlichen Faktoren (*advanced factors*) wie z. B. der Infrastruktur der modernen digitalen Datenkommunkation, hochqualifizierter Arbeitskräfte oder universitärer Forschungseinrichtungen (Porter 1991: 100ff.).

Eine weitere Unterteilung trifft Porter zwischen *allgemeinen* Faktoren (etwa Autobahnnetze, die Versorgung mit Fremdkapital oder der Bestand an Arbeitskräften mit Hochschulbildung) und *spezialisierten* Wettbewerbsfaktoren (z. B. Personen mit besonderen Fachkenntnissen oder auf eine bestimmte Produktgruppe spezialisierte Transportsysteme), die auf einen spezifischen Produktionsbereich bezogen sind.

Abbildung 19:   Wettbewerbsfaktoren nach M. Porter

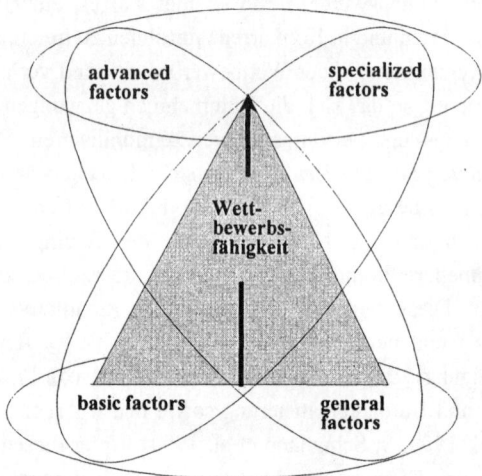

(nach Porter 1991: 101ff.)

Allgemeine Wettbewerbsfaktoren können unter der Bedingung globalen Wettbewerbs nur kurzfristige Vorteile bieten, da sie von anderen Ländern leicht kopiert werden können. Nachhaltiger Erfolg läßt sich nur über den systematischen Aufbau fortschrittlicher und spezialisierter Faktoren bewirken. Basisfaktoren stellen zwar in vielen Fällen das Fundament für diesen Prozeß dar, können jedoch die Kreativität und Findigkeit bei der Suche nach unkonventionellen Lösungen auch behindern.

> „Um einen internationalen Wettbewerbsvorteil zu behaupten, müssen die Unternehmen eines Landes die heutigen Vorteile des Basisfaktors oft bewußt aufheben oder verdrängen, auch wenn sie noch bestehen." (Porter 1991: 103)

Leistungsfähigkeit und Wettbewerbsvorteile entstehen also nicht generell für eine Volkswirtschaft, sondern sie bilden sich innerhalb von Unternehmensclustern. Sie tun dies nach Porter dann, wenn

- eine differenzierte *Nachfrage* auf dem Binnenmarkt hohe Ansprüche in Hinblick auf Produktqualität, Serviceleistungen usw. stellt und wirkungsvolle Systeme der Messung, Normierung, Prüfung etc. der gesetzten Standards zur Verfügung stehen;
- Unternehmen über tragfähige Unternehmens*strategien* verfügen und diese mit Hilfe leistungsfähiger Organisationsstrukturen umsetzen;
- Unternehmen in horizontale und vertikale *Kooperation*sstrukturen eingebunden sind, die die Innovationstätigkeit von Firmen unterstützen und Risiken mindern und
- die genannten Faktoren positive Wirkungen auf den Aufbau und die Weiterentwicklung der *Faktorbedingungen* zeitigen.

Dem Inlandswettbewerb kommt eine zentrale Funktion zu, da er Unternehmen dazu zwingt, in die Qualifizierung ihrer Arbeitskräfte, Entwicklung der Produktionstechnologien, in marktspezifisches Know-How und eine spezielle Infrastruktur zu investieren. Als ebenso wichtig bezeichnet Porter jedoch die Kooperation innerhalb einer Gruppe inländischer Konkurrenten, durch die unterstützende Aktivitäten in *„Schulen und Universitäten, staatlich geförderten technischen Instituten und Ausbildungszentren, speziellen Lehrprogrammen, branchenspezifischen Handelszeitschriften und anderen Informationsquellen, wie auch weitere Arten von Faktorinvestitionen durch den Staat und andere Institutionen"* ausgelöst werden können (Porter 1991: 157).

4.2.3 Wettbewerbsfähigkeit und gesellschaftliche Organisationskompetenz

Die Schaffung von Wettbewerbsvorteilen resultiert nach Auffassung Porters somit aus interaktiven Prozessen innerhalb konkurrierender Unternehmen eines Unternehmensclusters, unterstützenden Branchen und den Nachfragebedingungen im gesellschaftlichen Umfeld. Aus diesem widersprüchlichen, zugleich jedoch komplementären Verhältnis zwischen Wettbewerb und Kooperation entsteht ein komplexes Netz aufeinander bezogener Institutionen, Unternehmen und Akteurkonstellationen, dessen Synergieeffekte kaum mehr kopierbar sind.

> „In den erfolgreichsten nationalen Branchen weiß man oft nicht, wo man mit der Erklärung des Wettbewerbsvorteils beginnen soll: Das Wechselspiel und die sich selbst verstärkenden Kräfte der Bestimmungsfaktoren sind so komplex, daß sie Ursache und Wirkung verschleiern. [...] Das System ist außerdem ständig in Bewegung. Die nationale Branche entwickelt sich ständig weiter und spiegelt die sich ändernden Umstände oder erleidet Rückschläge." (Porter 1991: 168)

Die OECD (1992) schlägt in Anknüpfung an diese Überlegungen den Begriff der *strukturellen Wettbewerbsfähigkeit* vor, um den Tatbestand zu bezeichnen, daß

> „while competitiveness is situated in the activity of firms, corporate competitiveness is not exclusively of their own making. It is also an expression of domestic institutional and social environments; it has a structural component and is supported by a wide range of externalities." (OECD 1992: 254)

Unter der Bedingung globalisierten Wettbewerbs und hochtechnologisierter Produktion bilden sich nach Auffassung der OECD *„national systems of innovation"* (ebd.) heraus, in denen nichtstaatliche und staatliche Akteure kooperieren.

Die Autorenschaft des Deutschen Institutes für Entwicklung (DIE) bezeichnet denselben Sachverhalt als *systemische Wettbewerbsfähigkeit*. Der Begriff *systemisch* verweist darauf, daß Wirtschaftsdynamik durch zielgerichtete und ineinandergreifende Maßnahmen auf unterschiedlichen Systemebenen entsteht, deren Zusammenspiel geprägt ist *„durch in den jeweiligen Ländern unterschiedliche institutionelle Strukturen, Organisationsmuster, die Lern- und Adaptionsfähigkeit der sozialen Akteurgruppen und deren Einbindung in spezifische normative Wertekontexte."* (Messner 1994: 44)

Das Konzept ist darauf angelegt, die Erkenntnisgewinne moderner Wettbewerbstheorien hinsichtlich des *„kumulativen, interaktiven und nicht-linearen Charakters von Innovationen und Wettbewerbsvorteilen"* (Messner 1995: 42) auf ihre konkreten wirtschafts- und standortpolitischen Schlußfolgerungen hin zu überprüfen. Die Autoren des DIE bauen ihre Argumentation auf den Forschungsergebnissen Porters und der OECD auf und setzen voraus, Entwicklungsländer seien grundsätzlich bereit und in der Lage, ihre Ökonomien für den Weltmarkt zu öffnen und für die Durchsetzung entwicklungsförderlicher Rahmenbedingungen zu sorgen, als da wären:

> „die nationale und gesellschaftliche Integration, ein moderates Bevölkerungswachstum, der politische Wille, eine realistische Gesamtstrategie durchzusetzen, ein Organisationsmuster und Steuerungskonzept, das Kreativität ermöglicht sowie Innovationsdynamik und Wettbewerbsorientierung sicherstellt, und zudem die Bereitschaft, die eigenständigen Lernprozesse mit einem Lernen von erfolgreichen anderen Ländern zu verbinden." (Eßer et al. 1994: 3)

Doch auch unter der Voraussetzung, daß Ökonomien dem heimischen und internationalen Wettbewerbsdruck ausgesetzt und ihre Aktivitäten durch unterstützende Aktivitäten im Sinne von *good governance* gefördert werden, so falle die Kompetenz, nationale Transformationsfähigkeit zu sichern und zu erhöhen, ganz unterschiedlich aus. Die Ursachen und Bedingungen für die Entstehung nationaler Wettbewerbsfähigkeit lokalisieren die Autoren des DIE auf vier gesellschaftlichen Ebenen (vgl. Eßer et al. 1995: 256 und 1994: 11ff.; Messner 1995: 43ff.; Tetzlaff 1995a: 75f.):

- Auf der *Metaebene* bilden soziokulturelle Faktoren und Werthaltungen eine notwendige Voraussetzung für die Ausdifferenzierung handlungsfähiger Akteurkonstellationen.

- Eine erfolgreiche Politik auf der *Makroebene* übt kontinuierlichen *performance*-Druck auf die Unternehmen aus, stellt andererseits jedoch über eine stabilisierende Haushalts-, Geld- und Handelspolitik einen glaubwürdigen Rahmen zur Verminderung von Investitionsunsicherheit und Erhöhung von Transparenz bereit.

- Auf der *Mesoebene* im unterstützenden Policybereich (Infrastruktur-, Bildungs-, Technologie- und Industriestrukturpolitik) geht es um die gezielte Unterstützung von Wirtschaftstätigkeiten und den Aufbau eines leistungsfähigen institutionellen und infrastrukturellen Umfeldes. Für den Entwurf und die Umsetzung solcher *policies* ist nicht nur der Staat, sondern sind auch nichtstaatliche Akteure gefordert. Der Bereich der Berufsbildungspolitik als Faktor dauerhaften wirtschaftlichen Erfolges ist auf dieser Ebene angesiedelt.

- Auf der *Mikroebene* agiert eine Vielzahl einzelner Unternehmen. Hier gilt es z. B. einzelunternehmerische Kompetenzen zu stärken, Strategien und Abläufe sowie ihre Anpassung an moderne Produktions- und Organisationsformen auf Weltmarktniveau zu optimieren.

4.2.4 Die CEPAL-Strategie – Produktiver Wandel und Chancengerechtigkeit

Die CEPAL – die, wie weiter oben geschildert, bereits in den 50er und 60er Jahren eine Vorreiterrolle in der entwicklungstheoretischen Diskussion gespielt hatte[204] – griff seit Ende der 80er Jahre Aspekte der soeben beleuchteten Debatte über Wettbewerbsfähigkeit auf und entwickelte sie zu einem weithin beachteten Strategiekonzept weiter. Der neue Ansatz wird mit den Zielvorstellungen *Transformación productiva con equidad* (produktiver Wandel und Chancengerechtigkeit) umschrieben und ist den systemischen Ansätzen in der Entwicklungstheorie zuzurechnen (vgl Mármora et al. 1991: 44).

Die Theoretiker der CEPAL identifizieren die anhaltenden Produktivitätsdefizite als Schlüsselproblem der Region. Diese sog. *brechas de productividad* (Produktivitätsrückstände) haben sich ihrer Einschätzung nach einerseits auf globaler Ebene zwischen Lateinamerika und den Industrieländern, aber auch im Inneren der einzelnen Wirtschaftssektoren seit dem Ende des Zweiten Weltkrieges deutlich vergrößert. Besorgniserregend sei dabei weniger das niedrige Niveau der durchschnittlichen Produktivität als vielmehr die außerordentlich große Heterogenität in Hinblick auf Größe, Technologieniveau, Arbeitsorganisation, Qualifikationsniveau, Arbeitsplatzsicherheit etc. innerhalb und zwischen den Sektoren – ein Spiegel der strukturellen Heterogenität[205] in Entwicklungsländern allgemein (vgl. CEPAL 1994: 9ff.). Mit dieser Analyse verortet die CEPAL die Ursachen der Unterentwicklung zunächst in Modernisierungsdefiziten.

Gleichzeitig bezieht die CEPAL aber auch die ursprünglich von ihr selbst entwickelten Grundannahmen der Dependenztheorie mit ein und überwindet damit die alte Dichotomie von endogener und exogener Verursachung der Unterentwicklung. Entscheidend wichtig seien die Überwindung der rohstoffbasierten Weltmarktintegration und der Einstieg in die weiterverarbeitenden Industriesektoren. Die geringe Wertschöpfung im Exportbereich wird als Schlüsselproblem und zentrale Ursache ungleicher Entwicklung identifiziert.

Zur Überwindung der Produktivitätsdefizite in der Region schlägt die CEPAL eine Strategie der *Steigerung sektoraler Wettbewerbsfähigkeit* vor.

„[...] in unserer gegenwärtigen Situation besteht die größte Herausforderung für eine produktive Entwicklungspolitik in der baldigen Übernahme, Adaptation und Ver-

---

204 Hatte die Institution in der Zeit der militärischen Regimes für viele Intellektuelle einen geschützten Raum zur Entwicklung wirtschaftspolitischer Gegenpositionen geboten, so konnte sie in der Phase der Redemokratisierung der lateinamerikanischen Politikkultur ihr politisches Gewicht wiedergewinnen und ist heute wieder zu einer politischen Kraft mit erheblichem Einfluß geworden. Zahlreiche CEPAL–Angestellte kehrten in ihre Heimatländer zurück und übernahmen dort z. T. hohe Regierungspositionen. Die personelle und politische Verflechtung zwischen der CEPAL und etwa der brasilianischen, mexikanischen, bolivianischen, besonders aber der chilenischen Regierung ist eng.

205 Für Entwicklungsländer typische Struktur, bei der unterschiedliche Produktionsweisen parallel zu einander existieren.

breitung international verfügbarer Technologien durch die große Masse unserer Unternehmen, die bisher mit veralteter Ausstattung und rückständigen Methoden arbeiten. Dies ist viel wichtiger als die Erreichung überhöhter Investitionsziele in Forschung und Entwicklung, denn hierbei handelt es sich um spezifische Probleme eines kleinen Teils nationaler Unternehmen, die sich bereits nahe an der Grenze der ‚besten Praxis' internationaler Produktivität befinden." (CEPAL 1994: 15)

Damit verabschiedet sich die CEPAL von früheren Industrialisierungskonzepten und dem Leitbild des Importsubstitutionsmodells, nach dem möglichst geschlossene Produktionskreisläufe innerhalb einer Volkswirtschaft entstehen sollten (vertikale Integration). Diese Strategie hatte in der Vergangenheit zu einer zunehmenden Segmentierung der Wirtschaft in rückständige Agrar- und Handwerksbetriebe einerseits und ineffiziente Industriebetriebe andererseits geführt. Heute vertritt die CEPAL die Position, die Verknüpfung der industriellen Produktion mit Landwirtschaft und Dienstleistungen (horizontale bzw. intersektorale Verflechtung) sei für ein nachhaltiges Wachstum unumgänglich. Gleichzeitig könne nur die parallele Förderung *aller* Unternehmen eines Sektors zu einer Verbesserung der Produktivität der existierenden Wirtschaftszweige führen. Statt Spitzentechnologie selbst herstellen zu wollen, wird die gezielte Integration in weltmarktorientierte Produktionsketten (*cadenas productivas*) angestrebt. Diese Produktionsketten sollen Rohstoffextraktion, Verarbeitung und Dienstleistungen umfassen, und ihr Produktionsniveau soll über die Inkorporation existierender Technologien rasch Weltmarktstandards erreichen (vgl. Mármora et al. 1991: 47).

Der Prozeß soll in drei Entwicklungsstufen verlaufen (vgl. Eßer 1994: 25f.; Mármora et al. 1991: 44):

1. Der erste Schritt ist eine *Transitionsphase*, in der sich zur Zeit etwa Brasilien, Bolivien, Uruguay und Venezuela befinden. Auf dieser Stufe geht es um wirtschaftspolitische Neuorientierung und Strukturanpassungsmaßnahmen, wie sie weiter oben beschrieben wurden, aber auch um die Schaffung sinnvoller makroökonomischer Rahmenbedingungen und Institutionen sowie um die Förderung politischer Partizipation der sozialen Akteure.

2. In einer zweiten Phase der Industrialisierung in die Chile zur Zeit einzutreten bemüht ist, sollen Standortindustrien durch Innovationsindustrien ergänzt werden (*segunda fase exportadora*). Welche Wirtschaftszweige komparative Kostenvorteile entwickeln könnten und sich somit als weltmarktfähig erweisen, kann sich nach der Konzeption der CEPAL erst im Laufe der Produktivitätsentwicklung herauskristallisieren. Internationale Wettbewerbsfähigkeit werde von denjenigen Branchensets erreicht, die am ehesten die Produktivitätsrückstände zu den Industrieländern aufzuholen in der Lage seien. Die Integration in den Weltmarkt kann daher nicht geplant werden, sie entwickelt sich auf der Grundlage eigenständiger Wachstumsprozesse. Der Weltmarkt wird somit als Referenzrahmen für wirtschaftliche Entwicklung akzeptiert, es wird jedoch auf die Gefahr struktureller Benachteiligung bei der Integration in die Weltwirtschaft (Sozialdumping) hingewiesen. Als Gegenstrategie wird vor allem der Einstieg in die Produktion höher verarbeiteter Güter mit höheren Qualifika-

tionsanforderungen an die Beschäftigten angestrebt. Der ursprüngliche Standortvorteil niedriger Lohnniveaus könne so schrittweise durch den Einsatz höherqualifizierter und damit besser entlohnter Arbeit abgelöst werden. Außerdem soll das Eindringen in höherwertige Spezialisierungsfelder eine tragfähige Alternative zur ökologisch unverträglichen Ausbeutung nicht-erneuerbarer Ressourcen bieten.

3. Die dritte Sequenz soll einen breit angelegten Nachholprozeß auch in *hochtechnologischen Branchen* bewirken.

Basis einer gesunden Wirtschaftsentwicklung ist nach der Konzeption der CEPAL die Überwindung einer staatlich getragenen Wirtschaftsstruktur. Makroökonomische Stabilität und Flexibilität soll durch Marktöffnung und Privatisierung staatlicher Betriebe erreicht werden. Die Fehler zu starker staatlicher Intervention sollen zurückgenommen werden; der Markt müsse wieder dominanter Regulationsmechanismus innerhalb der Volksökonomien sein (CEPAL 1994: 39f.).

Gleichzeitig dürfe der staatliche Rückzug kein Vakuum wirtschaftlichen Handelns hinterlassen, das weitreichende Folgen auch für vor- und nachgelagerte Sektoren zeitigen könne. Eine Strategie, die ausschließlich auf die *Selbstheilungskräfte des Marktes* vertraut, könne zu Verarmung und Deindustrialisierung führen, wenn der Rückzug des Staates auch diejenigen Rahmenbedingungen betreffe, die für den Aufbau struktureller Wettbewerbsvorteile entscheidend sind. Die gesellschaftliche Handlungsfähigkeit privatwirtschaftlicher Akteure und Unternehmen sei in Lateinamerika nur gering ausgebildet (Kapitalismus ohne Kapitalisten) und müsse durch sinnvolle Maßnahmen staatlicher Entwicklungspolitik mindestens übergangsweise kompensiert werden.

Eine aktive Rolle des Staates fordert die CEPAL dort, wo externe Effekte, Fehler kritischer Märkte und Probleme industrieller Organisation die Entwicklung der Produktivität behindern. Nach Ansicht der CEPAL-Experten kann die *produktive Transformation* einer Volkswirtschaft vor allem durch Verzögerungen bei der Verbreitung von Produktionswissen, Verzerrungen auf dem Kapitalmarkt, Unterinvestition in Bildung und Ausbildung, zu restriktive Anti-Inflationspolitik und mangelndes Vertrauen in den Strukturwandel gebremst werden (CEPAL 1994: 42). Hier habe der Staat durch die Schaffung geeigneter Kontextbedingungen (Bereitstellung öffentlicher Güter, Verhinderung von Monopolstrukturen, Infrastrukturmaßnahmen, Vernetzung von Informationsträgern etc.) systemische Entwicklungsprozesse zu fördern (CEPAL 1994: 46f.). An diesem Punkt setzt allerdings auch die Kritik am CEPAL-Konzept ein. Läßt man grundsätzliche Zweifel an seiner Aufrichtigkeit einmal beiseite, dann besteht über die *Sinnhaftigkeit* der CEPAL-Vorschläge weitgehend Konsens. Zweifel werden dagegen bezüglich der *Umsetzbarkeit* des Konzeptes laut. Insgesamt gesehen stellen Mármora et al. (1991: 44)

> „[...] in dem CEPAL-Konzept einen gewissen Voluntarismus fest, da die grundsätzliche Kompatibilität zwischen Stabilisierungspolitik und Weltmarktorientierung auf der einen sowie zwischen Demokratie und sozialer Gerechtigkeit auf der anderen Seite schlicht behauptet wird und mögliche Konfliktlinien zwischen den jeweiligen Zielgrößen nicht thematisiert werden."

4.3   Good Governance: Steuerungstheoretisches Bezugssystem

4.3.1   Markt, Staat und soziale Netzwerke

Etwa 10 bis 15 Jahre nachdem das Paradigma der Marktsteuerung weltweit Einzug hielt und in zahlreichen Entwicklungsländern Strukturanpassungsmaßnahmen durchgeführt wurden, werden seit Beginn der 90er Jahre zunehmend kritische Stimmen laut.

Vor allem in Gesellschaften, in denen der Staat über nur geringe Reichweite verfügt und außer den Institutionen der Entwicklungsförderung kaum zivilgesellschaftliche Strukturen hat aufbauen können, stellte sich heraus, daß die Rücknahme staatlicher Aktivität zu ungewollten Nebeneffekten führte. Es zeigte sich, daß ein Staat, dem die finanzielle Basis bis unter ein kritisches Mindestmaß beschnitten wird, nicht nur entwicklungshemmende Privilegien, sondern auch die Steuerungskapazität zur Aufrechterhaltung politischer Loyalität und Stabilität verliert (vgl. Tetzlaff 1995: 140).

Die staatlichen Institutionen sind in vielen Ländern zu sehr geschwächt, um die sozialen Probleme (Bevölkerungsexplosion, massive Binnenmigration, ausufernde Kriminalität, eine insbesondere in den Andenländern bedrohliche Drogenwirtschaft und die Umweltzerstörung) kontrollieren zu können (vgl. Eßer 1994: 5). Aber auch eine handlungsfähige Unternehmerschaft kann in Entwicklungsländern die im staatlichen Bereich entstehenden Lücken häufig nicht kompensieren. Die Handlungsschwäche z. B. lateinamerikanischer Wirtschaftsakteure, die *„Schwäche des humanen Faktors"*, drückt sich nach Tedesco (1989: 458) aus *„in a belief in industrialization without an industrial bourgeoisie, revolutionary ideology in the absence of revolutionary movements and, in general, a strong capacity for expression together with a pronounced inability to produce results."*

In einigen Ländern wurde durch einen zu breit angelegten Rückzug des Staates auch die Bereitstellung allgemein als legitim angesehener öffentlicher Dienstleistungen wie Bildung, soziale Sicherung und weite Teile der Infrastruktur gefährdet. Solche Opfer sind jedoch politisch und moralisch nur dann zu rechtfertigen, wenn sie durch reelle Verbesserung von Lebenschancen zumindest potentiell kompensiert werden können, d. h. wenn *„Anpassungskosten und Anpassungschancen in einem vernünftigen Verhältnis zueinander stehen"* (Tetzlaff 1996: 127). Angesichts der desolaten Konjunkturlage vieler Entwicklungsländer scheint dies aber für viele Staaten z. B. in Afrika durchaus nicht der Fall zu sein.

Die abrupte Liberalisierung und Deregulierung führte in vielen Fällen nicht zur Anpassung an Weltmarktstandards, sondern zum Zusammenbruch der vorher geschützten Industrien. Heftige Krisen mit hohen sozialen Kosten waren die Folge. Es zeigte sich, daß das Problem der Armut ganz offensichtlich allein über Wachstum nicht mehr zu lösen war (vgl. Klenk et al. 1994: 75; Messner 1994: 207). Nichttraditionelle Industrien, die in der Zeit der Importsubstitution neu entstanden waren, litten besonders unter der Öffnung der Volkswirtschaften. Die Analyse komparativer Vorteile, wie sie durch die Strukturanpassungspolitik nahegelegt wurde, führte in den meisten Fällen dazu,

> „das zu produzieren, was sie *heute* am besten produzieren können, und das ist nicht gerade überraschend auch das, was sie schon gestern am besten produzieren konnten. Es gibt heute keine kolonialen *,Mutterländer'* mehr, aber dafür eine Art *,Mutterwelt'*,

die Nutznießerin der niedrigsten Rohstoffpreise ist, die es je gab, und fortlaufend Zahlungen aus dem Schuldendienst erhält." (George et al. 1995: 67)

Bei genauerer Betrachtung wurde auch die Hoffnung auf eine Nachahmung des rasanten Industrialisierungsverlaufes auf dem Wege rücksichtsloser Weltmarktintegration, wie es den NIC-Ökonomien scheinbar gelungen war, zunehmend brüchig. Zum einen muß bezweifelt werden, ob eine Exportstrategie, die für kleine Länder wie Hongkong, Singapur oder Taiwan möglich war, in Ländern wie Indien, Brasilien oder Mexiko wiederholt werden kann. Auch die Aufnahmefähigkeit des Weltmarktes hat ihre Grenzen (vgl. Menzel 1993: 153).

Im Hinblick auf die Staatsorganisation und Wirtschaftsordnung der *kleinen Tiger* rückte ein weiterer Aspekt immer mehr ins Bewußtsein: die Tatsache nämlich, daß die südostasiatischen Schwellenländer ihren wirtschaftlichen Erfolg[206] ebensowenig wie Japan einer reinen Marktstrategie verdankten. Die NIC-Staaten hatten sich vielmehr in einer Zeit auf dem Weltmarkt etablieren können, in der ihre Wirtschaftspolitik staatszentriert und zentralgesteuert organisiert war.[207]

Eine von der Weltbank in Auftrag gegebene Studie über das *East Asian Miracle* unter der Leitung von John Page und Lawrence Summer führte den ökonomischen Aufstieg dieser Länder vor allem auf eine *richtige* Politik der Schaffung entwicklungsförderlicher Rahmenbedingungen zurück: stabile makroökonomische Bedingungen, ein aufwendiges Bildungssystem, Förderung des Agrarbereiches, aktive Familienpolitik, offene Preispolitik und Technologieförderung. Mit staatlichem Interventionismus stehen solche Maßnahmen nicht nur nicht im Widerspruch, sondern sie verlangen ihn sogar: Subventionierte Kreditvergabe, Banken in Staatsbesitz, öffentliche Investitionen in angewandte Forschung oder Informationsmanagement gehören offenbar ebenso zum Repertoire erfolgreicher Entwicklungspolitik wie staatliche Industrie- und Exportförderung (vgl. Tetzlaff 1996: 118).[208]

Sowohl der Staat als auch starke informelle Interessengruppen hatten in diesen *New Institutional Economies* eine stark regulative Position inne. *Nichtmoderne* Elemente wie vorkapitalistische Besitzstrukturen, traditionale Wertorientierung oder Sozialstrukturen, die theorieentsprechend zu Marktverzerrungen und Fortschrittshemmnissen hätten führen sollen, erwiesen sich als funktional für die wirtschaftliche und soziale Entwicklung.

---

206 Die aktuelle Krise der asiatischen Region relativiert diese Diskussion zwar, macht sie aber nicht obsolet: Genausowenig wie zuvor der ‚Erfolg' der Tigerstaaten als Argument gelten konnte, kann es nun der ‚Mißerfolg' sein.

207 Die entwicklungsförderliche Wirkung effizienter Staatstätigkeit bestätigt auch eine vergleichende ökonometrische Studie von Ram Rati (1986), der auf der Grundlage von über hundert Zeitreihen und vergleichenden Länder-Regressionsanalysen sogar eine positive Korrelation zwischen Verwaltungsgröße bzw. Ausgabenhöhe des öffentlichen Sektors und wirtschaftlichem Wachstum feststellte (zit. n. Tetzlaff 1996: 102).

208 Symptomatisch erscheint in diesem Licht auch, daß ausgerechnet die offizielle Entwicklungshilfebehörde des japanischen Außenministeriums OECF (*Overseas Economic Cooperation Fund*) heftige Kritik an der Marktdoktrin der Weltbank übte. Es sei *„unmöglich, eine optimale Ressourcenverteilung allein durch Marktprinzipien zu erreichen."* (George et al. 1995: 57) Die Regierungen in Entwicklungsländern sollten daher für einige Bereiche Subventionen und verbilligte Zinssätze bereitstellen.

Dieser Befund führte dazu, daß in der entwicklungstheoretischen Diskussion die Frage nach einem entwicklungsförderlichen Verhältnis zwischen Staat und Privatwirtschaft neu gestellt wurde. Der stark ideologisch aufgeladenen Dichotomie *Staat oder Markt* wurde nun die These eines optimalen Mischungsverhältnisses zwischen beiden Akteuren in einer gegebenen historischen Situation entgegengestellt. Es komme darauf an, so die neueren Entwicklungskonzepte,

> „zu fragen, unter welchen Bedingungen der Staat und der Markt als Steuerungsmechanismen funktionieren können. In einer Zeit, in der in wichtigen Regionen der Dritten Welt Staats- und Marktversagen aufeinanderzutreffen scheinen, ist in diesem Punkt ohnehin Bescheidenheit angesagt." (Boekh 1992: 126)

Die Forderung nach einer aktiveren Rolle des Staates meint nicht notwendigerweise eine Ausweitung der Steuerungskompetenzen oder gar der Größe des Staatsapparates. Gerade für Lateinamerika wird die Existenz großer, aber schwacher Staatsgebilde beschrieben (vgl. Javed et al. 1996: 13f.). Festgestellt wird vielmehr

> „the need to confine planning to what can actually be planned, by limiting the state's action to those aspects which serve a priority purpose (setting priorities, evaluating results, off-setting differences, developing public information systems)." (Tedesco 1989: 475)

Diese Auffassung korrespondiert in weiten Teilen mit dem Konzept des *good governance*, wie es die Weltbank vertritt. Im Weltentwicklungsbericht von 1991 propagiert die Bank eine Strategie für die 90er Jahre, die Wachstum und Marktwirtschaft mit sozialpolitischen Aspekten und ökologischen Komponenten verknüpft. Sie hält es für möglich, Massenarmut erfolgreich zu bekämpfen, wenn Entwicklungsländer marktwirtschaftliche Strukturreformen durchführen, eine Strategie arbeitsintensiven Wachstums verfolgen, die Verfügbarkeit sozialer Dienstleistungen (Primarschulbildung, Gesundheitsdienste) gewährleisten und eine wirksame Familienplanung betreiben.

> „What any nations's work force needs most is stronger demand for its services, together with high levels of investment in schooling, training, roads, and machines. This has worked best where, as in East Asia, governments made good use of international markets, especially for expanding exports, and gave strong support to family farming." (World Bank 1995a: 3)

Es geht also nicht mehr nur um Überantwortung der Entwicklungsprozesse an den Markt: Der Staat kann und soll im Sinne eines *good governance* regulierend eingreifen. Das bedeutet in der Terminologie der Weltbank (1995a: 2):

> „governments must:
> - pursue market-based growth paths that generate rapid growth in demand for labor, expansion in the skills of the work force, and rising productivity;
> - take advantage of new opportunities at the international level, by opening to trade and attracting capital – but manage the dislocations that international changes sometimes bring about;
> - construct a framework for labor policy that complements informal and rural labor markets, [...]and
> - [...] try to design the transition to make it as rapid as possible without excessive or permanent costs for labor."

Im Inneren der staatlichen Verwaltung bedingt dies die Herstellung von Transparenz im öffentlichen Sektor, die Schaffung eines verbindlichen rechtlichen Rahmens (Rechtsstaat), die Ermöglichung von *accountability* (Rechenschaftslegung und Kontrolle auf allen Ebenen staatlichen Handelns) sowie, allgemein gesprochen, ein effizientes Management des öffentlichen Sektors (vgl. Illy 1994: 129). Staatliche Institutionen sollen professionalisiert und ‚entpolitisiert' werden – ein Unterfangen, das zwar angesichts der klientelistischen Struktur vieler Politiksysteme in Dritte-Welt-Ländern eine gewisse Effizienzerhöhung verspricht, andererseits jedoch, wie auch Illy kritisch anmerkt, *„den Charakter des Politischen ausblendet und damit auch wesentliche Facetten der Realität von Staat und Gesellschaft in der Dritten Welt"* (Illy 1994: 129).

Lechner (1997: 64ff.) hält ebenfalls gerade für Lateinamerika die demokratische Neuordnung des Kontinentes für eine Grundvoraussetzung handlungsfähiger Gesellschaftssysteme. Wenn weder der zentralistische Entwicklungsstaat der 50er und 60er Jahre noch der neoliberale Minimalstaat, sondern ein *„neuer Gesellschaftsvertrag"* (ebd.: 65) den Strukturrahmen für gesellschaftliche Entwicklung bieten solle, dann werde es notwendig, demokratische Steuerungsformen, die Partizipation breiter Bevölkerungsteile und die Vernetzung der sozialen Akteure untereinander zu stärken.

Je unvorbelasteter und feingliedriger sich die politikwissenschaftliche Forschung mit spezifischen Prozessen der staatlichen oder marktlichen Regulierung auseinandersetzte und je stärker sie sich den real vorfindlichen Abläufen des politischen Geschehens zuwandte, statt sich in Grundsatzdebatten zu verlieren, desto deutlicher gewann eine weitere Instanz politischer Steuerung an Gestalt: Die in sozialen Netzwerken verbundenen Personen und Personengruppen einer Gesellschaft wurden nun nicht mehr nur in ihrer Rolle als Objekt von Steuerungshandeln, sondern auch als Akteure und Produzenten politischer Prozesse wahrgenommen.

Der Begriff des *sozialen Netzwerkes* stammt aus der Sozialanthropologie und der Soziometrie. Zunächst vorwiegend als Metapher zur Beschreibung netzartiger Verbindungen zwischen Menschen, Positionen oder Gruppen verwandt (Pappi 1987: 13; Ziegler 1984: 434), wurde er im Laufe der 80er Jahre von den Soziologen in ihrem Sinne präzisiert und konstruktiv genutzt. Der Ansatz umfaßt Kleingruppenforschung oder Fragen der Integration aus sozialpsychologischer und -pädagogischer Sicht, aber auch Unternehmensverflechtungen und Aspekte der internationalen Politik.

Aus politikwissenschaftlicher Sicht erhält der Netzwerkbegriff jedoch eine etwas andere Akzentuierung. Es geht hier vor allem um Fragen der gesellschaftlichen Steuerung und der Wirkung, die das Handeln von Netzwerken für nicht-involvierte Gesellschaftsmitglieder mit sich bringt.

Politiknetzwerke werden von Mayntz et al. als Konstellationen definiert, bei denen

> „sowohl auf seiten des politisch-administrativen Systems als auch auf seiten der gesellschaftlichen Selbstorganisation mehrere interaktiv verbundene Akteure mit jeweils eigenen Handlungsorientierungen und Handlungsressourcen an der Hervorbringung effektiver Regelungen beteiligt (sind)." (Mayntz et al. 1991: 26)

Politiknetzwerke können in unterschiedlichem Ausmaß institutionalisiert sein und ihre Mitglieder mehr oder weniger verbindlich auf gemeinsame Situationsdeutungen, Zieldefinitionen und Entscheidungen festlegen. Sie bieten ein Forum für Aushandlungen im

Spannungsfeld zwischen Kooperation und Konkurrenz, an denen staatliche und nicht-staatliche Akteure gleichermaßen beteiligt werden und auf die sie mittels der Steuerungsmechanismen ‚exit' oder ‚voice' Einfluß nehmen können.

Informelle Netzwerke galten lange Zeit ausschließlich als Blockademechanismen sowohl für demokratisch legitimierte Politikumsetzung als auch für das Funktionieren des Marktes. Das Bestreben von Kartellen, Monopolen oder Interessengruppen, Macht und Ressourcen an sich zu binden, ohne einen produktiven Beitrag zur Gesellschaft zu leisten, führe, so unterstellten etwa die Vertreter der rent-seeking-Theorie, zu Fehlallokationen und Preisverzerrungen.

Empirische Untersuchungen belegen aber eine negative Korrelation zwischen dem Auftreten starker Interessengruppen und wirtschaftlicher Entwicklung nicht eindeutig. Es läßt sich sogar zeigen, daß Lobbygruppen und die halb-formellen und informellen Verbindungen zwischen ihnen Entwicklung positiv beeinflussen können. Dies ist insbesondere dann der Fall, wenn ein aktiver und durchsetzungsfähiger institutioneller Kontext ihre Aktivität reguliert (vgl. Messner et al. 1995).

Politikwissenschaftliche Modelle, die solche Verbindungen wahrnehmen und thematisieren, machen es möglich, über kurzfristig angelegte Strategien zur Effizienzsteigerung hinaus, auch langfristige sozio-ökonomische Prozesse zu erfassen, in denen „*interpersonelles Vertrauen entsteht, wechselseitige Erwartungen geweckt und Normen geschaffen werden, die sich zu institutionellen Arrangements verdichten.*" (Mahnkopf 1994: 71)

> „Studien über Unternehmens- und Produktionsnetzwerke lenken die Aufmerksamkeit auf Formen der Ressourcenallokation, die neben und quer zu marktförmigen und hierarchischen Austauschbeziehungen liegen; sie verdeutlichen, in welchem Maße ökonomisches Handeln auf Reziprozität und Vertrauen angewiesen ist; sie decken wechselseitige Abhängigkeiten auf, die opportunistisches Verhalten begrenzen und Kooperationen Stabilität verleihen; sie verweisen auf die ‚Stärke loser Bindungen', die die Entstehung neuer ‚Brückenbeziehungen' zu Austauschpartnern jenseits der Organisationsgrenzen befördern und im Vergleich zu intensiven (hierarchischen) Binnenbeziehungen weitaus besser in der Lage sind, neue Umweltreize zu verarbeiten und auf diese Weise Lernprozesse und Innovation zu fördern." (Mahnkopf 1994: 75)

Netzwerke können sich innerhalb des privatwirtschaftlichen Sektors bilden, wenn z. B. Franchising-Unternehmen oder auf Vertragsbasis organisierte Zuliefersysteme entstehen, wenn Projekte auf Subunternehmerbasis vergeben oder Joint-Ventures gegründet werden. Als Netzwerke werden jedoch auch Beziehungen zwischen der politisch-administrativen Sphäre, der Wissenschaft und dem Unternehmenssektor bezeichnet und schließlich auch Organisationsformen innerhalb von Unternehmen, die dem Muster regulärer Bürokratien nicht entsprechen wie etwa das japanische Phänomen der Clans (vgl. Mahnkopf 1994: 75).[209]

---

209 Zur ökonomischen Bedeutung von Netzwerken vgl. die Neokorporatismusdebatte (Schmitter, Lehmbruch); Czada 1996; Flecker et al. 1994; auch die Diskussion um industrial districts (Piore/Sabel), zusammenfassend: Mahnkopf 1994; Hurtienne et al. 1994; Messner 1995.

Die positiven Effekte solcher informellen Kooperationskontakte werden heute stärker wahrgenommen als noch vor wenigen Jahren. Fukuyama (1997: 45) beispielsweise hebt hervor, daß wechselseitiges Vertrauen zwischen Unternehmen deren Transaktionskosten z. B. für vertragliche Absicherungen und Kontrollen in hohem Umfange reduzieren kann. Dieser Autor geht daher so weit, dem *„sozialen Kapital"*, d. h. *„der soziale(n) Fähigkeit, die entstehen kann, weil in einer Gesellschaft oder mindestens in Teilen der Gesellschaft Vertrauen vorherrscht"* (Fukuyama 1997: 43), eine ähnlich hohe Bedeutung wie dem Human- oder Sachkapital für die Wettbewerbsfähigkeit einer Gesellschaft zuzumessen.

> „Eine unmittelbare Wirkung von Kulturen mit einer ausgeprägten Neigung zu spontaner Sozialität ist die Fähigkeit der Gesellschaften, große, moderne, professionell geführte Unternehmen hervorzubringen." (Fukuyama 1997: 395)

Aus modernisierungstheoretischer Sicht ist zu vermuten, daß nicht nur die sozialwissenschaftliche Forschung Netzwerke heute differenzierter wahrnimmt und analysiert, sondern daß auch das ökonomische Handeln in kapitalistischen Marktgesellschaften stärker als früher in reziproke Beziehungsnetze eingebunden ist, so daß die Wirtschaftsstrukturen auch real netzwerkähnlichen Charakter entwickeln.

4.3.2 Staatliches Handeln in der Netzwerkgesellschaft

In der neueren ordnungspolitischen Diskussion wird der Begriff *'Planung'* zunehmend durch den aus der Kybernetik und Steuerungstechnik entlehnten *Steuerungs*begriff ersetzt, ein Ausdruck für die Anerkennung der Tatsache, daß sich komplexe soziale Zusammenhänge gegenüber Versuchen direkter Fremdeinwirkung in aller Regel widerständig verhalten. Der Terminus Steuerung dokumentiert *„eine neue Bescheidenheit hinsichtlich der Reichweite von Politik"* (Messner 1995: 97).

Mit dem Bedeutungsverlust des Begriffes *Planung* verschwammen jedoch zugleich auch die Konturen der dazugehörigen Gegenposition, die jegliche Intervention von seiten des Staates als unzulässige Störung der freien Marktkräfte interpretiert hatte. Die Gründe für Umsetzungsprobleme der staatlichen Regulierungsversuche, aber auch die Schwierigkeiten der reinen Marktsteuerung konnten nun vorurteilsfreier hinterfragt und diskutiert werden.

Je mehr der grundsätzliche Konflikt zwischen Regulierung durch *'Plan oder Markt'* an Brisanz verlor, desto stärker rückten Probleme der *Umsetzung* und Gestaltung politischer Interventionen in konkreten Handlungsfeldern in den Vordergrund der politikwissenschaftlichen Diskussion.

4.3.2.1 *Innovationsresistenz als bürokratietypisches Phänomen?*

Seit Mitte der 70er Jahre hatte die US-amerikanische Politikforschung bereits darauf hingewiesen, es könne nicht davon ausgegangen werden, daß zentral gefaßte Beschlüsse in einer linearen *top-down* Bewegung in soziale Realität übersetzt würden. Es komme auf dem langen Weg durch die Institutionen nicht nur zu erheblichen Reibungsverlusten, sondern Bürokraten und *street-level-workers* verfolgten auch eigene Interessen, die sich nur allzu oft als Reformhindernis erwiesen. Regierungen seien erheblich komplexer als eine Registrierkasse (Palumbo et al. 1990: xi), bei der die machtpolitischen Wirkungen verschiedener *pressure-groups* gegeneinander abgerechnet würden. Die politisierte Debatte der 70er und 80er Jahre hatte einen Großteil der gesellschaftspolitischen Schubkraft in Interessenkonflikten zwischen Kapital und Arbeit verortet. Heute rückt die Tatsache stärker ins Bewußtsein, daß auch bürokratische Instanzen bzw. Inhaber bürokratischer Positionen Einzelinteressen verfolgen und dadurch den Ablauf politischer Prozesse mit beeinflussen.

Einige Autoren nahmen den unvermeidlichen *gap* zwischen der politischen Willenserklärung und ihrer politischen Umsetzung zum Anlaß, zentralstaatliche Politik insgesamt für unwirksam zu erklären und die Ursache dafür in der kontraproduktiven Eigendynamik bürokratischer Staatsorganisation zu verorten (Brodkin 1990: 109; Goggin et al. 1990: 183; Palumbo et al. 1990: 4).[210]

> „Often, administrators were blamed for program failure as bureaucrat bashing continued to remain popular during the conservative 1980s." (Palumbo et al. 1990: 4)

Neuere Ansätze der Implementationsforschung verwahren sich jedoch zunehmend gegen eine Sichtweise, die Bürokratien zum zentralen Störfaktor des Politikprozesses erklärt. Angemessen sei vielmehr, die Implementation als *eine* Phase des politischen Prozesses zu berücksichtigen, in der die jeweiligen Akteure nicht mehr und nicht minder rational handelten als in jeder anderen Phase (Politikdesign, Problemdefinition, Formulierung, Evaluierung etc.) auch (vgl. Hall et al. 1995; Palumbo et al. 1990: xii). Eine Aufspaltung des Politikfeldes in Politik und Verwaltung sei irrig, denn in der Realität überschnitten sich beide Bereiche und stünden in einem kontinuierlichen gegenseitigen Abhängigkeitsverhältnis. Indem die Administrative Problemstellungen formuliere, politische Prioritätensetzungen vorbereite, Prozeßabläufe organisiere und sie dokumentiere, verfüge sie zwar über gewisse Informationsvorsprünge und Machtpotentiale, sei letztlich aber den Zwängen des politischen Handlungsfeldes ebenso unterworfen wie die Politiker selbst.

Zudem sei der Implementationsprozeß keineswegs bloß auf die Festlegung normativer Parameter in den intermediären Behörden beschränkt. Auch *street-level-bureaucrats* werden inzwischen als Akteure innerhalb des *policymaking*-Prozesses wahrgenommen.

> „There are no precise performance standards in existence that specify exactly how an engineer, teacher, cop, parole officer, prosecutor, judge, public health nurse, social worker, and the many other street-level-bureaucrats should do their job. In sum, policy formulation occurs during implementation by bureaucrats developing routines and shortcuts for coping with their everyday jobs." (Palumbo et al. 1990: 11)

Selbst einzelne Personen oder die Zielgruppe selbst tragen maßgeblich zum Ge- oder Mißlingen von Reformen bei (Palumbo et al. 1990: 5). Das Zusammenwirken all dieser Akteure im Reformprozeß wird von den neuen Steuerungstheorien allerdings nicht mehr nur als potentiell reformbedrohend interpretiert. Es wächst vielmehr die Einsicht, daß

---

210 Pressman und Wildavsky (1986) faßten die Leitfrage ihrer Untersuchung im Untertitel der Studie zusammen: „how great expectations in Washington are dashed in Oakland; or, why it's amazing that federal programs work at all."

kreative Interpretation und Operationalisierung der Reforminhalte ein unumgänglicher Teil des Prozesses sind.

Die frühe Implementationsforschung hatte noch unterstellt, politische Handlungsvorgaben seien klar und unmißverständlich bzw. die Konkretisierung der Maßgaben könne auf dem Wege logischer Deduktion bewerkstelligt werden. Aus heutiger Sicht muß diese Prämisse jedoch in Zweifel gezogen werden. Die Formulierung von Reforminhalten bleibt nicht von ungefähr häufig unscharf und vieldeutig (vgl. z. B. Hall et al. 1995: 112; Rohdewohl 1991: 29), weil sie die Uneinigkeit der Beteiligten im demokratischen Willlensbildungsprozeß über den Status des Problems selbst, seine Ursachen und die Wege zu seiner Lösung widerspiegelt. Für einen Akteur ist es häufig hilfreich, sich auf eine verwässerte und mit widersprechenden Zielen angereicherte Formulierung zu verständigen, die zuweilen in heftigem Kontrast zu seinen ursprünglichen Absichtserklärungen steht (Rohdewohl 1991: 30). Auf diese Weise delegieren politische Instanzen die Auseinandersetzung über ein streitiges Vorhaben, über das sie sich *nicht einigen können* an untergeordnete Einheiten, um sich der gesellschaftlichen Auseinandersetzung bzw. der Bedrohung, die davon für die eigene Position ausgeht, zu entziehen (vgl. Brodkin 1990: 110). Unter diesen Voraussetzungen handelt die Bürokratie rational, wenn sie ambivalente und widersprüchliche politische Vorgaben eigenmächtig interpretiert. Die Analyse der Implementationsprozesse verspricht daher aufschlußreiche Hinweise für die Evaluation und Reorientierung politischer Reformen.

„Legislation that is ambiguous, contains competing objectives, or is not adequately supported with resources to fulfill its requirements, represents a more symbolic than real political victory. Under such circumstances, bureaucrats responsible for implementation necessarily interpret policy and make trade-offs among competing objectives. Interpretations and trade-offs are compelled by the policy itself." (Brodkin 1990: 110)

Aus einer solchen Perspektive heraus erhält der *Implementationsprozeß* eine neue Wertigkeit: Die politische Analyse erkennt heute die Kompetenz und Bedeutung der einzelnen Akteure stärker an und fordert, sie für die Politikgestaltung innerhalb komplexer und widersprüchlicher Handlungsfelder produktiv nutzbar zu machen.

Gleichzeitig spiegelt die relative Unschärfe politischer Handlungsvorgaben auch Informationsdefizite und Prognoseunsicherheiten wider. Das Funktionieren komplexer Organisationen ist auf die Interpretations- und Handlungsfähigkeit der in ihr tätigen Individuen angewiesen – eine Tatsache, die aus der Bürokratie- und Organisationsforschung hinlänglich bekannt ist. Implementation und damit verbunden auch Interpretation und Konkretisierung politischer Vorgaben kann daher nur *ein* Schritt innerhalb eines zirkulär angelegten politischen Prozesses sein, dem die Modifikation und Präzisierung der Politikformulierung als weiterer (Zwischen-)Schritt zu folgen hat (vgl. auch Hall et al. 1995).

4.3.2.2 Staatliches Handeln im gesellschaftlichen Mesoraum

Das Handeln politischer Akteure auf der Implementationsebene ist besonders in solchen gesellschaftlichen Sektoren bedeutsam, die – wie die hier thematisierte Berufsbildungspolitik – weder eindeutig in den privaten noch in den staatlichen Zuständigkeitsbereich fallen. Die Autoren des DIE verwenden, wie im Kapitel 4.2.3 bereits erwähnt, den Begriff des *Mesoraumes,* um diese gesellschaftlichen Teilsysteme *,zwischen Staat und Markt'* zu kennzeichnen; Mayntz et al. benennen sie aus steuerungstheoretischer Sicht als *staatsnahe Sektoren.*

Für diese gesellschaftlich außerordentlich relevanten, aber der staatlichen Einflußsphäre nicht eindeutig zuzuordnenden Subsysteme ist typisch, daß Entscheidungs- und Handlungskompetenz, Sachverstand und politische Lobbymacht auf zahlreiche staatliche, private und intermediäre Instanzen verteilt sind, die wiederum untereinander durch teils formelle, teils informelle Kontakte im Austausch stehen.

Willke (1993: 73ff.) – selbst Vertreter der Systemtheorie – erklärt in Umkehrung der Luhmannschen Argumentation die hohe Komplexität dieser Subsysteme förmlich zur Ursache für die Existenz solcher Netzwerke zwischen den einzelnen Akteuren. Die Vielschichtigkeit von Interessen und Rationalitäten, die lang- und kurzfristige Folgelastigkeit von Entscheidungen und Handlungen sowie die komplexe Vernetzung der Akteure innerhalb eines Entscheidungsfeldes erzeuge rufe mannigfache Abhängigkeiten, so daß der Ausgleich der Interessen die Kooperation zwischen Teilsystemen erfordere.

> „Widersprüchliche Rationalitäten z. B. können scheinbar zwangsläufig in einen Konflikt führen, vor allem wenn die Situation von den beteiligten Akteuren als Nullsummenspiel perzipiert wird; sie können aber ebenso gut in besonders stabile Kooperation münden, wenn die Interdependenzen der zugrundeliegenden Interessen einen wechselseitigen Gewinn aus der Kooperation versprechen." (Willke 1993: 100)

Diese Netzwerke verfügen über großen Reichtum an Erfahrungswissen und materiellen Ressourcen, laufen jedoch andererseits Gefahr, Handlungsfähigkeit durch unproduktive Machtkonflikte oder Überregulierungen einzubüßen. Hochgradig ausdifferenzierte gesellschaftliche Subsysteme verfügen zwar über enorme Problemlösekapazitäten und ein hohes Selbstorganisationspotential, sind jedoch gleichzeitig und aus demselben Grund Desintegrationsprozessen und der wechselseitigen Blockade der Akteure stärker ausgesetzt (vgl. Messner 1994: 76).

Die traditionellen Steuerungsmechanismen *Hierarchie und Verhandlung* stoßen in dieser *„turbulenten und komplexen Umwelt"* (Héritier 1993: 24) rasch an ihre Grenzen. *Top-down*-Mechanismen scheitern angesichts der Macht lobbyartiger Akteurkonstellationen, der hohen Komplexität von Entscheidungssituationen und der daraus entstehenden Handlungsunsicherheit. Staatliche Akteure sind auf die Informationen und das Erfahrungswissen nichtstaatlicher Akteure in hohem Maße angewiesen, können also auf eine enge Kooperation mit ihnen nicht verzichten. Die Zusammenarbeit konfrontiert sie gleichzeitig jedoch mit einer Vielzahl unterschiedlicher Interessen und Rationalitäten, die untereinander vernetzt sind und wechselseitigen Einfluß aufeinander ausüben. Dies erhöht nochmals die Komplexität jeder Entscheidungssituation.

Manifeste Konflikte erweisen sich in einer solchen Gemengelage in der Regel als zu kostspielig für alle Beteiligten, so daß eine organisierte Suche nach Möglichkeiten von Kooperation und Kompromiß aussichtsreicher erscheint. Der Staat fungiert im Rahmen der „*Kompromißarbeit*" (Willke) als Katalysator.

Einen Ausweg aus dem spannungsreichen Dilemma zwischen hoher Interdependenz und gleichzeitiger Autonomie der einzelnen Sozialsysteme bieten Steuerungsformen in Form einer *losen Koppelung*. Der *kooperative* Staat wird hier zum Koordinator unterschiedlicher Zielvorstellungen und Interessenkonstellationen. Er delegiert einen Teil seiner Entscheidungsmacht an andere gesellschaftliche Akteure, freilich ohne seine letztgültige Interventionsmöglichkeit aufzugeben (vgl. Mayntz et al. 1991: 28).

Der Staat übernimmt, macht er sich die Prinzipien *weicher* Steuerung im Mesobereich zu eigen, neue Aufgaben im Bereich der :

- Koordination, Organisation und Moderation,
- Vermittlung zwischen Konfliktparteien, um z. B. „*die Selbstorganisationsfähigkeit in gesellschaftlichen Teilbereichen zu stärken*" (ebd.),
- Kontrolle, z. B. infolge der Delegierung von öffentlichen Aufgaben an nichtstaatliche Institutionen, deren Erfolg bzw. Mißerfolg zu überprüfen ist,
- Bewußtseinsbildung und Orientierung, um z. B. „*gesamtgesellschaftliche Interessen und Problemfelder in gesellschaftliche Teilbereiche ‚hineinzutragen'*" (ebd.) und schließlich
- Korrektur gesellschaftlicher Fehlentwicklungen, z. B. dadurch, daß er die „*Selbstorganisationsfähigkeit schwacher gesellschaftlicher Akteure durch finanzielle oder auch institutionelle Förderung stärkt, damit diese in der Lage sind, Gegenmacht- und Kontrollpotentiale aufzubauen.*" (ebd.)

Staatliche Politik im Mesobereich würdigt die Bedeutung der Eigeninitiative und erfahrungsbasierten Wissens der Akteure, die durch staatliche Planung und Intervention nicht zu ersetzen sind. Sie stellt sich jedoch zugleich ihrer Verantwortung als Vertreter des gesamtgesellschaftlichen Interesses und Träger des Interessenausgleiches zwischen konfligierenden Parteien. Wie jede andere Akteurgruppierung tut sie dieses nicht ohne Eigeninteresse an Erhalt und Ausbau ihres Einflußbereiches, und Willke betont explizit, es sei wichtig,

> „daß der Staat hier nicht als Schiedsrichter, Erzieher oder Therapeut in Erscheinung tritt, sondern durchaus mit einem eigenen Interesse, nämlich mit dem Interesse des politischen Systems an der ‚Regierbarkeit' eines komplexen Systems." (Willke 1993: 104)

Der Staat kann jedoch in demokratischen, ausdifferenzierten Gesellschaften dieses Interesse nur dann erfolgreich verfolgen, wenn er über sein Eigeninteresse hinaus seinen Aufgaben bezüglich der kollektiven Definition von Handlungszielen, der Sicherung von Verfügungsrechten sowie der Kooperation mit und Koordinierung von unterschiedlichen Akteuren nachkommt.

4.4 Wissen als Wettbewerbsfaktor – Bildungsökonomische Ansätze

4.4.1 Wissen in Zeiten der Globalisierung

Die seit Anfang der 90er Jahre laut gewordenen Zweifel an der uneingeschränkten Gültigkeit des Marktparadigmas für die gesellschaftliche und ökonomische Entwicklung brachten auch Veränderungen bezüglich der Einschätzung und Beurteilung des Faktors *Bildung* mit sich. Im Zuge der Diskussion um den gezielten Aufbau günstiger Wettbewerbsbedingungen als Teil einer Wirtschaftsstrategie der flexiblen Spezialisierung (vgl. Kapitel 4.2) gewinnt die Bildung als Produktionsfaktor wieder an Gewicht.

Die statische neoklassische Perspektive, aus der heraus Wachstum als Ergebnis faktorbedingter Wettbewerbsfähigkeit begriffen wurde, wird heute von der Einsicht abgelöst, daß mikroökonomische Wettbewerbsvorteile nicht mehr nur von Inputkosten und Preisen abhängen, sondern auch von Produktqualität, Liefergeschwindigkeit, Flexibilität der Reaktion auf Nachfrageveränderungen und Marketing. *Nicht-preisliche* Faktoren wie Beschaffung, gezielte Auswahl und systematische Verarbeitung relevanter Informationen werden in vielen Fällen zu Schlüsselfaktoren wirtschaftlichen Erfolges. Die *Entmaterialisierung der Volkswirtschaften* (Kommission der EU 1993) bringt nicht nur veränderte Anforderungen an nationale Infrastruktur und institutionelle Kooperation mit sich, sondern auch gewandelte Erwartungen bezüglich der Qualifikation der Arbeitenden. Spezialisiertes Wissen und die Bereitschaft sowie die Fähigkeit, dieses selbständig zu erwerben, werden in Betrieben, die ihre Wettbewerbsfähigkeit auf das „Hochqualitäts-, Hochqualifikations-, Hochlohnmodell" (Kern et al. 1998: 13) gründen, immer wichtiger.[211]

Neue Formen flexibler Produktion, die die standardisierte Massenproduktion seit den 70er Jahren immer mehr ergänzen und ablösen, verändern auch die Art der Innovationsprozesse in der Produktion (vgl. Hartmann 1996, Hilbert 1997: 66f.). Über lange Zeit hatten vor allem ‚Innovationsführer' (Schultz-Wild/ Lutz 1997: 70f.) in Industrieländern die entscheidenden Innovationen und technologische Entwicklungen auf den Markt gebracht, während sich die Unternehmen der Entwicklungsländer im besten Falle mit der Rolle der ‚Innovationsfolger' (ebda.), d. h. der Abnehmer bereits erprobter Technologien, zufrieden geben mußten. Dieser Dualismus löst sich zunehmend auf.

Zwar sind nach wie vor Unternehmen, die eher auf Sprunginnovationen und radikale technologische Neuerungen setzen, von solchen unterscheidbar, die tendenziell später in neue Produktionstechnologien einsteigen (vgl. Hartmann 1996: 163ff.), doch streben heute auch Unternehmen, die die letztgenannte Innovationsstrategie verfolgen, eine permanente Verbesserung ihrer Produkte durch schrittweise Innovationen an.

Statt ‚Sprunginnovationen' wird häufig die kontinuierliche Verbesserung der Produkte und der Produktionsprozesse (sog. inkrementale Produktinnovation) angestrebt. Eine lineare Arbeitsteilung zwischen Produktforschung, -entwicklung und Produktion in Form

---

211 Kern/ Schumann (1998) weisen allerdings darauf hin, daß in letzter Zeit auch das „Niedriglohn-, Niedrigqualifikations-, Preiswettbewerbsmodell" (S.13) wieder an Attraktivität gewinne und z.T. schon von einer „Renaissance des fordistischen Fließbandes" (S. 10) gesprochen werden könne.

einer Einbahnstraße erweist sich hier als zu rigide. Ein Teil der Planung, Evaluierung und kontinuierlichen Verbesserung des Produktionsprozesses wird damit in diesen selbst integriert (vgl. Schultz-Wild/ Lutz 1997: 6f.). Wachsende Anforderungen auch an Technologie*anwender* sind die Folge.

Die Grenzen zwischen Erfindung und Verbreitung von Technologien verwischen dadurch, daß ihre Einführung in vielen Fällen mit einschneidenden organisatorischen, qualifikatorischen und technischen Änderungen verknüpft ist (vgl. Hurtienne et al. 1994: 26). Das heißt „*Technologien werden nicht gewählt, weil sie effizient sind, sondern die aufgrund ökonomischer, institutioneller und sozialer Faktoren gewählten Technologien entfalten erst im Zuge ihrer Anwendung und Diffusion ihre spezifische Produktivität und Effizienz*" (ebd., mit Verweis auf die OECD). Technologietransfer ist häufig nicht mehr über den Verkauf einer Maschine plus Gebrauchsanweisung zu leisten. Technologische Kompetenz ist vielmehr als Fähigkeit zur Implementation, Adaptation und Verbesserung des gesamten Produktionsprozesses Voraussetzung mikroökonomischer Wettbewerbsfähigkeit.

4.4.2 Endogene Wachstumstheorie

Bildungsökonomisch wird diese neue Sichtweise des Faktors *Wissen* in der *endogenen Wachstumstheorie* aufgearbeitet, die eine positive Wirkung von Bildung auf Entwicklung auch wirtschaftstheoretisch begründet und sie rechnerisch in Wachstumsprognosen einbindet (vgl. Gundlach 1994 und 1995; Romer 1986; Schultz 1993). Zielzustand ökonomischen Handelns ist für diese Autoren nicht mehr ein Gleichgewichtszustand, der sich qua Angebot und Nachfrage einzustellen hätte, sondern die kontinuierliche Erneuerung und Veränderung der Arbeits- und Produktionsprozesse. Die Eigeninitiative von Subjekten wird mit Rekurs auf Schumpeter als der eigentliche Motor wirtschaftlicher Entwicklung verstanden. Friktionen, Ungleichgewichte und Entwicklungsbrüche gelten nicht mehr als Wachstumshemmnisse, sondern im Gegenteil als Widersprüche, die kreatives Handeln zu ihrer Überwindung provozieren und somit ökonomische Entwicklung fördern. Theorieansätze, die Innovationen eine so entscheidende Rolle zusprechen, bewerten auch die Bedeutung des Humankapitals neu. Menschliche Arbeit ist der einzige Produktivfaktor, der zu Kreativität und Veränderung fähig ist. Kraft ihrer Ideen und Erfindungsgabe können Menschen bestehende Gleichgewichtsformen zerstören und neue aufbauen. Doch nicht nur bei der Entwicklung technischer Neuerungen ist der Bildungsstand der Arbeitenden entscheidend. Auch die zuverlässige Bedienung, Wartung und kontinuierliche Anpassung der Maschinen ist von einer angemessenen Qualifikation der menschlichen Arbeit abhängig. Endogene Wachstumstheorien beziehen daher sowohl den Stand von Forschung und Entwicklung (FuE) als auch den Wissensstand der Bevölkerung in ihre Analyse systematisch mit ein (vgl. Aghion et al. 1993: 65).

Der methodische Vorteil dieses Vorgehens liegt darin, daß es erlaubt, *unbegrenztes* Wachstum zu erklären, was bei einem statischen Kapitalbegriff aufgrund der Annahme der abnehmenden Grenzerträge[212] problematisch gewesen war. Neues Wissen kann praktisch unbegrenzt erzeugt und, anders als ein herkömmliches Investitionsgut, von vielen Anwendern gleichzeitig genutzt werden (vgl. Gundlach 1995: 263), d. h. sein Beitrag zum Wachstum einer Volkswirtschaft unterliegt dem Gesetz des abnehmenden Grenzertrags nicht. Diese neue Grundannahme führt zu gänzlich unterschiedlichen Prognosen bezüglich der Aufholchancen armer Länder:

„Die traditionelle Sicht [...] besagt ja, daß mit zunehmender Kapitalakkumulation in den reichen Ländern der Anreiz zum Investieren sinkt. Deshalb müßte eigentlich Kapital von den reichen in die armen Länder fließen, da es dort aufgrund der relativen Knappheiten einen höheren Ertrag erzielen sollte. [...] Die neuen Ansätze [...] (kommen zu der) Annahme, daß die Grenzerträge mit zunehmender Kapitalakkumulation nicht abnehmen [...] Demnach gibt es diesem Ansatz zufolge auch keinen Anreiz für Kapitalbewegungen von reichen in arme Länder [...].“ (Gundlach 1995: 264)

Der Automatismus einer *„quasi natürlichen Angleichung der Einkommen"* (Gundlach 1995: 264) wird in der endogenen Wachstumstheorie durch die Kombination der Faktoren Sachkapitalinvestitionen, schulische Ausbildung und Bevölkerungswachstum ersetzt. Investitionen und schulische Ausbildung erhöhen den kombinierten Bestand am Sach- und Humankapital und damit die Produktivität der Arbeitskräfte; Bevölkerungswachstum reduziert den pro Arbeiter verfügbaren Sach- und Humankapitalbestand. Wenn nun mit Hilfe von Regressionsanalysen die Wachstumsraten aller Länder um die Variablen Sachkapital, Humankapital und Bevölkerungswachstum bereinigt werden, dann ergibt sich ein deutlicher Zusammenhang zwischen der bereinigten Wachstumsrate und dem Sozialprodukt einer Basisperiode. Investitionen in Humanressourcen erhalten einen besonders hohen Stellenwert.

„The implications of this new growth model is that the impact of human capital formation on output per worker is twice as high as the positive impact of physical capital formation and the negative impact of population growth.“ (Gundlach 1994: 13)

Insgesamt bedeutet das: Arme Ökonomien wachsen mit hoher Wahrscheinlichkeit schneller als reiche, wenn ihr Bevölkerungswachstum niedrig und ihre Sach- und Humankapitalinvestitionen hoch sind. Gundlach schließt daraus:

„Für sich genommen besagt der Befund, daß arme Länder eine gute Chance für Aufholprozesse haben, d.h sie können grundsätzlich schneller wachsen als reiche Länder. Da sie viele Techniken nicht noch einmal zu erfinden brauchen, bekommen insbesondere die armen Entwicklungsländer sozusagen einen Teil ihres Wachstumspotentials geschenkt. [...] Ob die armen Entwicklungsländer die natürlichen Aufholchancen überhaupt nutzen oder gar mehr erreichen, hängt ganz wesentlich von ihrer Wirtschaftspolitik ab. Sie werden ihr Wachstumspotential dann nicht nutzen können, wenn ihre Investitionen in Sach- und Humankapital, als Anteil am Sozialprodukt gerechnet, hinter den Anstrengungen der reichen Länder zurückbleiben.“ (ebd. 265f.)

---

212 Die Annahme abnehmender Grenzerträge besagt, daß Outputgewinne sinken, je mehr man den Kapitaleinsatz pro Beschäftigtem erhöht. Je größer der akkumulierte Kapitalstock ist, um so geringer ist der Ertrag, den das letzte Investitionsobjekt erbringt. Eine solchermaßen fallende Profitrate müßte dann nach einiger Zeit zum Ende der Akkumulationstätigkeit und damit zum Ende wirtschaftlichen Wachstums führen (vgl. Gundlach 1995: 263).

4.4.3   Die Beschaffenheit modernen Wissens

Die ungleiche Verteilung von Innovationsfähigkeit und Arbeitsproduktivität zwischen Ländern und Wirtschaftssektoren hat zur Folge, daß technologische Kompetenz heute nur noch in eingeschränktem Maße von einem Land in ein anderes transferierbar ist. Offenbar liegt eine entscheidende Ursache des *technological gap* zwischen Ländern und Regionen in relativ dauerhaften, strukturell verankerten Unterschieden in den technologischen Lernprozessen (vgl. auch Hurtienne et al. 1994: 24). Unterschiede der *Wissenskultur* verschiedener Länder lassen sich nur noch teilweise aus dem formellen Bildungsstand der Bevölkerung ableiten. *Kumulative* Lernprozesse, d. h. der formalisierte und auch der informelle Austausch von Informationen, Ideen und Kenntnissen zwischen Firmen und Institutionen, gewinnen an Bedeutung. Es handelt sich eben nicht nur um kodifizierbare und damit leicht transferierbare Informationen, sondern vor allem auch um empirisch erworbene, technologie- und firmenspezifische Kenntnisse, die vom einzelnen kaum definiert werden können (vgl. Hurtienne et al. 1994: 28).

Vergleichende industriesoziologische und berufspädagogische Untersuchungen[213] weisen darauf hin, daß funktionierenden makroökonomischen Systemen arbeits- und organisationsstrukturelle Muster zugrundeliegen, die nicht ohne weiteres in andere Zusammenhänge transferierbar sind. Von großer Bedeutung ist dabei insbesondere das nichtkodifizierbare Wissen (*tacit knowledge*) (vgl. ausführlich: Pack et al. 1986: 108ff.). Dieses kann nicht auf dem Markt gehandelt werden, wohl aber, darauf weist die empirische Netzwerkforschung hin (vgl. Kapitel 4.2.3), innerhalb bestimmter Arbeits- und Organisationskulturen besonders effizient gebündelt und transportiert werden (Messner 1995: 197). Offenbar ist es für den Erfolg eines Wirtschaftssystems nur mittelbar ausschlaggebend, *welche* Form von Wissenstradierung, Informationsverwertung und Qualifizierung zugrundeliegt. Von entscheidender Bedeutung ist dagegen, daß ein solches Ineinandergreifen von Sozialisationsinstanzen, Wissensproduktion, Arbeitsorganisation und Unternehmensmanagement überhaupt existiert und einer als legitim empfundenen und für alle transparenten Logik folgt. Nur auf der Grundlage allgemein akzeptierter institutioneller, sozialer und kultureller Muster aus gesellschaftlichen Werthaltungen, Qualifizierungs- und Karrierewegen, Arbeitsorganisation und zwischeninstitutioneller Kooperation, kann sich das informelle Zusammenspiel zwischen sozialen Akteuren entwickeln, das für eine strukturelle Wettbewerbsfähigkeit so entscheidend ist.

Sind solche Muster erst einmal entstanden und sind die entsprechenden *virtuous circles* etabliert, so entwickeln sie eine beträchtliche Eigendynamik. Ihre Entstehungsgeschichte ist so komplex und spielt sich auf und zwischen so zahlreichen gesellschaftlichen Ebenen ab, daß sie ex post kaum noch nachzuzeichnen ist. Noch viel weniger lassen sich präzise Determinanten herausarbeiten oder gar auf andere Bedingungen und gesellschaftliche Kontexte übertragen.

---

213 Vgl. z. B. Demes et al. (Hg.) (1994): Gelernte Karriere, Bildung und Berufsverlauf in Japan, München; Heidenreich/Schmidt (Hg.) (1991): International Vergleichende Organisationsforschung, Opladen.

Hurtienne et al. (1994: 46) kritisieren daher auch:

„Der Erkenntnisgewinn hinsichtlich des kumulativen, interaktiven und nicht-linearen Charakters von Innovationen korrespondiert mit einem Mangel an konkreteren Politikempfehlungen."

Dennoch: Auch wenn es wohl kaum konkrete Maßnahmen zur Stärkung des Wettbewerbsfaktors *Bildung* gibt, die als allgemeingültig empfohlen werden könnten, so gilt doch inzwischen als gesichert, daß Bildung eine (wenn auch eine von vielen und vielleicht nicht die wichtigste) Bedingung für Wirtschaftswachstum darstellt. Die Weltbank faßt dieses Ergebnis in dem Satz zusammen:

„Education contributes to economic growth, but by itself it will not generate growth." (World Bank 1995a: 19)

Die Wirkungen von Investitionen in Kapital und Arbeit verstärken sich gegenseitig: Ein höherer Stock an Humankapital erhöht die Rentabilität von Maschinen, doch Investitionen in technische Anlagen lassen sich nur dann in Wachstumserfolge umsetzen, wenn sie von Qualifizierungsinvestitionen flankiert werden.

Mit anderen Worten: Bildung kann dann positiv auf Entwicklungsprozesse Einfluß nehmen, wenn der Bildungsbereich in einen entwicklungsförderlichen wirtschafts- und sozialpolitischen Kontext eingebettet ist und mit den anderen Entwicklungsfaktoren in einem fruchtbaren wechselseitigen Austauschverhältnis steht (vgl. auch Arnold 1989b: 165). Entwicklung als nachhaltiger und systemweiter Prozeß ist andererseits ohne einen effizienten und qualitativ hochwertigen Bildungssektor nicht vorstellbar.

4.5 Bildungspolitische Leitidee:
Bildung zwischen Autonomie und Integration

Die neuen Wachstumstheorien begründen (m. E. überzeugend) die Möglichkeit und damit auch die Notwendigkeit, den *Faktor Bildung* für Entwicklungsprozesse aktiv zu nutzen. Aktive Standortförderung und *good governance* haben sowohl zur Vermehrung gesellschaftlich verfügbaren Wissens durch Forschung und Entwicklung beizusteuern als auch dafür Sorge zu tragen, daß dieses Wissen möglichst allen Gesellschaftsmitgliedern zugänglich ist. Die Existenz einer sozial verankerten Kultur des Wissens und Lernens ist zu einer Voraussetzung wirtschaftlichen Erfolges geworden, auf die zu verzichten sich keine Nation mehr leisten kann.

Aus der Forderung nach aktiver Unterstützung des Bildungsbereiches lassen sich allerdings weder Aussagen darüber ableiten, welche Akteure diese Förderung zu übernehmen hätten, noch auf welche Weise und mit welchen Inhalten sie erfolgen sollte.Auch die Frage nach einem angemessenen Grad der Institutionalisierung bzw. adäquaten Steuerungsformen stellt sich angesichts der in den vorangegangenen Kapiteln referierten Ergebnisse der neueren Entwicklungs-, Steuerungs- und bildungsökonomischen Forschung auf einer weiter unten angesiedelten Konkretionsstufe neu.

4.5.1 Chancen und Grenzen der Deregulierung im Bildungswesen

4.5.1.1 *Normative Vorbehalte gegen die Marktstrategie im Bildungswesen*

Im Kapitel 3.4.1 wurde ausführlich auf die Probleme zentralisiert-bürokratischer Steuerung im Bildungswesen hingewiesen. Doch auch die Einführung von Marktprinzipien in den Bildungssektor im Zuge der Strukturanpassungsmaßnahmen der 80er Jahre zeitigte unerwünschte Nebeneffekte und Folgeprobleme.

Die Annahme der Dezentralisierungsbefürworter, ihre Strategie ließe die *Betroffenen* stärker an den Entscheidungen im Bildungsbereich partizipieren und erhöhe auf diesem Weg die Passung mit den angrenzenden Gesellschaftsbereichen, wurde inzwischen vielfach relativiert. Ein ganz grundsätzliches Problem bestehe nämlich darin, so führt beispielsweise Elmore (1993: 38f.) an, zu definieren, wer denn die *Betroffenen* letztlich sind. Für die Vertreter der Entstaatlichungskonzepte bilden die Bildungsnachfrager und lokalen Akteure die *Öffentlichkeit*, die direkt an der Leistungsfähigkeit einzelner Schulen interessiert ist und daher an Entscheidungen über ihre Tätigkeit beteiligt werden sollte. Die Definition bleibt indes unscharf: Sollen die Mitglieder einer einzelnen Schule (und wenn, unter welchen innerorganisatorischen Bedingungen), ein wie auch immer zusammengesetztes Gremium (*school-board*) oder die politisch legitimierten Instanzen auf Kommunalebene über die Belange der Schule entscheiden? Die Forderung, *die Schule selbst* solle die Verantwortung für die Gestaltung ihrer Arbeit übernehmen, erweist sich bei genauerem Hinsicht als unpräzise Fiktion.

Ebenso plausibel erscheint der Einwand der Dezentralisierungsgegner, als *Betroffene* bildungspolitischer Entscheidungen habe auch die Gesamtgesellschaft zu gelten, deren Wohlergehen mindestens teilweise vom Ergebnis der nationalen Bildungsleistungen abhängig sei. Es spricht einiges dafür, auch der Gesamtgesellschaft den Status der *Betroffenen* zuzubilligen und ihr dementsprechend große Handlungsspielräume und Entscheidungsbefugnisse einzuräumen.

Die Wettbewerbsorientierung im Bildungswesen war vor allem von makroökonomischen Argumenten gestützt gewesen. Dementsprechend harsche Kritik erfuhr sie von seiten derjenigen Pädagogen und Bildungspolitiker, die von Ausbildung mehr als eine bloße *Zurichtung* menschlichen Arbeitsvermögens für die Belange privatwirtschaftlich organisierter Arbeit erwarteten. Berufsbildung, so wurde einer rein ökonomistischen Bildungsauffassung entgegengehalten, habe auch durch die Ausbildung von Demokratiefähigkeit und Gerechtigkeitsstreben zur sozialen Entwicklung beizutragen.

> „Die Ausbildung darf auf keinen Fall zu einer Waffe zur Eroberung von Märkten und zur Überwindung von Konkurrenten verkommen, sondern muß als wirksames Mittel zur Mehrung des weltweit gemeinsamen Wohlstandes eingesetzt werden." (Petrella 1994: 35)[214]

Lipsmeier argumentiert ähnlich, wenn er fordert,

> „. das Bildungssystem [...] müßte eine Korrektivfunktion insofern erfüllen, als es sich nicht reaktiv zum Erfüllungsgehilfen des wirtschaftlichen und technischen Wandels degradieren lassen dürfte, sondern aktiv eine bedeutende Rolle für die Gestal-

---

214 Vgl. dazu auch die Replik Psacharopoulos' 1981: 9f.

tung der menschlichen Arbeit und für die Entfaltungsmöglichkeiten der Menschen im Arbeitsprozeß übernehmen müßte. Diese Forderung ergibt sich jedenfalls eindeutig aus der erziehungswissenschaftlichen Position, die sich dem Leitbild eines mündigen Bürgers in einem demokratischen Rechtsstaat verpflichtet weiß, die sich aber auch der Gefahren der Deformierung dieses Leitbildes durch Technik und Ökonomie bewußt ist." (1987: 96)

Doch selbst unter der Voraussetzung, Berufsbildung diene vor allem der Optimierung der Produktivkraft einzelner Arbeitskräfte, kamen zu Anfang der 90er Jahre Zweifel an den im vorhergehenden Jahrzehnt initiierten Reformen der Bildungssysteme auf. Viele der Reformprozesse waren im Stadium politischer Willenserklärungen und Pläne stekkengeblieben. Dort, wo sie realisiert werden konnten, zeigte sich, daß dezentral geführte Einheiten weder in bezug auf Kosteneffizienz, noch auf Effizienz oder demokratische Öffnung strukturelle Vorteile gegenüber zentral verwalteten Schulen aufwiesen.

Angesichts der Komplexität gesellschaftlicher Erwartungen und Funktionsanforderungen, mit denen Bildung heute konfrontiert wird, wurde der Effizienzbegriff in der Pädagogik seit Mitte der 80er Jahre neu reflektiert und um entscheidende nicht-ökonomische Aspekte erweitert. In Anlehnung an Lipsmeier (1986: 133ff.) lassen sich die folgenden Kriterien zur Beschreibung effizienter Berufsbildung anführen.

- *Bedarfsaspekt*, Verwertbarkeit: Das Beschäftigungssystem muß unter qualitativen und quantitativen Gesichtspunkten rechtzeitig mit Fachkräften versorgt werden können.
- *Zukunftsaspekt*: Die Absolventen der Ausbildung sollten auch zukünftigen Qualifikationsbedarfen gewachsen sein bzw. sich flexibel auf diese einstellen können.
- *Beschäftigungsaspekt*: Möglichst alle Absolventen sollten nach der Ausbildung einen ihnen angemessenen Arbeitsplatz finden.
- *Regionalaspekt*: Berufsbildung sollte auf die regionale Bedürfnis- und Nachfrage-situation bezogen sein, um regionale Entwicklung zu fördern und einseitige Mobilität zwischen Regionen zu mindern.
- *Kapazitätsaspekt*, Gleichheitsaspekt: Möglichst alle Jugendlichen (aller Gesellschaftsschichten, jeder Vorbildung, aller Randgruppen etc.) sollten Zugang zu Berufsbildung haben.
- *Verzahnungsaspekt*: Die Berufsbildung sollte so mit anderen Bereichen des Bildungswesens verzahnt sein, daß Übergänge ohne große Reibungsverluste (*drop-outs*, Kosten, Zeitverluste) möglich sind.
- *Weiterbildungsaspekt*: Auch Erwachsene sollten die Möglichkeit haben, sich weiterzubilden (Fort- und Weiterbildung, Umschulung).
- *Betriebsökonomischer Aspekt*: Ausbildungseinrichtungen und Ausstattungen sollten möglichst lange und mit hohen Auslastungsquoten genutzt werden.

Auch wenn unterstellt wird, marktgesteuerte Regulierung sei zur Erfüllung einiger der vorgenannten Kriterien in besonderer Weise geeignet, so trifft dies doch für andere offenkundig nicht zu. Dies gilt insbesondere für den Zukunfts- und den Verzahnungsaspekt. Zukunftsgerichtete Qualifikationen, die inhaltlich über die aktuelle

Marktnachfrage hinausgehen, können nur von Instanzen eingefordert werden, die ihre Inhalte nicht oder nicht nur mit der unmittelbaren Verwertbarkeit rechtfertigen müssen. Zweitens wird bei einer rein marktorientierten Steuerung der beruflichen Bildung der Aspekt der *Verzahnung* beruflicher mit allgemeiner Bildung sowie die Möglichkeit horizontaler und vertikaler Mobilität zwischen Bildungsgängen tendenziell vernachlässigt. Ein Mindestmaß an Transparenz und Vergleichbarkeit der Abschlüsse im berufsbildenden Bereich gilt als unerläßlich zur Gewährleistung der Marktgängigkeit erworbener Titel. Erreichen solche einheitlich gültigen Abschlüsse und Zertifikate ein gewisses Maß an Akzeptanz durch das Beschäftigungssystem, so setzen sie nicht nur Normen bezüglich erwartbarer Leistung und Kompetenz, sondern auch Maßstäbe für Entlohnungs- und Aufstiegsperspektiven. Eine solche Normierung hat eine gewisse Rigidität der Arbeitszuschnitte und -organisation zur Folge, erfüllt aber auch eine Schutzfunktion, indem sie sowohl für Arbeitende als auch für Unternehmer das Ausmaß und die Gestalt erwartbarer Leistungen absteckt (vgl. Georg 1992: 46ff.). Gleichzeitig ermöglicht die zentrale Festlegung von Ausbildungs- und Bildungszielen eine innere Abstufung der Bildungswege, so daß Überschneidungen und zu große Niveausprünge vermieden bzw. eine höhere Durchlässigkeit des Bildungssystems begünstigt werden können. Beide Punkten begründen Handlungsbedarf für den Staat.

4.5.1.2   Erfahrungsgestützte Vorbehalte
Jenseits dieser aus theoretisch-normativen Annahmen abgeleiteten Vorbehalte sprechen die seit nunmehr ca. 15 Jahren gewonnenen empirischen Erfahrungen mit Entstaatlichungsreformen von Schulsystemen nicht für die uneingeschränkte Fortsetzung dieser Strategie. Dies gilt auch dann, wenn die Strukturveränderungen an ihren eigenen Ansprüchen gemessen und der Analyse die ursprünglichen Reformziele Steigerung der internen Effizienz, Optimierung der Ressourceneffizienz und stärkere Partizipation der betroffenen Akteure (vgl. Kapitel 3.5.4) zugrundegelegt werden.
So zeigte sich zwar bezüglich der erhofften Wirkungen auf die interne Effizienz, daß private Schulen in vielen Fällen bessere Testergebnisse lieferten als öffentliche Schulen, doch es ließ sich nicht definitiv klären, inwieweit die Leistungsunterschiede tatsächlich auf einen Leistungswettbewerb (*efficiency competition*) zwischen den Schulen zurückzuführen waren. Autoren wie z. B. Carnoy (1993) und Tweedie (1990: 551) befanden nämlich, Eltern und Schüler privater Schulen seien im Durchschnitt aktiver, interessierter und würden der Erziehung einen höheren Wert beimessen als in öffentlichen Schulen, so daß die besseren Leistungen auch als Resultat positiver Einflüsse des Elternhauses interpretiert werden könnten. Auch die aktive Selektion von Nachfragern durch Schulen im Sinne einer *selection competition* verzerre das Bild: Analog zum Vorgehen von z. B. Krankenkassen, die es vermeiden, Risikopatienten aufzunehmen, selegieren private Schulen ihre *Kundschaft* nach Risikofaktoren – ein Verfahren, das bessere Testergebnisse auf Kosten von Chancengleichheit produziert (Glennerster 1991: 1270).

US-amerikanische Erfahrungen mit marktgesteuerten Bildungssystemen belegen die Einschätzung, zwischen der Einführung von Wettbewerbsbedingungen und Schulqualität existiere kein linearer Zusammenhang. Elmore konstatiert eine *„virtually complete disconnection between structural reform and anything having to do with classroom instruction or the learning of students"* (Elmore 1993: 34).

> „This disconnection [...] means that major reforms can wash over the educational system, consuming large amounts of scarce resources – money, time, the energy of parents, teachers, and administrators; the political capital of elected officials – without having any discernible effect on what students actually learn in school." (Elmore 1993: 35)

Elmore führt das darauf zurück, daß das Problem der *accountability* ein wesentlich komplizierteres sei als von den Dezentralisierungsbefürwortern zunächst dargestellt. Es seien durchaus nicht immer rationale Leistungsvergleiche, die Entscheidungen der Bildungsnachfrager lenkten. Leistungsunabhängige Faktoren wie geographische Nähe zum Wohnort, religiöse Werte (bei kirchlichen Schulträgern), rassen- oder klassenbezogene Segregation oder der schlichte Mangel an Alternativen in kleineren Wohnorten bestimmten in erheblichem Ausmaß die Schulwahl, ohne Leistungsanreize für die Schulen darzustellen (auch: Dubs 1995: 463; Riley 1990).

Der Wettbewerb zwischen Schulen scheint also insbesondere dort effizienzfördernd zu wirken, wo ein materiell abgesichertes und an Bildung interessiertes Elternhaus (*high-voice-background*) Schulleistungen ohnehin günstig beeinflußt. Carnoy (1993) geht so weit zu unterstellen, zwischen öffentlichen und privaten Schulen sei ein Wettbewerb schon deswegen gar nicht denkbar, weil diese unterschiedliche Marktnischen besetzten. Die meisten *„low-voice"*-Familien würden ihr Kind in Schulen in der unmittelbaren geographischen Nähe anmelden, so daß eine eigentliche Konkurrenz um Bildungsnachfrager sich lediglich zwischen denjenigen Schulen entwickeln könne, die wohlhabende Schichten der Bevölkerung besuchen. Da sich die Nachfrage nach Bildungsqualität zwischen einzelnen Bevölkerungsgruppen substantiell unterscheide, würde die Einführung von *choice*-Konzepten die bestehenden Chancenungleichgewichte wesentlich verschärfen.

Chilenische Untersuchungen ergaben ein ähnliches Bild: Auf die Frage, welche Motive bei der Wahl einer konkreten Schule entscheidungsleitend gewesen seien, gaben chilenische Eltern bei einer Befragung an privaten und öffentlichen Primarschulen (ILADES 1996: 108ff.) unterschiedliche Antworten je nach der Trägerschaft der Schulen. Diejenigen Eltern, die ihre Kinder an kommunalen Schulen untergebracht hatten, nannten als Gründe für ihre Entscheidung vor allem den Kostenaspekt, die Nähe der Schule zum Wohnort, die Möglichkeit der Schulspeisung, Sicherheitsaspekte (sichtbare Anwesenheit von Polizisten in der Nähe des Schulgeländes) und das ‚schöne' Aussehen der Schule. Erst im weiteren Gespräch wurden auch Aspekte wie das Prestige der Schule oder außerschulische Aktivitäten genannt. Auffällig waren das niedrige Informationsniveau der Eltern über das Angebot der Schule und die Tatsache, daß die Eltern sich um alternative Möglichkeiten der Schulwahl offensichtlich nicht bemüht hatten. Die Eltern von Kindern an subventionierten privaten Schulen hatten demgegenüber eine bewußtere Entscheidung für eine bestimmte Schule getroffen. Sie hatten umfangreiche Informationen über verschiedene Schulen eingeholt und nach Kriterien wie Schülerzahl pro Lehrer, dem pädagogischen Konzept oder speziellen Kursangeboten entschieden. Erst in zweiter Linie waren Kriterien wie Nähe zum Wohnort oder Infrastruktur der Schule ausschlaggebend gewesen. Das Schulgeld wurde dagegen als schwere finanzielle Belastung empfunden und spielte bei der Auswahl der Schule eine z.T. ausschlaggebende Rolle. Die kommunalen Schulen wurden von diesen Eltern nicht gewählt, weil sie die Qualität der dort vermittelten Bildung als zu niedrig einschätzten. Die Erziehung sei dort unpersönlich, die Lehrer fehlten häufig, und die Anforderungen an die Leistung der Schüler sei unzureichend (ILADES 1996: 111; ähnlich auch Espinola 1989: 65ff.).

Auffällig war eine generelle Zufriedenheit der Eltern mit der gewählten Schule ganz unabhängig von Schulform und Trägerschaft sowie die Tatsache, daß schon das bloße Vorhandensein eines Wahl- und vor allem auch eines Selektionsmechanismus von seiten der Schule zu dem subjektiven Bewußtsein führte, das eigene Kind an einer ‚guten' Schule untergebracht zu haben. Entscheidend wichtig scheint die Einschätzung, eine Schule zu besuchen, in die ‚nicht jeder reinkommt' (donde no entra qualquiera'), ein Status, der eine gewisse Gewähr dafür zu bieten scheint, daß die Kinder eine gute Erziehung genießen und sich von den Schülern kommunaler Schulen unterscheiden (ILADES 1996: 111). Die Deutung, eine Schule sei schon deswegen ‚besser', weil ‚nicht jeder' sie besucht, spiegelt sich auch in der Einschätzung der Jugendlichen wider. Eine Schule, die ihre Schüler aktiv auswählt, zu besuchen erzeugt bei den Schülern das Bewußtsein, zu einer privilegierten Gruppe zu gehören (CPC 1996: 176f.). Diese Untersuchungsergebnisse bestätigen im wesentlichen internationale Forschungsergebnisse, die ebenfalls zeigen, daß besonders benachteiligte Bevölkerungsgruppen nicht die Leistung eines bestimmten Bildungsträgers, sondern davon unabhängige Faktoren wie Nähe zum Wohnort oder kurzfristige materielle Vorteile zum Entscheidungskriterium machen (Carnoy 1993, Dubs 1995: 463; Riley 1990).

In jedem Fall kann festgehalten werden, daß die Verfüg- und Handhabbarkeit von Informationen angesichts der Komplexität der Entscheidungsgrundlagen und der hohen Prognoseunsicherheit für eine rationale Bildungswahlentscheidung besonders wichtig ist. Gleichzeitig besteht auch bei (unterstellter) vollständiger Transparenz des Bildungsmarktes ein strukturelles Problem des *choice*-Konzeptes fort: Zweifellos besteht die beste Methode, um herauszufinden, ob eine bestimmte Schule für ein Kind vorteilhaft ist, darin, sie auszuprobieren bzw. bei Problemen die Schule zu wechseln. Doch Glennerster gibt zu bedenken:

„That is the way we choose between supermarkets or hairdressers but it is not so easily done with schools just because part of the raw material is the child." (Glennerster 1991: 1272)

Die Strategie, Qualität im Bildungswesen ausschließlich über den Mechanismus der Nachfrage zu sichern, erfordert von den Bildungsnachfragern die Bereitschaft zum

Wechsel der Einrichtung – eine Entscheidung, die den Betroffenen jedoch im Einzelfall unzumutbar hohe Kosten aufbürdet (vgl. auch Riley 1990: 556).

Auch die Erwartung der neoliberalen Bildungsökonomen, dezentralisierte Bildungseinrichtungen seien in der Lage, kosteneffizienter zu wirtschaften und die Verluste, die durch den Verzicht auf Skaleneffekte entstehen, durch zusätzliche Mobilisierung lokaler und privater Ressourcen langfristig auszugleichen, bestätigten sich nur teilweise. Insbesondere in sehr armen Ländern ließ die Erosion des Bildungsbudgets keinen Spielraum für einen produktiven Umgang mit der neuen Organisationsform (Cheema et al. 1983, Weiler 1993: 63f.), und die Finanzautonomie der Schulen verkam vielerorts zu einer defensiven *Selbstverwaltung des Mangels*.

Zudem sind nichtstaatliche Akteure offenbar nur in eingeschränktem Maße dazu bereit, in Bildung zu investieren. Dies trifft, wie Weiler (1993: 64) vermutet, insbesondere dann zu, wenn potentielle Geldgeber an bildungspolitischen Entscheidungen nicht beteiligt werden.

> „Local communities or private firms are unlikely, however, to make added resources available to an educational system over which they will have just as little influence as they had before." (Weiler 1993: 64)

Gerade in der mangelnden Fähigkeit und Bereitschaft, private Akteure in Entscheidungsprozesse einzubinden, liegt jedoch ein Defizit vieler Dezentralisierungsreformen in Entwicklungsländern (Bray et al. 1988).

Auch die erwarteten positiven Einspareffekte durch den Abbau zentraler Verwaltungsstrukturen und ein effizienteres Ressourcenmanagement der einzelnen Schulen blieben weitgehend aus. Im Gegenteil führte die teilweise Replikation bereits vorhandener Strukturen auf lokaler Ebene sogar häufig zu einer tendenziellen Erhöhung der Gesamtausgaben. Entwickelt jede einzelne Schule Curricula, Stoffverteilungspläne und Infrastrukturkonzepte, so entspricht dies einer recht unökonomischen Vervielfältigung von Anstrengungen und Kosten.

Ein häufig empfohlenes Remedium für dieses Problem besteht darin, *effiziente Instrumente* zur Bearbeitung der Aufgaben zu entwickeln und den dezentralen Akteuren zur Verfügung zu stellen. Diese Bereitstellung von Handlungsvorgaben kommt allerdings nicht nur einer erneuten Zentralisierung der Machtbefugnisse gleich – diese werden dann auch de facto von politisch legitimierten Instanzen an technische, professionalisierte übertragen und entziehen sich zunehmend demokratischer Kontrolle (vgl. Kemmerer 1994).

Wo nicht nur die Eindämmung zentralstaatlicher Macht, sondern auch die Stärkung von Eigeninitiative, Selbstbestimmung und Demokratisierung als Motiv für Entstaatlichungsreformen angeführt wurden, relativierten sich die Erwartungen durch die seit einem Jahrzehnt gemachten Erfahrungen ebenfalls gründlich. Die zentralstaatliche Kontrolle über einzelne Schulen wurde in vielen Fällen gegen die Kontrolle durch lokale Autoritäten bloß ausgewechselt (*Mikrozentralismus*).

> „What changes is not the distribution of power but its locus." (Mc Ginn et al. 1986: 474)

216

Den Interessen von Minderheiten oder einzelnen Bevölkerungsgruppen kann in der Regel durch dezentralisierte Organisationsformen nicht besser entsprochen werden als durch nationalstaatliche. Gleichzeitig tendieren kommunale Behörden dazu, die Organisationsformen zentralisierter Bürokratien auf verkleinertem Maßstab zu kopieren. In vielen Fällen gehen dadurch die positiven Effekte einer stärkeren Partizipation dienstleistungsnäherer Akteure verloren, während die negativen Effekte partei- oder personenbezogener Protektion erhalten bleiben (vgl. auch Handler 1996: 176).

„There is no absolute presumption that ‚the people' at one level (der Staatshierarchie, U.C.) are any wiser, more informed, or better equipped to make decisions than ‚the people' at any other level; the only presumption is that factional interests will exert different influences at different levels of aggregation." (Elmore 1993: 46)

Gerade dezentrale Akteure erweisen sich in vielen Fällen als resistent gegen Innovationen und Veränderungen, und die Erfahrungen mit den Bildungsreformen des vergangenen Jahrzehnts haben vielfach bestätigt, daß der passive oder auch offene Widerstand bürokratischer Instanzen (Verzögerung von Entscheidungen, Rückbehalt wichtiger Informationen und Ressourcen) oder anderer an der Reform beteiligter Gruppen (Schulleiter, Lehrer, Eltern) geplante Reformvorhaben in großem Ausmaß be- bzw. verhinderte (Hill et al. 1991: 10; Kemmerer 1994: 1414; Rondinelli 1983). Dabei ist die Opposition gegen Reformen nicht etwa an einzelne (besonders uneinsichtige) Personen gebunden, sondern wird als allgemeines Problem beschrieben. Hill et al. (1991: 39) nennen eine ganze Reihe von Ursachen für ‚failures endemic to decentralized organizations', die entstehen, wenn lokalen Akteuren erhöhte Kontrollkompetenzen zugestanden werden:

• *Konservativismus:* Personen und Gruppen, die bislang über wenig Entscheidungskompetenz verfügten, können aus Furcht vor der ihnen auferlegten Verantwortung besonders risikofeindlich reagieren.

• *Nachlässigkeit:* Informelle Normen über Leistungsstandards können recht niedrig angesetzt sein. In diesen Fällen wird Mehrarbeit von den Kollegen als bedrohlich wahrgenommen und negativ sanktioniert, so daß eine Spirale der Leistungssenkung in Gang kommt.

• *Re-Regulierung:* Die lokalen Vorgesetzten tendieren dazu, Probleme oder Fehler innerhalb der Organisation zur Rechtfertigung für den Ausbau eigener Machtpotentiale und die Einführung nunmehr interner, aber um nichts weniger rigider Verhaltensmaßregeln zu nutzen.

Insbesondere die Ausweitung der Entscheidungsbefugnisse von Schulleitern und Lehrern könne, so wendet z. B. Handler (1996: 179) ein, zur Perpetuierung *altbewährter* Schulpraktiken und der Alimentierung professioneller Eigeninteressen führen. Pointierter noch schreibt Elmore:

.". at least since the 1960s, reformers usually agree that educators are not to be trusted, any more than any other parochial special-interest group, with major decisions about the direction or content of public education. If war is too important to be left to the generals, the argument goes, then education is certainly too important to be left to the educators." (Elmore 1993: 39)

Auch Lehrerkollegien erweisen sich vielfach weniger reformfreudig und kooperativ als zunächst angenommen. Lehrergewerkschaften und -verbände tendieren dazu, die Veränderungen im Rahmen von Entstaatlichungsmaßnahmen als Bedrohung der Privilegien staatlicher Anstellung sowie als unangemessenen Leistungsdruck zu interpretieren. Der Wandel des Anforderungsprofils und die erhöhte Zurechenbarkeit individueller Leistungen im Zusammenhang mit Dezentralisierungsreformen wird nicht selten als Übergriff in die *professionelle Souveränität'* der Lehrer interpretiert und rundheraus abgelehnt.

Hannaway (1993) liefert eine plausible Erklärung für diese – empirisch meßbaren – Effekte, die den aus der *principal-agent*-Forschung abgeleiteten Annahmen widersprechen. Auf den Schulbereich seien deren Thesen ihrer Ansicht nach deswegen kaum anwendbar, weil die Prämisse, Akteure in zentralisierten Verwaltungsstrukturen würden durch ein Übermaß an bürokratischer und hierarchisierter Kontrolle an kreativem und selbstverantwortlichen Handeln gehindert, für Lehrer nicht zutreffe. Zahlreiche empirische Untersuchungen belegten das Phänomen des *„loose coupling"* des schulischen Geschehens mit übergeordneten Instanzen und die Tatsache, daß Schulen relativ unabhängig von regionalen Behörden und diese wiederum unbeeinflußt von zentralstaatlichen Instanzen agieren (Hannaway 1993: 137).

„Teachers in public systems are not overregulated; they are ignored." (ebd.: 139)

Auch die Prämisse, Lehrer verfügten über umfangreichere Informationen über die Unterrichtsrealität als ihre Vorgesetzten und seien daher zu bildungspolitischen Entscheidungen eher in der Lage, stellt Hannaway in Frage. Der Erfolg der von ihr untersuchten Dezentralisierungsprojekte war in erheblichem Ausmaß davon bestimmt, in welchem Umfang Lehrer durch Weiterbildungen mit *„ new and presumably more effective ways to carry out their work"* (Hannaway 1993: 138) vertraut gemacht worden waren. Offensichtlich fehlte vielen Lehrern zunächst das begriffliche und theoretische Instrumentarium, um Alltagserfahrungen für übergeordnete Entscheidungsprozesse fruchtbar zu machen; das erwarben sie erst durch die Dezentralisierung und die damit verbundenen Fortbildungen mit Kenntnissen über Lehr-Lernprozesse.

Auch monetäre Sanktionen und bürokratische Bestimmungen wirken sich bei Lehrern offensichtlich weniger stark handlungsorientierend aus als soziale und kognitive Faktoren (ebd.: 139). Lehr-Lernprozesse sind nur beschränkt routinisier- bzw. prognostizierbar, so daß sich die Lehrertätigkeit einer formalisierten Kontrolle weitgehend entzieht. In der Regel erweisen sich Kontrollinstrumente, die auf standardisierte Leistungsergebnisse oder Normerfüllung abzielen, als für die Leistungsmessung von Lehrern inadäquat. Bei weitem das wirksamste Mittel eines leistungssteigernden *feedback* scheint die soziale Kontrolle im Lehrerkollegium zu sein. Diese macht allerdings Interaktion zwischen Lehrenden erforderlich, die in traditionell organisierten Schulsystemen gewöhnlich auf ein Minimum beschränkt ist.

4.5.2 Bildungspolitik als Teil der good governance-Strategie

In den Kapiteln 4.4.1 bis 4.4.3 wurden neuere Forschungergebnisse zur Bedeutung des Bildungs- und Ausbildungsbereiches für die soziale und wirtschaftliche Entwicklung eines Landes aus entwicklungstheoretischer, steuerungstheoretischer und bildungsökonomischer Sicht vorgestellt. So sehr die Perspektiven sich voneinander unterscheiden, so lassen sie in der Beurteilung der Frage nach der *Rolle des Staates* doch eine gemeinsame Einschätzung erkennen: Statt polarisierender Parteinahme für oder gegen den perfekten Staat bzw. Markt wird die für den Einzelfall zu begründende Bereitschaft des Staates gefordert, in Teilbereichen aktiv Verantwortung zu übernehmen. Der Erkenntnisgewinn der bildungsökonomischen Forschung unterstreicht die Notwendigkeit engagierter Bildungspolitik, die neuen Steuerungsmodelle verweisen auf ihre relative Machbarkeit. So entsteht seit Beginn der 90er Jahre ein neues Leitbild innerhalb der bildungspolitischen Diskussion, das sowohl auf selektive Intervention des Staates als auch auf die Förderung dezentraler, durch Wettbewerb stimulierter Eigeninitiative setzt.

4.5.2.1 Staatliche Steuerungsaufgaben

Die neuen bildungspolitischen Konzepte identifizieren vor allem drei Schwerpunkte für die Gestaltung staatlichen Handelns im Bildungsbereich:

- Der Staat sorgt für die grundsätzliche *gesellschaftliche Wertorientierung* der Bildungsarbeit, die auf gesamtgesellschaftliche Integration und aktive Partizipation aller Bürger am sozialen und wirtschaftlichen Leben abzielt. Diese normativen Grundlagen werden meist mit Rekurs auf die Verfassung und (in westlich geprägten Demokratien) die Religionsfreiheit begründet.
- Staatliche Institutionen sichern Verfügungsrechte, d. h. sie setzen allgemeinverbindliche Rechtsnormen für den Zugang zu und den Verbleib in Bildungsgängen. Ziel ist die Förderung von Gleichheit und *Chancengerechtigkeit* im Bildungswesen. Die Bereitstellung umfassender Informationen über den Bildungsmarkt trägt ebenfalls zur Chancengerechtigkeit bei.
- Während die ersten beiden Punkte auch für neoklassisch argumentierende Bildungstheoretiker konsensfähig sein mögen, so stellt der dritte Aufgabenbereich einen deutlichen Dissens zu ihnen her. Als staatliche Aufgaben werden nämlich auch *methodische und inhaltliche Innovationen* benannt, die über den Markt nicht zu erzeugen seien. Ebenso fallen aus der Sicht neuer bildungspolitischer Theorien Maßnahmen der *Transparenz*erhöhung, der *Qualitätssicherung* und die Förderung von angewandter Technologie- und Bildungs*forschung* in den Interventionshorizont des Staates.

Der eigentliche Fortschritt in der Bildungsplanung und -politik wurde jedoch im Bereich der politischen Steuerung erreicht. Die staatlich zentralisierte Bildungsplanung der 60er und 70er Jahre hatte die bürokratische Befolgung von Anordnungen als unproblematisch vorausgesetzt; die Deregulierungsbefürworter der 80er Jahren betonten dagegen die Chancen einer Selbststeuerung dezentraler Akteure. Heute wird der Marktargumentation insofern recht gegeben, als der Erlaß von Normen und die anschließende Kontrolle ihrer Umsetzung als wenig wirksame Instrumente der Bildungsförderung gelten. Die Vorstellung, möglichst für jede Situation eine passende Regelung entwerfen zu wollen, wird von der Erkenntnis abgelöst, daß letztlich nur die professionelle Entscheidung der Akteure zu einer kompetenten Problembewältigung führen kann. Dieser Interpretations- und Handlungsspielraum dezentraler Entscheidungsträger muß allerdings von transparenten und verbindlichen Vorgaben gerahmt werden, um nicht Willkür und Einzelinteressen noch Handlungsunfähigkeit und Gleichgültigkeit zu begünstigen. Normen sollen daher im neuen bildungspolitischen Verständnis weder einfach erlassen, noch generell abgebaut, sondern vielmehr entformalisiert, partizipativ umgestaltet und kontinuierlich evaluiert werden.

Planung und Ausführung sind nicht mehr als zeitlich aufeinander abfolgende Arbeitsschritte zu sehen, sondern als aufeinander bezogene zirkuläre Prozesse (*feedback-loops*) zu integrieren. Bedingung für den Erfolg dieses Vorgehens ist eine systemorientierte Konzeption der Reformvorhaben, die mögliche Konsequenzen und Rückkoppelungen auf die Systemumwelt im Entwurf mitberücksichtigt (Hall et al. 1995: 114). Einen methodischen Ansatz bietet hierzu der *contingency approach of educational planning* von Rondinelli et al. (1989 und 1990) und Verspoor (1994), der hier exemplarisch geschildert werden soll.

Ausgangspunkt ist die These, daß Planer den Erfolg von Projekten schon in der Planungsphase signifikant verbessern können, wenn sie die Diskrepanz zwischen den Managementanforderungen, die durch Innovationen entstehen, sowie unsicheren Kontextbedingungen einerseits und den Managementfähigkeiten der einzelnen Institutionen andererseits vermindern können (vgl. auch Lange 1995: 26). Dies geschieht durch einen systematischen Vergleich zwischen den Erfordernissen der politisch entworfenen Reformziele (*management requirement analysis*) einerseits und der in der Organisation vorhandenen Managementkompetenz (*managament capacity analysis*) andererseits. Bei Diskrepanzen wird versucht, entweder das Reformprogramm zu neu zu formulieren und den Bedingungen anzupassen oder aber das Kompetenzniveau des Managements durch Organisationsentwicklungsmaßnahmen zu verbessern. Dieser Prozeß von Vergleich und Anpassung wird so lange wiederholt, bis eine gewisse Kongruenz hergestellt ist, und sollte auch während der Umsetzungsphase der Reform fortgesetzt werden. Schließlich werden Umsetzungspläne (*implementation action plans*) entwickelt, die – im Bedarfsfall – auch Anhaltspunkte für eine systematische Reformulierung liefern (Rondinelli et al. 1990: 25ff; Verspoor 1994: 4517f.).

Abbildung 20:   **Der Contingency–Approach**
(idealtypischer Verlauf von Bildungsplanungsprozessen)

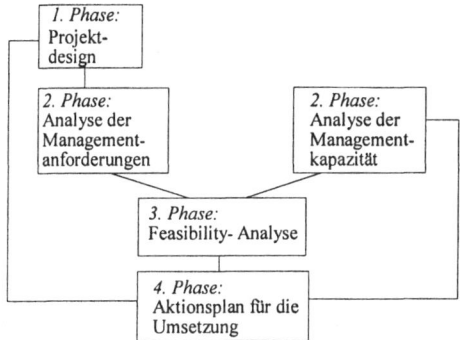

(Rondinelli et al. 1991: 35)

Bei Veränderungen mit niedrigem Innovationsniveau in relativ sicheren Kontextbedingungen (z. B. Veränderungen der Lehrerentlohnung, Einführung neuer Unterrichtsmaterialien oder statistischer Erhebungen) wird die Anzahl solcher feed-back-loops sehr klein sein. In diesen Fällen können sogar *mechanistische* Managementstrategien mit hierarchischer Organisation und bürokratischem Management angemessen sein. Der Erfolg solcher Maßnahmen ist in der Regel prognostizierbar und folgt gängigen Routinen. Gerade in Entwicklungsländern sind jedoch Bildungsreformen häufig sehr ambitiös und müssen in einer unsicheren Umwelt implementiert werden. Unter dieser Voraussetzung ist es eher erfolgversprechend, davon auszugehen, daß die Organisation während des Implementierungsprozesses selbst lernt (Rondinelli 1990: 26f.; Verspoor 1994: 4518). Eine solche *adaptive* Managementstrategie stützt den Reformprozeß eher, als daß sie ihn vorgibt. Sie reagiert flexibel auf auftretende Hindernisse sowie neue Bedingungen und setzt auf kreative Beteiligung aller Akteure.

„Participation by individuals and groups whose actions could seriously affect implementation, or who could be seriously affected by the project, is important. Participation should begin during proposal preparation and project design and continue through implementation." (Rondinelli et al. 1990: 32)

Voraussetzung dafür ist das Bestehen entsprechend professioneller Kompetenz bei den Akteuren. Neue Konzepte der Bildungsplanung verlassen sich daher (im Gegensatz zu den organisationstheoretischen Annahmen der Marktbefürworter) nicht auf einen Automatismus zwischen *accountability* und Eigeninitiative. In vielen Fällen müssen nicht nur psychische Blockaden, kognitive Defizite und Ängste aktiv überwunden werden, um institutionellen Wandel zu ermöglichen, sondern es ist auch notwendig, die Managementkapazitäten der mit der Implementation betrauten Führungskräfte zu verbessern und den Implementationsprozeß bis auf Klassenraumniveau hinunter zu begleiten (vgl. auch Rondinelli et al. 1990: 11ff.).

„The major problem that international organizations and national governments must cope with, therefore, is not *invention*, but *adaptation* and *institutionalization*. These are primarily management rather than technical problems." (Rondinelli et al. 1990: 15)

Festzuhalten ist: Dem Staat wachsen durch die bildungspolitischen Konzepte der 90er Jahre eine Reihe von Funktionen bei der Sicherung von Rahmenbedingungen, der Förderung und Beratung privater Akteure und der politischen Steuerung zu. Gleichzeitig ist zwischen staatlicher Führung und privater Selbstregulation eine – situationsabhängige – Balance zu halten, deren Aufbau und Sicherung wiederum in den Aufgabenbereich der staatlichen Akteure fällt. Gerade diese Aufgabe erfordert eine grundsätzlich neue Haltung von Politik und Verwaltung.

Statt Neuerungen bloß anzuordnen und zu überwachen, hat man sich nun mit den ausführenden Instanzen und Akteuren produktiv auseinanderzusetzen. Es gilt, die Interessen, Vorschläge und Handlungsmotive der nachgeordneten Institutionen und Akteure nicht lediglich zu berücksichtigen, sondern sie systematisch in die prozeßorientierte Planung mit einzubeziehen. Sowohl die Fähigkeit zu Führung und Handlungsanleitung ist dabei unter Beweis zu stellen, als auch die Förderung nichtstaatlicher Kompetenzen. Gerade in Entwicklungsländern bedeutet der damit verbundene Aufbau netzwerkartig miteinander verbundener Institutionen (institution-building) mühselige und langwierige Organisationsentwicklungsarbeit, die auch eine Zuweisung entsprechender Personal- und Finanzressourcen unumgänglich macht. Dadurch, daß bestimmte Funktionen heute an dezentrale oder private Instanzen übertragen werden, verringern sich also weder die Aufgaben des Staates, noch verliert er an politischem Gewicht. Ihm fällt vielmehr die ungleich komplexere Aufgabe der Systemkoordination und -integration zu, was eine zuverlässige Richtungsangabe und die Sicherung transparenter Rahmenbedingungen ebenso erforderlich macht wie die Entscheidung, in welchen Fällen Aufgaben durch staatliche Institutionen wahrzunehmen sind und in welchen sie an andere Akteure abgegeben werden können.

4.5.2.2 Aufgabenbereiche dezentraler Institutionen

In den 60er und 70er Jahren waren Leistungsunterschiede zwischen Schülern vor allem als Resultat ihrer sozialen Herkunft bzw. ungleicher Chancen verstanden worden. Die Qualität einzelner Schulen wurde dabei tendenziell vernachlässigt und, wo sie überhaupt wahrgenommen wurde, als unmittelbare Folge bestimmter inputs (Klassengröße, Ausstattung etc.) angesehen.

„The assumption was that good inputs would produce good outcomes, and that if there were differences in outcomes, this reflected differences in students." (Handler 1996: 176)

Doch inzwischen werden diese Annahmen immer stärker bezweifelt. Schulen mit vergleichbarer Schülerpopulation und ähnlichen materiellen und personellen Voraussetzungen erzielen sehr unterschiedliche Leistungsergebnisse. Bei allen Schwierigkeiten, diese Beobachtung korrekt zu formulieren und empirisch abzusichern (vgl. z. B. Rolff 1993: 111), stimuliert die Erkenntnis, daß organisatorische und individuelle Faktoren die Qualität einer Schule beeinflussen, dennoch das Interesse, solche Faktoren zu identifizieren und systematisch zu fördern. Ganz offensichtlich spielen das Profil der einzelnen Schule, das Schulklima und das Engagement der Akteure eine entscheidende Rolle.

Seither ist in den USA und den europäischen Industrieländern umfangreiche Literatur zu diesem Thema erschienen (Aurin 1989; Bildungskommission NRW 1995; Böttcher 1995; Dubs 1995, Lenz 1991; Liket 1993; Reuling 1991; Rolff 1993). Fragen der Organisationsentwicklung, Partizipation und innerschulischen Demokratie werden heute auch in Entwicklungsländern aufgegriffen und auf schulische Realität bezogen (vgl. Galeano 1994).[215] Im Mittelpunkt der Diskussion steht die Frage, was eine Bildungseinrichtung zu einer ‚guten Schule' werden läßt und wie diese Charakteristika ausgebildet und verstärkt werden können.

Den Schulen fallen in diesem Optimierungsprozeß vor allem Aufgaben der Organisations- und Personalentwicklung zu. Sie stehen vor der Herausforderung, ihre bislang häufig autokratischen und arbeitsteiligen Strukturen partizipativ umzugestalten und sich gleichzeitig die dazu notwendigen Kompetenzen selbst zu erarbeiten. Der oftmals mühselige und schwierige Transformationsprozeß, der mit einer solchen Restrukturierung verbunden wird, kann an dieser Stelle mit dem Schlagwort ‚organisationales Lernen' nur angedeutet werden (vgl. z. B. Aurin 1989; Bildungskommission NRW 1995; Dubs 1995, Liket 1993; Reuling 1991).

Auf bildungspolitischer Ebene werden jedoch auch Steuerungsaspekte für die Qualität von Schule verantwortlich gemacht. Dabei steht – wie schon in der 80er Jahren – für viele Diskutanten fest, daß ein relativ hoher Grad an Autonomie der einzelnen Schulen sowie die Wirkung eines zwischenschulischen Wettbewerbs Voraussetzung für produktive Veränderungen des Bildungswesens sind. Gleichzeitig werden jedoch auch systemintegrierende Maßnahmen gefordert, die für die Ausbildung schulischer Qualitätsprofile erst Rahmenvorgaben und Qualitätsstandards setzen.

Am Beispiel der Qualitätssicherung lassen sich die Schwierigkeiten der Balance zwischen Autonomie und Integration deutlich aufzeigen. Qualitätssicherungsmaßnahmen können in mehr oder minder starkem Maße formalisiert sein, und ihr Ergebnis kann mit unterschiedlichen Konsequenzen verknüpft werden.

In ihrer am stärksten bürokratisierten Form finden Evaluierungen als externe Kontrolle statt. Häufig beziehen sie sich auf Einzelaspekte des schulischen Geschehens wie z. B. die Leistung eines einzelnen Lehrers im Hinblick auf eine Beförderung oder die Einhaltung bestimmter administrativer Vorschriften. Die Evaluierung findet punktuell statt und ist obligatorisch. Fallen die Ergebnisse der Kontrolle negativ aus, so treten Sanktionen (z. B. finanzieller Art) in Kraft. Diese Form der Evaluierung findet vor allem in

---

215 Einige Autoren (Fuller et al. 1992: 4; Simmons et al. 1980: 92) gehen davon aus, daß in Entwicklungsländern die soziale Herkunft weit weniger mit Schulleistungen korreliert als in Industrieländern. Für die (z.T. gravierenden; vgl. Fuller 1993:3) Leistungsdefizite in Entwicklungsländern sei die Qualität von Schule und Unterricht in sehr hohem Maße verantwortlich. Andere Autoren bestreiten allerdings diesen Zusammenhang und behaupten, die soziale Herkunft determiniere auch in diesen Ländern die Schulleistungen.

zentralisierten Schulsystemen statt und bezieht sich in den meisten Fällen auf administrative Aspekte. Sie fördert zwar die Einhaltung bestehender Normen, trägt zu Veränderungen im Sinne einer Prozeßoptimierung jedoch nicht bei bzw. blockiert diese in bestimmten Fällen sogar.

Am entgegengesetzten Ende des Kontinuums finden sich Formen reiner Selbstevaluierung z. B. als Teil von Organisationsentwicklungsmaßnahmen. Diese Form der Qualitätskontrolle geschieht auf freiwilliger Basis und ist auf die prozeßhafte, kontinuierliche Optimierung der schulischen Arbeit ausgerichtet. Da die hier erarbeiteten Ziele, Maßnahmen und Ergebnisse schulinternen Charakter haben, lassen sie zwischenschulische Vergleiche bzw. externe Beurteilung nicht zu.

Selbstevaluierungen tragen zum organisationalen Lernen bei und fördern die innerschulische Kommunikation. US-amerikanische Erfahrungen mit Selbstevaluierungen bestätigen:

„The fact that teachers participate in final decisions has changed their attitudes concerning their role in school governance. In some schools, teacher peer assistance and evaluation programs have led to the termination of some teachers and, it is claimed, the improvement of many. Teachers, it is said, are more likely to take evaluation seriously when it comes from their peers than when it comes from nonteaching administrators." (Handler 1996: 180)

Abbildung 21:   Formen der Evaluierung

Externe Kontrolle	Externe + interne Evaluierung	Selbst- evaluierung

$$\longrightarrow$$

obligatorisch punktuell Sanktion bei negativem Ausgang		freiwillig prozeßorientiert keine Sanktionen

Zwischen diesen beiden Extremen findet sich eine große Bandbreite von Mischformen. Externe und interne Evaluierungen werden in zahlreichen Modellen miteinander kombiniert. Selbstevaluierungen bereiten dann auf periodisch stattfindende externe Kontrollen vor, die bei Leistungsdefiziten mit Sanktionen verknüpft sein können.[216]

Auf die Vorstellung, es existiere ein optimales Evaluationsmodell im Sinne eines ‚one best way', wird heute verzichtet. Statt dessen versucht man, situationsangemessene Verfahren auszuwählen, die sowohl den Anforderungen des Gesamtsystems nach Ver-

---

216 Liket hält Sanktionen bei Qualitätsmängeln übrigens generell für überflüssig bzw. sogar kontraproduktiv (1993: 118f.). Er beruft sich dabei auf die Tatsache, daß auch in den USA *„das stumpfe Beil der Verweigerung der Akkreditierung"* nicht mehr genutzt werde. Es gebe keinen Grund anzunehmen, daß Schulen nicht selbst ein Interesse an der Optimierung ihrer Arbeit entwickeln würden, und in der Regel sei das in den Niederlanden praktizierte Vorgehen völlig ausreichend, das Sanktionen, die über Beratungsangebote hinausgehen, nur in seltenen Extremsituationen vorsieht.

gleichbarkeit und Transparenz als auch den Potentialen und Bedingungen der Institutionen (Ressourcen, Kompetenzen, Organisationsgrad etc.) angemessen sind.

Die Vorteile von Prozessen der schulinternen Organisations- und Personalentwicklung (Ausweitung der Kompetenzressourcen, Stärkung von Professionalisierungsprozessen, Erhöhung des Innovationspotentials und hohe Realitätsnähe) werden anerkannt und, wo dies möglich scheint, auch gezielt genutzt. Institutioneninterne Zielplanung und Leistungskontrollen gehören daher zum Methodenrepertoire moderner Bildungsplanung.

Sollen gleichzeitig jedoch negative Effekte wie Zersplitterung des Gesamtsystems, Willkür einzelner Schulleitungen oder Mobilitätsprobleme vermieden werden, so muß durch die Bereitstellung geeigneter Überwachungsmechanismen die Möglichkeit der Supervision und Intervention fortbestehen. Solche Instrumente können sowohl rigide externe Ergebnisprüfungen (Leistungsabfrage, Buchhaltungsprüfung etc.) als auch weiche Steuerungsformen (Supervision, Qualifizierung von Schlüsselpersonen etc.) umfassen. In jedem Fall aber bleibt es in einem bestimmten Umfang der situationsbezogenen Wahrnehmung und Urteilskraft der einzelnen Akteure überlassen, das Gewicht stärker auf Autonomisierungs- oder Integrationsprozesse zu legen.

Das Spannungsverhältnis zwischen *Autonomie und Integration* der Elemente des Bildungssystems, das in diesen Ausführungen zum Ausdruck kommt, kann als konstitutiv für moderne Bildungsplanung und –politik angesehen werden. Im Gegensatz zu den in den Kapiteln zwei und drei diskutierten Konzepten, die auf je eine dieser alternativen Steuerungsformen abhoben, wird heute versucht, die Vorteile beider durch eine sinnvolle und reflektierte Kombination wahrzunehmen.

Die Frage, welche Entscheidungsebene für welche Sachfrage zuständig sein soll, wird je situations-, kontext- und problembezogen diskutiert. Eine konkrete Entscheidung für eine bestimmte Steuerungsform in einem Teilbereich ist dabei durchaus reversibel, sobald sich die Rahmenbedingungen geändert haben, muß also von Zeit zu Zeit neu überdacht werden.

Auch wenn Aspekte der neoliberal geprägten Marktstrategie in der neuen Bildungspolitik vorhanden sind, so unterscheidet sie sich doch von jener durch eine differenziertere Problemreflektion und je angepaßte Einzellösungen. Dazu sind entsprechend qualifizierte Fachkräfte in den Entscheidungsgremien ebenso Voraussetzung wie komplexe Daten- und Informationsressourcen, funktionierende Akteurkonstellationen und materielle Ressourcen. Inwieweit das Konzept auch unter dieser Prämisse in Chile realisiert werden kann, soll das folgende Kapitel aufzeigen.

4.6   Chile (seit 1990): Demokratische Staats- und Wirtschaftspolitik
4.6.1   Redemokratisierung
Der *chilenische Weg zur Demokratie* war (so wie es der *Weg zum Sozialismus* 1970 gewesen war) verfassungsrechtlich abgesichert und unblutig. Die Überwindung der autoritären Regierungsphase in Chile vollzog sich auf dem Wege der politischen Reform. Im Kontext des Attentates gegen Pinochet im Jahre 1986 und dem Versuch des kommuni-

stischen Oppositionsflügels, eine gewaltsame Machtübernahme zu initiieren, hatte sich gezeigt, daß die Opposition trotz ihrer Fähigkeit zur Massenmobilisierung zu schwach war, um den Zustand der Unregierbarkeit herbeizuführen. Der überwiegende Teil der Chilenen lehnte Gewaltaktionen ab. Insbesondere die Christdemokraten schlugen seit Mitte der 80er Jahre statt dessen einen moderaten Reformkurs vor. 1985[217] und 1986[218] veröffentlichten sie Grundsatzdokumente, in denen der Weg der nationalen Versöhnung unter Anerkennung des Rechtes auf Privateigentum, die Verfolgung von Menschenrechtsverletzungen nur in belegbaren Einzelfällen und der Verzicht auf Kollektivverurteilungen vorgeschlagen wurden. Die Entscheidung für eine Reformstrategie (an Stelle eines eindeutigen und u.U. gewaltsamen Bruchs) ermöglichte der chilenischen Gesellschaft eine Fortsetzung der ökonomischen Erfolge und verhütete bürgerkriegsähnliche Auseinandersetzungen, wie sie andere lateinamerikanische Länder nach der revolutionären Beendigung von Diktaturen peinigten. Die chilenische Strategie forderte allerdings ihren Tribut im weitreichenden Fortbestehen der autoritären Machtverhältnisse und in dem fast vollständigen Verzicht auf Sühne der während der Diktatur begangenen Menschenrechtsverletzungen.

Die Verfassung aus dem Jahr 1980 hatte die Zusicherung freier Präsidentschaftswahlen mit dem einzigen Kandidaten Pinochet für das Jahr 1988 enthalten. Am 5. Oktober lehnten 54% der abstimmenden Chilenen (bei einer Wahlbeteiligung von 97%) eine Fortsetzung der Präsidentschaft Pinochets ab. Im Dezember 1989 gewann der Kandidat der *Concertación de Partidos por la Democracia* Patricio Aylwin die Präsidentschaftswahlen. [219] Das Regierungsbündnis bestand zunächst aus sechzehn, zum Teil kleineren Parteien, später ergab sich aus diversen Zusammenschlüssen bzw. Koalitionsaustritten die heutige Parteienkonstellation aus *Partido Demócrata Cristiano* (PDC), *Partido Socialista* (PS), *Partido por la Democracia* (PPD), *Partido Radical Socialdemócrata* (PRSD) und *Partido Democrático de Izquierda* (PDI).

Die parlamentarische Opposition schloß sich im Bündnis *Pacto Unión por Chile* zusammen, das aus den Parteien *Renovación Nacional* (RN), *Unión Demócrata Independiente* (UDI), *Partido del Sur* und der vor den Wahlen 1994 in den Pakt eingetretene UCC (*Unión de Centro Centro*) besteht. Die traditionell starke, an Bedeutung aber abnehmende kommunistische Partei (PC) hat die Position der wichtigsten außerparlamentarischen Opposition inne.

Aus den zweiten demokratischen Wahlen im Dezember 1993 ging wiederum die *Concertación de Partidos por la Democracia* als Sieger hervor. Ihr Präsidentschaftskandidat Eduardo Frei Ruíz-Tagle[220], ebenfalls DC, trat im März 1994 seine Amtsgeschäfte an. Seine Amtszeit beträgt – nach einer Anfang der 90er Jahre vorgenommenen Verfassungsänderung – 6 Jahre.

---

217 Acuerdo Nacional.
218 Bases de Sustentación de un Régimen Democrático.
219 Zu den Bedingungen und der Form der *transición* (Übergang) zur Demokratie vgl. Cañas-Kirby 1993.
220 Neffe des Präsidenten Eduardo Frei, der zwischen 1964 und 1970 regierte.

Das Militär übt seine selbsternannte Funktion als *Hüter der Demokratie* auch nach 1990 weiter aus und behält sich das Recht der politischen Intervention für den Fall vor, daß die von der Verfassung des Jahres 1980 festgelegten Einschränkungen der Demokratie nicht respektiert würden. Über diese direkten Partizipationsrechte hinaus wurde die Staatsform der *„geschützten Demokratie"* auch mittels einiger Besonderheiten des Wahlrechtes und über die Ernennung sog. designierter Senatoren abgesichert. Artikel 45 der Verfassung legt fest, daß bestimmte Institutionen (Höchstes Gericht, Nationaler Sicherheitsrat, Staatspräsident) insgesamt Vertreter für jeweils 8 Jahre benennen. Diese demokratisch nicht legitimierten Senatoren bewirkten zumindest in den ersten Jahren der Demokratie eine höchst effiziente Blockade zahlreicher Reformentwürfe.

Militärische Funktionsinhaber sind auch heute noch in wichtigen Entscheidungs- und Kontrollorganen präsent wie z. B. dem *Consejo Nacional de Enseñanza Superior* (Nationaler Rat für Hochschulbildung) oder dem politisch bedeutsamen Nationalen Sicherheitsrat, der mit Aufgaben der inneren und äußeren Sicherheit betraut ist.

Das traditionelle Verhältnis- wurde durch eine binominale Variante des Mehrheitswahlrechts ersetzt. Die Abgeordneten werden in Zweipersonenwahlkreisen nach Parteilisten gewählt. Nur wenn die siegreiche Liste mehr als doppelt so viele Stimmen wie die zweitstärkste Liste erhält, gewinnt sie beide Wahlkreismandate. Auf diese Weise wird die zweitstärkste Parteiliste (in aller Regel das rechte Oppositionsbündnis) systematisch bevorteilt, und es wird sehr viel schwieriger, die für Verfassungsänderungen notwendige Zweidrittelmehrheit im Parlament zu erreichen (vgl. Nolte 1994: 50).

Im Mai 1990 setzte Präsident Aylwin die Nationale Kommission *Wahrheit und Versöhnung* ein, die mit der vollständigen Dokumentation nachweisbarer Menschenrechtsverletzungen, der Empfehlung von Maßnahmen für die Entschädigung der Opfer sowie dem Vorschlag von Maßnahmen, die künftige Menschenrechtsverletzungen zu vermeiden helfen, betraut wurde. Der Bericht dieser Kommission, bekannt geworden als *Informe Rettig*, wurde 1991 vorgelegt. Er benannte (wie weiter oben bereits erwähnt) namentlich 164 Opfer politischer Gewalt, 2115 Opfer von Menschenrechtsverletzungen und 641 Fälle, die einer weiteren Klärung bedurften. Der Bericht wies den staatlichen Organen die Verantwortung für diese Verbrechen zu und kritisierte die passive Haltung der Justiz während der Militärherrschaft. Als Repräsentant der chilenischen Nation bat Präsident Aylwin die Angehörigen der Opfer um Verzeihung. Doch auch nach Erscheinen des *Informe Rettig* blieben die Verbrechen in den meisten Fällen ungesühnt: Ein Amnestiegesetz von 1978 garantiert allen Militärs und Polizisten Straffreiheit für die seit 1973 begangenen Menschenrechtsverletzungen.

Trotz dieser zum Teil gravierenden Einschränkungen herrscht in der chilenischen Öffentlichkeit ein gewisser Stolz auf die Verfassungsmäßigkeit des Regimewechsels vor. Der *chilenische Weg* gilt selbst vielen unter Pinochet Verfolgten als beispielhafter Verzicht auf Gewalt und als Modell der gesellschaftlichen Aushandlung von Staatsreformen. Die eingeschränkte Handlungsfähigkeit der Exekutive und der Zwang zu Kompromissen zwischen Regierung und Opposition werden nicht nur negativ beurteilt. Die neuen Bedingungen der Demokratie erschwere es Politikern weitgehend, die politische Kultur ergebnisloser Rhetorik allzu extensiv auszubauen, so wird häufig geurteilt, und bereite einem neuen, effizienteren Politikstil den Weg. Die Überwindung der klassischen Links-Rechts-Konfrontation in der politischen Sphäre spiegelte zudem die Auflösung der entsprechenden ideologischen Positionen wider. Statt globale Ideologien und Probleme nach anachronistisch gewordenen Argumentationsmustern zu debattieren, sei das Parlament dazu gezwungen, Lösungen für konkrete Teilprobleme zu suchen. Allgemein zeichne sich die Arbeit in den Ausschüssen und im Parlament durch mehr Professionalität und ein höheres Maß an politischem Pragmatismus aus als früher (vgl. z. B. Ensignia et al. 1991).

Im weiteren Verlauf der Darstellung wird deutlich werden, wie diese Ambivalenz der chilenischen Nationalpolitik zwischen erzwungener Fortschrittsblockade und gleichzeitiger Professionalisierung der politischer Akteure die politischen Entscheidungsprozesse auch im Berufsbildungsbereich nachhaltig prägt.

4.6.2 Wirtschaftspolitik

Die wirtschaftspolitischen Prinzipien der *Deregulierung und Privatisierung* wurden durch die demokratischen Regierungen zunächst nicht angetastet. Die chilenische Wirtschaftspolitik der 80er Jahre hatte sich – in einer Zeit, als alternative wirtschaftspolitische Entwürfe in Peru und Argentinien scheiterten und die planwirtschaftlichen Systeme in Osteuropa zusammenbrachen – als zu erfolgreich erwiesen, um ernsthaft angefochten zu werden (vgl. Nolte 1991: 24).

In den 90er Jahren setzte sich der wirtschaftliche Aufschwung unvermindert fort. Die Steigerung des Bruttoinlandsproduktes, die 1986 bei 5,6% gelegen hatte, betrug zehn Jahre später 6,8% (BID 1996). Die Arbeitslosigkeit konnte zwischen 1987 und 1995 von 9,3% auf 5,5% gesenkt werden (Banco Central 1995). Die Inflationsrate lag 1996 bei 6,6% und erreichte damit fast das gesteckte Ziel von 6,5%; für das Jahr 1997 wird eine weitere Senkung der Rate auf unter 5,5% erwartet (Dresdner Bank 1997).

Die positive Wirtschaftsentwicklung stößt jedoch inzwischen auch an Grenzen. Der Sprung (*take-off*) zu einer ausdifferenzierten Industriestruktur als wichtigste der Rostow'schen Entwicklungsphasen wurde bisher nicht erreicht, und die Hauptschwäche der Wirtschaftsstruktur wird in der Abhängigkeit der Exporteinnahmen von wenigen, gering verarbeiteten Produkten verortet. Obwohl der Anteil des Kupfers am Gesamtexport von 76% (1970) auf 40% (1991) vermindert werden konnte (Messner 1991: 5; Banco Central 1995), ist die Wirtschaftsstruktur des Landes nach wie vor die einer *abhängigen Ökonomie* (Senghaas): Fast 90% der Exporte basieren auf den natürlichen Ressourcen des Landes (Nohlen et al. 1992: 299; auch: Römpczyk 1991: 78). Der Großteil des volkswirtschaftlichen Einkommens wird von den drei Bereichen Kupferbergbau, Obst- und Holzanbau erwirtschaftet, die sich nicht nur durch eine geringe Verarbeitungstiefe und niedriges Qualifikationsniveau der Arbeitskräfte, sondern auch durch eine hohe Abhängigkeit von den Bedingungen des internationalen Handels auszeichnen. So führte der Einbruch der Kupfer- und Zellulosepreise auf dem Weltmarkt 1995 zu einem Rückgang der Exporterlöse um rund 5% (Dresdner Bank 1997: 45). Andererseits diagnostiziert Calderón zugleich einen erheblichen Investitionsbedarf im chilenischen Produktionssektor:

> „Der Nachfragezuwachs seit 1988 hat die seit der Krise im Jahre 1982 nicht mehr ausgelasteten Kapazitäten der Industrie inzwischen ausgeschöpft. Um ein anhaltendes Wachstum zu erzielen, ist es in den nächsten Jahren nötig, die Investitionsquote zu steigern und die Produktivität dem technologischen Weltmarktniveau anzupassen." (Calderón 1991: 105)

Es besteht weitgehend Einigkeit darüber, daß nur durch einen *qualitativen Sprung* weg von ressourcenbasiertem Wachstum und hin zu Industrialisierung und spezialisierter Weltmarktintegration nachhaltige Entwicklungsprozesse möglich werden. Mit Rekurs auf das CEPAL-Konzept der *transformación productiva con equidad* (vgl. Kapitel 4.2.4) haben sich die demokratischen Regierungen den Eintritt in die *segunda fase del modelo exportador* (die zweite Phase des Exportmodells) zum Ziel gesetzt, in der – durch Produkt- und Marktdiversifizierung und die stärkere Vernetzung des Exportsektors mit dem Rest der Wirtschaft – eine Steigerung der nationalen Wertschöpfung und die Optimierung des Exportniveaus erreicht werden sollen. Eine erhöhte Wertschöpfung und Industrialisierung muß dann mit einer gleichzeitigen Integration benachteiligter Wirtschaftssegmente und Armutsbekämpfung einhergehen (Messner 1991: 6; Nolte 1991: 27f.; PIIE 1994: 17ff.; Römpczyk 1991: 78).

Entwicklung wird als komplexer gesellschaftlicher Prozeß verstanden, bei dem eine Effizienzsteigerung der Wirtschaft mit einer normativen Zielsetzung in Richtung auf Demokratisierung und gesellschaftliche Integration verknüpft werden soll. Das Ziel der Staats- und Wirtschaftspolitik wird mit *modernizar con equidad* (Modernisierung mit Chancengleichheit) umschrieben (vgl. Arrate 1996: 93ff., Queisser et al. 1993: 163ff.).

> „Im Gegensatz zu dem Konzept „nachsorgender Flankierung" der Weltbank (z. B. in der Sozialpolitik) wird der [...] Anspruch deutlich, Sozialpolitik, Wirtschaftspolitik und die Demokratisierung der Gesellschaft als komplementäre Segmente eines integralen Entwicklungsprojektes zu begreifen." (Mármora et al. 1991: 47)

Unter Berufung auf die demokratische Tradition des Landes und einen allgemein unterstellten besonders hohen Grad an sozialer Sensibilität in der chilenischen Bevölkerung wird der Aspekt der Chancengleichheit als konstitutives Element wirtschaftlicher und sozialer Entwicklung herausgestellt (vgl. z. B. Arrate 1996: 94).

Zur Erreichung dieser Ziele legte die Regierung Aylwin ein subsidiär angelegtes Sozialprogramm auf, das eine deutliche Anhebung des Mindestlohnes, verstärkte Maßnahmen im sozialen Wohnungsbau sowie spezifische Programme zur Verbesserung der Bildungs- und Gesundheitsangebote beinhaltete. Die staatlichen Sozialausgaben stiegen zwischen 1989 und 1991 von 867 Mio. US$ auf 1,2 Mrd. US$ (Messner 1992: 142). Die Zahl derer, die unter der Armutsgrenze leben, wurde zwischen 1990 und 1992 um 1 Mio. von 40% auf 30% gesenkt (Pinzler 1995: 42). Noch im Jahre 1990 wurde der *Fondo de Solidaridad e Inversión Social* (FOSIS, Fonds für Solidarität und soziale Investition) eingerichtet, der seither zu einem bedeutsamen sozialpolitischen Finanzierungsmechanismus avancierte (vgl. Rivera 1991: 98).

Die Strategie der Wirtschaftsförderung zielt in Anlehnung an die in Kapitel 4.2 dargestellten systemischen Entwicklungstheorien auf die Ausbildung sog. *complejos integrados*, d. h. sich in ihrer Wirkung potenzierender Kooperationsstrukturen innerhalb eines Wirtschaftszweiges. Solche *linkage*-Beziehungen zwischen Industrieunternehmen und Dienstleistungsbetrieben, aber auch zur Landwirtschaft, können unabhängig vom Technologieniveau, der Größe oder der Funktion einzelner Unternehmen entstehen (Mármora et al. 1991: 58; Messner 1992: 141). Zur Umsetzung des Konzeptes gründete das Wirtschaftsministerium einen Technologiefonds (FONTEC),[221] der Kredite in Kombination mit Subventionen für modernisierungsfähige, innovative Einzelunternehmen oder Unternehmensgruppen bereitstellt. Die Gründung eines *Centro de Productividad Industrial*,[222] dessen Vorstand paritätisch mit Mitgliedern der Regierung, Unternehmern und Gewerkschaftern besetzt ist und das sich mit Maßnahmen zur Verbesserung der Wettbewerbsfähigkeit und Ausbildung beschäftigt, ist eine weitere unterstützende Maßnahme.

Durch die Beteiligung möglichst vieler wirtschaftlicher und gesellschaftlicher Kräfte soll eine aktive Weltmarktintegration erreicht werden. Damit ist nicht nur eine *passive Eingliederung* gemeint, die auf statische Kostenvorteile (Billiglöhne, Rohstoffe) setzen würde (Beispiel Mexiko oder Thailand), sondern – und damit knüpft die Strategie an Porters Vorstellung von den fortgeschrittenen Wettbewerbsfaktoren an – *„die rasche, gezielt anvisierte Steigerung der nationalen Wertschöpfungsintensität und der durch staatliche Strukturpolitiken unterstützte Aufbau nationaler Wettbewerbsvorteile"*, wie sie in Japan oder Südkorea stattfanden (Messner 1992: 138).

Dem Mittelstand kommt hier eine entscheidende Rolle als Innovationsträger und Investor zu. Gerade in Wirtschaftssektoren, die nicht wie z. B. die moderne Bergbau-, Obst-, Fischmehl-, Fisch-, Holz- oder Zelluloseproduktion einen hohen Anteil an natürlichen Ressourcen und einen niedrigen Anteil an Wertschöpfung aufweisen, müßten teilmodernisierte mittelständische Unternehmen zur Versorgung des Binnenmarktes aktiv werden und auf den internationalen Markt vordringen (Römpczyk 1991: 78).

Als Maßnahmen zur Förderung eigenständiger Wirtschaftsentwicklung werden z. B. nicht rückzahlbare Zuschüsse für die Einführung von neuen Produkten oder die Erschließung neuer Märkte gewährt. Auch die Zusammenarbeit mit ausländischen Unternehmen in Form von Joint Ventures wird aktiv unterstützt. Einige Kreditzusagen und Programme der technischen Hilfe sind explizit auf die Förderung von Klein- und Mittelunternehmen ausgelegt (vgl. Römpczyk 1991: 97).

Die Parallelen der chilenischen Wirtschaftsstrategie zu den in den Kapiteln 4.1.2 und 4.2 erläuterten neuen Modernisierungskonzepten sind unverkennbar. Die Verknüpfung sozialpolitischer und wirtschaftspolitischer Aspekte, die Integration von Wettbewerb

---

221 Fondo Nacional de Desarrollo Tecnológico.
222 Zentrum für industrielle Produktivität.

und staatlicher Koordination sowie das Ziel der flexiblen Spezialisierung als Mechanismus erfolgreicher Weltmarktintegration verweisen auf die enge Bindung der chilenischen Wirtschaftspolitik insbesondere an das CEPAL-Konzept. Chile kann geradezu als Prototyp für die Umsetzung dieses Entwicklungsmodells gelten, und Messner (1992: 143) stellt zusammenfassend fest, in Chile bestehe ein breiter gesellschaftlicher Konsens darüber, daß

- „die Weltmarktorientierung Grundlage der wirtschaftlichen Entwicklung Chiles bleiben wird;
- eine dauerhaft tragfähige Sozialpolitik nicht einfach eine Frage der Umverteilung darstellt (Nullsummenspiel), sondern kompatibel sein muß mit der ökonomischen Entwicklung des Landes;
- die Redemokratisierung einen wichtigen Wert an sich darstellt, der unabhängig von ökonomischen und sozialen Krisen zu verteidigen ist."

Während das neoliberale Erfolgsrezept ausschließlich in der Öffnung nationaler Ökonomien für den Weltmarkt, der Deregulierung staatlich gesteuerter Sektoren und dem weitgehend unkontrollierten Rückgriff auf gesellschaftliche und ökologische Ressourcen bestanden hatte, setzt die von den Regierungen Aylwin und Frei vertretene Politik auf den langfristigen Aufbau systemischer Wettbewerbsvorteile und nachhaltige Wirtschaftsentwicklung. Das Ziel der Überführung einer ressourcenbasierten Wirtschaftsstruktur in eine Industriegesellschaft auf dem Wege der flexiblen Spezialisierung (*segunda fase exportadora*) entspricht weitgehend den im Kapitel 4.2.2 dargestellten Konzepten Porters (Aufbau *von specialized and advanced factors*), des DIE (systemische Entwicklung) und der OECD (strukturelle Wettbewerbsfähigkeit). Auch die Rolle, die dem chilenischen Staat innerhalb dieser Strategie zugesprochen wird, stimmt in wesentlichen Aspekten mit den Vorstellungen von *good governance* (Weltbank) und den neuen Steuerungstheorien, wie sie im Kapitel 4.3 beschrieben wurden, überein.

Über Jahrzehnte hinweg hatte eine Harmonisierung der Entwicklungsziele *soziale Gerechtigkeit* und *Wachstum* als problematisch, wenn nicht als ausgeschlossen gegolten. Erst die sukzessive Auflösung des vermeintlichen Gegensatzes durch die Entwicklungstheorie, wie sie von den Autoren des CEPAL, aber auch von Theoretikern wie z. B. Nohlen et al. (1993) oder Menzel et al. (1985) geleistet wurde, machte die konzeptionelle Verknüpfung beider Aspekte denkbar. An dieser Stelle eilt die Theorie offensichtlich der Realität voraus – und beeinflußt sie zugleich, indem sie der Politik plausible Zielkombinationen anbietet. Für den politischen Stellenwert von Bildung und Ausbildung bedeutet dies einen enormen Gewinn, denn Bildung ist aus dieser Sicht einerseits ein im wesentlichen unangefochtenes Instrument zur Zuweisung von Sozialstatus und Lebenschancen, erhöht aber auch gleichzeitig als eigenständiger Wirtschaftsfaktor die Produktivität und damit den Wohlstand der Gesamtgesellschaft.

4.6.3 Partizipation als Grundprinzip einer ,*wahrhaftigen'* Dezentralisierung

Die demokratischen Regierungen revidierten die politischen Prinzipien des Militärregimes nicht von Grund auf, sondern beschränkten sich auf die schrittweise Einführung rechtsstaatlicher Prinzipien. So hielten sie auch im – für diese Arbeit besonders relevanten – Bereich der politischen Steuerung an den Grundsätzen der Dezentralisierung und Privatisierung fest, bemühten sich aber um eine demokratische Legitimierung der Institutionen und eine stärkere Beteiligung der Bevölkerung am politischen Geschehen.

Sowohl die institutionelle Struktur als auch die Verteilung politischer und administrativer Kompetenzen wie sie durch die Dezentralisierungsreformen der 80er Jahre etabliert worden waren, blieben unangetastet. Auch heute noch sind die ausführenden dezentralen Organe den Weisungen des Innenministeriums und – parallel dazu – der Fachaufsicht durch das zuständige Fachministerium unterworfen.

Im Gegensatz zu früher wurden jedoch Anstrengungen unternommen, die Hierarchie zwischen Innenministerium und Kommunen demokratisch zu legitimieren und den dezentralen Institutionen größere Entscheidungsspielräume zuzubilligen. Am 9. November 1991 verabschiedete der Kongreß eine Verfassungsreform zur Stärkung der politischen Autonomie der Kommunen, die kommunale Wahlen wieder einführte. Eine erste Direktwahl der Bürgermeister und Gemeinderäte fand im Juni 1992 statt.

Zunehmend wird versucht, die horizontalen Beziehungen zwischen den Kommunen zu stärken und auf diese Weise ein politisches Gegengewicht zu den vorgeordneten Instanzen aufzubauen. Mit einer Zweidrittelmehrheit der 334 Gemeinden Chiles wurde im Mai 1993 die Gründung eines nationalen Gemeindeverbandes beschlossen, der sowohl der Unterstützung der Kommunen, z. B. über Fortbildungen, als auch der interkommunalen Zusammenarbeit und Interessenvertretung dienen soll (vgl. Römpczyk 1994: 135ff.).

Die wachsenden Autonomiespielräume der Kommunen werden allerdings durch ihre zunehmende Finanzmisere konterkariert. Bis auf die reichen Gemeinden Las Condes, Vitacura und Santiago Zentrum sind alle Kommunen auf Zuschüsse aus nationalen Mitteln angewiesen (vgl. Römpczyk 1994: 168). Insbesondere die steigenden Kosten im Bereich der Primar- und Sekundarschulen wurden für viele Kommunen seit den 80er Jahren zu einem schwerwiegenden Problem (vgl. World Bank 1993: xxi).

Dennoch ist ein politischer Trend, die Steuerungsmechanismen von Hierarchie und Aushandlung durch Mechanismen der Koordination und horizontalen Integration zu ersetzen, zunehmend erkennbar. Im Kapitel 4.3 wurde dargestellt, daß die neuen Steuerungstheorien auf die Enthierarchisierung der Beziehung zwischen Staat und Gesellschaft abzielen und die Aufgaben des Staates stärker in der Koordination gesellschaftlicher Aushandlungsprozesse denn in Planung und Kontrolle verortet werden. Die demokratischen Regierungen betonen nicht nur explizit ihren Willen zur Demokratisierung politischer und administrativer Entscheidungsprozesse. Ihre Strategie im Bereich administrativer Steuerung knüpft vielmehr an die Konzepte von *good governance* und der

Stärkung der Zivilgesellschaft an und versucht, über den Aufbau von Beziehungsnetzen zwischen dezentralen Instanzen gesellschaftliche Handlungskompetenz zu etablieren. Ein Schlüsselbegriff in der lateinamerikanischen Debatte um die horizontale Vernetzung zwischen Akteuren der Zivilgesellschaft und denen des Staates ist die ‚*Konzertierung*' bzw. die freiwillige und gleichberechtigte Zusammenarbeit mit dem Ziel einer allgemeinen Wohlfahrtssteigerung und Entwicklung (vgl. z. B. Birle et al. 1994; Pass 1997: 122f.). In expliziter Abgrenzung von den staatskorporatistischen Ansätzen der 60er und 70er Jahre geht es dabei nicht um eine vom Staat initiierte und dominierte Einbindung der sozioökonomischen Akteure in die Politik. Auch die populistische Variante des politischen Korporatismus, bei der sich die relevanten Akteure innerhalb des Staatsapparates konstituieren und dort mittels informeller Kanäle einen Interessenausgleich anstreben, ist nicht gemeint. *Konzertierung* setzt hingegen voraus, daß sich Staat, Gewerkschaften und Unternehmer zunächst als eigenständige Akteure organisieren und dann im Rahmen allgemein akzeptierter Verhandlungsbedingungen versuchen, Kompromisse auszuhandeln (vgl. Birle et al. 1994: 36f.).

Dabei gilt es zu berücksichtigen, daß die sozialen Akteure Chiles in den letzten Jahrzehnten selbst gravierenden Transformationsprozessen unterworfen waren und sich in einer Phase der Restrukturierung und Reorganisation befinden.

Die Unternehmerverbände, und zwar insbesondere die traditionsreichen unter ihnen wie die *Sociedad Nacional de Agricultura* (S.N.A.), die *Sociedad de Fomento Fabril* (SOFOFA) oder die *Sociedad Nacional de Minería* (SONAMI) hatten Anfang des Jahrhunderts zunächst erheblichen Einfluß auf die nationale Politik ausgeübt. Während der Zeit der *Unidad Popular* gerieten sie allerdings in eine defensive Position, die dazu führte, daß sie nach dem Putsch ein positives Projekt für die wirtschaftliche und gesellschaftliche Neugestaltung nicht aufzuweisen hatten (vgl. Kapitel 3.6.3). Weder die traditionellen, noch die später hinzugekommene *Confederación de la Producción y el Comercia* konnten sich als Akteure mit eigenständigen Strategiekonzepten etablieren: Während der Militärdiktatur blieb die politische Protagonistenrolle vor allem den Militärs und den neoliberalen Ökonomen vorbehalten (vgl. García et al. 1994: 158f.). Das im *Plan Laboral* festgeschriebene Verbot überbetrieblicher Lohnverhandlungen führte auch auf Arbeitgeberseite zu einem Bedeutungsverlust der nationalen Verbände.

Die Zerschlagung der oppositionellen Gewerkschaften und die Schwächung ihrer Verhandlungsmacht durch die Arbeitsgesetzgebung unter Pinochet wurde im Kapitel 3.6 bereits diskutiert. Im Kontext der Proteste zur Zeit der Wirtschaftskrisen zu Beginn der 80er Jahre begannen die Gewerkschaften, Maßnahmen zur internen Kräftekonzentration und Restrukturierung durchzuführen, in deren Verlauf sich die Kupfergewerkschaft sowie die vier Dachverbände CNS, UDT, FUD und CEPCH zum *Comando Nacional de Trabajadores* (CNT) zusammenschlossen. Der Verband profilierte sich jedoch inhaltlich vor allem als Oppositionsbündnis mit dem Ziel der Wiederherstellung demokratischer Verhältnisse. Erst gegen Ende der 80er Jahre und im Kontext der Vorbereitung der Wahlen von 1989 wurden Anstrengung zur Entwicklung zukunftsgerichteter Konzepte und politischer Strategien unternommen, die 1988 in der Neugründung des zentralen Dachverbandes CUT (*Central Unitaria de Trabajadores*) mündeten. Dieses – personell und materiell immer noch defizitär ausgestattete – Gremium bildet heute die zentrale Vertretung der Arbeiterschaft in Chile.

Die wichtigste und zentrale Aufgabe beider Parteien bestand daher in den ersten Jahren des Jahrzehnts in der internen Restrukturierung, dem Aufbau personeller und institutioneller Ressourcen und der Verbreiterung der Verbandsbasis.[223] Erst in den letzten Jahren waren Gewerkschaften und Arbeitgeberverbände dazu in der Lage, konzeptionelle und strategische Beiträge in die politische und auch die berufsbildungspolitische Diskussion einzubringen.

Dennoch gilt das demokratische Chile allgemein als Beispiel für eine gelungene *Konzertierung* im lateinamerikanischen Kontext (vgl. Birle et al. 1994: 36; Pass 1997: 122f.). In den Jahren 1990 und 1991 wurden Rahmenabkommen in den Bereichen Sozial- und Arbeitspolitik zwischen den Tarifparteien gemeinsam verhandelt und ratifiziert. Gesetze zur Beschäftigungsstabilität, den gewerkschaftlichen Dachverbänden und Kollektivverhandlungen, die auf die radikale Veränderung der autoritären Arbeitsgesetzgebung zielten, wurden zwischen 1991 und 1992 mit Hilfe der Arbeitnehmer- und Arbeitgeberverbände verabschiedet. Mármora et al. (1991: 60ff.) konnten eine breite Zustimmung und Akzeptanz dieses gemeinsamen Vorgehens sowie eine hohe Bereitschaft, die eingegangenen Verpflichtungen einzulösen, bei allen Beteiligten feststellen.

Auch in der Berufsbildungsdiskussion ist eine relativ hohe Bereitschaft zur gemeinsamen Debatte und Lösungssuche feststellbar, auch wenn die Persistenz festgefahrener Interpretationsmuster und Positionen im Einzelfall als störend empfunden werden mag.[224]

4.7 Chilenische Berufsbildungspolitik seit 1990

4.7.1 Formaler Bildungssektor

4.7.1.1 Kontinuität und Wandel

Am 6. Dezember 1989, dem Tage des Wahlsieges der demokratischen Opposition unter Patricio Aylwin Azocar, war Chile also ein wirtschaftlich in vieler Hinsicht erfolgreiches Land, das nun, wie oben geschildert, vor der Aufgabe stand, die Erträge aus dem ressourcenbasierten Wachstum für nachhaltige Entwicklungsprozesse und Armutsbekämpfung nutzbar zu machen. Als zentrales Ziel der Wirtschafts- und Entwicklungspolitik gilt seither der *salto* (Sprung) in die *segunda fase exportadora* (die zweite Wachs-

---

223 Die Zahl der gewerkschaftlich organisierten Arbeitnehmer stieg von 9% im Jahr 1984 auf 15% im Jahr 1992 an (García 1994: 178).

224 Im Rahmen meiner Tätigkeit für die Friedrich-Ebert Stiftung in Santiago de Chile 1994 und 1995 hatte ich häufig Gelegenheit, an gemeinsamen Foren der Arbeitnehmer und Arbeitgeber zu Fragen der beruflichen Bildung teilzunehmen. Auffällig war dabei sowohl die gleichbleibend starke und engagierte Präsenz der Arbeitnehmer- und Arbeitgebervertreter wie allerdings auch ihre eher starren und eingefahrenen Argumentationsmuster, die nur mühsam aufzubrechen waren.

tumsphase exportorientierter Ökonomien).[225] Dem Aufbau eines kompetenten und leistungsfähigen Humankapitals wird in diesem Zusammenhang eine Schlüsselfunktion zugesprochen.

„In der letzten Dekade dieses Jahrhunderts besteht in Chile ein allgemeiner gesellschaftlicher Konsens in bezug auf das nationale Vorhaben und die zentrale Bedeutung einer substantiellen Erhöhung der Qualität der Ausbildung seiner Humanressourcen. [...] Die Fähigkeit des Landes zum Export, zur Anwendung und Entwicklung moderner Technologien und zum Wachstum ist in hohem Maße von der Bildung und Ausbildung der Menschen abhängig. Gleichzeitig ist Bildung *das* zentrale Instrument zur Bekämpfung und Überwindung der Armut." (MinEduc 1994: 7)

Trotz der hohen politischen Priorität, die der Bildungsbereich in Chile genießt, und obgleich ein breiter Konsens über die schwerwiegenden Defizite der chilenischen Bildung besteht, beabsichtigen die Regierungen Aylwin und Frei keine grundlegende Bildungsreform. Aylwin begründete die bewußte Abkehr von dem *top-down*-Konzept staatlich initiierter Erneuerung des Bildungswesens wie folgt:

„In Lateinamerika und ganz besonders in Chile scheiterten Reformen regelmäßig daran, daß das Neue nach einer enthusiastischen Anfangsphase entweder durch die herkömmlichen Routinen absorbiert oder durch die neue Reform einer neuen Regierung ersetzt wurde [...] Die Reformen in der Region waren zu eng definiert und berücksichtigten weder die Geschwindigkeit noch die Tiefe des gesellschaftlichen Wandels auf allen Ebenen. [...] Die Regierung beabsichtigt statt dessen den Aufbau eines ‚nationalen Bildungsprojektes'. Im Gegensatz zu einer klassischen Reform soll dieses mittel- und langfristige Ziele umfassen, stellt jedoch kein abgeschlossenes Programm vor, sondern offene Entwürfe, die im Laufe der Zeit korrigiert und ergänzt werden können." (OEI 1994: 16.2.2)

Die Strategie der demokratischen Regierungen bewegte sich statt dessen im Spannungsfeld von *continuidad y cambio* (Kontinuität und Wandel) und ließ die in den 80er Jahren definierten Grundsätze des Bildungssystems zunächst unangetastet.

Der Verzicht auf die Dekretierung bildungspolitischer Reformen bedeutet jedoch ausdrücklich *nicht* den Verzicht auf aktive Bildungspolitik. Eine reine Marktsteuerung, so wird argumentiert, werde den Eigenarten des Erziehungswesens nicht gerecht, vernachlässige den Aspekt der Chancengleichheit und wirke sich negativ auf die Schulqualität aus. Schüler verhielten sich deutlich weniger rational, als das Konzept des idealen Konsumenten unterstelle, Leistungs- und Qualitätskriterien seien nicht eindeutig definierbar, und insgesamt seien die externen Effekte der Bildung zu hoch, als daß man den Bildungssektor dem Marktgeschehen völlig überlassen könne (vgl. FLACSO 1996: 24ff.). Andererseits sei es ebenso wenig sinnvoll, bildungspolitischen Wandel durch allzu enge Vorgaben einer bestimmten Regierungsmehrheit festschreiben zu wollen, da diese nur zu rasch durch veränderte Mehrheitsverhältnisse wieder obsolet werden könne. Statt dessen müsse ein breiter gesellschaftlicher Konsens angestrebt werden, der durch Initiativen und Vorschläge der Regierung ange*regt*, jedoch nicht ange*ordnet* werden könne. Die alte Dichotomie von Plan *oder* Markt überwindend, bemühen sich die demokrati-

---

225 Hin zur Diversifizierung der Exporte und Märkte, komplexeren Verarbeitungsstufen der Exportprodukte im Inland und einer stärkeren Vernetzung des Exportsektors mit dem Rest der Wirtschaft; vgl. ausführlich Nolte 1991: 27 bzw. Kapitel 4.2.

schen Regierungen um ein je der Sachlage angemessenes Engagement staatlicher und privater Akteure. Gefordert sei *„ein handlungsfähiger Staat ohne Bürokratie, ohne Zentralismus und ohne von der sozialen Basis losgelöste Entscheidungen"* (MinEduc 1994: 56).

Auch ohne – politisch ohnehin kaum durchsetzbare – Gesetzesänderungen versuchte die Regierung Aylwin zunächst, die vorhandenen gesetzlichen Spielräume für eine gezielte politische Steuerung des Bildungswesens zu nutzen. Selbst in dem noch im März 1990 von der Regierung Pinochet verabschiedeten Gesetz 18.962 *Ley Orgánica Constitucional de Enseñanza* (LOCE) war festgelegt worden:

> „Art. 2[...] Bildung ist ein Recht, auf das jede Person Anspruch erheben kann. Insbesondere haben Eltern das Recht und die Pflicht, ihren Kindern Bildung zukommen zu lassen, der Staat hat die Pflicht, die Ausübung dieses Rechtes zu schützen, und die Gesellschaft die Aufgabe, zur Entwicklung und Verbesserung der Bildung beizutragen.
> Es ist die Pflicht des Staates, die Entwicklung der Bildung auf allen Ebenen zu fördern, die wissenschaftliche und technologische Forschung in diesem Bereich zu stimulieren..
> Art. 3 [...] Es ist Aufgabe des Staates, kostenlose Bildung im Primarbereich anzubieten und den freien Zugang der Bevölkerung zu diesen Schulen zu garantieren[...]"

Das Gesetz legt sog. *objetivos generales* (allgemeine Ziele) für die Grund- und Sekundarschulen fest und bietet im Art. 18 die Handhabe zur verbindlichen Definition von inhaltlichen Vorgaben für jedes Unterrichtsjahr im Sinne von *objetivos fundamentales* und *contenidos mínimos obligatorios* (Oberziele und obligatorische Mindestinhalte).[226]

Von einigen eher marginalen Veränderungen des LOCE und der (allerdings umfangreichen) gesetzlichen Neuordnung der Arbeitsbedingungen der Lehrer im *Estatuto Docente* einmal abgesehen, bewegen sich die meisten der durch die Regierungen Aylwin und Frei durchgesetzten bildungspolitischen Maßnahmen im Rahmen dieser von der vorhergehenden Regierung vorgegebenen gesetzlichen Möglichkeiten.

4.7.1.2 Aktuelle bildungspolitische Orientierungen

Ohne auf die Instrumentarien zentralstaatlicher Bildungsplanung der 50er und 60er Jahre zurückgreifen zu wollen, mißtraute die Regierung Aylwin dem Wirken eines sich selbst überlassenen Bildungsmarktes zu sehr, um auf bildungsplanerische Maßnahmen völlig zu verzichten. In der ersten Phase erhob das Bildungsministerium Daten und Informationen zur Situation der Schulbildung und versuchte, Meinungsbilder zu Reformalternativen zu ermitteln. An den Untersuchungen wurden zahlreiche Akteure aus dem Bildungswesen beteiligt, so daß die Reflexion der Situation selbst zu einem wichtigen Faktor der politischen Konsensbildung und Mobilisierung von Handlungsressourcen werden konnte.

---

226 Art. 18 „Correspondará al Presidente de la República, por decreto supremo, dictado a través del Ministerio de Educación Pública, previo informe favorable del Consejo Superior de Educación a que se refiere el articulo 32, establecer los objetivos fundamentales para cada uno de los años de estudio de las enseñanzas básica y media, como asimismo de los contenidos mínimos obligatorios por año y los complementarios que cada uno de ellos fije."

Im einzelnen schrieb das Bildungsministerium dreizehn Forschungsprojekte in den Bereichen *Curriculum und Struktur*, *pädagogische Praxis*, *Lernergebniskontrolle*, *Effizienz* und *Lehrerausbildung* aus, gab eine vergleichende Studie über das Bildungswesen in drei südostasiatischen Ländern in Auftrag und setzte zwischen Juli und September 1994 ein *Comité Técnico Asesor* (Technisches Beratungskomitee) aus z.T. sehr renommierten Persönlichkeiten aus dem Bildungsbereich als Expertengremium zur Politikberatung ein. Etwa zur gleichen Zeit initiierte die Regierung eine *consulta nacional* (öffentliche Befragung) zum Bildungswesen, an der zwischen 1992 und 1994 ca. 3.000 Personen teilnahmen.[227] Vier vorbereitende Missionen der Weltbank zum Aufbau des Programmes *MECE-Media*[228] im März, August und Oktober 1993 sowie im Mai 1994 unterstützten die bildungsplanerischen Anstrengungen des Ministeriums. Und Ende 1994 veröffentlichte die *Comisión Nacional para la Modernización de la Educación* (Nationale Kommission zur Modernisierung der Erziehung) ihren Abschlußbericht. Er besteht aus einem ausführlichen Bericht des *Comité Técnico Asesor* und einem Resümee der Ergebnisse der *Consulta Nacional*.

Im September 1994 legte das Ministerium das Dokument *Programa de Modernización de la Educación Media 1995–2000* (Programm zur Modernisierung der Sekundarschulbildung 1995–2000) als vorläufiges Ergebnis der Analyse- und Planungsmaßnahmen für den Sekundarschulbereich vor. Es beinhaltet eine Zusammenfassung der dreizehn Forschungsstudien und einen programmatischen Teil mit Vorschlägen zur Reformierung dieser Schulstufe. Sie heben, wie schon das Regierungsprogramm der Regierung Frei, vor allem auf die Ziele Chancengleichheit, Modernisierung und Qualitätssicherung ab[229] (vgl. auch Boeninger 1994: 554; Edwards 1994: 550).

4.7.1.3 Qualitätssicherung

Das letztgenannte Ziel der Qualitätssicherung nimmt dabei eine Schlüsselposition ein, denn angesichts der hohen Beschulungsraten sind heute Verbesserungen der Chancengleichheit über eine Steigerung des rein quantitativen Zugangs zu Bildungsangeboten nicht mehr erreichbar (vgl. z. B. Cariola et al. 1991; Comisión Nacional 1994; MinEduc 1994). Die folgende Tabelle weist eine gleichbleibend hohe Bruttobeschulungsrate[230] im Sekundarschulbereich um die 70 Prozent eines Altersjahrgangs und eine kontinuierlich wachsende Teilnahme an tertiären Bildungsgängen seit Beginn der 90er Jahre aus. Es

---

227 Zu den Ergebnissen siehe MinEduc 1994: 57ff. Generell wird festgehalten, daß die Befragten (vor allem Lehrer, Erziehungsberechtigte und Schüler) deutlich konservativere Ansichten vertraten als das Bildungsministerium selbst. Von zentraler Bedeutung waren für die Befragten Themen wie Werteerziehung und Wertewandel, die soziale Situation der Jugendlichen und der soziale Status der Lehrer.
228 Projekt zur Verbesserung der Bildungsqualität im Sekundarschulbereich in Kooperation mit der Weltbank, vgl. das folgende Kapitel.
229 „Ein tiefgreifender Wandel der Sekundarschule, der ihre Organisation und Lehrpläne auf die Tatsache abstimmt, daß die Sekundarstufe zu einer Massenschule für ganz unterschiedliche Schülergruppen geworden ist, wird unumgänglich sein. Es muß darum gehen, den Bildungsanforderungen der Gesellschaft und der technischen Entwicklung zu entsprechen und die Qualität der pädagogischen Erfahrungen so zu verbessern, daß Chancengleichheit ermöglicht und verbessert wird." (Regierungsprogramm, zit. n. MinEduc 1994: 8).

scheint plausibel, daß sich substantielle Verbesserungen des Qualifikationsniveaus der Bevölkerung angesichts dieser Zahlen vor allem über qualitative Verbesserung der formalen Bildung werden erreichen lassen.

Abbildung 22: **Bruttobeschulungsrate in Chile (1990–1996)**
(in Prozent der entsprechenden Altersjahrgänge)

	Primarschule	Sekundarschule	Tertiäre Bildung
1990	100	73	...
1991	100	72	23,2
1992	99	69	25,8
1993	98	67	26,7
1994	99	68	27,4
1995	99	69	28,2
1996	100	72	30.3

(UNESCO-Statistical Yearbook, mehrere Bände, Tabelle 3.2)

Die Vorstellung der neoliberalen Bildungspolitiker, die Qualität der Bildungsangebote ließe sich ausschließlich durch einen Leistungswettbewerb der Schulen untereinander steigern (vgl. z. B. Castaneda 1990: 33), hatte sich auch ein Jahrzehnt nach der Privatisierung der Schulträgerschaften und der Finanzierung nach Schülerzahl nicht bestätigt. So stellte sich bei externen Leistungstests zwar heraus, daß die privaten Schulen in Qualität und Ausstattung den staatlichen überlegen sind. Sowohl die Repetentenquoten als auch die Ergebnisse der Aufnahmeprüfungen für die Universitäten zeigen deutlich schlechtere Ergebnisse für kommunale als für privatisierte Schulen (Etchegaray 1991: 162), und beim Test zur Messung des schulischen Leistungsniveaus SIMCE (*Sistema de Medición de Calidad de la Educación*) erreichten die staatlichen Schulen im Fach Spanisch nur 46,6 (private Schulen: 53,1) und in Mathematik 46,6 Punkte (private Schulen: 52,7) (FAUS 1992: 55). Auch die Schulabbrecherquote beträgt bei den kommunalen Sekundarschulen 7,76%, während sie sich bei den privaten Schulen nur auf 3,46% beläuft (MECE 1992, Anexo 3).[231] Ob die besseren Meßergebnisse aber auf eine höhere *Effizienz* privater Schulträgerschaft hinweisen, muß angesichts der deutlich besseren finanziellen Ausstattung der privat verwalteten Schulen und der Möglichkeit, schlechte Schüler ins öffentliche Schulwesen abzuschieben, bezweifelt werden (vgl. FAUS 1992: 56; Comisión Nacional 1994: 22ff.). Zur Erfüllung des selbst gesetzten Anspruchs, Chancengerechtigkeit und wirtschaftliches Wohlergehen für möglichst alle Chilenen zu verwirklichen, sind zweifellos Maßnahmen zur Steigerung der Effizienz und Leistung *aller* Schulen gefordert.

Die Regierungen Aylwin und Frei legten daher verschiedene Programme zur Förderung der Bildungsqualität an chilenischen Schulen auf. Einige von ihnen wie das *Programa de Mejoramiento de la Calidad de la Educación en Escuelas Básicas de Zonas de*

---

231 Die Repetentenquote an technisch-beruflichen Sekundarschulen liegt mit 12,1% etwa 1,3% unter derjenigen der humanistischen Variante.

Pobreza (P–900; Programm zur Verbesserung der Bildungsqualität an Grundschulen in armen Regionen) oder Stipendien- und Schulernährungsprogramme richten sich an besonders bedürftige Familien bzw. Schulen und können vor allem als Notprogramme zur Soforthilfe verstanden werden. Andere Programme setzen jedoch an einer grundsätzlichen Verbesserung der Makrostrukturen des Bildungswesens an. An erster Stelle ist hier das *Programa Mejoramiento de la Calidad y Equidad de la Educación* (MECE, Programm zur Verbesserung der Qualität und Chancengleichheit in der Erziehung) zu nennen.

Das MECE wurde seit 1992 gemeinsam mit der Weltbank aufgebaut und ist Teil einer Strategie mittlerer Reichweite mit dem Ziel der gesamthaften Verbesserung der Chancengleichheit und Qualität der Primarbildung. Das Gesamtvolumen des Projektes mit einer sechsjährigen Laufzeit beträgt 243 Mio. US$, von denen etwa 170 Mio. US$ als Weltbankkredit zu weichen Konditionen gewährt wurde und der Rest vom chilenischen Staat bestritten wird. Dem Primarschulbereich fallen ca. 70% der Projektmittel zu.

Seit 1994 wurde im Rahmen einer zweiten Projektphase das Programm MECE-Media aufgebaut, mit dem die Maßnahmen zur Qualitätsverbesserung auch auf Sekundarschulen ausgeweitet werden sollen. Die Hauptlinien des Projektes betreffen die Steigerung von Qualität und Chancengleichheit an allgemeinbildenden Sekundarschulen, die Ausarbeitung curricularer Vorgaben, die Stärkung der professionellen Position der Lehrerschaft, die Reformierung des *Estatuto Docente* und der Subventionsbestimmungen sowie eine Reformierung der Finanzierungsmodalitäten (MERCURIO 7.3.1995).

Für den Zeitraum 1995–2000 ist geplant, 26,3 Mio US$ für die Ausstattung von Schulbibliotheken, 24,9 Mio. US$ für Schulbücher und 9,3 Mio. US$ für didaktisches Material zur Verfügung zu stellen (FLACSO 1996: 33). Hinzu kommt die Ausstattung von 50% aller Grundschulen bis zur Jahrtausendwende und 100% aller Sekundarschulen bis zum Jahresende 1998 mit Computern. Zwischen 1992 und 1996 wurden 30 Mio. US$ in dieses Programm investiert, für die Zeit bis zur Jahrtausendwende sind weitere 90 Mio US$ bereitgestellt. Angestrebt wird die Vernetzung der Schulen untereinander und mit unterstützenden Organisationen. An dieses ,Red Enlaces' (Netz der Verbindung) waren bis zum Jahresende 1995 200 Bildungsinstitutionen angeschlossen, bis zum Jahre 2000 soll diese Zahl auf 5.000 Institutionen anwachsen (FLACSO 1996: 45).

Die Einrichtung des Programmes MECE zeugt von dem Willen der Regierungen Aylwin und Frei, Maßnahmen zur Steigerung der Schulqualität auf nationaler Ebene zu fördern. Gleichzeitig betont das Ministerium jedoch, der Prozeß kontinuierlicher Qualitätssicherung lasse sich durch hierarchisch gesetzte Vorgaben bzw. lediglich durch staatliche Investitionen in Lehrmaterialien oder Personalausstattung ebensowenig erreichen wie durch das alleinige Wirken des Bildungsmarktes.

Im Sinne eines partizipativen Qualitätsmanagements wird vielmehr darauf gesetzt, daß Lehrer und Schulleiter eigenständig die Initiative zur Verbesserung der Leistung ihrer Schule ergreifen. Dies werde vor allem dann gelingen, wenn sie sich einerseits durch einen bestimmten Erwartungsdruck seitens der Bildungsnachfrager und der übergeordneten Instanzen zu Neuerungen veranlaßt sehen, andererseits materielle und immaterielle Möglichkeiten zur Realisierung von Reformprojekten zugänglich sind.

Mit dieser steuerungspolitischen Grundlegung distanziert sich die Bildungsplanung der Regierungen Aylwin und Frei sowohl vom Konzept zentralstaatlicher Lenkung als auch von der reinen Marktsteuerung. Ohne sich auf ideologische Debatten über die Rolle des Staates als solche einzulassen, wird sowohl dem Bildungsmarkt als auch der regulieren-den Tätigkeit des Staates die Fähigkeit zugesprochen, Leistungsstandards zu setzen und ihre Einhaltung einzufordern. Gleichzeitig wird jedoch auch versucht, die Schulen in ih-rem Bemühen um eine verbesserte Schulqualität materiell und durch Weiterbildungs-angebote zu unterstützen. Die Bildungspolitik vermittelt zwischen den Polen Autonomie und Integration, indem sie deren Potentiale für je unterschiedliche Aufgabenbereiche sy-stematisch zu nutzen sucht.

4.7.1.4   *Leitziel Autonomie*

Auch nach 1990 wird die nationalstaatliche Finanzierung privater und kommunaler Bil-dungsträger beibehalten und die Dezentralisierung des Schulwesens unterstützt. Gleich-zeitig wird jedoch versucht, eine stärkere reale Partizipation der Akteure an dezentralen Entscheidungsprozessen zu erreichen.[232] Die dezentrale Organisation der Schulverwal-tungen gilt den demokratischen Regierungen als Voraussetzung einer partizipativen und realitätsbezogenen Schulentwicklung. In Abgrenzung zur Politik der Militärregierung sollen jedoch die zentral wahrgenommenen Funktionen (Erstellung von Rahmenvorga-ben und Standardsetzungen) stärker betont und inhaltlich ausgefüllt werden.

Ausdrücklich wird betont, das Bildungssystem sei bei aller Vielfalt auf eine einheitliche Grundlegung angewiesen und mit der Dezentralisierung werde weder eine Atomisierung des Gesamtsystems beabsichtigt noch eine Schwächung der staatlichen Verantwortung. Der Staat müsse vielmehr seinen Aufgaben in der Standardisierung und Normierung von Bildungsinhalten und Bildungsqualität sowie bei der materiellen und pädagogischen Unterstützung in vollem Umfang gerecht werden. Insbesondere Maßnahmen des *insti-tution building* zur Stärkung autonomer Institutionen und deren horizontale und verti-kale Vernetzung seien für die nationale Koordination und Integration des Bildungs-wesens von höchster Bedeutung (vgl. OEI 1994: 16.2.3).

Die derzeitige Funktionsverteilung im chilenischen Bildungswesen sieht für die zentral-staatliche Ebene vor allem Aufgaben in der Festlegung von Verfügungsrechten und Rahmenvorgaben vor. Das Bildungsministerium (MinEduc) übernimmt die Ausarbei-tung curricularer Rahmenvorgaben, die Festlegung der Mindeststundenzahlen und Un-terrichtstage sowie die Festlegung der Kriterien für die Evaluierung und Versetzung. Die Unterrichtsqualität wird jährlich mit Hilfe des nationalen SIMCE-Testes[233] überprüft.

---

232 Als Zielhorizont benannte der damalige Bildungsminister Schiefelbein im August 1994 eine Schul-verwaltung, „die auf den Grundsätzen der Dezentralisierung, Evaluierung und Information basiert so-wie die Position der Lehrer stärkt, und zwar durch Anreize und Gelegenheiten, das Engagement und Selbstverantwortung zu erhöhen." (MinEduc 1994: 65).
233 Vgl. Kapitel 4.7.1.3.

Die Bildungsfinanzierung wird zentral abgewickelt und das Ministerium leistet die dazu notwendige technische Unterstützung, Kontrolle und Beratung (ILADES 1996: 64).

Die Regionalbehörden (*Secretaría Regional Ministerial*, SEREMI) sind verantwortlich für die Anpassung der bildungspolitischen Vorgaben an die Bedingungen der Region und ihre Umsetzung sowie die Koordination und Überwachung der Finanzflüsse auf regionaler Ebene (vgl. Art. 27, Gesetz 18.575).

Die Provinzbehörden des Bildungsministeriums (*Departamento Provincial*, Deprov) kontrollieren die Übereinstimmung zwischen den für die Beantragung der Subventionen angegebenen und den realen Schülerzahlen, übernehmen das *monitoring* für Projekte und Programme des Bildungsministeriums, wie z. B. die Verwaltung der *Proyectos de Mejoramiento Educativo* (Pädagogische Projekte) oder des MECE und leisten Beratung und technische Unterstützung.[234]

Den Kommunen als Schulträger kommen die eigentlichen Verwaltungsaufgaben zu. Sie sind für die Zuweisung der staatlichen Subventionen verantwortlich, organisieren die Anwerbung des Personals und sind an der Auswahl beteiligt, koordinieren und finanzieren die Lehrerfortbildung, sind für die Sachausstattung der Schulen zuständig und kontrollieren die technischen und pädagogischen Normen.

Den Schulen selbst schließlich ist durch die Dezentralisierung der Schulträgerschaften in den 80er Jahren kaum neuer administrativer Handlungsspielraum entstanden. An der Personalauswahl und -einstellung werden sie lediglich indirekt beteiligt, denn die Einstellung neuer Lehrer geschieht durch eine Kommission, bei der außer dem Direktor der Schule und evt. einem weiteren Mitglied des Lehrkörpers auch weitere Lehrer aus der Kommune sowie Verwaltungsbeamte teilnehmen. Die Budgetierung und Verwaltung der Subventionen erfolgt im Falle der kommunalen Schulen von seiten der kommunalen Verwaltungsabteilungen DAEM bzw. *Corporación Municipal*. Die Direktoren kommunaler Schulen verfügen – abgesehen von einer Handkasse – nicht über Mittel und sind in der Regel über den Umfang des Gesamthaushaltes der Schule gar nicht informiert. Die Direktoren subventionierter Privateinrichtungen kennen dagegen normalerweise die Mittelzuteilung und handhaben sie (bei vielen kirchlichen Trägern) auch selbst (ILADES 1996: 99).

Das eigentliche Defizit des von der vorhergehenden Regierung eingeleiteten Dezentralisierungsprozesses sahen die demokratischen Regierungen jedoch im pädagogischen Bereich. Lebendige Schulautonomie könne nur dann wirksam werden, wurde argumentiert, wenn die Schulen auch über die materiellen und professionellen Ressourcen verfügten, um neue Ansätze auszuprobieren.[235] Die Unterrichtsinhalte, so kritisiert das Ministerium selbst, seien durchweg „*anachronistisch, unzusammenhängend und bedeutungslos*" (MinEduc 1994: 44 ff.). Insbesondere die Sekundarschule arbeite in ihren beiden

---

234 In einer Befragung von 20 Schuldirektoren gaben diese allerdings an, die Beratungsarbeit der Regionalbehörde Deprov beschränke sich im wesentlichen auf die Überprüfung der durch das Ministerium vorgegebenen Richtlinien. Pädagogische Unterstützung sei eher von zentralen Institutionen wie z. B. dem MECE zu erwarten als vom Personal der Provinzbehörden (ILADES 1996: 94).

235 Vgl. auch den in Kapitel 3.3 dargelegten Unterschied zwischen Machtdekonzentration und Autonomie.

Schulzweigen nach wie vor ohne erkennbaren Bezug zu der gesellschaftlichen und ökonomischen Realität, auf die vorzubereiten sie vorgebe (z. B. Urrutia 1986: 63).

„Die schulische Praxis der Sekundarschulen erweist sich in hohem Maße als losgelöst von der Lebenserfahrung der Jugendlichen, der Gesellschaft und der Kultur, in die sie eingebunden ist. Diese Beziehungslosigkeit [...] drückt sich sowohl in den curricularen Zielen und Inhalten (offizielle Lehrpläne und -programme) als auch in ihrer Umsetzung im Unterricht (tatsächliches Curriculum) aus." (MinEduc 1994: 44)

Die mit der Kommunalisierung und Privatisierung der Schulträgerschaften sowie der dezentralen Curriculumerstellung verbundene Hoffnung, eine größere Nähe der schulischen Arbeit zu ihrem lokalen gesellschaftlichen Kontext bewirken zu können, hatte sich nicht erfüllt. Das Leitbild einer autonomen, sich an den lokalen Gegebenheiten ausrichtenden Schule mit differenzierten und flexiblen Bildungsangeboten, die gleichzeitig in lebendigem Austausch mit anderen Schulen steht und in ein transparentes Gesamtsystem einheitlicher Bildungsstandards eingebunden ist, war nur durch das Wirken der Eigendynamik des Marktes nicht zu erreichen.

Die bislang rein administrative Dimension der Dezentralisierung, so befanden die Bildungspolitiker der Regierung Aylwin, müsse um eine pädagogische Dimension ergänzt werden (vgl. Regierungserklärung Aylwin vom 21.5.1990, Punkt vii; OEI 1994: 16.2.1 und 16.2.3; MinEduc 1994: 65). Erst diese ‚pädagogische Dezentralisierung', d. h. die Stärkung der professionellen Kompetenz der Schulen und Lehrer zur eigenständigen Entwicklung und Anpassung ihrer beruflichen Arbeit an die spezifischen Erfordernisse der Schüler und des gesellschaftlichen Umfeldes, ermögliche eine kontinuierliche Verbesserung der Bildungsqualität.

„Die pädagogische Dezentralisierung, die Autonomie der Bildungseinrichtungen und die Professionalisierung der Lehrer sind die Grundbegriffe der angestrebten Erneuerung [...], mit deren Hilfe die Ergebnisse erreicht werden können, die sich die Gesellschaft von der Erziehung der Jugendlichen erhofft." (MinEduc 1994: 71)

Grundsätzlich hielten also die Regierungen Aylwin und Frei an der Absicht der marktorientierten Bildungsökonomen, die Arbeit der Schulen stärker an der Qualifikationsnachfrage des Arbeitsmarktes und der gesellschaftlichen Realität auszurichten, fest und betonten ihren Willen, den autonomen Handlungsspielraum der Schulen sukzessive zu erhöhen. Auch die Comisión Nacional para la Modernización de la Educación nennt als Bedingungen für eine hohe Effizienz der Schulen (und lehnt sich dabei inhaltlich recht nah an die US-amerikanische Forschung zur Schulautonomie an): ein klar definiertes, eigenständiges pädagogisches Projekt jeder Schule, Autonomie in bezug auf Selbstorganisation, Ressourcenverwaltung und Personalpolitik, engagierte Schulleitungen, die ihre Aufgaben nicht auf die administrative Abwicklung beschränken, sondern auch pädagogisch-inhaltlich arbeiten, ein gutes Schulklima, ein verantwortungsbewußtes Ressourcenmanagement sowie eine starke Leistungsorientierung (Comisión Nacional 1994: 70).

Die Regierungen Aylwin und Frei hielten auch die vorgeschlagene Methode, diese Absicht über Stärkung eines eigenen Schulprofils und Wettbewerb zwischen den Bildungsinstitutionen zu erreichen, für sinnvoll. Anders als ihre neoliberalen Vorgänger überließen sie diesen Prozeß jedoch nicht ausschließlich dem Markt, sondern versuchten, einen

ausgeglichenen Wachstums- und Ausdifferenzierungsprozeß über unterstützende Maßnahmen, gezielte Investitionen und die Vorgabe von Leitlinien zu erreichen. Sie gingen
davon aus, die *pädagogische Dezentralisierung* bzw. die reale Nutzung der Autonomiespielräume sei nur durch gezielte *institution building*-Prozesse und die Stärkung der
Kompetenz und Selbstverantwortung der Schulen zu erreichen. Die Bereicherung der
politisch-administrativen Dimension der Dezentralisierung um partizipative und pädagogische Aspekte soll durch die gezielte Förderung einzelner Akteurgruppen unterstützt
werden .

> „Ziel der Strategie ist der sukzessive Wandel von einem beamten-bürokratischen Or-
> ganisations
> muster unserer Schulen hin zu einer professionellen Organisationskultur." (FLACSO
> 1996: 42)

Die Regierung Aylwin überarbeitete die Richtlinien für die Arbeit der *Centros de Padres y Apoderados* und *Centros de Alumnos* (Eltern- und Schülerorganisationen). Ziel
war insbesondere die Demokratisierung und bessere Integration dieser Institutionen in
die Arbeits- und Entscheidungsprozesse der Schulen.

In jeder Provinz wurde ein *Consejo Provincial de Educación* gegründet, der sich aus
dem für den Bildungsbereich zuständigen Verwaltungsbeamten der Provinz, Repräsentanten der Kommunen und der privaten Schulträger, Vertretern der Lehrer sowie Eltern-
und Schülervertretern zusammensetzt. Das Gremium hat beratende Stimme bei der Umsetzung der nationalen Bildungspolitik auf der Provinzebene, unterstützt die Evaluierung der Schulbildung und schlägt Maßnahmen zu ihrer Verbesserung vor.

Die Kommunen wurden gesetzlich verpflichtet, gemeinsam mit den lokalen Bildungsinstitutionen einmal jährlich einen Bildungsentwicklungsplan aufzustellen und seine Verfolgung zu belegen.

Gleichzeitig wurde versucht, die materielle Basis der Schulen durch erweiterte Zu-
gangsmöglichkeiten zu privaten Ressourcen zu verbreitern. Seit 1994 besteht für subventionierte Schulen die Möglichkeit der Finanzierung über a) Steuererleichterungen bei
Spenden für Bildungszwecke[236] und b) die Beteiligung der Bildungsnachfrager (*financiamiento compartido*, geteilte Finanzierung). Private Träger von Primar- und Sekundarschulen können sich selbst für die zweite Form der Finanzierung entscheiden, während dies in kommunalen Schulen nur mit Zustimmung der Elternschaft und lediglich
im Sekundarbereich möglich ist. In jedem Fall darf der Elternbeitrag die Summe von
vier USE (Subventionseinheiten) nicht übersteigen. Bei Beträgen unter 0,5 USE werden
die staatlichen Zahlungen trotz der privaten Leistungen in voller Höhe geleistet, darüber
hinaus werden jedoch die staatlichen Zuwendungen für Schulen mit *financiamiento
compartido* gekürzt.[237] Allen Schulen steht es frei, Stipendien zu vergeben oder nach

---

236 Nach Gesetz Nr. 19.247 erhalten Unternehmen einen Steuererlaß im Umfang von 50% der Spende,
insofern diese eine Höchstgrenze von 2% des Betriebskapitals oder 14.000 UTM (*Unidades Tributa-
rias Mensuales*, inflationsbereinigte Währungseinheiten), d. h. derzeit etwa 728.000 US$ nicht über-
schreiten.
237 Bei privaten Leistungen von 0,5-1 USE um 10%, zwischen 1 und 2 USE um 20% und zwischen 2 und
4 USE um 35% (ILADES 1996: 77).

Einkommen differenzierte Schulbeiträge zu beschließen[238] (vgl. Dabrowski 1995: 210; ILADES 1996: 77). Schon im darauffolgenden Jahr 1994 hatte sich ein Drittel der subventionierten privaten Schulen für die Übernahme dieses neuen Finanzierungsschemas entschieden (ILADES 1996: 78).

Zusätzlich wurden innerhalb des Programmes MECE-Media Mittel für externe Beratungsleistungen an Schulen (*Asistencia Técnica*) sowie für die Finanzierung von Innovationsprojekten (*Proyectos de Mejoramiento Educativo*) zur Verfügung gestellt. Auf diese Weise können Schulen Beratungsverträge in Höhe von bis zu 1,3 Mio. chil. Peso[239] abschließen und sich an Ausschreibungen zur Qualitätsverbesserung ihrer Schulen bewerben.

Als wesentliche Bedingung für die Durchsetzung der *,pädagogischen Dezentralisierung'* gilt die Öffnung der Schulen sowohl in bezug auf ihre Inhalte und Ziele (Durchdringung von Allgemeinbildung und Berufsbildung) als auch hinsichtlich ihrer Organisationsstruktur und gesellschaftlichen Einbindung.

Die in der Sekundarschule vermittelten Inhalte, so kritisierten die Experten des Bildungsministeriums, seien zu stark an abstrakten Zielen ausgerichtet und orientierten sich nicht an der Arbeits- und Lebenswelt der Schüler. Angesichts der Tatsache, daß nach der Bildungsexpansion der letzten Jahrzehnte nunmehr der überwiegende Teil der Sekundarschulabgänger keinen Studienplatz anstrebe, sondern direkt Arbeit suche, erweise es sich als notwendig, die Ziele der nach wie vor ausschließlich auf die Universität ausgerichteten Sekundarschule zu reformulieren. Der Anteil der allgemeinen Grundbildung sei von acht auf zehn Jahre zu erhöhen, ohne damit jedoch eine ,zweckfreie Bildung' im Sinne des humanistischen Bildungsideals anstreben zu wollen.

> „Die Verlängerung des allgemeinbildenden Zyklus, insbesondere in den Schuljahren 9 und 10, erfordert eine integrale Bildung, die eine Orientierung an den kognitiven Wissensbereichen und dem Umgang mit immer abstrakter werdenden Informationen ebenso einschließt wie die Ausrichtung an der Arbeit, der Technologie und den Produktionsprozessen[...].“ (MinEduc 1994: 69)

Im Rahmen der Neuformulierung des *,Marco Curricular'* (Rahmenlehrplanes) sollen die traditionellen Fächerbezeichnung aufgelöst und durch *,competencias básicas'* (Grundkompetenzen) wie Sprache und Kommunikation, Mathematik, Geschichte und Sozialwissenschaften, Philosophie und Psychologie, Naturwissenschaften, Technologie, Künstlerischer Ausdruck, Sport und Religion ersetzt werden.

Das erweiterte Verständnis dessen, was Allgemeinbildung heute zu sein habe, führte zu der Forderung, die traditionelle Trennung zwischen technisch-beruflichen Sekundarschulen und allgemeinbildenden Sekundarschulen sukzessive aufzulösen (MinEduc 1994: 65ff.; Comisión Nacional 1994: 51f.).

> „Alles weist darauf hin, daß die Sekundarschule in ihren beiden Schulzweigen (Hervorhebung im Text) Kernkompetenzen vermitteln muß, die traditionellerweise der humanistisch-wissenschaftlichen Bildung vorbehalten waren: Kommunikations- und

---

238 Schätzungen nach zahlen Familien, deren Kinder Schulen mit *financiamiento compartido* besuchen, 2,1% bis 4,3% ihres Einkommens an Schulgeld (Comisión Nacional 1994: 26).
239 Entspricht etwa 5.500 DM.

Ausdrucksfähigkeit, Mathematik, wissenschaftliches Verständnis, zwischenmenschliche und moralische Kompetenzen ([...]). Gleichzeitig scheint es sinnvoll, daß beide Schulzweige eine Bildung für die Arbeitswelt (*educación para el trabajo*) vermitteln, die die Schüler mit den Charakteristika ihrer Organisationen und Sektoren ([...]), den Märkten und seinen Mechanismen, der Technologie und ihren Folgen bekannt macht." (MinEduc 1994: 70)

Vor allem für die Schuljahre 11 und 12 solle es den Schulen freigestellt sein, sich ein eigenständiges Profil auf dem Kontinuum zwischen rein akademischer und rein beruflicher Bildung zu erarbeiten. Mischformen und Spezialisierungen seien nicht nur möglich, sondern ausdrücklich erwünscht (vgl. Comisión Nacional 1994: 55). Bei der beruflichen Ausbildung solle es dabei immer weniger um den Erwerb von unmittelbar am Arbeitsplatz einsetzbaren Kompetenzen gehen als vielmehr um eine breit angelegte Grundqualifizierung für ein bestimmtes Berufsfeld (vgl. Miranda, in: Clement 1995: 14).

Zahlreiche allgemeinbildende Sekundarschulen bieten heute berufsbildende Kurse und Fächer an. Insbesondere kommunale Schulen haben heute Angebote z. B. im Bereich Holzarbeiten, Kosmetik und Frisuren, Computerbedienung oder Gartenbau in ihr Lehrprogramm aufgenommen (vgl. Rounds 1997: 122).

Mit dieser Neudefinition der Bildungsziele ging eine Aufwertung der beruflichen Sekundarschulen einher. In den Jahren 1992 und 1993 wurden 87 humanistisch-wissenschaftliche Sekundarschulen in technisch-berufliche Schulen umgewandelt. Die Ausstattung der Schulen mit den entsprechenden Einrichtungen (Werkstätten, Unterrichtsmaterialien) machte eine Investition von 4,416 Milliarden chilenischen Peso erforderlich (MinEduc 1994: 31). Zusätzlich wurden rund 760 Lehrer und Direktoren dieser *escuelas polivalentes* mit Weiterbildungen auf ihre neuen Aufgaben vorbereitet.

Die durchschnittliche Höhe der Subventionen für berufliche Sekundarschulen wurde um knapp ein Drittel angehoben[240] und die Ausstattung von über 100 Sekundarschulen mit Hilfe von Mitteln aus einem Kooperationsvertrag mit der spanischen Regierung im Werte von 5.366.000 US$ erneuert (MinEduc 1994: 31).

Die Verschiebung des Anteils humanistisch-wissenschaftlicher Sekundarschulen an den Gesamtausgaben für Bildung von 11,9% (1989) auf 8,7% (1995) korreliert mit einer geringeren Gewichtung des tertiären Bildungsbereich (1989: 21,6% gegenüber 1995: 18,1%). Leichte relative Zuwächse erzielten im gleichen Zeitraum der Primarschulbereich und die technisch-beruflichen Sekundarschulen.

---

240 Die Erhöhung betrug in der Fachrichtung Landwirtschaft und Fischerei: 58,2%, Gewerbe 18,8%, kaufmännische und technische Berufe: 4,4% (MinEduc 1994: 31).

Abbildung 23: **Bildungsausgaben nach Schulform**
(1990–95)

(in Prozent der gesamten Bildungsausgaben)

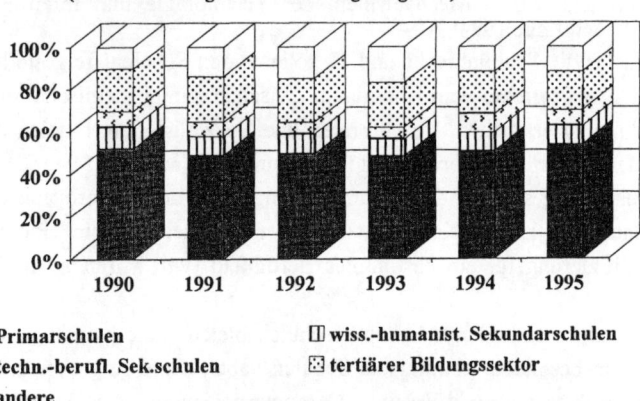

■ Primarschulen   ⊞ wiss.-humanist. Sekundarschulen
▯ techn.-berufl. Sek.schulen   ⊡ tertiärer Bildungssektor
☐ andere

(in Prozent der Ausgaben für die Sekundarstufe)

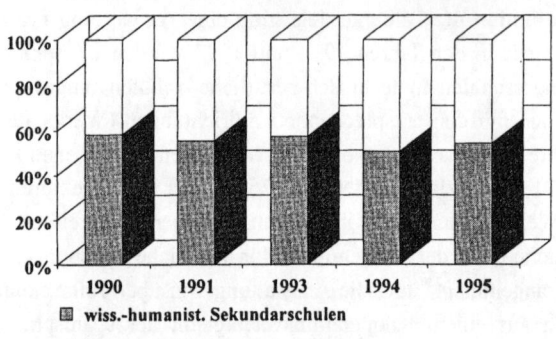

▦ wiss.-humanist. Sekundarschulen

☐ techn.-berufliche Sekundarschulen

(UNESCO Statistical Yearbook, mehrere Bände, Tabelle 4-3)

Diese Verschiebung der Subventionsschwerpunkte zugunsten der technisch-beruflichen Sekundarschulen schlug sich auch in entsprechenden Veränderungen der Schülerverteilung wieder: Der Anteil derjenigen Sekundarschüler, die technisch-berufliche Sekundarschulen besuchten stieg zwischen 1990 und 1996 von 35,5% (255.396 Schülerinnen und Schülern) auf rund 43,6% (309.264 absolut) – ein Anstieg, der allerdings auch vor dem Hintergrund der beschriebenen Umwandlung allgemeinbildender in berufsbildende Sekundarschulen gesehen werden muß.

Abbildung 24: **Sekundarschüler nach Schulzweigen (1990–1996)**

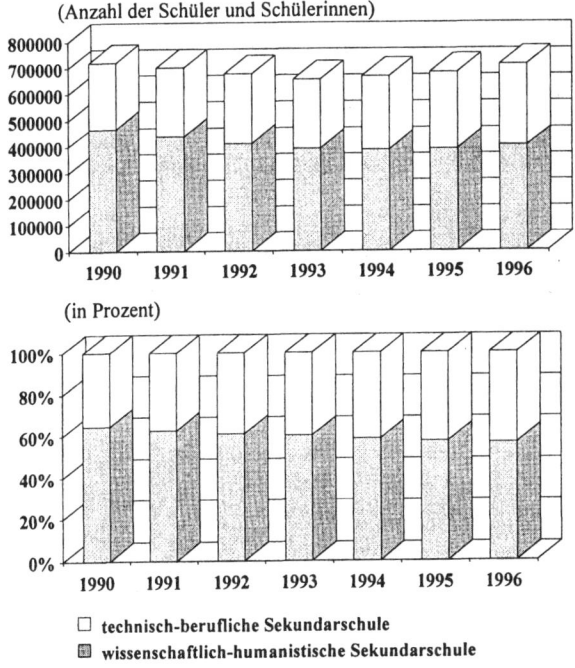

(Anzahl der Schüler und Schülerinnen)

(in Prozent)

☐ technisch-berufliche Sekundarschule
▦ wissenschaftlich-humanistische Sekundarschule

(UNESCO-Statistical Yearbook, mehrere Bände, Tabelle 3-7)

Es steht technisch-beruflichen Sekundarschulen bzw. den jeweiligen Schulträgern frei, im Weiterbildungssektor als privater Bildungsanbieter tätig zu werden. Dies setzt ihre Anerkennung als *Organismo Técnico de Ejecución* (OTE, Technisches Ausführungsorgan) durch den SENCE[241] voraus (zu den Bedingungen dieser Anerkennung vgl. Kapitel 4.7.2). Auch die einzelnen Bildungsmaßnahmen müssen vom SENCE autorisiert werden. Dazu muß der Antrag neben Namen, Zielen und Inhalten des Angebotes auch über Sachmittel, Teilnehmerzahl, Eingangsvoraussetzungen, Eignung der Dozenten, Gesamtdauer, für das Bestehen des Kurses geforderte Mindestkenntnisse und -fertigkeiten sowie eine detaillierte Kostenkalkulation Auskunft geben (vgl. Reglamento de Capacitación y Empleo, Artikel 13).

Bis Dezember 1993 nahmen 72 technisch-berufliche Sekundarschulen[242] als OTE an den Weiterbildungsprogrammen des Arbeitsministeriums teil und bildeten ein Drittel der

---

241 Halbautonome Institution des Arbeitsministeriums zur Koordination der Weiterbildung und der nonformalen Erstausbildung.
242 Von ihnen waren 49 kommunaler, 12 körperschaftlicher und 10 subventionierter privater Trägerschaft (MinEduc 1994: 32).

vom Programm begünstigten Jugendlichen aus. Das Bildungsministerium hält daran als positives Ergebnis für die Schulentwicklung fest:

„Die Teilnahme der Schulen am Weiterbildungsprogramm bedeutete einen signifikanten Wandel ihres Selbstverständnisses, denn die hier geleistete Arbeit bricht mit traditionellen Denkschemata. Im administrativen Bereich müssen Managementaufgaben z. B. im Bereich Projektentwicklung übernommen werden. Die Schulen müssen sich um die Verbesserung der materiellen Infrastruktur oder die Aufnahme und Pflege von Kontakten zur institutionellen Umwelt (Produktionsbereich, Kommune, Arbeitsministerium, lokale Organisationen) kümmern. Es wird notwendig, die Unterrichtsinhalte zu diversifizieren und sich an den Arbeitsplatzprofilen der Weiterbildungsnachfrager zu orientieren, die wiederum durch Arbeitsplatzanalysen ermittelt werden müssen." (MinEduc 1994: 32)

Das Ministerium räumt zwar ein, bislang seien Effekte dieser Funktionsausweitung auf die traditionelle Schulverwaltung nur marginal erkennbar geworden, hält jedoch die Öffnung der Schulen für den marktgesteuerten Weiterbildungsbereich dennoch für einen potentiell dynamisierenden Faktor in der Schulentwicklung (MinEduc 1994: 32).

Mit dem Ziel, Eigeninitiative und Selbstorganisation der einzelnen Schulen systematisch zu fördern, schreibt das MECE sog. *Proyectos de Mejoramiento Educativo* (Pädagogische Projekte) aus. Die inhaltlichen Schwerpunkte der einzelnen Projekte werden von den Schulen gesetzt, einzige Bedingung ist ein genereller Bezug zu schulischen Inhalten. Die bewußt offene Formulierung des inhaltlichen Rahmens (unterstützt werden z. B. Schulgärten, Theaterprojekte, Musikgruppen oder eine Filmkooperation mit dem Lokalsender) soll die Eigenständigkeit und Profilbildung der Schulen unterstützen (vgl. MinEduc 1994: 99).

Die Mittelvergabe geschieht durch die Regionalbehörden SEREMI anhand der Kriterien Qualität, Chancengleichheit und Nachhaltigkeit (FLACSO 1996: 39). Zwischen 1992 und 1995 wurden 3.111 Projektverträge mit 4.400 Primarschulen abgeschlossen. In der Zukunft soll das Programm der Pädagogischen Projekte auch von Sekundarschulen in Anspruch genommen werden können.[243]

Ein entscheidendes Handicap für die Durchsetzung der *‚pädagogischen Dezentralisierung'* ist der gravierende Mangel an professionellem Lehrpersonal.[244] Integraler Bestandteil der staatlichen Förderung dezentraler Institutionen sind daher Maßnahmen zur Professionalisierung und Statussicherung der Lehrer (vgl. auch Comisión Nacional 1994: 61ff.). Ihren gesetzlichen Niederschlag fanden diese Bemühungen im Erlaß des *Estatuto Docente.*

„Das Statut korrigiert Ungleichgewichte, die im Zuge des Dezentralisierungsprozesses entstanden sind, und unterstützt so die Akzeptanz der Dezentralisierung durch die Lehrerschaft." (OEI 1994: 16.2.1)

Die Privatisierung der Schulverwaltungen 1980/1981 hatte, dies wurde im Kapitel 3.7.2.3 bereits ausführlich dagelegt, einen Deprofessionalisierungsprozeß insbesondere der Lehrer an beruflichen Schulen eingeleitet. Das Lohnniveau sank drastisch, eine Fol-

---

243 Mündliche Information Martin Miranda, MECE, vom 20. 1. 97.
244 Zu der sukzessiven Deprofessionalisierung der Lehrerschaft an beruflichen Schulen seit der Abschaffung der Lehrerausbildung für technisch-berufliche Sekundarschulen durch Pinochet im Jahre 1976 vgl. Clement 1995.

ge sowohl der unvorteilhaften Zuordnung der Lehrer in die Einheitslohnlisten als auch der krisenhaften allgemeinen Wirtschaftslage (vgl. Cerda et al. 1991: 105f.). Das Gros der Lehrerschaft konnte seinen Mittelschichtsstatus nicht mehr halten, z.T. muß von einer regelrechten Verelendung der Lehrer gesprochen werden.[245]

Auch heute noch beträgt die Regelarbeitszeit der Lehrer an kommunalen Schulen 44 Zeitstunden, zu denen 33 Unterrichtsstunden gehören.[246] Die Arbeitszeiten an privaten Schulen werden lediglich durch das Arbeitsrecht begrenzt und betragen 48 Zeitstunden. Zugleich verfügen Lehrer über ein vergleichbar niedriges Einkommen wie z. B. Sozialarbeiter, Krankenschwestern oder Journalisten. Selbst angelernte Kräfte in der privaten Wirtschaft erhalten z.T. deutlich höhere Bezahlung. Diese Ungleichgewichte bewirken eine hohe Fluktuation bei den Lehrern, die in vielen Fällen langfristig eine Beschäftigung in der Privatwirtschaft vorziehen. Der Schuldienst wird gerade bei Berufspädagogen in vielen Fällen als ‚Einstiegs'-Job angesehen.

Die im Schuldienst verbleibenden Lehrer sehen sich oftmals gezwungen, parallele Deputate zu übernehmen, d. h. sie arbeiten, zusätzlich zu ihrer regulären Anstellung, stundenweise an anderen Schulen oder – im Falle der Lehrer an technisch-beruflichen Sekundarschulen – im Ausgangsberuf. Abgesehen von der daraus entstehenden Überbelastung der Lehrer bringen diese parallelen Stellen auch für die Schulorganisation Probleme mit sich: Die Stundenplangestaltung wird dadurch entscheidend erschwert, daß die Zeit der Lehrer nicht frei verfügbar ist.

Die demokratische Regierung Aylwin ergriff schon 1991 Maßnahmen zur sukzessiven Stabilisierung und Verbesserung dieser Situation. Im *Estatuto Docente* sind allgemeine Regelungen zu Vertragsbedingungen von Lehrern festgehalten. Es legt die beiden Einstellungsmodi *titulares* (festangestellt) und *contratado* (zeitweise beschäftigt) fest und nennt verbindliche Bedingungen für jeden der beiden Fälle. Festangestellten Lehrern an kommunalen Schulen wird der Beamtenstatus zugesichert, und die Verstöße, die im Falle einer Kündigung vorliegen müssen, sind detailliert benannt (Art.52). Offene Stellen für *titulares* an kommunalen Schulen müssen öffentlich ausgeschrieben und durch den Entscheid einer Kommission aus Mitgliedern der Verwaltung und der Schulen der Kommune[247] vergeben werden. Personalentscheidungen werden im Falle der kommunalen Einrichtungen[248] also weder ausschließlich zentral (durch den Schulträger oder das Ministerium), noch dezentral durch die Bildungsinstitution selbst getroffen.

Seit der Verabschiedung des *Estatuto Docente* ist die Möglichkeit, Lehrer kommunaler Schulen zu entlassen oder zu versetzen, stark eingeschränkt. In vielen Fällen resultiert

---

245 Das nationale Mindesteinkommen, das auch für Lehrer Gültigkeit besaß, betrug 1991 33.000 Pesos bzw. 94,30 US$ monatlich.

246 Lehrer mit mehr als 30 Jahren Berufspraxis können die Zahl der Unterrichtsstunden auf Antrag auf 24 reduzieren.

247 Nach Art. 30 des *Estatuto Docente* nehmen an diesen Comisiones Calificadoras de Concursos teil: der Verwaltungsdirektor des kommunalen Schulträgers, zwei Schuldirektoren aus der Kommune, von denen einer Direktor der betreffenden Schule ist, und zwei Lehrer der Fachrichtung, in der die Stelle besetzt werden soll.

248 An privat geführten Schulen werden Lehrer durch den Schulträger eingestellt, ohne daß eine öffentliche Ausschreibung erfolgt sein muß.

daraus ein Überhang an Lehrern. Die Relation Schüler pro Lehrer ging an kommunalen Schulen seit 1987 kontinuierlich zurück, während sie an subventionierten privaten Schulen etwa konstant blieb (vgl. die folgende Graphik).

Abbildung 25: **Verhältnis Schüler pro Lehrer nach Schulträgerschaft**
(1987–1993)

	kommunale Trägerschaft	subventioniert private Trägerschaft
1987	25,6	27,2
1989	22,1	26,2
1991	20,7	25,8
1993	20,7	26,7

(ILADES 1996: 85)

Um diesen unerwünschten Konsequenzen entgegenzusteuern, wurden Ende 1995 eine Reihe von Modifikationen am *Estatuto Docente* vorgenommen. Es ist nunmehr möglich, Lehrer auf eigenen Wunsch oder aufgrund veränderter Bedarfslagen innerhalb einer Kommune an eine andere Schule zu versetzen, ohne daß damit statusmäßige Einbußen verbunden wären. Zusätzlich wurde den Kommunen gestattet, Änderungen am Personalbestand im Falle gravierender Schwankungen der Schülerzahl, curricularer Änderungen, schulinterner Reorganisationen oder Fusionen von Schulen vorzunehmen (vgl. ILADES 1996: 86).

Zwar beschreibt auch das Estatuto Docente keine geregelte Berufslaufbahn für Lehrer, doch werden in den Artikeln 6, 7 und 8 die Positionen der Lehrer, Direktoren und didaktisch-methodischen Leiter definiert und als *„de carácter profesional de nivel superior"* (höhere professionelle Tätigkeit) eingestuft.

Die Statusvorteile, die mit dieser Regelung für die Lehrer verbunden sind, werden allerdings mit dem Verzicht auf eine Koppelung von Vertragsvorteilen an die *Leistung* der Lehrer, wie sie die neoliberalen Bildungspolitiker und auch das Bildungsministerium (MinEduc 1994: 72) zunächst intendiert hatten, erkauft. Die Umsetzung dieser Forderung scheiterte nicht nur an den Regelungen des reformierten *Estatuto Docente*, sondern auch an tradierten Statusansprüchen insbesondere im Schulleitungsbereich. So wurden in den Jahren 1995 und 1996 drei Gesetzentwürfe abgelehnt, die das Anstellungsverhältnis von Schuldirektoren zeitlich limitieren sollten. Den häufig noch unter Pinochet ernannten Direktoren steht diese Stellung auf Lebenszeit bzw. bis zu ihrer (freiwilligen) Pensionierung zu. Für neue Anstellungen ist indes die Regelung eingeführt worden, daß alle vier Jahre über eine Vertragsverlängerung neu verhandelt werden muß.[249]

Das *Estatuto Docente* legt über die allgemein geltenden Mindestlöhne hinaus Mindesteinkommen pro Unterrichtsstunde[250] fest, die zusätzlich durch verschiedene Zuschläge aufgestockt werden. Lehrer an kommunalen Schulen[251] können unter bestimmten Kon-

---

249 Mündliche Mitteilung Martin Miranda, MECE, vom 20. 1. 97.
250 Laut OEI (1994: 16) betrug dieses Mindesteinkommen pro Arbeitsstunde für Vorschul-, Primarschul- und Sonderschullehrer 5,42 US$ und für Sekundarschullehrer 5,72US$.
251 Den subventionierten privaten Institutionen wird die Zahlung von Zuschüssen (Zuschlag für Weiterbildung, 13. Monatslohn) lediglich nahegelegt.

ditionen eine *asignación de experiencia* (Erfahrungszuschlag),[252] eine *asignación de desempeño en condiciones difíciles* (Zuschlag für Berufsausübung unter schwierigen Bedingungen),[253] eine *asignación de responsabilidad directiva y técnico-pedagógica* (Zuschlag für leitende Positionen)[254] oder auch *asignaciones especiales de incentivo profesional* (besondere Zuschläge als beruflicher Anreiz)[255] beziehen. Die Einführung von *bonos de perfeccionamiento* (Weiterbildungsgutscheinen) und *asignaciónes de perfeccionamiento acumulado* (Weiterbildungszuschlägen) soll Lehrer zur Teilnahme an Weiterbildungsmaßnahmen motivieren.

1993 wurde ein neuer, dienstalterbezogener Zuschlag eingeführt (*unidad de mejoramiento profesional*). Neu ins System eintretende Lehrer erhalten einen Aufschlag von 12.585 Pesos (ca. 50 DM), Lehrer mit dreißig Jahren Berufserfahrung bekommen 18.600 Pesos (ca. 80 DM) mehr Lohn. Ein Ausgleichsfond soll sicherstellen, daß kein Lehrer einen Bruttolohn von weniger als 100.000 Pesos (ca. 400 DM) erhält (LA EPOCA vom 1.10.1993: 19). Der einzige tatsächlich leistungsbezogene Zuschlag (*asignación de rendimiento*), den das Gesetz vorsieht, ist eine freiwillige Leistung der einzelnen Kommunen und Schulverwaltungen.

4.7.1.5   Leitziel Integration

Neben diesen Maßnahmen zur Stärkung von Dezentralisierung und Schulautonomie leiteten die Regierungen Aylwin und Frei jedoch gleichzeitig Schritte zur Vereinheitlichung und Integration des Gesamtsystems ein. Zwei Folgeprobleme der Privatisierungs- und Dezentralisierungsmaßnahmen der 80er Jahre hatten sich als besonders gravierend für das Bildungswesen erwiesen: Zum einen führte die Ausdifferenzierung des Bildungssystems zu einer starken Segmentation des Bildungsangebotes, die mit teilweise unüberwindlichen Mobilitätshindernissen zwischen den einzelnen Schulformen einherging (vgl. Vergara et al. 1986: 10). Zum anderen stellt sich der Bildungsmarkt als zunehmend intransparent dar, und zwar sowohl für die Bildungsnachfrager, denen zuverlässige Informationen über das Angebot kaum zugänglich sind (vgl. Espínola 1989: 68f.; Rounds 1997: 124), als auch für potentielle Arbeitgeber, da der Informationsgehalt der erworbenen Zertifikate allgemein als gering und unübersichtlich eingeschätzt wird.

---

252 Nach 2 Jahren Lehrtätigkeit erhöht sich der Lohn um 6,76% des Mindestlohnes, alle weiteren 2 Jahre um 6.66%. Die 100%ige Lohnerhöhung nach 30 Dienstjahren bildet die Höchstgrenze für diesen Zuschlag.
253 Die „schwierigen Bedingungen" beziehen sich auf die geographische Lage, „Provinzlage" (ruralidad efectiva), Marginalität, extreme Armut der Schülerpopulation und Zweisprachigkeit der Schüler. Die Höchstgrenze für diesen Zuschlag beträgt 30% des Mindestlohnes. Er wird über ein Punktesystem errechnet, in dem die spezifische Situation der Schule berücksichtigt wird. So erhält zum Beispiel die Schule 100 Punkte für „geographische Isolation", die 240 Minuten oder mehr zu Fuß, mit Pferd oder Maultier oder im Kanu von der nächsten Stadt mit 5000 Einwohnern (ciudad de referencia) entfernt liegt. Für „Provinzlage" erhält 100–81 Punkte, wer an einer Schule mit einem oder zwei Lehrern bis zu 80 Schüler unterrichtet, wer an einer ähnlichen Schule bis zu 90 Schüler unterrichtet, aber nur 80–61.
254 10%–20% des Mindestlohnes.
255 Diese Zuschläge werden von den Kommunen finanziert und auch von diesen mit den Lehrern ausgehandelt.

1993 existierten im Bereich der beruflichen Sekundarschulbildung 403 *especialidades* (Spezialisierungen, *„Ausbildungsberufe"*), für die in 1.470 *cursos („Ausbildungsgängen")* ausgebildet wurde. Die zehn wichtigsten *especialidades*[256] deckten mit 598 *cursos* ca. 40% des Kursangebotes ab (PIIE 1994: 36). Allein im Bereich Sekretariat wurden 33, im Bereich Verwaltung 28 unterschiedliche *especialidades* unterrichtet. Ca. 70% der *especialidades* (276) wurden landesweit nur einmal, ca. 80% nur ein- oder zweimal angeboten (ebd.). Kurse mit unterschiedlichen Bezeichnungen beinhalteten z.T. identische Lerngegenstände, andere hatten zwar dieselbe Bezeichnung, doch unterschiedliche Inhalte (vgl. ausführlich Clement 1995: 4 f.).

Eine rationale Entscheidung der Bildungsnachfrager für oder gegen einen bestimmten Bildungsgang wird in Chile durch das Fehlen transparenter Bildungsstrukturen erschwert. Das staatliche Informationsangebot beschränkt sich bislang auf die schulischen *orientadores* (Beratungslehrer), die allerdings eher die Funktion von Vertrauenslehrern oder psychologischen Betreuern erfüllen. In der Regel werden hier bezüglich der Wahl des Bildungsweges nur allgemeine Verhaltensregeln und Grundsätze vermittelt (vgl. CIDE 1990: 101ff.). Die Veröffentlichung des Ergebnisse des nationalen Leistungstestes SIMCE ermöglicht es Bildungsnachfragern zwar, Primarschulen untereinander zu vergleichen, doch ist die Aussagekraft dieser nur auf wenige Fächer bezogenen Prüfung relativ gering. Für Sekundarschulen existieren selbst diese Daten nur für einen kleinen Teil der Schulen.

Auch auf seiten der einstellenden Unternehmen gilt der Informationswert eines Schulabschlusses als gering. Studien zeigen, daß viele Unternehmer Einstellungen überwiegend unsystematisch und intuitiv vornehmen bzw. persönlichen Beziehungen und Empfehlungen eine außerordentlich große Bedeutung beimessen (vgl. Rittershausen et al. 1992: 99).

Das *Programa de Modernización* von 1994 fordert daher für das chilenische Bildungssystem:

> „Das Bildungssystem benötigt Instrumente zur Leistungsbewertung der Sekundarschulen, um die Arbeit der Institutionen sowie des Gesamtsystems überwachen zu können, Standards für die Tätigkeit der Dozenten zu entwickeln, der Öffentlichkeit im allgemeinen und den Familien im besonderen Informationen bereitzustellen (als notwendige Bedingungen für die Wahl der Schule ebenso wie für die Rechenschaftsleistung – accountability – des Systems über seine Arbeit) sowie eine geeignete Informationsgrundlage für politische Entscheidungen zu schaffen." (MinEduc 1994: 72, ähnlich auch: Comisión Nacional 1994: 73)

Seit Beginn der 90er Jahre wurde eine Reihe von Maßnahmen eingeleitet, die über Standardisierung und Vereinheitlichung von Unterrichtsinhalten und -abschlüssen sowie eine intensivere Aufarbeitung und Bereitstellung von Informationen hier Abhilfe zu schaffen suchen.

Das Procedere der Curriculumerstellung für die Sekundarstufe ist durch das Dekret 300 aus dem Jahre 1981 für die allgemeinbildenden und das Dekret 130 von 1988 für die

---

256 Buchhaltung, Verkauf und Werbung, Elektrik, Landwirtschaft, Kindergartenpädagogik, Textil, EDV, Maschinen und Werkzeuge, Verwaltung und Sekretariat.

technisch-beruflichen Sekundarschulen gesetzlich festgeschrieben. Beide Dekrete zielten im Grundsatz auf die Dezentralisierung und Flexibilisierung der Curriculumerstellung. Didaktische und curriculare Entscheidungen sollten künftig vor allem von der einzelnen Schule mit Blick auf die lokalen Gegebenheiten und Anforderungen gefällt werden. Diese Erwartungen erfüllte die gesetzliche Änderung jedoch in den meisten Fällen nicht. 1994 stellte das Bildungsministerium fest:

> „Die Politik ging über den Erlaß der Dekrete nicht hinaus, und die Schulen wurden in ihren Anstrengungen zur Erneuerung der Curricula nicht unterstützt. [...] Im Falle der allgemeinbildenden Sekundarschulen bedeutete Flexibilisierung in der <u>Wirklichkeit</u> [...] – und insbesondere im Kontext wirtschaftlicher Armut – in vielen Fällen nicht mehr als <u>Reduktion</u> der curricularen Inhalte (Hervorh. im Text). Im Fall der technisch-beruflichen Sekundarschulen produzierten die Leitlinien und Regelungen des sog. Rahmencurriculums von 1983 ein überdimensioniertes und wenig organisches Anwachsen der Zahl der Fachrichtungen und Spezialisierungen, [...], das weder zur Entwicklung der Regionen beitrug noch den Bedürfnissen der Schüler gerecht werden konnte." (MinEduc 1994: 46).

Die demokratischen Regierungen behielten den Grundsatz der dezentralisierten Lehrplanerstellung im wesentlichen bei (MinEduc 1994: 44f.; Comisión Nacional 1994: 53ff.). Die Einflußnahme der Bildungsinstitutionen auf die Gestaltung von Ausbildungsplänen und -inhalten sei Ausdruck einer Gesellschaft, *„die Raum dafür gibt, daß sich die Sicht der sozialen Akteure in den Lehrplänen niederschlägt, das heißt, daß die Schüler das Wissen, die Fähigkeiten, Kenntnisse und Werte (dieser sozialen Akteure) erlangen, entwickeln und internalisieren. Auf diese Weise erreichen wir eine demokratische Gestaltung der Lehrpläne. Es geht hier nicht mehr nur darum, daß bestimmte Minoritäten auf die Lehrplaninhalte Einfluß nehmen, sondern die Lehrpläne werden Beratungsgegenstand aller gesellschaftlichen Gruppen"* (MinEduc 1994: 23).

Doch andererseits vertraut das Bildungsministerium nicht mehr nur darauf, daß sich die für eine zeit- und sachgemäße Curriculumentwicklung notwendigen Kompetenzen und Ressourcen von selbst herausbilden sondern macht die realen Defizite in der institutionellen, materiellen und personellen Struktur der damit betrauten Institutionen deutlich und versucht, sie zu beheben.

> „Das Bildungssystem verfügt heute weder über die institutionelle Struktur noch über die Mittel oder Methoden für den Entwurf, die Umsetzung, Evaluierung oder permanente Anpassung der Curricula [...] . In diesem Zusammenhang verweist die internationale Erfahrung eindeutig auf die Notwendigkeit nationaler Instanzen zur Orientierung curricularer Entscheidungen [...]." (MinEduc 1994: 45).

Gleichzeitig wird mit Rekurs auf die Erfahrungen erfolgreicher südostasiatischer Länder betont, ein robustes Institutionengefüge für den Entwurf und die Evaluierung von Lehrplänen sowie zentrale Instanzen zur Evaluierung und Zertifizierung der Leistungen seien zur Sicherung der internen und externen Effizienz von Bildungssystemen unabdingbar (MinEduc 1994: 58).

Als erste Maßnahme definierte das Bildungsministerium einen Aktionsbereich *Curriculum und Evaluierung* als Teil des *Programa de Modernización* von 1994 mit der Aufgabe, die Kompetenz zentraler und dezentraler Einrichtungen zur Evaluierung und Anpassung der Curricula zu erhöhen und dazu Kommunikationsmechanismen zwischen

Bildungseinrichtungen und unterstützenden Forschungs- und Entwicklungsinsitutionen zu etablieren (MinEduc 1994: 77ff.). Zu diesem Zweck fordern die Autoren die Einrichtung einer zentralen *Unidad Técnica de Curriculum y Evaluación* (Abteilung für Curriculum und Evaluierung) im Ministerium. Diese Abteilung wird mit der Koordination der Lehrplanerstellung beauftragt, während die eigentliche Entwicklung didaktischen und methodischen Materials durch externe Institutionen geleistet werden soll (vgl. MinEduc 1994: 80). So schrieb das Ministerium Projekte zur Entwicklung von didaktischem Material in fünf Fachdisziplinen (Sprache und Kommunikation, Mathematik, Naturwissenschaften, Sozial- und Geisteswissenschaften und Technologie) aus. Für die neu entstandenen *liceos polivalentes*, d. h. diejenigen allgemeinbildenden Sekundarschulen, die in technisch-berufliche Sekundarschulen umgewandelt wurden und nun auch berufliche Bildung vermitteln, wurden ebenfalls Projekte zur Lehrplanentwicklung vergeben.

Als politischer und juristischer Hebel zur Durchsetzung einheitlicher Rahmenrichtlinien und Unterrichtsinhalte diente dem Ministerium das *Ley Orgánica Constitucional de Enseñanza* (LOCE). Dieses wenige Tage vor Regierungsantritt der demokratischen Opposition noch von Pinochet verabschiedete Gesetz forderte, wie im Kapitel 4.7.1 dargestellt, die Einführung zentraler *Objetivos Fundamentales y Contenidos Mínimos Obligatorios* (grundlegender Lehrziele und verbindlicher Mindestinhalte).

In einer ersten Phase wurden diese Mindestinhalte in Zusammenarbeit mit dem Weltbankprojekt MECE für die Primarschulbildung formuliert und dienten hier als inhaltliche Grundlage für die Erstellung von Rahmenlehrplänen. Das Aufbauprojekt MECE-Media zur Verbesserung der Unterrichtsqualität an Sekundarschulen versucht nun, neue Mindestinhalte auch für die Sekundarschule zu entwickeln, traf jedoch im Fall der technisch-beruflichen Sekundarschulen auf ein gravierendes strukturbedingtes Hindernis. Für diesen Schulzweig liegen nämlich nach der Dezentralisierungsreform von 1981 Rahmenlehrpläne lediglich als technisch-administrative Hinweise (Abrechnungsmodalitäten, Interviewleitfäden zur Ermittlung des Qualifikationsbedarfs in der Region etc.) für die Erstellung dezentraler Lehrpläne vor. Mindestinhalte lassen sich aus diesen Hinweisen weder ableiten, noch bieten sie die Handhabe zur Durchsetzung einheitlicher Unterrichtsstandards. Über die Funktion der inhaltlichen Orientierung hinaus werden daher im Falle der technisch-beruflichen Sekundarschulen die *Objetivos Fundamentales* zu einem Mechanismus, mit dessen Hilfe die Struktur der Curriculumentwicklung und Unterrichtsevaluierung neu gestaltet werden kann.

Die seit Anfang 1997 vorliegenden Rahmenprogramme definieren Eckpunkte für 37 *especialidades* (‚Ausbildungsberufe') in 12 *sectores* (Forst- und Holzwirtschaft, Landwirtschaft, Ernährung, Bau, Metall, Elektrik, Seefahrt, Bergbau, Graphik, Textil, Handel und Verwaltung und Soziales), die den Ausbildungsgang innerhalb eines definierten Arbeits- und Aufgabenkontextes verorten. Es handelt sich im einzelnen jeweils um: 1. das berufliche Feld (*campo ocupacional*), 2. die Materialien und Arbeitsgegenstände (*insumos*), 3. die Arbeitsprozesse (*procesos*), 4. die Arbeitsmittel, Instrumente und Werkzeuge (*equipos, instrumentos y herramientas*) und 5. die Arbeitsergebnisse (*productos*) sowie 6. ein Qualifikationsprofil (*perfil del egresado*), über das der Absolvent nach Abschluß der Ausbildung verfügen sollte.

Die *Objetivos Fundamentales* zielen darauf ab, technisches Spezialwissen auf einer mittleren Qualifikationsebene zu vermitteln. Gleichzeitig sind sie jedoch an dem Leitbild einer *formación general para una vida de trabajo* (eine allgemeine Bildung für das Arbeitsleben) ausgerichtet und beanspruchen für sich, eine solide Grundlage für möglichst hohe Mobilität und lebenslanges Lernen zu bieten.

Die inhaltliche Ausgestaltung der Rahmenvorgaben obliegt nach wie vor der einzelnen Schule, so daß die Autonomie der dezentralen Einheiten und damit die Möglichkeit, Curricula an der Nachfrage und den lokalen Gegebenheiten auszurichten, von der Reform unangetastet bleibt. Explizit wird auf die Formulierung von *Contenidos Mínimos Obligatorios* (verbindliche Mindestinhalte) zugunsten des allgemeiner gefaßten Kompetenzbegriffes und des *Perfil del Egresado* (Qualifikationsprofil) verzichtet. Die Schulen nehmen jedoch bei der Gestaltung ihrer *programas* (Lehr- und Unterrichtspläne) auf die Qualifikationsprofile Bezug, so daß dem Bildungsministerium nunmehr auch ein inhaltlich begründetes Instrumentarium zur Evaluierung und Anerkennung der Lehrpläne zur Verfügung steht. Die Festlegung der *Objetivos Fundamentales* für die technisch-beruflichen Sekundarschulen in Gesetzesform ist für das Jahr 1998 vorgesehen.[257]

Die Diskussion um die Einführung zentraler Curriculumvorgaben ist eng verbunden mit der Frage, wie ihre Umsetzung überwacht werden kann und auf welche Weise die Erlangung eines solcherart standardisierten Abschlusses dokumentiert bzw. zertifiziert werden sollte.

Angesichts der hohen Abbrecherquoten nach dem zweiten Sekundarschuljahr ist heute die Einführung eines dem eigentlichen Sekundarschulabschluß vorgeschalteten Zertifikats nach dem ersten Zyklus (10. Schuljahr) im Gespräch. Ebenfalls wird eine national einheitliche Zertifizierung des beruflichen Sekundarschulabschlusses anhand der in Berufsbildern (*Perfiles*) standardisierten beruflichen Kenntnisse erwogen (vgl. MinEduc 1994: 80).

Die *Comisión Nacional* (1994: 58) vertrat allerdings von Anfang an die Ansicht, daß die Nachteile der *„Bürokratisierung der Lehrplanentwicklung"* die Vorteile, die aus der Vereinheitlichung der Zertifizierung entstehen könnten, kaum aufwiegen könnten. Zwar sei eine Standardisierung der Zeugnisse die Voraussetzung für eine stärkere Aussagekraft der Abschlußzertifikate, andererseits bleibe ungewiß, ob der Arbeitsmarkt die Sekundarschulzeugnisse je als Selektionsinstrument nutzen werde.

Die Kommission empfiehlt daher statt dessen, die notwendige Qualitätssicherung mit Hilfe von Prozeßevaluierungen durchzuführen, bei der Institutionen über einen längeren Zeitraum hinweg durch externe Berater in ihrer Arbeit unterstützt und beurteilt werden. Im tertiären Bildungsbereich ist dieses Vorgehen für die privaten Universitäten und In-

---

257 Mündliche Mitteilung des innerhalb des Bildungsministeriums für die Vorlage verantwortlichen Mitarbeiters Martin Miranda am 20.1.97.

stitute üblich, seitdem 1990 ein halbstaatliches Gremium, der *Consejo de Educación Superior*, mit der Aufsicht über die nicht-traditionellen Universitäten betraut wurde. Zwischen 1990 und 1993 unterwarfen sich 30 der 45 privaten Universitäten und 26 der 76 *Institutos Profesionales* dem Verfahren der sog. schrittweisen Akkreditierung (ausführlich: Muga et al. 1996: 146ff.). Der *Consejo de Educación Superior* wird aus Vertretern der traditionellen Universitäten gebildet und überprüft über mehrere Jahre sowohl die den Universitätsstatus beantragenden Institutionen als auch deren Lehrtätigkeit. In den ersten Jahren nach Einführung dieser Regelung im Kontext der Privatisierungsreformen wurde den Anträgen in aller Regel stattgegeben, und die Loyalitätsbindungen innerhalb der Professorenschaft erwiesen sich als ernsthaftes Hindernis für eine kritische Auseinandersetzung mit der Arbeit anderer Bildungsinstitutionen. In neuerer Zeit setzt sich jedoch eine härtere Gangart durch. In den Jahren 1995 und 1996 wurden sechs private Universitäten wegen ihres mangelhaften Angebotes geschlossen. Obgleich diese Maßnahmen für die betroffenen Studenten beträchtliche Schwierigkeiten aufwarf, wird sie wegen der erhofften Signalwirkung auf andere Institutionen allgemein als sehr positiv bewertet.[258]

Für den Sekundarschulbereich werden sich solche Formen der gremieninternen Evaluierung kaum durchsetzen lassen. Das Grundkonzept einer eher prozeßhaften Evaluierung über einen längeren Zeitraum hinweg erwies sich jedoch als positiv. Die Verbindung externer und interner Evaluierung, wie sie hier praktiziert wird, läßt es eher als die punktuelle Kontrolle administrativer Aspekte zu, institutionelle und inhaltliche Ziele gemeinsam zu formulieren und ihre Verfolgung langfristig zu begleiten; dies zeigen auch die in Kapitel 4.5.2 referierten internationalen Erfahrungen. Für den Sekundarbereich wird daher erwogen, diese Aufgaben der Qualitätssicherung und Organisationsentwicklung schrittweise an die Supervisoren des Bildungsministeriums zu übertragen.

Die Ergänzung hierarchischer Kontrollmechanismen durch unterstützende Maßnahmen der Selbstevaluierung und des sozialen Austausches soll in Chile künftig auch auf institutioneller Ebene verankert werden. Es ist geplant, die Schulen mehr und mehr in ein Netz informeller Unterstützung und Beratung einzubinden, das, im Unterschied zu zentralistischen Steuerungsmodellen, nicht mehr nur vertikal, sondern auch horizontal zwischen den Schulen sowie zwischen ihnen und den beratenden Institutionen (Universitäten, Beratungsunternehmen etc.) funktionieren soll. Als bedeutsamster Versuch einer solchen Vernetzung kann das *Red Enlace* (Verbindungsnetz) gelten.

1995 beschloß das Bildungsministerium die Schaffung dieses Koordinationsinstrumentes, an dem etwa 20 Universitäten und Institutionen aus dem Höheren Bildungswesen beteiligt sind. Das *Red Enlace* ist in sieben Regionen mit jeweils einer Universität als regionalem Zentrum aufgeteilt. Die Institutionen sind mit der technischen Betreuung sowie der Weiterbildung und didaktisch-methodischen Unterstützung der Lehrer betraut und sollen auch den zur Entwicklung und Anpassung von Unterrichts-

---

258 Mündliche Mitteilung Martin Miranda, MECE, am 20. 1. 97.

programmen notwendigen Informationsaustausch fördern (MinEduc 1994: 79; FLACSO 1996: 47). Das zunächst auf zwei Jahre ausgelegte[259] Projekt wird als ausgesprochen erfolgreich angesehen (World Bank 1997: 2).

Technische Unterstützung sollen die einzelnen Schulen auch über ein loses Netz von Institutionen und Experten erhalten, die sich entlang bestimmter thematischer Felder (Curriculum, Lehr-/Lernprozesse, Evaluierung, Jugendalter, Verwaltung und pädagogische Arbeitsmittel) formieren. Als Ergebnis einer öffentlichen Ausschreibung des Bildungsministeriums im Jahre 1995 wurden 3.117 Entwürfe zur Reformierung dieser Problembereiche von 261 Institutionen vorgelegt (FLACSO 1996: 49).

Eine besonders weit entwickelte Variante dieser Form des „loose coupling" (vgl. Kapitel 4.5.2) stellt das *Red de Ayuda* (Hilfsnetz) der *Universidad Santiago de Chile* (USACH) dar. Seit Dezember 1994 veranstaltet die Universität regelmäßige Treffen zwischen Akteuren aus Verwaltung, Schule und Universität zur Identifizierung von Problemen und Unterstützungsmöglichkeiten. Das *Red de Ayuda* soll langfristig als Teil *Red Enlace* funktionieren und vor allem Hilfestellungen im Bereich der Curricularentwicklung bieten. Parallel dazu veranstaltet die USACH eine breite Palette ein- bis zweitägiger Weiterbildungskurse für Lehrer und Schuldirektoren.[260]

4.7.2   Aus- und Weiterbildung unter der Ägide des Arbeitsministeriums

Die in der Ära der importsubstituierenden Industrialisierung lateinamerikaweit entstandenen Nationalen Berufsbildungsinstitute (vgl. Kapitel 2.7.2.1) gerieten durch die Strukturanpassungsmaßnahmen der 80er Jahre zunehmend unter Reformdruck. In vielen Ländern reagierten sie mit einer Ausweitung der Angebotspalette insbesondere im mittleren und höheren Qualifikationsbereich, einer Öffnung der institutionellen Struktur und der Stärkung des Weiterbildungsbereiches. Die Notwendigkeit, Qualifikationen für Arbeitsplätze mit sehr heterogenen Anforderungen auf ganz unterschiedlichem technologischen Niveau bereitzustellen, zwingt die IFP zunehmend, sich auch im Bereich der angewandten Forschung und Entwicklung sowie im tertiären, außeruniversitären Bildungsbereich zu engagieren (vgl. ausführlich Arnold 1991: 117ff.; CEDEFOP 1993; CEPAL 1994; CINTERFOR 1990 und 1994).

Die rasche und kompromißlose Einführung marktwirtschaftlicher Prinzipien im Bereich der sog. non-formalen Bildung durch die Regierung Pinochet (vgl. Kapitel 3.7.4) führte dazu, daß sich hier die neuen Steuerungsmechanismen bereits weitgehend etablieren konnten, während sich im formalen Bildungsbereich, wie dargestellt, die Umgestaltung der Entscheidungs- und Kompetenzstrukturen noch im Fluß befindet. Der *Servicio Nacional de Capacitación y Empleo* (SENCE) hat sich eine solide politische Position mit einiger strukturgestaltender Kraft und Steuerungskompetenz erarbeiten können. Außer den politischen und koordinierenden Aufgaben ist der SENCE für die verwaltungstech-

---

259 Eine Gesamtdauer von fünf Jahren ist bisher vorgesehen.
260 Diese Informationen sind z. T. Ergebnis mündlicher Mitteilungen des Projektinitiators Carlos Montero, z. T. sind sie den entsprechenden Sitzungsprotokollen entnommen.

nische Abwicklung von Stipendienprogrammen, die Bereitstellung von Beschäftigungs-statistiken sowie für die Supervision der lokalen *Oficinas Municipales de Colocación* (Arbeitsvermittlungsbüros, OMC) zuständig (vgl. Sánchez 1992: 17f.; SENCE 1993: 11ff.).

Die Umsetzung und Ausführung der Ausbildungsprogramme wird regelmäßig an *Organismos Técnicos de Ejecución* (OTE) verschiedenster Provenienz (private Einrich-tungen, berufliche Schulen, *Centros de Formación Técnica*, Universitäten[261]) vergeben. 1993 existierten ca. 1700 OTE, die jeweils vom SENCE als Institution akkreditiert[262] und zur Erteilung der einzelnen Kurse berechtigt werden (vgl. ausführlich: Echeverría 1989; Sánchez 1992: 20). Außerdem ist der SENCE mit der technischen Beratung und Unterstützung der OTE beauftragt und verbindet auf diese Weise staatliche Aufsicht und Koordination mit der Marktregulation durch Wettbewerb und Leistungsanreize.[263]

Schließlich existieren sieben sog. *Organismos Técnicos Intermedios* (OTIR), als private, durch den SENCE anerkannte Körperschaften mit der Aufgabe, Weiterbildungs-aktivitäten zu fördern, zu koordinieren und zu überwachen. OTIRs sind in den meisten Fällen sektorspezifische Organisationen, die von Unternehmenskörperschaften gegrün-det werden[264] und denen sich einzelne Unternehmen anschließen. OTIR dürfen selbst keine Weiterbildung durchführen, sondern sind ausschließlich mit der Abstimmung von Weiterbildungsbedarf und -angebot betraut. Allerdings verwischen diese Funktionen dort, wo OTIR gleichzeitig OTE gründen und somit sowohl mit der Vergabe als auch mit der Ausführung von Weiterbildungsaufträgen betraut sind.

Der SENCE ist einerseits für Anlern- und Kompensationsprogramme außerhalb des formalen Bildungssystems und andererseits für die Koordination und Förderung der be-trieblichen Weiterbildung zuständig.

4.7.2.1 Anlern- und Kompensationsprogramme

Nach wie vor ist die Jugendarbeitslosigkeit in Chile ein gravierendes Problem. Trotz des hohen Deckungsgrades (respektive der hohen Absorptionsfähigkeit) der Sekundarschule sind etwa 30% der Jugendlichen zwischen 14 und 24 Jahren weder in den Arbeitsmarkt integriert, noch nehmen sie an einer Ausbildung des formalen Bildungssektors teil (vgl. CPC 1996: 185).

---

261 Zur Beteiligung der Universitäten an Aktivitäten der betrieblichen Weiterbildung vgl. ausführlich: SENCE 1994a.

262 Um als OTE anerkannt zu werden, müssen die Bewerber ihren Status als Rechtsperson nachweisen, belegen, daß die Weiterbildung zu ihren Geschäftszwecken gehört, ein dauerhaft besetztes Büro in der Region unterhalten und eine eidesstattliche Erklärung darüber abgeben, daß sie die für die Durchfüh-rung ihres Weiterbildungsangebotes notwendige Infrastruktur, Material- und Personalressourcen be-sitzen. Nach Vorprüfung in der jeweiligen Regionaldirektion des SENCE wird auf zentraler Ebene über die Anerkennung, Wiedervorlage oder Ablehnung des Antrages entschieden (vgl. Clement et al. voraussicht. 1998 Kap. 3.7).

263 Teilweise wird die Zahlung eines Prozentsatzes der Subventionen des SENCE von Teilnahme- und Absolventenzahlen der Kurse abhängig gemacht (vgl. CEPAL 1992: 171).

264 Sechs von sieben OTIR sind sektorspezifisch. Zu ihnen gehören ASIMET (Metallindustrie), Cámara Chilena de la Construcción (Baugewerbe), Sociedad de Fomento Fabril (Industriegewerbe), Cámara de Comercio (Handel), Confederación Unida Pequeña Industria y el Artesano (Kleinhandwerk), und Asociación Gremial del Transporte de Pasajeros (Personenbeförderung).

Während der Zeit der Militärregierung hatten zahlreiche Nicht-Regierungsorganisationen sozialpädagogisch motivierte Ausbildungsprogramme durchgeführt, um die Integration dieser Jugendlichen zu fördern. Mit dem wirtschaftlichen Erfolg des Landes und dem Übergang zur Demokratie ging die internationale Unterstützung solcher Initiativen zu Beginn der 90er Jahre drastisch zurück. Die demokratischen Regierungen – durch zahlreiche personelle Kontinuitäten mit den Nicht-Regierungsorganisationen noch aus Zeiten der Opposition verbunden – bemühen sich seither darum, deren langjährige Erfahrung für die staatliche Sozialpolitik nutzbar zu machen und gleichzeitig die Koordination der einzelnen Ansätze in einem Gesamtkonzept sicherzustellen. Dies gelingt mindestens teilweise durch die öffentliche Ausschreibung der SENCE-Programme, die den entsprechenden Nicht-Regierungsorganisationen die Möglichkeit gibt, ihre Arbeit mit Hilfe nationaler Finanzmittel und im Rahmen einer nationalen Konzeption fortzusetzen. Allerdings entsteht für diese Organisationen so auch der Zwang, untereinander um die Projekte zu konkurrieren und erhebliche Anstrengung darauf zu verwenden, den je aktuellen Anforderungen der Ausschreibungen gerecht zu werden. Eine kontinuierliche und langfristige Arbeit mit einer bestimmten Zielgruppe wird dadurch erschwert.

Die öffentliche Zuständigkeit für die Kompensations- und Anlernprogramme liegt hauptsächlich beim Arbeitsministerium[265] bzw. beim SENCE. Die Finanzierung erfolgt über Unternehmenssteuern, Sonderhaushalte sowie aus Mitteln der internationalen Kooperation.

Die während der Militärdiktatur initiierten Programme des SENCE (Stipendienprogramm und Lehrlingsprogramm) wurden fortgesetzt. Zusätzlich wurde 1991 in Kooperation mit der *Banco Interamericano de Desarrollo* (BID, Interamerikanische Entwicklungsbank) das Projekt *Chile Joven* aufgelegt. Das Projekt umfaßt einen Zeitraum von vier Jahren und ein Gesamtvolumen von 80 Mio. US$. Allein im Jahr 1994 nahmen 20.174 Jugendliche an Ausbildungsprogrammen in ca. 10.000 Unternehmen teil (SENCE 1994b).

Das Projekt umfaßt Maßnahmen zur Stimulation von Ausbildungsangeboten durch Ausstattungsbeihilfen (in Form von *leasing* und Dozentenweiterbildung) sowie die technische Beratung von beruflichen Schulen, Weiterbildungsanbietern (OTE) und lokalen Arbeitsvermittlungsbüros. Der Schwerpunkt der Arbeit liegt bei den eigentlichen Ausbildungsprogrammen für Jugendliche, die sich wiederum in vier Aktionslinien gliedern (vgl. z. B. Mizala et al. 1995):

---

265 Das MinEduc kooperiert mit dem Arbeitsministerium bei zwei Subprogrammen: 1.) *Asistencia técnica;* hier geht es um Unterstützung bei der Vorbereitung, Formulierung und Vorstellung von Unterrichtsprogrammen und -entwürfen für die verschiedenen Ausschreibungen des Arbeitsministeriums. Das Programm bot 30 OTE und 230 EMTP Unterstützung bei der Teilnahme an diesen Ausschreibungen. Die Gesamtkosten betrugen im Zeitraum 1992–1994 72,7 Mio. Peso. Weiterbildung von Lehrern und Ausbildern; diejenigen OTE und EMTP, die über die Programme des Arbeitsministeriums tätig werden, können ihre Lehrer und Ausbilder an spezialisierten Weiterbildungsprogrammen teilnehmen lassen. Allein im Januar 1994 nahmen über 2.000 Lehrer und Ausbilder an solchen Programmen teil, die Gesamtkosten im Wert von 454,1 Mio. Peso verursachten.

- *Capacitación y Experiencia Laboral* (Ausbildung und Arbeitspraktika): Es handelt sich um einführende Theoriekurse mit anschließenden Betriebspraktika von vier- bis sechsmonatiger Dauer für arbeitslose Jugendliche. Zwischen 1991 und 1995 wurden knapp 91.000 Ausbildungsplätze in dieser Linie bereitgestellt (MinEduc 1995: 532.01).

- *Aprendizaje con Alternancia* (Alternierende Lehrgänge): Eine betriebliche Ausbildung wird durch theoretische Unterweisungen in Form von Kursen begleitet. Betrieben, die Jugendlichen im Rahmen dieses Programmes einen 6–12 monatigen Ausbildungsvertrag geben, werden 40% der Ausbildungsvergütung (in Höhe des Monatsmindestlohnes) erstattet. Etwa 2.500 Jugendlichen wurde im Projektzeitraum eine Teilnahme an diesem Programm geboten (MinEduc 1995: 532.01).

- *Formación y Capacitación* (Bildung und Ausbildung): Dieses stärker sozial-pädagogisch ausgerichtete Konzept ist vor allem auf die Kompensation von Sozialisationsdefiziten ausgerichtet. Der schulische Anteil ist höher als bei den anderen Programmen, und die Linie wird nicht vom SENCE, sondern von der Sozialbehörde FOSIS getragen. FOSIS konnte zwischen 1991 und 1995 rund 26.000 Jugendlichen einen Platz in dieser Programmlinie anbieten (MinEduc 1995: 532.01).

- *Trabajo Independiente* (selbständige Arbeit): Dieses Unternehmensgründungsprogramm für Jugendliche besteht aus ca. 350 Theoriestunden und einer anschließenden technisch-administrativen Betriebsberatung. Die Teilnahme ist mit der Vermittlung von Existenzgründungsdarlehen verbunden. Die Gründung kleiner landwirtschaftlicher Produktionseinheiten hat sich in den letzten Jahren als Schwerpunkt dieser Aktionslinie herausgebildet (vgl. SENCE 1997: 26ff.). Eine Teilnahme an dieser Programmlinie konnte zwischen 1991 und 1995 etwa 9.000 Jugendlichen angeboten werden (MinEduc 1995: 532.01).

Die Gestaltung und administrative Abwicklung der SENCE-Programme wird über öffentliche Ausschreibungen an Weiterbildungsanbieter (OTE) vergeben. Die Teilnahme an diesen Kursen ist für die Jugendlichen kostenlos; Fahrt- und Verpflegungskosten werden in der Regel erstattet. Die Auswahl der Jugendlichen erfolgt durch die lokalen Arbeitsvermittlungsbüros. Geplant ist die Fortführung des Programmes auch über den Projektzeitraum hinaus. Der hohe Anteil der Ausbildungsplätze der Programmlinie *Capacitación y Experiencia Laboral* ist u.a. darauf zurückzuführen, daß die Kurskosten je Teilnehmer hier relativ gering sind. Zudem besteht für die Betriebe in dieser Programmlinie nicht die Bedingung, einen Ausbildungsvertrag abzuschließen, für den anteilige Ausbildungsvergütungen gezahlt, ein betrieblicher Ausbilder benannt und die Beschäftigung der Jugendlichen nur in den im Ausbildungsplan vorgesehenen Tätigkeiten garantiert werden müßten (vgl. Clement et al. voraussichtl. 1998: Kapitel 2.2.3).

Das Chile-BID-Projekt ist die bisher umfangreichste Initiative der Regierung Aylwin, Armut durch Ausbildungsförderung zu bekämpfen. Durch seinen relativ großen finanziellen Umfang und seinen praxisbezogenen Ansatz hat es sich innerhalb der lateiname-

rikanischen Berufsbildungsdiskussion innerhalb kurzer Zeit erhebliche Geltung verschaffen können (vgl. z. B. CEPAL 1992: Recuadro VI-20).

4.7.2.2 Weiterbildung

Die demokratischen Regierungen halten – im Gegensatz zu den neoliberalen Wirtschaftsstrategen der vorhergehenden Regierung – den Einsatz öffentlicher Ressourcen
und Kontrollinstrumente in der Weiterbildung für sinnvoll und legitim. Außer ökonomischen Argumenten (Förderung wissensbasierter Standortvorteile, Einleitung der *segunda fase exportadora*; vgl. Kapitel 4.2.4) werden auch sozialpolitische Motive (Unterstützung von Eigeninitiative und Integrationschancen) genannt.

Das chilenische Modell der Weiterbildungsfinanzierung besteht – im Gegensatz zur
sonst in Lateinamerika üblichen Praxis der lohnsummenabhängigen Weiterbildungsfinanzierung durch Wirtschaftsunternehmen – aus einer Steuerbefreiung (*franquicia tributaria*) für weiterbildende Unternehmen. Um diese Begünstigung in Anspruch nehmen
zu können, müssen die Unternehmen die geplanten Fortbildungsmaßnahmen beim
SENCE anmelden und die Durchführung spätestens bis zum Februar des folgenden Jahres belegen. Gefördert werden sowohl innerbetriebliche Fortbildungen durch Personal
des Unternehmens als auch solche Maßnahmen, die OTE für Betriebe anbieten.

Im Rahmen des Höchstsatzes[266] können als Kosten innerbetrieblicher Weiterbildungen
Honorar- und Reisekosten für Dozenten, didaktisches und Verbrauchsmaterial sowie
Mieten für Ausstattungen geltend gemacht werden. Bei Fremdmaßnahmen werden die
in Rechnung gestellten Kursgebühren erstattet. In beiden Fällen können bis zu 10% der
Gesamtkosten als Aufwendungen für die An- und Abfahrt der Teilnehmer steuerlich ab-
gesetzt werden. Darüber hinaus steht es jedem Unternehmen frei, bis zu 10% der geltend
gemachten Jahresaufwendung für Bedarfsstudien einzusetzen und bis zu 15% der Kosten für eine mit festem Personal ausgestattete innerbetriebliche Weiterbildungs-
abteilung steuerlich abzusetzen (vgl. SENCE 1993: 24f.; CEPAL 1992: 190).

Mit mehr als 400.000 Teilnehmern im Jahre 1996 konnte der SENCE innerhalb von 6
Jahren die Anzahl der jährlich von öffentlich geförderten Weiterbildungsmaßnahmen
begünstigten Beschäftigten verdreifachen (ebd.). Trotz dieser relativen Steigerungsrate
bleiben eine deutliche Unterauslastung der für Weiterbildung bereitgestellten Finanz-
fonds sowie deutliche sektorale und strukturelle Disparitäten bestehen. So wurde 1992
nur 31,2% der im Rahmen der *franquicia tributaria* bereitstehenden Mittel abgeschöpft
(SENCE 1993: 31).

Die Sektoren Bergbau, Finanzen und Elektrik, Gas und Wasser nehmen die Weiterbil-
dungsvergünstigungen wesentlich stärker in Anspruch als etwa Betriebe aus der Land-

---

266 Für vom SENCE anerkannte Weiterbildungsmaßnahmen von Beschäftigten, Teil- oder Inhabern auf-
gewandte Mittel sind bis zu einem Prozent der Bruttolohnsumme, mindestens aber in Höhe von drei
Monatsmindesteinkommen steuerlich absetzbar. Für beim SENCE registrierte Auszubildende können
im Rahmen der so ermittelten Höchstsumme bis zu 60% der Monatsvergütung bei einem Höchstsatz
von sechs Monatsmindesteinkommen geltend gemacht werden (vgl. SENCE 1997b).

wirtschaft oder dem Baugewerbe.[267] Zwar können unterschiedliche Qualifizierungsbe-darfe dieser Branchen sicherlich einen Teil der Unterschiede erklären, doch spielt auch die durchschnittliche Unternehmensgröße in den Sektoren eine wichtige Rolle. Die besonders weiterbildungsfreudigen Sektoren sind durch eine relativ starke Marktkonzentration auf wenige, große Unternehmen geprägt, die offenbar eher dazu in der Lage sind, geeignete Weiterbildungsanbieter für ihre spezifischen Bedarfe zu finden und die bürokratischen und logistischen Hürden der Weiterbildungsförderung zu nehmen.

Offenbar befürchten Klein- und Mittelunternehmer angesichts eines in bezug auf Einkommensniveau und Arbeitsbedingungen sehr heterogenen Arbeitsmarktes, über den Produktivitätszuwachs hinausgehende Lohnforderungen oder Abwerbungen ihres Mitarbeiterstamms. Zudem sind die abwicklungstechnischen Rahmenbedingungen der Steuerbefreiungsregelung (Erstattung der Aufwendungen durch steuerliche Gegenrechnung im darauffolgenden Jahr) in erster Linie für größere Mittel- und Großbetriebe attraktiv. Für Klein- und Mittelbetriebe verschärfen sie dagegen die ohnehin drückenden Liquididätsprobleme (vgl. Martinez Espinoza 1995a: 9f.).

Mit dem Ziel einer stärkeren Beteiligung der Arbeitnehmer an der Planung und Durchführung der Weiterbildung[268] sowie einer größeren Beteiligung der Klein- und Mittelbetriebe wurde am 18. August 1994 ein Gesetzesänderungsantrag im Parlament zur Erweiterung des SENCE-Statutes eingereicht. Die Reforminitiative umfaßt (vgl. SENCE 1994):

- die Differenzierung der Subventionen nach Lohngruppen der Teilnehmer. Um die Weiterbildung unterer und mittlerer Einkommensklassen zu begünstigen, sollen die Subventionen für die Fortbildung oberer Lohngruppen gekürzt werden;
- Maßnahmen zur Beteiligung der Arbeitnehmer an der Planung und Durchführung von Weiterbildungsmaßnahmen. Arbeitnehmer sollen Antragsmöglichkeiten erhalten und an der Auswahl von Teilnehmern und Kursen über neu in den Betrieben einzurichtende Comités de Capacitación (Weiterbildungskomitees) beteiligt werden.
- die Einrichtung eines Consejo Nacional de Capacitación (Nationalrat für Weiterbildung) zur Beratung des Arbeitsministers. Der Rat soll sich aus den Wirtschafts- und Finanzministern, dem Vizepräsidenten der CORFO sowie Vertretern der Unternehmer- und Gewerkschaftsverbände zusammensetzen;
- eine Erhöhung des Jahresmindestanspruchs für Kleinunternehmen mit einer geringen Bruttolohnsumme um ca. 100% von 3 Monatsmindesteinkommen auf 13 UTM (inflationsbereinigte Währungseinheiten) d. h. derzeit ca. 676 US$.
- die Einrichtung eines vom SENCE zu verwaltenden Fondo Nacional de Capacitación (Nationaler Weiterbildungsfonds) zur Erweiterung der Aus- und Weiterbildungsmaßnahmen. Begünstigt werden sollen vor allem Mikro- und Kleinunterneh-

---

267 Ein Beschäftigter aus dem Bergbau oder Versorgungsunternehmen nimmt im Schnitt etwa 33mal so oft an Weiterbildungsmaßnahmen teil wie sein Kollege aus der Landwirtschaft, dem Baugewerbe oder sonstigen Dienstleistungen (Arnold et al. 1993: 45).
268 Zur Begründung vgl. Martinez Espinoza 1995: 11f.

men, deren Jahresumsatz 13.000 UTM (derzeit ca. 676.000 US$) nicht übersteigt. Darüber hinaus kann der Fonds für Kleinbetriebe, die von der Steuerbefreiungsklausel Gebrauch machen möchten, in Vorlage treten;

- die Umwandlung der lokalen Arbeitsvermittlungsbüros in Berufsinformationsbüros, ihre Vernetzung und administrative Anbindung an das Arbeitsministerium.

Diese Gesetzesinitiative wurde in modifizierter Form von der Abgeordnetenkammer verabschiedet und liegt inzwischen dem Senat zur Abstimmung vor.

4.8 Resümee: Berufsbildung und Good Governance

Der Volksentscheid in Chile, der am 5. Oktober 1988 dem Ansinnen Pinochets, seine Amtszeit um weitere 8 Jahre zu verlängern, ein *NO* beschied, ereignete sich etwa zeitgleich mit dem Zusammenbruch des sozialistischen Staatengefüges in Osteuropa.

Das Aufbrechen der alten Konfliktlinien zwischen Ost und West ermöglichte, das wurde durch die Darstellung neuerer entwicklungstheoretischer Ansätze im Kapitel 4.1.1 deutlich, eine differenziertere und komplexere Wahrnehmung der Bedingungen von Entwicklung. Jahrzehntelang hatte die Spaltung der politischen Welt in ein westliches und ein östliches Lager das entwicklungstheoretische und -strategische Denken beeinflußt. Mit der Selbstdemontage des sozialistischen Modells erübrigte sich nun weitgehend auch der politikwissenschaftliche Streit zwischen Dependenz- und Modernisierungstheorie, die traditionell behauptete Unvereinbarkeit eines *Entweder-oder* löste sich auf in ein (gleichwohl vielfach eingeschränktes) *Sowohl-als-auch*. Die neuen systemischen Entwicklungsstrategien zielen auf die Überwindung endogener *und* exogener Entwicklungshindernisse. Kriterien wie soziale, wirtschaftliche und ökologische Nachhaltigkeit werden nicht mehr als konkurrierend, sondern als komplementär, ja gar als interdependent vorgestellt. Angestrebt wird der systematische und aktive Aufbau von strukturellen Wettbewerbsvorteilen, zu denen auch sozialer Ausgleich sowie die Bildung und Ausbildung der Arbeitskräfte gehören (vgl. Kapitel 4.2 und 4.4).

Die steuerungstheoretische Diskussion nimmt seit Beginn der 90er Jahre einen weitgehend analogen Verlauf. Auch hier wird heute davon ausgegangen, daß die Entscheidung zwischen *Staat oder Markt* bzw. zwischen *zentraler oder dezentraler* Steuerung nicht vorab sinnvoll getroffen werden kann. Ausschlaggebend ist vielmehr, *welche Form* der Selbst- bzw. Fremdsteuerung unter welchen *Bedingungen* welchen *Sachfragen* angemessen ist. Diese Erkenntnis stellt allerdings weniger eine endgültige Antwort auf die Frage *Markt oder Staat* dar als vielmehr die Rückkehr zum Ausgangspunkt unter veränderten Vorzeichen. Die Anerkennung der Tatsache, daß eine Entscheidung für oder gegen staatliche bzw. marktliche Lenkung suboptimale Ergebnisse hervorbringt verlagert das Problem letztlich auf eine weiter unten angesiedelte Konkretionsstufe. Daß soziale Systeme eine relativ starke Eigendynamik entwickeln, insbesondere Einflußnahmen von außen in ihrer Richtung und Wirkung umlenken und verändern können, so daß direkte Interventionen in ausdifferenzierten Sozialsystemen häufig durch indirekte Steuerungsformen ersetzt werden müssen, verkompliziert diese Situation zusätzlich.

Notwendig werden daher relativ feingliedrige Analysen einzelner Sozialsysteme unter der Fragestellung, welche Steuerungsmechanismen in welchen Systembereichen wirksam sind und wie effizient die jeweilige Form der Regulierung an dieser Stelle ist bzw. unter welchen Bedingungen sie verbessert werden kann.

Das Kapitel 4.3 zeichnete nach, wie durch die Erosion der ideologisch geprägten Argumentationsfronten der 70er und 80er Jahre Raum für differenzierte Steuerungsmodelle entstand, die eine nachhaltige und breitenwirksame Gesellschafts- und Wirtschaftsentwicklung weder hierarchisch verordnen noch (sozusagen *planlos'*) nur dem Markt überlassen wollen. Angestrebt wird vielmehr eine je nach Sachlage und Situation unterschiedliche Form der indirekten oder direkten Steuerung durch den Markt, bestimmte Akteurkonstellationen der *civil society* und den Staat. Deutlich wurde dabei aber auch, daß die lateinamerikanischen Staaten, entlassen sowohl aus den Magnetfeldern der zwischen Ost und West polarisierten Macht als auch aus den Militärdiktaturen des vergangenen Jahrzehnts, sich aktiv an den theoretischen Entwürfen ihrer politischen und ökonomischen Zukunft beteiligen. Das im Kapitel 4.2.4 dargestellte CEPAL-Konzept *Transformación productiva con Equidad* geht weit über die bloße Abbildung anderswo diskutierter Zusammenhänge hinaus und stellt einen wichtigen und eigenständigen Diskussionsbeitrag im Kontext der systemischen Entwicklungs- und Steuerungsansätze dar.

Die neuen bildungsökonomischen und bildungsplanerischen Ansätze, wie sie in den Kapiteln 4.4 und 4.5 herausgearbeitet wurden, fügen sich in diese Entwicklungskonzepte insofern ein, als auch sie auf die aktive Förderung des Wettbewerbsfaktors *Bildung* setzen. Die bildungspolitische Theoriebildung ist dabei eng mit den steuerungstheoretischen Erkenntnissen aus der *policy*-Analyse verflochten. Bildungspolitik, so wurde in den Kapiteln 4.3.2 und 4.5 argumentiert, findet im gesellschaftlichen Mesoraum statt, d. h. in einem gesellschaftlichen Subsystem, in dem die Wirksamkeit linearer Weisungsstrukturen durch die Eigendynamik komplexer Interessen- und Akteurkonstellationen beeinträchtigt wird, in dem staatlicher Interessenausgleich jedoch gleichzeitig wegen der hohen Bedeutung des Sektors für die Gesamtgesellschaft besonders notwendig erscheint. Die im Kapitel 4.5.1.2 erörterten Ergebnisse der internationalen Schulforschung zeigen m. E. sehr deutlich die Dringlichkeit, aber auch die Schwierigkeit der rationalen Verknüpfung von Regulierung durch den Markt und Staatsintervention und belegen die Bedeutung eines interinstitutionellen Netzwerkes zwischen den beteiligten Akteuren.

Die hier nachgezeichneten Theorie- und Strategieelemente fügen sich zu einem neuen bildungspolitischen Leitbild zusammen, das heute weltweit diskutiert und in Teilen auch implementiert wird. Dem Staat fällt in diesem Modell die Aufgabe zu, Bildung möglichst allen Bürgern zugänglich zu machen, grundsätzliche Verfügungsrechte zu regeln und allgemeine Wertorientierungen verbindlich zu machen. Darüber hinaus hat der Staat jedoch auch für geeignete Rahmenbedingungen zu sorgen, die die Transparenz des Bildungsmarktes und ein hohes qualitatives Niveau der Bildung sichern und innovative Forschung und Reformansätze systematisch unterstützen. Im Steuerungsbereich übernimmt der Staat eher die Funktion eines Koordinators und Moderators als die einer übergeordneten Befehlsinstanz. Dort, wo das gesellschaftliche Institutionennetz nicht ausdifferenziert genug ist, um eine selbsttätige Steuerung auf dezentraler Ebene zu gewährleisten, fördert der Staat systematisch den Aufbau solcher Institutionen und trägt aktiv zur Kompetenzsteigerung und Organisationsentwicklung bei.

Marktelemente wie private Trägerschaft, Schulautonomie, Profilbildung und Wettbewerb zwischen Bildungsanbietern sowie leistungsbezogene Vertragsbedingungen für Lehrer werden – in unterschiedlichen Ausprägungen – als sinnvoll erkannt und, wo die gesellschaftlichen Machtkonstellationen dies zulassen, zunehmend auch implementiert.

Getragen werden soll das Miteinander staatlicher und marktlicher Steuerungselemente von einem Netz privater, halbstaatlicher und staatlicher Akteure, die untereinander sowohl konkurrieren als auch kooperieren. Die Beteiligung der privaten Unternehmerschaft an Bildung und Ausbildung, die Vergabe von Ausbildungsaufträgen an private Anbieter, die Übertragung von Entscheidungskompetenzen an Schulleiter und Lehrer sowie die Förderung von Eltern-Schüler-Gremien, kurz: die Enthierarchisierung und gesellschaftliche Aufwertung des Bildungs- und Ausbildungswesens soll dazu führen, daß stärker und gezielter als bisher Institutionen und Akteurkonstellationen der *civil society* an bildungspolitischen Entscheidungen beteiligt werden. Ein gesamtgesellschaftlicher Prozeß der Konsenssuche, staatlich veranlaßt und koordiniert, soll bildungsplanerische Entscheidungen wenn auch nicht völlig ersetzen, so doch legitimieren und steuern.

Diese neuen bildungspolitischen Grundsätze sind in der chilenische Berufsbildungspolitik, so konnte die Analyse der Kapitel 4.7.1 und 4.7.2 belegen, in nahezu exemplarischer Form handlungsleitend geworden.

Mitverursacht durch die geographische Nähe und die zahlreichen personellen Verbindungen zwischen den demokratischen Regierungen seit 1990 und der CEPAL gilt die chilenische Wirtschaftspolitik als Prototyp für die Umsetzung des Konzeptes *Transformación productiva con Equidad,* und die Einsicht in die Notwendigkeit des Sprunges zur *segunda fase exportadora* (zweite Phase des Exportmodells) kann mit Fug und Recht als nationaler Konsens betrachtet werden.

Ebenso besteht ein sehr weitgehendes Einverständnis darüber, daß im Bildungs- und Ausbildungswesen Handlungsbedarf von seiten der staatlichen und auch der nichtstaatlichen Akteure insbesondere in bezug auf die niedrige Bildungsqualität der schulischen Berufsausbildung und die unzureichende Passung zwischen Bildungs- und Beschäftigungssystem besteht.

Der daraus abgeleitete Reformbedarf bzw. der Wille zur Veränderung fällt in ein gesellschaftlich-politisches Umfeld, in dem – nach siebzehn Jahren Militärdiktatur – gewachsene institutionelle und administrative Strukturen kaum noch existieren bzw. so stark verändert wurden, daß sie heute nur noch in z.T. offensichtlich dysfunktionalen Restbeständen vorhanden sind. Namentlich die demokratischen Parteien, die Arbeitnehmerorganisationen und die traditionell starken Organisationen der *civil society* (Stadtteilgruppen, Elternverbände etc.) befinden sich nach wie vor in der Reorganisationsphase. Für die Berufsbildungspolitik hat dieses relative institutionelle Vakuum eine doppelte Konsequenz: Zum einen scheinen innovative Vorschläge und experimentelle Veränderungen zumindest auf der Diskursebene verhältnismäßig leicht durchsetzbar, denn die alten institutionellen Grabenkriege haben sich qua Erosion der je damit verknüpften politischen Positionen und Gruppenkonstellationen noch nicht wieder etablieren können. Es herrscht eine bildungsplanerische Aufbruchstimmung, an der eine breite Öffentlichkeit teilzunehmen bereit ist und die vergleichsweise bedenkenlos die bestehenden Strukturen und Organisationsformen in Frage stellt.

Andererseits wird der Wandel auf der Umsetzungsebene durch den Mangel an institutionell gebundenen Akteurkonstellationen und demokratischen Verfahrensweisen erschwert. Im Kapitel 4.6.1 wurde ausführlich dargelegt, wie stark die ,Fesseln' noch sind, die die chilenische Demokratie an einer Änderung der noch von Pinochet etablierten politisch-adminstrativen Strukturen hindern und die rechtliche Verankerung von Reformmaßnahmen erschweren. Dieses Problem setzt sich im Prozeß der Implementation diskursiv verhandelter Reformen in die kleinliche Realität auf allen Verhandlungsebenen fort, denn im Augenblick der Konkretion und Realisierung fehlt es häufig an institutionell gefestigten Ansprechpartnern bzw. Akteurgruppen, so daß der Verfolgung von Partikularinteressen einzelner Akteure in vielen Fällen nichts entgegengesetzt werden kann (vgl. auch: Arnold 1997: 152).

Dennoch dokumentiert die im Kapitel 4.7 geleistete Analyse der chilenischen Berufsbildungspolitik z.T. rudimentäre, z.T. jedoch auch sehr umfassende Ansätze zur Durchsetzung des skizzierten modernen bildungspolitischen Leitbildes, die eine systemexterne Sinnorientierung der beruflichen Bildung in Chile belegen.

Dazu gehört etwa die – im Kapitel 4.7.1.2 beschriebene – breit angelegte Bestandsaufnahme des Bildungswesens zur bildungsplanerischen Fundierung der Bildungspolitik Aylwins. Innovativ an dieser Erhebung des Ist-Zustandes war zum einen das Vorgehen: Über die sog. *consulta nacional*[269] und die Einbeziehung eines Expertengremiums aus anerkannten Persönlichkeiten des öffentlichen Lebens wurden breite Bevölkerungsteile an der Untersuchung beteiligt. Auch die wissenschaftlichen und statistischen Analysen wurden nicht von der Bildungsbehörde selbst durchgeführt, sondern an externe Bildungsforschungsinstitutionen vergeben. Bemerkenswert war zum anderen die politische Konsequenz der Situationsanalyse. Statt für die ermittelten Defizite per Dekret Abhilfe zu verordnen, initiierte nämlich die Regierung Aylwin in der Folge das sog. *proyecto nacional de educación* (Nationales Bildungsprojekt). Dieses prozeßbetonte, auf einen breiten gesellschaftlichen Konsens abzielende Vorgehen, bei dem die betroffenen Akteurgruppen ebenso in die Planung und Gestaltung der Bildungsreformen einbezogen wurden wie internationale und nationale Expertengremien, dokumentiert zum einen den sozialen und politischen Pragmatismus der demokratischen Regierungen, die um die Probleme nichtkonsensual durchgesetzter Reformansätze auf der Implementationsebene

---

269 Öffentliche Befragung zum Bildungswesen, an der zwischen 1992 und 1994 ca. 3.000 Personen teilnahmen (vgl. Kapitel 4.7.1.2).

sehr wohl wissen, zum anderen aber auch ihre Bereitschaft, Bildungspolitik zwar aktiv anzustoßen und zu koordinieren, sich in konkreten Entscheidungssituationen jedoch einer soliden demokratischen Legitimationsbasis zu vergewissern.

In beiden Fällen wird der Einfluß deutlich, den die internationale Diskussion auf die chilenische Politik mindestens implizit ausübt: Das politische und umsetzungsprakti-sche Potential der betroffenen Sozialakteure (Eltern-Schüler-Gremien, Lehrergewerk-schaften, Unternehmerverbände) wurde zwar schon, wie im Kapitel 2.7.1.2 dargestellt, bei den Bildungsreformen von 1965 wahrgenommen und berücksichtigt, doch sowohl die neueren Ergebnisse der *policy*-Forschung, wie sie im Kapitel 4.3 herausgearbeitet wurden, wie auch die entwicklungsstrategische Forderung nach der politischen Stärkung der *Netzwerkgesellschaft* bieten nun auch den theoretisch und empirisch gesicherten Hintergrund für dieses bildungsplanerische Procedere.

Immer noch und trotz der umfangreichen Bemühungen, den privaten Sektor über die Vergabe von Schulträgerschaften an der Bildungsfinanzierung zu beteiligen, wird in Chile die berufliche Sekundarschulbildung staatlich finanziert und die Finanzierung der Weiterbildung staatlich kanalisiert. Wie im Kapitel 3.7.3.1 geschildert, fallen den von Unternehmerkörperschaften geführten Sekundarschulen sogar höhere Subventionsraten zu als den kommunalen Einrichtungen. Und für den Weiterbildungsbereich bemerkt Murillo (1995: 3) angesichts der geringen Teilhabe kleiner und mittlerer Unternehmen an den Steuerabschreibungsprogrammen (vgl. Kapitel 4.7.2.2) zu Recht: *„Es muß ge-fragt werden, inwiefern der Staat nicht Weiterbildungsmaßnahmen finanziert, die auch ohne diese Funktion des Staates als Financier betrieblicher Qualifizierungsbedarfe stattgefunden hätten. "*

In diesem Bereich kommt es ganz offensichtlich zu einem Zielkonflikt: Einerseits sollte nach Maßgabe der Bildungsökonomen ein Bildungsbereich, der, wie die berufliche Aus- und Weiterbildung, im wesentlichen auf privatwirtschaftliche Ertragssteigerung ausge-richtet ist, auch privat finanziert werden. Dagegen steht jedoch sowohl das politische Postulat der Chancengleichheit und Armutsbekämpfung, denn der weitaus größte Teil der Jugendlichen, die der akademisch ausgerichteten Schullaufbahn eine berufliche vor-ziehen, gehört zu den relativ armen Bevölkerungsgruppen, als auch der politische Wille, den Sprung in die *segunda fase exportadora* durch eine intensive Förderung der techni-schen Bildung und Weiterbildung zu ermöglichen. Und die Erfahrung mit solchen Aus-bildungsbereichen, die in Chile nicht (mehr) subventioniert werden, zeigten deutliche Anzeichen für einen quantitativen und qualitativen Niedergang. Im Kapitel 3.7.3.2 wur-de das Beispiel der *Centros de Formación Técnica* ausführlich erörtert; als ein weiteres Exempel kann der allseits beklagte Zustand des INACAP nach seiner Privatisierung an-geführt werden.

Obwohl die chilenische Regierung in diesem Zielkonflikt sozialpolitische Prioritäten setzt und die Bildungsfinanzierung auch in der beruflichen Bildung weiterführt, lassen sich auch in diesem Bereich politische Maßnahmen und Ansätze identifizieren, die auf eine Verlagerung der staatlichen Verantwortung an private und dezentrale Akteure abzielen. Hier sind zum einen die Steuererleichterungen bei Spenden für Bildungszwecke und das Gesetz zum *financiamiento compartido* zu nennen, das es auch staatlich-subventionierten Schulen ermöglicht, unter gewissen Bedingungen und in einge-schränktem Umfang Schulgeld zu erheben (vgl. Kapitel 4.7.1.3). Zum anderen sieht die Gesetzesvorlage zur Veränderung des SENCE-Statuts eine deutlichere Akzentuierung der Weiterbildungsförderung für Klein- und Mittelbetriebe sowie eine stärkere Beteili-gung der Arbeitnehmer an weiterbildungsbezogenen Entscheidungen vor.

Die dezentralisierte Form der Verwaltung, wie sie die Regierung Pinochet in den 80er Jahren etabliert hatte, blieb auch unter den demokratischen Regierungen bestehen. Gleichzeitig versuchte man jedoch, die Defizite dieser Verwaltungsstruktur, die zum größten Teil von einer grundsätzlichen Schwäche der ausgelagerten Institutionen her-rührten, auszugleichen. Das Projekt der *‚pädagogischen Dezentralisierung'* zielt explizit auf eine Stärkung der dezentralen Akteure und Institutionen.

Ein zentraler Bestandteil der Bildungspolitik in diesem Bereich sind die Maßnahmen zur Sicherung des professionellen Status des Lehrerstandes, wie sie im Erlaß des *Esta-tuto Docente* (vgl. Kapitel 4.7.1.3) ihren Ausdruck finden. Gefördert werden aber auch Eltern- und Schülerorganisationen (*Centros de Padres y Apoderados* und *Centros de Alumnos*) sowie dezentrale Schulberatungsgremien wie die paritätisch besetzen, auf Provinzebene angesiedelten *Consejos Provincial de Educación* (vgl. Kapitel 4.7.1.3).

Angesichts der gravierenden Probleme dezentraler Curriculumgestaltung (vgl. Kapitel 3.7.2.2) in den 80er Jahren bemüht sich das Bildungsministerium in enger Kooperation mit dem MECE (vgl. Kapitel 4.7.1.2), ein neues Gleichgewicht zwischen verläßlichen und transparenten Rahmenvorgaben bezüglich Zielen und Inhalten einerseits und hinrei-chender Flexibilität und Gestaltungsfreiheit der einzelnen Schulen andererseits herzu-stellen.

So wurde, wie im Kapitel 4.7.1.3 beschrieben, mit den *Objetivos Fundamentales* und *Contenidos Mínimos Obligatorios* (grundlegende Lehrziele und verbindliche Mindest-inhalte) auf der Grundlage des Bildungsgesetzes LOCE die Handhabe zur Festlegung einer verbindlichen Anforderungsstruktur geschaffen. Erst mit Hilfe einheitlicher Lei-stungsstandards können dann Maßnahmen zur Qualitätssicherung ergriffen werden. Im gleichen Zuge wurde versucht, über gezielte Hilfestellungen und Weiterbildung des Lehrpersonals die Kompetenz der Schulen zur Erstellung und Anpassung von Lehrpro-grammen stärker auszubilden. Auch die neue Definition der Allgemeinbildung als *educación general para una vida de trabajo* (allgemeine Bildung für das Arbeitsleben), durch die die Grenzen zwischen beruflicher und allgemeiner Bildung durchlässiger wer-den bzw. diese sich bei den sog. *escuelas polivalentes* sogar durchmischen, trägt zur Flexibilisierung der Curriculumentwicklung bei und soll es den Schulen ermöglichen, ein inhaltliches Profil zu erarbeiten.

Die gleichzeitige Stärkung sowohl des zentralen als auch der dezentralen Pole der Cur-riculumentwicklung findet auch auf der institutionellen Ebene ihren Ausdruck. Die Ein-richtung der *Unidad Técnica de Curriculum y Evaluación* (Abteilung für Curriculum und Evaluierung) im Ministerium ist hier ebenso zu nennen wie die finanzielle Förderung des MECE-Projektes auch über den Projektzeitraum hinaus. Auf der Ebene der Schulen wird versucht, durch die Stärkung des professionellen Status der Lehrer und allgemeine Maßnahmen der Personalentwicklung die institutionelle Kompetenz der Schulen zur eigenständigen Gestaltung der Lehrprogramme zu fördern (vgl. Kapitel 4.7.1.3).

Doch hier beweist sich auch die wechselseitige Abhängigkeit zwischen institutioneller Struktur und Organisationskultur: Studien weisen nämlich darauf hin, daß an subventionierten privaten Schulen eine teamförmige Zusammenarbeit zwischen Träger, Schuldirektoren und Lehrer deutlich häufiger anzutreffen ist als in den staatlichen Schulen. Insbesondere der Kontakt zwischen Trägern und Schuldirektoren beschränkt sich bei kommunalen Schulen auf Weisungen und Kontrollen, während an subventionierten privaten Schulen die Direktoren in das Personalauswahlverfahren einbezogen werden. Auch Finanzentscheidungen werden eher mit den Direktoren abgesprochen als an kommunalen Einrichtungen (ILADES 1996: 117f.).

„An den besuchten subventionierten privaten Schulen war eine Identifikation mit der Schule und eine gewisse ‚Arbeitsmystik‘ spürbar. Die Beteiligten gingen davon aus, der Träger kümmere sich zuverlässig um die Schule, um die Weiterqualifizierung der Lehrer und um die Vermittlung positiver Werte an die Schüler.“ (ILADES 1996: 119)

Dieses im Rahmen bürokratischer Strukturen offenbar weitaus seltener anzutreffende Engagement der beteiligten Akteure für eine gemeinsame Sache kann jedoch als eine wichtige Voraussetzung für die Profilbildung einer Schule und damit auch für die dezentrale Gestaltung eigener Lehrprogramme gelten.

Die Erwartung, die ursprünglich mit dem Prinzip der freien Schulwahl und der Finanzierung pro anwesendem Schüler verknüpft worden war, lautete, die Nachfrager könnten durch eine *Abstimmung mit den Füßen* qualitativ gute Schulen belohnen bzw. schlechte bestrafen und sie so langfristig zu Verbesserungen ihres Angebotes oder aber zur Schließung zwingen (vgl. Kapitel 3.5.3 und 3.5.4). Dieser Mechanismus wurde jedoch nur im subventionierten privaten Bereich wirksam. Bei den kommunalen Schulen fallen die politischen Kosten einer Schulschließung ins Gewicht, die in vielen Fällen bewirken, daß Schulen durch direkte Subventionen trotz niedriger Schülerzahlen am Leben erhalten werden.

Gleichzeitig stellte sich heraus, daß nachfragewirksame *marketing*-Effekte nur teilweise und nicht einmal in ausschlaggebendem Maße mit der Qualität der Bildungseinrichtung korrelieren. Aspekte wie Nähe zum Wohnort, Aussehen des Schulgebäudes, Höhe des Schulgeldes, ja sogar teilweise die bloße Existenz von Selektionsmechanismen, die zur Überzeugung führen, nicht *jedermann* habe Zutritt zu einer bestimmten Einrichtung, spielen für die Wahl der Bildungseinrichtung eine große Rolle, und zwar insbesondere bei nicht-privilegierten und tendenziell ohnehin eher bildungsfernen Bevölkerungsgruppen (vgl. Kapitel 4.5.1).

Als Konsequenz aus diesem relativen Versagen des Marktmechanismus für die Sicherung von Schulqualität werden zunehmend zentralstaatliche Mechanismen der Qualitätssicherung angestrebt und, wie in den Kapitel 4.7.1.4 erörtert, sowohl die Einführung von Zertifizierungssystemen als auch prozeßorientierte Evaluierungsformen (nach dem Vorbild des *consejo de educación superior* im tertiären Bildungssektor) diskutiert. Ohne die Bedeutung solcher Kontrollmechanismen in Abrede zu stellen, arbeitet man gleichzeitig am entgegengesetzten Ende des Wirkungszusammenhanges, nämlich an der Organisations- und Kompetenzentwicklung der einzelnen Bildungseinrichtungen: Die Bereitstellung von Beratungs- und Weiterbildungskapazitäten sowie die horizontale Vernetzung der Schulen ist hier ebenso zu nennen wie die Förderung der ‚pädagogischen Projekte' durch das MECE (vgl. Kapitel 4.7.1.3).

Die hier angeführten Beispiele für den bildungspolitischen Versuch, die Pole Autonomie und Integration bzw. staatliche und marktgesteuerte Regulierung sinnvoll miteinander zu kombinieren, sollten sicherlich nicht idealisiert oder überbewertet werden. In vielen Fällen handelt es sich um zarte Ansätze, die durch personen- oder institutionengebundene Hindernisse, den chronischen Mangel an Ressourcen und vielfache Steuerungsprobleme behindert werden. Dennoch: Die Suche der chilenischen Regierung nach einer demokratischen Alternative in der Bildungspolitik, die Effizienzkriterien mit dem Ziel der Chancengleichheit zu verbinden vermag, ist deutlich erkennbar und nötigt den Betrachtenden einigen Respekt ab.

5   Schlußfolgerungen und Ausblick

Welcher über Kenntnis und Verständnis der chilenischen Berufsbildung hinausgehende Ertrag kann nun aus der vorangegangenen Analyse der Entwicklungsepochen und ihrer Wirkung auf die berufliche Bildung in Chile gewonnen werden?

Für die Suche nach der integrierenden Kraft und dem Movens von Berufsbildungssystemen hat es sich als hilfreich erwiesen, die Variable *Ideen* in den Blick zu nehmen. Dabei stellte sich heraus, daß es weniger systeminterne, d. h. berufspädagogisch begründete Ideen als vielmehr makroökonomische und steuerungspolitische Konzepte waren, die den Werdegang des chilenischen Berufsbildungssystems seit 1965 beeinflußten. Insbesondere wurde deutlich, welch integrative Kraft die *Idee der Entwicklung* für die Politikgestaltung zu entfalten vermochte. Sie gerann zu – je nach Entwicklungsepoche unterschiedlichen – Modernisierungsentwürfen, die in aller Regel die Form wirtschafts- und sozialpolitischer Leitbilder annahmen. Diese halfen den Akteuren, sich in einem hochkomplexen Handlungsfeld mit vielen zunächst kaum überschaubaren Abhängigkeiten zu orientieren, und machten sie dadurch erst handlungsfähig, indem sie die Komplexität der Situation auf ein begreifliches Maß reduzierten. Über diese Strukturierungsfunktion hinaus konnten sie – bei ausreichender Überzeugungskraft – gesellschaftlich integrierend wirken. Leitbilder beeinflussen, so wurde deutlich, Werthaltungen, gesellschaftliche Organisationsmuster und Handlungsnormen einzelner Akteure ebenso wie die Politik auf der Makro- und Mesoebene oder Unternehmensstrategien im Mikrobereich. Als theoretische Entwürfe über die Bedingungen und Chancen von Entwicklungsprozessen bilden sie Wirklichkeit ab. Sie produzieren aber auch Realität, indem sie den auf ihnen gegründeten politischen Strategien Legitimität verschaffen.

Im Verlauf der Rekonstruktion der Entwicklungstheorien und -strategien seit den 50er Jahren wurde deren paradigmatische Grundstruktur deutlich. Eingebettet in weltpolitische und -wirtschaftliche Grundkonstellationen entstehen in sich weitgehend geschlossene Leitideen (*belief systems*), die von den zuständigen Akteuren bzw. institutionellen Gremien in policy-Gestaltung umgesetzt und konkretisiert werden, nach einiger Zeit jedoch auch wieder verworfen und durch konkurrierende Konzepte ersetzt werden können.

Das im Kapitel 1.3 entworfene analytische Modell zur Darstellung systemwirksamer Einflüsse auf berufliche Bildung in Entwicklungsländern hat sich – nach meiner Überzeugung – zur Beschreibung des Einflusses dieser Leitideen am Beispiel des chilenischen Berufsbildungssystems bewährt. Im Verlauf der Untersuchung wurde deutlich, daß die Veränderungen im chilenischen Berufsbildungssystem seit 1964 nur zu einem Teil in den *„Wollens- und Sollensvorgaben sowie Könnenskalkülen"* (Schimank 1996: 247; vgl. Kapitel 1.3) im Systeminneren begründet liegen, die Schimank als Ursache dynamischen Systemwandels vermutet. Nachhaltig wirksamer Wandel des chilenischen Berufsbildungssystems wird von systemübergreifenden, entwicklungsstrategisch begründeten Leitideen geprägt und konturiert. Erst nach Ergänzung um die Variable „Leitideen" hält das Schimanksche Systemkonzept der Konfrontation mit der chilenischen Berufsbildungspolitik in den vergangenen drei Jahrzehnten stand. Zu kurz greifen würde jedoch die Schlußfolgerung, Struktur und Dynamik chilenischer Berufsbildung seien direkt und ausschließlich von der in einer bestimmten Epoche gültigen Entwicklungslogik bestimmt, so daß ein chilenisches Berufsbildungssystem im Sinne eines eigenständiges Sinnzusammenhanges mit der Fähigkeit zu selbstreferentieller Kommunikation und eigenbezüglichem Handeln gar nicht existiere. Es lassen sich vielmehr für alle drei Entwicklungsepochen Widerstände und Brüche beim Transfer der systemexternen Leitideen in die nationale Berufsbildungsrealität nachzeichnen, die auf eine *relative* Eigenständigkeit der Aushandlungsprozesse im Inneren des Systems schließen lassen.

Die teilsystemischen Orientierungen bzw. die intersubjektiv aus pädagogisch-sozialen Normen abgeleiteten Zielsetzungen im Inneren des chilenischen Berufsbildungssystems sind über die untersuchten Epochen relativ konstant geblieben. Durchgängig wird berufliche Bildung von allen beteiligten Akteuren als Weg zu einem kompetenten und autonomen Umgang mit den Anforderungen der Arbeitswelt und als Vorbereitung auf einen lebenslangen Lern- und Weiterbildungsprozeß vorgestellt. Darin steckt sowohl das Ziel künftiger Verwertbarkeit auf dem Arbeitsmarkt als auch die Vorstellung, entscheidend wichtig sei es, ‚das Lernen zu lernen' sowie zentral wichtigen Verhaltensmustern wie Zuverlässigkeit oder Umsicht zu erwerben (vgl. MinEduc 1961, 1964a, 1969; Magendzo 1969; Chile 1979; Fischer 1979; Labarca 1985; Illanes Holch 1986; Hawes-Barrios 1988; CIDE 1990; Comisión Nacional 1994; Mizala 1995; CPC 1996; Arrate 1996). Der Zielbegriff ‚*educación para el trabajo'* (Bildung für den Arbeitsprozeß) bündelt diese Teilaspekte und bildet als konstante Orientierung mit relativ ausgeprägter Selbstbezüglichkeit die Maßgabe des ‚Wollens' im Inneren des chilenischen Berufsbildungssystems. Diese kontinuierliche Orientierung wird von den jeweils auf globaler Ebene dominanten Leitideen zur wirtschaftlichen und sozialen Entwicklung interpretiert und überformt.

Nachhaltig wirksame Reformen können daher als Ergebnis der systeminternen Auseinandersetzung zwischen den „Wollensvorgaben" (Schimank) durch externe Leitideen und teilsystemische Orientierungen einerseits und den institutionellen Regelungen sowie Potentialen der Akteurkonstellationen andererseits interpretiert werden. Gleichzeitig entfalten die einmal umgesetzten Reformen auch Wirkungen auf die (für Veränderungen verhältnismäßig offenen; vgl. Schimank 1996: 246) institutionellen Ordnungen und Akteurkonstellationen und formen so die strukturellen Voraussetzungen für die folgende Entwicklungsepoche.

Staatlichen Investitionen in die Entwicklung von Humanressourcen wurde unmittelbare Relevanz für Wachstum und Modernisierung der Volkswirtschaft zugeschrieben. Doch nicht nur die vorauseilende Bereitstellung hinreichend qualifizierter Fachkräfte, deren Bedeutung für künftige Industrialisierungsprozesse durch die Modernisierungs- und Humankapitaltheorien hinreichend bestätigt zu sein schien, war Ziel der Expansionsprozesse im Bildungsbereich, sondern auch die Selbstvergewisserung der Nationalstaaten gegenüber einer als hegemonistisch interpretierten kulturellen und ökonomischen Übermacht des Westens.

Die steuerungspolitische Vorstellung dieser Epoche, Modernisierung und Industrialisierung seien vor allem eine Planungsaufgabe des Zentralstaates, zeitigte ebenfalls gravierende Auswirkungen auf das Berufsbildungssystem. Die Aufgabe des Staates wurde in der Planung, Finanzierung, Steuerung und Evaluierung einer Bildungsexpansion auf allen Ebenen des Bildungssystems gesehen und gleichzeitig gefordert, die vermittelten Bildungsinhalte sollten den Qualifikationserfordernissen nicht nur gegenwärtiger, sondern auch zukünftiger Arbeitsprozesse entsprechen.

Die Entwicklung der 80er Jahre zeigte später, wie sehr sich die Entwicklungsstaaten mit diesen selbst gesteckten Erwartungen überforderten. Dennoch gelang in Chile – wie in den Kapiteln 2.7.1 und 2.7.2 dargestellt – eine recht erfolgreiche Strukturreform im Bildungswesen, die sowohl die Expansion der Schülerzahlen stark ansteigen ließ als auch curriculare Veränderungen hin zu einer stärkeren Arbeitsorientierung der Inhalte programmatisch einleitete. Außerhalb des formalen Schulsystems wurden durch die Einrichtung des INACAP, das in dieser Zeit hohes Ansehen genoß, neue attraktive Aus- und Weiterbildungsmöglichkeiten geschaffen.

In einem Punkt allerdings wich die Regierung Frei recht konsequent von den global vorgegebenen Leitideen ab: Die Planung und Durchführung der Reformen von 1965 orientierten sich *nicht* an der Vorstellung, Reformen seien auf der Basis wissenschaftlicher Bedarfsanalysen planbar und die so abgeleiteten Maßnahmen dann in einem linearen *top-down* Prozeß per Dekret umzusetzen. Die Regierung Frei ordnete die Bildungsplanung den politischen Entscheidungsprozessen unter, orientierte sich stark an pragmatisch ausgelegten Kriterien der politischen Machbarkeit und erreichte gerade durch diese Abweichung vom entwicklungsstaatlichen Paradigma einen beachtlichen Erfolg der Reform (vgl. Kapitel 2.8).

Die Verhandlungsmacht der korporativ organisierten Lehrer- und Elterngremien sowie die Bedeutung der politischen Parteien und Interessengruppen machten dieses Vorgehen erforderlich, d. h. in den Begrifflichkeiten Schimanks: Das *„strategisch kalkulierende Miteinanderumgehen"* (Schimank 1996: 244) der handelnden Subjekte und Gruppen auf der Ebene der Akteurkonstellationen grenzte die Wahlmöglichkeiten bezüglich alternativer Steuerungsverfahren deutlich ein. Solange die Akteurkonstellation innerhalb des chilenischen Bildungssystems durch gesellschaftlich aktive Gremien und Interessengruppen geprägt war, ließ sich ein lineares Planungs-Implementations-Verfahren nicht friktionslos umsetzen. Die Mißachtung dieser sozialen Tatsache unter der Regierung Allende kann als wesentliche Ursache für das Scheitern des Projektes der *Escuela Nacional Unificada* (Nationale Einheitsschule) angesehen werden.

Mitte der 80er Jahre war der ökonomische Mißerfolg staatlich initiierter Entwicklungsplanung vollends offenkundig geworden und kulminierte in einer Verschuldungskrise exorbitanten Ausmaßes. Auch die Bildungsexpansion wurde als Fehlallokation knapper

Ressourcen mit kontraproduktiven Effekten für die gesellschaftliche und wirtschaftliche Entwicklung der armen Länder gebrandmarkt. Bildung sei für den wirtschaftlichen Erfolg nationaler Sozietäten weit weniger bedeutsam als bislang angenommen, so postulierten internationale Bildungsökonomen. Zudem sei die Finanzierung der auf Verwertbarkeit auf dem Arbeitsmarkt ausgerichteten Berufsbildung als private Investition mit erheblichen Gewinnchancen zu interpretieren, die zu finanzieren dem Gemeinwohl durchaus abträglich sein könne. Statt dessen, und darin bestand der steuerungspolitische Beitrag zur Bildungspolitik, sei es sinnvoll, die Bildung völlig dem Markt zu überantworten und den Staat allenfalls hilfsweise kompensatorisch wirken zu lassen.

Der Zusammenhang zwischen diesen global wirksamen Leitideen und der Berufsbildungssituation in Chile wird in dieser Epoche deswegen besonders deutlich, weil sich nachweisen läßt, daß Maßnahmen zur Dezentralisierung und Privatisierung des Bildungswesens tatsächlich erst eingeleitet wurden, als sich das Regime Pinochet Anfang der 80er Jahre von den ursprünglich nationalistisch-dirigistischen Leitvorstellungen verabschiedete, die Wirtschaft entstaatlichte und nach außen öffnete (vgl. Kapitel 3.6 und 3.7).

Daß ein funktionierendes und umfassendes Marktmodell für das chilenische Berufsbildungswesen dennoch nicht durchzusetzen war (nach wie vor werden auch solche Ausbildungen, die auf unmittelbare Verwertung auf dem Arbeitsmarkt ausgerichtet sind, zum großen Teil staatlich finanziert, und der Versuch der Übertragung der berufsbildenden Sekundarschulen an Unternehmensverbände war nur sehr eingeschränkt erfolgreich), wurde im Kapitel 3.8 auf das durch die krisenhafte Wirtschaftsentwicklung verursachte Problem der Ressourcenknappheit, aber auch auf eine allgemeine Handlungsschwäche der zuständigen Akteure zurückgeführt.

Die Militärregierung verfolgte die Zerstörung der Strukturen und Kommunikationswege des Entwicklungsstaates und ihre sukzessiven Ersetzung durch lineare, militärisch organisierte Weisungsverhältnisse besonders in den Anfangsjahren mit großem Nachdruck. Für den Berufsbildungsbereich bedeutete dies die weitreichende Entmachtung des Bildungs- und des Arbeitsministeriums bzw. der CORFO, deren Aufgaben und Funktionen teilweise dem Innenministerium und dessen dezentralen Einheiten, teilweise den einzelnen, nunmehr privatisierten Institutionen übertragen wurden. Die institutionelle Struktur des Mikrozentralismus führte zu erheblichen Funktionsdefiziten insbesondere im Koordinations- und Verzahnungsbereich. Die ausschließlich der Macht dezentraler Verwaltungseinheiten unterstellten Institutionen konnten weder auf inhaltliche Handlungsvorgaben übergeordneter Beratungs- oder Koordinationsinstanzen zurückgreifen, noch waren sie frei und in der Lage, eigene Verfahrensroutinen zu entwerfen. Die Dezentralisierung verbaute den Zugang zu den inhaltlichen und organisatorischen Ressourcen des Entwicklungsstaates und verwies die Institutionen auf sich selbst. Gleichzeitig verhinderte das Kontroll- und Steuerungsbedürfnis der Militärs jedoch eine tatsächliche Autonomie, die erst die Grundlage für dezentrale und eigenständige Wachstumsprozesse hätte bieten können (vgl. Kapitel 3.7.2).

Auch die Entmachtung und Vereinzelung der Akteurkonstellationen innerhalb des Berufsbildungssystems im Rahmen der Zerschlagung der Lehrergewerkschaften, Privatisierung der Trägerschaften und der politischen Neutralisierung der Elterngremien führten dazu, daß potentiell positive Konsequenzen der Dezentralisierung nicht zum Tragen kamen. Die Schwächung der Unternehmerschaft durch das vorangegangene Regime zeitigte ebenfalls, wie im Kapitel 3.8 deutlich wurde, negative (Spät-)Folgen. Statt die Freiräume, die durch die Dezentralisierung entstanden, konstruktiv zu nutzen, zogen sich die zuständigen Akteure in den meisten Fällen in eine weitgehend inhaltsleere Befolgung der Verwaltungsvorschriften zurück. Hier liegt z. B. die Ursache für die stillschweigende Weigerung der technisch-beruflichen Sekundarschulen, die dezentralisierten Curricula mit eigenen Inhalten zu füllen (vgl. Kapitel 2.7).

Moderne Wettbewerbstheorien verbinden soziale und ökonomische Effizienzkriterien und nehmen sie nicht länger als konkurrierende, sondern als komplementäre Größen wahr. In bildungsökonomischer Hinsicht geht dieser Trend mit einer deutlichen Aufwertung der Faktoren Bildung und Ausbildung einher, der sich in Zieltermini wie ‚kognitive Gesellschaft' oder ‚wissensbasierte Wettbewerbsvorteile' niederschlägt.

Auch in der Steuerungstheorie ist heute nicht mehr die Frage ausschlaggebend, ob Staat oder Markt bzw. zentrale oder dezentrale Steuerung als optimale Regelungsformen gelten sollen, sondern, welche Art der Selbst- oder Fremdsteuerung unter welchen Bedingungen für welches Teilproblem angemessen ist.

Im gesellschaftlichen Raum ‚zwischen' Staat und Markt werden durch solche feingliedrige Analysen und die stärkere Thematisierung der Implementationsphasen von Reformprozessen auch weitere Akteure politischen Handelns sichtbar, die nunmehr in die Interpretation und Politikgestaltung einbezogen werden: korporative Akteure und Interessengruppen, ausführende Institutionen und Behörden, aber auch die Zielgruppen selbst. Staatliches Handeln orientiert sich seither im Spannungsfeld zwischen Integration und Autonomie, *good governance* und Ermöglichung produktiven Wettbewerbs.

Für das Berufsbildungssystem im demokratischen Chile der 90er Jahre bedeutet dies – wie in den Kapiteln 4.6 bis 4.8 nachgezeichnet – eine erneute Hinwendung zu den während der Diktatur so stark attackierten Integrations- und Koordinationsmechanismen. Mit dem Ziel, systemeigene Institutionen und Akteurkonstellationen zu stärken, ohne sie zentralistisch-bürokratisch zu verordnen, werden vorsichtige Maßnahmen der Netzwerkbildung und Standardisierung eingeleitet. Gleichzeitig sollen aber auch die dezentralen Pole des Systems gestärkt und Prozesse zum Aufbau handlungsfähiger Institutionen und zur Qualifizierung von Mitarbeitern auf der Mikroebene in Gang gesetzt werden. Als Folge dieser doppelten Zielsetzung werden sowohl *Integrationsmechanismen* in Form von Zertifizierungssystemen, Qualitätskontrollen oder die horizontale und vertikale Vernetzung von Bildungsinstitutionen vorangetrieben, als auch *Autonomiebestrebungen* wie private Bildungsträgerschaft, Schulautonomie und *choice*-Elemente unterstützt. Die in den Kapiteln 3.7 und 4.7 dokumentierten Bemühungen können freilich nicht darüber hinwegtäuschen, daß eine tiefgreifende Reform der chilenischen Berufsbildung noch aussteht, u. a. weil sie durch die im Kapitel 4.6 geschilderten fortdauernden Einflüsse der Militärdiktatur aktiv gebremst und behindert wird.

Die im ersten Kapitel dieser Arbeit formulierte Frage, ob es sich bei dem chilenischen Berufsbildungswesen um ein soziales System mit den Merkmalen eindeutiger Sinngrenzen und selbstbezüglicher Eigendynamik handelt, kann nun sehr viel differenzierter beantwortet werden.

Die teilsystemische Selbststeuerungskapazität des chilenischen Berufsbildungssystems ist – das wurde belegt – nicht stark genug ausgebildet, um systemexterne Einflüssen und Vereinnahmungsversuchen standhalten zu können. Der prekäre Zustand der systemeigenen Institutionen und Akteurkonstellationen, insbesondere als Folge der totalitären Staatsinterventionen während der Diktatur, erschwerte eine eigenständige Dynamik auf der Grundlage systemeigener Sinnkonstruktionen ganz erheblich.

Diese relative Schwäche des Systems bedeutet aber nicht seine Inexistenz. Die Vorstellung von chilenischer Berufsbildung als ‚Bildung für den Prozeß der Arbeit’ ist tief im Bewußtsein verwurzelt; nur so erklären sich die Probleme, die sich bei der Implementation von Berufsbildungsreformen auf der Mikroebene ergeben. Ganz offensichtlich kollidieren hier systemextern motivierte Reformabsichten mit sehr stabilen Codices und Werthaltungen, die zu übergehen den Mißerfolg jeder Reform vorprogrammieren würde.

Auf der Ebene der institutionellen Ordnungen sind trotz der konstatierten Defizite ebenfalls systemrelevante Kräfte wirksam. Zum einen bestehen vor allem im Schulbereich in reduzierter Form Handlungsroutinen und Verhaltensmaßgaben fort, die noch aus der Zeit zentralistisch-bürokratischer Verwaltung stammen. Zum anderen haben sich durch die Ausdifferenzierung der beruflichen Bildungsangebote im postsekundären Bereich nach 1981 Funktionsüberschneidungen im Inneren des Institutionengefüges ergeben (vgl. Arnold 1997: 152f.), die eine systemische Verknüpfung des Aus- und Weiterbildungsbereiches begünstigen. Institutionen der schulischen Erstausbildung werden zunehmend im Weiterbildungsbereich tätig und umgekehrt, so daß in den dezentralen Bildungsinstitutionen sowohl unterschiedliche staatliche Steuerungswege (Bildungsministerium, Arbeitsministerium, Innenministerium und die dazu gehörigen dezentralisierten Instanzen) als auch marktregulierte Wettbewerbsfaktoren zusammenlaufen (vgl. Kapitel 3.7.3).

Auf der Akteurebene ist seit der Redemokratisierung eine langsame, aber doch kontinuierliche Neuformierung korporativer Zusammenschlüsse feststellbar, die zum Teil auf der Rekonstruktion der alten gewerkschaftlichen oder verbandlichen Strukturen basiert, zum Teil aber auch als Ergebnis der neueren Vernetzungstrends gewertet werden kann (vgl. Kapitel 4.7.1.5).

Es ist daher m. E. durchaus gerechtfertigt, die mit der beruflichen Bildung in Chile befaßten Akteure und Institutionen sowie die kommunikativ begründeten Orientierungen, die diese verbinden, als System zu konzeptualisieren. Doch der Prozeß der Systemfindung ist durch die wirtschaftlichen und politischen Entwicklungen der letzten 25 Jahre in vielfältiger Weise behindert worden und bei weitem nicht abgeschlossen.

Eine letzte Frage kann am Ende dieser Arbeit erst formuliert, nicht jedoch schon umfassend beantwortet werden: Hatten die paradigmatisch angelegten Handlungsentwürfe der unterschiedlichen Entwicklungsepochen jeweils ‚recht' in dem Sinne, daß sie dem Stand der Systementwicklung sowie den gesellschaftlichen Kontextbedingungen angemessen waren? Oder fand ein weltweiter Lernprozeß statt, der eine bestimmte Strategie in der jeweils folgenden Epoche als ‚falsch' widerlegte? Hat die Strategie der Bildungsexpansion in einer spezifischen Entwicklungsepoche ihre Berechtigung, diejenige der Deregulierung des Schulwesens in einer anderen Phase aber auch? Oder existiert so etwas wie eine ‚evolutionäre Dynamik' in Richtung auf eine weltweit beste Praxis?

Es könnte argumentiert werden, in einer Phase, in der handlungsfähige Akteurkonstellationen nicht vorhanden sind, sei es sinnvoll, durch eine zunächst weitgehend richtungslose Expansion des Bildungssystems die materiellen, professionellen, sozialen und strukturellen Voraussetzungen für systemische Entwicklung herzustellen. Die Initiierung und Steuerung dieser ersten Aufbauphase müsse – in Ermangelung tragfähiger Alternativen – vom Staat ausgehen.

In einem zweiten Schritt könnte dann die nunmehr vorhandene, noch recht strukturlose Vielfalt von Bildungsangeboten durch Optimierungs- und Selektionsprozesse dynamisiert und zu einer stärkeren Ausdifferenzierung gezwungen werden.[270] In dieser Phase wäre dann der Wettbewerb in einem funktionierenden Markt das angemessene Steuerungsinstrument.

In einer dritten Phase, in der die Profilbildung der sozialen Akteure und die entsprechenden *institution-building*-Prozesse schon weiter fortgeschritten sind, könnte sich dann die Vernetzung der beteiligten Akteure, die Stärkung dezentraler Autonomie und die gleichzeitige, problembezogene Integration in ein funktionsfähiges, dynamisches Gesamtsystem als sinnvoll erweisen.

Oder, so könnte die entgegengesetzte Position vertreten werden, entspricht der weltweite Paradigmenwechsel in der Entwicklungspolitik einem globalen Lernprozeß, bei dem sich die je aktuelle Fassung als intelligenteste Lösung, als universeller *state of the art* beweist, so daß Staaten, die einen oder mehrere Schritte versäumten, direkt zu der nunmehr als ‚besten' Lösung geltenden Strategie übergehen könnten?

Ein unmittelbar offensichtliches Argument spricht gegen die erste und für die zweite Argumentation: Die Heterogenität der Entwicklungsverläufe weltweit steht in deutlicher Diskrepanz zur Universalität der entwicklungsstrategischen Vorgaben. Wenn eine bestimmte Entwicklungsstrategie für eine Modernisierungsstufe *paßt*, für eine andere je-

---

270 In Chile wurde dieser Prozeß durch die politische Entwicklung und das Kontrollbedürfnis der Militärs zwar konterkariert, doch für andere gesellschaftspolitische Kontexte könnte das Argument stichhaltig sein.

doch nicht, dann müßten die strategischen Vorgaben sehr viel differenzierter auf einzelne Länder zugeschnitten werden, als dies bisher geschieht.

Dagegen steht die Position, die Allgemeingültigkeit des großen Ziels sei nicht sachlich begründet, sondern den Entwicklungsländern aus Ignoranz und hegemonialen Machtgelüsten von den internationalen Institutionen aufoktroyiert worden.

Für den Steuerungsbereich im Bildungswesen lassen die Ergebnisse der vorliegenden Arbeit jedoch eher auf einen globalen Lernprozesses schließen: Für Chile stellte sich nämlich heraus, daß Bildungsreformen insbesondere dann erfolgreich waren, wenn sie in bestimmten Aspekten *nicht* der je aktuellen universalen Leitidee folgten. Die Bildungsplanung unter der Regierung Frei (1964–1970) war *nicht*, wie es die These von der durch empirische Forschung gestützten Plan- und Machbarkeit bildungspolitischen Wandels nahegelegt hätte, Motor und Bezugspunkt der Reformarbeit, sondern eher eine Legitimationsinstanz *ex post*.

Und die Regierung Pinochet verließ sich trotz aller vehement vorgetragenen Marktrhetorik *nicht* auf das selbsttätige Wirken dezentraler Marktteilnehmer, sondern finanzierte und steuerte das Bildungssystem auch in höheren Bildungsstufen unverändert weiter.

Offenbar hing der Erfolg bildungspolitischer Bemühungen in Chile mindestens teilweise von einem Vorgehen ab, das Aspekte von Markt- und Staatssteuerung miteinander verknüpfte und die derzeit gültigen Vorstellungen von einer je problembezogenen Gewichtung der Zielgrößen *Autonomie* und *Integration* respektierte.

Ich vermute daher, und mit dieser auf weitere, ausstehende Forschungsprojekte im Bereich der vergleichenden Berufsbildungsforschung verweisenden These soll diese Arbeit schließen, daß der aktuelle Kenntnisstand über Steuerungsprozesse komplexer Sozialsysteme als im wesentlichen für alle Entwicklungsphasen zutreffend gelten kann. Ist dies richtig, so kann extern initiierter Wandel in einem Berufsbildungssystem dann erfolgreich sein, wenn er die je vorhandenen Institutionengefüge, Akteurkonstellationen und teilsystemischen Orientierungen gleichermaßen berücksichtigt und anhand von Leitideen orientiert bzw. indirekt steuert. Wo institutionelle Defizite oder das Fehlen handlungsfähiger Akteure dieses Vorgehen zu behindern scheinen, würde ein konstruktives Vorgehen darin bestehen, zentrale und dezentrale Steuerung, Wettbewerb und Integration schon im Aufbauprozeß miteinander zu verknüpfen, wenn systemisches Wachstum gefördert werden soll.

Literaturverzeichnis

Abels, Heinz (1993): Jugend vor der Moderne, Opladen

Acuña Labraña, Luis (1984): Bildungspolitik und Beschäftigungsproblem in Entwicklungsländern, Freiburg

Adams, Arvil (1994): Vocational Education and Training and the Macroeconomic Environment, in: Husén, Thorsten/ Postlethwaite, T. Neville (Hg.): The International Encyclopedia of Education, 2. Auflage, Oxford

Adams, Arvil/ Goldfarb, R./ Kelly, T. (1992): How the macroeconomic environment affects human resource development, World Bank, Washington

Adams, Arvil/ Middleton, John/ Ziderman, Adrian (1992): The World Bank's Policy Paper on Vocational Education and Training, in: Prospects, Dec. 1992: 1–15

Adick, Christel (1992): Praxis und Effekte der Kolonialpädagogik, in: Müller, Klaus/ Treml, Alfred (Hg.): Ethnopädagogik,Sozialisation und Erziehung in traditionellen Gesellschaften, Berlin

Aedo-Richmond, Ruth/ Noguera, Ines (1989): Recession and Educational Policy in Chile in the 1980s, in: IDS-Bulletin 20(1989): 24–30, Sussex

Aedo-Richmond, Ruth/ Noguera, Ines/ Richmond, Mark (1985): Changes in the Chilean Educational System during Eleven Years of Military Government: 1973 – 1984, in: Brock, Colin/ Lawlor, Hugh (Hg.): Education in Latin America, Sydney

Aghion, Philippe/ Howitt, Peter (1993): The Schumpeterian Approach to Technical Change and Growth; in: Siebert, Horst (Hg.): Economic growth in the world economy, Institut für Weltwirtschaft, Kiel

Agudelo Mejía, Santiago (1995): La formación profesional y los desafíos de la competitividad, in: boletín cinterfor, Januar–März 1995, Nr. 130: 53ff.

Alberti, Agustín (1967): Vocational Training in Chile, in: International Labour Review 95(1967)5: 452ff.

Alsalam, Nabeel (1995): The Rate of Return to Education: A Proposal for an Indicator, in: OECD (Hg.): Education and Employment, Paris

Altbach, Philip/ Arnove, Robert/ Kelly, Gail (Hg.)(1982): Comparative Education, New York/London

Altvater, Elmar (1988): Die Auswirkungen der veränderten internationalen Arbeitsteilung auf die Bildungsanforderungen, in: Hansmann, Otto/ Marotzki, Winfried (Hg.): Diskurs Bildungstheorie, Weinheim

Anderseck, Klaus (1988): ‚Bildung' in ökonomischer Perspektive, in: Zeitschrift für Berufs- und Wirtschaftspädagogik, 84(1988)8: 675ff.

Anderseck, Klaus (1988a): Staatliche versus private Bereitstellung von Bildung in der ökonomischen Diskussion, in: Zeitschrift für Pädagogik 23. Beiheft, Weinheim

Anderson, C.A. (1967): The social context of educational planning, UNESCO, IIEP, Paris

Andreani, Ricardo (1989): Programa de Capacitación Laboral para Jóvenes y Talleres Productivos: Evolución Histórica, in: Marcel, Mario (Hg.): Capacitación y Empleo de Jóvenes. Revisión y Análisis de Experiencias, Vol. Tres: Programas Gubernamentales y No Gubernamentales, CIEPLAN, Santiago de Chile

Arentzen, Ute (1996): Gabler-Volkswirtschafts-Lexikon, völlig neu überarbeitete Fassung, 3. Auflage, Wiesbaden

Arnold, Rolf (1989a): Berufsbildung in Lateinamerika, in: International Review of Education 35(1989): 159–177

Arnold, Rolf (1989b): Die geteilte Berufsbildung in der 3. Welt, in: Zeitschrift für Berufs- und Wirtschaftspädagogik, 85(1989)2: 99–119

Arnold, Rolf (1989c): Der Streit um die Berufsbildungshilfe – Berufsausbildung für die Dritte Welt im Widerstreit von Konzeptionen, in: ders. (Hg.): Berufliche Bildung und Entwicklung in den Ländern der Dritten Welt. Bilanz und Perspektiven der bundesrepublikanischen Berufsbildungshilfe, Baden-Baden

Arnold, Rolf (1991): Interkulturelle Berufspädagogik, Oldenburg

Arnold, Rolf (1992): Entwicklungsstufen der deutschen Berufsbildungshilfe, in: Entwicklung und Zusammenarbeit, (1992)9: 15–17

Arnold, Rolf (1994): Neue Akzente der internationalen Berufsbildungs-Debatte – Impulse für eine künftige Entwicklungszusammenarbeit im Bereich der beruflichen Bildung?, in: Biermann, Horst/ Greinert, Wolf Dietrich/ Janisch, Rainer (Hg.): Systementwicklung in der Berufsbildung, Baden-Baden

Arnold, Rolf (1995): Luhmann und die Folgen. Vom Nutzen der neueren Systemtheorie für die Erwachsenenpädagogik, in: Zeitschrift für Pädagogik, 41(1995)4: 599ff.

Arnold, Rolf (1995a): Systementwicklung, Systemanalyse und Systemberatung in der Berufsbildungshilfe, in: Heitmann, Werner/ Greinert, Wolf–Dietrich (Hg.): Analyseinstrumente in der Berufsbildungszusammenarbeit, Diskussionsbeiträge und Materialien zur internationalen Berufsbildungszusammenarbeit, Heft 1, Gesellschaft für Technische Zusammenarbeit, Berlin

Arnold, Rolf (1996): Weiterbildung – Ermöglichungsdidaktische Grundlagen, München

Arnold, Rolf (1997): ‚Systembegriffe' – praktisch gesehen, in: Greinert, Wolf–Dietrich/ Heitmann, Werner/ Stockmann, Rainer/ Vest, Brunhilde (Hg.): Vierzig Jahre Berufsbildungszusammenarbeit mit Ländern der Dritten Welt. Die Förderung der beruflichen Bildung in den Entwicklungsländern am Wendepunkt?, Studien zur Vergleichenden Berufspädagogik 10, Gesellschaft für Technische Zusammenarbeit, Baden-Baden

Arnold, Rolf/ Krammenschneider, Ulrich (1997): Berufliche Bildung in Chile, in: Die berufsbildende Schule, 49(1997)9 und 10

Arrate, Jorge (1996): Modernización, Equidad y Relaciones Laborales Participativas en Chile, in: Boletín Tecnico Interamericano de Formación Profesional, CINTERFOR, 34(1996): 93–104

Artiles, Martin (1993): Dezentralisierung: die Bedeutung der lokalen Ebene für die Berufsbildungspolitik, in: Berufsbildung CEDEFOP 2(1993): 29–35

Aurin, Kurt (Hg.)(1989): Gute Schulen – worauf beruht ihre Wirksamkeit?, Bad Heilbrunn

Austin, Robert (1997): Armed Forces, Market Forces: Intellectuals and Higher Education in Chile, 1973 – 1993, in: Latin America Perspectives, 24(1997)5: 26–58

Axt, H. J./ Karcher, W./ Schleich, B. (Hg.) (1987): Ausbildungs- oder Beschäftigungskrise in der 3. Welt?, Frankfurt am Main

Badertscher, Hans/ Grunder, Hans-U. (Hg.) (1995): Wieviel Staat braucht die Schule? Schulvielfalt und Autonomie im Bildungswesen, Bern/ Stuttgart/ Wien

Baethge, Martin (1970): Ausbildung und Herrschaft. Unternehmerinteressen in der Bildungspolitik, Frankfurt am Main

Bakke-Seeck, Sigvor (1993): Beruflicher Kompetenzerwerb im informellen Sektor in Lima/Peru, in: Karcher/ Overwien /Krause/ Singh (Hg.): Zwischen Ökonomie und sozialer Arbeit, Lernen im informellen Sektor der ‚Dritten Welt', Frankfurt am Main

Ball, Helmut (1985): Mehr Markt im Bildungswesen? Eine bildungsökonomische und ordnungstheoretische Analyse, Frankfurt am Main/ Bern/ New York

Banco Central de Chile (1995): Annual Report 1995, Santiago de Chile

Barrera, Manuel (1993): Modernización Productiva y fuerza de trabajo en Chile, in: Economía y Trabajo, No.2, Julio–Diciembre 1993, PET, Santiago de Chile

Bartel, Rainer (1990): Theoretische Überlegungen zur Privatisierung, in: Schneider, F./ Hofreither, M. (Hg.): Privatisierung und Deregulierung in Westeuropa, Wien

Beck, Klaus (1984): Zur Kritik des Lernortkonzepts – Ein Plädoyer für die Verabschiedung einer untauglichen pädagogischen Idee, in: Georg, Walter (Hg.): Schule und Berufsausbildung, Bielefeld

Becker, Gary S. (1964): Human Capital. Theoretical and Empirical Analyses with Special References to Education, New York/ London

Becker, Gary S. (1970): Investitionen in Humankapital – eine theoretische Analyse, in: Hüfner, Klaus (Hg.): Bildungsinvestitionen und Wirtschaftswachstum. Ausgewählte Beiträge zur Bildungsökonomie, Stuttgart

Beers, David/ Ellig, Jerry (1994): An Economic View of the Effectiveness of Public and Private Schools, in: Hakim, Simon/ Seidenstat, Paul/ Bowman, Gary W. (Hg.): Privatizing Education and Educational Choice. Concepts, Plans and Experiences, Westport, Connecticut/ London

Benecke, Dieter (1983): Desarrollismo – ein überlegtes Konzept?, in: Buisson, Inge/ Mols, Manfred (Hg.): Entwicklungsstrategien in Lateinamerika in Vergangenheit und Gegenwart, Paderborn/ München/ Wien/ Zürich

Bennett, Colin/ Howlett, Michael (1992): The lessons of learning: Reconciling theories of policy learning and policy change, in: Policy Sciences 25(1992):275–294

Berger, Johannes (1988): Modernitätsbegriffe und Modernitätskritik in der Soziologie, in: Soziale Welt (1988)3: 224–236

Berger, Peter/ Luckmann, Thomas (1986): Die gesellschaftliche Konstruktion der Wirklichkeit. Eine Theorie der Wissenssoziologie, 5. Aufl., Frankfurt am Main

Bertels, L./ Lipsmeier, A. (1984): Selbstinitiierung von beruflicher Weiterbildung, Fernuniversität Hagen

Betz, Joachim (1995): Arbeitslosigkeit und Beschäftigungsstrategien in der Dritten Welt, in: Jahrbuch Dritte Welt 1996, Deutsches Institut für Übersee–Forschung, München

Bianchi, Patricio (Hg.) (1994): Technology, Human Resources and Growth, International Journal of Technology Management, vol. 9, Washington D. C.

BID (Banco Interamericano de Desarrollo) (1996): Economic and Social Progress in Latin America. 1996 Report, Washington D. C.

Biermann, Horst/ Greinert, Wolf–Dietrich/ Janisch, Rainer (Hg.) (1994): Systementwicklung in der Berufsbildung. Berichte, Analysen und Konzepte zur internationalen Zusammenarbeit, Baden-Baden

Biermann, Horst/ Janisch, Rainer (1997): Systemberatung: Schlüssel zum Wandel von Ausbildungssystemen?, in: Greinert, Wolf–Dietrich/ Heitmann, Werner/ Stockmann, Rainer/ Vest, Brunhilde (Hg.): Vierzig Jahre Berufsbildungszusammenarbeit mit Ländern der Dritten Welt. Die Förderung der beruflichen Bildung in den Entwicklungsländern am Wendepunkt?, Studien zur Vergleichenden Berufspädagogik 10, Gesellschaft für Technische Zusammenarbeit, Baden-Baden

Bildungskommission NRW (1995): Zukunft der Bildung – Schule der Zukunft, Neuwied/ Kriftel/ Berlin

Bimber, Bruce (1993): School Decentralization. Lessons from the Study of Bureaucracy, RAND Institute on Education and Training, Santa Monica

Birle, Peter/ Mols, Manfred (1994): Staat, Gewerkschaften und Unternehmer in Lateinamerika: Sozialpartner von morgen? in: Grewe, Hartmut/ Mols, Manfred (Hg.): Staat und Gewerkschaften in Lateinamerika. Wandel im Zeichen von Demokratie und Marktwirtschaft, Paderborn/ München/ Wien/ Zürich

Blaug, M. (1970): An Introduction to the Economics of Education, London

Blaug, M. (1994): Education and the Employment Contract, in: Husén, Thorsten/ Postlethwaite, T. Neville (Hg.): The International Encyclopedia of Education, 2. Auflage, Oxford

Blitz, Rudolph (1965): The Role of High–level Manpower in the Economic Development of Chile, in: Harbison/ Myers (Hg.): Manpower and Education. Country Studies in Economic Development, New York/ Sydney/ Toronto/ London

BMZ (Bundesministerium für wirtschaftliche Zusammenarbeit)(1992): Sektorkonzept berufliche Bildung, in: Gesellschaft für Technische Zusammenarbeit (Hg.): Berufliche Bildung und Personalentwicklung für die gewerbliche Wirtschaft. Konzepte, Schwerpunkte, Projekte, Eschborn

Bock, John C. (1982): Education and Development: A Conflict of Meaning, in: Altbach, P./ Arnove, R./ Kelly, G. (Hg.): Comparative Education, New York/ London

Bodenhöfer, H. J. (1985): Probleme der Bildungsfinanzierung – Stand der Diskussion; in: Brinkmann, G. (Hg.): Probleme der Bildungsfinanzierung, Berlin

Boehm, Ulrich (1993): Ein Programm zur Förderung von Lehrlingsausbildung in Nigeria, in: Karcher/ Overwien /Krause/ Singh (Hg.): Zwischen Ökonomie und sozialer Arbeit, Lernen im informellen Sektor der ‚Dritten Welt', Frankfurt am Main

Boehm, Ulrich/ Adam, Susanna: (1994): Systementwicklung und traditionelle Lehrlingsausbildung, in: Biermann, Horst/ Greinert, Wolf Dietrich/ Janisch, Rainer (Hg.): Systementwicklung in der Berufsbildung, Baden-Baden

Boekh, Andreas (1992): Entwicklungstheorien: Eine Rückschau, in: Nohlen/ Nuscheler: Handbuch der 3. Welt, Bd. 1

Boeninger, Edgardo (1994): Acciones para mejorar la calidad de la Educación, in: Mensaje (1994)434 Santiago de Chile

Böttcher, Wolfgang (1995): Instrumente zur Selbstevaluierung von Bildungseinrichtungen, in: Landesinstitut für Schule und Weiterbildung (Hg.): Schulentwicklung und Qualitätssicherung in Dänemark, in der Reihe: Lehrerfortbildung in Nordrhein–Westfalen, Bielefeld

Braun, Dietmar (1993): Akteurstheoretische Sichtweisen funktionaler Differenzierung moderner Gesellschaften, in: Héritier, Adrienne: Policy-Analyse. Kritik und Neuorientierung, Politische Vierteljahresschrift, Sonderheft 24, Opladen

Braun, Gerald (1980): Schule als Produktionsstätte von Arbeitslosigkeit, in: Bildung und Erziehung 33(1980)5: 433–440

Braun, Gerald (1991): Vom Wachstum zur dauerhaften Entwicklung, in: Aus Politik und Zeitgeschichte, (1991)25 und 26

Braun, Gerald/ Rösel, Jakob (1993): Kultur und Entwicklung, in: Nohlen, Dieter/ Nuscheler, Franz (Hg.): Handbuch der Dritten Welt. Bd. 1, Grundprobleme, Theorien, Strategien, Bonn

Bray, M./ Lillis, K. (1988): Community Financing of Education: Issues and Policy Implications in Less Developed Countries, Elmsford/ New York

Briones, Guillermo (1985): La Desigualdad Educativa en las Areas Rurales de Chile, PIIE, Santiago de Chile

Brodkin, Evelyn (1990): Implementation as Policy Politics, in: Palumbo, Dennis/ Calista, Donald (Hg.): Implementation and the Policy Process. Opening the Black Box, New York/ Westport/ London

Brunner, José Joaquín (1977): La Miseria de la Educación y la Cultura en una Sociedad Disciplinaria, in: Nueva Sociedad 33(1977)33–34: 81–94, Caracas

Buchmann, Michael A. (1979): Berufsstrukturen in Entwicklungsländern. Entwicklungsmuster der Berufsstruktur und die Chancen ihrer Prognose, Dissertation, Tübingen/ Basel

Bühler, Hans/ Gerhardt, Heinz-Peter/ Karcher, Wolfgang/ Mergner, Gottfried (1994): Kritik an Bildungskonzepten des BMZ, in: Entwicklung und Zusammenarbeit, 35(1994)7:171ff.

Bulnes, Luz (1988): La Regionalización y sus antecedentes jurídicos, in: Bulnes, Luz/ Errazuriz, Maximiano/ Godoy, Hernan/ Varas, Juan Ignacio/ Villalobos, Sergio: La Regionalización, Hanns Seidel-Stiftung, Santiago de Chile

Calderón, Hugo (1991): Chile setzt auf den Weltmarkt, in: Ensignia/Nolte (Hg.): Modellfall Chile?, Hamburg

Cañas-Kirby, Enrique (1993): Autoritäres Regime, Transition durch Verhandlung und demokratische Öffnung. Chile: 1983–1990, Dissertation, Freiburg

Capecchi, Vittorio (1993): Berufsbildung unter geographischem Aspekt: neue Interpretationskategorien und neue Interventionsstrategien, in: Berufsbildung CEDEFOP (1993)2: 40–45

Cariola, L., Cox, C. (1991): La educación de los jóvenes: crisis de la relevancia y calidad de la enseñanza media, in: Mena, Fernando/ Rittershausen (Hg.): La juventud y la enseñanza media, CPU, Santiago de Chile

Carnoy, Martin (1977): Education and Employment. A Critical Appraisal, Paris

Carnoy, Martin (1993): School Improvement: Is Privatization the Answer?, in: Hannaway, Jane/ Carnoy, Martin (Hg.): Decentralization and School Improvement. Can we Fulfill the Promise?, San Francisco

Carnoy, Martin (1994a): Education and Productivity, in: Husén, Thorsten/ Postlethwaite, T. Neville (Hg.): The International Encyclopedia of Education, 2. Auflage, Oxford

Carnoy, Martin (1994b): Education and the New International Division of Labor, in: Husén, Thorsten/ Postlethwaite, T. Neville (Hg.): The International Encyclopedia of Education, 2. Auflage, Oxford

Carnoy, Martin (1994c): Rates of Return to Education, in: Husén, Thorsten/ Postlethwaite, T. Neville (Hg.): The International Encyclopedia of Education, 2. Auflage, Oxford

Castaneda, T. (1990): Para combatir la pobreza, Santiago de Chile

Castro, Pedro (1977): La Educación en Chile de Frei a Pinochet, Reihe: Tierra Dos Tercios, Salamanca

CEDEFOP (European Centre for the Development of Vocational Training) (1993): Vocational Training in Latin America, Berlin

CEPAL (1992a): Equidad y Transformación Productiva: un Enfoque Integrado, Santiago de Chile

CEPAL (1992b): Educación y Conocimiento: Eje de la Transformación Productiva con Equidad, Santiago de Chile

CEPAL (1994): Capacitación en América Latina: Algunos Desarrollos Recientes, Comparaciones Internacionales y Sugerencias de Política, LC/R. 1495; internes Dokument, Santiago de Chile

CEPAL (1997): Resumen y Conclusiones de la Cumbre Mundial sobre Desarrollo Social, Internet: http://www.eclac.cl/Brecha.htm#RESUMEN

Cerda, A./ Silva, M./ Nuñez, I. (1991): El sistema escolar y la profesión docente, PIIE, Santiago de Chile

Cheema, G. S./ Rondinelli, D. A. (Hg.)(1983): Decentralization and Development, United Nations Centre for Regional Development, Beverly Hills/ London/ New Delhi

Chile (1979): Bases para la Política Educacional, Presidencia de la República, División Nacional de Comunicación Social, Santiago de Chile ˙

Chubb, John/ Moe, Terry (1990): Should Market Forces Control Educational Decision Making?, in: American Political Science Review 84(1990)2: 556–567

Chubb, John/ Moe, Terry (1993): Good Schools by Choice. A New Strategy for Educational Reform, Schriftenreihe des European Forum for Freedom in Education, Frankfurt am Main

CIDE (1990): Primer Encuentro Nacional de Educación para el Trabajo, Informe Final, Santiago de Chile

CINTERFOR (1990): La Formación Profesional en el Umbral de los 90, vol 1–2, Montevideo

CINTERFOR (1994): Políticas y Estratégias de Formación Profesional en America Latina y el Caribe, Documento de Trabajo, Montevideo

Cleaves, Peter (1974): Bureaucratic Politics and Administration in Chile, Berkeley/ Los Angeles/ London

Clement, Ute (1994): Berufsbildung in Chile unter besonderer Berücksichtigung der Funktion und Rolle der Lehrer an beruflich-technischen Mittelschulen (Magisterarbeit), Santiago de Chile

Clement, Ute (1995): Certificación Ocupacional. Dokument der Friedrich-Ebert-Stiftung, Santiago de Chile

Clement, Ute (1996): Vom Sinn beruflicher Bildung, in: Zeitschrift für Berufs- und Wirtschaftspädagogik 92(1996)6: 617–626

Clement, Ute/ Lipsmeier, Antonius (1997): Übertragbarkeit beruflicher Bildungssysteme in Entwicklungsländer. Problemlagen und Handlungsperspektiven, in: Dobischat, Rolf/ Husemann, Rudolf (Hg.): Berufliche Bildung in der Region, Berlin

Clement, Ute (1998): Grenzüberschreitungen: Ausbildung für den informellen Sektor?, in: Berufsbildung 52(1998)50:44-46

Clement, Ute/ Krammenschneider, Uli (voraussichtlich 1999): Chile, in: Lauterbach, Uwe (Hg.): Internationales Handbuch der Beruflichen Bildung, Carl-Duisburg-Gesellschaft, Baden-Baden

Cohen, S. I. (1985): A Cost-Benefit Analysis of Industrial Training, in: Economics of Education Review 4(1985)4: 327–339

Colegio de Profesores (1997): Chile educa a Chile. Primer Congreso Nacional de Educación, Santiago de Chile

Coleman, J. S. (1990): Choice, Community and Future Schools, in: Clune,W.H./ Witte, J.F. (Hg.): Choice and Control in American Education, New York

Comisión Nacional para la Modernización de la Educación (1994): Informe para su Excelencia el Presidente de la República Don Eduardo Frei Ruiz-Tagle, Santiago de Chile

285

Conyers, Diana (1984): Decentralization and Development: a Review of Literature, in: Public Administration and Development (1984)4: 187–197

Coombs, Philip (1969): Die Weltbildungskrise, Texte und Dokumente zur Bildungsforschung der Max–Planck–Gesellschaft, Stuttgart

Coombs, Philip (1970): The world educational crisis, New York

CORFO (o. J.): La Capacitación de Mano de Obra en Chile, Santiago de Chile

Corporación Tiempo 2000 (1996): La Reforma Educacional y la Percepción del Rol Docente, in: ENERSIS (Hg.): Educación en Chile: Un Desafío de Calidad, Santiago de Chile

Corvalán Vasquez, Oscar (1986): Educación técnica y movilidad social de los jovenes urbano-populares, Santiago de Chile

Corvalán Vasquez, Oscar (1990): Reformas introducidas en la Enseñanza Técnico–Profesional Chilena, in: CIDE: Los Jóvenes en Chile hoy, Santiago de Chile

Corvalán Vasquez, Oscar (1993): Das Verhältnis von Nicht-Regierungsorganisationen und Regierungen in Lateinamerika – chilenische Erfahrungen, in: Karcher/ Overwien /Krause/ Singh (Hg.): Zwischen Ökonomie und sozialer Arbeit, Lernen im informellen Sektor der ‚Dritten Welt', Frankfurt am Main

CPC (Confederación de la Producción y del Comercio) (1996): La Educación para el Trabajo, in: ENERSIS (Hg.): Educación en Chile: Un Desafío de Calidad, Santiago de Chile

Czada, Roland (1996): Korporatismus/ Neokorporatismus, in: Nohlen, Dieter (Hg.): Wörterbuch Staat und Gesellschaft, Neuauflage 1995, Lizenzauflage für die Bundeszentrale für politische Bildung 1996, Bonn

Czempiel, Ernst Otto (1993): Weltpolitik im Umbruch. Das internationale System nach dem Ende des Ost-West-Konflikts, München

Dabrowski, Martin (1995): Wirtschaftssystem und Wirtschaftspolitik Chiles nach der Redemokratisierung. Eine Analyse aus wirtschaftsethischer Sicht, Dissertation, Frankfurt am Main/ Berlin/ Bern/ New York/ Paris/ Wien

Dahrendorf, Ralf (1972): Von der Industriegesellschaft zur Bildungsgesellschaft, in: Schorb, A. O. (Hg.): Bildungsplanung und Bildungspolitik, Frankfurt am Main

Debeauvais, Michel (1972): The Development of Education in Latin America since the Santiago de Chile Plan, in: La Belle, Thomas (Hg.): Education and Development: Latin America and the Caribbean, Latin America Centre, Los Angeles

Denison, Edward F. (1970): Zur Messung des Beitrags der Bildung (und der Restgröße) zum Wirtschaftswachstum, in: Hüfner, Klaus (Hg.): Bildungsinvestitionen und Wirtschaftswachstum. Ausgewählte Beiträge zur Bildungsökonomie, Stuttgart

Deutsch-Chilenische Industrie- und Handelskammer (1996): Chile. Jahresbericht 1996, Santiago de Chile

Deutscher Bildungsrat (1974): Zur Neuordnung der Sekundarstufe II, Konzept für eine Verbindung von allgemeinem und beruflichem Lernen, Stuttgart

Dias, Patrick (1981): Erziehungswissenschaft, Bildungsförderung und Entwicklung in der Dritten Welt, in: Zeitschrift für Pädagogik, 16. Beiheft, Weinheim

Díaz, D. (1994): Peru: System of Education, in: Husén, Thorsten/ Postlethwaite, T. Neville (Hg.): The International Encyclopedia of Education, 2. Auflage, Oxford

Diehl, Manfred (1993): Probleme beim Transfer des dualen Systems in Länder der Dritten Welt, in: Die berufsbildende Schule 45(1993)3: 93–98

Dini, Marco/ Guerguil, Martine (1993): Nuevas Tecnologías en Pequeñas Empresas Chilenas: Difusión e Impacto, Documento de Trabajo No. 19, Naciones Unidas, Santiago de Chile

Dippel, Rolf (1972): Über die Reform der Berufserziehung in einem Entwicklungsland dargestellt am Beispiel Chile in den Jahren 1960–1970, Dissertation, Bochum

Dobischat, Rolf/ Husemann, Rudolf (Hg.) (1997): Berufliche Bildung in der Region. Zur Neubewertung einer bildungspolitischen Gestaltungsdimension, Berlin

Donges, Jürgen (1981): Außenwirtschafts- und Entwicklungspolitik: Die Entwicklungsländer in der Weltwirtschaft, Berlin/ Heidelberg

Dresdner Bank Lateinamerika AG (Juni 1997): Chile, in: Kurzbericht über Lateinamerika, Hamburg

Dubs, Rolf (1995): Autonome Schulen und Organisationslernen – Ideale und Realität, in: Geißler, Harald (Hg.): Organisationslernen und Weiterbildung: die strategische Antwort auf die Herausforderungen der Zukunft, Neuwied/ Kriftel/ Berlin

Ducci, M. A. (1994): Latin America: National Training Agencies, in: Husén, Thorsten/ Postlethwaite, T. Neville (Hg.): The International Encyclopedia of Education, 2. Auflage, Oxford

Echeverría, Cristián (1989): El Estado y la Capacitación en Chile, in: Marcel, Mario (Hg.): Capacitación y Empleo de Jóvenes. Revisión y Análisis de Experiencias, Vol. Tres: Programas Gubernamentales y No Gubernamentales, CIEPLAN, Santiago de Chile

Echeverría, Cristián (1990): El Estado y la Capacitación de Jóvenes en Chile, in: CIDE: Los Jóvenes en Chile hoy, Santiago de Chile

Echeverría, Rafael (1982): Política educacional y transformación del sistema de educación en Chile a partir de 1973, in: Revista Mexicana de Sociología 44(1982)2: 529–557, México D. F.

Eckaus, Richard S. (1970): Die Bedeutung der Bildung für das Wirtschaftswachstum, in: Hüfner, Klaus (Hg.): Bildungsinvestitionen und Wirtschaftswachstum. Ausgewählte Beiträge zur Bildungsökonomie, Stuttgart

Edding, Friedrich (1963): Ökonomie des Bildungswesens. Lehren und Lernen als Haushalt und als Investition, Freiburger Studien zu Politik und Soziologie, hrsg. von Arnold Bergstraesser, Freiburg

Edding, Friedrich (1964): Über den Gedanken der Bildungsinvestition und seine Anwendungen, in: Die Deutsche Berufs- und Fachschule 60(1964)3: 167–171

Edding, Friedrich (1970): Auf dem Wege zur Bildungsplanung, UNESCO, Braunschweig

Edwards, Edgar (1980): Investment in Education in Developing Nations: Policy Responses when Private and Social Signals Conflict, in: Simmons, John (Hg.): The

Education Dilemma. Policy Issues for Developing Countries in the 1980s, The World Bank, Oxford/ New York/ Toronto/ Sydney/ Paris/ Frankfurt am Main

Edwards, Luz María (1994): Formación de profesores en el nuevo proyecto de educación, in: Mensaje N. 434, Nov. 1994, Santiago de Chile

Edwards, Sebastian/ Cox Edwards, Alejandra (1987): Monetarism and Liberalization. The Chilean Experiment, Cambridge/Massachussetts

Edwards, Verónica (1994): La Reforma Integral de la Educación Media, in: Mensaje (1994)434, Santiago de Chile

Egaña, Loreto/ Magendzo, Abraham (1983): El Marco Teórico Político del Proceso de Descentralización Educativa (1973–1983), PIIE, Proyecto: El proceso de descentralización educativa en Chile, Santiago de Chile

Elmore, Richard F. (1993): School Decentralization: Who Gains? Who Looses?, in: Hannaway, Jane/ Carnoy, Martin (Hg.): Decentralization and School Improvement. Can We Fulfill the Promise?, San Francisco

Ensignia, Jaime/ Nolte, Detlef (Hg.) (1991): Modellfall Chile?, Institut für Iberoamerika-Kunde, Hamburg

Erberich, Britta (1997): Berufliche Ausbildung. Eine institutionenökonomische Analyse unter besonderer Berücksichtigung aktueller Lösungen in Chile, Diplomarbeit, Münster

Errázuriz, Margarita M. et al. (1994): Las demandas sociales a la educación media, in: MECE, Colección de Estudios sobre la Educación Media, Santiago de Chile

Espinola, V. (1989): Los resultados del modelo económico en la enseñanza básica, in: Garcia-Huibrodo, CIDE: escuela, calidad e igualdad, Santiago de Chile

Eßer, Klaus (1972): Durch freie Wahlen zum Sozialismus oder Chiles Weg aus der Armut, Reinbek bei Hamburg

Eßer, Klaus (1992): Lateinamerika: Von der Binnenmarktorientierung zur Weltmarktspezialisierung, in: Gleich, Albrecht von/ Grenz, Wolfgang/ Krumwiede, Heinrich-W./ Nolte, Detlef/ Sangmeister, Hartmut (Hg.): Lateinamerika Jahrbuch 1992, Institut für Iberoamerika-Kunde, Hamburg

Eßer, Klaus/ Gleich, Achim von / Gleich, Uta von / Petersen, Hans J. (1994): Lateinamerika und Europa in den 90er Jahren, BMZ, Bonn

Etchegarray, F. (1991): Los Jóvenes, su Percepción y Situación en la Educación Media, in: Mena/ Rittershausen (Hg.): La Juventud y la Enseñanza Media, CPU, Santiago de Chile

Fantuzzi, Roberto (1989): Participación Empresarial en la Capacitación, in: Marcel, Mario (Hg.): Capacitación y Empleo de Jóvenes. Revisión y Análisis de Experiencias, Vol. Tres: Programas Gubernamentales y No Gubernamentales, CIEPLAN, Santiago de Chile

Farrell, Joseph (1975): A Reaction to: „The Macro-Planning of Education: Why it fails, why it survives and the alternatives", in: Comparative Education Review 19(1975)2: 202–208, Chicago

Farrell, Joseph (1990): The Political Meaning of Educational Change in Allende's Chile, in: Curriculum Inquiry 20(1990)1: 96–112

Farrell, Joseph (1994a): Social Equality and Educational Expansion in Developing Nations, in: Husén, Thorsten/ Postlethwaite, T. Neville (Hg.): The International Encyclopedia of Education, 2. Auflage, Oxford

Farrell, Joseph (1994b): Planning Education: Overview, in: Husén, Thorsten/ Postlethwaite, T. Neville (Hg.): The International Encyclopedia of Education, 2. Auflage, Oxford

Farrell, Joseph/ Schiefelbein, Ernesto (1985): Education and Status Attainment in Chile: A Comparative Challenge to the Wisconsin Model of Status Attainment, in: Comparative Education Review 29(1985)4: 490–506

Faulstich, Peter (1997): ‚Netze' als Ansatz regionaler Qualifikationspolitik, in: Dobischat, Rolf/ Husemann, Rudolf (Hg.): Berufliche Bildung in der Region. Zur Neubewertung einer bildungspolitischen Gestaltungsdimension, Berlin

Faure, Edgar/Herrera, Felipe/ Kaddoura, Abdul-Razzak/ Lopes, Henri/ Petrovski, Arthur/ Rahnema, Majid/ Champion Ward, Frederick (Hg.)(1973): Wie wir leben lernen. Der Unesco Bericht über Ziele und Zukunft unserer Bildungsprogramme, Reinbek bei Hamburg

FAUS (1992): El sistema financiero municipal chileno: problemas, desafíos y propuestas, Santiago de Chile

Ffrench-Davis, Ricardo (1982): Modelo económico y la industria en Chile 1973–1981, Santiago de Chile

Ffrench-Davis, Ricardo /Muñoz, Oscar (1990): Desarrollo económico, inestabilidad y desequilibrios políticos en Chile 1950–1989, in: Estudios CIEPLAN 28: 121–156, Santiago de Chile

Fischer, Kathleen (1979): Political Ideology and Educational Reform in Chile 1964–1976. Studies on Social Processes and Change, vol. 46, Los Angeles

FLACSO (1996): El Estado, el Mercado y la Educación en los '90, in: ENERSIS (Hg.): Educación en Chile: Un Desafío de Calidad, Santiago de Chile

Fluitman, Fred (1993): Traditionelle Lehrlingsausbildung in Westafrika: Neue Ergebnisse und politische Optionen, in: Karcher/ Overwien /Krause/ Singh (Hg.): Zwischen Ökonomie und sozialer Arbeit, Lernen im informellen Sektor der ‚Dritten Welt', Frankfurt am Main

Foray, Dominique/ Lundvall, Bengt-Ake (1996): The Knowledge-based Economy: From the Economics of Knowledge to the Learning Economy. In: OECD: Employment and Growth in the Knowledge-based Economy, Paris, S. 11-34.

Foster, P. (1987): The Contribution of Education to Development, in: Psacharopoulos, George (Hg.): Economics of Education. Research and Studies, The World Bank, Washington D. C.

Freire, Paulo (1973): Pädagogik der Unterdrückten – Bildung als Praxis der Freiheit, Stuttgart

289

Friedmann, Reinhard (1990): Chile unter Pinochet. Das autoritäre Experiment (1973–1990), Dissertation, Freiburg

Fues, Thomas (1996): Humankapital und Naturvermögen. Der neue Weltbank-Index für Wohlstand und Nachhaltigkeit, in: Entwicklung und Zusammenarbeit, 37(1996)11: 301–310

Fuest, Winfried/ Kroker, Rolf (1981): Privatisierung öffentlicher Aufgaben, Beiträge zur Wirtschafts- und Sozialpolitik 89, Institut der Deutschen Wirtschaft, Köln

Fukuyama, Francis (1997): Der Konflikt der Kulturen. Wer gewinnt den Kampf um die wirtschaftliche Zukunft, TaschenbuchAuflage, Berlin

Fullan, Michael (1982): The Meaning of Educational Change, New York/ London

Fuller, Bruce (1986): Raising School Quality in Developing Countries. What Investments Boost Learning?, World Bank Discussion Paper, Washington D. C.

Fuller, Bruce/ Rubinson, Richard (1992): Does the State Expand Schooling? Review of the Evidence, in: dies. (Hg.): The Political Construction of Education. The State, School Expansion, and Economic Change, New York/ Westport, Connecticut/ London

Galeano Ramírez, Alberto (1994): Hacia una Transformación Institucional en la Educación Técnica y la Formación Profesional, Cinterfor/OIT-OREALC/ UNESCO, Montevideo

Galilea, Silvia (1989): Experiencias del aparato del Estado en Capacitación Ocupacional y sus Perspectivas en la Transición Democrática, in: Marcel, Mario (Hg.): Capacitación y Empleo de Jóvenes. Revisión y Análisis de Experiencias, Vol. Tres: Programas Gubernamentales y No Gubernamentales, CIEPLAN, Santiago de Chile

Gallart, M.A. (1994): Latin America: Articulation of Education, Training, and Work, in: Husén, Thorsten/ Postlethwaite, T. Neville (Hg.): The International Encyclopedia of Education, 2. Auflage, Oxford

García, Diego (1989): Apuntes acerca del Contrato de Aprendizaje, in: Marcel, Mario (Hg.): Capacitación y Empleo de Jóvenes. Revisión y Análisis de Experiencias, Vol. Tres: Programas Gubernamentales y No Gubernamentales, CIEPLAN, Santiago de Chile

García, Ligia/ Rivera, Eugenio/ Vega, Juan Enrique (1994): Chile, in: Töpper, Barbara/ Müller-Plantenberg, Urs (Hg.): Transformationen im südlichen Lateinamerika. Chancen und Risiken einer aktiven Weltmarktintegration inArgentinien, Chile und Uruguay, Institut für Ibero-Amerikakunde, Frankfurt am Main

Gehrmann, Friedhelm (1984): Politikberatung durch Bildungsforschung?, in: Lutz, Burkart (Hg.): Soziologie und gesellschaftliche Entwicklung, Verhandlungen des 22. Deutschen Soziologentages in Dortmund 1984, Dortmund

Gelpi, Ettore (1995): Macht und Bildung in internationalen Beziehungen, in: Faulstich-Wieland, H./ Nuissl, E./ Siebert, H. / Weinberg, J. (Hg.): Report 36 (1995) Dezember: 109ff.

Georg, Walter (1992): Zwischen Markt und Bürokratie: Berufsbildungsmuster in Japan und Deutschland, in: Georg, Walter/ Sattel, Ulrike (Hg.): Von Japan lernen?, Weinheim

Georg, Walter (1996): Japan als Argument. Zur Debatte über Organisations- und Personalentwicklung, in: Berufsbildung 50(1996)39: 42–45

Georg, Walter (1997): Kulturelle Tradition und berufliche Bildung. Zur Problematik des internationalen Vergleichs, in: Greinert, Wolf–Dietrich/ Heitmann, Werner/ Stockmann, Rainer/ Vest, Brunhilde (Hg.): Vierzig Jahre Berufsbildungszusammenarbeit mit Ländern der Dritten Welt. Die Förderung der beruflichen Bildung in den Entwicklungsländern am Wendepunkt?, Studien zur Vergleichenden Berufspädagogik 10, Gesellschaft für Technische Zusammenarbeit, Baden-Baden

Georg, Walter/ Demes, Helmut (1994): Karriere statt Lehre?, in: dies. (Hg.): Gelernte Karriere, Bildung und Berufsverlauf in Japan, München

George, Susan/ Sabelli, Fabrizio (1995): Kredit und Dogma. Ideologie und Macht der Weltbank, Hamburg

Glennerster, Howard (1991): Quasi-Markets for Education?, in: The Economic Journal 101(1991)Sept.: 1268–1276

Godfrey, M. (1994): Planning for Vocational Education and Training, in: Husén, Thorsten/ Postlethwaite, T. Neville (Hg.): The International Encyclopedia of Education, 2. Auflage, Oxford

Godoy Urzua, Hernan (1988): El Proceso de Regionalización en Chile: Enfoque Sociológico, in: Bulnes, Luz/ Errazuriz, Maximiano/ Godoy, Hernan/ Varas, Juan Ignacio/ Villalobos, Sergio (Hg.): La Regionalización, Hanns Seidel – Stiftung, Santiago de Chile

Goggin, Malcolm/ Bowman, Ann/ Lester, James/ O'Toole, Laurence (1990): Studying the Dynamics of Public Policy Implementation: A Third–Generation Approach, in: Palumbo, Dennis/ Calista, Donald (Hg.): Implementation and the Policy Process. Opening the Black Box, New York/ Westport/ London

Gold, Ewald (Hg.) (1992): Berufliche Bildung und Personalentwicklung für die gewerbliche Wirtschaft: Konzepte, Schwerpunkte, Projekte, Schriftenreihe der Gesellschaft für Technische Zusammenarbeit , Eschborn

Gonon, Philipp (1997): Berufsbildungshilfe zwischen Armutsorientierung und professioneller Qualifizierung: Ergebnisse einer umfassende Evaluation der Berufsbildungshilfe der Schweiz, in: Greinert, Wolf–Dietrich/ Heitmann, Werner/ Stockmann, Rainer/ Vest, Brunhilde (Hg.): Vierzig Jahre Berufsbildungszusammenarbeit mit Ländern der Dritten Welt. Die Förderung der beruflichen Bildung in den Entwicklungsländern am Wendepunkt?, Studien zur Vergleichenden Berufspädagogik 10, Gesellschaft für Technische Zusammenarbeit, Baden-Baden

Gonzalez, L.E./ Toledo, I./ Kliwadenko, N./ Parra V./ Baeza, M. (1991): Las relaciones y la cooperación entre la educación media técnico profesional y la industria, Unesco/ OREALC, Santiago de Chile

Gravers Pedersen, Uffe (1995): Qualitätssicherung des Schulsystems in Dänemark, in: Landesinstitut für Schule und Weiterbildung (Hg.): Schulentwicklung und Qualitätssicherung in Dänemark, in der Reihe: Lehrerfortbildung in Nordrhein–Westfalen

Greinert, Wolf–Dietrich (1988): Marktmodell – Schulmodell – duales System. Grundtypen formalisierter Berufsbildung, in: Die berufsbildende Schule 40(1988)3: 145–156

Greinert, Wolf–Dietrich (1992): Das ‚deutsche System' der Berufsbildung – Geschichte, Organisation, Perspektiven, Baden-Baden

Greinert, Wolf–Dietrich (1994): Instrumente und Strategien der Systementwicklung/ Systemberatung, in: Biermann, Horst/ Greinert, Wolf Dietrich/ Janisch, Rainer (Hg.): Systementwicklung in der Berufsbildung, Baden-Baden

Greinert, Wolf–Dietrich (1995): Regelungsmuster der beruflichen Bildung: Tradition – Markt – Bürokratie, in: Zeitschrift für Berufs- und Wirtschaftspädagogik 24(1995)5: 31–34

Greinert, Wolf–Dietrich (1995a): Die Funktionsanalyse des Berufsbildungssektors, in: Heitmann, Werner/ Greinert, Wolf–Dietrich (Hg.): Analyseinstrumente in der Berufsbildungszusammenarbeit, Diskussionsbeiträge und Materialien zur internationalen Berufsbildungszusammenarbeit, Heft 1, Gesellschaft für Technische Zusammenarbeit, Berlin

Greinert, Wolf–Dietrich (1995b): Eine Strategie für die Berufsbildungszusammenarbeit mit der Dritten Welt, in: Greinert, Wolf–Dietrich/ Heitmann, Werner (Hg.): Zur Strategie der Entwicklung von Berufsbildungssystemen in Ländern der Dritten Welt, Gesellschaft für Technische Zusammenarbeit , Eschborn

Greinert, Wolf–Dietrich (1996): Grundmodelle formalisierter Berufsbildung. Ein neuer Anlauf zu einer Typologie, in: Greinert, Wolf–Dietrich/ Heitmann, Werner/ Stockmann, Rainer (Hg.): Ansätze betriebsbezogener Ausbildungsmodelle. Diskussionsbeiträge und Materialien zur internationalen Berufsbildungszusammenarbeit 3, Gesellschaft für Technische Zusammenarbeit, Berlin

Greinert, Wolf–Dietrich (1997): Das Strategieproblem in der Berufsbildungszusammenarbeit und die Rolle von Wissenschaft und wissenschaftlicher Theorie, in: Greinert, Wolf–Dietrich/ Heitmann, Werner/ Stockmann, Rainer/ Vest, Brunhilde (Hg.): Vierzig Jahre Berufsbildungszusammenarbeit mit Ländern der Dritten Welt. Die Förderung der beruflichen Bildung in den Entwicklungsländern am Wendepunkt?, Studien zur Vergleichenden Berufspädagogik 10, Gesellschaft für Technische Zusammenarbeit, Baden-Baden

Greinert, Wolf–Dietrich (1997a): Konzepte beruflichen Lernens unter systematischer, historischer und kritischer Perspektive, Stuttgart

Greinert, Wolf–Dietrich/ Heitmann, Werner/ Stockmann, Rainer/ Vest, Brunhilde (Hg.) (1997): Vierzig Jahre Berufsbildungszusammenarbeit mit Ländern der Dritten Welt. Die Förderung der beruflichen Bildung in den Entwicklungsländern am Wendepunkt?, Studien zur Vergleichenden Berufspädagogik 10, Gesellschaft für Technische Zusammenarbeit, Baden-Baden

Gundlach, Erich (1994): The Role of Human Capital in Economic Growth, Kieler Arbeitspapiere, Kiel

Gundlach, Erich (1995): Fairneß im Standortwettbewerb? Auf dem Weg zur internationalen Ordnungspolitik, Kiel

Hakim, Simon/ Seidenstat, Paul/ Bowman, Gary W. (1994): Introduction, in: dies. (Hg.): Privatizing Education and Educational Choice. Concepts, Plans and Experiences, Westport, Connecticut/ London

Hall, Gene/ Carter, David (1995): Epilogue: Implementing Change in the 1990s: Paradigms, Practices and Possibilities, in: Carter, David/ O'Neill, Marnie (Hg.): International Perspectives on Educational Reform and Policy Implementation, London/ Washington D. C.

Handler, Joel F. (1996): Down from Bureaucracy. The Ambiguity of Privatization and Empowerment, Princeton, New Jersey

Hanf, Theodor (1980): Schule in der Staatsoligarchie, in: Bildung und Erziehung, (1980)5: 407–432

Hannaway, Jane (1993): Decentralization in Two School Districts: Challenging the Standard Paradigm, in: Hannaway, Jane/ Carnoy, Martin (Hg.): Decentralization and School Improvement. Can We Fulfill the Promise?, San Francisco

Harbison, Frederick/ Myers, Charles (1964): Education, Manpower, and Economic Growth. Strategies of Human Resource Development, New York/ Toronto/ London

Harborth, Hans Jürgen (1993): Sustainable Development – dauerhafte Entwicklung; in: Nohlen, Dieter/ Nuscheler, Franz (Hg.): Handbuch der Dritten Welt, Bd. 1: Grundprobleme, Theorien, Strategien, Bonn

Harney, Klaus (1983): Lernortdifferenzierung unter Modernisierungsaspekten. Überlegungen zum sozialisatorischen Strukturwandel beruflicher Ausbildung, in: Verbände der Lehrer an beruflichen Schulen in Nordrhein–Westfalen (Hg.): Berufliche Sozialisation in der Auseinandersetzung mit verschiedenen Lernorten, Krefeld

Harney, Klaus (1990): Berufliche Weiterbildung als Medium sozialer Differenzierung und sozialen Wandels: Theorie – Analyse – Fälle, Frankfurt am Main/ Bern/ New York/ Paris

Harney, Klaus (1997): Geschichte der Berufsbildung, in: Harney, Klaus/ Krüger, Heinz–Hermann (Hg.): Einführung in die Geschichte von Erziehungswissenschaft und Erziehungswirklichkeit, Opladen

Harris, Richard L. (1983): Centralization and Decentralization in Latin America, in: Decentralization and Development, United Nations Centre for Regional Development, Beverly Hills/ London/ New Delhi

Hartmann, Matthias/ König, Bertram (1996): Standortsicherung durch Innovation. Grundlagen zukünftiger Strategien und Prozesse, in: Lutz, Burkart (Hg.): Produzieren im 21. Jahrhundert: Herausforderungen für die deutsche Industrie, Frankfurt am Main/ New York

Hartwich, H. (Hg.): Macht und Ohnmacht politischer Institutionen, im Auftrag der Deutschen Vereinigung für Politische Wissenschaft, Opladen

Hawes Barrios, Gustavo (1988): La Educación en Chile Periodo 1965–1985, in: Gomez-Martinez, José Luís/ Pinedo, Francisco Javier (Hg.): Los Ensayistas (1988) 22–25: 143–166

Heidenreich, Martin (1991): Verallgemeinerungsprobleme in der international vergleichenden Organisationsforschung, in: Heidenreich, Martin/ Schmidt (Hg.): International Vergleichende Organisationsforschung, Opladen

Heidt, E.U. (1989): Westliche Bildungssysteme in nicht-westlichen Gesellschaften, in: Trommsdorf, Gisela (Hg.): Sozialisation im Kulturvergleich, Stuttgart

Heitmann, Werner (1995): Wo steht die GTZ heute mit ihren Planungs- und Analyseinstrumenten? in: Heitmann, Werner/ Greinert, Wolf–Dietrich (Hg.): Analyseinstrumente in der Berufsbildungszusammenarbeit, Diskussionsbeiträge und Materialien zur internationalen Berufsbildungszusammenarbeit, Heft 1, Gesellschaft für Technische Zusammenarbeit, Berlin

Heitmann, Werner (1996): Entwicklung eines Portfolio-Konzeptes für die strategische Berufsbildungsplanung, in: Greinert/ Heitmann/ Stockmann (Hg.): Ansätze betriebsbezogener Ausbildungsmodelle. Diskussionsbeiträge und Materialien zur internationalen Berufsbildungszusammenarbeit, Gesellschaft für Technische Zusammenarbeit, Eschborn

Helberger, Christof/ Palamidis, Helene (1989): Humankapitaltheorie und Bildungsnachfrage, in: Döring/ Weishaupt/ Weiß (Hg.): Bildung in sozioökonomischer Sicht. Festschrift für Hasso von Recum zum 60. Geburtstag, Frankfurt am Main

Her Majesty's Inspectors of Schools (1995): Qualitätssicherung von Schule in Schottland – ein Überblick, in: Landesinstitut für Schule und Weiterbildung (Hg.): Schulentwicklung und Qualitätssicherung in Dänemark, in der Reihe: Lehrerfortbildung in Nordrhein–Westfalen

Héritier, Adrienne (1993): Policy-Analyse. Elemente der Kritik und Perspektiven der Neuorientierung, in: dieselbe (Hg.): Policy-Analyse. Politische Vierteljahresschrift Sonderheft 24/1993, Opladen

Hicks, N.L. (1987): Education and Economic Growth; in: Psacharopoulos, George (Hg.): Economics of Education. Research and Studies, The World Bank, Washington D. C.

Hilbert, Josef (1997): Vom ,runden Tisch' zur innovativen Allianz? Stand und Perspektiven des Zusammenspiels von Regionalen Innovationssystemen und Qualifizierung, in: Dobischat, Rolf/ Husemann, Rudolf (Hg.): Berufliche Bildung in der Region. Zur Neubewertung einer bildungspolitischen Gestaltungsdimension, Berlin

Hill, Paul (1994): Public Schools by Contract: An Alternative to Privatization, in: Hakim, Simon/ Seidenstat, Paul/ Bowman, Gary W. (Hg.): Privatizing Education and Educational Choice. Concepts, Plans and Experiences, Westport, Connecticut/ London

Hill, Paul/ Bonan, Josephine (1991): Decentralization and Accountability in Public Education, RAND, Institute on Education and Training, Santa Monica

Hillmann, Karl-Heinz (1994): Wörterbuch der Soziologie, Stuttgart

Hinchliffe, K. (1994): Education and the Labor Market, in: Husén, Thorsten/ Postlethwaite, T. Neville (Hg.): The International Encyclopedia of Education, 2. Auflage, Oxford

Hofstede, Geert (1989): Sozialisation am Arbeitsplatz aus kulturvergleichender Sicht, in: Trommsdorf, Gisela (Hg.): Sozialisation im Kulturvergleich, Stuttgart

Holsinger, D.B. (1987): Modernization and Education, in: Psacharopoulos, George (Hg.): Economics of Education. Research and Studies. The World Bank, Washington D. C.

Hopp, Vollrath (1992): Berufsbildung als eine wichtige Voraussetzung für den Technologietransfer in Entwicklungsländer, in: Weiterbildung in Wirtschaft und Technik (1992): 26–31

Hüfner, Klaus (1970): Die Entwicklung des Humankapitalkonzeptes, in: ders. (Hg.): Bildungsinvestitionen und Wirtschaftswachstum. Ausgewählte Beiträge zur Bildungsökonomie, Stuttgart

Hüfner, Klaus/ Naumann, Jens (1986): Weltbildungsrevolution und Probleme der externen Bildungsfinanzierung, in: Thomas, Helga/ Elstermann, Gert (Hg.): Bildung und Beruf, Berlin/Heidelberg/ New York/ Tokyo

Hurtienne, Thomas/ Messner, Dirk (1994): Neue Konzepte von Wettbewerbsfähigkeit, in: Töpper, Barbara/ Müller-Plantenberg, Urs (Hg.): Transformation im südlichen Lateinamerika, Hamburg

Iglesias, Enrique V. (1995): Südamerika – eine neue Epoche beginnt, in: Siemens Zeitschrift (1995)3–4: 5ff

ILADES (1996): Calidad de la Educación y Elementos de Mercado, in: ENERSIS (Hg.): Educación en Chile: Un Desafío de Calidad, Santiago de Chile

Illanes Holch, Martha (1986): La Formación Profesional en Chile, Serie Diagnósticos, CINTERFOR, Montevideo

Illy, Hans (1994): Darf die Bank politisch argumentieren?, in: Entwicklung und Zusammenarbeit, (1994)5/6

ILO, International Labour Office Geneva (1996): Yearbook of Labour Statistics 1996, Genf

INE (Instituto Nacional de Estadísticas) (1993): Ocupación y desocupación Trisemestre agosto–octubre 1992, Unveröffentliches Manuskript, Santiago de Chile

Infante, Ricardo/ Klein, Emilio (1992): Chile, Transformaciones del Mercado Laboral y sus Efectos Sociales: 1965–1990, Documento de Trabajo PREALC, No.368, Santiago de Chile

Inkeles, Alex/ Smith, David (1974): Becoming modern. Individual change in six developing countries, Cambridge, Massachussetts

Instituto Libertad y Desarrollo (1996): Programa de Formación para Directores de Establecimientos Educacionales, in: ENERSIS (Hg.): Educación en Chile: Un Desafío de Calidad, Santiago de Chile

Jammal, Elias (1997): Systementwicklung in der Berufsbildunghilfe, Kaiserslautern und Berlin

Javed Burki, Shahid/ Edwards, Sebastian (1996): Dismantling the Populist State: The Unfinished Revolution in Latin America and the Caribbean, World Bank, Washington D. C.

Jimenez, E./ Kugler, B./ Horn, R. (1986): Evaluación económica de un sistema de formación profesional: el Servicio Nacional de Aprendizaje (SENA) de Colombia, The World Bank, Washington D. C.

Jones, Phillip W. (1992): World Bank Financing of Education. Lending, Learning and Development, London/ New York

Jung, Dirk (1989): Beschäftigung geht vor Bildung! Ansatzpunkte einer beschäftigungsinitiativen Berufsbildung in Entwicklungsländern am Beispiel von Existenzgründungsprogrammen, in: Arnold, Rolf (Hg.): Berufliche Bildung und Entwicklung in den Ländern der Dritten Welt, Baden-Baden

Karadima, Oskar (1976): Professional Human Ressources in the Social Development of Chile, in: Coexistence, 13(1976): 81–110

Kath, Fritz/ Spöttl, Georg/ Zebisch, Hans-Jürgen (Hg.) (1985): Diskussionsfeld Technische Ausbildung. Problematik der Lernorte. Rechnereinsatz im Unterricht. CNC-Technik in der beruflichen Bildung, Technic-Didact-Schriftenreihe Band 1, Alsbach/ Bergstrasse

Kell, Adolf/ Fingerle, Karlheinz (1990): Berufsbildung als System?, in: Harney, Klaus/ Pätzold, Günter (Hg.): Arbeit und Ausbildung. Wissenschaft und Politik, Festschrift für Karlwilhelm Stratmann, Frankfurt am Main

Kell, Adolf/ Kutscha, Günter (1983): Integration durch Differenzierung der ‚Lernorte’?, in: Verbände der Lehrer an beruflichen Schulen in Nordrhein-Westfalen (Hg.): Berufliche Sozialisation in der Auseinandersetzung mit verschiedenen Lernorten, Krefeld

Kelly, T. F. (1994): Vocational Training and Education: Improving Cost-Effectiveness in Developing Nations, in: Husén, Thorsten/ Postlethwaite, T. Neville (Hg.): The International Encyclopedia of Education, 2. Auflage, Oxford

Kemmerer, F. (1994): Decentralization of Schooling in Developing Countries, in: Husén, Thorsten/ Postlethwaite, T. Neville (Hg.): International Encyclopedia of Education, 2. Auflage, Oxford

Kern, Horst/ Schumann, Michael (1998): Kontinuität oder Pfadwechsel?, in: SOFI-Mitteilungen Nr. 26, S.7–15

King, Kenneth (1986); Science and Technology Images and Policies in the Ambits of Education, Training, and Production in Chile, in: Compare 16(1986)1: 37–47

King, Kenneth (1989): Training for the urban informal sector in developing countries: Policy issues for practitioners, in: Fluitman, Fred (Hg.): Training for Work in the Informal Sector, Turin

King, Kenneth (1994): Technical and Vocational Education and Training, in: Husén, Thorsten/ Postlethwaite, T. Neville (Hg.): The International Encyclopedia of Education, 2. Auflage, Oxford

Klein, Emilio/ Tokman, Victor (1993): Informal Sector and Regulations in Ecuador and Jamaica, OECD, Paris

Klenk, Jürgen/ Philipp, Christine/ Reineke, Rolf-Dieter/ Schmitz, Norbert (1994): Privatisierung in Transformations- und Schwellenländern, Gesellschaft für Technische Zusammenarbeit / Kienbaum Development Services, Wiesbaden

Knoll, Joachim (1980): Bildung international. Internationale Erwachsenenbildung und vergleichende Erwachsenenbildungsforschung, Beruf und Bildung Bd.1, Grafenau

Kochendörfer-Lucius, Gudrun (1990): Der ‚informelle Sektor': Schattenwirtschaft oder Wirtschaft der Zukunft?, in: Jahrbuch Dritte Welt 1991: Daten, Übersichten, Analysen, Deutsches Übersee Institut Hamburg, München

Kolshorn, Rainer (1990): Integrierte Förderkonzepte der GTZ zur Förderung des informellen Sektors, in: Boehm, Ulrich/ Kappel, Robert (Hg.): Kleinbetriebe des informellen Sektors und Ausbildung im sub-saharischen Afrika, Hamburg

Kommission der Europäischen Gemeinschaften (1993): Wachstum, Wettbewerbsfähigkeit, Beschäftigung. Herausforderungen der Gegenwart und Wege ins 21. Jahrhundert. Weißbuch, Bulletin der Europäischen Gemeinschaften, Beilage 6/93, Luxemburg

König, Wolfgang (1983): Zum Verhältnis von Theorie, Strategie und Praxis der wirtschaftlichen Entwicklung Lateinamerikas, in: Buisson, Inge/ Mols, Manfred (Hg.): Entwicklungsstrategien in Lateinamerika in Vergangenheit und Gegenwart, Paderborn/ München/ Wien/ Zürich

Kösel, Edmund (1996): Grundzüge einer Theorie der Lernortkombinationen auf systemtheoretischer Grundlage, in: Dehnbostel, Peter (Hg.): Neue Lernorte und Lernortkombinationen – Erfahrungen und Erkenntnisse aus dezentralen Berufsbildungskonzepten, BIBB, Bielefeld

Krammenschneider, Ulrich (1992): Die sozioökonomische Entwicklung und Berufsbildung in Chile, Bremen

Krammenschneider, Ulrich (1993): Formación profesional en Chile, in: CIDE, Boletin trimestral (1993)3, Santiago

Krause, Jürgen (1993): Lehrlingsausbildung und informeller Sektor – ein Bericht aus der Arbeitsgruppe, in: Karcher/ Overwien /Krause/ Singh (Hg.): Zwischen Ökonomie und sozialer Arbeit, Lernen im informellen Sektor der ‚Dritten Welt', Frankfurt am Main

Krueger, A.O. (1968): Factor endowments and per capita income differences among countries, in: Economy, 78(1968): 641ff.

Kutscha, Günter (1985): ‚Lernorte' oder die Umwelt, mit der wir leben. Zur Kritik der Lernortforschung in der Berufspädagogik und Rekonzeptualisierung aus ökologischer Sicht, in: Kath, Fritz/ Spöttl, Georg/ Zebisch, Hans-Jürgen (Hg.) (1985): Diskussionsfeld Technische Ausbildung. Problematik der Lernorte. Rechnereinsatz im Unterricht. CNC-Technik in der beruflichen Bildung, Technic-Didact-Schriftenreihe Band 1, Alsbach/ Bergstrasse

Kutscha, Günter (1992): ‚Entberuflichung' und ‚Neue Beruflichkeit' – Thesen und Aspekte zur Modernisierung der Berufsbildung und ihrer Theorie, in: Zeitschrift für Berufs- und Wirtschaftspädagogik 88(1992)7: 535ff.

Kutscha, Günter (1995): Weiterentwicklung der Berufsschulen zu Zentren der beruflichen Aus- und Weiterbildung, in: GEW Baden Württemberg (Hg.): Bewegung in der Berufsausbildung, Dokumentation der Fachtagung vom 4. Juli 1995 in Stuttgart

Kuznets, Simon (1955): Economic Growth and Income Inequality, in: American Economic Review 45(1955)1: 1–28

Laaser, Ulrich (1980): Zum Verhältnis von Bildung und Entwicklung in den Ländern der 3. Welt, Insititut für Allgemeine Überseeforschung, Diskussionsbeiträge 23, München/ London

Labarca, Guillermo (1985): Educación y Sociedad: Chile 1964–1984, CEDLA, Amsterdam

Labarca, Guillermo (1996): Inversión en la infancia, CEPAL, Santiago de Chile

Lange, Hermann (1995): Schulautonomie, Entscheidungsprobleme aus politisch-administrativer Sicht, in: Zeitschrift für Pädagogik 41(1995)1: 21–37

Larroulet, Cristián (1994): Efecto de un Programa de Privatización: el Caso de Chile 1985–1989, Santiago de Chile

Laszlo, Alex/ Weißhuhn, Gernot (1980): Ökonomie der Bildung und des Arbeitsmarktes, Schriften zur Berufsbildungsforschung 59, BIBB, Hannover

Lauglo, Jon (1993): Vocational Training: Analysis of Policy and Modes; Case studies of Sweden, Germany and Japan, International Institute for Educational Planning, Paris

Lé Thành Khói (1994): Planning Education: History, in: Husén, Thorsten/ Postlethwaite, T. Neville (Hg.): The International Encyclopedia of Education, 2. Auflage, Oxford

Lechner, Norbert (1997): Demokratie und Modernisierung. Lateinamerika zwischen zwei Polen gesellschaftlicher Entwicklung, in: Entwicklung und Zusammenarbeit, 38(1997)3: 64–68

Lema, Vicente/ Márquez, Angel (1978): What kind of development and which education?, in: Prospects, 8(1978)3: 295ff.

Lenhart, Volker (1993): Bildung für alle. Zur Bildungskrise in der Dritten Welt, Darmstadt

Lenz, Jutta (1991): Die Effective School Forschung der USA: ihre Bedeutung für die Führung und Lenkung von Schulen, Frankfurt am Main/ Bern/ New York/ Paris

Lepenies, Wolf (1995): Das Ende der Überheblichkeit, in: DIE ZEIT vom 24. November 1995

Letelier, Valentin (1976): Das chilenische Erziehungswesen – Herrschaftsinstrument der Junta, in: Neue Gesellschaft (1976): 858 – 861

Lewis, Dan A. (1993): Deinstitutionalization and School Decentralization: Making the Same Mistake Twice, in: Hannaway, Jane/ Carnoy, Martin (Hg.): Decentralization and School Improvement. Can We Fulfill the Promise?, San Francisco

Liket, Theo (1993): Freiheit und Verantwortung. Das niederländische Modell des Bildungswesens, Gütersloh

Lipsmeier, Antonius (1978): Organisation und Lernorte der Berufsausbildung, Studien-Texte FernUniversität, München

Lipsmeier, Antonius (1982): Historische und aktuelle Beispiele der Verbindung von Arbeiten und Lernen, in: Biermann, Horst/ Greinert, Wolf-Dietrich/ Janisch, Rainer (Hrsg.): Berufsbildungsreform als politische und pädagogische Verpflichtung, Velber, S. 299–313

Lipsmeier, Antonius (1983): Zur Didaktik und Methodik beruflicher Sozialisation. Fortschreibung oder Neubeginn?, in: Verbände der Lehrer an beruflichen Schulen in Nordrhein–Westfalen (Hg.): Berufliche Sozialisation in der Auseinandersetzung mit verschiedenen Lernorten, Krefeld

Lipsmeier, Antonius (1985): Heinrich Abel – ein Pionier der vergleichenden Berufspädagogik, in: Zeitschrift für Berufs- und Wirtschaftspädagogik 81(1985)8: 719 – 728

Lipsmeier, Antonius (1986): Strukturen und Bestandteile eines praxisbezogenen und effizienten Berufsbildungssystems, in: Arnold, Rolf (Hg.): Duale Berufsausbildung in Lateinamerika, Baden-Baden

Lipsmeier, Antonius (1987): Berufliche Weiterbildung in West- und Osteuropa. Ein Arbeitsbuch, Baden-Baden

Lipsmeier, Antonius (1989): Ist das duale System ein brauchbares Modell zur Überwindung der Berufsbildungsprobleme in den Ländern der Dritten Welt?, in: Arnold, Rolf (Hg.): Berufliche Bildung und Entwicklung in den Ländern der Dritten Welt, Baden-Baden

Lipsmeier, Antonius (1994): Das duale System der Berufsausbildung. Zur Reformbedürftigkeit und Reformfähigkeit eines Qualifizierungskonzeptes, in: Kipp/ Neumann/ Spreth (Hg.): Kasseler beufspädagogische Impulse. Festschrift für Helmut Nölker, Frankfurt am Main

Lipsmeier, Antonius (1996): Berufliche Schulen als regionale Bildungs-, Dienstleistungs-, Entwicklungs-, Arbeits- und Freizeitzentren, in: Der berufliche Bildungsweg (1996)1: 4–11

Lipsmeier, Antonius (1996a): Lernen und Arbeiten. Berufspädagogische Thesen zu einem aktuellen alten Thema, in: Bonz, Bernhard (Hg.): Didaktik der Berufsbildung. Stuttgart

Lipsmeier, Antonius (1996b): Formalisierung und Institutionalisierung beruflicher Qualifizierungsprozesse sowie Organisationsformen beruflicher Ausbildung, in: Geißler, H. (Hg.): Arbeit, Lernen und Organisation, Weinheim

Lipsmeier, Antonius (1997): Berufsbildung, in: Führ, Christoph/ Furck, Carl–Ludwig (Hg.): Handbuch der deutschen Bildungsgeschichte, Band VI. 1945 bis zur Gegenwart. Erster Teilband. Bundesrepublik Deutschland, München

Lith, Ulrich van (1985): Der Markt als Ordnungsprinzip des Bildungsbereichs. Verfügungsrechte, ökonomische Effizienz und die Finanzierung schulischer und akademischer Bildung, München

Lockheed, Marlaine/ Verspoor, Adriaan (1991): Improving Primary Education in Developing Countries, World Bank, Washington D. C.

Loehnert-Baldermann, Elisabeth (1988): Die soziopolitischen Bedingungen der Regionalplanung in Chile: Aufgaben und Möglichkeiten einer institutionalisierten Regionalplanung, Materialien Nr. 38 des Institutes für Regionalwissenschaften und Regionalplanung der TH Karlsruhe

Lohmar-Kuhnle, Cornelia (1991): Konzepte zur beschäftigungsorientierten Aus- und Fortbildung von Zielgruppen aus dem informellen Sektor, Forschungsbericht des BMZ, Band 100, München/ Köln/ London

Lohmar-Kuhnle, Cornelia (1993): Beschäftigungsorientierte Aus- und Fortbildung für Zielgruppen aus dem informellen Sektor, in: Karcher/ Overwien /Krause/ Singh (Hg.): Zwischen Ökonomie und sozialer Arbeit, Lernen im informellen Sektor der ‚Dritten Welt', Frankfurt am Main

Lubell, Harold (1991): The Informal Sector in the 1980s and 1990s, OECD, Paris

Lufer, Erich (1967): Die chilenischen Bildungsreformen, in: Der deutsche Lehrer im Ausland 14(1967)7/8: 176ff.

Luhmann, Niklas (1988): Grenzen der Steuerung, in: ders. (Hg.): Die Wirtschaft der Gesellschaft, Frankfurt am Main

Luhmann, Niklas (1994): Soziale Systeme. Grundriß einer allgemeinen Theorie, 5. Aufl., Frankfurt am Main

Luhmann, Niklas/ Scharpf, Fritz (1989): Politische Steuerung und politische Institutionen, in: Hartwich, H. (Hg.): Macht und Ohnmacht politischer Institutionen, im Auftrag der Deutschen Vereinigung für Politische Wissenschaft, Opladen

Luhmann, Niklas/ Schorr, Karl Eberhard (1979): Reflexionsprobleme im Erziehungssystem, Stuttgart

Lutz, Burkart (1984): Der kurze Traum immerwährender Prosperität, Frankfurt am Main/New York

Lutz, Burkart (1987): Arbeitsmarktstruktur und betriebliche Arbeitskräftestrategie. Eine theoretisch-historische Skizze zur Entstehung betriebszentrierter Arbeitsmarktsegmentation, ISF, München

Lutz, Burkart (1991): Die Grenzen des ‚effet social' und die Notwendigkeit einer historischen Perspektive. Einige Bemerkungen zum Gebrauch internationaler Vergleiche, in: Heidenreich/Schmidt (Hg.): International Vergleichende Organisationsforschung, Opladen

Lutz, Burkart (1996): Der zukünftige Arbeitsmarkt für Industriearbeit – Entwicklungstendenzen und Handlungsbedarf, in: Lutz/ Hartmann/ Hirsch-Kreinsen (Hg.): Produzieren im 21. Jahrhundert – Herausforderungen für die deutsche Industrie, München

Magendzo, A./ Barra, N. (1982): La educación técnica y la formación profesional en Chile durante los últimos veinte anos, in: Revista Latinoamericana de Estudios Educativos, Vol.XII (1982)1, Mexico D.F.

Magendzo, Abraham (1969): A Historical Review of the Development of Vocational Education in Chile, University of California, Los Angeles

Mahnkopf, Birgit (1994): Markt, Hierarchie und Soziale Beziehungen – Zur Bedeutung reziproker Netzwerke in modernen Marktgesellschaften, in: Beckenbach, Niels/ Treeck, Werner von (Hg.): Umbrüche gesellschaftlicher Arbeit, Soziale Welt, Sonderband 9, Göttingen

Majone, Giandomenico (1993): Wann ist Policy-Deliberation wichtig?, in: Héritier, Adrienne (Hg.): Policy-Analyse, Politische Vierteljahresschrift Sonderheft 24, Opladen

Mármora, Luís/ Messner, Dieter (1991): Chile im lateinamerikanischen Kontext, in: Ensignia, Jaime/ Nolte, Detlef (Hg.): Modellfall Chile?, Hamburg

Martinez Espinosa, Eduardo (1995): Esquemas de financiamiento público de la formación profesional, in: boletín cinterfor, (1995)abril–junio: 25ff., Montevideo

Martinez Espinosa, Eduardo (1995a): Growing Enterprises´ Participation in Education and Training in Chile, Arbeitspapier für: APSDED/ILO/Japan Seminar on Strategic Partnership between Enterprises and State in Training, Chiba, Japan, 12.–21. Dez. 1995

Maslankowski, Willi (1986): Die Rolle von Cinterfor in der Vereinheitlichung und Verrechtlichung der beruflichen Bildung in Lateinamerika, in: Arnold, Rolf (Hg.): Duale Berufsbildung in Lateinamerika. El sistema dual de aprendizaje en América Latina, Schriftenreihe der Deutschen Stiftung für internationale Entwicklung, Baden-Baden

Maslankowski, Willi (1995): Analyse vorhandener Untersuchungen der vergleichenden Berufsbildungsforschung, in: Lauterbach, Uwe (Hg.): Internationales Handbuch der Berufsbildung, Schriftenreihe der Carl-Duisberg-Gesellschaft, Baden-Baden

Mayntz, Renate (1991): Policy-Netzwerke und die Logik von Verhandlungssystemen, in: Héritier, Adrienne: Policy-Analyse. Kritik und Neuorientierung, Politische Vierteljahresschrift, Sonderheft 24, Opladen

Mayntz, Renate/ Scharpf, Fritz (1991): Steuerung und Selbstorganisation in staatsnahen Sektoren, in: Héritier, Adrienne: Policy-Analyse. Kritik und Neuorientierung, Politische Vierteljahresschrift, Sonderheft 24, Opladen

Mayntz, Renate/ Scharpf, Fritz (1995): Der Ansatz des akteurszentrierten Institutionalismus, in: dieselben (Hg.): Gesellschaftliche Selbstregelung und politische Steuerung, Schriften des Max–Planck–Institutes für Gesellschaftsforschung Köln, Frankfurt am Main/ New York

Mayntz, Renate/ Scharpf, Fritz (1995a): Steuerung und Selbstorganisation in staatsnahen Sektoren, in: dieselben (Hg.): Gesellschaftliche Selbstregelung und politische Steuerung, Schriften des Max–Planck–Institutes für Gesellschaftsforschung Köln, Frankfurt am Main/ New York

McGinn, Noel / Schiefelbein, Ernesto / Warwick, David (1979): Educational Planning as Political Process: Two Case-Studies, Comparative Education Review 23(1979)2: 218–39

McGinn, Noel/ Street, Susan (1986): Educational Decentralization: Weak State or Strong State?, in:Comparative Education Review 30(1986)4: 471–490

McMahon (1992): The Economics of School Expansion and Decline, in: Fuller, Bruce/ Rubinson, Richard (Hg.): The Political Construction of Education. The State, School Expansion, and Economic Change, New York/ Westport/ Connecticut/ London

Mebrahtu, T. (1995): Development Education, in: Husén, Thorsten/ Postlethwaite, T. Neville (Hg.): The International Encyclopedia of Education, 2. Auflage, Oxford

MECE (Mejoramiento de la Equidad y Calidad de la Educación) (1992): Sistema de Educación Media en Chile; Unveröffentl. Manuskript, Santiago de Chile

Mena, Fernando/ Lemaitre, M. (1991): La Realidad del Nivel de Enseñanza Media, in: Mena/ Rittershausen (Hg.): La juventud y la Enseñanza Media, CPU, Santiago de Chile

Menzel, Ulrich (1992): Das Ende der 3. Welt und das Scheitern der großen Theorie, Frankfurt am Main

Menzel, Ulrich (1993): 40 Jahre Entwicklungsstrategie = 40 Jahre Wachstumsstrategie, in: Nohlen, Dieter/ Nuscheler, Franz (Hg.): Handbuch der Dritten Welt, Bd. 1: Grundprobleme. Theorien. Strategien, Bonn

Menzel, Ulrich/ Senghaas, Dieter (1985): Indikatoren zur Bestimmung von Schwellen-ländern. Ein Vorschlag zur Operationalisierung, in: Nuscheler, Franz (Hg.): Dritte Welt-Forschung. Entwicklungstheorie und Entwicklungspolitik. PVS–Sonderheft Nr. 16, Opladen:75–96

MERCURIO vom 7. 3. 1995: Gobierno Impulsará Amplia Reforma a Enseñanza Media. Leitartikel, Santiago de Chile

Messner, Dirk (1991): Weltmarktorientierung und Aufbau von Wettbewerbsvorteilen in Chile, Deutsches Institut für Entwicklungspolitik, Berlin

Messner, Dirk (1992): Wirtschaftspolitische Neuorientierungen in Chile – vom autoritä-ren Neoliberalismus zu einer Strategie aktiver Weltmarktintegration, in: Journal für Entwicklungspolitik VIII(1992)2: 135–148

Messner, Dirk (1994): Lateinamerika im Umbruch, in: Engels, Benno (Hg.): Die sozio-kulturelle Dimension wirtschaftlicher Entwicklung in der Dritten Welt, Deutsches Übersee Institut, Hamburg

Messner, Dirk (1995): Die Netzwerkgesellschaft. Wirtschaftliche Entwicklung und in-ternationale Wettbewerbsfähigkeit als Probleme gesellschaftlicher Steuerung, Köln

Messner, Dirk/ Meyer-Stamer, Jörg (1995): Staat, Markt und Netzwerke im Entwick-lungsprozeß, in: Entwicklung und Zusammenarbeit, 36(1995)5/6

Metzger, Claus (1986): Die gewerblich-technische Berufsausbildung im Bundesstaat Sao Paulo (Brasilien) im Vergleich zur Bundesrepublik Deutschland, Materialien zur Berufs- und Arbeitspädagogik, Villingen-Schwenningen

Meyer, John W. (1977): The Effects of Education as an Institution, in: American Journal of Sociology 83(1977)July: 55–77

Middleton, John/ Ziderman, Adrian/ Adams, Arvil van (1993): Skills for Productivity. Vocational Education and Training in Developing Countries, A World Bank Book, New York

Miller, Tilly (1997): Netzwerke: Begriff und ausgewählte Forschungslinien, in: Grund-lagen der Weiterbildung. Praxis, Forschung, Trends 8(1997)1: 38–40

MinEduc (Ministerio de Educacion) (1961) Bases Generales – Planeamiento – Educa-ción Chilena, Santiago de Chile

302

MinEduc (Ministerio de Educacion) (1964): Algunos Antecedentes para el Planea-miento de la Educación Chilena, Santiago de Chile

MinEduc (Ministerio de Educacion) (1964a): Planeamiento Integral de la Educación – Fines y Estructura de la Educación, Santiago de Chile

MinEduc (Ministerio de Educación) (1969): Una Nueva Educación y Una Nueva Cultu-ra para el Pueblo de Chile, Santiago de Chile

MinEduc (Ministerio de Educacion) (1994): Programa de Modernización de la Educa-ción Media 1995–2000. Fundamentos, Estratégias y Componentes. Documento de Trabajo, Santiago de Chile

MinEduc (Ministerio de Educación) (1995): Compendio de Información Estadística, Santiago de Chile

Mizala, Alejandra/ Romaguera, Pilar (1995): Capacitación y Educación para el Trabajo: la Experiencia chilena, CIEPLAN, Santiago de Chile

Morales-Gómez, D.A. (1994): International Cooperation and Assistance in Education, in: Husén, Thorsten/ Postlethwaite, T. Neville (Hg.): The International Encyclope-dia of Education, 2. Auflage, Oxford

Moulian, Tomás (1997): Chile Actual. Anatomía de un Mito, Santiago de Chile

Moura Castro, Claudio de (1979): Vocational Education and the Training of Industrial Labour in Brazil, in: International Labour Review (1979)34: 195–206

Muga, Alfonso/ Brunner, Joaquín (1996): Chile: Políticas de Educación Superior 1990–1995, in: Revista Paraguaya de Sociología, 33(1996)97: 137–176

Müller, Harald (1995): Internationale Regime und ihr Beitrag zur Weltordnung, in: Kai-ser, K/ Schwarz, H-P. (Hg.): Die neue Weltpolitik. Bundeszentrale für politische Bildung, Baden-Baden

Münch, Joachim (1977): Lernen – aber wo? Der Lernort als pädagogisches und lernor-ganisatorisches Problem, Trier

Münk, Dieter (1997): Berufsausbildung in der EU zwischen Dualität und ‚Monalität' – eine Alternative ohne Alternativen?, in: berufsbildung 51(1997)45: 5–8

Murillo, José Manuel (1995): La Formación de Recursos Humanos en Chile. Necesidad de un diseño estratégico, Santiago de Chile

Murray, David (1983): The World Bank's Perspective on How to Improve Administra-tion, in: Public Administration and Development (1983)3: 291–297

Nakamura, Robert T./ Smallwood, Frank (1980): The Politics of Policy Implementation, New York

Naumann, Jens: (1990): Von ‚quantitativer' zu ‚qualitativer' Bildungsplanung in der Entwicklungszusammenarbeit?, in: Zeitschrift für Pädagogik 36(1990)2: 163–177

Navarro, Iván (1979): Funktion der Erwachsenenbildung in Chile – Probleme und Per-spektiven, Dissertation, Hannover

Neumann, Gerd (1996): Arbeit und Bildung in systemtheoretischer Sicht, in: Dedering, Heinz (Hg.): Handbuch zur arbeitsorientierten Bildung, München/ Wien/ Olden-bourg

303

Nielse, Soren (1996): Berufspädagogische Innovation in Dänemark, in: CEDEFOP: Berufsbildung (1996)7

Nohlen, Dieter (1974): Feuer unter der Asche. Chiles gescheiterte Revolution, Baden-Baden

Nohlen, Dieter (1989): Lexikon Dritte Welt, Reinbek bei Hamburg

Nohlen, Dieter/ Nolte, Detlef (1992): Chile, in: Nohlen/ Nuscheler (Hg.): Handbuch der Dritten Welt, Band 2, Südamerika, Bonn

Nohlen, Dieter/ Nuscheler, Franz (1993): Begriffliche Grundlegungen – Entwicklungsindikatoren; in: Nohlen/ Nuscheler (Hg.): Handbuch der Dritten Welt, Bd. 1: Grundprobleme, Theorien, Strategien, Bonn

Nolte, Detlef (1991): Modellfall Chile? Die Bilanz nach einem Regierungsjahr; in: Ensignia, Jaime/ Nolte, Detlef (Hg.): Modellfall Chile?, Institut für Iberoamerikakunde, Hamburg

Nolte, Detlef (1994): Liegt die Zukunft Lateinamerikas in Lima oder in Santiago?: Politische und wirtschaftliche Perspektiven für die 90er Jahre, o.A.

Nour, Salua (1990): Die Förderung des informellen Sektors in Entwicklungsländern: eine liberale Konzeption von Selbsthilfe und Entwicklungszusammenarbeit, in: Boehm, Ulrich/ Kappel, Robert (Hg.): Kleinbetriebe des informellen Sektors und Ausbildung im sub-saharischen Afrika, Institut für Afrika-Kunde, Hamburg

Nuñez, Iván P. (1994): Las Reformas Educacionales, in: Mensaje (1994)434, Santiago de Chile

Nuñez, Iván P./ Vera, Ricardo (1988): Organizaciones de Docentes, Políticas Educativas y Perfeccionamiento, Santiago de Chile

Nuscheler, Franz (1993): Entwicklungspolitische Bilanz der 80er Jahre – Perpektiven für die 90er Jahre, in: Nohlen, Dieter/ Nuscheler, Franz (Hg.): Handbuch der Dritten Welt, Bd. 1: Grundprobleme, Theorien, Strategien, Bonn

Nuscheler, Franz (1995): Normen in den Nord-Süd-Beziehungen, in: Deutscher, Eckhard (Hg.): Welche bewußten oder unbewußten Normen des Nordens prägen die Nord-Süd-Beziehungen?, DSE Dok 1731 B, Bonn

O' Neill, Marnie (1995): Introduction, in: Carter, David/ O'Neill, Marnie (Hg.): International Perspectives on Educational Reform and Policy Implementation, London/ Washington D. C.

ODEPLAN (1971): Los Recursos Humanos en el Desarrollo del País, Santiago de Chile

ODEPLAN (1977): Estratégia Nacional de Desarrollo Económico y Social. Políticas a Largo Plazo. Santiago de Chile

OECD (Organization for Economic Co-Operation and Development) (1966): Wirtschaftswachstum und Bildungsaufwand, Europäische Kulturpolitik 2/1966, Bearbeitung: Ernst Gehmacher, Wien/ Frankfurt am Main/ Zürich

OECD (Organization for Economic Co-Operation and Development) (1989): Education and the Economy in a Changing Society, Paris

OECD (Organization for Economic Co-Operation and Development) (1992): High-Quality Education and Training for All, Paris

OEI (Organización de Estados Iberoamericanos para la Educación, la Ciencia y la Cultura) (1994): Sistemas Educativos Nacionales, Chile/ Madrid

Offe, Claus (1975): Bildungssystem, Beschäftigungssystem und Bildungspolitik - Ansätze zu einer gesamtgesellschaftlichen Funktionsbestimmung des Bildungswesens, in: Roth, Heinrich/ Friedrich, Dagmar (im Auftrag der Bildungskommission): Bildungsforschung. Probleme – Perspektiven – Prioritäten, Stuttgart

Offe, Claus (1975a): Berufsbildungsreform. Eine Fallstudie über Reformpolitik, Frankfurt am Main

Offe, Claus (1990): Die Aufgabe von staatlichen Aufgaben. ‚Thatcherismus' und die populistische Kritik der Staatstätigkeit, Zentrum für Sozialpolitik, Arbeitspapier 9/90, Bremen

Olivera, Carlos E. (1985): Is Education in America Dependent?, in: Prospects 15(1985)2: 27ff.

Ormeño Ortiz, Armando Alejandro (1983): Die Beziehung zwischen Bildung und Beschäftigungssystem in der chilenischen Gesellschaft, Bielefeld

Overwien, Bernd (1993): Der lange Weg zur Selbständigkeit – Microempresas im informellen Sektor Managuas/ Nicaraguas, in: Karcher/ Overwien /Krause/ Singh (Hg.): Zwischen Ökonomie und sozialer Arbeit, Lernen im informellen Sektor der ‚Dritten Welt', Frankfurt am Main

Pack, Howard/ Westphal, Larry (1986): Industrial Strategy and Technological Change, in: Journal of Development Economics 22(1986)87: 87– 128, North Holland

Palumbo, Dennis/ Calista, Donald (1990): Opening the Black Box: Implementation and the Policy Process, in: dies. (Hg.): Implementation and the Policy Process. Opening the Black Box, New York/ Westport/ London

Pappi, Franz Urban (1987): Methoden der Netzwerkanalyse, in: Koolwijk/ Wieken-Mayser (Hg.): Techniken der empirischen Sozialforschung, 1. Bd., München

Pass, Claudia (1997): Politische Systeme in Lateinamerika. Zur Entwicklungsrelevanz politischer Parteien am Beispiel Chile und Peru (Dissertation), Linz

Petrella, Ricardo (1994): Die Tücken der Marktwirtschaft für eine zukunftsorientierte Berufsausbildung: Bestandsaufnahme und kritische Beurteilung, in: Berufsbildung CEDEFOP (1994)3: 29ff

Pfriem, Hanns (1978): Die Grundstrukturen der neoklassischen Arbeitsmarkttheorie, in: Sengenberger, Werner (Hg.): Der gespaltene Arbeitsmarkt. Probleme der Arbeitsmarktsegmentation, Frankfurt am Main/ New York

Phillips, H. M (1972): Bildungswesen und Entwicklungsprozeß, in: Recum, Hasso von (Hg.)(1967): Perspektiven der Bildungsplanung, Frankfurt am Main/ Berlin/ Bonn/ München

PIIE (Programa Interdisciplinario de Investigación en Educación) (1994): Generación de Familias Ocupacionales. Estudio y Propuesta, im Auftrag des MinEduc, Santiago de Chile

PIIE (Programa Interdisciplinario de Investigaciones en Educación) (1984): Las Transformaciones Educacionales bajo el Regimen Militar, Volumen 1, Santiago de Chile

Pinzler, Petra (1995): Blaue Briefe für die Musterschüler – Lateinamerika im Umbruch, in: DIE ZEIT vom 7. April 1995 (Nr.15): 41.ff.

Pinzler, Petra/ Sommer, Theo/ Wernicke, Christian (1996): Mein Maßstab: Das Lächeln eines Kindes, ZEIT-Gespräch mit James Wolfensohn, DIE ZEIT 22.3.1996: 25f.

Piore, Michael (1978): Lernprozesse, Mobilitätsketten und Arbeitsmarktsegmente, in: Sengenberger, Werner (Hg.): Der gespaltene Arbeitsmarkt. Probleme der Arbeitsmarktsegmentation, Frankfurt am Main/ New York

Piore, Michael/ Sabel, Charles (1984): The Second Industrial Divide, New York

Platt, William/ Loeb, Al/ Davis, Russel (1964): Manpower and Educational Planning in Chile. Chile–California Program of Technical Cooperation, Santiago de Chile

Porter, Michael E. (1990): The Competititve Advantage of Nations, New York

Pressman, J. L./ Wildavski, A. (1986): Implementation, Berkeley

Pries, Ludger (1992): Abhängige und selbständige Erwerbsarbeit in Lateinamerika, in: Kölner Zeitschrift für Soziologie und Sozialpsychologie, 44(1992)4: 655–676

Prieto Bafalluy, Alfredo (1983): La Modernización Educacional, Ediciones Universidad Católica de Chile, Santiago de Chile

Psacharopoulos, George (1981): Conceptions and Misconceptions on Human Capital Theory, in: Clement, Werner (Hg.): Konzept und Kritik des Humankapitalansatzes, Berlin

Psacharopoulos, George (1985): Returns to Education: A further international update and implications, in: Journal for Human Resources (1985)20: 583–604

Psacharopoulos, George (1987): Economics of Education, World Bank, Washington D. C.

Psacharopoulos, George/ Hinchliffe, Keith/ Dougherty, Christopher/ Hollister, Robinson (1983): Manpower Issues in Educational Investment, World Bank Staff Working Papers Number 624, Washington D. C.

Pyke, F./ Sengenberger, W. (Hg.) (1992): Industrial Districts and Local Economic Regeneration, ILO, Genf

Queisser, Mónica/ Larrañaga, Oswaldo/ Panadeiros, Mónica (1993): Adjustment and Social Development in Latin America during the 1980s. Education, Health Care and Social Security, IFO, München

Quinteros, Haroldo (1980): A proposal for a New Type of School for Developing Countries. Case Study: Chile, Dissertation, Tübingen

Raffer, Kunibert (1983): Die ökonomischen Auswirkungen kultureller Abhängigkeit, in: Braunstein, Dieter/ Raffer, Kunibert (Hg.): Technologie, Bildung und Abhängigkeit. Die kulturelle Dependenz der Entwicklungsländer, Wien

Rama, Germán (1978): The Project for Development and Education in Latin America and the Caribbean, in: Prospects, 8(1978)3: 301ff.

Ramirez, Francisco/ Boli-Benett, John (1982): Global Patterns of Educational Institutionalization, in: Altbach, Philip/ Arnove, Robert/ Kelly, Gail (Hg.): Comparative Education, New York/London

Ramirez, Francisco/ Ventresca, Marc (1992): Building the Institution of Mass Schooling: Isomorphism in the Modern World, in: Fuller, Bruce/ Rubinson, Richard (Hg.): The Political Construction of Education. The State, School Expansion, and Economic Change, New York/ Westport, Connecticut/ London

Ramos, Joseph (1994): Employment, human ressources and systemic competitiveness, in: Bradford, Colin (Hg.): The new paradigm of systemic competitiveness: Towards more integrated policies in Latin America, OECD, Paris

Recum, Hasso von (1966): Bildungsplanung in Entwicklungsländern. Die Regionalpläne der UNESCO, Braunschweig

Recum, Hasso von (Hg.)(1967): Perspektiven der Bildungsplanung, Frankfurt am Main/ Berlin/ Bonn/ München

Reich, Michael/ Gordon, David M./ Edwards, Richard C. (1978): Arbeitsmarktsegmentation und Herrschaft, in: Sengenberger, Werner (Hg.): Der gespaltene Arbeitsmarkt. Probleme der Arbeitsmarktsegmentation, Frankfurt am Main/ New York

Reuling, Jochen (1991): Berufsbildungsdiskussion in den Niederlanden: Selbständige Berufsschulzentren und mehr Verantwortung für die Betriebe, in: Zeitschrift für Berufs- und Wirtschaftspädagogik (1991)2

Reuter, Dieter (1994): Ansätze situationskonformer beruflicher Bildung in Simbabwe, Frankfurt am Main/ Berlin/ Bern/ New York/ Paris/ Wien

Riley, Dennis D. (1990): Should Market Forces control Educational Decision Making? in: American Political Science Review 84(1990)2: 554–558

Rittershausen, S. / Scharager, J. (Hg.) (1992): Análisis y Proyecciones en torno a la Educación Media y el Trabajo, CPU, Santiago

Rivera Urrutia, Eugenio (1991): Stabilisierung, Wachstum und Gerechtigkeit: Bilanz der Wirtschafts- und Sozialpolitik in Chile im ersten Jahr der demokratischen Regierung, in: Ensignia, Jaime/ Nolte, Detlef (Hg.): Modellfall Chile?, Hamburg

Rodriguez Rabanal, César (1989): Cicatrices de la pobreza, Lima

Rohdewohld, Rainer (1991): Öffentliche Unternehmen in Entwicklungsländern: Schwachstellen und Ansatzpunkte zur Reform, in: Eichhorn, P. (Hg.): Öffentliche Unternehmen in Entwicklungsländern, Beiheft 13 der Zeitschrift für Öffentliche und Gemeinwirtschaftliche Unternehmen, Baden-Baden

Rolff, Hans-Günter (1993): Wandel durch Selbstorganisation, Weinheim/ München

Romer, P. M. (1986): Increasing Returns and Long-Run Growth, in: Journal of Political Economy (1986)94: 1002–1037

Römpcyk, Elmar (1994): Chile – Modell auf Ton, Unkel (Rhein)/ Bad Honnef

Rondinelli, Dennis A./ Cheema, G. Shabbir (1983): Implementing Decentralization Policies, in: Cheema, G.S./ Rondinelli, D.A. (Hg.): Decentralization and Development, United Nations Centre for Regional Development, Beverly Hills/ London/ New Delhi

Rondinelli, Dennis/ Middleton, John/ Verspoor, Adriaan (1989): Contingency planning for innovative projects, in: Journal of the American Planning Association 55(1989)1

Rondinelli, Dennis/ Middleton, John/ Verspoor, Adriaan (1990): Planning Education Reforms in Developing Countries, Durham/ London

Rosenbluth, Guillermo (1994): The Informal Sector and Poverty in Latin America, in: CEPAL Review (1994)52: 155–175

Rostow, Walt W. (1967): Stadien wirtschaftlichen Wachstums, Göttingen

Rounds Parry, Taryn (1997): Decentralization and Privatization: Education Policy in Chile, in: Journal of Public Policy 17(1997)1: 101–133

Sabatier, Paul A. (1993): Advocacy-Koalitionen, Policy-Wandel und Policy-Lernen, in: Héritier, Adrienne (Hg.): Policy-Analyse, Politische Vierteljahresschrift Sonderheft 24, Opladen

Sachs, Wolfgang (1992): Zur Archäologie der Entwicklungsidee, in: Schade, K. Friedrich/ Sachs, Wolfgang (Hg.): Acht Essays, Frankfurt am Main

Saha, L. J./ Fägerlind, I. (1994): Education and Development, in: Psacharopoulos, George (Hg.): Economics of Education. Research and Studies, The World Bank, Washington D.C

Salvo, Payssé/ Cardenas, Cruz (1994): Uruguay: System of Education, in: Husén, Thorsten/ Postlethwaite, T. Neville (Hg.): The International Encyclopedia of Education, 2. Auflage, Oxford

Sánchez, Ricardo (1992): Pobres Urbanos y Productividad: Claves de Intervención, Documento Interno CEPAL, LC/L.715, Santiago de Chile

Scharpf, Fritz W. (1991): Die Handlungsfähigkeit des Staates am Ende des 20. Jahrhunderts, in: Politische Vierteljahresschrift 32(1991)4: 621–634

Schenk, Michael (1984): Soziale Netzwerke und Kommunikation, Tübingen

Schiefelbein, Ernesto (1981): Research, Policy and Practice: The Case of Chile, in: International Review of Education, XXVII (1981), UNESCO, Den Haag

Schiefelbein, Ernesto (1991): Restructuring Education through Economic Competition: The Case of Chile, in: Journal of Educational Administration 29(1991)4:17–29

Schiefelbein, Ernesto (1994): Planning Education: Latin America, in: Husén, Thorsten/ Postlethwaite, T. Neville (Hg.): The International Encyclopedia of Education, 2. Auflage, Oxford

Schiefelbein, Ernesto/ Davis, Russell G. (1974): Development of Educational Planning Models and Application in the Chilean School Reform, Lexington, Massachusetts

Schimank, Uwe (1996): Theorien gesellschaftlicher Differenzierung, Opladen

Schmidt, Ingo (1996): Deregulierung und gespaltene Arbeitsmärkte. Zur Wirtschaftspolitik des Neoliberalismus, in: WSI Mitteilungen 49(1996)11: 699ff.

Schorb, A. O. (1972): Einleitung, in: ders. (Hg.): Bildungsplanung und Bildungspolitik, Frankfurt am Main

Schriewer, Jürgen (1986): Intermediäre Instanzen, Selbstverwaltung und berufliche Ausbildungsstrukturen im historischen Vergleich, in: Zeitschrift für Pädagogik 32(1986)1: 69–90

Schriewer, Jürgen (1987): Funktionssymbiosen von Überschneidungsbereichen: Systemtheoretische Konstrukte in vergleichender Erziehungsforschung, in: Oelkers, Jürgen/Tenorth, Heinz-Elmar: Pädagogik, Erziehungswissenschaft und Systemtheorie, Weinheim und Basel

Schubert, A. (1981): Die Diktatur in Chile, Frankfurt am Main/ New York

Schultz, Theodor (1993): The Role of Education and Human Capital in Economic Development: An Empirical Assessment; in: Siebert, Horst (Hg.): Economic growth in the world economy, Institut für Weltwirtschaft, Kiel

Schultz, Theodor (1994): Education and Population Quality, in: Psacharopoulos, George (Hg.): Economics of Education. Research and Studies, The World Bank, Washington D.C

Schultz-Wild, Lore/ Lutz, Burkart (1997): Industrie vor dem Quantensprung. Eine Zukunft für die Produktion in Deutschland, Heidelberg

Schumann, Michael/ Baethge-Kinsky, Volker/ Kuhlmann, Martin/ Kurz, Constanze/ Neumann, Uwe (1994): Der Wandel der Produktionsarbeit im Zugriff neuer Produktionskonzepte, in: Beckenbach, Niels/ Treeck, Werner van (Hg.): Umbrüche gesellschaftlicher Arbeit, Soziale Welt, Sonderband 9, Göttingen

SENCE (1993): El sistema de capacitación y empleo en Chile, Santiago de Chile

SENCE (1994): Las reformas legales que modernizan el sistema de capacitación, Santiago de Chile

SENCE (1994a): La participación de las Universidades en el sistema de la capacitación en el año 1993, Documento de Estudio, Santiago de Chile

SENCE (1994b): Informe Programa Capacitación Laboral de Jóvenes en el año 1994, Santiago de Chile

SENCE (1995): Informe: Actividades del sistema de capacitación en 1994, Santiago de Chile

SERCAL (Servicio de Consultores Asociados) (1993): Datos Adicionales a Recopilar; unveröffentliches Manuskript, Santiago de Chile

Silvert, Kalman/ Reissman, Leonard (1976): Education, Class and Nation. The Experiences of Chile and Venezuela, New York/ Oxford/ Amsterdam

Simmons, John (1980): Introduction, in: ders. (Hg.): The Education Dilemma. Policy Issues for Developing Countries in the 1980s, The World Bank, Oxford/ New York/ Toronto/ Sydney/ Paris/ Frankfurt am Main

Simmons, John/ Leigh, Alexander (1980): Factors which Promote School Achievement in Developing Countries: a Review of Research, in: Simmons, John (Hg.): The Education Dilemma. Policy Issues for Developing Countries in the 1980s, The World Bank, Oxford/ New York/ Toronto/ Sydney/ Paris/ Frankfurt am Main

Singer, Otto (1993): Policy Communities und Diskurs Koalitionen: Experten und Expertisen in der Wirtschaftspolitik, in: Héritier, Adrienne (Hg.): Policy-Analyse, Politische Vierteljahresschrift Sonderheft 24/1993

Singh, Madhu (1993): Informelle Lernprozesse von Kleinunternehmern in Neu-Delhi/ Indien, in: Karcher/ Overwien /Krause/ Singh (Hg.): Zwischen Ökonomie und sozialer Arbeit, Lernen im informellen Sektor der ‚Dritten Welt', Frankfurt am Main

Soto, Hernando de (1992): Marktwirtschaft von unten, Zürich/Köln

Spielmann, Ludwig (1992): Staatsinterventionismus oder ökonomischer Liberalismus? Wirtschaftliche Entwicklungsstrategien in Chile – von der Weltwirtschaftskrise bis Pinochet, Institut für Iberoamerika Kunde, Schriftenreihe Bd. 35, Hamburg

Statistisches Bundesamt (Hrg.) (1991): Länderbericht Chile, Wiesbaden

Stockmann, Reinhard (1992): Die Nachhaltigkeit von Entwicklungsprojekten, 2. Aufl., Opladen

Stockmann, Reinhard (1996): Die Wirksamkeit der Entwicklungshilfe, Opladen

Stockmann, Reinhard (1997): Zum Wandel der deutschen Berufsbildungshilfe: Ein Vergleich zwischen Entwicklungs- und Bildungstheorie, Förderprogrammatik und Implementation, in: Greinert, Wolf–Dietrich/ Heitmann, Werner/ Stockmann, Rainer/ Vest, Brunhilde (Hg.): Vierzig Jahre Berufsbildungszusammenarbeit mit Ländern der Dritten Welt. Die Förderung der beruflichen Bildung in den Entwicklungsländern am Wendepunkt?, Studien zur Vergleichenden Berufspädagogik 10, Gesellschaft für Technische Zusammenarbeit, Baden-Baden

Streeck, W./ Schmitter, P.C. (1985): Private Interest Government. Beyond Market and State, London

Swope, John (1994): La jaula del tigre: la inversión en educación en Chile, in: Mensaje (1994)434, Santiago de Chile

Taylor, Charlotte (1989): Do You Have What It Takes (To Be an Entrepreneur), in: Ryans, Cynthia (Hg.): Managing the Small Business, Englewood Cliffs

Tedesco, Juan Carlos (1989): The Role of the State in Education, in: Prospects XIX(1989)4: 455ff.

Teichler, Ulrich (1992): Bildung und wirtschaftliche Entwicklung in Japan, in: Georg, Walter/Sattel, Ulrike (Hg.): Von Japan lernen? Aspekte von Bildung und Beschäftigung in Japan, Weinheim

Tetzlaff, Rainer (1989): Weltbank/ Worldbank, in: Nohlen, Dieter (Hg.): Lexikon Dritte Welt: 705–712, Reinbek bei Hamburg

Tetzlaff, Rainer (1993): Strukturanpassung – das kontroverse entwicklungspolitische Paradigma in den Nord-Süd-Beziehungen, in: Nohlen, Dieter/ Nuscheler, Franz (Hg.): Handbuch der Dritten Welt, Bd. 1: Grundprobleme, Theorien, Strategien, Bonn

Tetzlaff, Rainer (1995): Theorien der Entwicklung der Dritten Welt nach dem Ende der Zweiten (sozialistischen) Welt, in: Beyme, Klaus von/ Offe, Claus (Hg.): Politische Theorien in der Ära der Transformation, Politische Vierteljahresschrift Sonderheft 26/1995, Opladen

Tetzlaff, Rainer (1996): Weltbank und Währungsfonds – Die Gestalter der Bretton-Woods-Ära, Opladen

Thourson Jones, Marie (1982): The Political Context of Education in the Developing World, in: Anderson, Lascelles/ Windham, Douglas (Hg.): Education and Development, Issues in the Analysis and Planning of Postcolonial Societies, Toronto

Tillmann, Klaus-Jürgen (1991): Erziehungswissenschaft und Bildungspolitik, in: Zeitschrift für Pädagogik 37(1991) 4–6: 955ff.

Timmermann, Dieter (1985): Bildungsmärkte oder Bildungsplanung. Eine kritische Auseinandersetzung mit zwei alternativen Steuerungssystemen und ihren Implikationen für das Bildungssystem, Studienmaterial der DSE, Mannheim

Timmermann, Dieter (1995): Abwägen heterogener bildungsökonomischer Argumente zur Schulautonomie, in: Zeitschrift für Pädagogik 41(1995)1: 49–62

Tinbergen, Jan (1970): Grundlagen der Entwicklungsplanung, 1. Auflage: 1958, Hannover

Tippelt, Rudolf/ Cleve, Bernd van (1995): Verfehlte Bildung? Bildungsexpansion und Qualifikationsbedarf, Darmstadt

Tueros, M. (1992): Education and informal labor markets in Peru, California

Tueros, M. (1994): Education and informal labour markets, in: Husén, Thorsten/ Postlethwaite, T. Neville (Hg.): The International Encyclopedia of Education, 2. Auflage, Oxford

Tweedie, Jack (1990): Should Market Forces control Educational Decision Making?, in: American Political Science Review 84(1990)2: 549–554

Twele, Cord (1995): Die Entwicklungspolitik der Weltbankgruppe vor dem Hintergrund der Schuldenkrise der ‚Dritten Welt‘ seit Beginn der achtziger Jahre, Dissertation, Frankfurt am Main/ Berlin/ Bern/ New York/ Paris

UNDP/ ILO (1984): Thematic Evaluation Study on Industrial Training, Evaluation Study 11, ohne Ort

UNESCO (United Nations Educational, Scientific and Cultural Organization) (1970): Educational Planning, A World Survey of Problems and Prospects, Paris

UNESCO (United Nations Educational, Scientific and Cultural Organization) (1976): Evolución y Situación Actual de la Educación en América Latina, Oficina Regional de Educación de la UNESCO para América Latina y el Caribe, Santiago de Chile

UNESCO (United Nations Educational, Scientific and Cultural Organization) (1984): Policy, Planning and Management in Technical and Vocational Education, A comparative Study, Trends and Issues in Technical and Vocational Education 3, Paris

UNESCO (United Nations Educational, Scientific and Cultural Organization) (versch. Jahrgänge): Statistical Yearbook. Annuaire Statistique. Anuario Estadístico, Paris

United Nations (1970): Social Change and Social Development Policy in Latin America, New York

Urban, Elke (1995): Schulaufsicht mit Zukunft: Chancen, Risiken und Ausblicke einer praktischen Auseinandersetzung, in: Badertscher, Hans/ Grunder, Hans-U. (Hg.): Wieviel Staat braucht die Schule?, Schulvielfalt und Autonomie im Bildungswesen, Bern/ Stuttgart/ Wien

Urrutia, H. (1986): El planeamiento y desarrollo curricular en la educación media técnico profesional, en: CPU (Hg.): El sistema educacional chileno, Santiago de Chile

Velásquez, Mario (1991): (Des)regulación del mercado del trabajo en Chile, in: Reestructuración y regulación institucional del mercado de trabajo en América Latina, ILO, Buenos Aires,1991

Vergara, P., Rodriguez, T. (1986): Educación técnica Post Secundaria y Mercados de Trabajo en Chile, in: Estudios Sociales (1986)48/2, Santiago de Chile

Verspoor, Adriaan M. (1994): Planning Educational Reforms: Use of Contingency Approach, in: Husén/ Postlethwaite (Hg.) The International Encyclopedia of Education, 2. Auflage, Oxford

Vest, Brunhilde (1997): Das aktuelle Sektorkonzept der Bundesregierung zur Beruflichen Bildungszusammenarbeit, in: Greinert, Wolf–Dietrich/ Heitmann, Werner/ Stockmann, Rainer/ Vest, Brunhilde (Hg.): Vierzig Jahre Berufsbildungszusammenarbeit mit Ländern der Dritten Welt. Die Förderung der beruflichen Bildung in den Entwicklungsländern am Wendepunkt?, Studien zur Vergleichenden Berufspädagogik 10, Gesellschaft für Technische Zusammenarbeit, Baden-Baden

Vylder, Stefan de (1976): Allende's Chile. The political economy of the rise and fall of the Unidad Popular, 1. Aufl. 1974, unter dem Titel: Chile 1970–73: The political economy of the rise and fall of the Unidad Popular, Stockholm

Waldmann, Peter (1990): Industrie und Außenhandel, in: Bundeszentrale für politische Bildung (Hg.) Lateinamerika. Geschichte, Wirtschaft, Gesellschaft, Informationen zur politischen Bildung Nr. 226, I. Quartal 1990

Waldmann, Peter (1990a): Entwicklungsbedingungen im 20. Jahrhundert, in: Bundeszentrale für politische Bildung (Hg.) Lateinamerika. Geschichte, Wirtschaft, Gesellschaft, Informationen zur politischen Bildung (I. Quartal 1990)226

Wallenborn, Manfred (1989): Krise der Berufsbildungshilfe? Die Entwicklungszusammenarbeit auf dem Gebiet der Berufsbildung zwischen modernem und informellem Sektor. Einige Überlegungen zu einer notwendigen Neuorientierung, in: Arnold, Rolf (Hg.): Berufliche Bildung und Entwicklung in Ländern der Dritten Welt, Baden-Baden

Wallenborn, Manfred (1993): Systembildung in der gewerblich-technischen Berufsbildung – aber wie? Die Bedeutung mittlerer und kleiner Betriebe in den Entwicklungsländern, in: Zeitschrift für Berufs- und Wirtschaftspädagogik 89(1993)3: 17ff.

Walterscheid, Klaus (1988): Markt, Staat und ‚Voluntary' Sektor im Bildungswesen, in: Zeitschrift für Berufs- und Wirtschaftspädagogik, 84(1988)8: 684ff.

Waschkuhn, Arno (1996): Systemtheorie, in: Nohlen, Dieter (Hg.): Wörterbuch Staat und Politik, LizenzAuflage für die Bundeszentrale für politische Bildung, überarbeitete Fassung 1995, Bonn

Weber, Max (1966): Soziologische Grundbegriffe, Bern/ Stuttgart

Weber, Max (1976): Wirtschaft und Gesellschaft, 1. Halbband, 5. Auflage, Tübingen

Weber, Max (1988): Die protestantische Ethik und der Geist des Kapitalismus, in: Gesammelte Aufsätze zur Religionssoziologie, Bd. 1, Tübingen

312

Weede, Erich (1985): Entwicklungsländer in der Weltgesellschaft, Opladen

Weiland, H. (1989): Sozialisation und Modernisierung: Bildungsexport in die Dritte Welt, in: Trommsdorf, Gisela (Hg.): Sozialisation im Kulturvergleich, Stuttgart

Weiler, Hans (1982): Educational Planning and Social Change, in: Altbach, Philip/ Arnove, Robert/ Kelly, Gail (Hg.): Comparative Education, New York/London

Weiler, Hans (1993): Control versus Legitimation: The Politics of Ambivalence, in: Hannaway, Jane/ Carnoy, Martin (Hg.): Decentralization and School Improvement. Can We Fulfill the Promise?, San Francisco

Weitzenegger, Karsten/ Wenzel, Norbert (1992): Talleres Públicos in Costa Rica, in: Feldmann/ Gruszczynski/ Overwien (Hg.): Was boomt im informellen Sektor? Berufsbildung im informellen Sektor, Saarbrücken/ Fort Lauderdale

Werz, Nikolaus (1991): Das neuere politische und sozialwissenschaftliche Denken in Lateinamerika, Freiburg

Whalley, John/ Ziderman, Adrian (1989): Payroll Taxes for Financing Training in Developing Countries, World Bank Working Papiers, WPS 141, Washington

Widmaier, Hans Peter (1981): Gesellschaftliche Bedürfnisse im Ausbildungsbereich und staatliche Bildungspolitik, in: Clement, Werner (Hg.): Konzept und Kritik des Humankapitalansatzes, Berlin

Williams, Aubrey (1993): Die Bedeutung der Nicht-Regierungsorganisationen im Entwicklungsprozeß aus der Sicht der Weltbank, in: Karcher/ Overwien /Krause/ Singh (Hg.): Zwischen Ökonomie und sozialer Arbeit, Lernen im informellen Sektor der ‚Dritten Welt', Frankfurt am Main

Willke, Helmut (1993): Systemtheorie entwickelter Gesellschaften. Dynamik und Riskanz moderner gesellschaftlicher Selbstorganisation, 2. Auflage, Weinheim/ Basel

Windham, Douglas (1975): The Macro-Planning of Education: Why it Fails, Why it Survives and the Alternatives, in: Comparative Education Review 19(1975)2: 187–202, Chicago

Windham, Douglas (1982): The Dilemma of Educational Planning, in: Anderson, Lascelles/ Windham, Douglas (Hg.): Education and Development, Issues in the Analysis and Planning of Postcolonial Societies, Toronto

Winkler, Donald R. (1993): Fiscal Decentralization and Accountability in Education: Experiences in Four Countries, in: Hannaway, Jane/ Carnoy, Martin (Hg.): Decentralization and School Improvement. Can We Fulfill the Promise?, San Francisco

Winkler, Donald R./ Rounds, Taryn (1995): Municipal and Private Sector Response to Decentralization and School Choice, revised version February 1995, Internet: http://www.worldbank.org/html/lat/english/summary/hr/decen.htm#Introduction

Wohlmuth, Karl (1990): Strukturkrise und Entwicklung des informellen Sektors in Afrika – Alternativen der Förderungspolitik und der Strukturanpassung, in: Boehm, Ulrich/ Kappel, Robert (Hg.): Kleinbetriebe des informellen Sektors und Ausbildung im sub-saharischen Afrika, Institut für Afrika-Kunde, Hamburg

Wolf, Manfred Wilhelmy von (1983): CEPAL und die entwicklungspolitische Debatte in Lateinamerika, in: Buisson, Inge/ Mols, Manfred (Hg.): Entwicklungsstrategien in

Lateinamerika in Vergangenheit und Gegenwart, Paderborn/ München/ Wien/ Zürich

Wolfe, B. L. (1987): External Benefits of Education, in: Psacharopoulos, George (Hg.): Economics of Education Research and Studies, The World Bank, Washington D.C

Woodhall, M. (1994): Human Capital Concepts, in: Husén, Thorsten/ Postlethwaite, T. Neville (Hg.): The International Encyclopedia of Education, 2. Auflage, Oxford

World Bank (1983): World Development Report 1983, New York

World Bank (1990): Education and Development, by Haddad, W./ Carnoy, M./ Rinaldi, R./ Regel, O., World Bank Discussion Paper 95, Washington

World Bank (1991): World Development Report 1991, Washington

World Bank (1992): Vocational and Technical Education and Training, A World Bank Policy Paper, Washington

World Bank (1993): Chile – Subnational Government Finance, A World Bank Study, Washington D. C.

World Bank (1995a): Workers in an Integrating World, World Development Report 1995, Washington

World Bank (1995b): Priorities and Strategies for Education. Development in Practice, A World Bank Review, Washington

World Bank (1997): Electronic Network für Schools (Chile): Internet: http://www.worldbank.org/html/fpd/technet/scholne.htm

Worlitzky, Adrian (1987).: Formación de Docentes para la Educación Técnica Profesional, in: CPU (Hg.): El Sistema Educacional Chileno, Santiago

Zabeck, Jürgen (1980): Das systemtheoretische Paradigma in der Berufs- und Wirtschaftspädagogik, in: Zeitschrift für Berufs- und Wirtschaftspädagogik, 1. Beiheft: Ansätze berufs- und wirtschaftspädagogischer Theoriebildung: 21–33

Zedler, Peter (1981): Einführung in die Theorie der Bildungsplanung, Fernuniversität Hagen

Zeit, A. (1971): UNESCO, in: Herders Lexikon der Pädagogik, Bd.4, Freiburg/Basel/Wien

Ziegler, Rolf (1984): Norm, Sanktion, Rolle, in: Kölner Zeitschrift für Soziologie und Sozialpsychologie 36(1984)2: 433–463

Herausgegeben von der Deutschen Gesellschaft für
Technische Zusammenarbeit (GTZ) GmbH

Studien zur Vergleichenden Berufspädagogik

Wolf-Dietrich Greinert   Band 15
**Berufsqualifizierung und dritte Indu-
strielle Revolution**
Eine historisch-vergleichende Studie
zur Entwicklung der klassischen
Ausbildungssysteme
*1999, 160 S., brosch., 48,– DM, 350,– öS,
44,50 sFr*, ISBN 3-7890-6165-4

Manfred Diehl   Band 13
**Potentials and Limits of Culture-
specific Vocational Training**
A presentation using the example
of vocational training measures in rural and
urban regions and in the informal sector of
Pakistan and India
*1999, 332 S., brosch., 78,– DM, 569,– öS,
71,– sFr*, ISBN 3-7890-5806-8

Reinhard Stockmann   Band 12
La eficacia de la ayuda al desarrollo
Una evaluación de la sostenibilidad de pro-
gramas y proyectos de formación profesional
Traducción del alemán: Bernd Zettel.
Supervisión: Servicios lingüísticos de la GTZ
*1998, 540 S., brosch., 98,– DM, 715,– öS,
89,– sFr*, ISBN 3-7890-5565-4

Ullrich Boehm (Hrsg.)   Band 11
**Kompetenz und berufliche Bildung
im informellen Sektor**
*1997, 342 S., brosch., 79,– DM, 577,– öS,
72,– sFr*, ISBN 3-7890-4787-2

Wolf-Dietrich Greinert / Werner Heitmann /
Reinhard Stockmann /
Brunhilde Vest (Hrsg.)   Band 10
**Vierzig Jahre Berufsbildungs-
zusammenarbeit mit Ländern der
Dritten Welt**
Die Förderung der beruflichen Bildung in den
Entwicklungsländern am Wendepunkt?
*1997, 505 S., brosch., 85,– DM, 621,– öS,
77,50 sFr*, ISBN 3-7890-4668-X

Cornelia Lohmar-Kuhnle
en colaboración con Christian Breustedt,
Ingrid Ceballos Müller   Band 9
**Estrategias de formación y capa-
citación orientadas a mejorar las
oportunidades de empleo para grupos
meta del sector informal**
Traducción del alemán: Carmen Baranda •
Supervisión: Inés Ahumada • Servicios
lingüísticos de la GTZ
*1997, 317 S., brosch., 78,– DM, 569,– öS,
71,– sFr*, ISBN 3-7890-4536-5

Reinhard Stockmann   Band 8
**The Sustainability of Development
Cooperation**
Translated by Neil Solomon
*1997, 423 S., brosch., 74,– DM, 540,– öS,
67,50 sFr*, ISBN 3-7890-4667-1

 **NOMOS Verlagsgesellschaft
76520 Baden-Baden**

Herausgegeben von der Deutschen Gesellschaft für
Technische Zusammenarbeit (GTZ) GmbH

Studien zur Vergleichenden Berufspädagogik

Cornelia Lohmar-Kuhnle   Band 7
Occupation – oriented Training and Education for Target Groups from the Informal Sector
Assisted by Christian Breustedt and
Ingrid Ceballos Müller
Translated by Mike Brookman and
Cornelia Lohmar-Kuhnle
1994, 307 S., brosch., 68,– DM, 496,– öS, 62,– sFr, ISBN 3-7890-3530-0

Wolf-Dietrich Greinert   Band 6
The »German System« of Vocational Training
History, Organization, Prospects
1994, 170 S., brosch., 48,– DM, 350,– öS, 44,50 sFr, ISBN 3-7890-3529-7

Horst Biermann / Wolf-Dietrich
Greinert / Rainer Janisch (Hrsg.)   Band 5
Systementwicklung in der Berufsbildung
Berichte, Analysen und Konzepte zur internationalen Zusammenarbeit
1994, 479 S., brosch., 78,– DM, 569,– öS, 71,– sFr, ISBN 3-7890-3439-8

Felix Rauner /
Herbert Tilch (Hrsg.)   Band 4
Berufsbildung in China
Analysen und Reformtendenzen
1994, 138 S., brosch., 32,– DM, 234,– öS, 29,50 sFr, ISBN 3-7890-3375-8

Wolf-Dietrich Greinert /
Günter Wiemann   Band 3
The Training & Production Concept
Analysis and Descriptions
1994, 253 S., brosch., 48,– DM, 350,– öS, 44,50 sFr, ISBN 3-7890-3374-X

Wolf-Dietrich Greinert/Günter Wiemann
unter Mitarbeit von Horst Biermann
und Rainer Janisch   Band 2
Produktionsschulprinzip und Berufsbildungshilfe
Analyse und Beschreibungen
2. Auflage
1993, 287 S., brosch., 48,– DM, 350,– öS, 44,50 sFr, ISBN 3-7890-3129-1

Wolf-Dietrich Greinert   Band 1
Das »deutsche System« der Berufsausbildung
Geschichte, Organisation, Perspektiven
2. Auflage
1995, 245 S., brosch., 48,– DM, 350,– öS, 44,50 sFr, ISBN 3-7890-3987-X

 **NOMOS Verlagsgesellschaft
76520 Baden-Baden**